本书得到中国社会科学院国家创新工程项目"中国重点方言区域示范性调查研究·甘肃汉语方言"的资助,同时得到兰州大学"双一流"建设资金人文社科类图书出版经费资助,

在此致谢!

甘肃方言研究丛书

甘肃方言语法

敏春芳 ◎ 编著

中国社会科学出版社

图书在版编目（CIP）数据

甘肃方言语法 / 敏春芳编著. —北京：中国社会科学出版社，2021.9
（甘肃方言研究丛书）
ISBN 978-7-5203-8677-7

Ⅰ.①甘⋯ Ⅱ.①敏⋯ Ⅲ.①西北方言–语法–方言研究–甘肃 Ⅳ.①H172.2

中国版本图书馆 CIP 数据核字（2021）第 125582 号

出 版 人	赵剑英
责任编辑	张　林
责任校对	季　静
责任印制	戴　宽

出　　版	中国社会科学出版社
社　　址	北京鼓楼西大街甲 158 号
邮　　编	100720
网　　址	http://www.csspw.cn
发 行 部	010-84083685
门 市 部	010-84029450
经　　销	新华书店及其他书店

印刷装订	三河弘翰印务有限公司
版　　次	2021 年 9 月第 1 版
印　　次	2021 年 9 月第 1 次印刷

开　　本	710×1000　1/16
印　　张	28
插　　页	2
字　　数	518 千字
定　　价	158.00 元

凡购买中国社会科学出版社图书，如有质量问题请与本社营销中心联系调换
电话：010-84083683
版权所有　侵权必究

《甘肃方言研究丛书》
编委会

主　编：李　蓝　敏春芳

编　委：雒　鹏　朱富林　黄大祥

　　　　吴　媛　张建军　芦兰花

学术顾问：张文轩

《甘肃方言研究丛书》总序

　　以一个省的汉语方言作为调查研究对象，始于《湖北方言调查报告》（赵元任、丁声树、杨时逢、吴宗济、董同龢著，国立中央研究院历史语言研究所专刊，上海商务印书馆 1948 年版）。此后，杨时逢在台湾陆续整理出版了《云南方言调查报告》（"中研院"历史语言研究所专刊之五十六，1969 年），《湖南方言调查报告》（"中研院"历史语言研究所专刊之六十六，1974 年），《四川方言调查报告》（"中研院"历史语言研究所专刊之八十二，1984 年）等三种。

　　按赵元任的设计，由于具备方言调查能力的专业人员有限，调查经费和调查时间也有限，如果要在特定时间内调查完中国各省的汉语方言，调查材料必须适量。《湖北方言调查报告》的调查用字为 678 个，加上音系用字，同音字表里实际收字在 800 个左右，还有 75 个极常用词语，《总理遗嘱》和《狐假虎威》故事（古文）两种读音材料，以及对话材料，也收录转写一些发音人讲的故事。其他三种报告的调查材料与此相同。

　　《湖北方言调查报告》体大思精，是中国学术史上具有开创性和示范性的里程碑作品之一，为中国省域范围的方言调查树立了一个模板。李荣先生对《湖北方言调查报告》赞誉有加，但他也指出，这一系列的方言调查报告，美中不足的地方是单字音过少，平均一个音节不到一个字，如果做音韵研究，可以观其大概，却难以讨论细节。

　　从 1998 年开始，中国科学院开始实施国家创新工程。2010 年起，中国社会科学院实施人文社会科学领域的国家创新工程。2013 年，中国社科院语言研究所方言研究室提出了名为"中国重点方言区域示范性调查研究"项目，计划在中国北方和南方各选一个调查难度比较高、学术价值比较大的方言区域进行示范性调查研究。北方地区选择的是甘肃省，以一个省级行政区域作为调查研究对象。

　　由于文献、文化、历史和地理的原因，甘肃的汉语方言具有特殊的研究价值。从文献、文化和历史来看，敦煌文献是研究隋唐以来中国历史和中国文化的珍贵文献，甘肃方言是敦煌文献的基础方言。一些研究成果已经证明，敦煌文献里面的一些问题，如果结合现代甘肃方言来研究，即可得到更具说服力的结果。

从地理分布看，甘肃方言位于西北官话方言的核心地带。只有对甘肃全省的汉语方言进行完整、系统的调查研究，才有可能对甘肃、宁夏、青海、新疆等地西北汉语方言的共时分布、历时演变获得真正有突破意义的学术成果。

同时，甘肃又是西北地区的民族通道，各民族之间的相互影响非常深刻，语言交互影响的情况非常普遍，是研究语言接触的理想场所。

甘肃还是东干语的主要输出地，甘肃方言调查研究的成果，对东干语研究的重要性是不言而喻的。

甘肃方言调查项目的调查材料为：1500个单字音，304个连读词语，430个常用词语，118个语法例句，长篇语料采用的是国际语言学界通用的伊索寓言"风和太阳"。

这个调查内容和《湖北方言调查报告》相比，有继承也有创新。主要是增加了字音（从678字增加到1500字），甘肃方言普遍有复杂的连读，必须设计专门的两字组连读。词汇也扩大到430个。加上连读材料，甘肃方言的词汇量调查总量为734个。

这些调查材料全部集成在甘肃方言调查研究项目负责人、首席专家李蓝设计的方言调查软件中。甘肃方言调查，从记音、录音、音标转写、语图生成、调查数据的统计分析，全都在电脑软件里完成。

甘肃方言调查项目从2013年启动。到2015年，完成了甘肃全省93个方言点的实地调查。到2017年，完成了所有调查材料的音标转写工作。

以这些调查材料为基础，我们计划编写一套《甘肃方言研究丛书》。这套丛书由以下三个系列构成。

第一个系列是《甘肃方音字汇》《甘肃方言词汇》《甘肃方言语法》等三个分册。

第二个系列是《甘肃方言调查报告》（上下册）和《甘肃方言地图集》（上下册）。

第三个系列拟根据经费情况，编写若干部《甘肃重点方言研究》。计划在甘肃挑选一些特点突出的方言，记录3810个单字音，五千至七千条词语，200条语法例句，用莱比锡标注系统转写、标注五个长篇语料，从点的角度深入挖掘甘肃方言的特点，呈现甘肃方言的全貌。

《甘肃方言研究丛书》第一个系列的三个分册终于和读者见面了，整套丛书即将陆续出版。在这里我们恳请读者批评指正，以便我们提高整套丛书的学术水平。

是为序。

李 蓝

2021年8月10日于北京

目　录

第一章　语法例句 ································· 1
1. 我和他都不高兴 ····························· 1
2. 我和他一起进城 ····························· 4
3. 我不和他说话 ······························· 7
4. 我和他不说话 ······························ 10
5. 我刚来 ··································· 13
6. 我刚好不在家 ······························ 15
7. 不多不少，刚好三斤 ························ 18
8. 不大不小，刚刚好 ·························· 21
9. 我不来 ··································· 24
10. 他没来 ·································· 26
11. 我还没有吃饭 ···························· 28
12. 别人都不吃了，他还吃 ···················· 31
13. 他老是说别人的不好 ······················ 34
14. 他净吃面，不吃饭 ························ 37
15. 很多，很大，很好吃 ······················ 40
16. 菜好得很 ································ 43
17. 菜好吃得很 ······························ 45
18. 你打得好 ································ 47
19. 他打不好 ································ 49
20. 我打得不好 ······························ 51
21. 只有他一个人来 ·························· 53
22. 大概三斤左右 ···························· 56
23. 碗被打破了 ······························ 59
24. 张三被李四打了 ·························· 61
25. 我从兰州来 ······························ 64
26. 从明天起就放假了 ························ 67

27.	他把碗打破了	70
28.	我把他说了一顿	73
29.	这本书把小张看入迷了	76
30.	我们管他叫老王	79
31.	有些地方把太阳叫日头	82
32.	小王把小张给说哭了	85
33.	把书给小王	88
34.	书是给小王的	91
35.	给小王一本书	94
36.	大家都给他说哭了	97
37.	大家都帮过他的忙	100
38.	大家都帮他说话	103
39.	我帮他写了一封信	106
40.	这支笔用了三年了	109
41.	用笔写字	112
42.	手上拿着一本书	114
43.	把东西拿进来	117
44.	把那个东西拿给我	120
45.	拿笔写字	123
46.	拿他没办法	125
47.	我比不过他	127
48.	这个比那个好	129
49.	他的年纪比我大	132
50.	他的年纪和我的一样大	135
51.	他的年龄没我的大	138
52.	我比他大三岁	141
53.	我大他三岁	144
54.	我大过他三岁	146
55.	这些房子不如那些房子好	148
56.	孩子不争气，把老师费心了	151
57.	爸爸一出差，把两个娃娃乐死了	154
58.	你快些说，把人急着	157
59.	刘老师连着讲了三节课，把嗓子讲哑了	160
60.	给儿子把学费给给了	164
61.	把我们算啥哩？功劳是大家的	167

62．我把这件事情知道了 …………………………………… 170
63．我把啥没有呦？ ……………………………………… 173
64．校长就是把理科班的学生好 ………………………… 175
65．窑街炭把靖远炭比不上 ……………………………… 178
66．这句话用_话怎么说？ ……………………………… 181
67．谁呀？我是老三 ……………………………………… 184
68．老四呢？他正在跟一个朋友说着话呢 …………… 187
69．他还没有说完吗 ……………………………………… 190
70．还没有，大约再有一会儿就说完了 ……………… 193
71．你到哪儿去？我到城里去 …………………………… 196
72．在那儿，不在这儿 …………………………………… 199
73．不是那么做，是要这么做的 ………………………… 202
74．太多了，用不着那么多，只要这么多就够了 …… 205
75．这个大，那个小，这两个哪一个好一点儿呢？ … 209
76．您贵姓？我姓王 ……………………………………… 212
77．你姓王，我也姓王，咱们两个人都姓王 ………… 215
78．你先去吧，我们等一会儿再去 …………………… 218
79．他今年多大岁数 ……………………………………… 221
80．大概有三十来岁罢 …………………………………… 224
81．这个东西有多重呢？ ………………………………… 227
82．有五十斤重呢 ………………………………………… 230
83．拿得动吗？ …………………………………………… 232
84．我拿得动，他拿不动 ………………………………… 234
85．真不轻，重得连我都拿不动了 …………………… 237
86．你说得很好，你还会说点儿什么呢？ …………… 240
87．我嘴笨，我说不过他 ………………………………… 243
88．说了一遍，又说了一遍 ……………………………… 246
89．请你再说一遍 ………………………………………… 249
90．不早了，快去罢 ……………………………………… 251
91．现在还很早呢。等一会儿再去罢 ………………… 254
92．吃了饭再去好罢 ……………………………………… 257
93．慢慢儿的吃啊！不要急呦 …………………………… 260
94．坐着吃比站着吃好些 ………………………………… 263
95．这个吃得，那个吃不得 ……………………………… 266
96．他吃了饭了，你吃了饭没有呢？ ………………… 269

97. 他去过上海，我没有去过 …… 272
98. 来闻闻这朵花香不香 …… 275
99. 香得很，是不是 …… 278
100. 给我一本书 …… 281
101. 我实在没有书呢 …… 284
102. 你告诉他 …… 287
103. 好好儿的走，不要跑 …… 289
104. 小心跌下去爬也爬不上来 …… 292
105. 医生叫你多睡一会 …… 295
106. 吸烟或者喝茶都不可以 …… 298
107. 烟也好，茶也好，我都不喜欢 …… 301
108. 不管你去不去，反正我是要去的 …… 304
109. 我非去不可 …… 307
110. 你是哪一年来的？ …… 309
111. 我是前年到的北京 …… 312
112. 今天开会谁的主席？ …… 315
113. 你得请我的客 …… 318
114. 这是他的书，那一本是他哥哥的 …… 321
115. 一边走，一边说 …… 324
116. 看书的看书，看报的看报，写字的写字 …… 326
117. 看的看书，看的看报，写的写字 …… 329
118. 越走越远，越说越多 …… 332

第二章 长篇语料 …… 335
1. 兰州话 …… 335
2. 红古话 …… 337
3. 永登话 …… 338
4. 榆中话 …… 341
5. 白银话 …… 343
6. 靖远话 …… 346
7. 天水话 …… 348
8. 秦安话 …… 350
9. 甘谷话 …… 353
10. 武山话 …… 358
11. 张家川话 …… 361

- 12. 武威话 ································ 363
- 13. 民勤话 ································ 365
- 14. 古浪话 ································ 367
- 15. 永昌话 ································ 370
- 16. 张掖话 ································ 372
- 17. 山丹话 ································ 374
- 18. 平凉话 ································ 376
- 19. 泾川话 ································ 379
- 20. 灵台话 ································ 381
- 21. 酒泉话 ································ 382
- 22. 敦煌话 ································ 384
- 23. 庆阳话 ································ 386
- 24. 环县话 ································ 388
- 25. 正宁话 ································ 390
- 26. 镇原话 ································ 392
- 27. 定西话 ································ 399
- 28. 通渭话 ································ 401
- 29. 陇西话 ································ 403
- 30. 临洮话 ································ 405
- 31. 漳县话 ································ 407
- 32. 陇南话 ································ 410
- 33. 文县话 ································ 412
- 34. 宕昌话 ································ 416
- 35. 康县话 ································ 419
- 36. 西和话 ································ 421
- 37. 临夏市话 ····························· 423
- 38. 临夏县话 ····························· 425
- 39. 合作话 ································ 427
- 40. 舟曲话 ································ 429
- 41. 临潭话 ································ 432

后记 ··· 434

第一章 语法例句

1. 我和他都不高兴

兰州	vɤ⁴⁴ 我	xɤ²² 和	tʻa⁴⁴ 他	tu⁴⁴ 都	pu³¹ 不	kɔ³¹ 高	ɕin²¹ 兴
红古	vɤ³⁵ 我	liɛ̃²¹ 连①	tɕia¹³ 傢⁼②	tʐu⁴⁴ 都	pu⁴² 不	kɔ²¹ 高	ɕin¹³ 兴
永登	və⁴⁴ 我	liæ̃²² 连	na⁴⁴ 那③	tʊu⁴⁴ 都	pu²² 不	və⁴⁴ 窝⁼	iə²¹ 叶⁼④
榆中	uɤ⁴⁴ 我	mən³¹ 们	tu⁴⁴ 都	pu²⁴ 不	kɔo⁴⁴ 高	ɕin³⁵ 兴	
白银	və³³ 我	iɑŋ⁵¹ 连	pa¹³ 他	tu⁴⁴ 都	pu²² 不	fu⁴⁴ 舒	tʻan²¹ 坦
靖远	ŋuə⁵⁵ 我	liɛ̃²¹ 连	niɛ²⁴ 臬⁼⑤	tʐu⁴¹ 都	pu²¹ 不	kɑo²² 高	ɕiŋ³³ 兴
天水	ŋuə⁵³ 我	liæ̃¹³ 连	tʻa²¹ 他	təu¹³ 都	pu⁴⁴ 不	kɔ²¹ 高	ɕiəŋ²¹ 兴
秦安	kə⁵³ 我	lan¹³ 连	tʻa¹³ 他	təʉ¹³ 都	pfu¹³ 不	man⁵³ 满	ʑi¹³ 意
甘谷	kiɛ⁵³ 我	la²⁴ 连	tʻɒ²¹² 他	tɤʉ²² 都	pu⁴⁴ 不	kɑu⁴⁴ 高	ɕiəŋ²¹ 兴

---

① 连：相当于连词"和"。
② 傢⁼：相当于第三人称代词"他"。
③ 那：相当于第三人称代词"他"。
④ 窝⁼叶⁼：高兴、没问题。
⑤ 臬⁼：相当于第三人称代词"他"。

武 山	kiə⁵³	la²⁴	tʻɑ²¹	tʀʉ²¹	pu⁴⁴	kɔo²¹	ɕiəŋ²¹	
	我	连	他	都	不	高	兴	
张家川	ŋɤ⁵³	liæ̃¹³	tʻa⁵³	tʀu¹³	pu⁴⁴	kɔu²¹	ɕiŋ²¹	
	我	连	他	都	不	高	兴	
武 威	və⁴⁴	liã⁵³	tɕia³⁵	tu⁴⁴	iəu⁵³	ɕiɛ³¹	tʂuə³⁵	tɕʻi³¹
	我	连	傢	都	有	些	着	气 ①
民 勤	uə⁴⁴	læi⁴⁴	tʻa⁴⁴	tu⁵⁵	pu²²	kɔo⁴⁴	ɕiŋ⁴²	
	我	连	他	都	不	高	兴	
古 浪	uə²¹	lɛ⁴²	nɑ⁵³	ʂuei⁵³	tʊu²²	pu²¹	kɑo¹³	ɕiŋ²¹
	我	连	那	谁	都	不	高	兴
永 昌	uə⁴⁴	lie⁴⁴	tɕia¹³	tu²¹	pu²¹	kɔo¹³	ɕiŋ²¹	
	我	连	傢	都	不	高	兴	
张 掖	və²²	məŋ⁴⁴	tʀu⁴⁴	pu²²	kɔ⁴⁴	ɕiŋ²¹		
	我	们	都	不	高	兴		
山 丹	uə²²	xə⁴⁴	nɑ⁵³	təu⁴⁴	pu⁴²	kɑo⁴⁴	ɕiŋ²¹	
	我	和	那	都	不	高	兴	
平 凉	uo⁵³	liæ̃²¹	tʻa⁵³	tʀu²⁴	pu²⁴	kɔ³¹	ɕiŋ²⁴	
	我	连	他	都	不	高	兴	
泾 川	vo⁵³	kəŋ³¹	tʻᴀ⁵³	təu²⁴	pu³¹	kɔ³¹	ɕiŋ⁴⁴	
	我	跟	他	都	不	高	兴	
灵 台	uo⁵³	kəŋ³¹	tʻa⁵³	tou²⁴	pfu²¹	kɔ³¹	ɕiŋ⁴⁴	
	我	跟	他	都	不	高	兴	
酒 泉	və²²	liẽ⁵³	tʻa⁴⁴	tʀu⁵³	pu²²	kɵ⁴⁴	ɕiŋ¹³	
	我	连	他	都	不	高	兴	
敦 煌	ŋə⁵³	xə²²	tʻa²¹³	tu²¹³	pu²²	kɔo²²	ɕiŋ²¹³	
	我	和	他	都	不	高	兴	
西 峰	ŋɤ⁵⁵	xɤ²⁴	tʻa⁵³	tʊ⁵⁵	pu³¹	kɔ³¹	ɕiŋ²¹	
	我	和	他	都	不	高	兴	
环 县	ŋuo⁴¹	xuo²⁴	ȵia²⁴	tʀu²⁴	pu²¹	kɔ⁵⁵	ɕiŋ⁵⁵	
	我	和	臬	都	不	高	兴	
正 宁	ŋɤ⁵³	xuo²⁴	tʻa⁵³	tou³¹	pu³¹	kɔ³¹	ɕiŋ⁴⁴	
	我	和	他	都	不	高	兴	

① 着气：生气。

第一章 语法例句

镇原	uo⁴⁴ 我	kəŋ³¹ 跟	t'a⁵³ 他	təu²⁴ 都	pu⁵³ 不	kɔ³¹ 高	ɕiŋ²⁴ 兴		
定西	ŋɤ⁵³ 我	xɤ¹³ 和	t'a²¹ 他	tɤu¹³ 都	pu⁴⁴ 不	yɛ²¹ 悦	yæ⁴⁴ 愿		
通渭	kə⁵³ 我	læ̃²¹ 连	t'a²¹ 他	tʊ¹³ 都	pu⁴⁴ 不	kɔ³² 高	ɕiẽ²¹ 兴		
陇西	kɤ⁵⁵ 我	liæ̃¹³ 连	t'a²¹ 他	tɤu²² 都	pu⁴⁴ 不	kɔ³² 高	ɕin²¹ 兴		
临洮	ŋo⁵³ 我	xo¹³ 和	t'a¹³ 他	tʊ¹³ 都	pu⁴⁴ 不	kɔ²¹ 高	ɕiẽ²¹ 兴		
漳县	kɤ⁴⁴ 我	læ̃²⁴ 连	t'ɑ²¹ 他	tɤu²¹ 都	pu²⁴ 不	kɔo⁵³ 高	ɕiɤ̃⁴⁴ 兴		
武都	ŋə⁵⁵ 我	liæ̃²¹ 连	t'a⁵⁵ 他	tɤu²¹ 都	kou²¹ 高	ɕiɤ̃⁵⁵ 兴	pu²¹ 不	tɕ'i⁵⁵ 起	lɛi²¹ 来
文县	ŋɤ⁵⁵ 我	læ̃¹³ 连	t'a³¹ 他	tɤu⁴⁴ 都	pu²¹ 不	kɔo²¹ 高	ɕiɤ̃⁴² 兴		
宕昌	ŋɤ⁵³ 我	læ̃²¹ 连	ʐa⁵³ 他	tɤu¹³ 都	pu³³ 不	kao⁴² 高	ɕiŋ²¹ 兴		
康县	ŋuɤ⁵⁵ 我	xuɤ²¹ 和	t'A⁵³ 他	tɤu⁵³ 都	pu²¹ 不	kɔo²¹ 高	ɕiŋ²⁴ 兴		
西和	ŋuɤ⁵¹ 我	læ̃²⁴ 连	t'A²¹ 他	tɤu⁵⁵ 都	pu²¹ 不	kao²¹ 高	ɕiŋ⁵⁵ 兴		
临夏市	ŋɤ⁴⁴ 我	la²¹ 们	liɑŋ⁴⁴ 两	kə⁵³ 个	tɤu¹³ 都	pu²¹ 不	kɔ²¹ 高	ɕiɤ̃⁵² 兴	
临夏县	ŋə⁵⁵² 我	xuə⁵⁵ 和	t'ɑ⁵² 他	tu¹³ 都	pu²¹ 不	kɔ²¹ 高	ɕiŋ⁵² 兴		
合作	ŋɤ¹³ 我	xɤ¹³ 和	t'a⁵⁵ 他	la⁴⁴ 拉⁼①	tɤɯ¹³ 都	mɤ¹³ 没	kɔo¹³ 高	ɕin⁵³ 兴	ti²¹ 的
舟曲	ŋuə²⁴ 我	liæ̃³¹ 连	ʐa⁵³ 他	tɤu⁵³ 都	pu³¹ 不	kɔo⁵³ 高	ɕiŋ²⁴ 兴		
临潭	ŋɤ⁵³ 我	kəŋ⁴⁴ 跟	vu⁴⁴ 兀②	kɤ³¹ 个	tɤu¹³ 都	mu⁴⁴ 不	kɔ⁴⁴ 高	ɕin⁵⁵ 兴	

---

① 拉⁼：人称代词复数标记。
② 兀：相当于远指代词"那"，临潭方言中"那个"指"他"。

2. 我和他一起进城

兰州	vɤ⁴⁴ 我	xuo⁵³ 和	tʻa⁴⁴ 他	zɿ¹³ 一	tɕʻi⁴⁴ 起	tɕin¹³ 进	tʂʻən²¹ 城		
红古	vɤ³⁵ 我	liẽ⁴² 连	tɕia¹³ 傢⁼	zɿ²² 一	tɐr¹³ 搭①儿	tɕin⁴⁴ 进	tɕʻən¹³ 城		
永登	və⁴⁴ 我	liæ̃²² 连	na⁴⁴ 那	i²⁴ 一	ta⁵³ 搭⁼	tɕin²² 进	tʂʻən⁵³ 城	pei²¹ 呗	
榆中	uɤ⁴⁴ 我	mən³¹ 们	zɿ³¹ 一	tɕʻi³⁵ 起	tɕin⁴⁴ 进	tʂʻən⁵³ 城			
白银	vɑŋ⁵¹ 我	liɑŋ³³ 俩	kə²¹ 个	zɿ¹³ 一	ta⁵³ 搭⁼	tɕin¹³ 进	kə⁴⁴ 个	tʂʻən⁵¹ 城	
靖远	ŋuə⁵⁵ 我	liæ²¹ 连	tʻa⁴¹ 他	zɿ²¹ 一	ta²² 搭⁼	lɛi⁵⁵ 唻	tɕiŋ³⁵ 进	tʂʻɤŋ²⁴ 城	tsʻɿ⁵⁵ 去 niɛ²¹ 呢
天水	ŋuə⁵³ 我	liæ̃¹³ 连	tʻa⁵⁵ 他	zɿ²¹ 一	ta¹³ 搭⁼	tɕiən⁴⁴ 进	tʂʻəŋ²¹ 城		
秦安	kə⁵³ 我	lan¹³ 连	tʻa¹³ 他	zɿ¹³ 一	ta³⁵ 搭⁼	tɤu¹³ 到	tʂʻə̃¹³ 城	xə⁴⁴ 壑	li²¹ 里 tɕʻi²¹ 去
甘谷	kiɛ⁵³ 我	kəŋ⁴⁴ 跟	tʻɒ²¹² 他	i²¹ 一	tɒ²¹ 搭⁼	tɕiən⁴⁴ 进	tʂʻəŋ²¹ 城		
武山	kiə⁵³ 我	la²¹ 连	tʻɑ²¹ 他	i¹³ 一	tɑ⁴⁴ 搭⁼	tsɤu⁴⁴ 走	tʂʻəŋ²¹ 城	lə⁴⁴ 里	tɕʻi⁴² 去 lɔ̃²¹ 了
张家川	ŋɤ⁵³ 我	liæ̃¹³ 连	tʻa⁵³ 他	zɿ²¹ 一	ta¹³ 搭⁼	tɕiŋ⁴⁴ 进	xə²¹ 下	tʂʻɤŋ¹³ 城	ti²¹ 的
武威	və⁴⁴ 我	liÃ³⁵ 连	tɕia³¹ 傢⁼	i⁴⁴ 一	ta³¹ 搭⁼	li²¹ 里	tɕiŋ⁵³ 进	tʂʻəŋ¹³ 城	
民勤	uə⁴⁴ 我	læi³¹ 连	tʻa⁴⁴ 他	zɿ⁴² 一	ta²² 搭⁼	ŋ⁴⁴ 里	tɕiŋ²² 进	tʂʻɤŋ⁵³ 城	
古浪	uə²¹ 我	lɛ⁴⁴ 连	na⁴² 那	zɿ²¹ 一	tɑ⁴⁴ 搭⁼	li²¹ 里	tɕiŋ²¹ 进	tʂʻɔ̃ŋ⁴² 城	

---

① 一搭⁼：一起。

第一章　语法例句

永昌	uə⁴⁴	lie⁵³	tɕia¹³	zi⁵³	ta²¹	tʂʻəŋ¹³	li²¹	tɕʻy⁵³	liə²¹
	我	连	傢=	一	搭=	城	里	去	呢
张掖	və²²	xə⁴⁴	tʻa⁴⁴	zi²²	ta⁴⁴	li⁴⁴	tɕiŋ²²	tʂʻəŋ⁵³	
	我	和	他	一	搭=	里	进	城	
山丹	uə²²	xə⁴⁴	na⁵³	zi²²	ta⁵⁵	li²²	tɕiŋ²²	tʂʻəŋ⁵³	
	我	和	那	一	搭=	里	进	城	
平凉	uo⁵³	liæ̃²¹	tʻɑ⁵³	i³¹	tɕʻi⁴⁴	tɕiŋ³¹	tʂəŋ²⁴		
	我	连	他	一	起	进	城		
泾川	vo⁵³	kəŋ³¹	tʻʌ⁵³	tʂəŋ³¹	li⁴⁴	tɕʻi²¹	liɛ²¹		
	我	跟	他	城	里	去	了		
灵台	uo⁵³	kəŋ³¹	tʻa⁵³	i³¹	tɕʻi⁵³	tsiəŋ⁴⁴	tʻəŋ²⁴		
	我	跟	他	一	起	进	城		
	uo⁵³	xuo²⁴	tʻa⁵³	i³¹	tɕʻi⁵³	tsiəŋ⁴⁴	tʻəŋ²⁴		
	我	和	他	一	起	进	城		
酒泉	uə²²	liẽ⁴⁴	tʻa⁴²	zi²²	ta⁴⁴	li⁴²	tɕiŋ²²	tʂʻəŋ⁵³	
	我	连	他	一	搭=	里	进	城	
敦煌	ŋə⁵³	xə²²	tʻa²¹³	zɿ²²	tɕʻʅ⁵³	tɕiŋ⁴⁴	tʂʻəŋ²¹	tɕʻʮ⁴⁴	nə²¹
	我	和	他	一	起	进	城	去	呢
西峰	ŋɤ³¹	xɤ²⁴	tʻa⁵³	i³¹	tɕʻi⁵³	tɕiŋ³¹	tʂəŋ²⁴		
	我	和	他	一	起	进	城		
环县	ŋuo⁴¹	xuo²⁴	ȵia²⁴	i³¹	ta²⁴	ȵi⁵⁵	tsɤu⁵⁵	kɛ⁴¹	ʂaŋ²¹
	我	和	臬=	一	搭=	里	走	街	上
正宁	ŋɤ⁵³	xuo²⁴	tʻa⁵³	i³¹	tɕʻi⁵³	tin⁴⁴	tʂəŋ²⁴		
	我	和	他	一	起	进	城		
镇原	uo³¹	liæ²⁴	tʻa⁵³	i²²	ta²⁴	lei³¹	tsiŋ⁴⁴	tʂʻəŋ²⁴	
	我	连	他	一	搭=	里	进	城	
定西	ŋɤ⁵³	xɤ¹³	tʻa¹³	zi²¹	ta¹³	tɕin⁴⁴	tʂʻɤ̃¹³		
	我	和	他	一	搭=	进	城		
通渭	kə⁵³	læ²¹	tʻa¹³	zi²¹	ta¹³	tɕĩ⁴⁴	tʂʻɔ̃¹³		
	我	连	他	一	搭=	进	城		
陇西	kɤ⁵⁵	liæ¹³	tʻa²¹	zi⁴²	ta²²	tɕin⁴⁴	tʂʻəŋ²²	tɕʻi²¹	li²¹
	我	连	他	一	搭=	进	城	去	哩

临洮	ŋo⁵³	xo¹³	tʻa¹³	zi²¹	tar¹³	tɕi̴⁴⁴	tʂʻẽ¹³		
	我	和	他	一	搭〃	儿	进	城	
漳县	kɤ⁴⁴	læ̃²⁴	tʻɑ³¹	zi⁴²	tɑ²¹	tɕiɤ̃⁴⁴	tʃʻɤ²⁴		
	我	连	他	一	搭〃	进	城		
武都	ŋə⁵⁵	liæ²¹	tʻa⁵⁵	zi⁵³	ta²¹	tou²⁴	tʂʻɔ̃²¹	li⁵⁵	tɕʻi²¹
	我	连	他	一	搭〃	到	城	里	去
文县	ŋɤ⁵⁵	læ̃¹³	tʻa⁴⁴	zi³¹	tɔo²¹	tɕiɔ̃²⁴	tʂʻɔ̃²¹		
	我	连	他	一	道	进	城		
宕昌	ŋɤ⁵³	læ̃²¹	ʐa⁵³	zɿ¹³	ta⁴⁴	ər²¹	tɕiŋ⁴⁴	tʂʻəŋ¹³	
	我	连	他	一	搭〃	儿	进	城	
康县	ŋuɤ⁵⁵	xuɤ²¹	tʻᴀ⁵⁵	i⁵³	tᴀ²⁴	ər²¹	tsin²⁴	tʂʻɤŋ²¹	
	我	和	他	一	搭〃	儿	进	城	
西和	ŋuɤ⁵¹	læ̃²⁴	tʻᴀ²¹	i²¹	tᴀ⁵⁵	tɕin⁵⁵	tʂʻɤŋ²⁴		
	我	连	他	一	搭〃	进	城		
临夏市	ŋə⁴⁴	lɑ⁴⁴	tʂʻəŋ²¹	li⁴⁴	zi²¹	tɑ²⁴	tɕʻi⁵³	n̠i²¹	
	我	拉〃	城	里	一	搭〃	去	呢	
临夏县	ŋə⁵⁵²	xuə⁵⁵	tʻɑ⁵³	zi²¹	tɑ²⁴	tɕin²¹	tʂəŋ²⁴		
	我	和	他	一	搭〃	进	城		
合作	ŋɤ⁵³	xɤ¹³	tʻa⁵⁵	zi¹³³	ta⁵⁵	ɕin⁵³	tʂɤŋ¹³		
	我	和	他	一	搭〃	进	城		
舟曲	ŋuə²⁴	liæ³¹	ʐa⁵³	ʐʅ²⁴	tɤr³¹	tsin⁵⁵	tʂʻɤŋ³¹		
	我	连	他	一	搭〃	儿	进	城	
临潭	ŋɤ⁵³	liæi¹³	tʻa⁴⁴	zi¹³	taɐr¹³	kɛi⁴⁴	ʂɔ̃⁵³	tɕʻi⁴⁴	li³¹
	我	连	他	一	搭〃	儿	街	上	去	哩

3．我不和他说话

兰州	vɤ²²	pu⁴⁴	xuo²²	tʻa⁴⁴	ʂuo²²	xua¹³
	我	不	和	他	说	话
红古	vɤ³⁵	liẽ⁴²	tɕia¹³	mɤ¹³	fɤ³¹	xua²²	tʂɤ³¹
	我	连	傢¨	没	说	话	着
永登	və⁴⁴	liẽ²²	tʻa³¹	mei²²	iʊu²¹	fə⁷¹	xua³³	tsə²¹
	我	连	他	没	有	说	话	着
榆中	uɤ⁴⁴	pu³¹	ken⁴⁴	ni⁴⁴	ʂuɤ²⁴
	我	不	跟	你	说
白银	və³⁵	pu²¹	iaŋ²²	tʻa⁴⁴	fə²²	xua¹³
	我	不	连	他	说	话
靖远	ŋuə⁵⁵	pu²¹	liæ²²	tʻa⁴¹	ʂuə²²	xuɑ³³
	我	不	连	他	说	话
天水	ŋuə⁵³	pu³¹	læ̃¹³	tʻa²¹	ʂɿ̩²¹	xua⁴⁴
	我	不	连	他	说	话
秦安	kə⁵³	lan¹³	tʻa¹³	pfu⁴⁴	tɕiɔ²¹	ian¹³
	我	连	他	不	交	言①
甘谷	kiɛ⁵³	pu⁴⁴	kəŋ¹³	tʻɒ¹³	ʃə²¹²	xuɛ⁴⁴
	我	不	跟	他	说	话
武山	kiə⁵³	pu²¹	lia²⁴	tʻɑ²¹	ʃuə²¹	xuo¹³
	我	不	连	他	说	话
张家川	ŋɤ⁵³	pu⁵⁵	liæ²¹	tʻa²¹	ʃɤ²¹	xua²¹
	我	不	连	他	说	话
武威	və²²	pu⁴⁴	lĩ²¹	tʻa³¹	ʂuə⁴⁴	xua³¹
	我	不	连	他	说	话
民勤	uə⁴⁴	pu²²	læi⁴⁴	tʻa²¹	ʂuə²²	xua⁴²
	我	不	连	他	说	话
古浪	uə⁴⁴	pu²¹	lɛ²²	nɑ⁵³	ʂuə²²	xuɑ²¹
	我	不	连	那	说	话

---

① 交言：说话。

永昌	uə³⁵	pu⁴²	lie²¹	tɕia¹³	ʂuə¹³	xua⁴²	
	我	不	连	傢̈	说	话	
张掖	və⁵³	pu²²	xə⁴⁴	t'a⁴⁴	fə²⁴	xua²¹	
	我	不	和	他	说	话	
山丹	uə⁵³	pu⁴²	xə²²	na⁵³	fə²⁴	xua⁴¹	
	我	不	和	那	说	话	
平凉	ŋɤ⁵³	pu⁴⁴	liæ⁴⁴	t'ɑ⁴⁴	ʂuo³¹	xuɑ⁴⁴	
	我	不	连	他	说	话	
泾川	vo⁵³	kəŋ³¹	t'A⁵³	pu²⁴	ʂɤ³¹	xuA⁴⁴	
	我	跟	他	不	说	话	
灵台	uo⁵³	pfu²¹	liæ̃²⁴	ȵi⁵³	ʃuo³¹	xua⁴⁴	
	我	不	连	你	说	话	
	uo⁵³	liæ̃²⁴	ȵi⁵³	pfu³¹	ʃuo³¹	xua⁴⁴	
	我	连	你	不	说	话	
酒泉	və⁵³	pu²²	liẽ⁵³	t'a⁴⁴	ʂuə⁴⁴	xua²¹	
	我	不	连	他	说	话	
敦煌	ŋə³³	pu²²	xə⁵³	t'a⁴⁴	ʂuə²²	xua⁴⁴	lə⁵³
	我	不	和	他	说	话	了
西峰	ŋɤ³¹	kəŋ²¹	t'a⁵³	pu³¹	ʂuo³¹	xua⁵⁵	
	我	跟	他	不	说	话	
环县	ŋuo⁴¹	pu²⁴	xuo²⁴	ȵia²⁴	ʂuo³¹	xua⁵⁵	
	我	不	和	臬̈	说	话	
正宁	ŋɤ⁵³	pu³¹	xuo²⁴	t'a⁵³	ʃuo³¹	xua⁴⁴	
	我	不	和	他	说	话	
镇原	uo³¹	pu³¹	liæ̃²⁴	t'a⁴⁴	siε³¹	xua⁴⁴	
	我	不	连	他	说	话	
定西	ŋɤ⁵³	pu⁴⁴	liæ̃¹³	t'a¹³	ʃʮɤ²¹	xua⁴⁴	
	我	不	连	他	说	话	
通渭	kə⁵³	pu⁴⁴	læ̃²¹	t'a¹³	ʃʮə³²	xua²¹	
	我	不	连	他	说	话	
陇西	kɤ⁵⁵	pu⁴²	liæ̃¹³	t'a²¹	tʂ'uæ̃⁵⁵	xua⁴⁴	
	我	不	连	他	喘	话①	

---

① 喘话：说话。

第一章 语法例句

临洮	ŋo⁵³	pu²¹	xo¹³	tʻa²¹	tʂʻuæ̃⁵³	xua⁴⁴	
	我	不	和	他	喘	话	
漳县	kɤ⁴⁴	pu⁴²	læ²⁴	tʻɑ²¹	ʃʅɤ²¹	xuɑ⁴⁴	
	我	不	连	他	说	话	
武都	ŋə⁵⁵	pu²¹	ŋɛi⁵⁵	xə²¹	tʻa⁵⁵	ʃuə²¹	xua²⁴
	我	不	爱	和	他	说	话
文县	ŋɤ⁵⁵	pu³¹	læ¹³	tʻa³¹	tʃuæ̃⁴²		
	我	不	连	他	喘		
宕昌	ŋɤ⁵³	læ⁴²	tʻa²²	pu¹³	tʂʻuæ̃⁵³		
	我	连	他	不	喘		
康县	ŋuɤ⁵⁵	pu⁵³	xuɤ²¹	tʻA⁵³	fɤ²¹	xuA²⁴	
	我	不	和	他	说	话	
西和	ŋuɤ⁵¹	pu²¹	læ²⁴	tʻA²¹	çyə²¹	xuA⁵⁵	
	我	不	连	他	说	话	
临夏市	tɕiɛ¹³	lɑ²¹	xuɑ⁵³	ŋə⁴⁴	mu²¹	ʂuə¹³	ti²¹
	傢	拉	话	我	没	说	的
临夏县	ŋə⁴⁴²	pu¹³	xuə⁵⁵	tʻɑ⁵³	fə¹³	xuɑ⁵³	
	我	不	和	他	说	话	
合作	ŋɤ⁵³	tʻa⁵⁵	la⁵³	pu²¹	ʂuə⁵⁵	xua⁵³	ti²¹
	我	他	拉	不	说	话	的
舟曲	ŋuə²⁴	liæ³¹	tʻa⁵⁵	pu²¹	tʃʻʯæ̃⁵³		
	我	连	他	不	喘		
临潭	ŋɤ⁵³	kəŋ⁴⁴	vu⁵⁵	kɤ⁵³	pu³¹	ʂuɤ³¹	xua⁴⁴
	我	跟	兀	个	不	说	话

4. 我和他不说话

兰州	vɤ⁴⁴	xuo³¹	tʻa⁴⁴	pu⁴⁴	ʂuo²¹	xua¹³
	我	和	他	不	说	话
红古	vɤ³⁵	liẽ⁴²	tɕia¹³	pu²²	fɤ²¹	xua¹³
	我	连	傢̄	不	说	话
永登	və⁴⁴	liæ̃²²	tʻa⁴⁴	pu²²	fə²²	xua⁴⁴
	我	连	他	不	说	话
榆中	uɤ⁴⁴	xɤ⁴⁴	tʻa⁴⁴	pu⁴⁴	ʂuɤ³¹	xua²⁴
	我	和	他	不	说	话
白银	və³⁵	iɑŋ⁵¹	pa¹³	pu¹³	fə²²	xua¹³
	我	连	他	不	说	话
靖远	ŋuə⁵⁵	liæ̃²²	tʻa⁴¹	pu²¹	ʂuə²²	xua³³
	我	连	他	不	说	话
天水	ŋuə⁵³	liæ̃¹³	tʻa²¹	pu⁴⁴	ʂʅə²¹	xua²¹
	我	连	他	不	说	话
秦安	kə⁵³	lan¹³	tʻa¹³	pfu⁴⁴	tɕiɔ²¹	ian¹³
	我	连	他	不	交	言
甘谷	kiɛ⁵³	kəŋ⁴⁴	tʻɒ²¹	pu⁴⁴	ʃə²¹	xuə²¹
	我	跟	他	不	说	话
武山	kiə⁵³	lan²⁴	tʻɑ⁴⁴	pu⁴⁴	ʃuə²¹	xuo¹³
	我	连	他	不	说	话
张家川	ŋɤ⁵³	liæ̃²¹	tʻa⁵³	pu⁴⁴	ʃɤ²¹	xua²¹
	我	连	他	不	说	话
武威	və³⁵	liÃ⁵³	tʻa³¹	pu⁴⁴	ʂuə⁴⁴	xua³¹
	我	连	他	不	说	话
民勤	uə⁴⁴	læi⁴⁴	tʻa⁴⁴	pu²²	ʂuə²²	xua⁴²
	我	连	他	不	说	话
古浪	uə²²	lɛ⁴⁴	nɑ⁵³	liɛ⁴²	xuɑ²¹	tʊu⁴⁴ pu²² ʂuə²¹
	我	连	那	连	话	都 不 说
永昌	uə³⁵	lie¹³	tɕia⁴²	pu²²	ʂuə⁴⁴	xua⁵³
	我	连	傢̄	不	说	话

第一章 语法例句

张掖	və²²	xə⁴⁴	t'a⁴⁴	pu²⁴	fə²⁴	xua²¹	
	我	和	他	不	说	话	
山丹	uə²²	xə⁴⁴	na⁵³	pu⁴²	fə²⁴	xua⁴¹	
	我	和	那	不	说	话	
平凉	ŋɤ⁵³	liæ̃³¹	t'ɑ⁴⁴	pu²⁴	ʂuo³¹	xuɑ²¹	
	我	连	他	不	说	话	
泾川	vo⁵³	kəŋ³¹	t'ᴀ⁵³	pu²⁴	ʂɤ³¹	xuᴀ⁴⁴	
	我	跟	他	不	说	话	
	vo⁵³	y⁴⁴	t'ᴀ³¹	pu²⁴	ʂɤ³¹	xuᴀ⁴⁴	
	我	与	他	不	说	话	
灵台	uo⁵³	kəŋ³¹	t'a⁵³	pfu²⁴	ʃuo³¹	xua²¹	
	我	跟	他	不	说	话	
	uo⁵³	liæ̃²⁴	t'a⁵³	pfu²⁴	ʃuo³¹	xua²¹	
	我	连	他	不	说	话	
酒泉	və²²	liẽ⁴⁴	t'a⁴²	pu²⁴	ʂuə⁴⁴	xua²¹	
	我	和	他	不	说	话	
敦煌	ŋə⁵³	xə²²	t'a⁴⁴	pu⁵³	ʂuə⁴⁴	xua²¹³	lə⁴²
	我	和	他	不	说	话	了
西峰	ŋɤ³¹	kəŋ²¹	t'a⁵³	pu³¹	ʂuo³¹	xua⁵⁵	
	我	跟	他	不	说	话	
环县	ŋuo⁴¹	xuo²⁴	ȵia²⁴	pu²⁴	ʂuo³¹	xua⁵⁵	
	我	和	㒰	不	说	话	
正宁	ŋɤ⁵³	kən²²	t'a⁵³	pu³¹	ʃuo³¹	xua⁴⁴	
	我	跟	他	不	说	话	
镇原	uo³¹	liæ̃²⁴	t'a⁵³	pu³¹	siɛ⁵³	xua²⁴	
	我	连	他	不	说	话	
定西	ŋɤ⁵³	liæ̃¹³	t'a¹³	tʂɤu⁴⁴	tʂɤ³²	li²¹	
	我	连	他	臭	着	哩	
通渭	kə⁵³	læ̃²¹	t'a¹³	pu²¹	tʃʮæ̃⁵³		
	我	连	他	不	喘		
陇西	kɤ⁵⁵	liæ̃¹³	t'a²¹	pu²¹	tʂ'uæ̃⁵⁵	xua⁴³	
	我	连	他	不	喘	话	

临洮	ŋo⁵³	xo¹³	t'a¹³	pu²¹	tʂ'uæ⁵³	xua⁴⁴		
	我	和	他	不	喘	话		
漳县	kɤ⁴⁴	læ̃²⁴	t'ɑ²¹	pu²⁴	ʃʮ⁴²	xuɑ⁴⁴		
	我	连	他	不	说	话		
武都	ŋə⁵⁵	xə²¹	t'a⁵⁵	pu²¹	tʃuæ⁵⁵			
	我	和	他	不	喘			
文县	ŋɤ⁵⁵	læ̃¹³	t'a⁴⁴	tɤu³¹	pu²¹	tʃ'uæ⁴²		
	我	连	他	都	不	喘		
宕昌	ŋɤ⁵³	læ̃⁴²	t'a²²	pu⁴⁴	tʂ'uæ⁵³			
	我	连	他	不	喘			
康县	ŋuɤ⁵⁵	xuɤ²¹	t'A⁵³	pu⁵³	fɤ²¹	xuA²⁴		
	我	和	他	不	说	话		
西和	ŋuɤ⁵⁵	læ̃²⁴	t'A²¹	pu²⁴	çyə²¹	xuA⁵⁵		
	我	连	他	不	说	话		
临夏市	tɕiɛ¹³	lɑ²¹	xuɑ⁵³	ŋə⁴⁴	pu²¹	ʂuə¹³		
	像	拉	话	我	不	说		
临夏县	ŋə⁴⁴²	xuə¹³	t'ɑ⁵⁵	mə¹³	xuɑ⁵³			
	我	和	他	没	话			
合作	ŋɤ⁵³	xɤ¹³	t'a⁵⁵	xua⁵³	mu⁴²	ʂuə⁵⁵	ti²¹	
	我	和	他	话	没	说	的	
舟曲	ŋuə²⁴	liæ̃³¹	t'a⁵⁵	pu²¹	tʃ'ʮæ̃⁵³			
	我	连	他	不	喘			
临潭	ŋɤ⁵³	kəŋ⁴⁴	vu³¹	kɤ¹³	pu⁵³	ʂuɤ³¹	xua⁴⁴	
	我	跟	兀	个	不	说	话	

5. 我刚来

兰 州	vɤ53	tɕiã53	lɛ21	我刚来	
红 古	vɤ35	tɕiã22	lɛ35	我刚来	
永 登	və33	tɕiãŋ44	lɛi41	我刚来	
榆 中	uɤ44	tɕiaŋ44	lɛi31	我刚来	
白 银	və33	tɕiaŋ44	lɛ51	我刚来	
靖 远	ŋuə55	tɕiaŋ22	lɛi24	我刚来	
天 水	ŋuə53	tɕiã31	lɛ13	我刚来	
秦 安	kə53	tɕiɔ̃31	lɛ13	我刚来	
甘 谷	kiɛ53	tɕiaŋ212	lai24	我刚来	
武 山	kiə53	tɕiaŋ21	lɛi24	我刚来	
张家川	ŋɤ53	tɕiã̃21	tɕiã̃r43	le21	我刚刚儿来
武 威	və44	tɕiã̃21	lɛi35	我刚来	
民 勤	uə44	tɕiaŋ44	læi53	我刚来	
古 浪	uə44	tɕiãŋ44	lɛ42	我刚来	
永 昌	uə35	tɕiʌŋ53	lɛ21	我刚来	
张 掖	və22	tsʻɛi53	lɛi21	我才来	
山 丹	uə53	tɕiã34	lɛe43	我刚来	
平 凉	ŋɤ53	kaŋ24	laŋ24	læ24	我刚刚来
泾 川	vo53	tɕiaŋ24	lᴇ24	我刚来	
灵 台	ŋuo53	tɕiaŋ24	lɛ24	我刚来	
酒 泉	və53	tɕiaŋ44	le53	我刚来	
敦 煌	ŋə53	kɔŋ22	lɛ21	li44	我刚来哩
西 峰	ŋɤ31	kaŋ55	kaŋ21	ər24	lᴇ24	我刚刚儿来
环 县	ŋuo41	kaŋ24	kaŋ24	ər21	lɛ24	我刚刚儿来
正 宁	ŋɤ53	kaŋ24	lᴇ24	我刚来	
镇 原	uo31	kaŋ24	kaŋr21	lɛ24	我刚刚儿来
定 西	ŋɤ53	tɕiã21	tɕiã13	kɤ32	lᴇ13	我刚刚个来
通 渭	kə53	tɕiã21	læ13	我刚来	
陇 西	kɤ55	tɕiã42	lɛ13	我刚来	
临 洮	ŋo53	tɕiã21	lɛ13	我刚来	

漳 县	kɤ⁴⁴ tɕiã⁵³ lɛ²⁴	我刚来
武 都	ŋə⁵⁵ tsɛi¹³ lɛi¹³	我才来
文 县	ŋɤ⁵⁵ tɕiã²¹ lɛ¹³	我刚来
宕 昌	ŋɤ⁵³ tɕiã³³ lɛ¹³	我刚来
康 县	ŋuɤ⁵⁵ tsɛ¹³ lɛ²¹	我才来
西 和	ŋuɤ⁵⁵ tɕiã²¹ lɛ⁴⁴	我刚来
临夏市	ŋə⁴⁴ tɕiaŋ¹³ lɛ¹³	我刚来
临夏县	ŋə⁵⁵² tɕiaŋ²¹ lɛ⁵²	我刚来
合 作	ŋɤ⁵³ ɕiaŋ¹³ lɛi¹³	我刚来
舟 曲	ŋuə²⁴ tɕiã⁵⁵ lɛ³¹	我刚来
临 潭	ŋɤ⁵³ tɕiã⁴⁴ lɛi²⁴	我刚来

6. 我刚好不在家

兰州	vɤ44	kã44	xɔ31	pu13	tsɛ13	tɕia21	
	我	刚	好	不	在	家	
红古	vɤ35	tɕiã31	xɔ44	mɤ31	tsɛ13	tɕia22	l̩21
	我	刚	好	没	在	家	里
永登	və33	tɕiãŋ44	xao41	mei21	iʊu31	tsɛi22	v̩21 li21
	我	刚	好	没	有	在	屋 里
榆中	uɤ44	pu24	tsɛi24	vu31	li44		
	我	不	在	屋	里		
白银	və33	tɕiaŋ44	mei22	tsɛ21	vu22	li33	
	我	刚	没	在	屋	里	
靖远	ŋuə33	tʂɤŋ35	xɔ41	mə22	tsɛi35	vu41	lɛi21
	我	正	好儿	没	在	屋	来
天水	ŋuə53	tɕiã31	xɔ53	pu44	tsʻɛ44	tɕia21	
	我	刚	好	不	在	家	
秦安	kə53	tɕiɔ̃31	xɔ44	pfu13	tsʻɛ44	vu21	li13
	我	刚	好	不	在	屋	里
甘谷	kiɛ53	tɕiaŋ21	xau44	pu21	tsʻai44	tɕiɒ44	
	我	刚	好	不	在	家	
武山	kiɛ53	tɕiaŋ21	mei21	iɤu21	tsʻai44	u53	lɛi13
	我	刚	没	有	在	屋	来
张家川	tʂɤŋ44	xɔr53	ŋɤ53	mɤ21	tsʻe44	v̩21	liə32
	正	好儿	我	没	在	屋	里
武威	və35	tʂəŋ53	xou31	mei44	iəu21	tsɛi44	vu44 li21
	我	正	好	没	有	在	屋 里
民勤	uə44	tɕiaŋ44	xɔ44	mir22	tsæi22	tɕia44	
	我	刚	好	没	在	家	
古浪	uə44	tʂʅ31	xu22	tsʅ44	mei42	iʊu21	tsɛ44 vu42 li21
	我	这	会	子	没	有	在 屋 里
永昌	uə13	tɕiᴀŋ53	xɔɔ42	mə13	tsɛ42	tɕia21	
	我	刚	好	没	在	家	

张掖	və⁴⁴	tʂəŋ²²	xɔ⁵³	pu²²	tsɛi²¹	vu²²	li²¹
	我	正	好	不	在	屋	里
山丹	uə⁵³	tɕiã³⁴	xɑo⁵³	mu²⁴	tsɜe⁴²	tɕia³⁴	
	我	刚	好	没	在	家	
平凉	uo⁵³	kaŋ²⁴	kaŋ²¹	pu³¹	tsæ⁵³	tɕia³¹	
	我	刚	刚	不	在	家	
泾川	vo⁵³	tsəŋ⁴⁴	xɔ⁵³	pu³¹	tsE⁴⁴	tɕiA³¹	
	我	正	好	不	在	家	
灵台	uo⁵³	təŋ⁵³	xɔ⁵³	pfu²¹	tsɜ⁴⁴	tɕia²¹	
	我	正	好	不	在	家	
酒泉	və⁵³	tɕiaŋ⁴⁴	xɵ⁵³	pu¹³	tse⁴²	tɕia⁴⁴	
	我	刚	好	不	在	家	
敦煌	ŋə⁵³	tʂəŋ⁴⁴	xɔɔ⁴⁴	pu²²	tsɜ⁴⁴	tɕia²¹³	
	我	正	好	不	在	家	
西峰	ouo³¹	tʂəŋ⁵⁵	xɔ²¹	ər²¹	pu³¹	tsE⁵⁵	tɕia³¹
	我	正	好	儿	不	在	家
环县	ŋuo⁴¹	kaŋ³¹	xɔr⁴¹	mɤ³¹	tsɜ⁵⁵	tɕia⁴¹	
	我	刚	好儿	没	在	家	
正宁	ŋɤ⁵³	kaŋ²⁴	xɔ⁵³	pu³¹	tsʻE³¹	tɕia³¹	
	我	刚	好	不	在	家	
镇原	a⁴⁴,	miɔ⁴⁴	miɔr⁵³	ti³¹	uo³¹	kaŋ²⁴	pu³¹	tsɜ⁴⁴	u³¹	n̩i²¹
	啊,	妙	妙儿	的	我	刚	不	在	屋	里
定西	ŋɤ⁵³	kʻæ̃⁴⁴	pu²¹	tsE⁴⁴	tɕia¹³		
	我	看	不	在	家		
通渭	kə⁵³	kʻæ̃⁴⁴	pu²¹	tsʻe⁴⁴	u²¹	leæ¹³	
	我	看	不	在	屋	来	
陇西	kɤ⁵⁵	kæ̃⁴⁴	xɔo⁵³	mɤ⁴²	tsɜ⁴⁴	vu⁴²	lɛ¹³
	我	按	好①	没	在	屋	来

---

① 按好：正好。

临洮	ŋo⁵³	ŋæ⁴⁴	tuar⁵³	pu²¹	tsɛ⁴⁴	tɕia¹³,	mo²¹	tɕiæ̃⁴⁴	ʂã⁴⁴
	我	按	端儿①	不	在	家，	没	见	上
漳县	kɤ⁴⁴	tɕiã²¹	xɔ⁴⁴	pu²¹	tsʻE²⁴	tɕiɑ²¹			
	我	刚	好	不	在	家			
武都	ŋə⁵⁵	tɕiaŋ²¹	xu⁵⁵	pu²¹	tsɛi²⁴	tɕia²¹			
	我	刚	好	不	在	家			
文县	ŋɤ⁵⁵	tɕiã²¹	xɔ⁴⁴	muə²¹	tsɛ²⁴	vu³¹	lɛ²⁴		
	我	刚	好	没	在	屋	里		
宕昌	ŋɤ⁵³	tʂəŋ⁴⁴	xao⁵³	mɤ²²	tsɛ⁴⁴	vu²¹	ȵ̩¹³		
	我	正	好	没	在	屋	里		
康县	ŋuɤ⁵³	tʂɤŋ²¹	xɔ⁵⁵	pu²¹	tsE²¹	tɕiA⁴²			
	我	正	好	不	在	家			
西和	ŋuɤ⁵¹	tɕiã²⁴	xao⁵¹	u²¹	li⁵¹	mɤ²¹	tɛ⁵⁵		
	我	刚	好	屋	里	没	呆		
临夏市	ŋə⁴⁴	tɕiaŋ¹³	xɔ⁴⁴	tɕia²¹	li⁴²	pu²¹	tsɛ⁴⁴		
	我	刚	好	家	里	不	在		
临夏县	ŋə⁴⁴²	tɕiaŋ⁵⁵	xɔ²¹	pu¹³	tsɛ⁵²	tɕia¹³			
	我	刚	好	不	在	家			
合作	ŋɤ¹³	pu⁵⁵	tsɛi⁵³	tɕia¹³	li²¹				
	我	不	在	家	里				
舟曲	ŋuə²⁴	tɕiã⁵³	xɔr²¹	mɤ⁵³	tsɛ²⁴	vei⁵³	ȵ̩³¹		
	我	刚	好儿	没	在	屋	里		
临潭	ŋɤ⁵³	tɕiã⁴⁴	xɔ⁵³	pu³¹	tsɛi²²	tɕia¹³			
	我	刚	好	不	在	家			

---

① 按端儿：正好。

7. 不多不少，刚好三斤

兰州	pu¹³	tuo⁴⁴	pu¹³	ʂɔ⁵³,	kã⁴⁴	xɔ³¹	sæ̃³¹	tɕin²¹
	不	多	不	少，	刚	好	三	斤
红古	pu²²	tuə⁴⁴	pu²²	ʂɔ³⁵,	tɕiã³¹	xɔ⁴⁴	sã⁴²	tɕin²¹
	不	多	不	少，	刚	好	三	斤
永登	pu²²	tuə⁴⁴	pu²²	ʂao⁴¹,	tɕiã̃ŋ⁴⁴		sæ̃⁴⁴	tɕin²¹
	不	多	不	少，	刚		三	斤
榆中	tɕiaŋ³³	tɕiaŋ⁴⁴	sæ̃³¹	tɕin⁵³				
	刚	刚	三	斤				
白银	xə²²	ʂʅ²¹,	tɕiaŋ⁴⁴	tɕiaŋ⁴⁴	san⁴⁴	tɕin²¹		
	合	适，	刚	刚	三	斤		
靖远	pu²²	tuə⁴¹	pu²²	ʂao⁴⁴,	tɕiaŋ²⁴	tɕiɚ²⁴	sæ̃⁴¹	tɕiŋ²¹
	不	多	不	少，	刚	刚儿	三	斤
天水	pu⁴⁴	tuə²²	pu²¹	ʂɔ⁵³,	tɕiã³¹	xɔ⁵³	sæ̃¹³	tɕiəŋ³¹
	不	多	不	少，	刚	好	三	斤
秦安	mə⁴⁴	tə¹³	mə¹³	ʂɔ⁵³,	tɕiɔ̃³¹	xɔ⁴⁴	san¹³	tɕiɔ̃²¹
	莫	多	莫	少，	刚	好	三	斤
甘谷	pu⁴⁴	tə²¹²	pu²¹	ʂau⁵³,	tɕiaŋ²¹	xau⁵³	sa¹³	tɕiəŋ¹³
	不	多	不	少，	刚	好	三	斤
武山	pu⁴⁴	tiə²¹	pu²¹	ʂau⁵³,	tɕiaŋ²¹	xɔ⁴⁴	sa²¹	tɕiəŋ²¹
	不	多	不	少，	刚	好	三	斤
张家川	pu⁴⁴	tuɤ¹³	pu²¹	ʂɔu⁵³,	tɕʰiɤu⁴⁴		sæ̃¹³	tɕiŋ²¹
	不	多	不	少，	就		三	斤
武威	pu⁵³	tuə²¹	pu⁵³	ʂɔu²¹,	tɕiÃ³⁵		sÃ²¹	tɕiŋ⁴⁴
	不	多	不	少，	刚		三	斤
民勤	pu²²	tuə⁴⁴	pu²²	ʂɔɔ⁴⁴,	tɕiaŋ⁴⁴		sæi⁴⁴	tɕiŋ²¹
	不	多	不	少，	刚		三	斤
古浪	pu²¹	tuə⁴⁴	pu²¹	ʂao³⁴³,	tɕiã̃ŋ⁴⁴		sæ²²	tɕiŋ³¹
	不	多	不	少，	刚		三	斤
永昌	pu⁴²	tuə¹³	pu⁴²	ʂɔɔ²¹,	tɕiʌŋ³⁵		sɛ¹³	tɕiŋ²¹
	不	多	不	少，	刚		三	斤

张掖	pu²²	tuə⁴⁴	pu²²	ʂɔ⁵³,	tɕiAŋ⁴⁴	xɔ⁵³	sAŋ⁴⁴	tɕiŋ⁴⁴
	不	多	不	少，	刚	好	三	斤
山丹	pu⁴²	tuə⁴⁴	pu²²	ʂɑo⁵³,	tɕiã³⁴	xɑo⁵³	sɛɛ³⁴	tɕiŋ⁴⁴
	不	多	不	少，	刚	好	三	斤
平凉	pu²⁴	tuo³¹	pu³¹	ʂɔ⁵³,	kaŋ²⁴	kɑŋ²¹	sæ̃³¹	tɕiŋ³¹
	不	多	不	少，	刚	刚	三	斤
泾川	pu²⁴	tuo³¹	pu³¹	ʂɔ⁵³,	tʂəŋ⁴⁴	xɔ⁵³	sæ̃³¹	tɕiŋ³¹
	不	多	不	少，	正	好	三	斤
灵台	pfu²⁴	tuo³¹	pfu³¹	ʂɔ⁵,	təŋ⁵³	xɔ⁵³	sæ̃²⁴	tɕiəŋ³¹
	不	多	不	少，	正	好	三	斤
酒泉	pu²²	tuə⁴⁴	pu²²	ʂɵ⁵³,	tɕiaŋ⁴⁴	sã⁴⁴	tɕiŋ⁴⁴	
	不	多	不	少，	刚	三	斤	
敦煌	pu⁵³	tuə⁴⁴	pu²²	ʂɔo⁵³,	tʂəŋ⁴⁴	xɔo⁵³	san²¹³	tɕiŋ²¹³
	不	多	不	少，	正	好	三	斤
西峰	pu³¹	tuo⁵³	pu³¹	ʂɔ⁵³,	tʂəŋ²⁴	xɔ²¹	sæ̃⁵³	tɕiŋ²¹
	不	多	不	少，	正	好	三	斤
环县	pu³¹	tuo⁴¹	pu³¹	ʂɔ⁴¹,	kaŋ²⁴	kɑr²⁴	sæ̃⁴¹	tɕiŋ²¹
	不	多	不	少，	刚	刚儿	三	斤
正宁	pu⁴⁴	tuo³¹	pu³¹	ʂɔ⁵³,	kaŋ²⁴	xɔ²¹	sæ̃³¹	tɕin³¹
	不	多	不	少，	刚	好	三	斤
镇原	pu³¹	tuo⁵³	pu²²	ʂɔ⁵³,	kaŋ⁴⁴	kɑŋr²⁴	sæ̃²⁴	tɕiŋ⁵³
	不	多	不	少，	刚	刚儿	三	斤
定西	pu⁴⁴	tɤ¹³	pu²¹	ʂɔ⁵³,	tɕiã²¹	sæ̃¹³	tɕin³¹	
	不	多	不	少，	刚	三	斤	
通渭	pu⁴⁴	tə¹³	pu²¹	ʂɔ⁵³,	tɕiã²¹	tɕiã¹³	kə³¹	sæ̃¹³	tɕiẽ³¹
	不	多	不	少，	刚	刚	个	三	斤
陇西	pu⁴⁴	to⁴²	pu²¹	ʂɔo⁵³,	tɕiã²¹	sæ̃²¹	tɕiẽ²¹	
	不	多	不	少，	刚	三	斤	
临洮	pu¹³	to⁴²	pu⁴²	ʂɔ⁵³,	tɕiã¹³	xɔ⁵³	sæ̃¹³	tɕiẽ¹³
	不	多	不	少，	刚	好	三	斤
漳县	pu²⁴	tɤ²¹	pu²¹	ʃɔo⁵³,	tɕiã²¹	xɔo⁴⁴	sæ̃²²	tɕiɤ̃²¹
	不	多	不	少，	刚	好	三	斤

武都	pu¹³	tuə²¹	pu²¹	ʂou⁵⁵,	tɕiaŋ²¹	xou⁵⁵	sæ̃²¹	tɕĩ²¹
	不	多	不	少,	刚	好	三	斤
文县	pu³³	tuə²¹	pu³³	sɔo⁴² ,	tɕiã²²	tɕiã³³	sæ̃³¹	tɕĩ²¹
	不	多	不	少,	刚	刚	三	斤
宕昌	pu¹³	tuə²¹	pu¹³	ʂao⁵³,	tɕiã²⁴	tɕiã²¹	ər²¹	sæ̃⁴⁴	tɕiŋ⁴⁴
	不	多	不	少,	刚	刚	儿	三	斤
康县	pu²¹	tuɤ⁵³	pu²¹	ʂɔo⁵⁵,	tɕiã²¹	xɔo⁵⁵	sæ̃⁵³	tɕiŋ²¹
	不	多	不	少,	刚	好	三	斤
西和	pu²⁴	tuɤ²¹	pu²⁴	ʂao⁵¹,	tɕiã²¹	sæ̃²⁴	tɕiŋ²¹
	不	多	不	少,	刚	三	斤
临夏市	pu²¹	tuə⁴⁴	pu²¹	ʂɔ⁴⁴,	tɕiaŋ¹³	xɔ⁴⁴	sã⁴⁴	tɕiŋ⁵³
	不	多	不	少,	刚	好	三	斤
临夏县	pu²¹	tuə⁵⁵	pu²¹	ʂɔ⁵⁵,	tɕiaŋ⁵⁵	xɔ²¹	sã⁵⁵	tɕiŋ²⁴
	不	多	不	少,	刚	好	三	斤
合作	kaŋ¹³	xɔo⁵³	san⁵⁵	ɕin¹³,	ʑi¹³	tian⁵³	pu⁵⁵	ʂɔo⁵³
	刚	好	三	斤,	一	点	不	少
舟曲	pu²¹	tuə⁵³	pu²¹	ʂɔo⁴²,	tɕiã⁵³	tɕiər⁴⁴	sæ̃⁵³	tɕiŋ²¹
	不	多	不	少,	刚	刚儿	三	斤
临潭	pu¹³	tuɤ⁴⁴	pu¹³	ʂɔ⁵³,	tɕiã²⁴	xɔ⁵³	sæi⁴⁴	tɕin⁵⁵
	不	多	不	少,	刚	好	三	斤

8. 不大不小，刚刚好

兰州	pu²²	ta¹³	pu²²	ɕiɔ³¹,	tɕiã⁴⁴	xɔ²¹		
	不	大	不	小，	刚	好		
红古	pu²²	ta⁴⁴	pu²²	ɕiɔ⁵⁵,	tɕiã³¹	xɔ⁴⁴		
	不	大	不	小，	刚	好		
永登	pu²²	ta⁴⁴	pu²²	ɕiɑo⁴¹,	tɕiãŋ⁴⁴	xə²²	ʂʅ³¹	
	不	大	不	小，	刚	合	适	
榆中	tɕiaŋ⁴⁴	xɤ³¹	ʂʅ⁵³					
	刚	合	适					
白银	ta²²	ɕiɔ³³	tɕiaŋ⁴⁴	xə²²	ʂʅ⁵¹			
	大	小	刚	合	适			
靖远	pu²²	ta³³	pu²²	ɕiɑo⁵⁵,	tɕiaŋ²⁴	xuə²¹	ʂʅ²¹	
	不	大	不	小，	刚	合	适	
天水	pu²¹	ta⁴⁴	pu²¹	ɕiɔ⁵³,	tɕiã²¹	tɕiã⁴⁴	ti²¹	xɔ²¹
	不	大	不	小，	刚	刚	的	好
秦安	pfu¹³	ta⁴⁴	pfu¹³	sɥe⁴⁴,	tɕiɔ̃²¹	xə³⁵	tʂʅ²¹	
	不	大	不	碎①，	刚	合	适	
甘谷	pu²¹	tɒ⁴⁴	pu²¹	ɕiɑu⁵³,	tɕiaŋ²¹²	xɤ²¹	ʂʅ²¹	
	不	大	不	小，	刚	合	适	
武山	pu²¹	tɒ⁴⁴	pu²¹	suɛi¹³,	tɕiaŋ²¹	xiə¹³	ʂʅ⁴²	
	不	大	不	碎，	刚	合	适	
张家川	pu²¹	ta⁴⁴	pu²¹	suɪ⁴³,	tɕiã¹³	xɔu⁵³		
	不	大	不	碎，	刚	好		
武威	pu²²	ta⁴⁴	pu⁵³	ɕiɔu²¹,	tɕiÃ²²	xə⁴⁴	ʂʅ²¹	
	不	大	不	小，	刚	合	适	
民勤	pu²²	ta⁴⁴	pu²²	ɕiɔo⁴⁴,	tɕiaŋ⁴⁴	tɕiaŋ⁴⁴	xɔo²¹⁴	
	不	大	不	小，	刚	刚	好	
古浪	pu⁴⁴	ta⁴⁴	pu²¹	ɕiɑo¹³,	tɕiãŋ⁴⁴	xɑo³¹		
	不	大	不	小，	刚	好		

---

① 碎：小。

永昌	pu⁴²	ta⁴⁴	pu⁴²	ɕiɔ²¹,	tɕiAŋ⁵³	xɔ²¹	
	不	大	不	小,	刚	好	
张掖	pu²⁴	ta²¹	pu²²	ɕiɔ⁵³,	tɕiAŋ⁴⁴	tɕiAŋ⁴⁴	xɔ⁵³
	不	大	不	小,	刚	刚	好
山丹	pu²⁴	ta⁴¹	pu²²	ɕiɑo⁵³,	tɕiã³⁴	tɕiã⁴⁴	xɑo²² a⁴⁴
	不	大	不	小,	刚	刚	好 啊
平凉	pu³¹	tɑ⁵³	pu³¹	ɕiɔ⁵³,	kaŋ²⁴	kaŋ²¹	xɔ³¹
	不	大	不	小,	刚	刚	好
泾川	pu³¹	tA⁴⁴	pu³¹	ɕiɔ⁵³,	kaŋ²⁴	xɔr⁵³	
	不	大	不	小,	刚	好儿	
灵台	pfu³¹	ta⁴⁴	pfu³¹	siɔ⁵³,	tʂəŋ⁴⁴	xɔ⁵³	
	不	大	不	小,	正	好	
酒泉	pu²⁴	ta⁴⁴	pu²²	ɕiɵ⁵³,	tɕiaŋ⁴⁴	tɕiaŋ⁴⁴	xɵ⁵³
	不	大	不	小,	刚	刚	好
敦煌	pu²²	ta⁴⁴	pu²²	ɕiɔɔ⁵³,	tʂəŋ⁴⁴	xɔo⁵³	
	不	大	不	小,	正	好	
西峰	pu³¹	ta⁵⁵	pu³¹	ɕiɔ⁵³,	kaŋ²¹	kaŋ²⁴	xuo²⁴ ʂʅ²¹
	不	大	不	小,	刚	刚	合 适
环县	pu³¹	ta⁵⁵	pu³¹	suei⁵⁵,	kaŋ²⁴	xuo³¹	tʂʅ⁴¹
	不	大	不	碎,	刚	合	适
正宁	pu³¹	ta⁴⁴	pu³¹	suei⁴⁴,	kaŋ²⁴	kaŋr²⁴	xɔ²¹
	不	大	不	碎,	刚	刚儿	好
镇原	pu³¹	ta⁴⁴	pu²²	suei⁵³,	kaŋ²⁴	xuo²⁴	tʂʅ²¹
	不	大	不	碎,	刚	合	适
定西	pu²¹	ta⁴⁴	pu²¹	ɕiɔ⁵¹,	tɕiã²¹	xɔ⁵¹	
	不	大	不	小,	刚	好	
通渭	pu²¹	ta⁴⁴	pu²¹	ɕiɔ⁵³,	tɕiã²¹	tɕiã¹³	xɔ⁵³
	不	大	不	小,	刚	刚	好
陇西	pu⁴²	ta⁴⁴	pu²¹	ɕiɔo⁵³,	tɕiã⁴²	xɤ¹³	ʂʅ²¹
	不	大	不	小,	刚	合	适
临洮	pu²²	ta⁴⁴	pu¹³	ɕiɔ⁵³,	tɕiã¹³	xɔ⁵³	
	不	大	不	小,	刚	好	

漳县	pu⁴²	tɑ²⁴	pu⁴²	siɔo⁵³,	tɕiã²¹	tɕiã²⁴	kɤ²¹	xɔo⁵³
	不	大	不	小,	刚	刚	个	好
武都	pu²¹	ta²⁴	pu²¹	ɕiɔu⁵⁵,	tʂɔ̃²⁴	xuə²¹	ʂʅ⁵⁵	
	不	大	不	小,	正	合	适	
文县	pu³¹	ta²⁴	pu¹³	ɕiɔo⁵³,	tsɔ̃²⁴	xɤ²¹	sʅ¹³	
	不	大	不	小,	正	合	适	
宕昌	pu²²	ta⁴⁴	pu¹³	ɕiao⁵³,	tʂəŋ⁴⁴	xɤ²⁴	tʂʅ⁴⁴	
	不	大	不	小,	正	合	适	
康县	pu²¹	tᴀ²⁴	pu²¹	siɔo⁵⁵³,	tɕiã⁵⁵	tɕiãr¹³	xɔo²¹	
	不	大	不	小,	刚	刚儿	好	
西和	pu²¹	tᴀ⁵⁵	pu²⁴	ɕiao⁵¹,	tɕiã²¹	tɕiər²⁴	xao⁵¹	
	不	大	不	小,	刚	刚儿	好	
临夏市	pu²¹	tɑ⁴⁴	pu²¹	ɕiɔ⁴⁴,	tɕiaŋ⁴⁴	xɔ⁴²		
	不	大	不	小,	刚	好		
临夏县	pu²¹	tɑ⁵⁵	pu²¹	ɕiɔ⁵⁵,	tʂəŋ⁵⁵	xɔ²¹		
	不	大	不	小,	正	好		
合作	pu⁵⁵	ta⁵³	pu⁵⁵	ɕiɔo⁵³,	ɕiaŋ¹³	xɔo⁵³		
	不	大	不	小,	刚	好		
舟曲	pu³³	ta⁵⁵	pu³¹	siɔo⁵³,	tʂɤŋ²⁴	xuə²⁴	tʂʻʅ⁵³	
	不	大	不	小,	正	合	适	
临潭	pu¹³	ta⁴⁴	pu¹³	ɕiɔ⁵³,	tɕiã¹³	xɔ⁵³		
	不	大	不	小,	刚	好		

9. 我不来

兰 州	vɤ⁴⁴	pu¹³	lɛ⁵³	我不来
红 古	vɤ³⁵	pu²¹	lɛ¹³	我不来
永 登	və⁴⁴	pu²²	lɛi⁵³	我不来
榆 中	uɤ⁴⁴	pu³¹	lɛi⁵³	我不来
白 银	və³³	pu²²	lɛ⁵¹	我不来
靖 远	ŋuə⁵⁵	pu²²	lɛi²⁴	我不来
天 水	ŋuə⁵³	pu²¹	lɛ¹³	我不来
秦 安	kə⁵³	pfu²¹	lɛ¹³	我不来
甘 谷	kiɛ⁵³	pu²¹	lai²⁴	我不来
武 山	kiə⁵³	pu²¹	lɛi²⁴	我不来
张家川	ŋɤ⁵³	pu²¹	lɛ⁴³	我不来
武 威	və²²	pu⁵³	lɛi³⁵	我不来
民 勤	uə⁴⁴	pu²²	læi⁵³	我不来
古 浪	uə⁴⁴	pu²¹	lɛ⁵³	我不来
永 昌	uə³⁵	pu⁴²	lɛ¹³	我不来
张 掖	və⁵³	pu²²	lɛi²¹	我不来
山 丹	uə⁴⁴	pu²²	lɛe⁵³	我不来
平 凉	ŋɤ⁵³	pu³¹	lɛ²⁴	我不来
泾 川	vo⁵³	pu³¹	lE²⁴	我不来
灵 台	ŋuo⁵³	pfu³¹	lɛ²⁴	我不来
酒 泉	və⁵³	pu²²	le⁵³	我不来
敦 煌	ŋə⁵³	pu²²	lɛ²¹³	我不来
西 峰	ŋɤ³¹	pu³¹	tɕʻi⁵⁵	lia³¹ 我不去了
环 县	ŋuo⁵⁵	pu³¹	lɛ²⁴	我不来
正 宁	ŋɤ⁵³	pu³¹	lE²⁴	我不来
镇 原	uo³¹	pu³¹	lɛ²⁴	我不来
定 西	ŋɤ⁵³	pu²¹	lE¹³	我不来
通 渭	kə⁵³	pu²¹	leæ¹³	我不来
陇 西	kɤ⁵⁵	pu⁴²	lɛ¹³	我不来

第一章　语法例句

临　洮	ŋo⁵³	pu²¹	lɛ¹³		我不来
漳　县	kɤ⁴⁴	pu²¹	lᴇ²⁴		我不来
武　都	ŋə⁵⁵	pu⁵³	lɛi²¹	lɔu⁵⁵	我不来了
文　县	ŋɤ⁵⁵	pu³¹	lɛ¹³		我不来
宕　昌	ŋɤ⁵⁵	pu⁴²	lɛ¹³		我不来
康　县	ŋuɤ⁵⁵	pu⁵³	lᴇ²¹		我不来
西　和	ŋuɤ⁵¹	pu²¹	lɛ²⁴		我不来
临夏市	ŋə⁴⁴	pu²¹	lɛ¹³		我不来
临夏县	ŋə⁵⁵²	pu²¹	lɛ¹³		我不来
合　作	ŋɤ⁵⁵	pu⁵⁵	lɛi¹³		我不来
舟　曲	ŋuə²⁴	pu²⁴	lɛ³¹		我不来
临　潭	ŋɤ⁵³	pu³¹	lɛi¹³		我不来

10. 他没来

兰　州	tʻa44	mɤ13	lɛ53	他没来
红　古	tɕia13	mɤ22	lɛ13	傢￤没来
永　登	tʻa44	mə22	lɛi53	他没来
榆　中	tʻa44	mei44	lɛi53	他没来
白　银	pa13	mei22	lɛ51	他没来
靖　远	niɛ24	mə22	lɛi24	臬￤没来
天　水	tʻa13	mə21	lɛ13	他没来
秦　安	tʻa44	mə13	lɛ13	他没来
甘　谷	tʻɒ21	mə13	lai24	他没来
武　山	tʻɑ21	məi35	lɛi24	他没来
张家川	tʻa53	mɤ21	le43	他没来
武　威	tʻa22	mu53	iəu21	lɛi35　他没有来
民　勤	tʻa44	miɾ22	læi53	他没来
古　浪	nɑ53	mei22	iʊu21	lɛ31　那没有来
永　昌	tɕia44	mə53	lɛ13	傢￤没来
张　掖	tʻa44	mu22	lɛi21	他没来
山　丹	na53	mu22	lɛe53	那没来
平　凉	tʻɑ53	mɔ24	lɛ24	他没来
泾　川	tʻA31	mə31	lE24	他没来
灵　台	tʻa53	mɤ31	lɛ24	他没来
酒　泉	tʻa44	mu22	le53	他没来
敦　煌	tʻa44	mo53	lɛ213	他没来
西　峰	tʻa55	mɔ21	lE24	他没来
环　县	ȵia24	mɤ24	lɛ24	他没来
正　宁	tʻa53	mɔ31	lE24	他没来
镇　原	na44	mɔ31	lɛ24	那没来
定　西	tʻa13	mɤ13	lE13	他没来
通　渭	tʻa13	mə31	le13	他没来
陇　西	tʻa21	mɤ21	lɛ13	他没来

临 洮	tʻa¹³	mo²¹	lɛ¹³		他没来
漳 县	tʻɑ²²	mɣ¹³	lE²¹		他没来
武 都	tʻa⁵⁵	muə⁵³	lɛi¹³		他没来
文 县	tʻa⁴⁴	muə⁴²	lei²¹	lɛ¹³	他没了来
宕 昌	tʻa³³	mɣ²⁴	lɛ¹³		
	ʐa⁵³	mɣ¹³	lɛ²⁴		
	他	没	来		
康 县	tʻA⁵³	mɣ²¹	lE²¹		他没来
西 和	tʻA²¹	mɣ²⁴	lɛ⁴⁴		他没来
临夏市	tɕiɛ¹³	mə¹³	lɛ¹³		傢没来
临夏县	tʻɑ⁵³	mɣ¹³	lɛ¹³		他没来
合 作	tʻa⁵⁵	mi⁵⁵	lɛi¹³		他没来
舟 曲	tʻa⁵⁵	mɣ⁵³	lɛ³¹		
	ʐa⁵³	mɣ⁵³	lɛ³¹		
	他	没	来		
临 潭	ɔ¹³	kɛi⁵³	mɣ¹³	lɛi¹³	那个没来

11. 我还没有吃饭

兰州	vɤ⁴⁴	xɛ²¹	mei³⁵	tʂʻʅ²¹	fæ̃¹³	
	我	还	没	吃	饭	
红古	vɤ³⁵	xã¹³	mɤ¹³	tʂʻʅ²²	fã¹³	
	我	还	没	吃	饭	
永登	və⁴⁴	xæ⁴⁴	mei²²	iʊu³¹	tʂʻʅ²²	li³¹
	我	还	没	有	吃	哩
榆中	uɤ⁴⁴	xai⁴⁴	mei⁴⁴	tʂʻʅ³¹	fæ³⁵	
	我	还	没	吃	饭	
白银	və³³	xuan⁵¹	mei¹³	tʂʻʅ²²	li³⁵	
	我	还	没	吃	哩	
靖远	ŋuə⁵⁵	ŋa²²	mə²²	tʂʻʅ⁴¹	niɛ²¹	
	我	还	没	吃	呢	
天水	ŋuə⁵³	mo²¹	iəu⁵³	tʂʻʅ²¹	fæ̃²¹	
	我	没	有	吃	饭	
秦安	kə⁵³	xɛ¹³	mə¹³	tʂʻʅ²¹	li⁴⁴	
	我	还	没	吃	哩	
甘谷	kiɛ⁵³	xa²⁴	mə⁴⁴	tʂʻʅ²¹	fa⁴⁴	
	我	还	没	吃	饭	
武山	kiə⁵³	xɛi¹³	mei³⁵	tʂʻʅ²¹	fa⁴⁴	
	我	还	没	吃	饭	
张家川	ŋɤ⁵³	xæ̃¹³	mɤ⁴⁴	tʂʻliə⁴³		
	我	还	没	吃哩		
武威	və²²	xÃ³⁵	mei⁴⁴	iəu²¹	tʂʻʅ⁴⁴	li²¹
	我	还	没	有	吃	哩
民勤	uə⁴⁴	xæi⁵³	mir²²	tʂʻʅ⁴²		
	我	还	没	吃		
古浪	uə²²	xɛ⁴⁴	mei¹³	iʊu⁴⁴	tʂʻʅ⁴²	li²¹
	我	还	没	有	吃	哩
永昌	uə⁴⁴	xɛ¹³	mə⁴²	tʂʻʅ²¹	fɛ⁴²	niə²¹
	我	还	没	吃	饭	哩

张 掖	və²²	xʌŋ⁵³	mu²⁴	tʂʻʅ³¹			
	我	还	没	吃			
山 丹	uə²²	xuɛe⁵³	mu²⁴	tʂʻʅ⁴¹			
	我	还	没	吃			
平 凉	uo⁵³	xæ²¹	mɔ³¹	iɤu⁴⁴	tʂʻʅ³¹	fæ⁴⁴	ȵi²¹
	我	还	没	有	吃	饭	呢
泾 川	ŋɤ⁵³	xɛ²⁴	mə³¹	tʂʻʅ⁵³	li²¹		
	我	还	没	吃	哩		
灵 台	ŋuo⁵³	xuæ̃²⁴	mo²⁴	tʂʻʅ³¹			
	我	还	没	吃			
酒 泉	və²²	xã⁵³	mu¹³	tʂʻʅ¹³	fã¹³		
	我	还	没	吃	饭		
敦 煌	ŋə⁴⁴	xɛ⁵³	mɔ²²	iɤu⁴⁴	tʂʻʅ²²	nə²¹³	
	我	还	没	有	吃	呢	
西 峰	uo³¹	mɔ³¹	tʂʻʅ⁵³	liɛ²¹			
	我	没	吃	咧			
环 县	ŋuo⁴¹	xɛ²⁴	mɤ²¹	tʂʻʅ⁴¹	ȵi²¹		
	我	还	没	吃	呢		
正 宁	ŋɤ⁵³	xæ̃³¹	mɔ²⁴	tʂʻʅ³¹	fæ⁴⁴		
	我	还	没	吃	饭		
镇 原	uo³¹	xæ̃²⁴	mɔ³¹	iəu²²	tʂʻʅ⁵³	ȵi²¹	
	我	还	没	有	吃	呢	
定 西	ŋɤ⁵³	xæ̃¹³	mɤ¹³	tʂʻʅ²¹	li¹³		
	我	还	没	吃	哩		
通 渭	kə⁵³	xæ̃¹³	mə¹³	tʂʻʅ²¹	fæ⁴⁴	leæ²¹	
	我	还	没	吃	饭	唻	
陇 西	kɤ⁵⁵	xæ̃²²	mɤ⁴⁴	tʂʻʅ²¹	fæ²¹		
	我	还	没	吃	饭		
临 洮	ŋo⁵³	xuæ̃¹³	mo¹³	tʂʻʅ²¹	fæ̃⁴⁴		
	我	还	没	吃	饭		

漳县	kɤ⁴⁴	xæ²⁴	mɤ²¹	iɤu²¹	tʃʻʅ⁴²	fæ²⁴	li²¹
	我	还	没	有	吃	饭	哩
武都	ŋə⁵⁵	xæ¹³	muə⁵³	tʂʻʅ²¹	fæ²⁴		
	我	还	没	吃	饭		
文县	ŋɤ⁵⁵	fæ²⁴	xæ¹³	muə²¹	tsʻʅ³¹	lɛ¹³	
	我	饭	还	没	吃	唻	
宕昌	ŋɤ⁵³	xæ²⁴	mɤ²⁴	tʂʻʅ⁵³	xa⁴⁴	ȵŋ²¹	
	我	还	没	吃	下	呢	
康县	ŋuɤ⁵⁵	xæ²¹	mɤ²¹	iɤu⁵⁵	tʂʻʅ²¹	fæ²⁴	
	我	还	没	有	吃	饭	
西和	ŋuɤ⁵¹	xæ²⁴	mɤ²⁴	tʂʻʅ²¹	fæ⁵⁵		
	我	还	没	吃	饭		
临夏市	fã⁵³	ŋə⁴⁴	xã¹³	mə¹³	tʂʻʅ¹³		
	饭	我	还	没	吃		
临夏县	ŋə⁵⁵²	xɛ¹³	mɤ¹³	tʂʻʅ²¹	fã⁵²		
	我	还	没	吃	饭		
合作	ŋɤ⁵³	fan⁵³	xɛi¹³	mei¹³	tʂʅ⁵⁵	li¹³	
	我	饭	还	没	吃	哩	
舟曲	ŋuə²⁴	fæ⁴⁴	xæ⁴⁴	mɤ⁵³	tʂʻʅ⁵⁵	xa²¹	ȵŋ²¹
	我	饭	还	没	吃	下	呢
临潭	ŋɤ⁵³	xæi¹³	mɤ¹³	iɤu⁵³	tʂʻʅ¹³	fæi⁵⁵	
	我	还	没	有	吃	饭	

12. 别人都不吃了，他还吃

兰州	piɛ⁵³ʐən⁵³təu⁴⁴pu¹³tʂʻʅ²¹liɔ²¹, tʻa⁴⁴xɛ⁵³tʂʻʅ²¹tʂʁ²¹li⁵³
	别 人 都 不 吃 了, 他 还 吃 着 呢
红古	tsɛ²²ti⁴²ʐən²¹tʂʻʅ²²pa¹³liɔ⁴⁴, tɕia⁴²xã²²tʂʻʅ²¹tʂʁ¹³li⁴²
	再 的 人 吃 罢 了, 㑚 还 吃 着 哩
永登	tsɛi²²tɛi⁴⁴ʐən³¹tʊu³³tʂʻʅ²²pa²¹liɑo³¹, na⁵³xæ²²tʂʻʅ²²tʂə²¹li²¹
	再 的 人 都 吃 罢 了, 那 还 吃 着 哩
榆中	uʁ⁴⁴mən³¹tu⁴⁴pu⁴⁴tʂʻʅ³¹lɔo³¹, tʻa⁴⁴xai³⁵tʂʻʅ⁴⁴
	我 们 都 不 吃 了, 他 还 吃
白银	tsɛ²²ti⁴⁴ʐən⁵¹tu⁴⁴tʂʻʅ²²pa¹³lɔ³³, pa¹³xuan⁵¹tʂʻʅ²²ʈʂə¹³li³³
	再 的 人 都 吃 罢 了, 他 还 吃 着 哩
靖远	tsɛi³⁵tiɛ⁴¹ʐəŋ²²tʁu²¹tʂʻʅ²²pa³⁵liɑo⁴¹, niɛ²⁴xæ²²tʂʻʅ⁴¹tiɛ²¹niɛ²¹
	再 的 人 都 吃 罢 了, 臬 还 吃 的 呢
天水	ɲiɛ¹³təu¹³pu⁴⁴tʂʻʅ²¹liɔ²¹, tʻa²¹xæ¹³tʂʻʅ²¹tʂɔ⁴⁴li²¹
	别 人 都 不 吃 了, 他 还 吃 着 哩
秦安	ɲiə³⁵tɤu¹³pfu⁴⁴tʂʻʅ²²lɔ²¹, tʻa¹³xɛ¹³tʂʻʅ²¹ti⁴⁴liə⁵³
	别 人 都 不 吃 了, 他 还 吃 的 哩
甘谷	tsai⁴⁴tə⁵³ʐəŋ²⁴tʁɯ⁴⁴pu²¹tʂʻʅ²¹lɑu⁴⁴, tʻɒ²²xa²⁴tʂʻʅ²¹tʃu²¹liə²¹
	再 的 人 都 不 吃 了, 他 还 吃 的 哩
武山	tsɛi⁴⁴ti³¹ʐəŋ²⁴tʁɯ²¹pu⁴⁴tʂʻʅ²¹lɔ²¹, tʻɒ²¹xɛi⁴⁴tʂʻʅ²¹tʂə²¹lɔ̃⁴⁴
	再 的 人 都 不 吃 了, 他 还 吃 着 哩
张家川	tse⁴⁴tsi²¹ʐɤŋ¹³tʁu¹³pu⁴⁴tʂʻʅliou³², ʋe⁵³xæ¹³tʂʻʅtʂʁ⁴⁴liə²¹
	再 的 人 都 不 吃 了, 兀 还 吃 着 哩
武威	tsɛi⁴⁴ti²¹ʐəŋ¹³tu³⁵tʂʻʅ²²paliou²¹, tɕia³⁵xã̃²²tʂʻʅ⁴⁴tʂə²¹li²¹
	再 的 人 都 吃 罢 了, 㑚 还 吃 着 哩
民勤	tsæi²²ə²²ʐɤŋ⁵³tʂʻʅ²²pa⁴²lə²¹, pi⁵³xæi⁵³tʂʻʅ⁴²tə²²ŋ²¹
	再 的 人 吃 罢 了, 他 还 吃 的 哩
古浪	tse²¹ti²²ʐɔ̃⁴²tu³¹tʂʻʅ⁴⁴pɑ⁴²liɑo²¹, na⁴²xɛ³⁵tʂʻʅ⁴⁴tʂə⁴²li²¹
	再 的 人 都 吃 罢 了, 那 还 吃 着 哩
永昌	piə¹³ʐəŋ²¹tʂʻʅ⁴⁴pa⁵³liɔo²¹, tɕia⁴⁴xɛ¹³tʂʻʅ²¹
	别 人 吃 罢 了, 㑚 还 吃

张掖	piə²⁴ z̩əŋ²¹ tɤu⁴⁴ pu²⁴ tʂʻʅ³¹ liɔ²¹, tɕiəu²² tʻa⁵³ xʌŋ⁵³ tʂʻʅ³¹ tiə²² liə²¹	
	别 人 都 不 吃 了， 就 他 还 吃 的 咧	
山丹	tsɛe⁴² tə²¹ z̩əŋ⁵³ təu⁵⁵ pu²⁴ tʂʻʅ⁴² lə²¹, na⁵³ xɛɤ⁵³ tʂʻʅ⁴¹	
	再 的 人 都 不 吃 了，那 还 吃	
平凉	piɛ³¹ z̩əŋ⁵³ tɤu²⁴ tʂʻʅ³¹ pi³¹ ciɔ²¹, tʻɑ⁵³ xæ²⁴ tʂʻʅ³¹ tʂɤ²¹ n̩i²¹	
	别 人 都 吃 毕 了， 他 还 吃 着 呢	
泾川	pʻɑŋ³¹ z̩əŋ⁵³ pu²⁴ tʂʻʅ³¹ liɛ²¹, tʻʌ³¹ xɛ²⁴ tiɛ³¹ tʂɤ⁵³ li²¹	
	旁 人 不 吃 了， 他 还 咥 着 哩	
灵台	z̩əŋ³¹ tɕia⁵³ tou²⁴ pfu²⁴ tʂʻʅ³¹ liɔ²¹, tʻa⁵³ xɛɤ²⁴ tʂʻʅ⁵³ li²¹	
	人 家 都 不 吃 了， 他 还 吃 哩	
酒泉	piə⁴⁴ z̩əŋ⁴² tɤu⁴⁴ pu¹³ tʂʻʅ²² liө²¹, tʻa⁴⁴ xã⁵³ iө¹³ tsʅ²² nia²¹	
	别 人 都 不 吃 了， 他 还 要 吃 哩啊	
敦煌	piə²² z̩əŋ⁴⁴ təu⁵³ pu²² tʂʻʅ²² la⁵³, ȵia⁴⁴ xɛɤ²² tʂʻʅ²² tʂə²¹ nə⁵³	
	别 人 都 不 吃 了， 人家 还 吃 着 呢	
西峰	z̩əŋ²⁴ tʊ²⁴ tʂʻʅ⁵³ pi³¹ liɔ³¹, tʻa³¹ xæ²⁴ tʂʻʅ⁵³ tʂɤ²¹ nɤ²¹ mə²¹	
	人 都 吃 毕 了， 他 还 吃 着 呢 嘛	
环县	z̩əŋ³¹ tɕia⁵⁵ tɤu³¹ pu³¹ tʂʻʅ⁴¹ liɔ²¹, ȵia²⁴ xɛɤ²⁴ tʂʻʅ⁴¹ tʂɤ²¹ n̩i²¹	
	人 家 都 不 吃 了， 㒲 还 吃 着 呢	
正宁	pʻiɛ³¹ z̩ən⁵³ tou⁴⁴ tʂʻʅ³¹ pi⁵³ liɔ²¹, tʻa⁵³ xæ²⁴ tʂʻʅ²¹	
	别 人 都 吃 毕 了， 他 还 吃	
镇原	z̩əŋ²⁴ təu²⁴ tʂʻʅ⁵³ pi⁵³ lə³¹, na⁴⁴ xæ²⁴ tʂʻʅ⁵³ tʂɤ²¹ n̩i²¹	
	人 都 吃 毕 了， 那 还 吃 着 呢	
定西	tɤu¹³ pu³² tʂʻʅ²¹ lɔ¹³, tʻa¹³ xæ¹³ tʂʻʅ²¹ tʂə²¹ li⁴⁴	
	都 不 吃 了， 他 还 吃 着 哩	
通渭	pʻã¹³ z̩ɔ̃³² tʊ²¹ pu⁴⁴ tʂʻʅ²¹ la¹³, uə⁴⁴ xæ¹³ tʂʻʅ²¹ tʂʅ²¹ leæ⁴⁴	
	旁 人 都 不 吃 了， 兀 还 吃 着 唻	
陇西	tsɛ³⁴ ti³² z̩əŋ¹³ tɤu²¹ pu⁴⁴ tʂʻʅ⁴² la²¹, tʻa²¹ xæ¹³ tʂʻʅ⁴² tʂʅ²² læ³²	
	再 的 人 都 不 吃 了， 他 还 吃 着 呢	
临洮	z̩ẽ¹³ tɕia²¹ tʊ¹³ pu¹³ tʂʻʅ²¹ liɔ⁴⁴³, tʻa²¹ xæ⁴⁴ tʂʻʅ¹³	
	人 家 都 不 吃 了， 他 还 吃	
漳县	iɑ²⁴ tɤu⁴² tʃʻʅ²¹ lɔɔ⁴², tʻɑ⁴² xæ²⁴ tsʻɛ²⁴ tʃʻʅ²¹	
	伢 都 吃 了， 他 还 在 吃	

第一章 语法例句

武 都	zɔ̃¹³ tɕia²¹ tɤu⁵³ pu¹³ tʂʅ⁵³ lɔu²¹, tʻa⁵⁵ xæ²¹ tʂʻʅ⁵³ tʂə²¹ liɛ²¹
	人　家　都　不　吃　了，他　还　吃　着　哩
文 县	tsɛ²⁴ tɤ²¹ zɔ̃¹³ tɤu¹³ pu¹³ tsʻʅ⁴⁴ lɔo²¹, tʻa³¹ xæ¹³ tsʻʅ³¹ tɔo²¹ liɛ¹³
	再　的　人　都　不　吃　了，他　还　吃　的　咧
宕 昌	tsɛ⁴⁴ tɕʅ²¹ zəŋ¹³ tɤu¹³ pu²² tʂʻʅ⁴⁴ lao⁴⁴, za⁴⁴ xɛɤ²⁴ tʂʻʅ⁴⁴ tʂɔo⁴⁴ ȵʅ²¹
	再　的　人　都　不　吃　了，他　还　吃　着　呢
康 县	tɕʻi²¹ tʻA⁵³ zɤŋ²¹ tɤu⁵³ pu²¹ tʂʻʅ⁵³ lɔ²¹, tʻA⁵⁵ xæ²¹ tʂʻʅ⁵³ tʂɔ²¹ liɛ²¹
	其　他　人　都　不　吃　了，他　还　吃　着　了
西 和	pʻiɛ²⁴ sei²⁴ tɤu²¹ pu²⁴ tsʻʅ²¹ lɔ²⁴, tʻA²¹ xæ²⁴ tsʻʅ²¹ tsɔ⁵⁵ liɛ²¹
	别　谁　都　不　吃　了，他　还　吃　着　咧
临夏市	tsɛ⁵³ti²¹ ʐəŋ¹³tu¹³pu¹³tsʻʅ²¹li⁴²,tɕiɛ¹³xæ¹³zi²¹kə⁴²zəŋ¹³tʂʻʅ¹³tʂə⁴⁴ni²¹
	再　的　人　都　不　吃　了，傢̈　还　一　个　人　吃　着　呢
临夏县	zəŋ¹³ tɕia⁵² tu¹³ tʂʅ²¹ kuə⁵³ li⁵³, tʻɑ⁵³ xɛ¹³ tʂʻʅ¹³
	人　家　都　吃　过　了，他　还　吃
合 作	pɛi¹³ zɤŋ⁵³ tɤɯ¹³ tʂʻʅ¹³ liɔo⁵³, tʻa⁵³ xɛi¹³ tʂʻʅ⁵⁵ tʂɤ¹³ li⁵³
	别　人　都　吃　了，他　还　吃　着　哩
舟 曲	tsɛ²⁴ tsʅ⁵⁵ zɤŋ⁵³ tɤu⁵³ pu³¹ tʂʻʅ⁵⁵ liɔo²¹, za⁵³ xæ²⁴ tʂʻʅ⁵³ tʂɔo³¹ ȵʅ²¹
	再　的　人　都　不　吃　了，他　还　吃　着　呢
临 潭	zɤn¹³ tɕia⁵³ məŋ²¹ tɤu¹³ pu⁴⁴ tʂʻʅ¹³ lɔ⁵³, ɔ⁴⁴ xɛi¹³ xæi¹³ tʂʻʅ¹³
	人　家　们　都　不　吃　了，那　个　还　吃

13. 他老是说别人的不好

兰州	t'a22	lɔ44	ʂʅ13	ʂuo44	piɛ31	ʐən31	pu22	xɔ53
	他	老	是	说	别	人	不	好
红古	tɕia44	lɔ35	fɤ31	piə13	ʐən44	tʂɤ21	pu22	ʂʅ44
	傢	老	说	别	人	者	不	是
永登	t'a44	lao44	fə22	ʐən53	ti42	pu22	ʂʅ21	li21
	他	老	说	人	的	不	是	哩
榆中	t'a44	lɔo44	ʂɤʅ31	pie24	ʐən31	pu31	xɔ44	
	他	老	说	别	人	不	好	
白银	pa22	lɔ33	fə21	piɛ51	ʐən35	ti21	pu22	ʂʅ13
	他	老	说	别	人	的	不	是
靖远	t'a41	lao55	ʂuə22	p'aŋ22	ʐɤŋ55	tiɛ21	pu41	ʂʅ21
	他	老	说	旁	人	的	不	是
天水	t'a13	tɕiəŋ21	tʂ'ã13	ʂʅə21	p'iɛ21	ti21	ʐən13	pu21	xɔ53
	他	经	常	说	别	的	人	不	好
秦安	t'a44	tʃʅ35	kuan53	ʃyə21	piə13	ʐɔ̃53	pfu22	xɔ31
	他	只	管	说	别	人	不	好
甘谷	t'ɒ21	lau53	ʂʅ44	ʃə21	piɛ24	ʐəŋ24	pu21	xau53
	他	老	是	说	别	人	不	好
武山	t'ɑ21	tsuəŋ53	kɛi44	ʃua21	tsɛi54	tə21	ʐəŋ42	tɤ21	pu21	xɔ53
	他	总	爱	说	再	的	人	都	不	好
张家川	t'a53	i21	tʂ'ʅ13	ʃɤ21	tse44	tɕi21	ʐɤŋ13	pu21	xou53
	他	一	直	说	再	的	人	不	好
武威	t'a22	i35	tou44	ʂuə53	piɛ35	ʐəŋ53	pu53	xou31
	他	一	道	说	别	人	不	好
民勤	t'a44	lɔo44	ʂʅ44	ʂuə22	piɛ53	ʐɤŋ21	pu22	xɔ44
	他	老	是	说	别	人	不	好
古浪	na53	lao44	ʂuə42	piə44	ʐɔ̃ŋ22	ti21	pu13	tuei21
	那	老	说	别	人	的	不	对
永昌	tɕia44	lɔo35	ʂʅ42	kʅ21	ʐən44	tɕia21	ʂuə53	ɕie13	xua21
	傢	老	是	给	人	家	说	闲	话

张掖	tʻa⁴⁴ 他	zi²² 一	lɔ⁵³ 老	fə²² 说	ʐ̩əŋ⁵³ 人	pu²² 不	xɔ⁵³ 好	
山丹	na⁵⁵ 那	tɕiŋ²⁴ 净	fə²² 说	ʐ̩əŋ⁵³ 人	pu⁴² 不	xɑo⁴⁴ 好		
平凉	tʻɑ⁴⁴ 他	tɕiŋ⁴⁴ 净	ʂuo³¹ 说	piɛ²⁴ 别	ʐ̩əŋ²¹ 人	ti²¹ 的	xɑ³¹ 瞎	xuɑ⁴⁴ 话
泾川	tʻA⁵³ 他	lɔ⁵³ 老	ʂɤ³¹ 说	ʐ̩əŋ²⁴ 人	xA⁵³ 瞎	xuA⁴⁴ 话		
灵台	tʻa⁵³ 他	i³¹ 一	kuər²¹ 共儿①	ʃuo³¹ 说	piɛ²⁴ 别	ʐ̩əŋ²¹ 人	pfu³¹ 不	xɔ⁵³ 好
酒泉	tʻa⁴⁴ 他	zi²² 一	lɵ⁵³ 老	ʂuə²² 说	piɐ⁴⁴ 别	ʐ̩əŋ⁴² 人	pu²² 不	xɵ⁵³ 好
敦煌	n̠ia⁴⁴ 臬⁼	lu⁵³ 老是	sɿ⁴⁴ 说	ʂuə⁴² 别	piə²² 人	ʐ̩əŋ²² 的	ti²² 不	pu²² xɔo²² 好
西峰	tʻa⁵⁵ 他	tsuŋ⁵³ 总是	sɿ²¹ 说	ʂuo³¹ 别	piɛ²⁴ 人	ʐ̩əŋ²¹ 不	pu³¹ xɔ⁵³ 好	
环县	tʻa⁵⁵ 他	i²¹ 一	kuŋ⁵⁵ 共	ʂuo³¹ 说	ʐ̩əŋ³¹ 人	tɕia⁵⁵ 家	pu³¹ 不	xɔ⁴¹ 好
正宁	tʻa⁴⁴ 他	lɔ⁵³ 老是	sɿ²¹ 说	ʃuo³¹ 别	piɛ²⁴ 人	ʐ̩ən⁵³ 不	pu³¹ xɔ³¹ 好	
镇原	na⁵³ 那	kuɑŋ²⁴ 光	siɛ²¹ 说	ʐ̩əŋ²⁴ 人	pu²² 不	xɔ⁵³ 好		
定西	tʻa²¹ 他	lɔ⁵³ 老	ʃʮ³¹ 说	piɛ¹³ 别	ʐ̩ʯŋ³² 人	tə²¹ 的	pu²¹ 不	sɿə⁴⁴ 是
通渭	uə⁴⁴ 兀	lɔ⁵³ 老是	sɿ⁴⁴ 说	ʃʮə²¹ 旁	pʻɑ̃¹³ 人	ʐ̩ɛ̃²¹ 的	tə²¹ 不	sɿə⁴⁴ 是
陇西	tʻa²¹ 他	lɔo⁵⁵ 老是	sɿ⁴⁴ 说	ʂʮʐ²¹ 再	tsɛ⁴⁴ 的	tɯ²¹ 人	ʐ̩əŋ¹³ 不	pu²¹ xɔoʁ⁵³ 好
临洮	tʻa¹³ 他	lɔ⁵³ 老	ʂo²¹ 说	piɛ²⁴ 别	ʐ̩ɛ̃²¹ 人	pu²¹ 不	xo⁵³ 好	

① 一共儿：总是。

漳 县	tʻɑ²²	tʂʅ²¹	kuæ̃⁵³	ʃɥɤ²¹	pʻiɛ²⁴	ʒɤ̃²¹	ti²¹	pu²⁴	xɔ⁵³
	他	只	管	说	别	人	的	不	好
武 都	tʻã⁵⁵	tʂʻɑŋ¹³	ʃuə²¹	z̩ɔ̃¹³	tɕia²¹	pu²¹	xou⁵⁵		
	他	常	说	人	家	不	好		
文 县	tʻa³¹	tiɔ̃²⁴	tiɔ̃r²⁴	suə³¹	piɛ¹³	z̩ɔ̃¹³	tɤ²¹	pu²¹	xɔ⁵³
	他	定	定儿①	说	别	人	的	不	好
宕 昌	tʻa²²	lao⁵³	sʅ⁴⁴	ʂuə²²	piɛ¹³	z̩əŋ⁴²	pu¹³	xao⁵³	
	他	老	是	说	别	人	不	好	
康 县	tʻᴀ⁵³	tɕiŋ⁵³	tʂʻɑ²¹	fɤ²¹	piɛ¹³	z̩ɤŋ¹³	pu²¹	xɔ⁵⁵	
	他	经	常	说	别	人	不	好	
西 和	tʻᴀ²¹	tʂʻã²⁴	ɕyɛ²¹	pʻiɛ²⁴	sei²⁴	pu²⁴	xɔ⁵¹		
	他	常	说	别	谁	不	好		
临夏市	tɕiɛ¹³	tɕiŋ⁵³	ʂuə¹³	z̩əŋ¹³	tɕia⁵³	ti²¹	pu¹³	xɔ⁴⁴	
	他	净②	说	人	家	的	不	好	
临夏县	tʻɑ⁵³	lɔ⁴⁴²	fə¹³	piɛ¹³	z̩əŋ⁵²	ti²¹	pu¹³	sʅ⁵³	
	他	老	说	别	人	的	不	是	
合 作	tʻa⁵⁵	tɕin⁵⁵	pei¹³	z̩ɤŋ⁵³	ʂuə⁵⁵	pu⁵⁵	xɔ⁵⁵	ti²¹	
	他	净	别	人	说	不	好	的	
舟 曲	tʻa³⁵	lɔo⁵⁵	sʅ²¹	ʃɥə⁵³	pʻã⁵⁵	z̩ɤŋ²⁴	pu²¹	xɔ⁵³	
	他	老	是	说	旁	人	不	好	
临 潭	ɔ¹³	kɛi⁵³	z̩əŋ¹³	tɕin⁴⁴	ʂuɤ¹³	piɛi¹³	z̩əŋ²¹	xuei⁴⁴	xua⁵⁵
	那	个	人	净	说	别	人	坏	话

① 定定儿：总是。
② 净：光、总是。

14．他净吃面，不吃饭

兰州	tʻa²²	tɕin⁴⁴	tʂʻʅ²²	miæ¹³,	pu⁴⁴	tʂʻʅ²¹	mi⁵³
	他	净①	吃	面，	不	吃	米
红古	tɕia⁴⁴	kuã³⁵	tʂʻʅ²¹	tsʻɛ¹³,	pu¹³	tʂʻʅ²²	fã²¹
	傢ᵡ	光②	吃	菜，	不	吃	饭
永登	na³¹	kuãŋ⁴⁴	tʂʻʅ²²	tsʻɛi³³,	pu²²	tʂʻʅ³¹	fæ²¹³
	那	光	吃	菜，	不	吃	饭
榆中	tʻa⁴⁴	kuã⁴⁴	tʂʻʅ³⁵	fæ³⁵,	pu⁴⁴	tʂʻʅ³¹	mi⁴⁴ fæ³¹
	他	光	吃	饭，	不	吃	米饭
白银	pa²²	kuaŋ⁴⁴	tʂʻʅ²²	tsʻɛ¹³,	pu¹³	tʂʻʅ²²	fan¹³
	他	光	吃	菜，	不	吃	饭
靖远	niɛ²⁴	kuaŋ²²	tʂʻʅ²²	tsʻɛi³³,	pu²²	tʂʻʅ²¹	fæ³³
	㞢ᵡ	光	吃	菜，	不	吃	饭
天水	tʻa¹³	tɕʻiəŋ⁵⁵	tʂʻʅ²¹	miæ²²,	pu⁴⁴	tʂʻʅ²¹	tsʻɛ⁴⁴
	他	净	吃	面，	不	吃	菜
秦安	tʻa¹³	tsiɜ̃⁴⁴	tʂʻʅ²¹	mian⁴⁴	ʂʅ²¹,	pfu⁴⁴	tʂʻʅ²² tsʻɛ⁵³
	他	净	吃	面	食，	不	吃 菜
甘谷	tʻɒ²²	tɕʻiəŋ⁴⁴	tʂʻʅ²¹	miã¹³,	pu⁴⁴	tʂʻʅ²¹	tsʻai³⁵
	他	净	吃	面，	不	吃	菜
武山	tʻɑ²¹	kuaŋ²¹	tʂʻʅ²¹	mia³⁵³,	pu⁴⁴	tʂʻʅ²¹	mi⁵³
	他	光	吃	面，	不	吃	米
张家川	tʻa⁵³	kuã¹³	tʂʻ	miæ⁴⁴ li³²,	pu⁴⁴	tʂʻtsʻe⁴⁴	
	他	光	吃	面 哩，	不	吃菜	
武威	tʻa²²	kuÃ³⁵	tʂʻʅ³¹	tsʻɛi⁵³,	pu³⁵	tʂʻʅ³¹	fÃ⁵³
	他	光	吃	菜，	不	吃	饭
民勤	tʻa⁴⁴	kuaŋ⁴⁴	tʂʻʅ²²	miɹ⁴²,	pu²²	tʂʻʅ²²	tsʻæi⁴²
	他	光	吃	面，	不	吃	菜
古浪	nɑ⁵³	kuãŋ⁴⁴	tʂʻʅ⁴⁴	tsʻɛ³¹,	pu³¹	tʂʻʅ⁴⁴	fæ³¹
	那	光	吃	菜，	不	吃	饭

---

① 净：相当于范围副词"只"。
② 光：相当于范围副词"只"。

永昌	tɕia²¹ tɕiŋ⁴⁴ tʂʻɿ²² mie⁵³, pu³⁵ tʂʻɿ⁴² mi²¹
	傢⸗ 净 吃 面， 不 吃 米
张掖	tʻa⁴⁴ kuAŋ⁴⁴ tʂʻɿ²⁴ miAŋ³¹, pu²⁴ tʂʻɿ²⁴ fAŋ³¹
	他 光 吃 面， 不 吃 饭
山丹	tʻa⁴⁴ kuã³⁴ tʂʻɿ²⁴ mei²⁴, pu²⁴ tʂʻɿ²⁴ fɛe⁴¹
	他 光 吃 面， 不 吃 饭
平凉	tʻɑ⁴⁴ tɕiŋ⁴⁴ tʂʻɿ³¹ miæ̃⁴⁴, pu³¹ næ⁴⁴ tʂʻɿ³¹ mo³¹ mo⁵³
	他 净 吃 面， 不 爱 吃 馍 馍
泾川	tʻA⁵³ kaŋ²⁴ tʂʻɿ³¹ miæ̃⁴⁴, pu³¹ xuo²⁴ tʻaŋ³¹
	他 光 吃 面， 不 喝 汤
灵台	tʻa⁵³ kuaŋ²⁴ tʂʻɿ³¹ miæ̃⁴⁴, pfu²⁴ tʂʻɿ³¹ fæ⁴⁴
	他 光 吃 面， 不 吃 饭
酒泉	tʻa⁴⁴ kuɑŋ⁴⁴ tʂʻɿ¹³ miẽ¹³, pu¹³ tʂʻɿ¹³ tsʻe⁴²
	他 光 吃 面， 不 吃 菜
敦煌	ȵia⁴⁴ tɕiŋ⁴⁴ tʂʻɿ²² ɕiə²² miɛ⁴⁴, pu⁴² tʂʻɿ²¹ fan²¹³
	臬⸗ 净 吃 些 面， 不 吃 饭
西峰	tʻa³¹ kuãŋ³¹ tʂʻɿ³¹ miæ̃⁵⁵, pu³¹ tʂʻɿ³¹ fæ̃⁵⁵
	他 光 吃 面， 不 吃 饭
环县	tʻa⁴¹ kuaŋ²⁴ tʂʻɿ³¹ miæ̃⁵⁵, pu²⁴ tʂʻɿ³¹ fæ̃⁵⁵
	他 光 吃 面， 不 吃 饭
正宁	tʻa⁴⁴ kuɑŋ²⁴ tʂʻɿ³¹ miæ̃⁴⁴, pu³¹ tʂʻɿ³¹ tsʻE⁴⁴
	他 光 吃 面， 不 吃 菜
镇原	na⁵³ kuaŋ²⁴ tʂʻɿ²¹ miæ̃⁴⁴ ȵi²¹, pu³¹ tʂʻɿ³¹ tsʻɛ⁵³
	那 光 吃 面 呢， 不 吃 菜
定西	tʻa¹³ kuã¹³ tʂʻɿ²¹ miæ̃⁴⁴, pu⁴⁴ tʂʻɿ²¹ tsʻE⁴⁴
	他 光 吃 面， 不 吃 菜
通渭	tʻa¹³ kuã¹³ tʂʻɿ²¹ miæ̃⁴⁴, pu⁴⁴ tʂʻɿ²¹ tsʻeæ⁴⁴
	他 光 吃 面， 不 吃 菜
陇西	tʻa²¹ tɕin²¹ tʂʻɿ²¹ miæ̃³², pu²¹ tʂʻɿ²¹ tsʻɛ²¹
	他 净 吃 面， 不 吃 菜
临洮	tʻa²¹ tɕĩ⁴⁴ tʂʻɿ²¹ miæ̃⁴⁴, pu¹³ tʂʻɿ²¹ miə⁵³
	他 净 吃 面， 不 吃 米

漳县	tʻɑ²²	tɕiɣ̃²⁴	tʃʻʅ²¹	miæ̃²⁴,	pu⁴⁴	tʃʻʅ²¹	tsʻE⁴⁴	
	他	净	吃	面,	不	吃	菜	
武都	tʻa⁵⁵	kuaŋ⁵³	tʂʻʅ²¹	miæ̃²⁴,	pu⁵³	tʂʻʅ²¹	tsʻɛi²⁴	
	他	光	吃	面,	不	吃	菜	
文县	tʻa³³	kuã³¹	tʂʻʅ²¹	tsʻɛ²⁴,	pu³¹	tʂʻʅ²¹	fæ̃²⁴	
	他	光	吃	菜,	不	吃	饭	
宕昌	tʻa³³	kuã²²	tʂʻʅ²¹	tsʻɛ⁴⁴,	pu¹³	tʂʻʅ²¹	fæ̃⁴⁴	
	他	光	吃	菜,	不	吃	饭	
康县	tʻA⁵³	kuã⁵³	tʂʻʅ²¹	miæ̃²⁴,	pu⁵³	tʂʻʅ²¹	mi⁵⁵	fæ̃²¹
	他	光	吃	面,	不	吃	米	饭
西和	tʻA²¹	tɕʻiŋ²⁴	tʂʻʅ²⁴	pʻei²⁴	miæ̃⁵³,	pu²⁴	tʂʻʅ²¹	tsʻɛ⁵³
	他	净	吃	白	面,	不	吃	菜
临夏市	tɕiɛ¹³	tɕiŋ⁵³	tʂʅ¹³	miẽ⁵³,	pu¹³	tʂʻʅ²¹	fã⁵³	
	傢	净	吃	面,	不	吃	饭	
临夏县	tʻa⁵³	tɕiŋ⁵³	tʂʻʅ²¹	fã⁵³,	pu²¹	tʂʻʅ¹³	mi⁵⁵	fãn⁵³
	他	净	吃	饭,	不	吃	米	饭
合作	kuaŋ⁵⁵	tʂʅ¹³	mian⁵³,	pu⁵⁵	tʂʅ¹³	fan⁵³		
	光	吃	面,	不	吃	饭		
舟曲	tʻa⁵⁵	kuã⁵³	tʂʻʅ⁵³	tsʻɛ²⁴,	pu⁵³	tʂʻʅ³¹	fæ̃²⁴	
	他	光	吃	菜,	不	吃	饭	
临潭	tʻa⁴⁴	tɕin¹³	tʂʅ¹³	miæ̃⁴⁴,	pu¹³	tʂʅ¹³	fæi⁵⁵	
	他	净	吃	面,	不	吃	饭	

15. 很多，很大，很好吃

兰 州	xən⁴⁴ tuo⁵³, xən⁴⁴ ta¹³, xən⁴⁴ xɔ⁴⁴ tʂʻʅ²¹
	很 多, 很 大, 很 好 吃
红 古	iəu³⁵ tuə¹³, iəu³⁵ ta¹³, iəu²⁴ xɔ⁴⁴ tʂʻʅ¹³
	又 多, 又 大, 又 好 吃
永 登	iʊu²¹³ tuə⁴², iʊu²² ta⁴⁴, iʊu²² xɑo⁴⁴ tʂʻʅ²² pɛi²¹³
	又 多, 又 大, 又 好 吃 呗
榆 中	xən⁴⁴ xɔo³⁵ tʂʻʅ³¹ 很好吃
白 银	iɤu¹³ ta¹³, iɤu²² tuə⁴⁴ iɤu¹³ xɔ³³ tʂʻʅ¹³
	又 大, 又 多 又 好 吃
靖 远	liæ²² ta⁵⁵ tɛi³⁵ tuə⁴¹ xa²² xɑo⁵⁵ tʂʻʅ⁴¹
	连 大 带 多 还 好 吃
天 水	tuə²¹ ti¹³ xəŋ⁵³, ta⁴⁴ ti²¹ xəŋ⁵³, xɔ⁵³ tʂʻʅ²¹ ti⁴⁴ xəŋ⁵³
	多 得 很, 大 得 很, 好 吃 得 很
秦 安	tə¹³ ti³⁵ xə̃⁵³, xɛ¹³ ta⁴⁴ ti²² xə̃⁵³, tʂə̃²² kə⁴⁴ xɔ⁵³ tʂʻʅ¹³
	多 得 很, 还 大 得 很, 真 个 好 吃
甘 谷	tə²¹ ti¹³ xəŋ⁵³, tɒ³⁵ ti²¹ xəŋ⁵³, xɑu⁵³ tʂʻʅ¹³ tai¹³ xəŋ⁵³
	多 得 很, 大 得 很, 好 吃 得 很
武 山	tə²¹ ti¹³ xəŋ⁵³, tɑ⁴⁴ ti²¹ xəŋ⁵³, xɔo⁵³ tʂʻʅ²¹ tɛi²¹ xəŋ⁵³
	多 得 很, 大 得 很, 好 吃 得 很
张家川	tɕi⁴⁴ tuɤ¹³ iɤu⁴⁴ ta⁴⁴, xɔu⁵³ tʂʻti⁴⁴ xɤŋ⁵³
	既 多 又 大, 好 吃得 很
武 威	tuə²² ti⁴⁴ xəŋ¹³, ta⁴⁴ ti³¹ xəŋ¹³, xɔu⁴⁴ tʂʻʅ²² ti²¹ xəŋ⁴⁴
	多 得 很, 大 得 很, 好 吃 得 很
民 勤	iɤu²² tuə⁴⁴, iɤu²² ta⁴², iɤu²² xɔ⁴⁴ tʂʻʅ⁴²
	又 多, 又 大, 又 好 吃
古 浪	iʊu²² tuə⁴⁴, iʊu⁴³ tɑ⁴² iʊu²¹ xɑo⁴⁴ tʂʻʅ²¹
	又 多, 又 大, 又 好 吃
永 昌	iɤu⁵³ tuə²¹, iɤu⁴⁴ ta⁵³, iɤu⁵³ xɔo¹³ tʂʻʅ²¹
	又 多, 又 大, 又 好 吃
张 掖	tʻɛi³¹ tuə⁴⁴ liɔ⁴⁴, tʻɛi²⁴ ta³¹ liɔ²¹, tʻɛi²² xɔ⁵³ tʂʻʅ³¹ liɔ²¹
	太 多 了, 太 大 了, 太 好 吃 了

山丹	tuə³⁴ tə⁴⁴ xəŋ⁵³, ta⁴² tə²¹ xəŋ⁵³, xɑo⁵³ tʂʻʅ⁴² tə²¹ xəŋ⁵³	
	多 得 很， 大 得 很， 好 吃 得 很	
平凉	tuo⁵³ ti³¹ xəŋ⁵³, tɑ⁴⁴ ti³¹ xəŋ³¹, xɔ⁵³ tʂʻʅ³¹ ti³¹ xəŋ⁵³	
	多 得 很， 大 得 很， 好 吃 得 很	
泾川	tuo⁵³ ti²¹ xəŋ⁵³, tA²⁴ ti²¹ xəŋ⁵³, xɔ⁵³ tʂʻʅ⁵³ ti²¹ xəŋ⁵³ xəŋ²¹	
	多 得 很， 大 得 很， 好 吃 得 很 很	
灵台	tuo⁵³ ti²¹ xəŋ⁵³, ta¹³ ti²¹ xəŋ⁵³, xɔ⁵³ tʂʻʅ⁵³ ti²¹ xəŋ⁵³	
	多 得 很， 大 得 很， 好 吃 得 很	
酒泉	xəŋ⁵³ tuə⁴⁴, xəŋ⁵³ ta²¹, xəŋ⁵³ xɵ⁵³ tʂʅ²¹	
	很 多， 很 大， 很 好 吃	
敦煌	xəŋ⁴⁴ tuə²¹³, xəŋ⁵³ ta⁴⁴, xəŋ²² xɔo⁵³ tʂʻʅ²¹³	
	很 多， 很 大， 很 好 吃	
西峰	tuo³¹ ti³¹ xəŋ³¹, ta⁵⁵ ti³¹ xəŋ³¹, xɔ²⁴ tʂʻʅ³¹ ti³¹ xəŋ³¹	
	多 得 很， 大 得 很， 好 吃 得 很	
环县	tʻɛ⁵⁵ tuo⁴¹, tʻɛ⁵⁵ ta⁵⁵, tʻɛ⁵⁵ xɔ⁴¹ tʂʻʅ⁴¹ liɔ²¹	
	太 多， 太 大， 太 好 吃 了	
正宁	xən⁵³ tuo²¹, xən⁵³ ta⁴⁴, xən⁴⁴ xɔ⁵³ tʂʻʅ²¹	
	很 多， 很 大， 很 好 吃	
镇原	tuo⁵³ ti²¹ xəŋ⁵³, ta²⁴ ti²¹ xəŋ⁵³, xɔ³¹ tʂʻʅ⁵³ ti²¹ xəŋ⁵³	
	多 得 很， 大 得 很， 好 吃 得 很	
定西	ʑiu⁴⁴ tɤ¹³, ʑiu⁴⁴ ta⁴⁴, ʑiu⁴⁴ xɔ⁵³ tʂʅ¹³	
	又 多， 又 大， 又 好 吃	
通渭	tə²¹ ti¹³ xə̃⁵³, ta⁴⁴ ti⁴⁴ xə̃⁵³, xɔ⁵³ tʂʻʅ²¹ ti¹³ xə̃⁵³	
	多 得 很， 大 得 很， 好 吃 得 很	
陇西	to⁴² ti¹³ xẽ⁵³, ta⁴⁴ ti⁴⁴ xẽ⁵³, xɔ⁵⁵ tʂʻʅ⁴² ti²² xẽ²¹	
	多 得 很， 大 得 很， 好 吃 得 很	
临洮	xẽ⁵³ tʻiæ¹³, xẽ⁵³ ta⁴⁴, xɔ⁵³ tʂʻʅ²¹ te⁴⁴ xẽ⁵³	
	很 甜， 很 大， 好 吃 得 很	
漳县	iɤu²⁴ tɤ²¹, iɤu²⁴ tɑ²⁴, iɤu²⁴ xɔo⁵³ tʃʻʅ²¹	
	又 多， 又 大， 又 好 吃	
武都	tuə⁵³ ti²¹ xɤŋ⁵⁵, ta²⁴ ti²¹ xɤŋ⁵⁵, xɔu⁵⁵ tʂʻʅ⁵³ ti²¹ xɤŋ⁵⁵	
	多 得 很， 大 得 很， 好 吃 得 很	

文　县	iɤu²⁴　tuə³¹,　iɤu²⁴　ta²⁴,　xæ̃²¹　xɔo⁵⁵　tsʻʅ³¹
	又　　多，　又　　大，　还　　好　　吃
宕　昌	iɤu⁴²　tuə²¹,　iɤu⁴²　ta⁴⁴,　xuæ̃²⁴　xao⁵³　tʂʻʅ⁴⁴
	又　　多，　又　　大，　还　　好　　吃
康　县	tuɤ⁵³　tɪ²¹　xɤŋ⁵³,　tA²⁴　tɪ⁵³　xɤŋ²¹,　xɔo⁵⁵　tʂʻʅ⁵³　tɪ²¹　xɤŋ⁵⁵
	多　　得　　很，　大　　得　　很，　好　　吃　　得　　很
西　和	tuɤ²¹　ti²¹　xɤŋ⁵¹,　tA²⁴　ti²¹　xɤŋ⁵¹,　xao⁵¹　tʂʻʅ²¹　ti²¹　xɤŋ⁵¹
	多　　得　　很，　大　　得　　很，　好　　吃　　得　　很
临夏市	tuə¹³　ti²¹　kuɑ⁴⁴,　tɑ⁵³　ti²¹　kuɑ⁴⁴,　xɔ⁴⁴　tʂʻʅ¹³　ti²¹　kuɑ⁴⁴
	多　　得　　挂，　大　　得　　挂，　好　　吃　　得　　挂
临夏县	xəŋ⁵⁵　tuə¹³,　xəŋ⁵⁵　tɑ⁵³,　xɔ⁵²　tʂʻʅ²⁴　ti²¹　xəŋ⁵⁵
	很　　多，　很　　大，　好　　吃　　得　　很
合　作	tuə¹³　ti¹³　xɤŋ⁵⁵,　ta¹³　ti¹³　xɤŋ⁵⁵,　xɔo¹³　tʂʅ¹³　ti¹³　xəŋ⁵⁵
	多　　得　　很，　大　　得　　很，　好　　吃　　得　　很
舟　曲	iɤu²⁴　tuə⁵³　iɤu²⁴　ta²¹　xɛ³³　xɔo⁴⁴　tʂʻʅ⁵³
	又　　多　　又　　大　　还　　好　　吃
临　潭	ɔ¹³　mɤ³¹　tuɤ¹³,　ɔ¹³　mɤ³¹　ta⁵⁵,　xɔ⁵³　tʂʅ¹³　tɤ²¹　xəŋ⁵³
	兀　么　多，　兀　么　大，　好　吃　得　很

16. 菜好得很

兰州	tsʻɛ13	xɔ44	tɤ22	xən53	菜好得很
红古	tsʻɛ13	xɔ42	tʂɤ21	xən44	菜好者很
永登	tsʻɛi24	xɑo44	ti22	xən44	菜好得很
榆中	tsʻɛi31	ɕiɑ̃44	ti31	xən44	菜香得很
白银	tsʻɛ22	xɔ33	ti21	xən33	菜好得很
靖远	tsʻɛi35	xɑo55	tʻɤŋ55		菜好很
天水	tsʻɛ44	xɔ53	ti21	xəŋ53	菜好得很
秦安	tsʻɛ44	xɔ53	ti13	xə̃53	菜好得很
甘谷	tsʻai35	xɑu53	ti13	xəŋ53	菜好得很
武山	tsʻɛi44	xɔo53	tɕi21	xəŋ53	菜好得很
张家川	tsʻe44	xɔ53	tɕi32	xɤŋ53	菜好得很
武威	tsʻɛi22	xɔu53	ti31	xəŋ44	菜好得很
民勤	tsʻæi42	xɔ22	tə44	xɤŋ53	菜好得很
古浪	tsʻɛ31	xɑo24	ti44	xə̃ŋ42	菜好得很
永昌	tsʻɛ53	xɔ21	ti21	xəŋ44	菜好得很
张掖	tsʻɛi31	xɔ22	ti44	xəŋ53	菜好得很
山丹	tsʻɛe42	xɑo22	tə44	xəŋ53	菜好得很
平凉	tsʻæ44	xɔ44	ti21	xəŋ53	菜好得很
泾川	tsʻE44	meɪ31	tʂɤ44	li21	菜美着哩
灵台	tsʻɛ44	xɔ44	ti21	xəŋ53	菜好得很
酒泉	tsʻe22	xɵ13	ti53	xəŋ22	a21	菜好得很啊
敦煌	tsʻɛ44	xɔ44	tə22	xəŋ53	菜好得很
西峰	tsʻE55	xɔ53	tə31	xəŋ53	菜好得很
环县	tsʻɛ55	xɔ41	ti21	xəŋ41	菜好得很
正宁	tsʻE44	xɔ44	tei31	xən53	菜好得很
镇原	tʂɛ31	tsʻɛ44	xɔ53	ti21	xəŋ53	这菜好得很
定西	tsʻE44	xɔ53	ti32	xɤŋ51	菜好得很
通渭	tsʻe44	xɔ53	tə32	xə̃53	菜好得很
陇西	tsʻɛ44	xɔ55	ti42	xə̃53	菜好得很

临 洮	tsʻɛ⁴⁴	tʂã⁵³	ti⁴²	xɔ⁵³	ti⁴²	xẽ⁵³	菜长得好得很
漳 县	tsʻE²⁴	miɤ̃⁵³	tE²¹	xɤ̃⁵³			菜美得很
武 都	tsʻɛi²⁴	xɔu⁵⁵	ti²¹	xɤŋ⁵⁵			菜好得很
文 县	tsʻɛ²¹	xɔ⁵⁵	ti²¹	xə̃⁵³			菜好得很
宕 昌	tsʻɛ⁴⁴	xao⁵³	tʅ²¹	xəŋ⁵³			菜好得很
康 县	tsʻE²⁴	xɔ⁵⁵	tɿ⁵⁵	xɤŋ⁵³			菜好得很
西 和	tsʻɛ⁵⁵	xao⁵¹	tɤ²¹	xɤŋ⁵¹			菜好得很
临夏市	tsʻɛ⁵³	ɕiaŋ¹³	ti²¹	xəŋ⁴⁴			菜香得很
临夏县	tsʻɛ⁵³	xɔ⁵⁵	ti²¹	xəŋ⁵⁵			菜好得很
合 作	tsʻɛi⁵³	ɕiaŋ¹³	tɤ⁵⁵	xɤŋ⁵⁵			菜香得很
舟 曲	tsʻɛ³⁵	xɔ⁵⁵	tʅ⁵³	xɤŋ²¹			菜好得很
临 潭	tsʻɛi⁴⁴	xɔ⁵³	tɤ²¹	xəŋ⁵³			菜好得很

17. 菜好吃得很

兰 州	tsʻɛ13	xɔ44	tʂʻʅ21	tɤ21	xən53	菜好吃得很
红 古	tsʻɛ13	xɔ44	tʂʻʅ21	tʂɤ21	xən44	菜好吃者很
永 登	tsʻei24	xao44	tʂʻʅ22	ti33	xən42	菜好吃得很
榆 中	tsʻɛi31	ɕiã44	ti31	xən44		菜香得很
白 银	tsʻɛ22	xɔ33	tʂʻʅ21	tə13	xən33	菜好吃得很
靖 远	tsʻɛi35	xao55	tʂʻʅ41	tʻɤŋ31		菜好吃腾（得很）
天 水	tsʻɛ44	xɔ53	tʂʻʅ21	ti44	xən53	菜好吃得很
秦 安	tsʻɛ44	xɔ53	tʂʻʅ13	ti13	xɔ̃53	菜好吃得很
甘 谷	tsʻai44	xɑu53	tʂʻʅ21	ti21	xaŋ53	菜好吃得很
武 山	tsʻɛi44	xɔo53	tʂʻʅ21	tɛi21	xəŋ53	菜好吃得很
张家川	tsʻe44	xɔ53	tʂʻtɕi13	xɤŋ53		菜好吃得很
武 威	tsʻɛi53	xɔu44	tʂʻʅ21	ti21	xən13	菜好吃得很
民 勤	tsʻæi42	ɕiɑŋ44	tə22	xɤŋ21		菜香得很
古 浪	tsʻɛ22	xao44	tʂʻʅ22	ti21	xɔ̃ŋ21	菜好吃得很
永 昌	tsʻɛ53	ɕiAŋ13	ti42	xəŋ21		菜香得很
张 掖	tsʻɛi22	xɔ53	tʂʻʅ31	ti22	xəŋ53	菜好吃得很
山 丹	tsʻe42	xao53	tʂʻʅ42	tə21	xəŋ53	菜好吃得很
平 凉	tsʻæ44	xɔ44	tʂʻʅ53	ti21	xəŋ53	菜好吃得很
泾 川	tsʻE44	xɔ53	tʂʻʅ53	ti21	xəŋ53	菜好吃得很
灵 台	tsʻɛ44	xɔ53	tʂʻʅ53	ti21	xəŋ53	菜好吃得很
酒 泉	tsʻɛ44	xɔ53	tʂʻʅ53	ti21	xəŋ53	菜好吃得很啊
敦 煌	tsʻɛ44	xɔo44	tʂʻʅ21	tə21	xəŋ53	菜好吃得很
西 峰	tsʻE55	xɔ53	tʂʻʅ21	tə31	xəŋ53	菜好吃得很
环 县	tsʻɛ55	tʂʻʅ41	ʂɑŋ21	mei55	ti21 xəŋ41	菜吃上美得很
正 宁	tsʻE44	xɔ53	tʂʻʅ53	ʈi21	xəŋ31	菜好吃得很
镇 原	tsʻɛ53	xɔ31	tʂʻʅ53	ti21	xəŋ53 a21	菜好吃得很啊
定 西	tsʻE44	xɔ53	tʂʻʅ21	ti13	xɤŋ51	菜好吃得很
通 渭	tsʻe44	xɔ53	tʂʻʅ21	ti13	xɔ̃53	菜好吃得很
陇 西	tsʻɛ44	xɔ55	tʂʻʅ21	te13	xəŋ32	菜好吃得很

临洮	tsʻɛ44	xɔ53	tʂʻʅ21	ti44	xẽ53	菜好吃得很
漳县	tsʻE24	xɔo53	tʃʻʅ21	tE21	xɤ̃53	菜好吃得很
武都	tsʻɛi24	xɔu55	tʂʻʅ31	ti21	xɤŋ55	菜好吃得很
文县	tsʻɛ21	xɔo55	tʂʻʅ21	ti21	xə̃42	菜好吃得很
宕昌	tsʻɛ44	xao53	tʂʻʅ44	tʅ44	xəŋ53	菜好吃得很
康县	tsʻE24	xɔo55	tʂʻʅ21	tɪ21	xɤŋ35	菜好吃得很
西和	tsʻɛ55	xao51	tʂʻʅ21	te24	xɤŋ51	菜好吃得很
临夏市	tsʻɛ53	ɕiɑŋ13	ti21	xəŋ44		菜香得很
临夏县	tsʻɛ53	xɔ52	tsʻʅ24	ti21	xəŋ55	菜好吃得很
合作	tʂɤ13 这	kɤ55 个	tsʻɛi53 菜	xɔo55 好	tʂʅ13 吃	tɤ55 得	xɤŋ55 很
舟曲	tsʻɛ35	xɔo55	tsʅ53	tsʅ21	xɤŋ21	菜好吃得很
临潭	tsʻɛi44	ɕiã44	tɤ13	xəŋ53		菜香得很

18. 你打得好

兰 州	ni^{44}	ta^{44}	tɤ^{21}	xɔ^{13}	你打得好
红 古	ni^{55}	ta^{55}	tʂɤ^{21}	xɔ^{44}	你打者好
永 登	ni^{33}	ta^{213}	ti^{44}	xɑo^{31}	你打得好
榆 中	ni^{35}	ta^{44}	ti^{44}	xɔo^{44}	你打得好
白 银	ni^{33}	ta^{33}	tə^{21}	xɔ^{33}	你打得好
靖 远	niɛ^{55}	ta^{55}	tiɛ^{21}	xɑo^{55}	你打得好
天 水	n̪i^{53}	ta^{53}	ti^{44}	xɔ^{53}	你打得好
秦 安	n̪i^{44}	ta^{53}	ti^{22}	xɔ^{53}	你打得好
甘 谷	n̪i^{53}	tɒ^{53}	tə^{21}	xɑu^{53}	你打得好
武 山	n̪i^{53}	tɑ^{53}	tɛi^{21}	xɔo^{53}	你打得好
张家川	n̪i^{53}	ta^{53}	tɕi^{21}	xɔ^{53}	tɕi^{32} xɤŋ^{53}
	你	打	得	好	得 很
武 威	ni^{35}	ta^{53}	ti^{21}	xɔu^{44}	你打得好
民 勤	n̩^{44}	ta^{22}	tə^{44}	xɔo^{44}	你打得好
古 浪	ni^{44}	tɑ^{31}	ti^{44}	xɑo^{31}	你打得好
永 昌	ni^{44}	ta^{53}	ti^{21}	xɔo^{44}	你打得好
张 掖	ni^{44}	ta^{22}	ti^{44}	xɔ^{53}	你打得好
山 丹	ni^{53}	ta^{22}	tə^{44}	xɑo^{22}	a^{44} 你打得好啊
平 凉	n̪i^{44}	tɑ^{44}	ti^{31}	xɔ^{53}	你打得好
泾 川	n̪i^{53}	tA^{44}	ti^{21}	xɔ^{53}	你打得好
灵 台	n̪i^{53}	ta^{44}	ti^{21}	xɔ^{53}	你打得好
酒 泉	ni^{53}	ta^{22}	tə^{44}	xɵ^{53}	你打得好
敦 煌	n̩^{44}	ta^{53}	tə^{21}	tuei^{44}	tə^{42} tʂə^{42} nə^{21}
	你	打	得	对	得 着 呢
西 峰	n̪i^{31}	ta^{55}	ti^{31}	xɔ^{55}	你打得好
环 县	n̪i^{41}	ta^{55}	ti^{21}	xɔ^{41}	你打得好
正 宁	n̪i^{44}	ta^{44}	ʈi^{21}	xɔ^{53}	你打得好
镇 原	n̪i^{31}	ta^{53}	tɛ^{21}	xɔ^{53}	你打得好
定 西	n̪i^{53}	ta^{53}	ti^{21}	xɔ^{51}	你打得好

通 渭	tɕi⁵³	ta⁵³	ti³²	xɔ⁵³	你打得好
陇 西	li⁵⁵	ta⁵⁵	te³²	xɔo⁵³	你打得好
临 洮	ni⁵³	ta⁵³	te¹³	xɔ⁵³	你打得好
漳 县	ȵi²¹	tɑ⁵³	ti²¹	xɔo⁵³	你打得好
武 都	læ̃¹³ tɕʻiɤu²¹, ȵi⁵⁵ ta⁵⁵ ti²¹ xɔo⁵³ 篮　　球，　你　打　得　好				
文 县	ŋ̩²²	ta⁵⁵	ti²¹	xɔo⁴²	你打得好
宕 昌	n̩⁵³	ta⁵³	tʅ²¹	xao⁵³	你打得好
康 县	ȵi⁵³	tA²¹	tʅ²¹	xɔo³⁵	你打得好
西 和	ȵi⁵¹	tA⁵¹	ti²¹	xao⁵¹	你打得好
临夏市	ni⁴⁴	tɑ⁴⁴	ti²¹	xɔ⁴⁴	你打得好
临夏县	ni⁵⁵	tɑ⁵⁵	ti²¹	xɔ⁵⁵	你打得好
合 作	ni⁵⁵	ta¹³	tɤ⁵⁵	xɔo⁵⁵	你打得好
舟 曲	nzʅ³⁵	ta⁴⁴	tsʅ¹³	xɔo³¹	你打得好
临 潭	ni⁴⁴	ta⁵³	tɤ³¹	xɔ⁵³	你打得好

19. 他打不好

兰 州	tʻa⁴⁴	ta⁴⁴	pu²²	xɔ⁵³		他打不好
红 古	tʻa⁴⁴	ta⁵⁵	pu²²	xɔ⁴⁴		他打不好
永 登	tʻa⁴⁴	ta²¹³	ti⁴⁴	pu²¹	xɑo²¹	他打得不好
榆 中	tʻa⁴⁴	ta⁴⁴	pu³¹	xɔo³⁵		他打不好
白 银	tʻa³³	ta³³	tə²¹	pu²²	xɔ³³	他打得不好
靖 远	tʻa⁴¹	ta⁵⁵	tiɛ²¹	pu²²	xɑo⁵⁵	他打得不好
天 水	vɛ⁵³	tʻa⁴⁴	ta⁵³	pu²¹	xɔ²¹	咻˜他打不好
秦 安	tʻa²²	ta⁵³	pfu²²	xɔ⁵³		他打不好
甘 谷	tʻɒ¹³	tɒ⁵³	pu²¹	xɑu⁵³		他打不好
武 山	tʻɑ¹³	tɑ⁵³	pu²¹	xɔ⁵³		他打不好
张家川	vɛ⁵³	ta⁵³	tɕpu²¹	ɕiŋ¹³		咻˜①打得不行
武 威	tʻa³⁵	ta⁵³	ti³¹	pu⁵³	xɔu²¹	他打得不好
民 勤	tʻa⁴⁴	ta²²	tə⁴⁴	pu²²	xɔɔ⁴⁴	他打得不好
古 浪	tʻɑ⁴⁴	tɑ³¹	ti⁴⁴	pu²¹	xɑo²²	他打得不好
永 昌	tɕia³⁵	ta⁵³	pu⁴²	xɔo⁴⁴		傢˜打不好
张 掖	tʻa⁴⁴	ta²²	pu⁴⁴	xɔ⁵³		他打不好
山 丹	tʻa³⁴	ta⁴⁴	pu²²	xɑo⁴⁴		他打不好
平 凉	tʻɑ⁴⁴	tɑ⁴⁴	pu³¹	xɔ⁵³		他打不好
泾 川	tʻA⁵³	pu³¹	tʂʻəŋ²⁴			他不成
灵 台	ŋuo⁵³	ʂɤ⁵³	pfu²¹	xɔ⁵³		我说不好
酒 泉	tʻa⁴⁴	ta²²	pu⁴⁴	xɵ⁵³		他打不好
敦 煌	tʻa²²	ta⁵³	pu²¹	xɔo⁵³		他打不好
西 峰	tʻa⁵⁵	ta⁵³	pu³¹	xɔ⁵³		他打不好
环 县	ȵiã²⁴	ta⁵⁵	ti²¹	pu³¹	xɔ⁴¹	梟打得不好
正 宁	tʻa⁴⁴	ta⁴⁴	pu³¹	xɔ⁵³		他打不好
镇 原	tʻa⁴⁴	ta⁵³	pu²¹	xɔ⁵³		他打不好
定 西	tʻa¹³	ta⁵³	pu²¹	xɔ⁵¹		他打不好

① 咻˜：相当于第三人称代词"他"。

通 渭	tʻa¹³	ta⁵³	pu²¹	xɔ⁵³		他打不好	
陇 西	tʻa²¹	ta⁵⁵	pu²¹	xɔo⁵³		他打不好	
临 洮	（无）						
漳 县	tʻɑ²¹	tɑ⁵³	ti²¹	pu²¹	xɔo⁵³	他打得不好	
武 都	læ¹³	tɕʻiɤu²¹	，tʻa³³	ta⁵⁵	pu²¹	xɔu⁴⁴	篮球，他打不好
文 县	tʻa³¹	ta⁵⁵	ti²¹	pu¹³	xɔo⁴²	他打得不好	
宕 昌	tʻa³³	ta⁵³	tʅ²¹	pu²⁴	xao⁵³	他打得不好	
康 县	tʻA⁵³	tA⁵⁵	pu²¹	xɔo³⁵		他打不好	
西 和	tʻA²⁴	tA⁵¹	pu²¹	xɔ⁵¹		他打不好	
临夏市	tɕiɛ¹³	tɑ⁴⁴	ti²¹	ʐɑŋ¹³	tɕʻiẽ⁵³	像打得瓢⁼欠①	
临夏县	tʻɑ⁵³	tɑ⁵⁵	pu²¹	xɔ⁵⁵		他打不好	
合 作	tʻa⁵⁵	ta⁵⁵	ti¹³	pu¹³	xɔo⁵³	他打得不好	
舟 曲	tʻa⁵⁵	ta⁵⁵	tsʅ⁵³	pu³¹	xɔo⁵³	他打得不好	
临 潭	ɔ¹³ 兀	kɤ⁴⁴ 个	ta⁵³ 打	ti³¹ 得	pu¹³ 不	xɔ⁵³ 好	

---

① 瓢⁼欠：不好。

20. 我打得不好

兰 州	vɤ⁴⁴	ta⁴⁴	tɤ³¹	pu²²	xɔ³¹	我打得不好
红 古	vɤ³⁵	ta⁵⁵	tʂɤ²¹	pu¹³	xɔ⁴²	我打者不好
永 登	və⁴⁴	ta¹³	ti³³	z̩ãŋ⁴¹		我打得瓤˜
榆 中	uɤ⁴⁴	ta⁴⁴	ti³¹	pu³¹	tuei²⁴	我打得不对
白 银	və³³	ta³³	ti²¹	z̩ɑŋ⁵¹		我打得瓤˜
靖 远	ŋuə⁵⁵	ta⁵⁵	tiɛ²¹	ia⁵⁵	pu²¹	xɑo⁵⁵
	我	打	得	也	不	好
天 水	ŋuə⁵³	ta⁵³	ti⁴⁴	pu²¹	xɔ²¹	我打得不好
秦 安	kə⁴⁴	ta⁵³	ti²¹	pfu²²	xɔ⁵³	我打得不好
甘 谷	kiɛ⁵³	tɒ⁵³	ti²¹	pu²¹	xɑu⁵³	我打得不好
武 山	kiə⁵³	ta⁵³	tɛi²¹	pu²¹	xɔo⁵³	我打得不好
张家川	ŋuɤ⁵³	ta⁵³	tɕpu²¹	xɔu⁵³		我打得不好
武 威	və³⁵	ta⁵³	ti³¹	pu⁵³	xɔu²¹	我打得不好
民 勤	uə⁴⁴	ta²²	tə⁴⁴	pu²²	xɔo⁴⁴	我打得不好
古 浪	uə⁴⁴	tɑ³¹	ti⁴⁴	pu²²	xɑo¹³	我打得不好
永 昌	uə³⁵	ta⁴²	ti²¹	pu⁴²	xɔo²¹	我打得不好
张 掖	və⁴⁴	ta²²	ti⁴⁴	pu²²	xɔ⁵³	我打得不好
山 丹	uə⁵³	ta²²	tə⁴⁴	pu⁴²	xɑo⁴⁴	我打得不好
平 凉	ŋuo⁵³	tɑ⁴⁴	ti³¹	pu³¹	xɔ⁵³	我打得不好
泾 川	ŋɤ⁵³	tᴀ⁴⁴	ti³¹	pu³¹	ɕiŋ²⁴	我打得不行
灵 台	uo⁵³	ta⁴⁴	ti²¹	pfu³¹	xɔ⁵³	我打得不好
酒 泉	və⁵³	ta²²	ti⁴⁴	pu²²	xɵ⁴²	我打得不好
敦 煌	ŋə⁵³	ta⁵³	tə²¹	pu²¹	xɔo⁵³	我打得不好
西 峰	ŋɤ³¹	ta⁵³	ti³¹	pu³¹	xɔ⁵³	我打得不好
环 县	ŋuo⁵⁵	ta⁵⁵	ti²¹	pu²¹	xɔ⁴¹	我打得不好
正 宁	ŋɤ⁵³	ta⁴⁴	ţi³¹	pu³¹	xɔ³¹	我打得不好
镇 原	uo⁴⁴	ta⁵³	ti²¹	pu²²	ɕiŋ²⁴	我打得不行
定 西	ŋɤ⁵³	ta⁵³	ti²¹	pu²¹	xɔ⁵¹	我打得不好
通 渭	kə⁵³	ta⁵³	ti³²	pu²¹	xɔ⁵³	我打得不好

陇 西	kɤ⁵⁵	ta⁵⁵	te³²	pu²¹	xɔo²¹	我打得不好
临 洮	ŋo⁵³	ta⁵³	te²¹	pu²¹	xɔ⁵³	我打得不好
漳 县	kɤ⁴⁴	tɑ⁵³	ti²¹	pu²¹	xɔo⁵³	我打得不好
武 都	læ̃¹³ tɕ'iɤu²¹，ŋə⁵⁵	ta²¹	ti²¹	pu²¹	xou⁵⁵	篮球，我打得不好
文 县	ŋɤ⁵⁵	ta³³	ti²¹	pu¹³	xɔo⁴²	我打得不好
宕 昌	ŋɤ⁵⁵	ta⁵³	tʅ²¹	pu²¹	xao⁴⁴	我打得不好
康 县	ŋuɤ⁵⁵	tA²¹	tɿ²¹	pu²¹	xɔ³⁵	我打得不好
西 和	ŋuɤ⁵¹	tA⁵¹	ti²¹	pu²⁴	xɔ²¹	我打得不好
临夏市	ŋə⁴⁴	tɑ⁴⁴	ti²¹	ʐaŋ¹³	tɕ'iẽ⁵³	我打得瓢⁻欠
临夏县	ŋə⁵⁵	tɑ⁵⁵	ti²¹	pu²¹	xɔ⁵⁵	我打得不好
合 作	ŋɤ¹³	ta¹³	tɤ⁵⁵	pu¹³	xɔo¹³	我打得不好
舟 曲	ŋuə³⁵	ta⁵⁵	tsʅ⁵³	pu³¹	xɔo⁵³	我打得不好
临 潭	ŋɤ¹³	ta⁵³	tɤ⁴⁴	pu³¹	xɔ⁵³	我打得不好

21. 只有他一个人来

兰州	tʂʅ⁴⁴	iəu⁵³	tʻa⁴⁴	zi⁴⁴	kɤ³¹	z̩ⁿ¹³	lɛ¹³	lɔ²¹
	只	有	他	一	个	人	来	了
红古	tɕiəu⁴⁴	tɕia⁴⁴	zʅ²¹	kɤ²²	z̩ⁿ⁵³	lɛ⁴²	liɔ²¹	
	就	像⁼	一	个	人	来	了	
永登	tɕiʊu²¹	na⁵³	i²²	kə³³	z̩ⁿ⁴⁴	lɛi⁵³	liɑo²¹	
	就	那	一	个	人	来	了	
榆中	tʻa⁴⁴	tʂʅ³¹	zi³¹	kɯ³¹	z̩ⁿ⁴⁴	lɛi⁵³	lɔo³¹	
	他	只	一	个	人	来	了	
白银	tɕiɤu¹³	pa¹³	zi²²	kə¹³	z̩ⁿ⁵¹	lɛ⁵¹		
	就	他	一	个	人	来		
靖远	tsɤu³⁵	niɛ³³	zʅ²²	kə³⁵	z̩ɤŋ³³	lɛi²⁴		
	就	臬⁼	一	个	人	来		
天水	tsʅ⁵³	iəu⁵³	tʻa¹³	ċkɤ³³	z̩ŋ¹³	lɛ¹³		
	只	有	他	一	个	人	来	
秦安	tsiəu⁴⁴	iɤu⁵³	tʻa¹³	zi¹³	kə⁴⁴	z̩ə̃¹²	lɛ¹³	lɔ²¹
	就	有	他	一	个	人	来	了
甘谷	tsʅ²¹	iɤu⁵³	tʻɒ¹³	i²¹	kiɛ⁴⁴	z̩ə̃ŋ²¹	lai²¹	
	只	有	他	一	个	人	来	
武山	tsʅ²¹	lɛi²⁴	lə²¹	tʻɑ²¹	i²¹	kuɛi²¹	z̩əŋ²⁴	
	只	来	了	他	一	个	人	
张家川	tɕʻiɤu⁴⁴	tʻa⁵³	i²¹	kuɤ⁴⁴	le¹³	tʂɤ²¹	li²¹	
	就	他	一	个	来	着	哩	
武威	tɕiəu⁵³	tɕia³⁵	i⁴⁴	kə⁵³	z̩əŋ³¹	lɛi¹³		
	就	像⁼	一	个	人	来		
民勤	tɕiɤu²²	tʻa⁴⁴	zi⁴²	kɯ²²	z̩ɤŋ²¹	læi⁵³		
	就	他	一	个	人	来		
古浪	tɕiʊu²²	na⁵³	zi³¹	kə²¹	z̩ə̃ŋ²²	lɛ⁴⁴	liɑo²¹	
	就	那	一	个	人	来	了	
永昌	tʂʅ⁵³	iɤu⁴⁴	tʻa⁴⁴	lɛ¹³	liɔo²¹	只有他来了		
张掖	tɕiəu²²	tʻa⁴⁴	zi³¹	kə²¹	z̩əŋ²²	lɛi⁵³		
	就	他	一	个	人	来		

山 丹	tɕiəu²² 就	na⁵³ 那	ʑi⁴² 一	kə²² 个	z̩əŋ²¹ 人	lɛe⁵³ 来	
平 凉	tsʅ³¹ 只	iou⁴⁴ 有	tʻɑ⁴⁴ 他	i³¹ 一	kɤ⁴⁴ 个	z̩əŋ²¹ 人	lɛ²⁴ 来
泾 川	tsʅ³¹ 只	tʻʌ⁵³ 他	i³¹ 一	kɤ⁴⁴ 个	z̩əŋ²⁴ 人	lᴇ²⁴ 来	
灵 台	tɕiou⁴⁴ 就	tʻa⁵³ 他	i³¹ 一	kɤ²¹ 个	z̩əŋ²⁴ 人	lɛ²⁴ 来	
酒 泉	tsʅ²² 只	iɤu⁵³ 有	tʻa⁴⁴ 他	i⁴² 一	kə²² 个	z̩əŋ²² 人	le⁵³ 来
敦 煌	tsʅ²² 只	iɤu⁴⁴ 有	tʻa⁴⁴ 他	ʑʅ²¹ 一	kə²² 个	z̩əŋ⁴⁴ 人	lɛ²¹ 来
西 峰	tsʊ²⁴ 就	lᴇ²⁴ 来	lə³¹ 了	tʻa⁵⁵ 他	i⁵³ 一	kɤ²¹ 个	
环 县	tsʅ³¹ 只	iɤu⁵⁵ 有	n̠ia³¹ 㒗	i³¹ 一	kɤ⁵⁵ 个	lɛ²⁴ 来	
正 宁	tsʅ³¹ 只	iou⁵³ 有	tʻa⁵³ 他	i³¹ 一	kɤ⁴⁴ 个	z̩ən³¹ 人	lᴇ²⁴ 来
镇 原	tsʅ²¹ 只	iəu⁴⁴ 有	na⁴⁴ 那	i⁵³ 一	kɤ²¹ 个	z̩əŋ²⁴ 人	lɛ²¹ 来
定 西	tʂʅ¹³ 只	lᴇ²¹ 来	lɔ⁴⁴ 了	tʻa¹³ 他	ʑi²¹ 一	kɤ⁴⁴ 个	z̩ɤ̃²¹ 人
通 渭	tsʅ¹³ 只	le²¹ 来	lɔ⁴⁴ 了	uə⁴⁴ 兀	ʑi²¹ 一	kə⁴⁴ 个	z̩ɤ̃³¹ 人
陇 西	tsʅ²¹ 只	iɤu⁵³ 有	tʻa²¹ 他	ʑi³² 一	kɤ⁴⁴ 个	z̩əŋ¹³ 人	la¹³ 来
临 洮	tsʅ¹³ 只	iʊ⁵³ 有	tʻa¹³ 他	ʑi²¹ 一	ko⁴⁴ 个	z̩ẽ²¹ 人	lɛ¹³ 来
漳 县	tsʻiɤu²⁴ 就	tʻɑ²¹ 他	ʑi⁴² 一	kɤ²⁴ 个	ʐɤ̃²¹ 人	lɑ²⁴ 来	
武 都	tsʅ²¹ 只	tʻa⁵⁵ 他	ʑi²¹ 一	kə⁵⁵ 个	z̩ɤ̃²¹ 人	lɛi²¹ 来	lɔu⁵⁵ 了

第一章　语法例句

文 县	tɕiɤu²⁴	lɛ¹³	liɔo⁴⁴	t'a³¹	zi³¹	kɤ²²	zə̃²¹		
	就	来	了	他	一	个	人		
宕 昌	tɕiɤu⁴⁴	lɛ¹³	lao⁴⁴	t'a³³	zɿ¹³	kɤ⁴⁴	zəŋ¹³		
	就	来	了	他	一	个	人		
康 县	tʂʅ²¹	iɤu⁵³	t'ᴀ⁵⁵	i²¹	kuɤ²⁴	zɤŋ²¹	lɛ²¹		
	只	有	他	一	个	人	来		
西 和	tɕiã²⁴	t'ᴀ²¹	i²¹	kɛ⁵⁵	zɤŋ²⁴	lɛ²⁴	lao²¹		
	将①	他	一	个	人	来	了		
临夏市	tɕiɛ¹³	tʂʅ¹³	zi²¹	kə⁵²	zəŋ¹³	lɛ²¹	liɔ⁴²		
	他	只	一	个	人	来	了		
临夏县	tʂʅ²¹	iɤu⁵³	t'ɑ⁵³	zi¹³	kə⁵²	zəŋ¹³	lɛ¹³		
	只	有	他	一	个	人	来		
合 作	tʂʅ¹³	iɤɯ⁵³	t'a⁵⁵	zi¹³	kɤ⁵³	zən¹³	lɛi⁵⁵	ti¹³	li²¹
	只	有	他	一	个	人	来	的	哩
舟 曲	tsiɤu²⁴	lɛ⁵³	liɔo²¹	t'a²⁴	ʒʅ⁵³	k'ɛ²¹	zɤŋ³¹		
	就	来	了	他	一	个	人		
临 潭	iɤu⁵³	t'a⁴⁴	zi²²	kɤ¹³	zəŋ³¹	lɛi¹³	lɤ³¹		
	就	他	一	个	人	来	了		

---

① 将：范围副词，相当于"只有"。

22. 大概三斤左右

兰 州	ta¹³	kɛ³¹	sæ̃⁴⁴	tɕin³¹	tsuo⁴⁴	ʐiəu¹³		
	大	概	三	斤	左	右		
红 古	ta¹³	kɛ⁴⁴	iəu⁵⁵	kɤ²¹	sã²²	tɕin⁴⁴		
	大	概	有	个	三	斤		
永 登	ta²⁴	kɛi⁴⁴	iʊu⁴²	kə²¹	sæ̃⁴²	tɕin²¹		
	大	概	有	个	三	斤		
榆 中	ta²⁴	kɛ³¹	sæ̃⁴⁴	tɕin⁴⁴	tsuɤ⁴⁴	iəu³¹	pa³⁵	
	大	概	三	斤	左	右	吧	
白 银	ta²²	tʻi⁴⁴	ʂaŋ²¹	iʁu³³	kə²¹	san⁴⁴	tɕin²¹	
	大	体	上	有	个	三	斤	
靖 远	ta³⁵	lye²²	mɔr⁴¹	tsʁu³⁵	sʅ⁴¹	kə²¹	sæ̃⁴¹	tɕiŋ²¹
	大	略	摸⁼① 儿	就	是	个	三	斤
天 水	ta⁴⁴	kɛ⁵³	sæ̃⁴⁴	tɕiəŋ⁵³	tsuə³³	iəu³³		
	大	概	三	斤	左	右		
秦 安	ta⁴⁴	iə²¹	san³⁵	tɕiə̃²¹	ʂɔ̃⁴⁴	xa⁴⁴		
	大	约	三	斤	上	下		
甘 谷	tɑ⁴⁴	kai¹³	sa¹³	tɕiəŋ⁴⁴	tsə²¹	iʁu²¹		
	大	概	三	斤	左	右		
武 山	ta⁴⁴	tʻi⁴⁴	ʂaŋ¹³	sa²¹	tɕiəŋ²¹	tsə⁴⁴	iʁ⁴⁴	
	大	体	上	三	斤	左	右	
张家川	ta⁴⁴	ke⁴⁴	sæ̃¹³	tɕin²¹	tuʁ¹³			
	大	概	三	斤	多			
武 威	ta³⁵	lyɛ⁴⁴	mu³¹	sÃ³⁵	tɕin³⁵	tsuə⁴⁴	iəu³¹	
	大	略	摸⁼	三	斤	左	右	
民 勤	ta²²	kæi⁴²	sæi⁴⁴	tɕin²¹	tsuə⁴⁴	iʁu⁴²		
	大	概	三	斤	左	右		
古 浪	tɑ⁴⁴	lye⁴⁴	mu⁴²	tsʅ²¹	tɕiʊu²¹	sʅ²²	kə²¹	sæ⁴⁴	tɕiŋ⁴²
	大	略	摸⁼	子	就	是	个	三	斤
永 昌	ta³⁵	yɛ⁴⁴	tɕiʁu⁵³	sʅ⁴²	kə²¹	sɛ¹³	tɕin⁴⁴	pa²¹
	大	约	就	是	个	三	斤	吧

---

① 大略摸⁼：大约。

张掖	iə²²	tɕieu⁵³	ʂʅ²¹	sʌŋ⁴⁴	tɕiŋ⁴⁴	ʂʌŋ²⁴	ɕia²¹
	也	就	是	三	斤	上	下
山丹	ta²⁴	kɛe⁴²	sɛe³⁴	tɕiŋ⁴⁴	大概三斤		
平凉	ta⁴⁴	mu³¹	ər²¹	sæ̃⁵³	tɕiŋ³¹	tsuo³¹	iɤu²¹
	大	摸	儿	三	斤	左	右
泾川	sæ̃³¹	tɕiŋ³¹	tsuo⁴⁴	iəu⁴⁴	三斤左右		
灵台	yo³¹	mɤ²¹	sæ̃³¹	tɕiəŋ³¹	tsuo⁵³	iou⁴⁴	
	约	摸	三	斤	左	右	
酒泉	ta¹³	ke²²	sã⁴⁴	tɕiŋ⁴⁴	tsuə⁵³	iəu²¹	
	大	概	三	斤	左	右	
敦煌	ta⁴⁴	kai⁴⁴	san²¹³	tɕiŋ⁴⁴	tsuə⁴⁴	iɤu²¹³	
	大	概	三	斤	左	右	
西峰	ta²⁴	kE²⁴	iʊ³¹	sæ̃⁵³	tɕiŋ³¹		
	大	概	有	三	斤		
环县	yɤ³¹	mɤ²¹	sæ̃⁴¹	tɕiŋ³¹	tsuo⁴¹	iɤu⁵⁵	
	约	摸	三	斤	左	右	
正宁	ta⁴⁴	kE⁴⁴	sæ̃³¹	tɕin²¹	tsuo⁴⁴	iou⁴⁴	
	大	概	三	斤	左	右	
镇原	tsʻa³¹	pu²¹	tuo⁵³	iəu¹³	sæ̃²⁴	tɕiŋ⁵³	
	差	不	多	有	三	斤	
定西	yɛ²¹	muə⁵³	sæ̃¹³	tɕin²¹	ʂã³³	xa³³	
	约	摸	三	斤	上	下	
通渭	iɛ²¹	mə⁵³	tʂə³²	sæ̃¹³	tɕĩ³²	ʂã³³	xa³³
	约	摸	着	三	斤	上	下
陇西	ta⁴⁴	kɛ⁴⁴	sæ̃²¹	tɕin²¹	tso³³	ʑiɤu³²	
	大	概	三	斤	左	右	
临洮	ta⁴⁴	kɛ⁴⁴	sæ̃¹³	tɕĩ¹³	tso⁵³	iʊ⁴⁴	
	大	概	三	斤	左	右	
漳县	tɑ²⁴	kE²¹	sæ̃²¹	tɕĩɤ̃²¹	tsuo⁵³	iɤu⁴⁴	
	大	概	三	斤	左	右	

武都	ta²⁴	kɛi⁵⁵	sæ̃³¹	tɕiɜ̃²¹	ʂɑŋ²⁴	xa²¹		
	大	概	三	斤	上	下		
文 县	tsʻa³¹	pu²¹	tuə⁴⁴	sæ̃³¹	tɕiɜ̃³¹	tɤ²¹	iã²⁴	tsɿ⁴²
	差	不	多	三	斤	的	样	子
	tsʻa³¹	pu²¹	tuə⁴⁴	iɤu³⁵	sæ̃³¹	tɕiɜ̃²¹		
	差	不	多	有	三	斤		
宕 昌	tsʻa⁴⁴	pu⁵³	tuə⁴²	sæ̃²⁴	tɕiŋ⁴⁴	tɿ²¹	iã³⁵	tsɿ²¹
	差	不	多	三	斤	的	样	子
	tsʻa²⁴	pu²⁴	tuə⁴²	iɤu⁵³	sæ̃⁴⁴	tɕiŋ⁴⁴		
	差	不	多	有	三	斤		
康 县	tʌ²⁴	kʻɤ⁵³	sæ̃⁵³	tɕiŋ²¹	tsuɤ⁵⁵	iɤu²⁴		
	大	概	三	斤	左	右		
西 和	tʌ²⁴	yə²¹	mɤ⁵⁵	sæ̃²⁴	tɕiŋ²¹	tʃʅɤ⁵⁵	iɤu⁵⁵	
	大	约	摸	三	斤	左	右	
临夏市	tɑ⁴⁴	kɛ⁴²	sã⁴⁴	tɕiŋ⁵³	tsuə⁴⁴	iɤu²¹		
	大	概	三	斤	左	右		
临夏县	tɑ⁵⁵	tʂʅ²¹	sã⁵⁵	tɕiŋ²¹	tsuə⁵⁵	iɤu⁵²		
	大	致	三	斤	左	右		
合 作	ta¹³	kɛi⁵⁵	san⁵⁵	tɕin⁵⁵	tsuə⁵³	iɤɯ⁵⁵	pa⁵³	
	大	概	三	斤	左	右	吧	
舟 曲	tsʻa²⁴	pu³¹	tuə⁵³	sæ̃⁵³	tɕiŋ⁵⁵	ti²¹	iã³¹	tsɿ⁵³
	差	不	多	三	斤	的	样	子
	tsʻa²⁴	pu³¹	tuə⁵³	iɤu³⁵	sæ̃⁵³	tɕiŋ²¹		
	差	不	多	有	三	斤		
临 潭	tɕiã⁴⁴	xɔ⁵³	sæ̃i¹³	tɕin⁴⁴	tuɤ³¹			
	刚	好	三	斤	多			

23. 碗被打破了

兰州	væ⁴⁴	ta⁴⁴	pʻɤ¹³	lɔ³¹	碗打破了
红古	vã³⁵	tɕiɔ¹³	tsa²¹	tɔ⁴⁴ li²¹	碗叫砸到了
永登	væ̃⁴⁴	tɕiɑo²¹	tsa⁵³	tiou³¹ liao²¹	碗叫砸丢了
榆中	væ̃⁴⁴	ta⁴⁴	pʻɤ³¹	lɔo³¹	碗打破了
白银	van³³	tɕiɔ²²	tsa⁵¹	pʻə⁵³ lɔ³³	碗叫砸破了
靖远	væ̃⁵⁵ 碗	niɛ²² 茶	tɕiɑo²¹ 叫	pæ³⁵ læ̃³⁵ liao⁴¹ 拌 烂 了	
天水	væ̃⁵³	ta²¹	læ⁴⁴	li²¹	碗打烂了
秦安	ma²²	uan⁵³	ta⁴⁴	pʻə⁴⁴ lɔ²¹	把碗打破了
甘谷	ua⁵³	tɒ⁵³	suai⁴²	lɑu²¹	碗打碎了
武山	ua⁵³	pɑ⁴⁴	pʻiə⁴⁴	lɔo⁴²	碗拌破了
张家川	ʋæ⁵³	tɤu²¹	ta⁵³	læ⁴⁴ li²¹	碗都打烂了
武威	vɑ̃⁵³	tɕiɔu³¹	ta³⁵	lɑ̃⁴⁴ liɔu²¹	碗叫打烂了
民勤	væi⁴⁴	ta⁴⁴	læi⁴²	la²¹	碗打烂了
古浪	vɛ³¹	tɕiɑo⁴⁴	tɑ⁴⁴	lɛ²² liao²¹	碗叫打烂了
永昌	vɛ⁵³	ta¹³	lɛ⁴²	liɔo²¹	碗打烂了
张掖	vʌŋ⁴⁴	ta⁵³	lʌŋ³¹	ɕi²¹	碗打烂了
山丹	vɛe²²	ta⁵³	lɛe⁴²	lə²¹	碗打烂了
平凉	væ̃⁵³	tɑ³¹	suɛɿ²⁴	lia²¹	碗打碎了
泾川	væ̃⁵³	tᴀ²¹	liᴀ²¹		碗打了
灵台	uæ̃⁵³	pæ̃¹³	liou²¹		碗拌了
酒泉	vã⁴⁴	ta⁵³	lã⁴²	lia²¹	碗打烂了
敦煌	van⁴⁴	zɔŋ²¹	ta⁵³	tu²² lə²¹	碗让打倒了
西峰	væ̃⁵³	ta³¹	lia³¹		碗打了
环县	væ̃⁵⁵	kei²¹	ta⁵⁵	liɤu²¹	碗给打了
正宁	væ̃⁵³	ta³¹	liɔ²¹		碗打了
镇原	væ̃⁵³	ta⁴⁴	læ⁴⁴	lia²¹	碗打烂了
定西	væ̃⁵³	tʃɔ²²	ta⁵³	pʻɤ⁴⁴ lɔ²¹	碗着打破了
通渭	uæ̃⁵³	tɕi³²	ta⁵³	pʻə⁴⁴ la²¹	碗叫打破了

陇　西	væ̃53	ta55	pʻɤ44	lɔo21	碗打破了
临　洮	væ̃53	ta53	pʻo44	liɔ21	碗打破了
漳　县	uæ̃44	tɑ53	pʻɤ24	lɔo21	碗打破了
武　都	væ̃55	læ̃24	lɔu21		碗烂了
文　县	uæ̃35	tɕiɔo21	ta42	læ̃24	lɔo42	碗叫打烂了
宕　昌	væ53	tɕiao44	ta53	læ̃44	lao21	碗叫打烂了
康　县	væ̃53	tA55	pʻuɤ24	lɔ53	碗打破了
西　和	uæ̃51	pæ̃55	læ̃55	lao21	碗绊烂了
临夏市	vã44	tɑ44	pʻə55	liɔ21	碗打破了
临夏县	vã55	ta55	pʻə52	liɔ21	碗打破了
合　作	vuan53	ta13	puə53	ti21	liɔo55	碗打破的了
舟　曲	væ̃35	tɕiɔo31	ta35	læ̃22	liɔo41	碗叫打烂了
临　潭	væ̃i53	kɛi13	ta53	pʻɤ22	lɔ31	碗给打破了

24. 张三被李四打了

兰 州	tʂã⁴⁴	sæ̃⁴⁴	tɕiɔ¹³	li⁴⁴	sʅ¹³	ta³¹	lɔ²¹			
	张	三	叫	李	四	打	了			
红 古	tʂã¹³	sã¹³	tɕi²¹	ŋ⁵⁵	sʅ²¹	ta⁵⁵	xa²¹	liɔ²¹		
	张	三	叫	李	四	打	下	了		
永 登	tʂãŋ⁴⁴	sæ̃⁴⁴	tɕiao²²	li³³	si²¹	ta²⁴	xa⁴⁴	liao²¹		
	张	三	叫	李	四	打	下	了		
榆 中	tʂã⁴⁴	sæ̃⁴⁴	tɕiɔɔ³¹	li⁴⁴	sʅ³¹	kɤ³¹	ta⁴⁴	kɤ³¹	lɔɔ³¹	zi²⁴	tũn³⁵
	张	三	叫	李	四	给	打	给	了	一	顿
白 银	tʂaŋ⁴⁴	san⁴⁴	tɕiɔ²²	li³³	sʅ¹³	ta³³	xa²¹	lɔ²¹		
	张	三	叫	李	四	打	下	了		
靖 远	tʂaŋ²²	sæ̃⁴¹	tɕiɔ²¹	ŋ⁵⁵	sʅ³³	ta⁵⁵	xa²¹	liao²¹		
	张	三	叫	李	四	打	下	了		
天 水	tʂã¹³	sæ̃¹³	tɔ²¹	li⁵³	sʅ⁴⁴	ta⁵³	liɔ²¹			
	张	三	让	李	四	打	了			
秦 安	tʂɔ̃³⁵	san²²	tə¹³	li⁵³	sʅ³⁵	ta⁴²	lɔ²¹			
	张	三	得	李	四	打	了			
甘 谷	tʂaŋ¹³	sa²¹	tɕiau¹³	li⁴⁴	sʅ⁴⁴	tɒ⁵³	lau²¹			
	张	三	叫	李	四	打	了			
武 山	tʂaŋ²¹	sa²¹	tɔo²¹	li⁵³	sʅ⁴⁴	tɑ⁵³	lɔ²¹			
	张	三	让	李	四	打	了			
张家川	tʂã¹³	sæ²¹	tʂɤ²¹	li⁵³	sʅ⁴⁴	kʅ²¹	ta⁵³	liə²¹	i²¹	toŋ²¹	
	张	三	着	李	四	给	打	了	一	顿	
武 威	tʂÃ³⁵	sÃ³¹	tɕiɔu³¹	li³⁵	sʅ³¹	ta⁵³	liɔu²¹			
	张	三	叫	李	四	打	了			
民 勤	tʂaŋ⁴⁴	sæi⁴⁴	tɕiɔɔ²²	ŋ⁴⁴	sʅ²¹	ta²²	la⁴⁴			
	张	三	叫	李	四	打	了			
古 浪	tʂãŋ⁴⁴	sæ⁴⁴	tɕiao²¹	li⁴⁴	sʅ²¹	tɑ³¹	xɑ⁴⁴	liao²¹		
	张	三	叫	李	四	打	下	了		
永 昌	tʂʌŋ⁴²	sɛ¹³	pi⁴²	li⁴⁴	sʅ⁴²	ta⁵³	liɔɔ²¹			
	张	三	被	李	四	打	了			

张 掖	tʂʌŋ⁴⁴	sʌŋ⁴⁴	tɕiɔ²²	li⁵³	sʅ²¹	ta²²	liə²¹		
	张	三	叫	李	四	打	了		
山 丹	tʂã³⁴	sɛɛ⁴⁴	tɕiɑo⁴⁴	li⁵⁵	sʅ²¹	tʂəŋ⁵⁵	kə²²	lə²²	tuŋ²¹
	张	三	叫	李	四	整	给	了	顿
平 凉	tʂaŋ²⁴	sæ̃³¹	pi⁴⁴	li⁵³	sʅ⁴⁴	ta⁵³	liɛ²¹		
	张	三	被	李	四	打	了		
泾 川	tʂaŋ²⁴	sæ̃³¹	tɕiɔ⁴⁴	li⁵³	sʅ⁴⁴	tᴀ⁴⁴	liɛ²¹		
	张	三	叫	李	四	打	了		
	tʂaŋ²⁴	sæ̃³¹	z̯ɑŋ⁴⁴	li⁵³	sʅ⁴⁴	tᴀ⁴⁴	liɛ²¹		
	张	三	让	李	四	打	了		
灵 台	taŋ²⁴	sæ̃³¹	tɕiɔ⁴⁴	li⁵³	sʅ⁴⁴	kei²¹	ta⁵³	liou²¹	
	张	三	叫	李	四	给	打	了	
酒 泉	tʂaŋ⁴⁴	sã⁴⁴	tɕiɵ⁴⁴	li⁵³	sʅ²¹	ta²²	lia⁵³		
	张	三	叫	李	四	打	了		
敦 煌	tʂɔŋ²¹³	san⁴⁴	ȵiɔŋ⁴⁴	li⁵³	sʅ²¹	ta⁵³	ɕia²¹	la²¹	
	张	三	让	李	四	打	下	了	
西 峰	tʂãŋ³¹	sæ̃⁵³	tɕiɔ³¹	li³¹	sʅ⁵⁵	ta⁵³	lia²¹		
	张	三	叫	李	四	打	了		
环 县	tʂaŋ⁴¹	sæ̃⁴¹	tɕiɔ²¹	li⁵⁵	sʅ⁵⁵	ta⁵⁵	liɔ²¹		
	张	三	叫	李	四	打	了		
正 宁	tʂaŋ²⁴	sæ̃³¹	tɕiɔ²⁴	lei⁴⁴	sʅ⁴⁴	ta³¹	liɔ²¹		
	张	三	叫	李	四	打	了		
镇 原	tʂaŋ²²	sæ̃⁵³	tɕiɔ⁴⁴	li⁵³	sʅ⁴⁴	ta³¹	la²¹		
	张	三	叫	李	四	打	了		
定 西	tʂã¹³	sæ̃¹³	tʂɔ²¹	li⁵³	sʅ⁴⁴	ta⁵³	lɔ²¹		
	张	三	着	李	四	打	了		
通 渭	tʂã¹³	sæ̃¹³	tʂɔ²¹	li⁵³	sʅ⁴⁴	ta⁵³	la²¹		
	张	三	着	李	四	打	了		
陇 西	tʂã²¹	sæ̃²¹	tsɔ²¹	li⁵⁵	sʅ⁴⁴	ta⁵³	ly²¹	zi²¹	tũɐ²¹
	张	三	让	李	四	打	了	一	顿
临 洮	tʂã²⁴	sæ̃²¹	tʂɔ¹³	li⁵³	sʅ⁴⁴	ta⁵³	liɔ²¹		
	张	三	着	李	四	打	了		

漳县	tʃã²⁴	sæ̃²¹	tsɤu³³	li⁵³	sʅ²¹	tɑ⁵³	lɔu²¹		
	张	三	让	李	四	打	了		
武都	tʂaŋ¹³	sæ̃²¹	tɕiɔu²⁴	li⁵⁵	sʅ²⁴	ta⁵⁵	lɔu²¹		
	张	三	叫	李	四	打	了		
文县	tsã³¹	sæ̃²¹	tɕiɔɔ²⁴	ȵi⁵⁵	sʅ²¹	tsa²¹	tɤ⁴⁴	zi¹³	toŋ⁴⁴
	张	三	叫	李	四	砸	的	一	顿
宕昌	tʂã²⁴	sæ⁴⁴	tɕiao⁴⁴	ɭ⁵³	sʅ⁴⁴	tsa²²	lao²⁴	zʅ⁵³	tuɤŋ⁴⁴
	张	三	叫	李	四	砸	了	一	顿
康县	tʂã²¹	sæ̃⁵³	pɿ²¹	li⁵⁵	sʅ²⁴	tᴀ⁵¹	lɔ²¹		
	张	三	被	李	四	打	了		
西和	tʂã²¹	sæ̃²¹	tʂao²⁴	li⁵¹	sʅ⁵⁵	tᴀ⁵¹	lao²¹		
	张	三	着	李	四	打	了		
临夏市	li⁴⁴	sʅ²¹	tʂaŋ⁴⁴	sã¹³	tɑ⁴²	liɔ²¹			
	李	四	张	三	打	了			
临夏县	tʂaŋ⁵⁵	sã²¹,	li⁵⁵	sʅ²¹	tɑ⁵⁵	liɔ⁵²			
	张	三,	李	四	打	了			
合作	tʂaŋ⁵⁵	san⁵⁵	pa⁵³	li¹³	si⁵³	kɛi¹³	ta¹³	xa⁵³	liɔɔ⁵⁵
	张	三	把	李	四	给	打	下	了
舟曲	tʂã⁵³	sæ⁴⁴	tɕiɔɔ²²	ɭ³⁵	sʅ⁴⁴	tsa⁵³	liɔɔ²¹	ʒʮ³¹	tuɤŋ²¹
	张	三	叫	李	四	砸	了	一	顿
临潭	li²²	sʅ⁵³	pa¹³	tʂã⁴⁴	sæi⁴⁴	ta⁵³	xa³¹	lɔ³¹	
	李	四	把	张	三	打	下	了	

25. 我从兰州来

兰州	vɤ44	ts'uən53	læ̃53	tʂəu44	lɛ53		
	我	从	兰	州	来		
红古	vɤ35	ts'uən13	lã22	tʂɤu44	lɛ31		
	我	从	兰	州	来		
永登	və13	ts'uən31	læ̃21	tʂʊu13	lɛi42	li21	
	我	从	兰	州	来	哩	
榆中	uɤ44	kən44	læ̃53	tʂəu31	lɛi53	ti31	
	我	跟	兰	州	来	的	
白银	və33	kən44	lan51	tʂɤu21	lɛ51		
	我	跟	兰	州	来		
靖远	ŋuə55	ta21	læ̃22	tʂɤu55	lɛi33		
	我	打①	兰	州	来		
天水	ŋuə53	tɕia44	læ̃13	tʂəu21	lɛ13		
	我	从	兰	州	来		
秦安	kə53	ts'oŋ13	lan35	tʂəu21	lɛ13		
	我	从	兰	州	来		
甘谷	kiɛ53	ts'uəŋ13	la24	tʂɤu42	lɒ21		
	我	从	兰	州	来		
武山	kiə53	ts'uəŋ24	la24	tʂɤu44	lɛi24	tʂə21	lə̃21
	我	从	兰	州	来	着	哩
张家川	ŋɤ53	tɕiã13	ts'oŋ21	læ̃13	tʂɤu21	le13	
	我	刚	从	兰	州	来	
武威	və35	ta31	lã35	tʂəu53	lɛi21		
	我	打	兰	州	来		
民勤	uə44	ts'oŋ53	læi53	tʂɤu21	læi53		
	我	从	兰	州	来		
古浪	uə13	tɑ42	lɛ44	tʂʊu21	lɛ42		
	我	打	兰	州	来		

---

① 打：从。

永昌	uə⁵³	tsʻuŋ⁴⁴	lɛ¹³	tʂɤu²¹	lɛ¹³	
	我	从	兰	州	来	
张掖	və⁴⁴	ta²²	lʌŋ⁴⁴	tʂɤu²¹	lɛi⁵³	
	我	打	兰	州	来	
山丹	uə²²	ta⁴⁴	lɛe⁵⁵	tʂəu²¹	lɛe⁵³	
	我	打	兰	州	来	
平凉	uo⁵³	tɑ³¹	læ²⁴	tʂɤu⁵³	læ²⁴	
	我	打	兰	州	来	
泾川	vo⁵³	tᴀ²¹	læ̃³¹	tʂəu⁵³	lᴇ²⁴	
	我	打	兰	州	来	
灵台	uo⁵³	ta⁵³	læ̃³¹	tou⁵³	lɛ²⁴	
	我	打	兰	州	来	
酒泉	və²²	ta⁵³	lã⁴⁴	tʂɤu⁴²	le⁴⁴	ti²¹
	我	打	兰	州	来	的
敦煌	ŋə⁵³	tsʻuŋ⁴⁴	lan²²	tʂɤu⁴⁴	lɛ²¹	li⁴²
	我	从	兰	州	来	哩
西峰	ŋɤ³¹	tsʻuŋ²⁴	læ̃³¹	tʂʊ⁵⁵	lᴇ²⁴	ti³¹
	我	从	兰	州	来	的
环县	ŋuo⁴¹	ta⁴¹	læ̃³¹	tʂɤu⁴¹	lɛ²⁴	
	我	打	兰	州	来	
正宁	ŋɤ³¹	ta⁵³	læ̃²²	tsou⁵³	lᴇ²⁴	
	我	打	兰	州	来	
镇原	uo⁵³	ta³¹	læ̃²⁴	tʂəu⁵³	lɛ²⁴	
	我	打	兰	州	来	
定西	ŋɤ⁵³	tsʻuŋ¹³	læ̃¹³	tʂʊ³²	lᴇ¹³	
	我	从	兰	州	来	
通渭	kə⁵³	tsʻũ¹³	læ̃¹³	tʂʊ³²	xa⁴⁴	leæ²¹
	我	从	兰	州	下	来
陇西	kɤ⁵⁵	tɔ⁴⁴	læ̃¹³	tʂɤu⁴²	lɛ¹³	
	我	到	兰	州	来	
临洮	ŋo⁵³	tsʻõ¹³	læ̃¹³	tʂʊ²¹	lɛ¹³	
	我	从	兰	州	来	

漳 县	kɤ24	læ̃24	læ̃24	tʃɤu21	lɛ24	
	我	连	兰	州	来	
武 都	ŋə55	tsʻoŋ13	læ̃13	tʂɤu21	lei13	
	我	从	兰	州	来	
文 县	ŋɤ55	tʃʻoŋ21	læ̃13	tsɤu31	lɜ13	
	我	从	兰	州	来	
宕 昌	ŋɤ44	ta33	læ̃24	tʂu33	lɛ13	
	我	打	兰	州	来	
康 县	ŋuɤ55	tA21	læ̃21	tʂɤu55	lE21	
	我	打	兰	州	来	
西 和	ŋuɤ55	tA51	læ̃24	tʂɤu21	lɛ24	
	我	打	兰	州	来	
临夏市	ŋə44	lã13	tʂɤu52	tɑ13	lɛ21	liɔ44
	我	兰	州	打	来	了
临夏县	ŋə552	tsʻuəŋ13	lã13	tʂɤu52	lɛ13	
	我	从	兰	州	来	
合 作	ŋɤ53	kɑŋ13	tsʻuŋ13	lan13	tʂɤɯ53	lei13
	我	刚	从	兰	州	来
舟 曲	ŋuə35	ia21	læ̃33	tʂɤu33	lɛ31	
	我	从	兰	州	来	
临 潭	ŋɤ53	tsʻuŋ44	læ̃i13	tʂɤu44	lei24	lɔ31
	我	从	兰	州	来	了

26. 从明天起就放假了

兰 州	min⁵³	t'iæ³¹	tɕiəu¹³	fã²¹	tɕia¹³			
	明	天	就	放	假			
红 古	tsʻuən¹³	min²²	t'iɛ³⁵	tsʻʅ⁴²	tɕiəu³¹	fã¹³	tɕia²¹	liɔ⁴⁴
	从	明	天	起	就	放	假	了
永 登	tsʻuən²²	min⁴⁴	kə²¹	t'iæ²²	tɕ'i³¹	tɕiuu³³	fɑŋ³³	tɕia³¹	liɑo²¹
	从	明	个	天	起	就	放	假	了
榆 中	min³¹	kɯ²⁴	uɣ⁴⁴	mən³¹	tɕiəu³¹	fã⁴⁴	tɕia³¹	lɔo³⁵
	明	个①	我	们	就	放	假	了
白 银	min⁵¹	kə²¹	t'ian⁴⁴	tɕ'i³³	tɕiɣu¹³	faŋ¹³	tɕia²²	lɔ³⁵
	明	个	天	起	就	放	假	了
靖 远	ta²²	miər²⁴	tsɣu³³	fɑŋ³³	tɕia³³	liɑo³¹		
	打	明儿	就	放	假	了		
天 水	tsʻuəŋ¹³	miəŋ¹³	tsɔ²¹	tɕ'i⁵³	tɕiəu⁴⁴	fã⁴⁴	tɕia⁵³	liɔ²¹
	从	明	朝②	起	就	放	假	了
秦 安	tsʻoŋ¹³	miə̃¹³	tsɔ³¹	tɕ'i⁵³	,tsiəu⁴⁴	fɔ̃⁵³	tɕia⁵³	lɔ²¹
	从	明	朝	起,	就	放	假	了
甘 谷	tsʻuəŋ²⁴	miəŋ²¹	tsau⁴⁴	tɕ'i⁵³	tɕiɣu⁴⁴	faŋ⁵³	tɕiɔ⁵³	lau³¹
	从	明	朝	起	就	放	假	了
武 山	tsʻuəŋ²⁴	miəŋ¹³	tsau²¹	tɕ'i⁵³	tɕiɣu⁴⁴	faŋ⁵³	tɕiɔ⁵³	lɔo³¹
	从	明	朝	起	就	放	假	了
张家川	tsʻoŋ¹³	miʴ¹³	k'e²¹	sʅ³²	tɕiɣu⁴⁴	fã⁴⁴	tɕia⁵³	liɔ²¹
	从	明儿	开	始	就	放	假	了
武 威	miŋ³⁵	kə⁵³	tɕiəu³¹	fÃ⁴⁴	tɕia³⁵	liɔu²¹		
	明	个	就	放	假	了		
民 勤	tsʻoŋ⁵³	miŋ²²	kɯ⁴⁴	tɕ'i⁴⁴	tɕiɣu⁴⁴	faŋ²²	tɕia⁴²	la²¹
	从	明	个	起	就	放	假	了
古 浪	ta²¹	miŋ⁴²	kə²¹	tɕi⁴⁴	tɕiəu²²	fãŋ⁴⁴	tɕia⁴²	liɑo²¹
	打	明	个	起	就	放	假	了

① 明个：明天。
② 明朝：明天。

永昌	tsʻuŋ²² miŋ³⁵ kə⁵³ kʻɛ⁴⁴ ʂʅ²¹ tɕiɤu⁴² fʌŋ¹³ tɕia⁵³ liɔ²¹
	从 明 个 开 始 就 放 假 了
张掖	tsʻuŋ⁵³ miŋ⁴⁴ kə²¹ tɕʻi⁵³ tɕiəu²⁴ fʌŋ²⁴ tɕia⁵³ liɔ²¹
	从 明 个 起 就 放 假 了
山丹	ta²² miŋ⁵⁵ kə²¹ tɕiəu²⁴ fã²⁴ tɕia⁴² la²¹
	打 明 个 就 放 假 了
平凉	ta⁵³ miŋ²⁴ ər²¹ tɕʻi⁵³ tɕiɤu⁴⁴ faŋ⁴⁴ tɕia⁴⁴ lia²¹
	打 明 日 起 就 放 假 了
泾川	miŋ²⁴ ər²¹ tɕiəu⁴⁴ faŋ⁴⁴ tɕiᴀ⁴⁴ liᴀ²¹
	明 日 就 放 假 了
灵台	miəŋ²⁴ ər²¹ tɕiou⁴⁴ faŋ⁴⁴ tɕia⁴⁴ liə²¹
	明 日 就 放 假 了
酒泉	ta⁵³ miŋ⁴⁴ tʻiẽ⁴² tɕʻi⁵³ tɕiəu²² fɑŋ¹³ tɕia²² lia²¹
	打 明 天 起 就 放 假 了
敦煌	tsʻuŋ²² miŋ²² tʻiɛ⁴⁴ tɕʻʅ⁵³ tɕiɤu⁴⁴ fɔŋ⁴⁴ tɕia⁴⁴ la⁴²
	从 明 天 起 就 放 假 了
西峰	tsʻuŋ²⁴ miŋ³¹ tʻiæ̃⁵⁵ tɕʻi⁵⁵ tɕiʊ⁵⁵ fãŋ⁵⁵ tɕia³¹ lia³¹
	从 明 天 起 就 放 假 了
环县	tsʻuŋ³¹ miɐr²⁴ tɕiɤu⁵⁵ faŋ⁵⁵ tɕia⁵⁵ liɤu²¹
	从 明日 就 放 假 了
正宁	ta⁵³ miŋr²⁴ tɕʻi²¹ tʻiou³¹ faŋ⁴⁴ tɕia⁴⁴ liɔ²¹
	打 明日 起 就 放 假 了
镇原	miŋr²⁴ tsʻəu³¹ faŋ⁴⁴ tɕia⁴⁴ la²¹
	明日 就 放 假 了
定西	min¹³ tsɔ³² tɕʻi⁵³ tɕiu⁴⁴ fã⁴⁴ tɕia⁵³ lɔ²¹
	明 朝 起 就 放 假 了
通渭	tsʻũ¹³ mĩ¹³ kə³² tɕʻi⁵³ fã⁴⁴ tɕia⁵³ la³²
	从 明 个 起 放 假 啦
陇西	tsʻuŋ²⁴ min²⁴ tsɔ⁴² ʂɤ̃²¹ tɕiʊ⁴⁴ fã⁴⁴ tɕia⁴⁴ la²¹
	从 明 早 上 就 放 假 了
临洮	tsʻõ¹³ mĩ²⁴ tʻiæ²¹ tɕʻi⁵³ tɕiʊ⁴⁴ fã⁴⁴ tɕia⁴⁴ liɔ²¹
	从 明 天 起 就 放 假 了

第一章　语法例句

漳县	tsʻuɤ24	miɤ24	tɕʻiæ21	tɕʻi53	tsiɤu24	tɕiE24	kʻE21	iæ21	lɔo21
	从	明	天	起	就	戒	开	烟	了
武都	tsʻoŋ13	mĩɜ13	tʻiæ21	tɕʻi55	tɕiɤu24	fɑŋ24	tɕia55	lou21	
	从	明	天	起	就	放	假	了	
文县	tʃʻoŋ13	mĩɜ13	tʻiæ44	tɕʻi44	tɕiɤu24	fã21	tɕia55	lɔo42	
	从	明	天	起	就	放	假	了	
宕昌	ta22	mĩr13	tɕʻŋ21	tɕiɤu42	fã44	tɕia44	lao21		
	打	明儿	起	就	放	假	了		
康县	tsʻuŋ21	mĩr13	kuɤ21	tɕʻi53	tsiɤu21	fã21	tɕiA55	lɔ21	
	从	明儿	个	起	就	放	假	了	
西和	tʃʻuŋ24	mĩr24	ʂɤŋ24	tɕʻi51	tɕiɤu53	fã55	tɕiA51	lao21	
	从	明儿	晨	起	就	放	假	了	
临夏市	miŋ13	tsɔ52	kɛ21	ʂʅ53	tɕiɤu53	fɑŋ44	liɔ21		
	明	朝	开	始	就	放	了		
临夏县	tsʻuəŋ13	miŋ13	tsɔ52	tɕʻi55	tɕiɤu53	fɑŋ55	tɕiɑ52	liɔ21	
	从	明	朝	起	就	放	假	了	
合作	tsʻuŋ55	min13	tʻian53	tɕʻi55	ŋɤ53	mən55	tɕiɤɯ55	fɑŋ53	tɕia13 liɔo55
	从	明	天	起	我	们	就	放	假　了
舟曲	ta33	miər33	tʻiæ33	tʃʻʮ53	tsiɤu53	fã24	tɕia21	liɔo21	
	打	明日	天	起	就	放	假	了	
临潭	tsʻuŋ13	min13	tsɔr53	tɕʻi53	tɕiɤu13	fã44	tɕia44	lɔ31	
	从	明	朝儿	起	就	放	假	了	

27. 他把碗打破了

兰州	tʻa⁴⁴	pa³¹	væ⁴⁴	ta³¹	pʻɤ¹³	lɔ²¹
	他	把	碗	打	破	了
红古	tɕia⁴⁴	pa²¹	vã³⁵	ta⁵⁵	tɔ⁴²	liɔ²¹
	傢"	把	碗	打	到	了
永登	na²²	pa²¹	væ⁴⁴	tsa⁴¹	tiʊu³¹	liɑo²¹
	那	把	碗	砸	掉	了
榆中	tʻa⁴⁴	pa³⁵	væ⁴⁴	kɤ³¹	ta⁴⁴	pʻɤ³¹	lɔo³¹
	他	把	碗	给	打	破	了
白银	pa¹³	pa²¹	van³³	ta³³	pʻə¹³	lɔ³³
	他	把	碗	打	破	了
靖远	niɛ²⁴	pa²²	væ⁵⁵	kei²¹	pæ²²	læ²²	liɑo²¹
	他	把	碗	给	拌	烂	了
天水	tʻa¹³	pa²¹	væ⁵³	ta²¹	læ⁴⁴	liɔ²¹
	他	把	碗	打	烂	了
秦安	tʻa¹³	ma²²	uan⁵³	ta⁵³	pʻə⁴⁴	lɔ²¹
	他	把	碗	打	破	了
甘谷	tʻɒ¹³	pɒ⁴⁴	ua⁵³	tɒ⁵³	pʻə²¹	lɑu²¹
	他	把	碗	打	破	了
武山	tʻɑ²¹	mɑ²¹	ua⁵³	pɑ⁴⁴	pʻiə⁴⁴	lɔo²¹
	他	把	碗	拌	破	了
张家川	tʻa⁵³	pa²¹	ʊæ⁵³	ta⁵³	læ⁴⁴	li²¹
	他	把	碗	打	烂	了
武威	tɕia⁴⁴	pu³¹	vã³⁵	ta³⁵	lã⁴⁴	liʊu²¹
	傢"	把	碗	打	烂	了
民勤	tʻa⁴⁴	pa⁴⁴	væi⁴⁴	ta⁴⁴	læi⁴²	la²¹
	他	把	碗	打	烂	了
古浪	nɑ⁴⁴	pə²¹	vɛɤ⁴⁴	ta⁴²	lɛ²²	liɑo²¹
	那	把	碗	打	烂	了
永昌	tɕia³⁵	pa²¹	vɛ⁵³	ta¹³	lɛ⁴²	liɔo²¹
	傢"	把	碗	打	烂	了

张 掖	tʻa⁴⁴	pa⁴⁴	vʌŋ⁵³	ta⁵³	lʌŋ³¹	liɔ²¹
	他	把	碗	打	烂	了
山 丹	na⁵³	pa²²	vɛɛ⁵³	ta⁵³	lɛɛ⁴²	la²¹
	那	把	碗	打	烂	了
平 凉	tʻɑ⁴⁴	pɑ³¹	væ̃⁵³	tɑ⁵³	sueɪ⁴⁴	lia²¹
	他	把	碗	打	碎	了
泾 川	tʻʌ³¹	pʌ²¹	væ̃⁵³	tʌ³¹	liɛ²¹	
	他	把	碗	打	了	
灵 台	tʻa⁵³	pa²¹	uæ̃⁵³	pæ̃⁴⁴	liɔ²¹	
	他	把	碗	拌	了	
	tʻa⁵³	pa²¹	uæ̃⁵³	ta²¹	liɔ²¹	
	他	把	碗	打	了	
酒 泉	tʻa⁴⁴	pa⁴⁴	vã⁵³	ta⁵³	lã⁴²	lia²¹
	他	把	碗	打	烂	了
敦 煌	tʻa⁴⁴	pa⁴⁴	van⁵³	ta⁵³	tɔo⁴⁴	la²¹
	他	把	碗	打	倒	了
西 峰	tʻa⁵⁵	pa³¹	væ̃⁵³	ta³¹	lia³¹	
	他	把	碗	打	了	
环 县	ȵia³¹	pa³¹	væ̃⁵⁵	ta³¹	liʌ²¹	
	他	把	碗	打	了	
正 宁	tʻa⁴⁴	pʌ²¹	væ̃⁵³	ta²¹	liɔ²¹	
	他	把	碗	打	了	
镇 原	na⁴⁴	pa²⁴	væ̃⁵³	ta⁴⁴	lia²¹	
	那	把	碗	打	了	
定 西	tʻa¹³	pa³²	væ̃⁵³	ta⁵³	pʻɤ⁴⁴	lɔ²¹
	他	把	碗	打	破	了
通 渭	tʻa¹³	pa³²	uæ̃⁵³	ta⁵³	pʻə⁴⁴	lɔ³¹
	他	把	碗	打	破	了
陇 西	tʻa²¹	ma²¹	væ̃⁵⁵	ta⁵⁵	pʻɤ³³	la²¹
	他	把	碗	打	破	了
临 洮	tʻa¹³	pa²¹	væ̃⁵³	ta⁵³	pʻo⁴⁴	liɔ²¹
	他	把	碗	打	破	了

漳县	tʻɑ²²	pɑ²¹	uæ̃⁵³	tɑ⁵³	pʻɤ²¹	lɔo²¹
	他	把	碗	打	破	了
武都	tʻa⁵⁵	pa²¹	væ̃⁵⁵	ta⁵⁵	læ̃²⁴	lɔu²¹
	他	把	碗	打	烂	了
文县	tʻa³¹	pa²¹	uæ̃⁵⁵	ta⁵⁵	læ̃²⁴	lɔo⁴²
	他	把	碗	打	烂	了
宕昌	tʻa³³	pa⁴⁴	væ̃⁵³	ta⁵³	læ̃⁴⁴	lao⁴⁴
	他	把	碗	打	烂	了
康县	tʻA⁵⁵	pA²¹	væ̃⁵³	tA⁵⁵	pʻuɤ²⁴	lɔ²¹
	他	把	碗	打	破	了
西和	tʻA²²	pA²¹	uæ̃⁵¹	tA⁵¹	læ̃⁵⁵	lao²¹
	他	把	碗	打	烂	了
临夏市	tɕiɛ¹³	vã⁴⁴	tɑ⁴⁴	pʻə²⁴	liɔ²¹	他碗打破了
	vã⁴⁴	xɑ²¹	tɕiɛ¹³	kei⁴²	tɑ⁴⁴	pʻə²⁴ liɔ²¹
	碗	哈①	他	给	打	破 了
临夏县	tʻɑ⁵³	pɑ⁵⁵	vã⁵⁵	tɑ⁵⁵	pʻɤ⁵²	liɔ²¹
	他	把	碗	打	破	了
合作	tʻa⁵⁵	pa¹³	vuan⁵³	ta¹³	puə⁵⁵	liɔɔ³¹
	他	把	碗	打	破	了
舟曲	tʻa⁵⁵	pa²¹	væ̃⁵⁵	ta⁵⁵	læ̃²¹	liɔo⁵³
	他	把	碗	打	烂	了
临潭	ɔ⁴⁴ kɤ³¹	pa¹³	væi⁵³	ta⁵³	pʻɤ⁴⁴	lɔ³¹
	那个	把	碗	打	破	了

---

① 哈，宾格标记。

28. 我把他说了一顿

兰州	vɤ⁴⁴	fɤ²¹	lɔ⁴⁴	tʻa⁴⁴	zi¹³	tuən²¹		
	我	说	了	他	一	顿		
红古	vɤ³⁵	pa⁴²	tɕia¹³	fɤ²¹	kei³⁵	liɔ⁴⁴	zʅ²²	tun²¹
	我	把	傢̆	说	给	了	一	顿
永登	və⁴⁴	pa²²	tʻa³³	fə²⁴	kei²²	liɑo²¹	i²²	tuən³³
	我	把	他	说	给	了	一	顿
榆中	uɤ⁴⁴	pa³¹	tʻa⁴⁴	kɤ⁴⁴	ʂuɤ³¹	kɤ²⁴	lɔo³¹	zi⁴⁴ tũn³¹
	我	把	他	给	说	给	了	一 顿
白银	və³³	pa²¹	pa¹³	kei³³	fə²²	lɔ³³	zi¹³	tuen⁵³
	我	把	他	给	说	了	一	顿
靖远	ŋuə⁵⁵	pa²²	tʻa⁴¹	kei²²	ʂuə⁴¹	kei²¹	liɑo²¹	zʅ²¹ toŋ²¹
	我	把	他	给	说	给	了	一 顿
天水	ŋuə⁵³	pa¹³	tʻa¹³	ʂʅ²¹	liɔ⁵³	zi²¹	tuəŋ²¹	
	我	把	他	说	了	一	顿	
秦安	kə⁵³	ma¹³	tʻa⁴⁴	ʃyə³⁵	lɔ¹³	zi¹³	tuə̃⁴²	
	我	把	他	说	了	一	顿	
甘谷	kiɛ⁵³	uaŋ¹³	tʻɑ¹³	ʃə²¹²	lau⁴⁴	i²¹	tuəŋ⁴²	
	我	往	他	说	了	一	顿	
武山	kiə⁴⁴	tɑ⁴²	tʻɑ⁴⁴	ʃuə²¹	lɔo²¹	i²¹	tuəŋ³⁵	
	我	把	他	说	了	一	顿	
张家川	ŋɤ⁵³	pa²¹	tʻa⁵³	ma⁵⁵	liə²¹	i²¹	toŋ²¹	
	我	把	他	骂	了	一	顿	
武威	və³⁵	pu⁵³	tʻa³¹	ʂuə⁵³	kei⁴⁴	liou²¹	tuəŋ²¹	
	我	把	他	说	给	了	顿	
民勤	uə⁴⁴	pa⁴⁴	tʻa⁴⁴	ʂuə⁴²	lə²²	kɯ²²	toŋ²¹	
	我	把	他	说	了	个	顿	
古浪	uə³¹	pə⁴⁴	nɑ⁵³	ʂuə³¹	kei¹³	liɑo²²	zi⁴²	tuə̃ŋ²¹
	我	把	那	说	给	了	一	顿
永昌	uə⁴⁴	pa⁴²	tɕia²¹	ʂuə⁵³	liɔo²¹	zi²¹	tuŋ²¹	
	我	把	傢̆	说	了	一	顿	

张 掖	və²² 我	pa⁴⁴ 把	tʻa⁴⁴ 他	fə³¹ 说	kə²² 给	liə²² 了	tuŋ²¹ 顿
山 丹	uə²² 我	pa⁴⁴ 把	na⁵³ 那	fə⁴² 说	kɤ²² 给	lə²² 了	tuŋ²¹ 顿
平 凉	vɤ⁵³ 我	pɑ⁵³ 把	tʻɑ⁴⁴ 他	ɕyŋ⁴⁴ 训	liɔ²¹ 了	i³¹ 一	tuŋ²¹ 顿
泾 川	vo⁵³ 我	pᴀ³¹ 把	tʻᴀ³¹ 他	ɕyŋ⁴⁴ 训	liɛ²¹ 了	i³¹ 一	tuŋ²¹ 顿
灵 台	ŋuo⁵³ 我	pa²¹ 把	tʻa⁵³ 他	sɤ³¹ 说	liɛ²¹ 了	i³¹ 一	tuəŋ⁵³ 顿
酒 泉	və²² 我	pa⁵³ 把	tʻa⁴⁴ 他	ʂuə²² 说	lə¹³ 了	zi²² 一	tuŋ²¹ 顿
敦 煌	ŋə⁴⁴ 我	pa²¹ 把	tʻa⁴⁴ 他	ʂuə²² 说	la⁴⁴ 了	zɿ⁴⁴ 一	tuŋ⁴² 顿
西 峰	ŋɤ³¹ 我	pa³¹ 把	tʻa⁵⁵ 他	ʂuo⁵³ 说	liɔ²¹ 了	i³¹ 一	tuŋ²¹ 顿
环 县	ŋuo⁴¹ 我	pa³¹ 把	ȵia³¹ 㒰	ʂuo⁴¹ 说	liɛ²¹ 了	i²¹ 一	tuŋ⁵⁵ 顿
正 宁	ŋɤ⁵³ 我	pa²¹ 把	tʻa⁵³ 他	ʃuo³¹ 说	liɔ²¹ 了	i³¹ 一	tuŋ²¹ 顿
镇 原	uo⁵³ 我	pa²² 把	na⁵³ 那	ɕyŋ⁴⁴ 训	lə²¹ 了	i²⁴ 一	tuŋ²¹ 顿
定 西	ŋɤ⁵³ 我	pa²¹ 把	tʻa¹³ 他	ʃɥɤ²¹ 说	lɔ⁴⁴ 了	zi²¹ 一	tuɤ̃²¹ 顿
通 渭	kə⁵³ 我	ma²¹ 把	tʻa¹³ 他	ʃɥə²¹ 说	lɔ⁴⁴ 了	zi³² 一	tuɤ̃²¹ 顿
陇 西	kɤ⁵⁵ 我	ma⁴² 把	tʻa²¹ 他	ʂo⁴² 说	kuɤ²² 过	lɤ⁴⁴ 了	zi⁴² 一 tũɤ²¹ 顿
临 洮	ŋo⁵³ 我	pa³² 把	tʻa³² 他	ʂuo²¹ 说	liɔ⁴⁴ 了	zi²¹ 一	tõ²¹ 顿
漳 县	kɤ⁴⁴ 我	pɑ²¹ 把	tʻɑ²¹ 他	ʃɥɤ²¹ 说	lɔɔ²¹ 了	zi²¹ 一	tuɤ̃⁴⁴ 顿

武 都	ŋə⁵⁵ 我	pa²¹ 把	tʻa⁵⁵ 他	ʃuə⁵³ 说	lɔu²¹ 了	zi²¹ 一	toŋ²⁴ 顿
文 县	ŋɤ³³ 我	pa³³ 把	tʻa³³ 他	çyə̃²⁴ 训	tɤ⁴² 的	zi³¹ 一	toŋ⁴⁴ 顿
宕 昌	ŋɤ⁵³ 我	pa²¹ 把	tʻa⁴² 他	ʂuə⁴⁴ 说	lao⁴⁴ 了	zʅ²¹ 一	tuɤŋ⁴⁴ 顿
康 县	ŋuɤ⁵⁵ 我	pᴀ²¹ 把	tʻᴀ⁵³ 他	fɤ⁵³ 说	lɔo²¹ 了	i²¹ 一	tuŋ²¹ 顿
西 和	ŋuɤ⁵⁵ 我	pᴀ²¹ 把	tʻᴀ²¹ 他	çyə²¹ 说	lɤ²¹ 了	i²⁴ 一	tuŋ⁵⁵ 顿
临夏市	ŋə⁴⁴ 我	tɕiɛ¹³ 他	xɑ²¹ 哈	tɕyɛ²¹ 撅	liɔ⁴² 了	zi²¹ 一	tuəŋ⁵³ 顿
临夏县	ŋə⁵⁵ 我	fə²¹ 说	liɔ⁵² 了	tʻɑ⁵⁵ 他	zi²¹ 一	tuəŋ⁵² 顿	
合 作	ŋɤ⁵³ 我	tʻa⁵⁵ 他	ʂuə¹³ 说	kɤ¹³ 个	lɤ⁵⁵ 了	zi¹³ 一	tuŋ⁵³ 顿
舟 曲	ŋuə³⁵ 我	pa⁴² 把	tʻa⁵⁵ 他	ʃɥɛ⁵⁵ 说	liɔo²¹ 了	ʒɿ²¹ 一	tuɤŋ²¹ 顿
临 潭	ŋɤ⁵³ 我	pa¹³ 把	vu⁴⁴ 兀	kɤ³¹ 个	ʂuɤ⁴⁴ 说	lɔ⁵³ 了	zi¹³ 一 tuŋ⁵⁵ 顿

29. 这本书把小张看入迷了

兰州	ɕiɔ⁴⁴ tʂã⁴⁴ pa³¹ tʂɤ²¹ pən³¹ ʂu⁴⁴ kʻæ̃¹³ mi⁵³ lɔ²¹ 小　张　把　这　本　书　看　迷　了
红古	tʂʅ⁴⁴ pən⁴² fu²¹ pa³¹ ka¹³ tʂã¹³ kʻã²¹ tʂɤ⁴⁴ m̩²¹ tɔ¹³ liɔ²¹ 这　本　书　把　尕　张　看　着　迷　到　了
永登	tʂʅ³³ pən⁴⁴ fu⁴⁴ pa²² ka³³ tʂã̃⁴⁴ kʻæ̃³¹ tʂə³³ tɕin³¹ kə²¹ liao³³² 这　本　书　把　尕　张　看　着　进　去　了
榆中	tʂɤ⁴⁴ pən⁴⁴ ʂu⁴⁴ pa³¹ ɕiɔo⁴⁴ tʂã⁴⁴ kɤ²⁴ kʻæ̃¹³ mi⁵³ lɔo³¹ 这　本　书　把　小　张　给　看　迷　了
白银	tʂʅ¹³ pən³³ fu⁴⁴ pa²² ɕiɔ³³ tʂaŋ⁴⁴ kʻan¹³ tʂə⁴⁴ mi⁵¹ tʂu²¹ lɔ²¹ 这　本　书　把　小　张　看　着　迷　住　了
靖远	tʂʅ³⁵ kə²¹ ʂu⁴¹ pa²² ɕiao⁵⁵ tʂaŋ⁴¹ kʻæ̃⁴¹ tiɛ²¹ m̩²² tsʻʮ⁵⁵ liao²¹ 这　个　书　把　小　张　看　得　迷　住　了
天水	tʂʅ⁴⁴ zi²¹ pəŋ⁵³ ʃʮ²¹ pa²¹ ɕiɔ⁵³ tʂã²¹ kʻæ⁴⁴ mi¹³ liɔ²¹ 这　一　本　书　把　小　张　看　迷　了
秦安	tʂəɯ⁴⁴ zi¹³ pɔ̃⁵³ ʃʮ¹³ ma⁵³ siɔ⁵³ tʂɔ̃¹³ kʻan⁴⁴ ti¹³ ʐʮ²¹ lɔ⁵³ mi³⁵ lɔ²¹ 这　一　本　书　把　小　张　看　得　入　了　迷　了
甘谷	tʂʅ⁵³ pəŋ¹³ ʃʮ¹³ pɒ²¹ ɕiau⁵³ tʂaŋ¹³ kʻa⁴⁴ ʐʮ²¹ mi²¹ lau⁴⁴ 这　本　书　把　小　张　看　入　迷　了
武山	tʂʅ⁴⁴ i²¹ pəŋ⁵³ ʃu²¹ ma²¹ ɕiɔo⁴⁴ tʂaŋ²¹ kʻa¹³ tɕi²¹ ʐʅ²¹ miə²¹ lɔ¹³ 这　一　本　书　把　小　张　看　得　入　迷　了
张家川	tʂã¹³ sæ̃²¹ tʂɤ²¹ tse⁵³ i²¹ pɤŋ⁵³ tʂʅ³² ʃʮ¹³ kʻæ⁴⁴ ʐʮ²¹ mi¹³ liɔ²¹ 张　三　着　这　一　本　子　书　看　入　迷　了
武威	ɕiɔu⁴⁴ tʂÃ³⁵ tɕiɔu²² tɕiŋ³¹ pəŋ³¹ ʂʮ²¹ mi³⁵ tʂʮ⁵³ liɔu²¹ 小　张　叫　这　本　书　迷　住　了
民勤	tɕiɿ²² pɤŋ⁴⁴ tsʅ⁴⁴ ʂu⁴⁴ pa⁴⁴ ɕiɔo⁴⁴ tʂaŋ⁴⁴ kʻæi⁴² tə²¹ ʐu⁴² lə²¹ mi²² la⁴⁴ 这　本　子　书　把　小　张　看　得　入　了　迷　了
古浪	tʂʅ³¹ pɔ̃ŋ¹³ ʂu⁴⁴ pa²² ɕiao⁴⁴ tʂã̃ŋ²¹ kʻæ³¹ tʂə²¹ mi⁴⁴ tʂu²² liao²¹ 这　本　书　把　小　张　看　着　迷　住　了

永 昌	tʂə⁴⁴ pəŋ⁴² ʂʯ²¹ pa²¹ ɕiɔ⁴⁴ tʂaŋ⁴² kʻɛ⁵³ ʂɔo¹³ liɔo²¹	
	这 本 书 把 小 张 看 勺̈ 了①	
张 掖	tʂə³¹ pəŋ²² fu⁴⁴ pa⁴⁴ ɕiɔ⁵³ tʂaŋ⁴⁴ kaŋ³¹ mi⁴⁴ liɔ²¹	
	这 本 书 把 小 张 看 迷 了	
山 丹	tʂə⁴² pəŋ²¹ fu⁴⁴ pa⁴⁴ ɕiɑo⁵³ tʂã³⁴ kʻɛe²⁴ vu²² mi⁵⁵ lə²¹	
	这 本 书 把 小 张 看 入 迷 了	
平 凉	tʂɛ⁴⁴ pəŋ⁵³ ʂu³¹ pa³¹ ɕiɔ⁵³ tʂaŋ³¹ i³¹ xa⁴⁴ kʻæ⁴⁴ mi²⁴ lia²¹	
	这 本 书 把 小 张 一 下 看 迷 了	
泾 川	tʂɤ⁴⁴ pəŋ⁵³ ʃʯ³¹ pa³¹ ɕiɔ⁵³ tʂaŋ³¹ mi²⁴ liɛ²¹	
	这 本 书 把 小 张 迷 了	
灵 台	tʂɤ⁵³ tsʻʅ²⁴ tiɔ⁴⁴ tsʻa²⁴ pa²¹ sʅ⁵³ lɔ⁵³ sʅ²¹ təŋ⁴⁴ tʃu²¹ liɛ²¹	
	这 次 调 查 把 史 老 师 整 住 了	
酒 泉	tʂʅ²² pəŋ²² ʂʯ⁴⁴ pa⁴⁴ ɕiө⁵³ tʂaŋ⁴⁴ kʻã²² mi⁴⁴ lia²¹	
	这 本 书 把 小 张 看 迷 了	
敦 煌	ɕiɔ⁵³ tʂɔŋ²² kʻan⁴⁴ ʂu⁵³ tu⁴⁴ kʻan⁴⁴ tə⁴² ʐu²² la⁴⁴ mʅ²¹ la⁴²	
	小 张 看 书 都 看 得 入 了 迷 了	
西 峰	tʂɤ⁵⁵ pəŋ³¹ ʃu⁵³ pa³¹ ɕiɔ⁵³ tʂã̃³¹ kʻæ⁵⁵ mi²⁴ lia²¹	
	这 本 书 把 小 张 看 迷 了	
环 县	tʂɛ⁵⁵ pəŋ⁴¹ ʂʯ⁴¹ pa³¹ ɕiɔ⁵⁵ tʂaŋ⁴¹ kʻæ⁵⁵ tʂaŋ²⁴ lɛ²¹	
	这 部 书 把 小 张 看 张 了	
正 宁	tʂɤ⁴⁴ pənr²⁴ ʃu³¹ pa⁵³ siɔ⁵³ tʂaŋ³¹ tou³¹ kʻæ⁴⁴ mi²⁴ liɔ²¹	
	这 本儿 书 把 小 张 都 看 迷 了	
镇 原	tʂɛ⁴⁴ pəŋ³¹ sʅ⁵³ pa²² siɔ⁴⁴ tʂaŋ⁵³ kʻæ⁴⁴ ti²¹ mi²⁴ tsʻʅ²² la²¹	
	这 本 书 把 小 张 看 得 迷 住 了	
定 西	tʂɤu⁴⁴ pɤŋ⁵³ ʃʯ¹³ pa²¹ ɕiɔ⁵³ tʂã¹³ kʻæ⁴⁴ mi²¹ lɔ⁴⁴	
	这 本 书 把 小 张 看 迷 了	
通 渭	tʂʅ⁴⁴ pə̃⁵³ ʃʯ¹³ ma²¹ ɕiɔ⁵³ tʂã¹³ mi²¹ tʃʻʯ⁴⁴ la³¹	
	这 本 书 把 小 张 迷 住 了	
陇 西	tʂɤ⁴⁴ pəŋ⁵³ ʂu²¹ ma²¹ ɕiɔo⁵⁵ tʂã²¹ kʻæ⁴⁴ mi²² la³²	
	这 本 书 把 小 张 看 迷 了	

---

① 勺̈了：入迷。

临洮	tʂe⁴⁴ pɤŋ⁵³ ʂu¹³ pa²¹ ɕiɔ⁵³ tʂã²¹ kʻæ⁴⁴ mi²² liɔ⁴⁴ 这　本　书　把　小　张　看　迷　了
漳县	tʃʅ²⁴ zi²¹ pɤ̃⁵³ ʃʯ²¹ pɑ²⁴ siɔɔ⁵³ tʃã²¹ kuo⁴⁴ kʻæ²⁴ ʒʯ⁵³ mi²¹ lɔu⁴⁴ 这　一　本　书　把　小　张　给　看　入　迷　了
武都	tʂə⁵⁵ põ²¹ ʃʯ²¹ pa²¹ ɕiou³⁵ tʂɑŋ²¹ kʻæ²⁴ mi²¹ lou²⁴ 这　本　书　把　小　张　看　迷　了
文县	tsɛ⁵⁵ põ³³ ʃʯ²¹ pa²¹ ɕiɔɔ³⁵ tsã³¹ kʻæ²⁴ mi²¹ lɔɔ³⁵ 这　本　书　把　小　张　看　迷　了
宕昌	tʂʅ⁴⁴ pər⁵³ ʂu⁴² pa³³ ka²⁴ tʂã⁴⁴ kʻæ⁴⁴ tʅ²¹ m̩²² tʂu⁴⁴ lao²¹ 这　本儿书　把　尕　张　看　得　迷　住　了
康县	tʂɤ⁵⁵ pɤŋ²¹ fu⁵³ pᴀ²¹ siɔɔ⁵⁵ tʂã⁵³ kʻæ²⁴ mi²¹ lɔ²⁴ 这　本　书　把　小　张　看　迷　了
西和	ɕiao⁵¹ tʂã²¹ tʂɔ²⁴ tsei⁵³ i²⁴ pɤŋ⁵¹ ʃʯ²¹ kʻæ⁵⁵ mi²⁴ lao²¹ 小　张　让　这　一　本　书　看　迷　了
临夏市	tʂʅ⁵³ pəŋ⁴⁴ ʂu¹³ ka¹³ tʂɑŋ¹³ xa²¹ kʻã⁴⁴ tʂə²¹ ʂɑŋ⁴⁴ iŋ⁴² li¹³ 这　本　书　尕　张　哈①　看　着　上　瘾　了
临夏县	tʂə⁵³ pəŋ⁴⁴ ²fu¹³ ka¹³ tʂãŋ¹³ kʻã⁵³ mi¹³ li²¹ 这　本　书　尕　张　看　迷　了
合作	ka¹³ tʂɑŋ¹³ tʂɤ⁵³ pən⁵⁵ ʂu¹³ kʻan⁵³ tə¹³ tɕin⁵³ tɕʻi¹³ liɔɔ¹³ 尕　张　这　本　书　看　得　进　去　了
舟曲	tʂʅ²⁴ pɤr⁵⁵ ʃʯ⁵³ pa²² siɔɔ⁵³ tʂã⁵³ kʻæ²⁴ m̩³¹ liɔɔ²¹ 这　本儿书　把　小　张　看　迷　了
临潭	tʂɤ⁴⁴ pəŋ⁵³ ʂu⁴⁴ pa¹³ ka¹³ tʂã⁵³ kʻæi⁴⁴ tɕi⁴⁴ lɔ³¹ 这　本　书　把　尕　张　看　呆　了

---

① 哈：是方位名词"下"虚化后的形式，作宾格标记。

30. 我们管他叫老王

兰州	vɤ44	mən53	pa22	tʻa44	tɕi13	lɔ44	vã53
	我	们	把	他	叫	老	王
红古	vɤ35	mən21	pa21	tɕia13	tɕi22	lɔ55	vã13
	我	们	把	傢ˉ	叫	老	王
永登	a44	mən22	pa24	na53	tɕiao24	ti21	lao44	vãŋ21
	我	们	把	那	叫	的	老	王
榆中	uɤ35	mən31	pa31	tʻa44	tɕiɔ31	lɔɔ44	vuã53
	我	们	把	他	叫	老	王
白银	vaŋ51	pa22	pa13	tɕiɔ13	ti33	lɔ33	vaŋ51
	我们	把	他	叫	的	老	王
靖远	ŋuə41	mɤŋ21	pa22	niɛ24	tɕiao35	tiɛ41	lao55	vaŋ24
	我	们	把	臬ˉ	叫	的	老	王
天水	ŋɔ13	pa21	tʻa21	tɕi44	lɔ53	vã13
	皋ˉ①	把	他	叫	老	王
秦安	kə53	ma13	tʻa44	tɕi44	lɔ53	uɤ̃13
	我	把	他	叫	老	王
甘谷	kiɛ53	pɒ53	tʻɒ13	tɕiɑu44	lau53	uaŋ24
	我们	把	他	叫	老	王
武山	kɔɔ35	pɑ21	tʻɑ21	tɕiɔ44	lɔɔ53	uaŋ24
	皋ˉ	把	他	叫	老	王
张家川	ŋuɤ53	tɤu13	tɕiɔu44	tʻa32	lɔ53	ʋã13
	我们	都	叫	他	老	王
武威	və35	məŋ53	pu53	tɕia13	tɕiɔu44	lɔu53	vÃ35
	我	们	把	傢ˉ	叫	老	王
民勤	uə22	mɤŋ44	pa44	pi53	tɕiɔ22	lɔ44	vaŋ53
	我	们	把	彼	叫	老	王
古浪	uə13	mə̃ŋ21	pə31	na53	tɕiao31	lao21	vãŋ42
	我	们	把	那	叫	老	王

---

① 皋ˉ：我们。

永昌	uə⁴⁴	məŋ⁴⁴	pa⁴²	tʻa²¹	tɕiɔ⁴⁴	lɔ⁵³	vʌŋ¹³
	我	们	把	他	叫	老	王
张掖	və²²	məŋ⁴⁴	pa²²	tʻa⁴⁴	tɕi³¹	lɔ²²	vʌŋ⁵³
	我	们	把	他	叫	老	王
山丹	uə²²	məŋ⁴⁴	tɕiɑo²²	na⁵³	lɑu²²	vã⁵³	
	我	们	叫	那	老	王	
平凉	nɤ⁴⁴	məŋ²¹	pɑ²⁴	tʻɑ⁴⁴	tɕi⁴⁴	lɔ⁵³	uɑŋ²⁴
	我	们	把	他	叫	老	王
泾川	vo⁴⁴	m̩²¹	tɕiɔ⁴⁴	tʻʌ³¹	lɔ⁵³	vaŋ²⁴	
	我	们	叫	他	老	王	
灵台	ŋuo³¹	ti²¹	pa³¹	tʻa⁵³	tɕi⁴⁴	lɔ⁵³	uaŋ²⁴
	我们	都	把	他	叫	老	王
酒泉	uə²²	məŋ⁵³	pa²²	tʻa⁴⁴	tɕiθ²²	lθ²²	vɑŋ⁵³
	我	们	把	他	叫	老	王
敦煌	ŋəm⁵³	pa²²	tʻa⁴⁴	tɕiɔ⁴⁴	lɔɔ⁴²	vɔŋ²¹³	
	我们	把	他	叫	老	王	
西峰	ŋɤ⁵³	məŋ³¹	pa³¹	tʻa⁵⁵	tɕi³¹	lɔ³¹	uãŋ²⁴
	我	们	把	他	叫	老	王
环县	ŋuo⁵⁵	m̩²¹	pa³¹	ȵia²¹	tɕi⁵⁵	lɔ⁵⁵	vɑŋ²⁴
	我	们	把	㚻	叫	老	王
正宁	ŋɤ³¹	mən²¹	pa³¹	tʻa⁵³	tɕi⁴⁴	lɔ⁵³	uɑŋ²⁴
	我	们	把	他	叫	老	王
镇原	uo⁴⁴	məŋ²¹	pa²²	na⁵³	tɕi²⁴	lɔ³¹	uɑŋ²⁴
	我	们	把	他	叫	老	王
定西	ŋɔ⁵³	pa²¹	tʻa¹³	tɕi⁴⁴	lɔ⁵³	vã¹³	
	我们	把	他	叫	老	王	
通渭	kɔ⁵³	pa²¹	tʻa¹³	tɕi⁴⁴	lɔ⁵³	uã¹³	
	我们	把	他	叫	老	王	
陇西	kɔɔ²²	ma²¹	tʻa²¹	tɕiɔ⁴⁴	lɔ⁵³	vã¹³	
	我们	把	他	叫	老	王	

临洮	ŋo⁵³	ʂʅ²¹	pa¹³	tʻa²¹	tɕi⁴⁴	lɔ⁵³	vã¹³
	我	室⁼①	把	他	叫	老	王
漳县	kɤ⁴⁴		pɑ²¹	tʻɑ⁵³	tɕiɔ²⁴	lɔɔ⁵³	uã²⁴
	我		把	他	叫	老	王
武都	ŋə⁵³	mə̃²¹	pa²¹	tʻa⁵⁵	tɕiou²⁴	lou⁵⁵	vaŋ¹³
	我	们	把	他	叫	老	王
文县	ŋɤ⁵⁵	mə̃²¹	pa²¹	tʻa⁴⁴	tɕiɔ²⁴	lɔɔ⁵⁵	uã¹³
	我	们	把	他	叫	老	王
宕昌	ŋɤ⁵³	mən²¹	pa²²	tʻa⁴⁴	tɕiao⁴⁴	tʅ²¹	lao⁵³	vã¹³
	我	们	把	他	叫	的	老	王
康县	ŋuɤ⁵⁵	mɤŋ²¹	pᴀ²¹	tʻᴀ⁵³	tɕiɔ²⁴	lɔ⁵⁵	vã²¹
	我	们	把	他	叫	老	王
西和	ŋuɤ²⁴	tsʅ⁵¹	pᴀ²¹	tʻᴀ²¹	tɕiao⁵⁵	lao⁵¹	uã²¹
	我	几⁼②	把	他	叫	老	王
临夏市	ŋə⁴⁴	mən²¹	tɕiɛ¹³	tɕiɔ⁵³	lɔ⁴⁴	vaŋ²⁴
	我	们	他	叫	老	王
临夏县	ŋə⁵⁵	mən²¹	tɕiɔ⁵³	lɔ⁵⁵	vɑŋ²⁴
	我	们	叫	老	王
合作	ŋɤ⁵³	mən⁵⁵	tʻa¹³	tɕiɔ⁵³	ti⁴²	lɔɔ⁵³	vuaŋ¹³
	我	们	他	叫	的	老	王
舟曲	ŋuə³⁵	mɤŋ²¹	pa²²	tʻa⁵⁵	tɕiɔ²⁴	lɔɔ⁵⁵	vã³¹
	我	们	把	他	叫	老	王
临潭	ŋɤ⁵³	mən⁴⁴	pa¹³	ɔ⁴⁴	kɤ³¹	tɕi⁴⁴	lɔ⁵³	vã¹³
	我	们	把	那	个	叫	老	王

---

① 我室⁼：我们。

② 我几⁼：我们。

31. 有些地方把太阳叫日头

兰州	ʐy⁴⁴	ɕi²²	ti¹³	fã⁴⁴	pa²²	tʻɛ¹³	iã⁴⁴	tɕio¹³	ʐʅ²¹	tʻəu¹³
	有	些	地	方	把	太	阳	叫	日	头
红古	iəu⁵⁵	ɕiə⁴²	tʅ¹³	fã⁴⁴	pa²¹	tʻɛ¹³	iã³⁵	tɕio¹³	tʂɤ⁴⁴	ʐɤ³¹	tʻɤu¹³
	有	些	地	方	把	太	阳	叫	着	热	头 ①
永登	iou⁴⁴	ɕiə³¹	ti²²	fãŋ⁴⁴	pa²²	tɛi²²	iãŋ⁴⁴	tɕiao²²	ti²⁴	ʐɚ²²	tʻʊu⁴⁴³
	有	些	地	方	把	太	阳	叫	的	热	头
榆中	uɤ⁴⁴	mən³¹	pa⁴⁴	tʻɛi³¹	iã⁴⁴	tɕioc⁴⁴	ʐɤ³¹	tʻəu³⁵
	我	们	把	太	阳	叫	日	头
白银	iɤu³³	ti²¹	ti²²	faŋ⁴⁴	pa²²	tʻɛ¹³	iaŋ⁴⁴	tɕio¹³	ʐɚ²²	tʻɤu³⁵
	有	的	地	方	把	太	阳	叫	热	头
靖远	iɤu⁵⁵	tiɛ²¹	tʅ³⁵	faŋ⁴¹	pa²²	tʻɛi³⁵	iaŋ⁴¹	tɕiao³⁵	iaŋ²²	pʻə⁵⁵
	有	的	地	方	把	太	阳	叫	阳	婆
天水	iəu⁵³	ɕiɛ²¹	ti⁴⁴	fã²¹	pa²¹	tʻɛ⁴⁴	iã²¹	tɕio⁴⁴	ʐʅə¹²	tʻəu¹³
	有	些	地	方	把	太	阳	叫	日	头
秦安	iəʉ⁵³	ʑi¹³	ti⁴⁴	fɔ̃⁵³	ma²²	tʻɛ⁴⁴	iɔ̃⁵³	tɕio⁴⁴	ʐʅ²²	tʻəʉ³⁵
	有	一	地	方	把	太	阳	叫	日	头
甘谷	iɤʉ⁵³	i²¹	ɕi⁴⁴	tʻi⁴⁴	faŋ⁴⁴	mɒ²¹	tʻai⁴⁴	iaŋ⁴⁴	tɕiau⁴⁴	ʒə²¹	tʻɤu²⁴
	有	一	些	地	方	把	太	阳	叫	热	头
武山	iɤʉ⁵³	tɔo¹³	tʻi⁴⁴	faŋ²¹	ma²¹	tʻɛi⁴⁴	iaŋ²¹	tɕioo⁴⁴	ʒə²¹	tʻɤʉ²¹	ʐʅ²⁴
	有	的	地	方	把	太	阳	叫	日	头	儿
张家川	iɤu⁵³	ɕiɛ²¹	tɕi⁴⁴	fã²¹	pa²¹	tʻe⁴⁴	iã³²	tɕiɔu⁴⁴	ʐɤ²¹	tʻɤu⁴⁴
	有	些	地	方	把	太	阳	叫	日	头
武威	iəu⁵³	ɕiɛ³¹	ti³⁵	fÃ⁵³	pu³¹	tʻɛi⁴⁴	iÃ²¹	tɕiɔu³¹	ʐʅ⁵³	tʻəu²¹
	有	些	地	方	把	太	阳	叫	日	头
民勤	iɤu²²	tə⁴⁴	tsʅ⁴²	faŋ²¹	pa⁴⁴	tʻæi⁴²	iaŋ²¹	tɕiɔo²²	ʐʅ⁴²	tʻɤu²¹
	有	的	地	方	把	太	阳	叫	日	头
古浪	iou²¹	ti³¹	ti²²	fãŋ¹³	pə¹³	tʻɛ³¹	iãŋ²⁴	tɕiao²²	ʐi²²	tʻʊu²¹
	有	的	地	方	把	太	阳	叫	日	头

---

① 热头：太阳。

永昌	iɤu⁴⁴	ti⁴²	ti⁴²	fAŋ²¹	pa²¹	t'ɛ⁵³	iAŋ²¹	tɕiɔɔ⁴⁴	zʅ⁵³	t'ɤu²¹
	有	的	地	方	把	太	阳	叫	日	头
张掖	iɤu²²	tiə⁴⁴	ti³¹	fAŋ²¹	pa²²	t'ɛi³¹	iaŋ²¹	tɕiɔ²⁴	zʅ³¹	t'ɤu²¹
	有	的	地	方	把	太	阳	叫	日	头
山丹	iəu²²	ɕiə⁴⁴	ti⁴²	fã²¹	pa²²	t'ɛe⁴²	iã²¹	tɕiao²⁴	zʅ⁴²	t'əu²¹
	有	些	地	方	把	太	阳	叫	日	头
平凉	iou⁴⁴	ɕiɛ³¹	ti²⁴	faŋ³¹	pa²⁴	t'ɛ²⁴	iaŋ²¹	tɕio⁴⁴	zɤ⁵³	t'ou²¹
	有	些	地	方	把	太	阳	叫	热	头
泾川	iəu⁴⁴	ɕiɛ²¹	tsi⁴⁴	faŋ²¹	pA³¹	t'əu²⁴	tɕiɔ⁴⁴	sA²⁴		
	有	些	地	方	把	头	叫	颡		
灵台	iou⁴⁴	siɛ²¹	ti⁴⁴	faŋ²¹	pa²¹	t'ɛ⁴⁴	iaŋ²¹	tɕiɔ⁴⁴	ər³¹	t'ou²¹
	有	些	地	方	把	太	阳	叫	日	头
酒泉	iɤu²²	tiə⁵³	ti²²	faŋ¹³	pa¹³	t'e²²	iaŋ¹³	tɕiθ¹³	zʅ²²	t'ɤu²¹
	有	的	地	方	把	太	阳	叫	日	头
敦煌	iɤu⁴⁴	ɕiə²¹	tʅ²¹³	fɔŋ⁴²	pa²²	t'ɛ⁴⁴	iɔŋ⁵³	tɕiɔɔ⁴⁴	zʅ⁵³	t'ɤu²¹³
	有	些	地	方	把	太	阳	叫	日	头
西峰	iʊ³¹	ti⁵⁵	fãŋ³¹	pa²⁴	t'ᴇ⁵⁵	iãŋ²¹	tɕiɔ⁵⁵	ər⁵³	t'ʊ²¹	
	有	地	方	把	太	阳	叫	日	头	
环县	iɤu⁵⁵	ɕiɛ²¹	ti⁵⁵	faŋ²¹	pa³¹	t'ɛ⁵⁵	iaŋ²¹	tɕiɔ⁵⁵	zɤ⁴¹	t'ɤu²¹
	有	些	地	方	把	太	阳	叫	日	头
正宁	iou⁴⁴	ɕiɛ²¹	tʻi⁴⁴	faŋ²¹	pa²¹	t'ɛ²⁴	iaŋ²¹	tɕiɔ⁴⁴	ər³¹	t'ou²¹
	有	些	地	方	把	太	阳	叫	日	头
镇原	iəu⁴⁴	siɛ²¹	tʻi²⁴	faŋ²¹	pa²²	t'ɛ²⁴	iaŋ²¹	tɕiɔ⁴⁴	luæ̃⁴⁴	xuo²¹
	有	些	地	方	把	太	阳	叫	暖	和
定西	ʑiu⁵³	ti²¹	ti⁴⁴	fã³²	pa²¹	t'ᴇ⁴⁴	iã³²	tɕiɔ⁴⁴	zɤ²¹	t'ɤu¹³
	有	的	地	方	把	太	阳	叫	日	头
通渭	iʊ⁵⁵	tə³²	tʻi⁴⁴	fã³²	ma²¹	t'e⁴⁴	iɑ³²	tɕiɔ⁴⁴	zʅə²¹	t'ʊə¹³
	有	的	地	方	把	太	阳	叫	日	头
陇西	iɤu⁵⁵	ti²¹	ti⁴⁴	fã²¹	pa²¹	t'ɛ⁴⁴	iã²¹	tɕiɔɔ⁴⁴	zɤ⁴²	t'ɤu²²	zɹə³²
	有	的	地	方	把	太	阳	叫	日	头	儿
临洮	iʊ⁵³	ɕie²¹	ti⁴⁴	fã²¹	pa²¹	t'ɛ⁴⁴	iã²¹	tɕiɔ⁴⁴	zʅ²¹	t'ʊ¹³
	有	些	地	方	把	太	阳	叫	日	头

漳县	iɤu⁵³	siE²¹	ti²⁴	fã²¹	mɑ²¹	tʻE²⁴	iã²¹	tɕiɔ⁴⁴	ʒɤ⁵³	tʻɤu²⁴
	有	些	地	方	把	太	阳	叫	日	头
武都	ziɤu⁵³	ɕiE²¹	ti²⁴	faŋ²¹	pa²¹	tʻɛi²⁴	ziaŋ²¹	tɕuɕiou²⁴	ziaŋ²¹	pʻuə⁵⁵
	有	些	地	方	把	太	阳	叫	阳	婆①
文县	iɤu⁵⁵	tɤ²¹	ti²⁴	fã³¹	pa²¹	tʻɛ²⁴	iã⁴²	tɕiɔ²⁴	iɛ³¹	tʻɤu¹³
	有	的	地	方	把	太	阳	叫	热	头
宕昌	iɤu⁵³	tʂʅ²¹	tɕʅ⁴⁴	fã²¹	pa²²	tʻɛ⁵⁵	iã²¹	tɕiao⁴⁴	iã³⁵	pʻɤr¹³
	有	的	地	方	把	太	阳	叫	阳	婆儿
康县	iɤu⁵⁵	siE²¹	tsi²⁴	fã⁵³	pA²¹	tʻE²⁴	iã⁴²	tɕiɔ²⁴	zɤ⁵³	tʻɤu²¹
	有	些	地	方	把	太	阳	叫	日	头
西和	iɤu⁵¹	ɕiɛ²¹	ti⁵⁵	fã²¹	pA²¹	tʻɛ⁵⁵	iã²¹	tɕiao⁵⁵	zɤ²¹	tʻɤu⁵⁵
	有	些	地	方	把	太	阳	叫	热	头
临夏市	iɤu⁴⁴	ɕiɛ²¹	ti⁴⁴	faŋ²¹	tʻɛ⁴⁴	iaŋ²¹	tɕiɔ⁵³	zə²¹	tʻɤu⁵²	
	有	的	地	方	太	阳	叫	热	头	
临夏县	iɤu⁵⁵	ti²¹	ti⁵⁵	faŋ²¹	pa¹³	tʻɛ⁵⁵	iaŋ²¹	tɕiɔ⁵³	zə²¹	tʻɤu⁵²
	有	的	地	方	把	太	阳	叫	热	头
合作	iɤɯ⁵³	ɕie⁵⁵	ti⁵³	faŋ⁵⁵	pa⁵⁵	tʻei⁵³	iaŋ¹³	tɕiɔ⁵³	zɤ⁵⁵	tʻɤɯ⁵³
	有	些	地	方	把	太	阳	叫	日	头
舟曲	iɤu²⁴	tsʅ⁵³	tsʻʅ³¹	fã⁵³	pa²¹	tʻɛ²⁴	iã⁵³	tɕiɔ²⁴	ər⁵⁵	tʻɤu³¹
	有	的	地	方	把	太	阳	叫	日	头
临潭	iɤu⁵³	tɤ⁴⁴	ti⁴⁴	fã¹³	pa¹³	tʻɛi⁴⁴	iã⁵³	tɕiɔ⁴⁴	zɤ⁴⁴	tʻɤu⁵³
	有	的	地	方	把	太	阳	叫	热	头

---

① 阳婆：太阳。

32. 小王把小张给说哭了

兰州	ɕiɔ44	vã53	pa44	ɕiɔ13	tʂã44	fɤ13		kʻu21	lɔ13	
	小	王	把	小	张	说		哭	了	
红古	ka44	vã13	pa21	ka44	tʂã13	fɤ22	tʂɤ44	kʻu21	xa13	liɔ31
	尕	王	把	尕	张	说	着	哭	下	了
永登	ka44	vãŋ42	pa24	ka44	tʂãŋ44	fə24	tʂə21	kʻu22	xa21	liao213
	尕	王	把	尕	张	说	着	哭	下	了
榆中	ɕiɔ44	vuã53	pa31	ɕiɔ44	tʂã31	ʂuɤ24		kʻu31	lɔ35	
	小	王	把	小	张	说		哭	了	
白银	ɕiɔ33	tʂaŋ44	pa22	ɕiɔ33	vaŋ51	fə22	tiɛ13	xɔ51	xa21	lɔ21
	小	张	把	小	王	说	得	嚎	下	了
靖远	ɕiao55	vaŋ24	pa22	ɕiao55	tʂaŋ41	kei21	ʂuə22	tiɛ21	kʻu41	xa41	liao21
	小	王	把	小	张	给	说	得	哭	下	了
天水	ɕiɔ53	vã13	pa21	ɕiɔ53	tʂã21	kɛ44	ʂʅ21	tɕiɔ44	xua21	liɔ21
	小	王	把	小	张	给	说	叫	唤	了
秦安	siɔ53	uõ13	ma44	siɔ53	tʂõ13	kuə44	ʃyə13	kʻu13	lɔ53	
	小	王	把	小	张	给	说	哭	了	
甘谷	ɕiau53	uaŋ24	mɑ22	ɕiau53	tʂaŋ13	kuə44	ʃə13	kʻu53	lau13	
	小	王	把	小	张	给	说	哭	了	
武山	ɕiɔ53	uaŋ24	mɑ22	ɕiɔ53	tʂaŋ21	ku44	ʃuə21	kʻu21	lɔ21	
	小	王	把	小	张	给	说	哭	了	
张家川	ɕiou53	vã13	pa21	ɕiou53	tʂã13	kɿ21	ma44	kʻu13	liɔ53	
	小	王	把	小	张	给	骂	哭	了	
武威	ɕiou53	vÃ13	pu31	ɕiou53	tʂÃ31	ʂuə44		kʻu53	liou21	
	小	王	把	小	张	说		哭	了	
民勤	ɕiɔ44	vaŋ53	pa22	ɕiɔ44	tʂaŋ44	kɯ44	ʂuə42	xɔ22	la44	
	小	王	把	小	张	给	说	嚎	了	
古浪	ɕiao21	uãŋ44	pə21	ɕiao21	tʂãŋ24	ʂuə31	tʂə21	xao44	xa22	liao44
	小	王	把	小	张	说	着	嚎	下	了
永昌	ɕiɔ42	vʌŋ13	pa21	ɕiɔ42	tʂʌŋ21	kə21	ʂuə44	kʻu53	liɔ21	
	小	王	把	小	张	给	说	哭	了	

张掖	ɕiɔ²²	vʌŋ⁵³	pa²²	ɕiɔ⁵³	tʂʌŋ⁴⁴		fə²²	xɔ⁴⁴	liɔ²¹
	小	王	把	小	张		说	嚎	了
山丹	ɕiao²²	vã⁵³	pa²²	ɕiao⁵³	tʂã³⁴	kɤ⁴⁴	fə²²	xɑo⁵⁵	lə
	小	王	把	小	张	给	说	嚎	了
平凉	ɕiɔ⁵³	uaŋ²⁴	pa³¹	ɕiɔ⁵³	tʂaŋ³¹	kei²¹	ʂuo⁵³	ti³¹	kʻu⁵³ kʻæ³¹ liɔ²¹
	小	王	把	小	张	给	说	得	哭 开 了
泾川	ɕiɔ⁵³	vaŋ²⁴	pʌ³¹	ɕiɔ⁵³	tʂaŋ³¹	kei³¹	ʂɤ⁴	kʻu³¹	liɛ²¹
	小	王	把	小	张	给	说	哭	了
灵台	siɔ⁵³	uaŋ²⁴	pa²¹	siɔ⁵³	taŋ³¹	kei²¹	ʂɤ⁴	pfʻu³¹	liə²¹
	小	王	把	小	张	给	说	哭	了
	siɔ⁵³	uaŋ²⁴	pa²¹	siɔ⁵³	taŋ³¹		ʂɤ⁴	pfʻu³¹	liə²¹
	小	王	把	小	张		说	哭	了
酒泉	ɕiɵ²²	vɑŋ⁵³	pa²²	ɕiɵ⁵³	tʂaŋ⁴⁴		ʂuə¹³	kʻu²²	lia²¹
	小	王	把	小	张		说	哭	了
敦煌	ɕiɔo⁵³	vɔŋ⁴²	pa²¹	ɕiɔo⁵³	tʂɔŋ²¹³	kei⁴²	ʂuə²¹	xu²¹³	la⁴²
	小	王	把	小	张	给	说	嚎	了
西峰	ɕiɔ³¹	uãŋ²⁴	pa³¹	ɕiɔ³¹	tʂãŋ⁵³		ʂuo³¹	kʻu⁵³	lia³¹
	小	王	把	小	张		说	哭	了
环县	ɕiɔ⁴¹	vaŋ²⁴	pa³¹	ɕiɔ⁵⁵	tʂaŋ⁴¹	kei²¹	ʂuo⁵⁵	kʻu⁴¹	liɔ²¹
	小	王	把	小	张	给	说	哭	了
正宁	ɕiɔ⁵³	uaŋ²⁴	pa²¹	ɕiɔ⁵³	tʂaŋ³¹	kei²¹	ʃuo²⁴	fu³¹	liɔ²¹
	小	王	把	小	张	给	说	哭	了
镇原	siɔ³¹	uaŋ²⁴	pa⁴⁴	siɔ³¹	tʂaŋ⁵³	kei²⁴	siɛ³¹	xɔ²⁴	liɛ²¹
	小	王	把	小	张	给	说	嚎	了
定西	ɕiɔ⁵³	vã¹³	pa²¹	ɕiɔ⁵³	tʂã¹³		ʐɤ⁵³	kʻu²¹	lɔ¹³
	小	王	把	小	张		惹	哭	了
通渭	ɕiɔ⁵³	uã¹³	pa²¹	ɕiɔ⁵³	tʂã¹³	kuə²¹	ʃy̌ə²¹	kʻu²¹	la¹³
	小	王	把	小	张	过	说	哭	了
陇西	ɕiɔo⁵⁵	vã¹³	ma⁴²	ɕiɔo⁵⁵	tʂã⁴²	ko⁴⁴	ʂo²¹	kʻu²¹	la²¹
	小	王	把	小	张	过	说	哭	了
临洮	ɕiɔ⁵³	vã¹³	pa⁵³	ɕiɔ⁵³	tʂã²¹	ke⁴⁴	ʂo²⁴	kʻu²¹	liɔ¹³
	小	王	把	小	张	给	说	哭	了

第一章 语法例句

漳县	siɔ⁵³	uã²¹	mɑ²¹	siɔ⁵³	tʃã²¹	kuo²⁴	ʃʮɤ²²	kʻu³³	lɔ²¹
	小	王	把	小	张	给	说	哭	了
武都	ɕiɔu⁵⁵	vɑŋ¹³	pɑ²¹	ɕiɔu⁵⁵	tʂɑŋ²¹	tɕʻyə¹³	kʻu⁵³	lɔu²¹	
	小	王	把	小	张	撅	哭	了	
文县	ɕiɔ⁵⁵	uã²¹	pa²²	ɕiɔ³⁵	tsã³¹	kei²⁴	suə⁴⁴	kʻu⁴⁴	lɔ²¹
	小	王	把	小	张	给	说	哭	了
宕昌	ka⁴⁴	vã⁴⁴	pa⁴²	ka³⁵	tʂã⁴²	kei²¹	ʂuə⁴⁴	kʻu⁴⁴	lao⁴⁴
	尕	王	把	尕	张	给	说	哭	了
康县	siɔ⁵⁵	vã²¹	pʌ²¹	siɔ⁵⁵	tʂã⁵³	kei²¹	fɤ²¹	kʻu⁵⁵	lɔ²¹
	小	王	把	小	张	给	说	哭	了
西和	ɕiao⁵¹	uã²¹	pʌ²¹	ɕiao⁵¹	tʂã²¹	ɕyɛ²¹	tʂɔ⁵⁵	tsʮ⁵⁵	kʻɛ²¹	lao²¹
	小	王	把	小	张	说	着	哭	开	了
临夏市	ka¹³	vɑŋ¹³	ka¹³	tʂɑŋ¹³	xa²¹	ʂuə¹³	tʂə²¹	kʻu¹³	xa²¹	liɔ⁴²
	尕	王	尕	张	下	说	着	哭	下	了
临夏县	ka²¹	vɑŋ⁵⁵	pa¹³	ka¹³	tsɑŋ¹³	fə¹³	kʻu²¹	liɔ⁵²	
	尕	王	把	尕	张	说	哭	了	
合作	ka¹³	vuɑŋ¹³	pa⁵³	ka¹³	tsɑŋ¹³	kei⁵³	ʂuə¹³	tsɤ⁵⁵	kʻu¹³	xa⁵³	liɔ⁵³
	尕	王	把	尕	张	给	说	着	哭	下	了
舟曲	siɔ⁵⁵	vã³¹	pa²¹	siɔ⁵⁵	tʂã⁵³	kei²¹	ʃʮə²²	kʻu³⁵	liɔ²¹
	小	王	把	小	张	给	说	哭	了
临潭	ka¹³	vã⁴⁴	pa¹³	ka¹³	tʂã⁴⁴	kei¹³	ʂuɤ⁴⁴	kʻu⁴⁴	lɔ⁵³
	尕	王	把	尕	张	给	说	哭	了

33．把书给小王

兰 州	pa²²	fu⁴⁴	kɯ⁵³	ɕiɔ⁴⁴	vã²¹	把书给小王
红 古	pa¹³ 把	fu⁴⁴ 书	kei²¹ 给	ka¹³ 尕	vã¹³ 王	kei⁴⁴ kei⁴² 给 给
永 登	pa²² 把	fu⁴⁴ 书	kei²⁴ 给	ka⁴⁴ 尕	vãŋ⁵³ 王	kei²⁴ kei³¹ 给 给
榆 中	pa³¹	ʂu⁴⁴	kei³¹	ɕiɔ⁴⁴	vuã⁵³	把书给小王
白 银	pa²² 把	fu⁴⁴ 书	kɯ³³ 给	ɕiɔ³³ 小	vaŋ⁵¹ 王	kɯ³³ kɯ³³ 给 给
靖 远	pa²² 把	ʂʅ⁴¹ 书	kei²² 给	ɕiao⁵⁵ 小	vaŋ²⁴ 王	kei⁵⁵ kei²¹ 给 给
天 水	pa¹³	ʃʅ¹³	kɛ⁴⁴	ɕiɔ²¹	vã²¹	把书给小王
秦 安	ma³⁵	ʃʅ²¹	kuə⁴⁴	siɔ⁴⁴	uɔ̃¹³	把书给小王
甘 谷	pɒ¹³ lɒ²⁴	ʃʅ²¹ ʃʅ²¹	kuə⁴⁴ kuə⁴⁴	ɕiau⁵³ ɕiau⁵³	uaŋ²⁴ uaŋ²⁴	把书给小王 拿书给小王
武 山	ma²¹	ʃu²¹	ku⁴⁴	ɕiɔ⁴⁴	uaŋ²⁴	把书给小王
张家川	pa¹³ 把	ʃxuæ̃¹³ 书还	kɪ²¹ 给	ɕiɔu⁵³ 小	ʋã¹³ 王	
武 威	pu³¹ 把	ʂʅ⁴⁴ 书	kei⁵³ 给	kei¹³ 给	ɕiɔu⁵³ 小	vÃ¹³ 王
民 勤	pa⁴⁴ 把	ʂu⁴⁴ 书	kɯ²² 给	kɯ⁵³ 给	ɕiɔ⁴⁴ 小	vaŋ⁵³ 王
古 浪	pə²¹ 把	ʂu⁴² 书	kɤ²¹ 给	kɤ⁴² 给	ɕiao²¹ 小	uãŋ⁴² 王
永 昌	pa⁵³	ʂʅ²¹	kə²¹	ɕiɔɔ⁴²	vʌŋ²¹	把书给小王
张 掖	pa²²	fu⁴⁴	kə⁵³	ɕiɔ²²	vʌŋ⁵³	把书给小王
山 丹	pa²²	fu⁴⁴	kɤ⁵³	ɕiao²²	vã⁵³	把书给小王
平 凉	pɑ²⁴ 把	ʂu³¹ 书	ker⁴⁴ 给	ker²¹ 给	ɕiɔ⁵³ 小	uaŋ²⁴ 王
泾 川	pA²⁴	ʃʅ³¹	kei⁵³	ɕiɔ³¹	vaŋ²⁴	把书给小王

第一章 语法例句

灵台	pa²⁴	ʃu³¹	kei¹³	kei²¹	siɔ⁵³	uaŋ²⁴	
	把	书	给	给	小	王	
	pa²⁴	ʃu³¹	kei⁴⁴	siɔ⁵³	uaŋ²⁴	kei¹³	kei²¹
	把	书	给	小	王	给	给
酒泉	pa²²	ʂʅ⁴⁴	kə²²	kə⁵³	ɕiɵ²²	vaŋ⁵³	
	把	书	给	给	小	王	
敦煌	pa⁴⁴	ʂu²¹	kei⁴⁴	kei⁴²	ɕiɔo⁵³	vɔŋ²¹³	
	把	书	给	给	小	王	
西峰	pa³¹	ʃu⁵³	kɿ²⁴	ɕiɔ³¹	uãŋ²⁴	kɿ²⁴	kɿ²¹
	把	书	给	小	王	给	给
环县	ʂʅ⁴¹	kei⁴¹	ɕiɔ⁵⁵	vaŋ²⁴	书给小王		
正宁	pa²⁴	ʃu³¹	kei⁴⁴	siɔ⁵³	uaŋ²⁴	把书给小王	
镇原	pa³¹	sʅ⁵³	kei²⁴	siɔ³¹	uaŋ²⁴	把书给小王	
定西	pa²¹	ʃʅ²¹	kɿ⁴⁴	ɕiɔ⁵³	vã¹³	把书给小王	
通渭	ma²¹	ʃʅ¹³	ku²¹	ɕiɔ⁵³	uã¹³	把书给小王	
陇西	ma²¹	ʂu²¹	ko⁴⁴	ɕiɔo⁵⁵	vã¹³	把书给小王	
临洮	ni⁵³	pa²⁴	ʂu²¹	ke⁴⁴	ɕiɔ⁵³	vã¹³	你把书给小王
漳县	mɑ²²	ʃʅ²¹	kuo²⁴	siɔo⁵³	uã²¹	tsiɛ⁴²	kuo²⁴
	把	书	给	小	王	接	给
武都	pa²⁴	ʃʅ²¹	kei²¹	ɕiɔu⁵⁵	vaŋ¹³	ki²⁴	ki²¹
	把	书	给	小	王	给	给
文县	pa³⁵	ʃʅ⁴⁴	kei³⁵	ɕiɔo⁵⁵	uã¹³	kei²⁴	kɨ⁴²
	把	书	给	小	王	给	给
宕昌	pa²²	ʂu⁵³	kei⁴²	ka⁴⁴	vã⁴⁴	kei⁴²	kei²¹
	把	书	给	尕	王	给	给
康县	pᴀ²¹	fu⁵³	kɿ²⁴	siɔo⁵⁵	vã²¹	把书给小王	
	pᴀ²¹	fu⁵³	kɿ²⁴	siɔo⁵⁵	vã²¹	kɿ²¹	kɿ⁵³
	把	书	给	小	王	给	给
	pᴀ²¹	fu⁵³	kɿ²¹	kɿ⁵³	siɔo⁵⁵	vã²¹	
	把	书	给	给	小	王	

西 和	pᴀ24	ʃʯ21	kei55	ɕiao51	uã24	tɕiɛ21	kei55
	把	书	给	小	王	借	给
临夏市	ʂu13	kɑ13	vɑŋ24	kei44	ti21	书尕王给的	
临夏县	pɑ13	fu13	kei55	kɑ21	vɑŋ24	把书给尕王	
合 作	pa55	ʂu13	kei55	ka53	vuɑŋ13	kei53	tə21
	把	书	给	尕	王	给	的
舟 曲	pa24	ʃʯ53	kei44	siɔo55	vã31	liɔo53	kei21	tʂɔ21
	把	书	给	小	王	撂	给	着
临 潭	pa13	ʂu44	kɛi13	ka13	vã13	把书给尕王	

34. 书是给小王的

兰州	fu⁴⁴	ʂʅ¹³	kɯ⁴⁴	ɕiɔ⁴⁴	vã⁵³	ti¹³	
	书	是	给	小	王	的	

红古	fu²²	ʂʅ⁴⁴	kei²¹	ka¹³	vã²¹	tʂɤ¹³	
	书	是	给	尕	王	者	

永登	fu⁴⁴	na²²	ʂʅ³³	kei⁴⁴	ka⁴⁴	vãŋ⁵³	ti²¹
	书	那	是	给	尕	王	的

榆中	ʂu⁴⁴	ʂʅ³¹	kɤ²⁴	ka³⁵	vuã⁵³	ti³⁵	
	书	是	给	尕	王	的	

白银	fu⁴⁴	ʂʅ²¹	kɯ³³	ɕiɔ³³	vaŋ⁵¹	ti²¹	
	书	是	给	小	王	的	

靖远	ʂʮ⁴¹	sʅ²¹	kei²²	ɕiɑo²²	vaŋ²⁴	tiɛ⁵⁵	
	书	是	给	小	王	的	

天水	ʃʮ¹³	sʅ²¹	kei⁴⁴	ɕiɔ⁵³	vã¹³	tɛ²¹	
	书	是	给	小	王	的	

秦安	ʃʮ²²	ʃʅ⁴⁴	kuə²²	siɔ⁵³	uɔ̃³⁵	tə²¹	
	书	是	给	小	王	的	

甘谷	ʃʮ²¹	sʅ⁴⁴	kuə⁴⁴	ɕiɑu⁵³	uaŋ²¹	tə⁴⁴	
	书	是	给	小	王	的	

武山	ʃʮ²¹	sʅ⁴⁴	ku⁴⁴	ɕiɔo⁵³	uaŋ²⁴	tə²²	
	书	是	给	小	王	的	

张家川	ʃsʅ³²	kɿ³²	ɕiɔu⁵³	ʋã¹³	kɿ⁴⁴	xa²¹	ti²¹
	书是	给	小	王	给	下	的

武威	ʂʮ³⁵	sʅ⁴⁴	kei⁴⁴	ɕiɔu⁵³	vÃ³⁵	ti²¹	
	书	是	给	小	王	的	

民勤	ʂu⁴⁴	sʅ⁴⁴	kɯ⁴⁴	ɕiɔ⁴⁴	vaŋ²²	tə⁴⁴	
	书	是	给	小	王	的	

古浪	ʂu⁴⁴	sʅ⁴⁴	kei⁵⁵	ɕiɑo²¹	uãŋ⁴⁴	ti²¹	
	书	是	给	小	王	的	

永昌	ʂʮ⁴⁴	sʅ⁴²	kə²¹	ɕiɔ⁴²	vAŋ²²	ti²¹	
	书	是	给	小	王	的	

张 掖	fu⁴⁴ 书	ʂʅ⁴⁴ 是	kə²² 给	kə⁴⁴ 给	ɕiɔ²² 小	vʌŋ⁵⁵ 王	tiə²¹ 的	
山 丹	fu³⁴ 书	ʂʅ⁴⁴ 是	kɤ⁵³ 给	ɕiao²² 小	vã⁵⁵ 王	tə²¹ 的		
平 凉	ʂu³¹ 书	ʂʅ²¹ 是	keɪ⁴⁴ 给	ɕiɔ⁵³ 小	uɑŋ²⁴ 王	ti⁵³ 的		
泾 川	ʃʮ³¹ 书	ʂʅ²¹ 是	kei⁵³ 给	ɕiɔ³¹ 小	vɑŋ²⁴ 王	ti²¹ 的		
灵 台	ʃu³¹ 书	ʂʅ²¹ 是	kei⁴⁴ 给	siɔ⁵³ 小	uɑŋ²⁴ 王	ti⁵³ 的		
酒 泉	ʂʮ⁴⁴ 书	ʂʅ⁴⁴ 是	kə²² 给	kə⁵³ 给	ɕiɵ²² 小	vɑŋ⁵³ 王	tiə²¹ 的	
敦 煌	ʂu²¹³ 书	ʂʅ⁴⁴ 是	kei⁴² 给	ɕiɔɔ⁵³ 小	vɔŋ²² 王	ti⁴² 的		
西 峰	ʃu³¹ 书	ʂʅ⁵⁵ 是	keɪ²⁴ 给	ɕiɔ³¹ 小	uãŋ²⁴ 王	ti³¹ 的		
环 县	ʂʮ⁴¹ 书	ʂʅ³¹ 是	kei⁴¹ 给	ɕiɔ⁴¹ 小	vɑŋ²¹ 王	ti⁴¹ 的		
正 宁	ʃu³¹ 书	ʂʅ²¹ 是	kei⁴⁴ 给	ɕiɔ⁵³ 小	uɑŋ²⁴ 王	ʈi⁵³ 的		
镇 原	tʂɛ⁴⁴ 这	ʂʅ⁵³ 书	ʂʅ²¹ 是	kei²⁴ 给	siɔ⁵³ 小	uɑŋ²⁴ 王	ti²¹ 的	
定 西	tʂɤu⁴⁴ 这	pɤŋ⁵³ 本	ʃʮ²¹ 书	ʂʅ⁴⁴ 是	kuɤ⁴⁴ 给	ɕiɔ⁵³ 小	vã²¹ 王	ti⁴⁴ 的
通 渭	ʃʮ²¹ 书	ʂʅ⁴⁴ 是	kuə²¹ 过	ɕiɔ⁵³ 小	uã²¹ 王	tʊɐ⁴⁴ 的		
陇 西	ʂu⁴² 书	ʂʅ⁴⁴ 是	ko⁴⁴ 给	ɕiɔɔ⁵⁵ 小	vã²² 王	ta²¹ 的		
临 洮	ʂu²¹ 书	ʂʅ⁴⁴ 是	ke⁴⁴ 给	ɕiɔ⁵³ 小	vã²¹ 王	te⁴⁴³ 的		

漳县	ʃʯ²¹	ʂʅ⁴⁴	kuo⁴⁴	siɔ⁵³	uã²¹	ti²⁴	
	书	是	给	小	王	的	
武都	ʃʯ⁵³	sʅ²¹	kei²¹	ɕiɔu⁵⁵	vaŋ²¹	tə²¹	
	书	是	给	小	王	的	
文县	tsə⁵⁵	pə̃³³	ʃʯ³¹	sʅ²¹	kei²⁴	ɕiɔ⁵⁵	uã²¹	tɛ¹³
	这	本	书	是	给	小	王	的
宕昌	tʂɤ⁵³	ʂu²¹	sʅ³³	kei⁴²	ka⁴⁴	vã²¹	tʅ⁴⁴	
	这	书	是	给	尕	王	的	
康县	fu⁵³	ʂʅ²¹	kɿ²⁴	siɔ⁵⁵	vã²¹	tɤ²¹	
	书	是	给	小	王	的	
西和	ʃʯ²¹	sʅ⁵⁵	kei⁵⁵	ɕiɔ⁵¹	uã²⁴	tɤ²¹	
	书	是	给	小	王	的	
临夏市	ʂu¹³	ʂʅ⁵³	kei⁴⁴	ka¹³	vaŋ²⁴	ti²¹	
	书	是	给	尕	王	的	
临夏县	fu¹³	ʂʅ²¹	kei⁵⁵	kɑ²¹	vaŋ²⁴	ti²¹	
	书	是	给	尕	王	的	
合作	tʂɤ¹³	ʂu⁵⁵	ʂʅ⁵³	ka⁵³	vuaŋ¹³	ti⁵³	
	这	书	是	尕	王	的	
舟曲	tʂʅ²⁴	pɤr⁵⁵	ʃʯ⁵³	sʅ²¹	kei⁵⁵	siɔ⁵⁵	vã⁴²	tsʅ²¹
	这	本儿	书	是	给	小	王	的
临潭	ʂu⁴⁴	ʂʅ⁴⁴	kɛi¹³	ka¹³	vã⁵⁵	ti³¹	
	书	是	给	尕	王	的	

35. 给小王一本书

兰州	kɯ⁴⁴	ɕiɔ⁴⁴	vã⁵³	ʑi¹³	pən³¹	ʂu³¹		
	给	小	王	一	本	书		
红古	kei²¹	ka⁴⁴	vã¹³	kei⁴⁴	ʂã²¹	zʅ¹³	pən⁵⁵	fu²¹
	给	尕	王	给	上	一	本	书
永登	kei²²	ka⁴⁴	vãŋ⁵³	kei²⁴	ʂãŋ⁴⁴	i²²	pən³¹	fu³¹
	给	尕	王	给	上	一	本	书
榆中	kɤ²⁴	ka³¹	vuã⁵³	ʑi³¹	pən⁴⁴	ʂu³¹		
	给	尕	王	一	本	书		
白银	kɯ²²	ɕiɔ³³	vaŋ⁵¹	kɯ³³	i²²	pən³³	fu⁴⁴	
	给	小	王	给	一	本	书	
靖远	kei²²	ɕiao⁵⁵	vɑŋ²⁴	kei⁵⁵	kei²¹	zʅ²²	pɤŋ⁵⁵	tsʅ²¹ ʂʅ⁴¹
	给	小	王	给	给	一	本	子 书
天水	kei⁴⁴	ɕiɔ⁵³	vã¹³	ʑi²¹	pəŋ⁵³	ʃʅ¹³		
	给	小	王	一	本	书		
秦安	kuə⁴⁴	siɔ⁵³	uɔ̃¹³	ʑi¹³	pə̃⁵³	ʃʅ¹³		
	给	小	王	一	本	书		
甘谷	kuə⁴⁴	ɕiau⁵³	uaŋ²⁴	i²¹	pən⁴⁴	ʃʅ²¹²		
	给	小	王	一	本	书		
武山	ku⁴⁴	ɕiɔɔ⁵³	uaŋ²⁴	i²¹	pəŋ²¹	ʃu²¹		
	给	小	王	一	本	书		
张家川	kɿ⁴⁴	ɕiou⁵³	vã¹³	kɿ⁴⁴	i⁵³	pɤŋ⁵³	tsʅ³²	ʃʅ¹³
	给	小	王	给	一	本	子	书
武威	kei⁵³	ʂÃ³¹	ɕiɔu⁵³	vÃ³⁵	i⁴⁴	pəŋ²¹	ʂʅ³⁵	
	给	上	小	王	一	本	书	
民勤	kɯ⁴⁴	ɕiɔɔ⁴⁴	vaŋ⁵³	kɯ²²	kɯ⁴⁴	ʑi⁴²	pɤŋ²¹	ʂu⁴⁴
	给	小	王	给	给	一	本	书
古浪	kɤ²²	ɕiao¹³	uɑ̃ŋ⁴²	kɤ²¹	kɤ⁴²	ʑi⁴⁴	pɔ̃ŋ²¹	ʂu⁴⁴
	给	小	王	给	给	一	本	书
永昌	kɿ⁴⁴	ɕiɔɔ⁴²	vʌŋ¹³	kə⁴⁴	ʑi⁵³	pəŋ²¹	ʂʅ⁴⁴	
	给	小	王	给	一	本	书	

张 掖	kə⁵³	ɕiɔ²²	vaŋ⁵³	zi³¹	pəŋ²²	fu⁴⁴	
	给	小	王	一	本	书	
山 丹	kɤ²²	kɤ⁵³	ɕiao²²	vã⁵³	zi⁴²	pəŋ²¹	fu³⁴
	给	给	小	王	一	本	书
平 凉	keɿ⁴⁴	keɿ²¹	ɕiɔ⁵³	uaŋ²⁴	i³¹	pəŋ⁵³	ʂu³¹
	给	给	小	王	一	本	书
泾 川	kei³¹	ɕiɔ³¹	vaŋ²⁴	i³¹	pəŋ⁵³	ʃʅ³¹	
	给	小	王	一	本	书	
灵 台	kei⁴⁴	siɔ⁵³	uaŋ²⁴	i³¹	pəŋ⁵³	ʃu³¹	
	给	小	王	一	本	书	
	kei⁵³	siɔ⁵³	uaŋ²⁴	kei⁴⁴	i³¹	pəŋ⁵³	ʃu³¹
	给	小	王	给	一	本	书
酒 泉	kə²²	kə⁵³	ɕiθ²²	vaŋ⁵³	zi²²	pəŋ⁵³	ʂʅ⁴⁴
	给	给	小	王	一	本	书
敦 煌	kei²²	ɕiɔ⁵³	vɔŋ²¹	lɔ⁴²	tsʅ²¹	pəŋ⁵³	su²¹³
	给	小	王	了	一	本	书
西 峰	keɿ²⁴	ɕiɔ³¹	uãŋ²⁴	keɿ²⁴	keɿ²¹	i³¹	pəŋ⁵³	ʃu³¹
	给	小	王	给	给	一	本	书
	keɿ²⁴	ɕiɔ³¹	uãŋ²⁴	keɿ²⁴	i³¹	pəŋ⁵³	ʃu³¹	
	给	小	王	给	一	本	书	
环 县	kei⁵⁵	ɕiɔ⁴¹	vaŋ²⁴	i³¹	kɤ⁵⁵	ʂʅ⁴¹	
	给	小	王	一	个	书	
正 宁	kei²⁴	siɔ⁵³	uaŋ²⁴	i³¹	pən³¹	ʃu³¹	
	给	小	王	一	本	书	
镇 原	kei²⁴	siɔ⁵³	uaŋ²⁴	i²⁴	pəŋ³¹	sʅ⁵³	
	给	小	王	一	本	书	
定 西	kuɤ⁴⁴	ɕiɔ⁵³	vã¹³	zi²¹	pɤŋ⁵³	ʃʅ¹³	
	给	小	王	一	本	书	
通 渭	kuə²¹	ɕiɔ⁵³	uã¹³	zi²¹	pə̃⁵³	ʃʅ¹³	
	过	小	王	一	本	书	
陇 西	ko⁴⁴	ɕiɔ⁵⁵	vã¹³	tɕiɜ⁴²	ko¹³	zi²¹	pəŋ⁵⁵	ʂuɛ²¹
	给	小	王	接	过	一	本	书

临洮	ke⁴⁴	ɕiɔ⁵³	vã¹³	ʑi²¹	pɤŋ⁵³	ʂuə¹³		
	给	小	王	一	本	书		
漳县	kuo²⁴	siɔ⁵³	uã²¹	ʑi²¹	pɤ̃⁵³	ʃʯ²¹		
	给	小	王	一	本	书		
武都	kei²¹	ɕiɔu⁵⁵	vaŋ²¹	ki²⁴	ki²¹	ʑi²¹	põ⁵⁵	ʃʯ²¹
	给	小	王	给	给	一	本	书
文县	kei²¹	ɕiɔ⁴²	uã²¹	kei³⁵	ki⁴⁴	ʑi⁴⁴	põ⁵⁵	ʃʯ³¹
	给	小	王	给	给	一	本	书
宕昌	kei⁴⁴	ka⁴⁴	vã²¹	kei³⁵	kei²¹	zʅ³³	pər⁵³	ʂu⁴⁴
	给	尕	王	给	给	一	本儿	书
康县	kɿ²⁴	siɔ⁵⁵	vã²¹	i²¹	pɤŋ⁵⁵	fu⁵³		
	给	小	王	一	本	书		
	kɿ²⁴	siɔ⁵⁵	vã²¹	kɿ²⁴	kɿ⁵³	i²¹	pɤŋ⁵⁵	fu⁵³
	给	小	王	给	给	一	本	书
西和	kei⁵⁵	ɕiao⁵¹	uã²⁴	kei⁵⁵	kei²¹	i²⁴	pɤŋ⁵¹	ʃʯ²¹
	给	小	王	给	给	一	本	书
临夏市	kɑ¹³	vaŋ²⁴	kei⁴⁴	ʑi²¹	pəŋ⁴²	ʂu¹³		
	尕	王	给	一	本	书		
临夏县	kei⁵⁵	kɑ²¹	vaŋ²⁴	ʑi⁵⁵	pəŋ⁵²	fu¹³		
	给	尕	王	一	本	书		
合作	kei⁵⁵	kɑ⁵³	vuaŋ¹³	kei⁵⁵	ti²¹	ʑi⁵⁵	pən⁵³	ʂu¹³
	给	尕	王	给	的	一	本	书
舟曲	kei²⁴	siɔ⁵⁵	vã³¹	liɔ⁵³	kei²¹	ʐʯ²⁴	pɤr³¹	ʃʯ⁵³
	给	小	王	撂	给	一	本儿	书
临潭	kɛi¹³	kɑ¹³	vã⁴⁴	ʑi³¹	pəŋ¹³	ʂu⁴⁴		
	给	尕	王	一	本	书		

36. 大家都给他说哭了

兰州	ta22　tɕia44　tu44　kei31　tʻa44　fɤ13　kʻu21　lɔ13 大　　家　　都　　给　　他　　说　　哭　　了
红古	ta22　tɕia13　tʐu35　tɕiɔ21　tɕia35　fɤ22　tʂɤ44　kʻu21　xa13l　iɔ31 大　　家　　都　　叫　　傢〃　说　　着　　哭　　下　　了
永登	ta24　tɕia44　tʊu44　tɕiɑo24　na53　fə24　tʂə33　næ̃22　ɕin44　xa21　liao21 大　　家　　都　　叫　　那　　说　　着　　难　　心①　下　　了
榆中	ta31　tɕia44　tu44　tɕiɔo31　tʻa44　ʂuo44　kʻu31　lɔo35 大　　家　　都　　叫　　他　　说　　哭　　了
白银	z̩22　kua13　tɕiɔ13　pa13　fə22　ə21　kʻu42　xa21　lɔ33 一　　挂　　叫　　他　　说　　着　　哭　　下　　了
靖远	z̩22　tʻaŋ35　tɕiɑo22　niɛ24　tʐu21　kei21　ʂuə22　tiɛ21　kʻu41　xa31　liao21 一　　趟　　叫　　梟〃　都　　给　　说　　得　　哭　　下　　了
天水	ta44　tɕia21　təu13　tʂɔ13　tʻa21　ʂʐə13　kʻu21　liɔ53 大　　家　　都　　着　　他　　说　　哭　　了
秦安	ta44　tɕia21　təu44　tɔ13　tʻa13　ʃyə13　kʻu13　lɔ31 大　　家　　都　　得　　他　　说　　哭　　了
甘谷	tɒ44　tɕiɒ44　tʐɤ21　tɕiɑu44　tʻɒ44　ʃə13　kʻu53　lau13 大　　家　　都　　叫　　他　　说　　哭　　了
武山	tɑ44　tɕiɑ21　tʐɤ24　tɔo44　tʻɑ21　ʃuə21　kʻu21　lɔ21 大　　家　　都　　让　　他　　说　　哭　　了
张家川	ta44　tɕia32　tʐu13　tʂɤ21　tʻa53　ʃɤ21　tɕiɔu44　xuæ21　liɔ21 大　　家　　都　　着　　他　　说　　叫　　唤　　了
武威	i35　li44　tu44　tɕiuɔ53　tɕia31　ʂuə44　kʻu53　liɔu21 一　　例　　都　　叫　　傢〃　说　　哭　　了
民勤	uə22　mɤŋ44　tɕʻyei53　tɕiɔo22　tʻa44　kɯ44　ʂuə42　xɔo22　la44 我　　们　　全　　叫　　他　　给　　说　　嚎　　了
古浪	ta22　tɕia21　tʊu44　tɕiɑo21　na42　ʂuə44　xao44　liao21 大　　家　　都　　叫　　那　　说　　嚎　　了

---

① 难心：难过。

永昌	ta⁵³	tɕia²¹	tu¹³	pi⁴²	t'a²¹	ʂuə⁴⁴	k'u⁵³	liɔo²¹	
	大	家	都	被	他	说	哭	了	
张掖	uə²²	məŋ⁴⁴	tɤu⁴⁴	tɕi²²	t'a⁴⁴	fə²²	xɔ⁴⁴	li²¹	
	我	们	都	叫	他	说	嚎	了	
山丹	uə²²	məŋ⁵³	təu³⁴	tɕiɑo⁴⁴	na⁵³	fə²²	xɑo⁵⁵	lə²¹	
	我	们	都	叫	那	说	嚎	了	
平凉	tɑ⁴⁴	tɕiɑ³¹	tu⁴⁴	kɚ⁴⁴	t'ɑ⁴⁴	ʂuo³¹	k'u⁵³	lia²¹	
	大	家	都	给	他	说	哭	了	
泾川	tᴀ⁴⁴	tɕiᴀ³¹	təu²⁴	tɕiɔ⁴⁴	t'ᴀ⁵³	ʂɤ³¹	k'u³¹	liɛ²¹	
	大	家	都	叫	他	说	哭	了	
灵台	ta¹³	tɕia²¹	tou²⁴	pei⁵³	t'a²¹	ʂɤ²⁴	pf'u³¹	liɔ²¹	
	大	家	都	被	他	说	哭	了	
酒泉	t'a⁴⁴	pa⁴⁴	ta²²	tɕia⁴⁴	ʂuə¹³	k'u²²	lia²¹		
	他	把	大	家	说	哭	了		
敦煌	ta⁴⁴	tɕia⁴⁴	tu⁴⁴	pa²¹³	t'a⁴⁴	ʂuə²¹³	k'u²¹³	lɔo⁴²	
	大	家	都	把	他	说	哭	了	
西峰	ta²⁴	tɕia³¹	tʊ²⁴	tɕiɔ⁵⁵	t'a⁵⁵	ʂuo³¹	k'u⁵³	lia²¹	
	大	家	都	叫	他	说	哭	了	
环县	ta⁵⁵	tɕia²¹	tɤu³¹	pa²¹	ȵia²⁴	ʂuo⁵⁵	k'u⁴¹	liɤu²¹	
	大	家	都	把	㭟	说	哭	了	
正宁	ta²⁴	ia³¹	tou³¹	tɕiɔ⁴⁴	t'a⁵³	ʃuo³¹	k'u³¹	liɔ²¹	
	大	家	都	叫	他	说	哭	了	
镇原	t'a⁴⁴	ɕiæ̃²¹	tɕiɔ⁴⁴	nɛ⁴⁴	xæ²⁴	siɛ²⁴	k'u⁵³	lia²¹	
	他	先	叫	他	还	说	哭	了	
定西	ta⁴⁴	tɕia³²	tɤu²¹	tɕiɔ⁴⁴	t'a¹³	zɤ⁵³	k'u²¹	lɔ¹³	
	大	家	都	叫	他	惹	哭	了	
通渭	ta⁴⁴	tɕia³²	tʊ²¹	tɕiɔ⁴⁴	t'a³²	ʃʯ⁵³	k'u²¹	la¹³	
	大	家	都	叫	他	说	哭	了	
陇西	ta⁴⁴	tɕia⁴⁴	vuɐ⁴⁴	tɤu¹³	tso²¹	t'a²¹	ʂo²¹	k'u²¹	la²¹
	大	家	兀	都	遭	他	说	哭	啦
临洮	ta⁴⁴	tɕia²¹	tʊ¹³	tʂɔ¹³	t'a²¹	kɚ⁴⁴	ʂo²¹	tʂə⁴⁴	k'u²¹	xa²¹	liɔ⁴⁴
	大	家	都	着	他	给	说	着	哭	下	了

漳 县	tɑ^{24}	tɕiɑ^{21}	tɤu^{21}	tɕiɔo^{24}	t'ɑ^{21}	ʃɥɤ^{22}	k'u^{21}	lɔo^{42}
	大	家	都	叫	他	说	哭	了
武 都	ta^{24}	tɕia^{21}	tɤu^{21}	tɕiɔu^{24}	t'a^{55}	ʃuə^{24}	k'u^{31}	lɔu^{21}
	大	家	都	叫	他	说	哭	了
文 县	ta^{24}	tɕia^{31}	tɤu^{21}	tɕiɔo^{24}	t'a^{31}	kei^{35}	suə^{44}	k'u^{44}	lɔo^{21}
	大	家	都	叫	他	给	说	哭	了
宕 昌	ta^{44}	tɕia^{42}	tɤu^{21}	tɕiao^{44}	ʐa^{53}	kei^{21}	ʂuə^{33}	k'u^{44}	lao^{44}
	大	家	都	叫	他	给	说	哭	了
康 县	tᴀ^{24}	tɕiᴀ^{53}	tɤu^{53}	ʐã^{21}	t'ᴀ^{53}	fɤ^{21}	k'u^{53}	lɤ^{21}
	大	家	都	让	他	说	哭	了
西 和	tᴀ^{24}	tɕiᴀ^{21}	tɤu^{21}	tʂao^{24}	t'ᴀ^{21}	ɕyə^{21}	k'u^{21}	lao^{53}
	大	家	都	着	他	说	哭	了
临夏市	tɕiɛ^{13}	kei^{44}	ta^{44}	tɕia^{21}	suə^{13}	tʂə^{44}	k'u^{21}	xa^{44}	li^{21}
	他	给	大	家	说	着	哭	下	了
临夏县	ta^{55}	tɕiɛ^{21}	tu^{13}	kei^{55}	t'a^{55}	fə^{13}	k'u^{21}	li^{52}
	大	家	都	给	他	说	哭	了
合 作	ta^{55}	tɕia^{53}	tɤɯ^{13}	pa^{55}	t'a^{55}	kei^{55}	ʂuə^{13}	k'u^{13}	liɔo^{53}
	大	家	都	把	他	给	说	哭	了
舟 曲	ta^{33}	tɕia^{55}	tɤu^{53}	tɕiɔo^{24}	ʐa^{53}	kei^{31}	ʃɥə^{31}	k'u^{55}	liɔo^{42}
	大	家	都	叫	他	给	说	哭	了
临 潭	ʑi^{13}	pã^{44}	tɤu^{44}	pa^{13}	vu^{44}	kɛi^{31}	ʂuɤ^{44}	k'u^{44}	lɔ^{31}
	一	帮	都	把	兀	个	说	哭	了

37. 大家都帮过他的忙

兰州	ta²² tɕia⁴⁴ tu⁴⁴ pã³¹ kuo¹³ tʻa⁴⁴ ti⁴⁴ mã⁵³ 大　家　都　帮　过　他　的　忙
红古	ta²² tɕia⁴⁴ tɤu³⁵ kei²¹ tʻa¹³ pã²¹ kuə¹³ mã³¹ 大　家　都　给　他　帮　过　忙
永登	ta²⁴ tɕia⁴⁴ tʊu⁴⁴ pãŋ⁴⁴ kuə³¹ tʻa⁴⁴ ti³³ mãŋ³¹ 大　家　都　帮　过　他　的　忙
榆中	ta³¹ tɕia⁴⁴ tu⁴⁴ pã³¹ tʻa⁴⁴ ti³¹ mã⁵³ tʂɤ³¹ li³⁵ 大　家　都　帮　他　的　忙　着　呢
白银	ʑi²² kua¹³ tu⁴⁴ paŋ⁴⁴ kuə²¹ tʻa⁴⁴ ti¹³ maŋ⁵¹ 一　挂　都　帮　过　他　的　忙
靖远	ta³⁵ tɕia⁴¹ tɤu²¹ kei²² niɛ²⁴ paŋ²¹ kuə²¹ maŋ²⁴ 大　家　都　给　臬̈　帮　过　忙
天水	ta⁴⁴ tɕia²¹ təu¹³ pã²¹ kuə⁴⁴ tʻa²¹ ti⁴⁴ mã¹³ 大　家　都　帮　过　他　的　忙
秦安	ta⁴⁴ tɕia⁵³ təʉ⁴⁴ pɔ̃⁴⁴ kuo⁴⁴ tʻa⁴⁴ tə²² mɔ̃¹³ 大　家　都　帮　过　他　的　忙
甘谷	tɒ⁴⁴ tɕiɒ⁴⁴ tɤʉ⁴⁴ paŋ²¹² kuɒ⁴⁴ tʻɒ⁴⁴ tə⁴⁴ maŋ²⁴ 大　家　都　帮　过　他　的　忙
武山	ta⁴⁴ tɕiɑ²¹ tɤʉ²⁴ paŋ²¹ kuo²¹ tʻɑ²¹ tə²¹ maŋ²⁴ 大　家　都　帮　过　他　的　忙
张家川	ta⁴⁴ tɕia³² tɤu¹³ kɪ²¹ tʻa⁵³ pã²¹ kuɤ⁴⁴ mã¹³ 大　家　都　给　他　帮　过　忙
武威	i³⁵ li⁴⁴ tu⁴⁴ pÃ³⁵ kuə⁵³ tɕia⁴⁴ ti²¹ mÃ³⁵ 一　例　都　帮　过　傢̈　的　忙
民勤	uə²² mɤŋ⁴⁴ tɕʻyei⁵³ paŋ⁴⁴ kuə²² tʻa²¹ 我　们　全　帮　过　他
古浪	ta¹³ tɕia²¹ tʊu⁴⁴ pãŋ⁴⁴ kuə²² na⁴² ti²¹ mãŋ⁴² 大　家　都　帮　过　那　的　忙
永昌	ta⁵³ tɕia²¹ tu⁴⁴ pʌŋ³⁵ kuə⁵³ tʻa²² ti²¹ mʌŋ¹³ 大　家　都　帮　过　他　的　忙

张 掖	uə²²	məŋ⁴⁴	tʁu⁴⁴	pʌŋ⁴⁴	kuə⁴⁴	tʻa⁴⁴	tiə⁴⁴	mʌŋ⁵³
	我	们	都	帮	过	他	的	忙
山 丹	uə²²	məŋ⁵³	təu⁵⁵	pã³⁴	kuə⁴⁴	na⁵⁵	tə²²	maŋ⁵³
	我	们	都	帮	过	那	的	忙
平 凉	ta⁴⁴	xuo³¹	ər²¹	tʁu⁴⁴	paŋ⁵³	kuo⁴⁴	tʻa⁵³	ti²¹	maŋ²⁴
	大	伙	儿	都	帮	过	他	的	忙
泾 川	tᴀ²⁴	tɕiᴀ³¹	təu²⁴	paŋ³¹	kuo²¹	tʻᴀ³¹		
	大	家	都	帮	过	他		
灵 台	ta¹³	tɕia²¹	kei⁴⁴	tʻa⁵³	paŋ⁵³	kuo²¹	maŋ²⁴	
	大	家	给	他	帮	过	忙	
酒 泉	ta⁴²	tɕia²¹	tʁu⁵³	paŋ⁴⁴	kuə⁴⁴	tʻa⁴⁴	ti⁴⁴	maŋ⁵³
	大	家	都	帮	过	他	的	忙
敦 煌	ta⁴⁴	tɕia⁴⁴	tu⁴⁴	poŋ²¹³	kuə⁴⁴	tʻa⁴⁴	tə⁴²	mɔŋ²¹³
	大	家	都	帮	过	他	的	忙
西 峰	ta²⁴	tɕia³¹	tʊ²⁴	pãŋ⁵³	kuo²¹	tʻa⁵⁵	ti²¹	mãŋ²⁴
	大	家	都	帮	过	他	的	忙
	ta²⁴	tɕia³¹	tʊ²⁴	keɪ²⁴	tʻa³¹	pãŋ⁵³	kuo²¹	mãŋ²⁴
	大	家	都	给	他	帮	过	忙
环 县	ta⁵⁵	tɕia²¹	tʁu³¹	paŋ⁴¹	kuo²¹	ɲia³¹	ti⁴¹	maŋ²⁴
	大	家	都	帮	过	㡣	的	忙
正 宁	ta²⁴	ia³¹	tou³¹	paŋ⁵³	kuo²¹	tʻa⁵³	ti²¹	maŋ²⁴
	大	家	都	帮	过	他	的	忙
镇 原	z̩əŋ²⁴	təu²⁴	kei²⁴	na⁵³	paŋ⁵³	kuo²¹	maŋ²⁴	
	人	都	给	那	帮	过	忙	
定 西	ta⁴⁴	tɕia³²	tʁu¹³	pã²¹	kuɤ⁴⁴	tʻa²¹	ti⁴⁴	mã¹³
	大	家	都	帮	过	他	的	忙
通 渭	ta⁴⁴	tɕia³²	tʊ²¹	pã²¹	kuə⁴⁴	tʻa²¹	tə²¹	mã¹³
	大	家	都	帮	过	他	的	忙
陇 西	ta⁴⁴	tɕia⁴⁴	vuɤ⁴³	tʁu¹³	pã⁴²	ko⁴⁴	tʻa²¹	
	大	家	兀	都	帮	过	他	
临 洮	ta⁴⁴	tɕia²¹	tʊ²⁴	pã²¹	kuo⁴⁴	tʻa²¹	te⁴⁴	mã¹³
	大	家	都	帮	过	他	的	忙

漳县	tɑ²⁴ 大	tɕiɑ²¹ 家	tʁu²⁴ 都	pã⁵³ 帮	kuo²⁴ 过	tʻa²¹ 他	ti²¹ 的	mã²⁴ 忙
武都	tɑ²⁴ 大	tɕia²¹ 家	tʁu²¹ 都	paŋ⁵³ 帮	kuə⁴⁴ 过	tʻa⁵⁵ 他	tə²¹ 的	maŋ¹³ 忙
文县	tɑ²⁴ 大	tɕia³¹ 家	tʁu²¹ 都	kei⁴⁴ 给	tʻa⁴⁴ 他	pã³¹ 帮	kuə²⁴ 过	mã¹³ 忙
宕昌	tɑ⁴⁴ 大	tɕia⁴² 家	tʁu²¹ 都	kei⁴⁴ 给	ʐa⁴² 他	pã⁴⁴ 帮	kuə⁴⁴ 过	mã¹³ 忙
康县	tᴀ²⁴ 大	tɕiᴀ⁵³ 家	tʁu⁵³ 都	pã⁵³ 帮	kuʁ²¹ 过	tʻᴀ⁵⁵ 他	tʁ²¹ 的	mã¹³ 忙
西和	tᴀ²⁴ 大	tɕiᴀ²¹ 家	tʁu²¹ 都	pã²¹ 帮	kuʁ⁵⁵ 过	tʻᴀ²¹ 他	tʁ⁵⁵ 的	mã⁵⁵ 忙
临夏市	tɑ⁴⁴ 大	tɕia²¹ 家	tɕiɛ¹³ 傢	xa²¹ 哈	maŋ¹³ 忙	tu¹³ 都	paŋ²¹ 帮	liɔ⁴² 了
临夏县	tɑ⁵⁵ 大	tɕiɛ²¹ 家	tu¹³ 都	paŋ¹³ 帮	kuə²¹ 过	tʻa⁵⁵ 他	ti²¹ 的	maŋ¹³ 忙
合作	tɑ¹³ 大	tɕia⁵⁵ 家	tʁɯ⁵⁵ 都	kei¹³ 给	ta⁵⁵ 他	paŋ¹³ 帮	kuə⁵³ 过	maŋ⁵³ 忙
舟曲	tɑ³³ 大	tɕia⁵⁵ 家	tʁu⁵³ 都	kei⁴⁴ 给	ʐa⁵³ 他	pã⁵⁵ 帮	kuə⁴⁴ 过	mã³¹ 忙
临潭	ʑi⁴⁴ 一	pã⁴⁴ 帮	ʐəŋ¹³ 人	tʁu¹³ 都	kuʁ⁵³ 给	tʻa⁵³ 他	pã⁴⁴ 帮	mã¹³ 忙

38. 大家都帮他说话

兰州	ta¹³	tɕia⁴⁴	tu⁴⁴	pã⁴⁴	tʻa⁴⁴	ʂuo²¹	xua¹³		
	大	家	都	帮	他	说	话		
红古	ta²²	tɕia⁴⁴	tʁu³⁵	pã²¹	tʻa¹³	fɤ²¹	xua¹³	tʂɤ²²	li²¹
	大	家	都	帮	他	说	话	着	哩
永登	ta²⁴	tɕia⁴⁴	tʊu⁴⁴	pãŋ⁴⁴	tʂə²²	na⁵³	fə²⁴	xua³¹	tʂə²¹ li³¹
	大	家	都	帮	着	那	说	话	着 哩
榆中	ʐən⁵³	mən³¹	tu⁴⁴	pã⁴⁴	tʻa⁴⁴	ʂuɤ³¹	xua³¹		
	人	们	都	帮	他	说	话		
白银	zi̩²²	kua¹³	tu⁴⁴	paŋ⁴⁴	pa¹³	fə²²	xua¹³	ə²¹	
	一	挂	都	帮	他	说	话	哦	
靖远	zɿ²²	tʻɑŋ³⁵	tʁu²¹	paŋ²²	niɛ²⁴	ʂua²²	xua³⁵	tiɛ⁴¹	niɛ²¹
	一	趟	都	帮	臬	说	话	的	呢
天水	ta⁴⁴	tɕia²¹	təu¹³	pã²¹	tʂua⁴⁴	tʻa¹³	ʂɿə¹³	xua³¹	lɛ²¹
	大	家	都	帮	着	他	说	话	来
秦安	ta⁴⁴	tɕia¹³	tɤu⁴⁴	põ¹³	ti¹³	tʻa⁴⁴	ʃyə²²	xua⁴⁴	
	大	家	都	帮	的	他	说	话	
甘谷	tɑ⁴⁴	tɕiɑ⁴⁴	tʁʉ⁴⁴	paŋ¹³	tʻɑ⁴⁴	ʃə²¹	xuə¹³		
	大	家	都	帮	他	说	话		
武山	tɑ⁴⁴	tɕiɑ²¹	tʁʉ²⁴	paŋ²¹	tʻɑ²¹	ʃuə²¹	tʂə²¹	lə⁴⁴	
	大	家	都	帮	他	说	着	呢	
张家川	ta⁴⁴	tɕia³²	tʁu¹³	pã²¹	tʻa⁵³	ʃxɔ⁵³	xua²¹		
	大	家	都	帮	他	说	好 话		
武威	i³⁵	li⁴⁴	tu⁴⁴	ɕiã⁴⁴	tʂua³¹	tɕia³⁵	ʂua⁴⁴	tʂə²¹	li²¹
	一	例	都	向	这	傢	说	着	哩
民勤	uə²²	mɤŋ⁴⁴	tɕʻyei⁵³	paŋ⁴⁴	tʻa⁴⁴	ʂua²²	xua⁴²		
	我	们	全	帮	他	说	话		
古浪	tɑ¹³	tɕia²¹	tʊu⁴⁴	pãŋ⁴⁴	nɑ⁴²	ʂua²¹	xuɑ²¹		
	大	家	都	帮	那	说	话		
永昌	ta⁵³	tɕia²¹	tu⁴⁴	pʌŋ⁴²	tʻa²¹	ʂuə¹³	xua²¹		
	大	家	都	帮	他	说	话		

张掖	uə²²	məŋ⁴⁴	tɤu⁴⁴	paŋ⁴⁴	tʻa⁴⁴	fə²⁴	xua³¹	
	我	们	都	帮	他	说	话	
山丹	uə²²	məŋ⁴⁴	təu⁵⁵	pã³⁴	na⁵³	fə²⁴	xua⁴¹	
	我	们	都	帮	那	说	话	
平凉	tɑ⁴⁴	xuo³¹	ɚ²¹	tɤu⁴⁴	paŋ⁵³	tʻa³¹	ʂuo³¹	xuɑ⁴⁴
	大	伙	儿	都	帮	他	说	话
泾川	tA²⁴	tɕiA³¹	təu²⁴	kei³¹	tʻA⁵³	ʂɤ³¹	xuA⁴⁴	
	大	家	都	给	他	说	话	
灵台	ta¹³	tɕia²¹	tou²⁴	paŋ³¹	tʻa⁵³	ʂɤ³¹	xua⁴⁴	
	大	家	都	帮	他	说	话	
酒泉	ta⁴²	tɕia²¹	tɤu⁵³	tʻi²²	tʻa⁴⁴	ʂuə¹³	xua²²	lia²¹
	大	家	都	替	他	说	话	哩
敦煌	ta⁴⁴	tɕia⁴⁴	tu⁴⁴	pɔŋ²¹³	tʻa⁴⁴	ʂuə²¹	xua²¹³	
	大	家	都	帮	他	说	话	
西峰	ta²⁴	tɕia³¹	tʊ²⁴	pãŋ³¹	tʻa⁵⁵	ʂuo³¹	xua⁵⁵	
	大	家	都	帮	他	说	话	
环县	ta⁵⁵	tɕia²¹	tɤu³¹	paŋ⁴¹	ȵia⁵⁵	ʂuo³¹	xua⁵⁵	
	大	家	都	帮	臬	说	话	
正宁	ta²⁴	ia³¹	tou³¹	paŋ³¹	tʻa⁴⁴	ʃuo³¹	xua⁴⁴	
	大	家	都	帮	他	说	话	
镇原	z̩əŋ²⁴	təu²⁴	paŋ³¹	na⁵³	siɛ⁵³	xua³¹		
	人	都	帮	那	说	话		
定西	ta⁴⁴	tɕia³²	tɤu¹³	pã¹³	tʻa¹³	ʃʮɤ²¹	xua⁴⁴	
	大	家	都	帮	他	说	话	
通渭	ta⁴⁴	tɕia³²	tʊ¹³	pã²¹	tʻa¹³	ʃʮə²¹	xua⁴⁴	
	大	家	都	帮	他	说	话	
陇西	ta⁴⁴	tɕia²¹	vuɐ⁴³	tɤu¹³	pã³²	tʻa²¹	ʂo⁴²	xua³³ tʂɤ³³ liɐ³²
	大	家	兀	都	帮	他	说	话 着 呢
临洮	ta⁴⁴	tɕia²¹	tʊ¹³	pã¹³	tʻa¹³	ʂo²¹	xua⁴⁴	
	大	家	都	帮	他	说	话	
漳县	tɑ²⁴	tɕiɑ²¹	tɤu²⁴	pã²²	tʻɑ²¹	ʃʮɑ²²	xuɑ²⁴	
	大	家	都	帮	他	说	话	

武都	ta²⁴	tɕia²¹	tʁu⁵³	paŋ²¹	tʻa⁵⁵	ʃuə²¹	xɔu⁵⁵	xua²⁴		
	大	家	都	帮	他	说	好	话		
文县	ta²⁴	tɕia³¹	tʁu⁴⁴	pã³¹	tʻa³¹	suə²¹	xua²⁴			
	大	家	都	帮	他	说	话			
宕昌	ta⁴⁴	tɕia⁴²	tʁu²¹	pã³³	ʐa⁴²	ʂuə²¹	xua⁴⁴			
	大	家	都	帮	他	说	话			
康县	tᴀ²⁴	tɕiᴀ⁵³	tʁu⁵⁵	pã⁵³	tʻᴀ²¹	ʂuʁ²¹	xuᴀ²⁴	tʂuʁ²¹	liɛ²¹	
	大	家	都	帮	他	说	话	着	咧	
西和	tᴀ²⁴	tɕiᴀ²¹	tʁu²⁴	pã²⁴	tʻᴀ²¹	ɕyə²¹	xuᴀ⁵⁵			
	大	家	都	帮	他	说	话			
临夏市	ta⁴⁴	tɕia²¹	tɕiɛ¹³	xɑ²¹	paŋ¹³	tʂuə²¹	ʂuə²¹	xuɑ⁵²	li⁴²	
	大	家	傢	哈	帮	着	说	话	哩	
临夏县	ta⁵⁵	tɕiɛ²¹	tu¹³	paŋ¹³	tʻa⁵⁵	fə²¹	xua⁵²			
	大	家	都	帮	他	说	话			
合作	ta¹³	tɕia⁵⁵	tʁɯ⁵⁵	paŋ¹³	tʂʁ¹³	tʻa⁵⁵	ʂuə⁵⁵	xua⁵³	li⁵³	
	大	家	都	帮	着	他	说	话	哩	
舟曲	ta³³	tɕia⁵⁵	tʁu⁵³	pã⁴⁴	ʐa⁵³	ʃʮə⁴²	xua³⁵			
	大	家	都	帮	他	说	话			
临潭	ta⁴⁴	tɕia³¹	ʑi¹³	kuæi⁴⁴	kɛi¹³	ɔ⁴⁴	kɛi³¹	ʂuʁ⁴⁴	xua⁵⁵	
	大	家	一	块	给	那	个	说	话	

39. 我帮他写了一封信

兰州	vɤ⁴⁴	pã⁴⁴	tʻa⁴⁴	ɕiɛ³⁵	le³¹	zi³¹	fən⁴⁴	ɕin¹³
	我	帮	他	写	了	一	封	信
红古	vɤ³⁵	kei⁴²	tɕia¹³	pã²²	tʂɤ¹³	ɕiɔ⁵⁵	liɔ²¹	kɤ²¹	ɕin¹³
	我	给	傢̈	帮	着	写	了	个	信
永登	və²⁴	kei²²	na⁵³	pãŋ⁴³	tʂə²¹	ɕiə²⁴	liɑo³¹	kə²¹	ɕin²⁴
	我	给	那	帮	着	写	了	个	信
榆中	uɤ⁴⁴	pã⁴⁴	tʻa⁴⁴	ɕiɛ⁴⁴	lɔo³¹	zi³¹	fən⁴⁴	ɕin³¹
	我	帮	他	写	了	一	封	信
白银	və³³	paŋ⁴⁴	pa¹³	ɕiɛ³³	lɔ²¹	kə²¹	ɕin¹³
	我	帮	他	写	了	个	信
靖远	ŋuə⁵⁵	paŋ²²	niɛ²⁴	ɕiɛ⁵⁵	liɑo²¹	kə²¹	ɕiŋ³³
	我	帮	臬̈	写	了	个	信
天水	ŋuə⁵³	pã¹³	tʻa²¹	ɕiɛ⁵³	li²¹	i⁴⁴	fəŋ²¹	ɕiən⁵³
	我	帮	他	写	了	一	封	信
秦安	kə⁵³	põ¹³	tʻa¹³	siə⁵³	lɔ⁴⁴	zi²¹	fɔ̃⁴⁴	siə̃⁴⁴
	我	帮	他	写	了	一	封	信
甘谷	kiɛ⁵³	pɑŋ¹³	tʻɒ¹³	ɕiɛ⁵³	lau⁴²	i²²	fəŋ⁴⁴	ɕiəŋ⁴⁴
	我	帮	他	写	了	一	封	信
武山	kiə⁵³	tʻi⁴⁴	tʻa²¹	ɕiə⁵³	lə²¹	i²¹	fəŋ²¹	ɕiəŋ¹³
	我	替	他	写	了	一	封	信
张家川	ŋɤ⁵³	kɿ⁴⁴	tʻa⁵³	ɕiɛ⁵³	li²¹	i⁴⁴	fɤŋ²¹	ɕiɤ̃⁴³
	我	给	他	写	了	一	封	信
武威	və³⁵	kei⁴⁴	tɕia⁴⁴	pÃ³⁵	tʂə⁴⁴	ɕiɛ⁵³	liou²¹	i⁵³	fəŋ³¹	ɕin⁵³
	我	给	傢̈	帮	着	写	了	一	封	信
民勤	uə⁴⁴	tsʻɿ²²	pi⁵³	ɕiɛ²²	lə⁴⁴	zi²²	fɤŋ⁴⁴	ɕin⁴²
	我	替	彼	写	了	一	封	信
古浪	ue¹³	pãŋ⁴⁴	na⁵³	ɕiə²¹	liɑo⁴⁴	zi²¹	fɔ̃³³	ɕin²¹
	我	帮	那	写	了	一	封	信
永昌	uə³⁵	tʻi⁵³	tʻa²¹	ɕiə⁵³	liɔo¹³	zi⁵³	fəŋ¹³	ɕin⁵³
	我	替	他	写	了	一	封	信

第一章 语法例句

张掖	və²²	kə⁴⁴	tʻa⁴⁴	ɕiə²²	liə⁴⁴	i²²	fəŋ⁴⁴	ɕiŋ³¹
	我	给	他	写	了	一	封	信
山丹	uə⁵³	pã³⁴	na⁵³	ɕiə²²	lə⁴⁴	zi⁴²	fəŋ²²	ɕiŋ⁴¹
	我	帮	那	写	了	一	封	信
平凉	uo³¹	paŋ³¹	tʻɑ⁵³	ɕiɛ⁴⁴	liɛ²¹	i²⁴	fəŋ³¹	ɕiŋ⁴⁴
	我	帮	他	写	了	一	封	信
泾川	vo⁵³	tʂʅ⁴⁴	tʻʌ⁵³	ɕiɛ⁵³	liɛ²¹	i²⁴	fəŋ³¹	ɕiŋ⁴⁴
	我	替	他	写	了	一	封	信
灵台	uo⁵³	paŋ³¹	tʻa⁵³	siɛ⁴⁴	liɛ²¹	i²⁴	fəŋ³¹	siŋ⁴⁴
	我	帮	他	写	了	一	封	信
酒泉	və²²	kə⁵³	tʻa⁴⁴	ɕiə²²	lə⁴⁴	i²²	fəŋ⁴⁴	ɕiŋ¹³
	我	给	他	写	了	一	封	信
敦煌	ŋə⁵³	pɔŋ²¹³	tʻa⁴⁴	ɕiə⁵³	lə²¹	zɿ²²	fəŋ⁴⁴	ɕiŋ²¹³
	我	帮	他	写	了	一	封	信
西峰	ŋɤ³¹	pãŋ⁵³	tʻa⁵⁵	ɕiɛ⁵⁵	lə⁴⁴	i³¹	fəŋ³¹	ɕiŋ⁵⁵
	我	帮	他	写	了	一	封	信
环县	ŋuo⁴¹	paŋ³¹	nia³¹	ɕiɛ⁴¹	liɛ²¹	i³¹	fəŋ⁴¹	ɕiŋ⁵⁵
	我	帮	臬	写	了	一	封	信
正宁	ŋɤ⁵³	paŋ³¹	tʻa³¹	siɛ⁵³	liɔ³¹	i²⁴	fəŋ³¹	sin⁴⁴
	我	帮	他	写	了	一	封	信
镇原	uo³¹	tʻi²²	na⁵³	siɛ⁵³	lə³¹	i²⁴	fəŋ²¹	sin²⁴
	我	替	那	写	了	一	封	信
定西	ŋɤ⁵³	pã²¹	tʻa¹³	ɕiɛ⁵³	lɤu³²	zi²¹	fɤŋ⁴⁴	ɕiẽ⁴⁴
	我	帮	他	写	了	一	封	信
通渭	kə⁵³	kuə³²	tʻa¹³	ɕiɛ⁵³	lɔ²¹	zi²¹	fɔ̃⁴⁴	ɕiẽ⁴⁴
	我	给	他	写	了	一	封	信
陇西	kɤ⁵⁵	ko⁴⁴	tʻa⁴²	pã²¹	tʂɤ²¹	ɕiɛ⁵⁵	li²¹	zi²¹	fv²¹	ɕiẽ²¹
	我	给	他	帮	着	写	了	一	副	信
临洮	ŋo⁵³	pã²⁴	tʻa²¹	ɕiɛ⁵³	liɔ³¹	zi²¹	fɤŋ⁴⁴	ɕiẽ⁴⁴
	我	帮	他	写	了	一	封	信
漳县	kɤ⁴⁴	pã²²	tʻɑ²¹	siɛ⁵³	lɔo²¹	zi²⁴	fɤ̃²¹	siɤ̃²⁴
	我	帮	他	写	了	一	封	信

武都	ŋə⁵⁵	paŋ²¹	tʻa⁵⁵	ɕiɛ⁵⁵	lɤu²¹	ʐi²¹	fɜ̃¹³	ɕiɜ̃²⁴
	我	帮	他	写	了	一	封	信
文县	ŋɤ⁵⁵	pã³¹	tʻa³¹	ɕiɛ³⁵	lɔo⁴²	ʐi³¹	fɜ̃²⁴	ɕiɜ̃²⁴
	我	帮	他	写	了	一	封	信
宕昌	ŋɤ⁵³	pã²¹	ʐa⁴²	ɕiɛ⁵³	lao²¹	ʐɿ²¹	fər⁵³	ɕin⁴⁴
	我	帮	他	写	了	一	封儿	信
康县	ŋuɤ⁵⁵	pã⁵³	tʻʌ²¹	siɛ²⁴	lɔo²¹	i²¹	fɤŋ¹³	sin²⁴
	我	帮	他	写	了	一	封	信
西和	ŋuɤ⁵¹	pã²⁴	tʻʌ²¹	ɕiɛ⁵¹	lɤ²¹	i²⁴	fɤŋ²¹	ɕin⁵⁵
	我	帮	他	写	了	一	封	信
临夏市	ŋə⁴⁴	paŋ¹³	tɕiɛ¹³	ʐi²¹	fəŋ⁵²	ɕin⁵³	ɕiɛ⁴⁴	liɔ⁵²
	我	帮	傢	一	封	信	写	了
临夏县	ŋə⁵⁵	paŋ¹³	tʻa⁵⁵	ɕiɛ⁵⁵	liɔ⁵²	ʐi²¹	fəŋ⁵²	ɕin⁵³
	我	帮	他	写	了	一	封	信
合作	ŋɤ⁵³	tʻa⁵⁵	paŋ¹³	tʂɤ¹³	ɕiɛ¹³	lɤ⁵⁵	ʐi¹³	fəŋ⁵⁵	ɕin⁵³
	我	他	帮	着	写	了	一	封	信
舟曲	ŋuə³⁵	pã³³	ʐa⁵³	siɛ⁵⁵	liɔo⁵⁵	ʒʯ⁵⁵	fɤr⁵⁵	sin³⁵
	我	帮	他	写	了	一	封儿	信
临潭	ŋɤ⁵³	kɛi¹³	vu⁴⁴	kɛi³¹	ɕiɛi⁵³	lɔ¹³	ʐi¹³	fəŋ⁴⁴	ɕin⁵⁵
	我	给	兀	个	写	了	一	封	信

40. 这支笔用了三年了

兰 州	tsei²²	tsʅ⁴⁴	pi¹³	yn¹³	lɔ⁴⁴	sæ̃⁴⁴	niæ̃⁵³	lɔ³¹
	这	支	笔	用	了	三	年	了
红 古	tsʅ¹³	kɤ³⁵	ʂən¹³	xuə¹³	yn²²	li⁴⁴	sã¹³	n̠iɛ̃²¹	li¹³
	这	个	生	花①	用	了	三	年	了
永 登	tsʅ²²	kə⁴⁴	ʂən⁴⁴	xuə³¹	yn³¹	liɑo³¹	sæ̃⁴⁴	niæ̃⁵³	liɑo²¹
	这	个	生	花	用	了	三	年	了
榆 中	tsɤ⁴⁴	tsʅ⁴⁴	pi²⁴	yn³¹	lɔc⁴⁴	sæ̃⁴⁴	niæ̃⁵³	lɔo³⁵
	这	支	笔	用	了	三	年	了
白 银	tsʅ²²	kə¹³	pi¹³	ʂʅ³³	lɔ³³	san⁴⁴	nian⁵¹	lɔ²¹
	这	个	笔	使	了	三	年	了
靖 远	tsʅ³⁵	kə⁵³	pɿ⁴¹	ioŋ³⁵	liɑo⁴¹	sæ̃⁴¹	niæ̃³³	liɑo²¹
	这	个	笔	用	了	三	年	了
天 水	tʂʅɚ⁴⁴	tsʅ¹³	pi²¹	yŋ⁴⁴	li²¹	sæ̃²¹	n̠iæ̃¹³	li²¹
	这	支	笔	用	了	三	年	了
秦 安	tʂəʉ⁴⁴	tʃʅ¹³	pi¹³	yə̃⁴⁴	lɔ³¹	san²²	n̠ian⁴⁴	lɔ²¹
	这	支	笔	用	了	三	年	了
甘 谷	tsʅ⁵³	tsʅ²¹	pi¹³	yəŋ⁴⁴	lɑu⁴⁴	sa²¹	n̠ia²¹	lɑu⁴⁴
	这	支	笔	用	了	三	年	了
武 山	tsʅ⁴⁴	i²¹	tsʅ¹³	pi²¹	yəŋ⁴⁴	lə²¹	sa²¹	n̠ia²¹	lɔ⁴⁴
	这	一	支	笔	用	了	三	年	了
张家川	tsɤ⁵³	kɤ²¹	pi¹³	ŋɤ⁵³	yŋ⁴⁴	liə³²	sæ̃²¹	n̠iæ̃¹³	liɔ²¹
	这	个	笔	我	用	了	三	年	了
武 威	tɕiŋ⁵³	kə³¹	pi³¹	yŋ⁴⁴	liou²¹	sæ̃³¹	niæ̃¹³	liou²¹
	这	个	笔	用	了	三	年	了
民 勤	tɕir²²	kɯ⁴⁴	pi⁴²	uə⁴⁴	yŋ⁴²	lə²²	sæi²¹	nir²²	la⁴⁴
	这	个	笔	我	用	了	三	年	了
古 浪	tʂə³¹	tsʅ⁴⁴	pi²¹	yŋ³¹	liɑo²¹	sæ⁴⁴	niɛ⁴⁴	liɑo²¹
	这	支	笔	用	了	三	年	了

---

① 生花：毛笔。

永昌	tʂə⁵³	kə²¹	pi⁴²	uə³⁵	yŋ⁵³	liɔ²¹	sɛ⁴⁴	nie⁴⁴	liɔ²¹
	这	个	笔	我	用	了	三	年	了
张掖	tʂə³¹	tʂʅ⁴⁴	pi²⁴	yŋ³¹	liə²¹	sAŋ⁴⁴	niAŋ⁴⁴	li²¹	
	这	支	笔	用	了	三	年	了	
山丹	tʂə⁴²	tʂʅ²¹	pi²⁴	yŋ⁴²	lə²¹	sɛɛ³⁴	niẽ⁵⁵	lə²¹	
	这	支	笔	用	了	三	年	了	
平凉	tʂɛ³¹	kæ̃⁵³	pi³¹	uo⁴⁴	yŋ⁴⁴	liɛ³¹	sæ̃³¹	ȵiæ̃²⁴	lia²¹
	这	杆	笔	我	用	了	三	年	了
泾川	tʂɤ⁵³	tʂʅ²⁴	pi³¹	sæ̃⁵³	ȵiæ̃²⁴	liɛ²¹			
	这	支	笔	三	年	了			
灵台	tʂɤ⁴⁴	kɤ²¹	pi³¹	yŋ¹³	liɔ²¹	sæ̃³¹	ȵiæ̃²⁴	liɔ⁵³	
	这	个	笔	用	了	三	年	了	
酒泉	tʂə²²	kəŋ⁴⁴	tɕʰiẽ⁴⁴	pi⁴⁴	yŋ⁴²	lə²²	sã⁴⁴	niẽ⁴⁴	lia²¹
	这	根	铅	笔	用	了	三	年	呢
敦煌	tsʅ⁴⁴	tsʅ⁵³	pʅ²¹	yŋ⁴⁴	lɔ⁴²	san²²	ȵiɛ²¹	la⁴²	
	这	支	笔	用	了	三	年	了	
西峰	tʂɤ⁵⁵	kɤ²¹	pi³¹	yŋ²⁴	lə²¹	sæ̃³¹	ȵiæ̃²⁴	lia²¹	
	这	个	笔	用	了	三	年	了	
环县	tʂɛ⁵⁵	kɤ²¹	pi³¹	yŋ⁵⁵	liɛ²¹	sæ̃⁴¹	ȵiæ̃²⁴	liɤu²¹	
	这	个	笔	用	了	三	年	了	
正宁	tʂɤ⁵³	tʂʅ³¹	pi³¹	yŋ⁴⁴	liɔ²¹	sæ̃³¹	ȵiæ̃²⁴	liɔ²¹	
	这	支	笔	用	了	三	年	了	
镇原	tʂɛ⁴⁴	kɤ⁴⁴	pi⁵³	yŋ⁴⁴	liɔ³¹	sæ̃⁵³	ȵiæ̃²⁴	lɔ²¹	
	这	个	笔	用	了	三	年	了	
定西	tʂɤ⁵³	kɤ³²	pi¹³	iæ̃²¹	yŋ⁴⁴	lɔ³²	sæ̃²¹	ȵiæ̃²¹	lɔ⁴⁴
	这	个	笔	砚	用	了	三	年	了
通渭	tʂʅ⁴⁴	tsʅ³²	pi²¹	yə̃⁴⁴	lɔ³²	sæ̃²¹	ȵiæ̃²¹	la⁴⁴	
	这	支	笔	用	了	三	年	了	
陇西	tʂʅ⁴⁴	zi⁴²	tsʅ¹³	pi²¹	yŋ⁴⁴	li⁴⁴	sæ̃⁴²	liæ⁴²	la²¹
	这	一	支	笔	用	了	三	年	啦
临洮	tʂe⁴⁴	kæ⁵³	pi²¹	yõ⁴⁴	liɔ²¹	sæ̃²¹	niæ²¹	liɔ⁴⁴³	
	这	杆	笔	用	了	三	年	了	

漳县	tʃʅ²⁴	zi²¹	tʃʅ²¹	pi²¹	yɤ̃²⁴	lɔo²¹	sæ̃⁵³	ȵiæ̃²¹	lɔo⁴⁴
	这	一	支	笔	用	了	三	年	了
武都	tʂə⁵³	tsʅ²¹	pi²¹	ʐyə̃²⁴	lou²¹	sæ̃⁵³	ȵiæ̃²¹	lou⁵⁵	
	这	支	笔	用	了	三	年	了	
文县	tsɛ⁵⁵	tsʅ²¹	pʅ³¹	sʅ⁵⁵	xuæ̃²²	lɔo²²	sæ̃³¹	ȵiæ̃²¹	lɔo³⁵
	这	支	笔	使	唤	了	三	年	了
宕昌	tsʅ⁵³	kæ̃²¹	pʅ⁴⁴	sʅ⁵³	xuæ̃⁴²	lao²¹	sæ̃⁴⁴	niæ̃²⁴	lao⁵³
	这	杆	笔	使	唤	了	三	年	了
康县	tsɤ⁵⁵	tsʅ²¹	pi⁵³	yŋ²⁴	liɔo⁵³	sæ̃⁵³	ȵiæ̃²¹	lA²¹	
	这	支	笔	用	了	三	年	了	
西和	tsei⁵¹	i²¹	tsʅ⁵⁵	pi²¹	yŋ²⁴	lao²¹	sæ̃²¹	ȵiæ̃²⁴	læ̃²¹
	这	一	支	笔	用	了	三	年	了
临夏市	tsʅ⁴⁴	kə⁵³	pi¹³	yəŋ⁴⁴	liɔ²¹	sã²¹	niẽ⁵²		
	这	个	笔	用	了	三	年		
临夏县	tʂə⁵³	tsʅ¹³	pi¹³	yəŋ⁵⁵	liɔ²¹	sã²¹	niã⁵²	liɔ²¹	
	这	支	笔	用	了	三	年	了	
合作	tsɤ⁵³	kə¹³	pi⁵³	yn⁵³	ti⁵³	liɔo⁵³	san¹³	nian¹³	liɔo⁵³
	这	个	笔	用	的	了	三	年	了
舟曲	tsʅ²⁴	tsʅ³⁵	pʅ⁵³	sʅ⁵³	xuæ̃⁵⁵	liɔo⁴²	sæ̃⁵⁵	ȵiæ̃²¹	liɔo²¹
	这	支	笔	使	唤	了	三	年	了
临潭	tsɤ⁵³	kɤ¹³	pi¹³	yn⁵³	lɔ³¹	sæ̃i⁴⁴	niæ̃i¹³	lɔ⁵³	
	这	个	笔	用	了	三	年	了	

41. 用笔写字

兰州	yn¹³	pi⁴⁴	ɕiɛ⁴⁴	tsʅ¹³	用笔写字
红古	liẽ¹³	ʂən²¹	xuə¹³	ɕiə⁵⁵	tsʅ²¹　连生花写字
永登	ni³³ liæ²⁴	ʂən⁴⁴	xuə³¹	ɕiə²⁴	tsʅ²¹　你连生花写字
榆中	yn²⁴	pi²⁴	ɕie⁴⁴	tsʅ²⁴	用笔写字
白银	na⁵¹	pi¹³	ɕiɛ³³	tsʅ¹³	拿笔写字
靖远	læ³⁵	pʅ⁴¹	ɕiɛ⁵⁵	tsʅ³³	连笔写字
天水	xa⁵³	pi²¹	ɕiɛ⁵³	tsʻʅ²¹	拿笔写字
秦安	yɒ̃⁴⁴	pi¹³	siə⁵³	tsʻʅ⁴⁴	用笔写字
甘谷	yəŋ⁴⁴	pi²¹	ɕiɛ⁵³	tsʻʅ⁴⁴	用笔写字
武山	lia²⁴	pi²¹	ɕiə⁵³	tsʻʅ¹³	连笔写字
张家川	zʅ ɤŋ¹³　tɤu¹³　yŋ⁴⁴　pi²¹　ɕiɛ⁵³　tsʻʅ⁴⁴　li²¹　mɤ²¹ 人　　　都　　　用　　笔　　写　　字　　哩　　么				
武威	na³⁵	pi³¹	ɕɛ³⁵	tsʅ³¹	拿笔写字
民勤	fɑŋ²² ɑŋ⁴⁴	pi⁴²	ɕiɛ⁴⁴	tsʅ⁴²	拿上笔写字
古浪	yŋ⁴⁴	pi²²	ɕiə⁴⁴	tsʅ²¹	用笔写字
永昌	yŋ³⁵	pi⁵³	ɕiə³⁵	tsʅ²¹	用笔写字
张掖	na²⁴ xɐŋ²¹	pi²²	ɕiə⁵³	tsʅ³¹	拿上笔写字
山丹	yŋ²⁴	pi⁴²	ɕiə⁵³	tsʅ⁴¹	用笔写字
平凉	yŋ⁴⁴	pi³¹	ɕiɛ⁵³	tsʅ⁴⁴	用笔写字
泾川	nɐ²⁴	pi³¹	ɕiɛ⁵³	拿笔写	
	yŋ⁴⁴	pi³¹	ɕiɛ⁵³	用笔写	
灵台	yŋ⁴⁴	pi³¹	siɛ⁵³	tsʻʅ⁴⁴	用笔写字
	la²⁴	pi³¹	siɛ⁵³	tsʻʅ⁴⁴	拿笔写字
酒泉	na⁵³	pi²¹	ɕiə⁵³	tsʅ²¹	拿笔写字
敦煌	yŋ⁴⁴	pʅ²¹	ɕiə⁵³	tsʅ²¹³	用笔写字
西峰	na²⁴	pi³¹	ɕiɛ⁵³	tsʅ⁵⁵	拿笔写字
环县	fɑŋ⁵⁵	pi²⁴	ɕiɛ⁴¹	tsʅ⁵⁵	放笔写字
正宁	na²⁴	pi³¹	siɛ⁵³	tsʻʅ⁴⁴	拿笔写字
镇原	xa³¹	pi⁵³	siɛ⁵³	tsʻʅ⁴⁴	拿笔写字
定西	yŋ⁴⁴	pi¹³	ɕiɛ⁵³	tsə⁴⁴	用笔写字

通渭	ỹ⁴⁴ pi¹³ ɕiɛ⁵³ tʂʅə⁴⁴	用笔写字
陇西	yŋ⁴⁴ pi²¹ ɕiɛ⁵⁵ tsʻʅɐ³²	用笔写字
临洮	yõ⁴⁴ pi¹³ ɕiɛ⁵³ tʂʅ⁴⁴	用笔写字
漳县	yɤ̃²⁴ pi²¹ siɛ⁵³ tsʻʅ⁴⁴	用笔写字
武都	xæ²⁴ ʂɑŋ²¹ pi²¹ ɕiɛ⁵⁵ tʂʅ²⁴	拿上笔写字
文县	xæ⁴⁴ pi³¹ ɕiɛ⁵³ tʂʅ²⁴	拿笔写字
宕昌	la¹³ pʅ²² ɕʅɛ⁵³ tʂʅ⁴⁴	拿笔写字
康县	yŋ²⁴ pi⁵³ siɛ⁵³ tʂʅ²⁴	用笔写字
西和	yŋ²⁴ pi²¹ ɕiɛ⁵¹ tsʻʅ⁵⁵	用笔写字
临夏市	pi¹³ lɑ²¹ ɕiɛ⁴⁴ tʂʅ⁵³	笔拿写字
临夏县	yən⁵³ pi¹³ ɕiɛ⁵⁵ tʂʅ⁵²	用笔写字
合作	yn⁵³ pi¹³ la⁵⁵ ɕiɛ¹³ tʂʅ⁵⁵ pɛi¹³	用笔拉写字呗
舟曲	xã⁵⁵ pʅ⁵³ siɛ⁴⁴ tʂʅ³¹	拿笔写字
临潭	yn⁴⁴ pi⁴⁴ ɕiɛi⁵³ tʂʅ⁵⁵	用笔写字

42. 手上拿着一本书

兰 州	ʂəu44	ʂã13	na53	tʂɤ21	zi13	pən31	ʂu31	
	手	上	拿	着	一	本	书	
红 古	ʂɤu55	ʂã42	na22	tʂɤ44	zʅ21	pən55	fu13	
	手	上	拿	着	一	本	书	
永 登	ʂʊu44	li33	na53	tʂə21	i22	pən44	fu443	
	手	里	拿	着	一	本	书	
榆 中	ʂəu44	li44	na53	tʂɤ44	zi31	pən44	ʂu31	
	手	里	拿	着	一	本	书	
白 银	ʂɤu33	li33	na51	ə21	zi13	pən33	fu44	
	手	里	拿	了	一	本	书	
靖 远	ʂɤu55	niɛ21	na22	tiɛ55	zʅ22	pɤŋ55	tsʅ21	ʂʅ41
	手	里	拿	的	一	本	子	书
天 水	ʂəu53	ʂã21	xæ53	xa21	ɕpəŋ53	ʃʅ31		
	手	上	拿	下	一本	书		
秦 安	ʂəu53	ʂɔ̃44	xan53	lɔ21	zi22	pə̃44	ʃʅ13	
	手	上	拿	了	一	本	书	
甘 谷	ʂɤu53	ʂaŋ13	xan53	xɒ13	i21	pəŋ44	ʃʅ212	
	手	上	拿	下	一	本	书	
武 山	ʂɤu53	li21	xa44	xɑ13	i21	pəŋ21	ʃu21	
	手	里	拿	下	一	本	书	
张家川	ʂɤu53	ʂã32	xa53	xa32	zi32	pɤŋ53	tsʅ32	ʃʅə13
	手	上	拿	下	一	本	子	书
武 威	ʂəu53	li31	na35	tʂə21	i22	pəŋ31	ʂʅ35	
	手	里	拿	着	一	本	书	
民 勤	ʂɤu22	nʅ44	la22	tə44	zi42	pɤŋ22	ʂu44	
	手	里	拿	的	一	本	书	
古 浪	ʂʊu13	li22	nɑ44	tʂə21	zi31	pə̃ŋ21	ʂu44	
	手	里	拿	着	一	本	书	
永 昌	ʂɤu53	li42	na13	tʂuə21	zi53	pəŋ21	ʂʅ42	
	手	里	拿	着	一	本	书	

张掖	ʂɤu²²	li⁴⁴	na⁴⁴	tiə²¹	zi³¹	pəŋ²¹	fu⁴⁴
	手	里	拿	的	一	本	书
山丹	ʂəu²²	li⁴⁴	na⁵⁵	tə²¹	zi⁴²	pəŋ²¹	fu³⁴
	手	里	拿	的	一	本	书
平凉	ʂɤu⁵³	ʂaŋ⁴⁴	na²⁴	tʂɤ²¹	i³¹	pəŋ⁵³	ʂu³¹
	手	上	拿	着	一	本	书
泾川	ʂəu⁴⁴	ʂaŋ²¹			i³¹	pəŋ⁵³	ʃʮ³¹
	手	上			一	本	书
	ʂəu⁴⁴	li²¹			i³¹	pəŋ⁵³	ʃʮ³¹
	手	里			一	本	书
灵台	ʂou⁴⁴	liɛ²¹	la³¹	tʂɤ⁵³	i³¹	pəŋ⁵³	ʃu³¹
	手	里	拿	着	一	本	书
酒泉	ʂɤu²²	ʂɑŋ⁵³	na⁴⁴	ti⁴²	zi²²	pəŋ⁵³	ʂʮ⁴⁴
	手	上	拿	的	一	本	书
敦煌	ʂɤu⁴⁴	ʂɔŋ⁵³	na²²	tə⁴⁴	zɿ²¹	pəŋ⁵³	ʂu²¹³
	手	上	拿	着	一	本	书
西峰	ʂʊ⁵⁵	li³¹	na²⁴	lə³¹	i³¹	pəŋ³¹	ʃu⁵⁵
	手	里	拿	了	一	本	书
环县	ʂɤu⁵⁵	ȵi²¹	na²⁴	tʂɤ²¹	i²¹	kɤ⁵⁵	ʂʮ⁴¹
	手	里	拿	着	一	个	书
正宁	ʂou⁴⁴	ʂaŋ²¹	xæ̃⁴⁴	tʂɔ²¹	i³¹	pən³¹	ʃu³¹
	手	上	拿	着	一	本	书
镇原	ʂəu⁵³	ʂaŋ⁴⁴	xa⁵³	i²⁴	pəŋ³¹	sɿ⁵³	
	手	上	拿	一	本	书	
定西	ʂɤu⁵³	ʂã³²	xæ⁵³	tʂɤ³²	zi²¹	pɤɯ⁵³	ʃɥe¹³
	手	上	拿	着	一	本	书
通渭	ʂʊ⁵³	ʂã³²	xæ⁵³	tʂə³²	zi²¹	pə̃⁵³	ʃɥe¹³
	手	上	拿	着	一	本	书
陇西	ʂɤu⁵⁵	li⁴²	xæ⁵⁵	xa⁴²	zi²¹	pəŋ⁴⁴	ʂuɐ²¹
	手	里	拿	下	一	本	书

临洮	ʂʊ⁵³	ʂã²¹	na²¹	xa⁴⁴	ʑi¹³	pər⁵³	ʂu¹³
	手	上	拿	下	一	本儿	书
漳县	ʃɤu⁵³	ʃã²¹	xæ⁵³	tʃɤ²¹	ʑi²¹	pɤ̃⁵³	ʃʯ²¹
	手	上	拿	着	一	本	书
武都	ʂu⁵⁵	ʂaŋ²¹	xæ⁵⁵	tʂə²¹	ʑi²¹	pɔ̃⁵⁵	ʃʯ²¹
	手	上	拿	着	一	本	书
文县	sɤu⁵⁵	sã²¹	xæ²⁴	xa²¹	ʑi³¹	pɔ̃²¹	ʃʯ³¹
	手	上	拿	下	一	本	书
宕昌	ʂu⁵³	ʂã²¹	la¹³	xa⁴⁴	zɿ¹³	pər⁵³	ʂu⁴⁴
	手	上	拿	下	一	本儿	书
康县	ʂɤu⁵⁵	ʂã²¹	xæ⁵⁵	xɑ²¹	i²¹	pɤŋ⁵³	fu⁵³
	手	上	拿	下	一	本	书
西和	ʂɤu⁵¹	ʂã̃⁵⁵	xɑ⁵³	xɑ²¹	i²⁴	pɤŋ⁵¹	ʃʯ²¹
	手	上	拿	下	一	本	书
临夏市	ʂɤu⁴⁴	li²¹	ʑi²¹	pəŋ⁵²	ʂu¹³	nɑ¹³	tʂɤ⁴²
	手	里	一	本	书	拿	着
临夏县	ʂɤu⁵⁵	ʂaŋ²¹	nɑ²¹	tʂuə¹³	ʑi²¹	pəŋ⁵²	fu¹³
	手	上	拿	着	一	本	书
合作	ʂɤɯ⁵⁵	ʂaŋ⁵³	na¹³	xa⁴⁴	ʑi¹³	pən⁵³	ʂu¹³
	手	上	拿	下	一	本	书
舟曲	ʂɤu⁵⁵	ʂã⁵³	xã⁵⁵	xa⁵⁵	ʒʯ⁴⁴	pɤr⁴⁴	ʃʯ⁵³
	手	上	拿	下	一	本儿	书
临潭	ʂɤu⁵³	ʂã⁴⁴	na¹³	xa⁵³	ʑi¹³	pəŋ⁵³	ʂu⁴⁴
	手	上	拿	下	一	本	书

43. 把东西拿进来

兰 州	pa¹³	tuən⁴⁴	ɕi⁴⁴	na⁵³	tɕin¹³	lɛ⁵³
	把	东	西	拿	进	来
红 古	pa¹³	tuən²²	sʅ³⁵	na²²	tɕin¹³	lɛ²¹
	把	东	西	拿	进	来
永 登	pa²²	tuən⁴⁴	ɕi³³	na⁵³	tɕin³¹	lɛi²¹
	把	东	西	拿	进	来
榆 中	pa³¹	tun⁴⁴	ɕi³¹	na⁵³	tɕin³¹	lɛ⁵³
	把	东	西	拿	进	来
白 银	pa³³	tuen⁴⁴	ɕi²¹	na⁵¹	tɕin²²	lɛ¹³
	把	东	西	拿	进	来
靖 远	pa²²	sʅ³⁵	sa³³	na²²	tɕiŋ³⁵	lɛi⁴¹
	把	是	啥	拿	进	来
天 水	pa¹³	tuəŋ²¹	ɕi⁴⁴	xa⁵³	tɕiəŋ⁴⁴	lɛ¹³
	把	东	西	拿	进	来
秦 安	ma¹³	toŋ²²	sʅ⁴⁴	xan⁵³	tsiə̃⁵³	lɛ¹³
	把	东	西	拿	进	来
甘 谷	mɒ²⁴	tuəŋ²¹	ɕi⁴⁴	xa⁵³	tɕiəŋ¹³	lai²¹
	把	东	西	拿	进	来
武 山	mɑ²¹	tuəŋ²¹	ɕi¹³	xa⁴⁴	tə²¹	tɕiəŋ⁴⁴	lɛ⁴⁴
	把	东	西	拿	得	进	来
张家川	pa²¹	toŋ²¹	ɕi⁴⁴	xa⁵³	tʂɤ³²	tɕiŋ⁴⁴	le²¹
	把	东	西	拿	着	进	来
武 威	pu³¹	tuəŋ²²	ɕi¹³	na³⁵	tɕin⁴⁴	lɛi²¹
	把	东	西	拿	进	来
民 勤	pa⁴⁴	toŋ⁴⁴	ɕi²¹	la²²	tɕin⁴⁴	læi²¹
	把	东	西	拿	进	来
古 浪	pə²¹	tuə̃⁴⁴	ɕi⁴⁴	nɑ⁵³	tɕin²¹	lɛ⁴²
	把	东	西	拿	进	来
永 昌	pa⁴²	tuŋ³⁵	ɕi⁵³	na¹³	tɕin⁴²	lɛ²¹
	把	东	西	拿	进	来

张 掖	pa²²	tuŋ⁴⁴	çi⁴⁴	na⁴⁴	tɕiŋ²²	lɛi²¹	
	把	东	西	拿	进	来	
山 丹	pa²²	tuŋ³⁴	çi⁴⁴	na⁵⁵	tɕiŋ²²	lɛe²¹	
	把	东	西	拿	进	来	
平 凉	pɑ³¹	tuŋ⁵³	çi³¹	nɑ²⁴	tɕiŋ⁴⁴	læ²¹	
	把	东	西	拿	进	来	
泾 川	tuŋ⁵³	çi²¹	xA⁵³	tɕiŋ⁴⁴	lE²¹	东西拿进来	
灵 台	pa²¹	tuəŋ⁵³	si²¹	lA²⁴	tsiəŋ⁴⁴	lɛ²¹	
	把	东	西	拿	进	来	
酒 泉	pa²²	tuŋ⁴⁴	çi⁴⁴	na⁴⁴	tɕiŋ⁴²	le²¹	
	把	东	西	拿	进	来	
敦 煌	pa²²	tuŋ²¹	çɿ⁴⁴	na²²	tɕiŋ⁴⁴	lɛ²¹³	
	把	东	西	拿	进	来	
西 峰	pa³¹	tuŋ⁵³	çi³¹	na²⁴	tɕiŋ⁵⁵	lɛ²¹	
	把	东	西	拿	进	来	
环 县	pa³¹	tuŋ⁴¹	çi²¹	na³¹	tɕiŋ⁵⁵	lɛ⁴¹	
	把	东	西	拿	进	来	
正 宁	pa²⁴	tuŋ⁵³	si²¹	xæ̃⁵³	tɕin²¹	lE²¹	
	把	东	西	拿	进	来	
镇 原	pa³¹	sa²⁴	xa⁵³	tsiŋ²¹	lɛ²¹	把啥拿进来	
定 西	pa¹³	tuŋ²¹	çi¹³	xæ̃⁵³	lE¹³	把东西拿来	
通 渭	ma¹³	tũ²¹	çi¹³	xæ̃⁵³	kuə³²	la²¹	
	把	东	西	拿	过	来	
陇 西	ma⁴²	toŋ⁴²	çi¹³	xæ̃⁵⁵	tʂɤ²¹	tɕin³³	la³²
	把	东	西	拿	着	进	来
临 洮	pa²¹	tõ²¹	çi⁴⁴	na²²	tɕi⁵³	lɛ¹³	
	把	东	西	拿	进	来	
漳 县	pɑ³³	tuɤ̃⁵³	si²⁴	xæ̃⁵³	tɕiɤ̃⁴⁴	lE²⁴	
	把	东	西	拿	进	来	
武 都	pa²¹	toŋ⁵³	çi⁴⁴	xæ̃⁵⁵	tʂə²¹	lɛi¹³	
	把	东	西	拿	着	来	

文县	pa²¹	la⁴⁴	kɤ²¹	toŋ³¹	çi²¹	xæ²⁴	tɔo²¹	lɛ¹³
	把	那	个	东	西	拿	到	来
宕昌	pa²²	la⁵³	kɤ²¹	tuŋ⁴⁴	çɿ⁴²	la²²	tçiŋ⁴⁴	lɛ¹³
	把	那	个	东	西	拿	进	来
康县	pᴀ²¹	tuŋ⁵³	si²¹	lᴀ²¹	tsiŋ²⁴	lᴇ²¹		
	把	东	西	拿	进	来		
	pᴀ²¹	tuŋ⁵³	si²¹	xæ̃⁵⁵	tʂuɤ²¹	tsiŋ²⁴	lᴇ⁴²	
	把	东	西	拿	着	进	来	
西和	pᴀ²⁴	tuŋ²¹	çi²⁴	xᴀ⁵³	tʂɔ²¹	tçiŋ⁵⁵	lɛ²⁴	
	把	东	西	拿	着	进	来	
临夏市	tuəŋ²¹	çi⁵³	nɑ¹³	tçiŋ⁴⁴	lɛ²⁴	东西拿进来		
临夏县	pɑ¹³	tuəŋ⁵⁵	çi²¹	nɑ¹³	tçiŋ⁵⁵	lɛ²⁴		
	把	东	西	拿	进	来		
合作	pa⁵⁵	tuŋ⁵⁵	çi¹³	na¹³	ti²¹	tçin⁵⁵	lɛi¹³	
	把	东	西	拿	得	进	来	
舟曲	pa²⁴	la²⁴	kʻɛ⁵⁵	tuɤŋ⁵³	sɿ⁴²	xã⁵⁵	tsiŋ²¹	lɛ³¹
	把	那	个	东	西	拿	进	来
临潭	ma¹³	vu⁴⁴	kɤ³¹	na¹³	kuɤ⁵³	lɛi¹³		
	把	兀	个	拿	过	来		
	ma¹³	vu⁴⁴	kɤ³¹	na¹³	tçin⁵³	lɛi¹³		
	把	兀	个	拿	进	来		

44. 把那个东西拿给我

兰州	pa²²	na¹³	kɤ¹³	tuən⁵³	ɕi³¹	kɯ¹³	vɤ⁴⁴	na⁵³	lɛ⁵³
	把	那	个	东	西	给	我	拿	来
红古	pa²²	nɛ⁵³	kɤ²¹	tuən²¹	sʅ¹³	kei²¹	vɤ⁵⁵	kei⁵³	ʂã³¹
	把	那	个	东	西	给	我	给	上
永登	pa²²	lɛi³³	kə³³	tuən⁴⁴	ɕi²¹	kei²⁴	və³¹	kei²⁴	ʂaŋ²¹
	把	那	个	东	西	给	我	给	上
榆中	pa³¹	nɛ³¹	kɯ⁴⁴	tun⁴⁴	ɕi³¹	kɤ⁵³	uɤ⁴⁴		
	把	那	个	东	西	给	我		
白银	pa²²	lɛ¹³	kə¹³	tuen⁴⁴	ɕi²¹	kɯ³³	və³³	tɕʻy³³	kɯ³³
	把	那	个	东	西	给	我	取	给
靖远	pa²²	nɛi³⁵	kə⁵³	toŋ⁴¹	sʅ²¹	tɕiɛ⁴¹	kei²¹	ŋuə⁵⁵	
	把	那	个	东	西	接	给	我	
天水	pa²¹	vɛ⁵³	kɛ⁴⁴	tuəŋ²¹	ɕi⁴⁴	kei⁴⁴	ŋuə⁵³	xa⁵³	lɛ¹³
	把	咻	个	东	西	给	我	拿	来
秦安	pa⁵³	vu⁴⁴	kə¹³	toŋ²²	sʅ¹³	kuo⁴⁴	kə⁵³	xan⁵³	lɛ¹³
	把	兀	个	东	西	给	我	拿	来
甘谷	pɒ⁴⁴	u⁴⁴	kiɛ⁴⁴	tuəŋ²¹	ɕi¹³	kuə⁴⁴	kiɛ⁵³	xa⁵³	lai¹³
	把	兀	个	东	西	给	我	拿	来
武山	ma²²	vu⁴⁴	kuɛi¹³	tuəŋ²¹	ɕi¹³	kuo⁴⁴	kiə⁵³	xa⁴⁴	tʂe²¹	la²¹
	把	兀	个	东	西	给	我	拿	着	来
张家川	pa²¹	ue⁴³	kɤ²¹	toŋ²¹	ɕi⁴³	xuæ̃¹³	kɿ²¹	ŋɿ²¹		
	把	兀	个	东	西	还	给	我		
武威	pu³¹	nɛi⁵³	kə³¹	tuəŋ²¹	ɕi³⁵	na³⁵	kei⁵³	və²¹		
	把	那	个	东	西	拿	给	我		
民勤	pa⁴⁴	læi²²	kɯ⁴⁴	toŋ²¹	ɕi²¹	kɯ²²	kɯ²¹	uə⁴⁴		
	把	那	个	东	西	给	给	我		
古浪	pə⁴⁴	nɑ⁴²	kə²¹	tuã⁴⁴	ɕi⁴⁴	kei²²	uə²¹	nɑ⁵³	kuə²¹	lɛ³¹
	把	那	个	东	西	给	我	拿	过	来
永昌	pa³⁵	na⁵³	kə²¹	tuŋ⁴⁴	ɕi⁵³	kə⁵³	uə¹³	kə²¹		
	把	那	个	东	西	给	我	给		

张掖	pa²⁴	na³¹	a²¹	tuŋ⁴⁴	ɕi⁴⁴	kə²²	kə⁴⁴	və⁵³		
	把	那	阿ˇ	东	西	给	给	我		
山丹	pa⁴⁴	na⁴²	kə²¹	tuŋ³⁴	ɕi⁴⁴	kɤ²²	kɤ⁵³	uə²²	a⁴⁴	
	把	那	个	东	西	给	给	我	啊	
平凉	pɑ³¹	nɛ⁴⁴	kɤ⁴⁴	tuŋ⁵³	ɕi³¹	keɪ⁴⁴	uo⁵³			
	把	那	个	东	西	给	我			
泾川	tuŋ⁵³ɕi²¹xA⁴⁴kʻei²¹vo⁵³ 东西拿给我
灵台	pa²¹uɛ⁵³la²⁴kei⁴⁴ŋuo³¹ 把咻ˇ拿给我
酒泉	pa²²	ne⁴⁴	kə⁴⁴	tuŋ⁴⁴	ɕi⁴⁴	na⁵³	kə²²	və⁵³		
	把	那	个	东	西	拿	给	我		
敦煌	pa²²	na⁴⁴	kə⁴⁴	tuŋ²¹³	ɕʅ²¹³	na²¹	ŋə⁴⁴	ŋə⁵³		
	把	那	个	东	西	拿	给	我		
西峰	pa³¹	nɛ⁵³	kɤ²¹	tuŋ⁵³	ɕi³¹	na²⁴	keɪ⁵⁵	ŋɤ³¹		
	把	那	个	东	西	拿	给	我		
环县	pa³¹	tuŋ⁴¹	ɕi²¹	kei⁵⁵	ŋuo⁴¹					
	把	东	西	给	我					
正宁	pa²⁴	uE⁴⁴	kɤ²¹	tuŋ⁵³	si³¹	xæ⁴⁴	kei²¹	ŋuo²¹		
	把	那	个	东	西	拿	给	我		
镇原	pa²²	vɛ⁵³	kɤ²¹	tuŋ³¹	si²⁴	tɕiɛ³¹	kei²⁴	uo³¹		
	把	那	个	东	西	接	给	我		
定西	pa²¹	vu⁴⁴	tuŋ²¹	ɕi¹³	kuɤ⁴⁴	ŋɤ⁵³	la¹³	lE²¹		
	把	兀	东	西	给	我	拿	来		
通渭	ma²¹	u⁴⁴	kə²¹	tũ²¹	ɕi¹³	ku⁴⁴	kə⁵³	xæ⁵³	la²¹	
	把	兀	个	东	西	给	我	拿	来	
陇西	ma⁴²	vu⁴⁴	ke⁴²	tuŋ⁴²	ɕiɐ¹³	ku²¹	kɤ⁵⁵	xæ⁵⁵	la²¹	
	把	兀	个	东	西	给	我	拿	来	
临洮	ni⁵³	pa²¹	v̇⁴⁴	ke²¹	tõ²¹	ɕi⁴⁴	ke⁴⁴	ŋo⁵³	na¹³	lɛ¹³
	你	把	兀	个	东	西	给	我	拿	来
漳县	pɑ³³	uo²⁴	kɤ²¹	tuɤ̃⁵³	si⁴²	kuo²⁴	kɤ⁵³	xæ⁵³	kuo²²	la²¹
	把	那	个	东	西	给	我	拿	给	啦

武 都	pa²¹ 把	vɛi⁵⁵ 㕻	kə²¹ 个	toŋ⁵³ 东	ɕi²¹ 西	kei²¹ 给	ŋə⁵⁵ 我	xæ̃⁵³ 拿	lɛi¹³ 来	
文 县	pa²¹ 把	la⁴⁴ 那	kɤ⁴² 个	toŋ³¹ 东	ɕi²¹ 西	kei²¹ 给	ŋɤ⁵⁵ 我	xæ²⁴ 拿	tɔo²¹ 得	lɛ¹³ 来
宕 昌	pa²² 把	la⁴⁴ 那	kɤ⁴² 个	tuŋ⁴⁴ 东	ɕʅ⁴² 西	kei²¹ 给	ŋɤ⁵³ 我	la¹³ 拿	lɛ¹³ 来	
康 县	pᴀ²¹ 把	lᴀ²⁴ 那	kɤ²¹ 个	tuŋ⁵³ 东	si²¹ 西	kɪ²¹ 给	ŋuɤ⁵⁵ 我	kɪ²⁴ 给	lᴇ⁵³ 了	
西 和	pᴀ²¹ 把	uɛ⁵³ 㕻	kɤ²¹ 个	uɛ⁵¹ 㕻	kei⁵⁵ 给	ŋuɤ²¹ 我	xᴀ⁵³ 拿	lɛ²⁴ 来		
临夏市	vu⁴⁴ 兀	kə²¹ 个	tuəŋ²¹ 东	ɕi⁵³ 西	ŋə⁴⁴ 我	na¹³ 拿	ti²¹ 的			
临夏县	pɑ¹³ 把	ɤu²¹ 那	kə⁵² 个	tuəŋ⁵⁵ 东	ɕi²¹ 西	kei⁵⁵ 给	ŋə⁵⁵ 我			
合 作	ni⁵³ 你	pa⁵⁵ 把	vu⁵⁵ 兀	kɤ⁵⁵ 个	tuŋ¹³ 东	ɕi⁵⁵ 西	kei¹³ 给	ŋɤ⁵⁵ 我	na¹³ 拿	lɛi¹³ 来
舟 曲	pa²⁴ 把	la²⁴ 那	kʻɛ⁵⁵ 个	tuɤŋ⁵⁵ 东	sʅ⁴² 西	kei⁴² 给	uə³⁵ 我	xã⁵⁵ 拿	lɛ²¹ 来	
临 潭	ma¹³ 把	vu⁴⁴ 兀	kɤ³¹ 个	tuŋ¹³ 东	ɕi⁴⁴ 西	kei¹³ 给	ŋɤ⁵³ 我			

45. 拿笔写字

兰 州	na⁵³	pi⁴⁴	ɕiɛ⁴⁴	tsʅ¹³	拿笔写字			
红 古	liẽ¹³	ʂən²¹	xuə²⁴	ɕiə⁴²	tsʅ²¹	连生花写字		
永 登	liæ̃²⁴	ʂən⁴⁴	xuə³¹	ɕiə²⁴	tsʅ²¹	连生花写字		
榆 中	na⁵³	pi²⁴	ɕie⁴⁴	tsʅ²⁴	拿笔写字			
白 银	na⁵¹	pi²¹	ɕiɛ³³	tsʅ¹³	拿笔写字			
靖 远	liæ̃³⁵	pʅ⁴¹	ɕiɛ⁵⁵	tsʅ³³	连笔写字			
天 水	xa⁵³	pi²¹	ɕiɛ⁵³	tsʻʅ⁴⁴	拿笔写字			
秦 安	xan⁴⁴	pi²¹	siə⁵³	tsʻʅ⁴⁴	拿笔写字			
甘 谷	lɒ²⁴	pi²¹	ɕiɛ⁵³	tsʻʅ⁴⁴	拿笔写字			
武 山	xa⁴⁴	pi²¹	ɕiə⁵³	tsʻʅ¹³	拿笔写字			
张家川	pa²¹	pi²¹	xa⁵³	ʂã²¹	ɕiɛ⁵³	tsʻʅ⁴⁴	li²¹	mɤ²¹
	把	笔	拿	上	写	字	哩	么
武 威	na³⁵	pi³¹	ɕiɛ³⁵	tsʅ³¹	拿笔写字			
民 勤	yŋ²²	pi⁴²	ɕiɛ⁴⁴	tsʅ⁴²	用笔写字			
古 浪	nɑ⁵³	pi³¹	ɕiə⁴⁴	tsʅ²¹	拿笔写字			
永 昌	na¹³	pi²¹	ɕiə⁴⁴	tsʅ²¹	拿笔写字			
张 掖	yŋ⁴⁴	pi³¹	ɕiə⁴³	tsʅ³¹	拿笔写字			
山 丹	kə⁴²	ʂã²¹	pi²²	ɕiə⁵³	tsʅ⁴¹	搁上笔写字		
平 凉	nɑ²⁴	pi³¹	ɕiɛ⁵³	tsʅ⁴⁴	拿笔写字			
泾 川	nᴀ²⁴	pi³¹	ɕiɛ⁵³	拿笔写				
	xᴀ⁵³	pi³¹	ɕiɛ⁵³	拿笔写				
灵 台	la²⁴	pi³¹	siɛ⁵³	tsʻʅ⁴⁴	拿笔写字			
酒 泉	na⁴⁴	kəŋ⁴²	pi²²	ɕiə⁵³	tsʅ¹³	拿根笔写字		
敦 煌	na³⁵	pʅ²¹	ɕiə⁵³	tsʅ²¹³	拿笔写字			
西 峰	na²⁴	pi³¹	ɕiɛ³¹	tsʅ⁵⁵	拿笔写字			
环 县	faŋ⁵⁵	pi²⁴	ɕiɛ⁴¹	tsʅ⁵⁵	放笔写字			
正 宁	xæ³¹	pi²¹	siɛ⁵³	tsʅ⁴⁴	拿笔写字			
镇 原	xa⁴⁴	pi⁵³	siɛ³¹	tsʻʅ⁴⁴	拿笔写字			
定 西	la¹³	pi¹³	ɕiɛ⁵³	tsʅ⁴⁴	拿笔写字			
通 渭	xæ⁵³	pi¹³	ɕiɛ⁵³	tsʅ⁴⁴	拿笔写字			

陇　西	yŋ⁴⁴	pi²¹	ɕiɛ⁵⁵	tsʻʅ⁴³	用笔写字
临　洮	na¹³	pi¹³	ɕiɛ⁵³	tsʅ⁴⁴	拿笔写字
漳　县	yɤ²⁴	pi²¹	siɛ⁵³	tsʻʅ⁴⁴	用笔写字
武　都	xæ⁵⁵ ʂɑŋ²¹	pi²¹	ɕiɛ⁵⁵	tsʅ²⁴	拿上笔写字
文　县	xæ³⁵	pi³¹	ɕiɛ⁵³	tsʅ²⁴	拿笔写字
宕　昌	la¹³	pʅ³³	ɕiɛ⁵³	tsʅ⁴⁴	拿笔写字
康　县	xæ⁵⁵	pi⁵³	siɛ³⁵	tsʅ²⁴	拿笔写字
西　和	tʃʅɤ²⁴	pi²¹	ɕiɛ⁵¹	tsʻʅə⁵⁵	捉笔写字
临夏市	pi¹²	lɑ²¹	ɕiɛ⁴⁴	tsʅ²¹	笔拿写字
临夏县	nɑ¹³	pi¹²	ɕiɛ⁵⁵	tsʅ²¹	拿笔写字
合　作	na¹³	pi⁵⁵	ɕiɛ⁵³	tsʅ⁵³	拿笔写字
舟　曲	xã³⁵	pʅ⁵³	siɛ⁴⁴	tsʅ²¹	拿笔写字
临　潭	na²⁴	pi⁴⁴	ɕiɛ⁵³	tsʅ⁴⁴	拿笔写字

46. 拿他没办法

兰州	na⁵³	tʻa⁴⁴	mo²¹	pæ̃¹³	fa⁵³		拿他没办法	
红古	tuei²²	tɕia²⁴	mɤ²¹	pã¹³	fa⁴²		对像⁼没办法	
永登	pa²²	na⁵³	mei²⁴	iʊu³¹	pæ²⁴	fa⁴⁴		
	把	那	没	有	办	法		
榆中	na⁵³	tʻa⁴⁴	mu³⁵	pæ̃³¹	fa²⁴		拿他没办法	
白银	pa³³	pa¹³	mə²²	pan¹³	fa¹³		把他没办法	
靖远	pa²²	niɛ²⁴	mə²²	pæ³⁵	fa⁴¹		把他没办法	
天水	pa¹³	tʻa¹³	mo²¹	tʂʅ⁵⁵			把他没治	
秦安	tuei⁴⁴	tʻa¹³	mə⁴⁴	tʃə¹³			对他没辙	
甘谷	lɒ²⁴	tʻɒ⁴⁴	mei⁵³	tsʅ⁴⁴			拿他没治	
武山	mɑ²¹	tʻɑ²¹	mɤ²¹	tsʅ⁴⁴			把他没治	
张家川	ŋɤ⁵³	pa²¹	tʻa⁵³	zi²¹	tɕiæ̃r⁵³	pæ̃⁴⁴	fa²¹	a²¹ mɤ¹³
	我	把	他	一	点儿	办	法	啊 没
武威	pu³¹	tɕia³⁵	mə⁵³	pÃ⁴⁴	fa³¹		把像⁼没办法	
民勤	tuei²²	tʻa⁴⁴	mu²²	pæi⁴²	fa²¹		对他没办法	
古浪	pə²¹	nɑ⁵³	mei¹³	iʊu⁴⁴	pæ⁴²	fɑ²¹		
	把	那	没	有	办	法		
永昌	na⁵³	tʻa²¹	mə⁴⁴	pɛ⁴²	fa²¹		拿他没办法	
张掖	pa²²	tʻa⁴⁴	mu²⁴	pʌŋ³¹	fa²¹		把他没办法	
山丹	pa²²	na⁵³	mu²⁴	pɛe⁴²	fa²¹		把那没办法	
平凉	pɑ³¹	tʻɑ⁵³	mɔ³¹	tsʅ⁴⁴	liɑ²¹		把他没治了	
泾川	pʌ³¹	tʻʌ³¹	mo³¹	fʌ⁵³	tsʅ²¹		把他没法子	
灵台	pa²¹	tʻa⁵³	mɤ³¹	pæ̃⁴⁴	fa²¹		把他没办法	
酒泉	na⁵³	tʻa⁴⁴	mu¹³	pã⁴²	fa¹³		拿他没办法	
敦煌	na²¹³	tʻa⁴⁴	mo²¹	pan⁴⁴	fa⁵³		拿他没办法	
西峰	na²⁴	tʻa⁵³	mɔ³¹	pæ²⁴	fa²¹		拿他没办法	
	pa²⁴	tʻa⁵³	mɔ³¹	pæ̃²⁴	fa²¹		把他没办法	
环县	na²⁴	ȵia³¹	mɤ²¹	faŋ⁴¹	tsʅ²¹		拿他没方子	
正宁	pa²²	tʻa⁵³	mɔ³¹	pʻæ²⁴	fa²¹		把他没办法	
镇原	pa³¹	na⁵³	mɔ²⁴	faŋ⁵³	tsʅ²¹		把他没方子	

定 西	pa²¹ 把	tʻa¹³ 他	mɤ¹³ 没	ʑi²¹ 一	tiæ⁵³ 点	tʂʅə²² 治	
通 渭	xæ⁵³ 他	uə⁵³ 拿	mə²¹ 兀	tʂʅə⁴⁴ 没	拿兀没治		
陇 西	ma²¹	tʻa²¹	mɤ⁴²	tʂʅ⁴³	把他没治		
临 洮	pa¹³	tʻa¹³	mo²¹	tʂʅ⁴⁴	拿他没治		
漳 县	pɑ³³ 把	tʻɑ³³ 他	mɤ⁵³ 没	tiæ⁵³ 点	tsʅ²¹ 子	tʃʅ⁴⁴ 治	
武 都	pa²¹	tʻa⁵⁵	mə²¹	pæ̃²⁴	fa²¹	把他没办法	
文 县	pa³⁵	tʻa⁴⁴	muə⁴²	pæ̃²⁴	fa³¹	把他没办法	
宕 昌	pa⁴⁴	tʻa³³	mɤ²¹	pæ̃⁴⁴	fa²¹	把他没办法	
康 县	pA²¹	tʻA⁵³	mɤ²¹	pæ̃²⁴	fA⁵³	把他没办法	
西 和	pA²⁴	tʻA²¹	mɤ²¹	tʂʅ⁵⁵	把他没治		
临夏市	tɕiɛ¹³ 他	xã¹³ 拿	ŋə⁴⁴ 我	pã⁴⁴ 办	fɑ⁵³ 法	mu¹³ 没	
临夏县	ŋə⁴⁴	tʻɑ⁵⁵	mə¹³	pã⁵⁵	fɑ²¹	拿他没办法	
合 作	tʻa⁵⁵	ŋɤ⁵³	mɤ¹³	pan⁵³	fa⁵⁵	他我没办法	
舟 曲	pa³³	tʻa⁵⁵	mɤ⁴²	pæ̃²¹	fa⁵³	把他没办法	
临 潭	na¹³ 拿	vu⁴⁴ 兀	kɤ³¹ 个	mɤ¹³ 没	pæ̃i⁵³ 办	fa²¹ 法	

47. 我比不过他

兰州	vɤ³¹	pi⁴⁴	pu²¹	kuo¹³	tʻa²¹		我比不过他
红古	vɤ³⁵	pa²¹	tɕia¹³	pʅ⁵⁵	pu²²	kuə¹³	
	我	把	像	比	不	过	
永登	və⁴⁴	pa²²	na⁴²	pi²⁴	pu²⁴	ʂãŋ²¹	
	我	把	那	比	不	上	
榆中	uɤ⁴⁴	pi⁴⁴	pu³¹	kuo³¹	tʻa⁴⁴		我比不过他
白银	və³³	pi³³	pu²²	ʂaŋ¹³	pa¹³		我比不上他
靖远	ŋuə⁵⁵	pʅ⁵⁵	pu²¹	ʂaŋ³⁵	niə²⁴		我比不上他
天水	ŋuə⁵³	pi⁵³	pu²¹	kuə⁴⁴	tʻa²¹		我比不过他
秦安	tsʻɔ³⁵	pi⁴⁴	pfu¹³	kuo⁴⁴	ȵia¹³		我比不过他
甘谷	kiɛ⁵³	pi⁵³	pu²¹	kuə⁴⁴	tʻɒ²¹		我比不过他
武山	kiə⁵³	pi⁴⁴	pu²¹	kuo¹³	tʻɑ²¹		我比不过他
张家川	ŋɤ⁵³	pi⁵³	pkuɤ⁴⁴	tʻa²¹			我比不过他
武威	və³⁵	pi⁴⁴	pu⁵³	kuə⁴⁴	tɕia³⁵		我比不过像
民勤	uə⁴⁴	pi²²	pu²²	kuə⁴⁴	tʻa²¹		我比不过他
古浪	uə⁴⁴	pi³¹	pu⁴⁴	kuə²¹	nɑ⁴²		我比不过那
永昌	uə³⁵	pi⁵³	pu⁴²	kuə²²	tʻa²¹		我比不过他
张掖	uə⁵³	pi²²	pu⁴⁴	sʌŋ²²	tʻa⁴⁴		我比不上他
山丹	uə⁴⁴	pi²²	pu²²	ʂã⁴⁴	na⁵³		我比不上那
平凉	uo⁵³	pi⁴⁴	pu³¹	kuo³¹	tʻɑ⁵³		我比不过他
泾川	vo⁵³	pi⁵³	pu³¹	kuo⁴⁴	tʻʌ⁵³		我比不过他
灵台	ŋuo⁵³	pi⁴⁴	pfu²¹	liɔ⁵³	tʻa⁵³		我比不了他
酒泉	və⁵³	pi²²	pu⁴⁴	kuə²²	tʻa⁴⁴		我比不过他
敦煌	ŋə⁴⁴	pʅ⁵³	pu²²	kuə²¹³	tʻa⁵³		我比不过他
西峰	ŋɤ³¹	pi⁵³	pu³¹	kuo⁵⁵	tʻa³¹		我比不过他
环县	ŋuo⁴¹	pi⁴¹	pu²¹	ʂaŋ⁵⁵	ȵiæ̃²⁴		我比不上他
正宁	ŋɤ⁵³	pi⁴⁴	pu³¹	ʂaŋ⁴⁴	tʻa⁵³		我比不上他
镇原	uo³¹	pi⁵³	pu²²	kuo⁵³	na²⁴		我比不过他
定西	ŋɤ³²	pi⁵³	pu²¹	kuɤ⁴⁴	tʻa²¹		我比不过他
通渭	kə⁵³	pi⁵³	pu²¹	kuə⁴⁴	tʻa²¹		我比不过他

陇 西	kɤ⁵⁵ pu²¹ ʐu¹³ tʻa²¹	我不如他
临 洮	ŋo⁴⁴ pi⁵³ pu²¹ ko⁴⁴ tʻa²¹	我比不过他
漳 县	kɤ⁵³ pi⁵³ pu²¹ kuo⁴⁴ tʻɑ²¹	我比不过他
武 都	ŋə²¹ pi⁵⁵ pu²¹ kuə²¹ tʻa⁵⁵	我比不过他
	ŋə⁵⁵ pu²¹ ʒʅ²¹ tʻa⁵⁵	我不如他
文 县	ŋɤ⁵⁵ pu³¹ ʒʅ¹³ tʻa³¹	我不如他
宕 昌	ŋɤ⁵³ pu¹³ ʐu²⁴ ʐa⁵³	我不如他
康 县	ŋuɤ⁵⁵ pi⁵⁵ pu²¹ kuɤ²⁴ tʻᴀ⁵³	我比不过他
西 和	ŋuɤ⁵¹ pi⁵¹ pu²¹ kuɤ⁵⁵ tʻᴀ²¹	我比不过他
临夏市	ŋə⁴⁴ tɕiɛ¹³ xɑ²¹ pi⁴⁴ pu²¹ kuə⁵³	
	我 像 哈 比 不 过	
临夏县	ŋə⁵⁵ pi⁵⁵ pu¹³ kuə⁵⁵ tʻɑ⁵²	我比不过他
合 作	ŋɤ⁵³ tʻa¹³ pi¹³ pu⁵⁵ kuə⁵³	我他比不过
舟 曲	ŋuə⁵⁵ pu²⁴ ʒʅ³¹ ʐa⁵³	我不如他
临 潭	ŋɤ⁵³ pi⁵³ pu¹³ ʂã⁴⁴ tʻa⁴⁴	我比不上他

48. 这个比那个好

兰州	tʂei¹³	kɤ⁴⁴	pi³¹	na²¹	kɤ¹³	xɔ⁵³	
	这	个	比	那	个	好	
红古	tʂʅ³⁵	kɤ²¹	pʅ¹³	nɛ³⁵	kɤ²¹	xɔ⁴⁴	
	这	个	比	那	个	好	
永登	tʂʅ²²	kə⁴⁴	pi²⁴	lɛi²²	kə⁴⁴	xɑo³¹	
	这	个	比	那	个	好	
榆中	tʂɤ⁴⁴	kɯ³¹	xɔ⁴⁴	ɕiã³¹	nɛ⁴⁴	kɯ³¹	
	这	个	好	像	那	个	
白银	tʂʅ¹³	kə¹³	pi³³	lɛ⁴⁴	kə¹³	xɔ³³	
	这	个	比	那	个	好	
靖远	tʂʅ³⁵	kə⁴²	pʅ²²	nɛi³⁵	kə⁴²	xɑo⁵⁵	
	这	个	比	那	个	好	
天水	tsɛ⁵³	kɛ¹³	pi⁵³	vɛ⁵³	kɛ¹³	xɔ⁵³	
	这	个	比	咻	个	好	
秦安	tʂəu⁴⁴	kuɛ²¹	pi⁵³	vu⁵³	kuɛ⁴⁴	xɔ⁵³	
	这	个	比	兀	个	好	
甘谷	tsʅ⁴⁴	kiɛ⁴⁴	pi⁵³	u⁴⁴	kiɛ⁴⁴	xɑu⁵³	
	这	个	比	兀	个	好	
武山	tsʅ⁴⁴	kɛi¹³	pi⁵³	vu⁴⁴	i²¹	kuɛi²²	xɔo⁵³
	这	个	比	兀	一	个	好
张家川	tʂɤ⁵³	kɤ¹³	pi⁵³	ʋe⁵³	kɤ¹³	xɔu⁵³	ʑi²¹ tɕiæ²¹
	这	个	比	兀	个	好	一 点
武威	tɕiŋ⁵³	kə³¹	pi³⁵	nɛi⁴⁴	kə³¹	xɔu³⁵	
	这	个	比	那	个	好	
民勤	tɕir²²	kɯ⁴⁴	pi²²	læi²²	kɯ⁴⁴	xɔo²¹⁴	
	这	个	比	那	个	好	
古浪	tʂʅ¹³	kə⁴⁴	pi¹³	nɑ³¹	kə²¹	xɑo⁴⁴	
	这	个	比	那	个	好	
永昌	tʂə⁵³	kə²¹	pi²²	na⁵³	kə²¹	xɔo⁴⁴	
	这	个	比	那	个	好	

张掖	tʂə³¹	kə²¹	pi⁵³	nɛi³¹	kə²¹	xɔ⁵³	
	这	个	比	那	个	好	
山丹	tʂə⁴²	kə²¹	pi⁵³	nɑ⁴²	kə²¹	xɑo²²	a⁴⁴
	这	个	比	那	个	好	啊
平凉	tʂʅ²⁴	kɤ²¹	pi³¹	nɛ⁴⁴	kɤ⁴⁴	xɔ⁵³	
	这	个	比	那	个	好	
泾川	tʂʅ²⁴	kɛ²¹	pi⁵³	vE⁵³	xɔ⁵³	这个比咼̈好	
灵台	tʂɤ⁴⁴	kɤ²¹	pi⁵³	u³¹	kɛ⁵³	xɔ⁵³	
	这	个	比	兀	个	好	
	tʂɤ⁴⁴	kɤ²¹	kæ̃⁵³	u³¹	kɛ⁵³	xɔ⁵³	
	这	个	赶	兀	个	好	
酒泉	tʂʅ²²	kə²²	pi⁵³	ne⁴⁴	kə⁴⁴	xɵ⁴⁴	
	这	个	比	那	个	好	
敦煌	tsʅ⁴⁴	kə⁵³	pʅ²²	nɑ⁴⁴	kə⁴⁴	xɔo⁵³	
	这	个	比	那	个	好	
西峰	tʂɤ⁵⁵	kɤ²¹	pi⁵⁵	vE⁵⁵	kɤ²¹	xɔ⁵³	
	这	个	比	咼̈	个	好	
环县	tʂɛ⁵⁵	kɤ²¹	pi²¹	nɛ⁵⁵	kɤ²¹	xɔ⁴¹	
	这	个	比	那	个	好	
正宁	tʂɤ⁴⁴	i²⁴	pi⁴⁴	vei⁴⁴	i²¹	xɔ⁴⁴	
	这	也	比	咼̈	一	好	
镇原	tʂɛ⁴⁴	kɤ²¹	pi²⁴	vɛ⁵³	i²¹	kɤ²¹	xɔ⁵³
	这	个	比	咼̈	一	个	好
定西	tʂɤu⁴⁴	kɤ³²	pi⁵³	vu⁴⁴	kɤ³²	xɔ⁵¹	
	这	个	比	兀	个	好	
通渭	tʂə⁴⁴	kə³²	pi⁵³	uə⁴⁴	kə³²	xɔ⁵³	
	这	个	比	兀	个	好	
陇西	tʂʅ⁴⁴	ke⁴²	pi⁵⁵	vu⁴⁴	ke⁴²	xɔo⁴²	
	这	个	比	兀	个	好	
临洮	tʂe⁵³	ko⁴⁴	pi⁵³	nɑ⁵³	ko⁴⁴	xɔ⁵³	
	这	个	比	那	个	好	

漳 县	tʃʅ²⁴	kɪ²¹	pi⁵³	u²⁴	kɪ²¹	xɔ⁵³
	这	个	比	兀	个	好
武 都	tʂə⁵⁵	pi²¹	la⁵⁵	xɔu²¹	这比那好	
文 县	tsɛ⁵⁵	kɤ²¹	pi³³	uɛ⁴⁴	kɤ²¹	xɔ⁴²
	这	个	比	那	个	好
宕 昌	tsɤ⁵⁵	kɤ³³	pʅ²¹	ʁu⁴⁴	kɤ²²	xɑo⁵³
	这	个	比	那	个	好
康 县	tʂɤ⁵⁵	kɤ²¹	pi⁵⁵	lʌ²¹	kuɤ²⁴	xɔ⁵³
	这	个	比	那	个	好
西 和	tsei⁵³	kɛ²¹	pi⁵⁵	uɛ⁵³	kɤ²¹	xao⁵¹
	这	个	比	兀	个	好
临夏市	tʂʅ⁴⁴	kə⁵²	vu⁴⁴	kə⁵³	pu²¹	tɔ⁴⁴
	这	个	兀	个	不	到
临夏县	tʂʅ⁵⁵	kə⁵²	pi⁵⁵	ʁu²¹	kə⁵²	xɔ⁵⁵
	这	个	比	兀	个	好
合 作	tʂɤ⁵³	kɤ⁵⁵	pi⁵⁵	vu⁴⁴	kɤ⁵⁵	xɔ⁵⁵
	这	个	比	兀	个	好
舟 曲	tʂʅ²²	kʻɛ⁵⁵	pʅ⁵⁵	ʁu⁵³	kʻɛ⁵⁵	xɔ⁵³
	这	个	比	兀	个	好
临 潭	tʂɤ⁵³	kɤ⁴⁴	pi⁵³	vu⁴⁴	kɤ⁵³	xɔ⁵³
	这	个	比	兀	个	好

49. 他的年纪比我大

兰州	tʻa44	ti44	niæ̃53	tɕi21	pi13	vɤ44	ta13
	他	的	年	纪	比	我	大
红古	tɕia13	tʂɤ44	suei22	fu44	pʅ22	vɤ55	ta13
	傢̅	的	岁	数	比	我	大
永登	na53	suei22	fu44	pi24	və33	ta332	那岁数比我大
榆中	tʻa44	ti31	suei31	ʂu44	pi31	uɤ44	ta24
	他	的	岁	数	比	我	大
白银	pa13	ti21	sui22	fu44	pi22	və33	ta13
	他	的	岁	数	比	我	大
靖远	ȵiɛ22	tiɛ55	suei35	ʂʅ41	pʅ13	ŋuə55	ta33
	㚷̅	的	岁	数	比	我	大
天水	tʻa21	tɛ13	suei55	ʃʅ21	pi53	ŋuə53	ta44
	他	的	岁	数	比	我	大
秦安	ȵiɛ35	tə13	ȵian13	liɜ̃13	pi53	kə53	ta44
	㚷̅	的	年	龄	比	我	大
甘谷	tʻɒ21	tə44	ȵia21	tɕi44	pi21	kiɛ53	tɒ53
	他	的	年	纪	比	我	大
武山	tʻɑ21	tə31	ȵia21	tɕi44	pi53	kiə53	tɑ44
	他	的	年	纪	比	我	大
张家川	tʻa21	dȵiæ̃13	liŋ13	pi53	ŋɤ53	ta44	
	他	的年	龄	比	我	大	
武威	tɕia35	ti53	suei44	ʂʅ21	pi35	və35	ta53
	傢̅	的	岁	数	比	我	大
民勤	tʻa44	tə44	nir22	tɕi44	kæi22	uə44	ta42
	他	的	年	纪	赶	我	大
古浪	nɑ44	ti31	suei13	ʂu44	pi31	uə44	tɑ31
	那	的	岁	数	比	我	大
永昌	tʻa35	ti42	niɛ44	tɕi21	pi53	uə13	ta21
	他	的	年	纪	比	我	大

张掖	tʻa⁴⁴	tiə⁴⁴	suei³¹	fu²¹	pi⁵³	və⁵³	ta³¹
	他	的	岁	数	比	我	大
山丹	tʻa³⁴	tə⁴⁴	suei⁴²	fu²¹	pi⁵³	uə⁵³	ta⁴¹
	他	的	岁	数	比	我	大
平凉	tʻɑ⁴⁴	ti²¹	suei⁴⁴	ʂu²¹	pi⁴⁴	ŋɤ⁴⁴	tɑ⁴⁴
	他	的	岁	数	比	我	大
泾川	tʻA³¹	pi⁵³	vo⁵³	tA⁴⁴	他比我大		
灵台	tʻa⁴⁴	ti²¹	suei¹³	ʃu²¹	pi⁵³	ŋuo⁵³	ta⁴⁴
	他	的	岁	数	比	我	大
	tʻa⁴⁴	ti²¹	suei¹³	ʃu²¹	kæ̃⁵³	ŋuo⁵³	ta⁴⁴
	他	的	岁	数	赶	我	大
	tʻa³¹	kæ̃⁵³	ŋuo⁵³	ta⁴⁴	他赶我大		
酒泉	tʻa⁴⁴	ti⁴⁴	niẽ⁴⁴	tɕi⁴²	pi⁵³	və⁵³	ta²¹
	他	的	年	纪	比	我	大
敦煌	tʻa²¹³	tə⁴⁴	ȵiɛ²²	liŋ⁴⁴	pʅ⁴⁴	ŋə⁴⁴	ta⁵³
	他	的	年	龄	比	我	大
西峰	tʻa³¹	ȵiæ̃²⁴	liŋ²¹	pi³¹	ŋɤ⁵⁵	ta⁵⁵	
	他	年	龄	比	我	大	
环县	ȵia³¹	ti⁵⁵	ȵiæ̃³¹	liŋ⁵⁵	pi⁵⁵	ŋuo⁵⁵	ta⁵⁵
	桌"	的	年	龄	比	我	大
正宁	tʻa⁴⁴	ți²¹	tsuei²⁴	ʃu²¹	pi⁴⁴	ŋɤ⁴⁴	ta⁴⁴
	他	的	岁	数	比	我	大
镇原	na⁴⁴	ti³¹	suei⁴⁴	sʅ²¹	pi²⁴	uo³¹	ti³¹	ta⁴⁴
	那	的	岁	数	比	我	的	大
定西	tʻa²¹	ti²¹	suɿ⁴⁴	ʃʅ³²	pi²¹	ŋɤ⁵³	ta⁴⁴
	他	的	岁	数	比	我	大
通渭	tʻa²¹	tə²¹	sue⁴⁴	ʃʅ³²	pi²¹	kə⁵³	ta⁴⁴
	他	的	岁	数	比	我	大
陇西	tʻa²¹	ti²¹	suɿ⁴⁴	ʂu⁴²	pi⁵⁵	kɤ⁵⁵	ta³²
	他	的	岁	数	比	我	大

临洮	tʻa²¹ ti⁴⁴ sue⁴⁴ ʂu²¹ pi¹³ ŋo⁵³ ta⁴⁴
	他 的 岁 数 比 我 大
漳县	tʻɑ³³ ti²¹ ȵiæ²¹ tɕi⁴⁴ pi³³ kɤ⁵³ tɑ⁴⁴
	他 的 年 纪 比 我 大
武都	tʻa³⁵ tə²¹ suei²⁴ ʃʯ³³ pi³³ ŋə⁵⁵ ta²⁴
	他 的 岁 数 比 我 大
文县	tʻa³¹ tɤ²¹ ʃuei²⁴ su⁴⁴ pi³³ ŋɤ⁵³ ta²⁴
	他 的 岁 数 比 我 大
宕昌	ʐa³⁵ tʅ²¹ suei⁴⁴ ʂu²¹ pʅ²² ŋɤ⁵³ ta⁴⁴
	他 的 岁 数 比 我 大
康县	tʻᴀ⁵³ tɤ²¹ suɿ²⁴ fu⁵³ pi²¹ ŋuɤ⁵⁵ tᴀ²⁴
	他 的 岁 数 比 我 大
西和	tʻᴀ²¹ tᴇ⁵⁵ ʃɥei⁵⁵ ʃʯ²¹ pi⁵⁵ ŋuɤ⁵¹ tᴀ⁵⁵
	他 的 岁 数 比 我 大
临夏市	tɕiɛ¹³ pi⁴⁴ ŋə⁴⁴ tɑ⁵³
	傢゠ 比 我 大
临夏县	tʻɑ⁵⁵ ti²¹ niã²¹ tɕi⁵² pi⁵⁵ ŋə⁵⁵ tɑ⁵³
	他 的 年 纪 比 我 大
合作	tʻa⁵⁵ ti⁵³ nian¹³ tɕi⁵⁵ pi¹³ ŋɤ⁵⁵ ta⁵³
	他 的 年 纪 比 我 大
舟曲	ʐa⁵³ tsʅ²¹ tsuei²¹ ʒʯ⁵³ pʅ²⁴ ŋuə⁵⁵ ta²⁴
	他 的 岁 数 比 我 大
临潭	ɔ¹³ kɤ³¹ ti⁴⁴ niæi¹³ tɕi⁴⁴ pi⁵³ ŋɤ⁵³ ta⁴⁴
	那 个 的 年 纪 比 我 大

50. 他的年纪和我的一样大

兰 州	t'a⁴⁴	ti⁴⁴	niæ̃⁵³	tɕi²¹	xuo¹³	vɤ⁴⁴	ʑi¹³	iɑ̃⁴⁴	ta¹³
	他	的	年	纪	和	我	一	样	大
红 古	tɕia¹³	tʂɤ⁴⁴	ɲiɛ̃²²	lin²⁴	liɛ̃²¹	vɤ⁵⁵	zɿ²²	iɑ̃¹³	ta²¹
	像"	着	年	龄	连	我	一	样	大
永 登	və²²liæ̃²⁴na⁵³t'uən⁵³suei²¹ 我连那同岁
榆 中	t'a⁴⁴	ti³¹	suei³¹	ʂu⁴⁴	xuɤ³¹	uɤ⁴⁴	ʑi³¹	iɑ̃²⁴	ta³¹
	他	的	岁	数	和	我	一	样	大
白 银	pa¹³	iɑŋ²²	və³³	t'uen⁵¹	sui²¹
	他	连	我	同	岁
靖 远	ɲiɛ³⁵	liæ̃²¹	ŋuə⁵⁵	t'oŋ²²	suei³³
	臬"	连	我	同	岁
天 水	t'a²¹	tɛ⁴⁴	suei⁵⁵	ʃʅ²¹	læ̃¹³	ŋuə⁵³	ʑi²¹	iɑ̃⁵⁵	ta²¹
	他	的	岁	数	连	我	一	样	大
秦 安	ɲiɛ³⁵	tə¹³	ɲian¹³	liɔ̃¹³	xuo¹³	kə⁵³	ʑi¹³	iɔ̃⁴⁴	ta²¹
	臬"	的	年	龄	和	我	一	样	大
甘 谷	t'ɒ²¹	tə⁴⁴	ɲia²¹	tɕi⁴⁴	kəŋ²¹	kiɛ⁵³	i²¹	iɑŋ⁴⁴	tɒ²¹
	他	的	年	纪	跟	我	一	样	大
武 山	t'a²¹	tə²¹	ɲia²¹	tɕi⁴⁴	lia²¹	kiə⁴⁴	i²¹	iɑŋ⁴⁴	tɑ²²
	他	的	年	纪	连	我	一	样	大
张家川	t'a²¹	tɕ̩	ɲiæ̃¹³	liŋ¹³	xɤ¹³	ŋuɤ⁵³	i²¹	iɑ̃⁴⁴	ta²¹
	他	的	年	纪	和	我	一	样	大
武 威	və⁴⁴	liɑ̃³⁵	tɕia³⁵	i⁵³	t'uəŋ³⁵	suei³¹
	我	连	像"	一	同	岁
民 勤	t'a⁴⁴	tə⁴⁴	suei⁴²	ʂu²¹	læi⁴⁴	uə⁴⁴	ʑi⁴²	pæi²²	ta⁴²
	他	的	岁	数	连	我	一	般	大
古 浪	nɑ⁴⁴	ti²¹	suei¹³	ʂu⁴⁴	lɛ¹³	uə⁴⁴	ʑi³¹	iɑ̃¹³	tɑ²¹
	那	的	岁	数	连	我	一	样	大
永 昌	t'a³⁵	ti⁴²	suɪ⁵³	ʂʅ²¹	xuə⁵³	uə³⁵	ʑi²²	iʌŋ²¹
	他	的	岁	数	和	我	一	样

张掖	t'a⁴⁴ 他	ti⁴⁴ 的	suei³¹ 岁	fu²¹ 数	xə⁵³ 和	və⁵³ 我	ʑi³¹ 一	pʌŋ²⁴ 般	ta³¹ 大
山丹	t'a³⁴ 他	tə⁴⁴ 的	suei⁴² 岁	fu²¹ 数	xə⁵³ 和	uə⁵³ 我	ʑi⁴² 一	pɛ²⁴ 般	ta⁴¹ 大
平凉	t'ɑ⁴⁴ 他	ti³¹ 的	sueɪ⁴⁴ 岁	ʂu³¹ 数	xɤ²⁴ 和	ŋɤ⁵³ 我	i³¹ 一	iɑŋ⁴⁴ 样	tɑ⁴⁴ 大
泾川	t'ᴀ³¹ 他	liæ̃²⁴ 连	vo⁵³ 我	i³¹ 一	iɑŋ⁴⁴ 样	tᴀ⁴⁴ 大			
灵台	t'a⁵³ 他	xuo²⁴ 和	ŋuo⁵³ 我	i³¹ 一	iaŋ⁴⁴ 样	ta⁴⁴ 大			
酒泉	t'a⁴⁴ 他	liẽ⁵³ 连	və⁵³ 我	ʑi²² 一	iɑŋ¹³ 样	ta²¹ 大			
敦煌	t'a²¹³ 他	tə⁴⁴ 的	ȵiɛ²¹³ 年	liŋ⁴⁴ 龄	xə²¹³ 和	ŋə⁵³ 我	tʐ̩²² 一	iɔŋ⁴⁴ 样	ta⁴² 大
西峰	t'a⁵³ 他	xuo²⁴ 和	ŋɤ³¹ 我	i³¹ 一	iɑ̃ŋ⁵⁵ 样	ta⁵⁵ 大			
环县	ȵia³¹ 伢	ti²¹ 的	ȵiæ³¹ 年	liŋ⁵⁵ 龄	xuo³¹ 和	ŋuo⁵⁵ 我	i³¹ 一	iɑŋ⁵⁵ 样	
正宁	t'a⁵³ 他	ken³¹ 跟	ŋuo⁵³ 我	t'uŋ²² 同	suei⁵³ 岁				
镇原	na⁴⁴ 那	ti³¹ 的	suei⁴⁴ 岁	sʅ²¹ 数	liæ̃²⁴ 连	uo³¹ 我	i²⁴ 一	iɑŋ²¹ 样	ta⁴⁴ 大
定西	t'a²¹ 他	ti⁴⁴ 的	ȵiæ¹³ 年	lin³² 龄	xɤ¹³ 和	ŋɤ⁵³ 我	ʑi²¹ 一	iɑ̃⁴⁴ 样	
通渭	t'a²¹ 他	tə²¹ 的	sue⁴⁴ 岁	ʃʅ³² 数	læ²¹ 连	kə⁴⁴ 我	xə²¹ 和	ta⁴⁴ 大	
陇西	t'a²² 他	ti²² 的	suɪ⁴⁴ 岁	ʂu⁴² 数	liæ¹³ 连	kɤ⁵³ 我	xɤ⁴² 和	ta³² 大	
临洮	t'a²¹ 他	ti⁴⁴ 的	sue⁴⁴ 岁	ʂu²¹ 数	xo²¹ 和	ŋo⁵³ 我	ʑi²¹ 一	iɑ̃⁴⁴ 样	ta³³ 大

漳县	tʻɑ33 他	ti21 的	ȵiæ21 年	tɕi44 纪	xuo24 和	kɤ53 我	ʑi42 一	iã24 样	ti21 地	tɑ44 大
武都	tʻa55 他	tə21 的	suei24 岁	ʃʯ21 数	xə21 和	ŋə55 我	ʑi21 一	ʑiaŋ24 样		
文县	tʻa31 他	læ21 连	ŋɤ53 我	tʻoŋ21 同	ʃuei24 岁					
宕昌	ʐa24 他	læ13 连	ŋɤ53 我	tʻuŋ22 同	suei44 岁					
康县	tʻA55 他	tɤ21 的	suɪ24 岁	fu53 数	xuɤ21 和	ŋuɤ55 我	tɤ21 的	i21 一	iã24 样	tA21 大
西和	tʻA21 他	tE55 的	ʃɥei55 岁	ʃʯ21 数	læ24 连	ŋuɤ51 我	i21 一	iã55 样		
临夏市	ŋə44 他	lɑ21 的	tʻuəŋ21 同	suei44 岁	我们同岁					
临夏县	tʻa55 他	ti21 的	niã21 年	tɕi52 纪	xuə13 和	ŋə55 我	ti21 的	ʑi21 一	iaŋ52 样	ta53 大
合作	tʻa 55 他	ti 55 的	nian 13 年	tɕi 53 纪	xɤ 13 和	ŋɤ 55 我	ʑi 13 一	iaŋ 53 样		
舟曲	ʐa53 他	liæ31 连	ŋuə55 我	tʻuɤŋ53 同	tsuei21 岁					
临潭	ɔ44 那	kɤ31 个	ti21 的	niæi13 年	lin13 龄	xɤ13 和	ŋɤ53 我	ʑi44 一	iã44 样	ta44 大

51. 他的年龄没我的大

兰州	tʻa⁴⁴ 他	ti⁴⁴ 的	niæ⁵³ 年	tɕi³¹ 纪	mo¹³ 没	vɣ⁴⁴ 我	ti³¹ 的	ta¹³ 大	
红古	tɕia¹³ 傢	tʂɤ⁴⁴ 者	suei¹³ 岁	fu⁴² 数	mɤ²¹ 没	vɤ⁵⁵ 我	tʂɤ²¹ 者	ta³¹ 大	
永登	tʻa⁴⁴ 他	pi²² 比	və³³ 我	ɕiɑo²² 小	tʂə³³ 着	li²¹ 哩			
榆中	tʻa⁴⁴ 他	ti³¹ 的	suei³¹ 岁	ʂu⁴⁴ 数	mei⁴⁴ 没	uɤ⁴⁴ 我	ta²⁴ 大		
白银	pa²² 他	ti¹³ 的	sui²² 岁	fu⁴⁴ 数	pi³³ 比	və³³ 我	ɕiɔ³³ 小		
靖远	tʻa⁴¹ 他	tiɛ²¹ 的	suei³⁵ 岁	ʂʅ⁴¹ 数	pʅ¹³ 比	ŋuə⁵⁵ 我	ɕiɑo⁵³ 小		
天水	tʻa²¹ 他	tɛ⁴⁴ 的	suei⁵⁵ 岁	ʃʅ²¹ 数	mo²¹ 没	ŋuə⁵³ 我	ta⁴⁴ 大		
秦安	ȵia³⁵ 杲	tə¹³ 的	ȵian¹³ 年	liə̃¹³ 龄	mə²¹ 没	kə⁵³ 我	ta⁴⁴ 大		
甘谷	tʻɑ²¹ 他	tə⁴⁴ 的	ȵia²⁴ 年	liəŋ¹³ 龄	mə²¹ 没	kiɛ⁵³ 我	tɒ⁵³ 大		
武山	tʻɑ²¹ 他	tə²¹ 的	ȵia²⁴ 年	liəŋ¹³ 龄	xɛi²¹ 还	mə²¹ 没	kiə⁵³ 我	tɑ¹³ 大	
张家川	tʻa²¹ 他	tɕ 的	ȵiæ¹³ 年	liŋ¹³ 龄	mɤ²¹ 没	ŋɤ⁵³ 我	tɕ 的	niæ¹³ 年	liŋ¹³ ta⁴⁴ 龄 大
武威	tʻa³⁵ 他	ɕiɔu⁵³ 小	tʂə²¹ 着	li²¹ 哩					
民勤	tʻa⁴⁴ 他	tə⁴⁴ 的	suei⁴² 岁	ʂu²¹ 数	mu²² 没	uə⁴⁴ 我	ta⁴² 大		
古浪	na⁴⁴ 那	ti²¹ 的	suei¹³ 岁	ʂu⁴⁴ 数	mei⁴⁴ 没	iʊu²² 有	uə⁴⁴ 我	tɑ³¹ 大	
永昌	tʻa³⁵ 他	ti⁴² 的	suɪ⁵³ 岁	ʂʅ²¹ 数	mə⁵³ 没	uə³⁵ 我	ta²¹ 大		

第一章 语法例句

张 掖	tʻa44	tiə44	suei31	fu21	mu22	və53	ta31	
	他	的	岁	数	没	我	大	
山 丹	tʻa34	tə44	suei42	fu21	mu22	uə22	tə44	ta41
	他	的	岁	数	没	我	的	大
平 凉	tʻɑ44	ti31	suɛɪ44	ʂu31	xæ24	mɔ24	uo53	ta44
	他	的	岁	数	还	没	我	大
泾 川	tʻA53	mo31	vo53	tA44				
	他	没	我	大				
灵 台	tʻa53	mɤ31	ŋuo53	ta44				
	他	没	我	大				
酒 泉	tʻa44	ti44	suɪ22	ʂʅ44	mu22	uə53	ta21	
	他	的	岁	数	没	我	大	
敦 煌	tʻa44	tə44	ȵiɛ213	liŋ44	muŋ213	ŋə53	tə44	ta42
	他	的	年	龄	没	我	的	大
西 峰	tʻa31	mɔ31	iu31	ŋɤ55	ta24	他没有我大		
环 县	ȵia31	ti55	ȵiæ31	liŋ55	pi55	ŋuo55	ɕiɔ55	
	臬"	的	年	龄	比	我	小	
正 宁	tʻa44	ti21	tsuei44	ʃʅ21	mɔ24	ŋuo44	ti21	ta44
	他	的	岁	数	没	我	的	大
镇 原	na44	ti31	suei44	sʅ21	mɔ24	uo31	ti31	ta44
	那	的	岁	数	没	我	的	大
定 西	tʻa21	ti21	suɪ44	ʃʅ32	mɤ32	ŋɤ53	ti21	ta44
	他	的	岁	数	没	我	的	大
通 渭	tʻa21	tə13	sue44	ʃʅ32	mə32	kə53	tə21	ta44
	他	的	岁	数	没	我	的	大
陇 西	tʻa22	ti22	suɪ44	ʂu42	mɤ21	ziɤu53	kɤ55	ti42	ta32
	他	的	岁	数	没	有	我	的	大
临 洮	tʻa21	ti33	sue44	ʂu21	mo13	ŋo53	ta33	
	他	的	岁	数	没	我	大	
漳 县	tʻɑ33	ti21	ȵiæ24	liɤ21	mɤ22	kɤ44	tu21	tɑ24
	他	的	年	龄	没	我	的	大

武 都	tʻa⁵⁵	tə²¹	suei²⁴	ʃʯ²¹	mə²¹	ŋə⁵⁵	ta²⁴	
	他	的	岁	数	没	我	大	
文 县	tʻa³¹	tɤ²¹	ʃuei²⁴	su⁴⁴	pi²¹	ŋɤ²²	ɕiɔɔ⁵⁵	
	他	的	岁	数	比	我	小	
宕 昌	ẓa²⁴	tʅ²¹	suei⁴⁴	ʂʅ²¹	pʅ²²	ŋɤ⁵³	ka¹³	
	他	的	岁	数	比	我	尕	
康 县	tʻA⁵⁵	tɤ²¹	suɿ²⁴	fu⁵³	muɤ⁵³	ŋuɤ⁵⁵	tɿ²¹	tA²⁴
	他	的	岁	数	没	我	的	大
西 和	tʻA²¹	tE³⁵	ʃɥei⁵⁵	ʃʯ²¹	mɤ²⁴	ŋuɤ⁵¹	tA⁵⁵	
	他	的	岁	数	没	我	大	
临夏市	ŋə⁴⁴	pi⁴⁴	tɕiɛ¹	tɑ⁴⁴	ɕɛʅ²¹	我比傢̃大些		
临夏县	tʻɑ⁵⁵	ti²¹	niã¹³	liŋ⁵²	mə¹³	ŋə⁵⁵	ti²¹	tɑ⁵³
	他	的	年	龄	没	我	的	大
合 作	tʻa⁵⁵	ti⁵⁵	nian¹³	lin⁵³	mei¹³	ŋɤ⁵³	ta⁵³	
	他	的	年	龄	没	我	大	
舟 曲	ẓa⁵³	tsʅ²¹	tsuei²¹	ʒʯ⁵⁵	pʅ⁵⁵	ŋuə⁵⁵	siɔɔ⁵³	
	他	的	岁	数	比	我	小	
临 潭	ɔ⁴⁴	kɤ³¹	tɤ⁴⁴	niæi¹³	lin⁴⁴	mɤ¹³	iɤu⁵³	ŋɤ⁵³ ta⁴⁴
	兀	个	的	年	龄	没	有	我 大

52. 我比他大三岁

兰州	vɤ⁴⁴	pi²²	tʻa⁴⁴	ta¹³	sæ̃⁵³	suei¹³
	我	比	他	大	三	岁
红古	vɤ³⁵	pʅ²¹	tɕia¹³	ta¹³	sã²¹	suei¹³
	我	比	傢ⁿ	大	三	岁
永登	və³⁵	pi²⁴	tʻa⁴⁴	ta²⁴	sæ̃⁴²	suei²¹
	我	比	他	大	三	岁
榆中	uɤ⁴⁴	pi³¹	tʻa⁴⁴	ta³¹	sæ̃⁴⁴	suei³¹
	我	比	他	大	三	岁
白银	və³³	pi³³	tʻa³³	ta²²	san⁴⁴	sui²¹
	我	比	他	大	三	岁
靖远	ŋuə⁵⁵	pʅ²¹	tʻa⁴⁴	ta³⁵	sæ̃⁴¹	suei²¹
	我	比	他	大	三	岁
天水	ŋuə⁵³	pi⁵³	tʻa²¹	ta⁴⁴	sæ̃²¹	suei⁴⁴
	我	比	他	大	三	岁
秦安	kə⁵³	pi⁵³	tʻa¹³	ta⁴⁴	san¹³	suei⁴⁴
	我	比	他	大	三	岁
甘谷	kiɛ²¹	pi⁵³	tʻɒ⁴⁴	tɒ³⁵	sa²¹	suai⁴⁴
	我	比	他	大	三	岁
武山	kiə⁵³	pi⁵³	tʻɑ²¹	tɑ⁴⁴	sa²¹	tsuɛi²¹
	我	比	他	大	三	岁
张家川	ŋɤ⁵³	pi⁵³	tʻa²¹	ta⁴⁴	xa²¹	sæ̃²¹	suɿ⁴³
	我	比	他	大	下	三	岁
武威	və³⁵	pi⁵³	tɕia³⁵	ta⁵³	sÃ³⁵	suei³¹
	我	比	傢ⁿ	大	三	岁
民勤	uə⁴⁴	pi²²	tʻa⁴⁴	ta²²	sæi⁴⁴	suei⁴²
	我	比	他	大	三	岁
古浪	uə⁴⁴	pi¹³	nɑ⁴²	tɑ³¹	sæ⁴⁴	suei²¹
	我	比	那	大	三	岁
永昌	uə³⁵	pi⁴²	tʻa²¹	ta⁵³	sɛ²²	suɿ⁴²
	我	比	他	大	三	岁

张 掖	uə⁵³	pi⁴⁴	tʻa⁴⁴	ta³¹	sAŋ⁴⁴	suei⁴⁴	
	我	比	他	大	三	岁	
山 丹	uə²²	pi⁵³	na⁵³	ta⁴²	sɛe³⁴	suei⁴⁴	
	我	比	那	大	三	岁	
平 凉	ŋɤ⁵³	pi⁴⁴	tʻɑ⁴⁴	tɑ⁴⁴	sæ̃³¹	sueɪ⁴⁴	
	我	比	他	大	三	岁	
泾 川	vo⁵³	pi⁵³	tʻA³¹	tA⁴⁴	sæ̃³¹	sueɪ⁴⁴	
	我	比	他	大	三	岁	
灵 台	ŋuo⁵³	kæ̃⁵³	tʻa⁵³	ta⁴⁴	sæ̃³¹	suei⁴⁴	
	我	赶	他	大	三	岁	
	ŋuo⁵³	ta⁴⁴	tʻa⁵³	sæ̃³¹	suei⁴⁴	我大他三岁	
酒 泉	və²²	pi⁵³	tʻa⁴⁴	ta²²	sã⁴⁴	suɪ⁴⁴	
	我	比	他	大	三	岁	
敦 煌	ŋə⁴⁴	pɿ⁵³	tʻa⁴⁴	ta⁴⁴	san²¹	suei²¹³	
	我	比	他	大	三	岁	
西 峰	ŋɤ³¹	pi⁵⁵	tʻa⁵⁵	ta²⁴	sæ̃³¹	sueɪ²¹	
	我	比	他	大	三	岁	
环 县	uo⁵⁵	pi⁴¹	ȵia³¹	ta⁵⁵	sæ̃⁴¹	suei²¹	
	我	比	㮰	大	三	岁	
正 宁	ŋɤ⁴⁴	pi⁴⁴	tʻa⁴⁴	ta⁴⁴	sæ̃⁵³	suei²¹	
	我	比	他	大	三	岁	
镇 原	uo³¹	pi³¹	na⁴⁴	ta⁴⁴	sæ̃³¹	zuei⁴⁴	
	我	比	那	大	三	岁	
定 西	ŋɤ²¹	pi⁵³	tʻa¹³	ta⁴⁴	sæ̃²¹	suɪ⁴⁴	
	我	比	他	大	三	岁	
通 渭	kə⁵³	pi⁵³	tʻa¹³	ta⁴⁴	sæ̃²¹	sueæ⁴⁴	
	我	比	他	大	三	岁	
陇 西	kɤ⁵⁵	pi⁵⁵	tʻa⁴²	ta⁴⁴	sæ̃⁴²	suɪ³²	
	我	比	他	大	三	岁	
临 洮	ŋo⁵³	pi⁵³	tʻa²¹	ta⁴⁴	sæ̃²¹	sue⁴⁴	
	我	比	他	大	三	岁	
漳 县	kɤ⁴⁴	pi²¹	tʻɑ³³	tɑ²⁴	sæ̃⁵³	suei²⁴	
	我	比	他	大	三	岁	

武 都	ŋə⁵⁵	pi⁵⁵	tʻa⁵⁵	ta²⁴	sæ²¹	suei²⁴
	我	比	他	大	三	岁
文 县	ŋɤ⁵⁵	pi³³	tʻa³¹	ta²⁴	sæ²¹	ʃuei²⁴
	我	比	他	大	三	岁
宕 昌	ŋɤ⁵³	pʅ⁴²	ʐa²⁴	ta⁴⁴	sæ̃⁴²	suei⁴⁴
	我	比	他	大	三	岁
康 县	ŋuɤ⁵⁵	pi²¹	tʻʌ⁵³	tʌ²⁴	sæ̃⁵³	suɿ²¹
	我	比	他	大	三	岁
西 和	ŋuɤ⁵¹	pi⁵¹	tʻʌ²¹	tʌ²⁴	sæ²¹	ʃʯei⁵⁵
	我	比	他	大	三	岁
临夏市	ŋə⁴⁴	tɕiɛ¹³	xɑ²¹	tɑ⁵³	sã²¹	suei⁵²
	我	他	哈	大	三	岁
临夏县	ŋə⁵⁵	pi⁵⁵	tʻɑ⁵⁵	tɑ⁵³	sã²¹	suei⁵²
	我	比	他	大	三	岁
合 作	ŋɤ⁵³	pi⁵⁵	tʻa⁵⁵	ta⁵³	san⁵⁵	suei⁵³
	我	比	他	大	三	岁
舟 曲	ŋuə³⁵	pʅ⁵⁵	ʐa⁵³	ta²⁴	sæ̃⁵⁵	tsuei²¹
	我	比	他	大	三	岁
临 潭	ŋɤ⁵³	pi⁴⁴	vu⁴⁴	kɤ³¹	ta⁴⁴	sæ̃i¹³	suei⁴⁴
	我	比	兀	个	大	三	岁

53. 我大他三岁

兰州	tʻa⁴⁴ ta¹³ vɤ⁴⁴ sæ̃⁵³ suei¹³					他大我三岁
	vɤ⁴⁴ ta¹³ tʻa⁴⁴ sæ̃⁵³ suei²¹					我大他三岁
红古	vɤ³⁵	ta¹³	tɕia⁴⁴	sã²¹	suei¹³	tʂɤ⁴² li²¹
	我	大	像	三	岁	着 哩
永登	və³⁵	ta²⁴	tʻa³¹	sæ̃⁴²	suei²¹	li²¹
	我	大	他	三	岁	哩
榆中	uɤ⁴⁴ ta³¹ tʻa⁴⁴ sæ̃⁴⁴ suei³¹					我大他三岁
白银	və³³	pi³³	tʻa³³	ta²²	san⁴⁴	sui²¹
	我	比	他	大	三	岁
靖远	ŋuə⁵⁵	pʅ²²	tʻa⁴⁴	ta³⁵	xa⁴¹ sæ̃²¹ suei²¹
	我	比	他	大	下 三 岁
天水	(无)					
秦安	ŋə⁵³ ta⁴⁴ tʻa¹³ san²² suei¹³					我大他三岁
甘谷	kiɛ⁵³ tɒ⁴⁴ tʻɒ⁴² sa²¹ suai⁴⁴					我大他三岁
武山	kiə⁵³ tɑ⁴⁴ tʻɑ²¹ sa²¹ tsuɛi²¹					我大他三岁
张家川	ŋɤ⁵³ ta⁴⁴ tʻa²¹ sæ̃²¹ tsuɪ⁴³					我大他三岁
武威	və³⁵	pi⁵³	tɕia³⁵	ta⁵³	sÃ³⁵	suei³¹
	我	比	像	大	三	岁
民勤	uə⁴⁴	ta⁴²	xa²²	tʻa⁴⁴	sæi⁴⁴ suei⁴²	nʅ²¹
	我	大	下	他	三 岁	哩
古浪	uə⁴⁴ tɑ³¹ nɑ⁴² sæ⁴⁴ suei²¹					我大那三岁
永昌	uə³⁵	pi⁵³	tʻa²¹	ta⁵³	sɛ⁴⁴	suɪ⁴²
	我	比	他	大	三	岁
张掖	uə⁵³ ta³¹ tʻa⁴⁴ sʌŋ⁴⁴ suei⁴⁴					我大他三岁
山丹	uə⁵³ ta²² na⁵³ sɛɛ³⁴ suei⁴⁴					我大那三岁
平凉	uo³¹	tɑ⁴⁴	tʂɤ²¹	tʻɑ⁵³	sæ̃³¹	suɛɪ²⁴
	我	大	着	他	三	岁
泾川	vo³¹ tʌ⁴⁴ tʻʌ⁴⁴ sæ̃⁵³ suɛɪ³¹					我大他三岁
灵台	ŋuo⁵³ ta⁴⁴ tʻa⁵³ sæ̃³¹ suei²¹					我大他三岁
酒泉	və⁵³ ta²² tʻa⁴⁴ sã⁴⁴ suɪ⁴⁴					我大他三岁

第一章 语法例句

敦 煌	ŋə⁵³ ta⁴⁴ tʻa²¹ san²¹³ suei⁴⁴ 我大他三岁						
西 峰	ŋɤ³¹ ta²⁴ tʻa⁵⁵ sæ⁵³ sueɪ²¹ 我大他三岁						
环 县	uo⁵⁵	pi⁴¹	ȵia³¹	ta⁵⁵	sæ⁴¹	tsuei²¹	
	我	比	㫓	大	三	岁	
正 宁	ŋɤ⁴⁴	pi⁴⁴	tʻa⁴⁴	ta⁴⁴	sæ⁵³	suei²¹	
	我	比	他	大	三	岁	
镇 原	uo³¹	pi³¹	na⁴⁴	ta⁴⁴	sæ³¹	zuei⁴⁴	
	我	比	那	大	三	岁	
定 西	ŋɤ⁵³ ta⁴⁴ tʻa¹³ sæ²¹ suɪ⁴⁴ 我大他三岁						
通 渭	kə⁵³ ta⁴⁴ tʻa¹³ sæ²¹ tsueæ⁴⁴ 我大他三岁						
陇 西	kɤ⁵⁵	ta⁴⁴	tʻa⁴²	sæ⁴²	suɪ⁴⁴	læ̃³²	
	我	大	他	三	岁	呢	
临 洮	ŋo⁵³ ta⁴⁴ tʻa¹³ sæ²¹ sue⁴⁴ 我大他三岁						
漳 县	kɤ⁴⁴ tɑ²⁴ tʻɑ²¹ sæ⁵³ suei²¹ 我大他三岁						
武 都	ŋə⁵⁵ ta²⁴ tʻa⁵⁵ sæ²¹ suei²⁴ 我大他三岁						
文 县	ŋɤ⁵⁵ ta²⁴ tʻa³¹ sæ³¹ ʃuei⁴⁴ 我大他三岁						
宕 昌	ŋɤ⁵³ ta⁴⁴ ẓa²⁴ sæ²² suei⁴⁴ 我大他三岁						
康 县	ŋuɤ⁵³ tA²⁴ tʻA⁵³ sæ²¹ suɪ²¹ 我大他三岁						
西 和	ŋuɤ⁵¹ tA²⁴ tʻA²¹ sæ²¹ ʃɥei⁵⁵ 我大他三岁						
临夏市	ŋə⁴⁴	tɕiɛ¹³	xɑ²¹	tɑ⁵³	sã²¹	suei⁵²	
	我	他	哈	大	三	岁	
临夏县	ŋə⁵⁵	tɑ⁵³	tʻɑ⁵⁵	sã²¹	suei⁵²		
	我	大	他	三	岁		
合 作	ŋɤ⁵³	ta⁵³	tʻa⁵⁵	xa²¹	san⁵⁵	suei⁵³	
	我	他	大	下	三	岁	
舟 曲	ŋuə⁵⁵ ta²⁴ ẓa⁵³ sæ⁵⁵ tsuei²¹ 我大他三岁						
临 潭	ŋɤ⁵³ ta⁴⁴ tʻa¹³ sæi¹³ suei⁴⁴ 我大他三岁						

54. 我大过他三岁

兰州	vɤ⁴⁴ ta¹³ tʻa⁴⁴ sæ⁵³ suei²¹　　我大他三岁
红古	vɤ³⁵　pʅ²¹　tʻa⁵⁵　ta¹³　sã²¹　suei¹³
	我　　比　　他　　大　　三　　岁
永登	və³⁵　pi²⁴　tʻa⁴²　ta²⁴　sæ⁴²　suei²¹
	我　　比　　他　　大　　三　　岁
榆中	uɤ⁴⁴ ta³¹ tʻa⁴⁴ sæ⁴⁴ suei³¹　　我大他三岁
白银	və³³　pi³³　tʻa³³　ta²²　lɔ³⁵　san⁴⁴　sui²¹
	我　　比　　他　　大　　了　　三　　岁
靖远	ŋuə⁵⁵　pʅ²²　tʻa⁴⁴　ta³⁵　xa⁴¹　liɑo²¹　sæ⁴¹　suei²¹
	我　　比　　他　　大　　下　　了　　三　　岁
天水	(无)
秦安	kə⁵³　pi⁵³　tʻa¹³　ta⁴⁴　san²²　suei⁵³
	我　　比　　他　　大　　三　　岁
甘谷	kiɛ⁵³　tɒ⁴⁴　kuə⁴⁴　tʻɒ⁴⁴　sa²¹　suai⁴⁴
	我　　大　　过　　他　　三　　岁
武山	(无)
张家川	ŋɤ⁵³　pi⁵³　tʻa¹³　ta⁴⁴　sæ̃²¹　tsuɿ²¹
	我　　比　　他　　大　　三　　岁
武威	və³⁵　pi⁵³　tɕia³⁵　ta⁴⁴　tʂə²¹　sÃ³⁵　suei³¹
	我　　比　　傢　　大　　着　　三　　岁
民勤	uə⁴⁴　pi²²　tʻa⁴⁴　ta⁴²　sæi⁴⁴　suei⁴²
	我　　比　　他　　大　　三　　岁
古浪	uə⁴⁴　pi²²　nɑ⁴²　tɑ³¹　xɑ²¹　sæ⁴⁴　suei⁴⁴　li²¹
	我　　比　　那　　大　　下　　三　　岁　　哩
永昌	uə³⁵　pi⁴²　tʻa²¹　ta⁵³　sɛ⁴⁴　suɿ⁴²
	我　　比　　他　　大　　三　　岁
张掖	uə²²　pi⁵³　tʻa⁴⁴　ta³¹　sʌŋ⁴⁴　suei⁴⁴
	我　　比　　他　　大　　三　　岁
山丹	uə⁴⁴　ta⁴²　xa²¹　na⁵³　sɛe³⁴　suei⁴⁴
	我　　大　　下　　那　　三　　岁
平凉	uo³¹　ta⁴⁴　tʂɤ²¹　tʻa⁴⁴　sæ³¹　suɿ²⁴
	我　　大　　着　　他　　三　　岁

泾川	vo⁵³ tA⁴⁴ tʻA⁵³ sæ̃³¹ sueɪ³¹ 我大他三岁	
灵台	ŋuo⁵³ pi⁵³ tʻa⁵³ ta⁴⁴ sæ̃³¹ tsuei²¹	
	我 比 他 大 三 岁	
酒泉	və⁵³ ta²² tʻa⁴⁴ sã⁴⁴ suɪ⁴⁴ 我大他三岁	
敦煌	（无）	
西峰	ŋɤ³¹ pi³¹ tʻa³¹ ta⁵⁵ sæ̃³¹ sueɪ⁵⁵	
	我 比 他 大 三 岁	
环县	ŋuo⁴¹ ta⁵⁵ liɔ²¹ tʻa⁵⁵ sæ̃⁴¹ suei²¹	
	我 大 了 他 三 岁	
正宁	ŋɤ⁴⁴ pi⁴⁴ tʻa⁴⁴ ta⁴⁴ sæ̃⁵³ suei²¹	
	我 比 他 大 三 岁	
镇原	uo³¹ tsuei⁴⁴ ʂɔ⁵³ pi³¹ na⁴⁴ iɔ⁴⁴ ta⁴⁴ sæ̃⁵³ zuei⁴⁴	
	我 最 少 比 那 要 大 三 岁	
定西	（无）	
通渭	（无）	
陇西	（无）	
临洮	（无）	
漳县	kɤ⁴⁴ tɑ²⁴ kuo²¹ tʻɑ²¹ sæ̃⁵³ suei²⁴ li²¹	
	我 大 过 他 三 岁 哩	
武都	（无）	
文县	ŋɤ⁵⁵ ta²⁴ xa⁴² tʻa³¹ sæ̃³¹ ʃuei⁴⁴	
	我 大 下 他 三 岁	
宕昌	ŋɤ⁵³ ta⁴⁴ xa⁴² ʐa²⁴ sæ̃²² suei⁴⁴	
	我 大 下 他 三 岁	
康县	（无）	
西和	（无）	
临夏市	ŋə⁴⁴ tɕiɛ¹³ xɑ²¹ tɑ⁴⁴ kuə⁴² sã²¹ suei⁵²	
	我 他 哈 大 过 三 岁	
临夏县	ŋə⁵⁵ tɑ⁵³ tʻɑ⁵⁵ sã²¹ suei⁵² 我大他三岁	
合作	ŋɤ⁵³ ta⁵³ tʻa⁵⁵ xa²¹ san⁵⁵ suei⁵³	
	我 他 大 下 三 岁	
舟曲	ŋuə³⁵ ta²⁴ xa⁵⁵ ʐa⁵³ sæ̃⁵⁵ tsuei²¹	
	我 大 下 他 三 岁	
临潭	ŋɤ⁵³ ta⁴⁴ vu⁴⁴ kɤ³¹ sæ̃i¹³ suei⁴⁴	
	我 大 兀 个 三 岁	

55. 这些房子不如那些房子好

兰州	tʂei²²ɕiɛ⁴⁴fã⁵³tsʅ²¹pu¹³vu⁴⁴na¹³ɕiɛ⁴⁴fã⁵³tsʅ³¹xɔ³¹
	这 些 房 子 不 如 那 些 房 子 好
红古	tʂʅ³⁵kɤ²¹fã²¹tsʅ¹³pu²¹tɔ³⁵nɛ⁴²ɕiə²¹fã²¹tsʅ⁵⁵xɔ⁴⁴
	这 个 房 子 不 到 那 些 房 子 好
永登	tʂʅ²²ɕiə⁴⁴fãŋ⁵³tsʅ²¹mən⁴⁴pu²⁴ʐu³¹lei²⁴ɕiə⁴⁴fãŋ⁵³tsʅ²¹mən⁴⁴xao²⁴
	这 些 房 子 们 不 如 那 些 房 子 们 好
榆中	tʂɤ⁴⁴ɕiɛ⁴⁴fã⁵³tsʅ³¹mei⁴⁴na⁵³ɕiɛ⁴⁴xɔo⁴⁴
	这 些 房 子 没 那 些 好
白银	tʂʅ²²ɕiɛ⁴⁴faŋ⁵¹tsʅ²¹puvu¹³lɛ²²ɕiɛ⁴⁴faŋ⁵¹tsʅ²¹
	这 些 房 子 不 如 那 些 房 子
靖远	tʂʅ³⁵ɕiɚ⁴¹faŋ²²tsʅ⁴⁴pu²²tɑo³⁵nɛi³⁵ɕiɚ⁴¹faŋ²¹tsʅ²¹
	这 些儿 房 子 不 到 那 些儿 房 子
天水	tsɛ⁵³ɕiɛ³²fã¹³tsʅ²¹pu²¹ʐu¹³vɛ⁵³ɕiɛ⁴⁴fã¹³tsʅ²¹xɔ⁵³
	这 些 房 子 不 如 那 些 房 子 好
秦安	tʂɤu⁴⁴siə¹³fɔ̃³⁵tsʅ²¹mə²²tɔ⁴⁴və⁴⁴siə²¹fɔ̃¹³tsʅ⁵³xɔ⁴⁴
	这 些 房 子 没 得 兀 些 房 子 好
甘谷	tsʅ⁵³ɕiɛ²²faŋ²¹tsʅ⁴⁴pu²¹ʐu¹³u⁴⁴ɕiɛ⁴²faŋ²¹tsʅ²¹xau⁵³
	这 些 房 子 不 如 兀 些 房 子 好
武山	tsʅ³¹kɛi⁴⁴faŋ²¹tsʅ²¹mə²¹iɤ²¹vu⁴⁴kuɛi⁴⁴faŋ²¹tsʅ²¹xɔo⁵³
	这 个 房 子 没 有 兀 个 房 子 好
张家川	tsʅ⁴⁴ɕiɛ²¹fã¹³pu²¹ʐu¹³vɛ⁵³ɕiɛ²¹fã¹³
	这 些 房 不 如 那 些 房
武威	tɕiŋ⁵³ɕiɛ³¹fɐ̃³⁵tsʅ²¹pu³¹ʐu³⁵nɛi⁵³ɕiɛ³¹fɐ̃³⁵tsʅ⁵³
	这 些 房 子 不 如 那 些 房 子
民勤	tɕiɿ²²ɕiɛ⁴⁴faŋ²²tsʅ⁴⁴pu⁴²ʐu²¹læi⁶²ɕiɛ⁴⁴faŋ²²tsʅ⁴⁴xɔo²¹⁴
	这 些 房 子 不 如 那 些 房 子 好
古浪	tʂʅ²²ɕiə²¹fãŋ⁴⁴tsʅ²¹pu³³ʐu¹³nɛ³¹ɕiə³¹fãŋ⁴⁴tsʅ²¹xao³¹
	这 些 房 子 不 如 那 些 房 子 好
永昌	tʂə⁵³ɕiə²¹fʌŋ¹³tsʅ²¹pu²¹ʐu⁴²na⁵³ɕiə²¹fʌŋ¹³tsʅ²¹xɔo⁴⁴
	这 些 房 子 不 如 那 些 房 子 好

张掖	tʂʅ²²ɕiə²²fʌŋ⁴⁴tsʅ²¹pu²⁴vu²⁴nɛi³¹ɕiə²¹fʌŋ⁴⁴tsʅ²¹xɔ⁵³
	这 些 房 子 不 如 那 些 房 子 好
山丹	tʂə⁴²ɕiə²¹fã⁵⁵tsʅ²¹pu²⁴vu²⁴na⁴²ɕiə²¹fã⁵⁵tsʅ²¹xɑo²²a⁴⁴
	这 些 房 子 不 如 那 些 房 子 好 啊
平凉	tʂʅ⁴⁴ɕiɛ²¹faŋ²⁴tsʅ²¹pu⁴⁴ʐu²⁴nɛ⁴⁴ɕiɛ²¹faŋ²⁴tsʅ²¹xɔ⁵³
	这 些 房 子 不 如 那 些 房 子 好
泾川	tʂɤ⁴⁴ɕiɛ²¹faŋ³¹tsʅ⁵³kæ⁴⁴pu²¹ʂaŋ⁴⁴nʌ⁴⁴ɕiɛ²¹faŋ³¹tsʅ⁵³
	这 些 房 子 赶 不 上 那 些 房 子
灵台	tʂɤ⁴⁴siɛ²¹faŋ³¹tsʅ⁵³pfu²⁴ʒu³¹uɛ⁴⁴siɛ²¹faŋ³¹tsʅ⁵³xɔ⁵³
	这 些 房 子 不 如 兀 些 房 子 好
	tʂɤ⁴⁴siɛ²¹faŋ³¹tsʅ⁵³kæ⁴⁴pfu²¹ʂaŋ⁴⁴uɛ⁴⁴siɛ²¹faŋ³¹tsʅ⁵³xɔ⁵³
	这 些 房 子 赶 不 上 兀 些 房 子 好
酒泉	tʂʅ²²kɤ²²pi⁵³ne⁴⁴kɤ⁴⁴faŋ⁴⁴tsʅ⁴²xɵ⁵³
	这 个 比 那 个 房 子 好
敦煌	tsʅ⁴⁴ɕiə⁴²fɔŋ²¹tsʅ⁵³pu²²ʐu²¹³nɛ⁴⁴ɕiə²¹³fɔŋ⁵³tsʅ⁵³xɔ⁵³
	这 些 房 子 不 如 那 些 房 子 好
西峰	tʂɤ⁵⁵ɕiɛ³¹fãŋ³¹tsʅ²¹pu³¹ʒu⁵⁵nɛ⁵⁵ɕiɛ³¹fãŋ²⁴tsʅ³¹xɔ⁵³
	这 些 房 子 不 如 那 些 房 子 好
环县	tʂei⁵⁵ɕiɛ²¹faŋ³¹tsʅ⁴¹pu³¹ʂəŋ⁵⁵nɛ⁵⁵ɕiɛ²¹faŋ³¹tsʅ⁴¹
	这 些 房 子 不 胜 那 些 房 子
正宁	tʂɤ⁴⁴iɛ²¹faŋ²⁴tsʅ²¹pu³¹ʒu³¹vei⁴⁴iɛ²¹faŋ²⁴tsʅ²¹xɔ⁵³
	这 些 房 子 不 如 咓̆ 些 房 子 好
镇原	tʂɛ⁴⁴siɛ²¹faŋ²⁴tsʅ²¹mɔ³¹iəu⁴⁴vɛ³¹siɛ⁵³faŋ²⁴tsʅ²¹xɔ⁵³
	这 些 房 子 没 有 咓̆ 些 房 子 好
定西	tʂɤu⁴⁴kɤ³²fã²¹tsʅ⁴⁴pu⁴⁴ʐu³²vu⁴⁴kɤ³²fã²¹tsʅ⁴⁴xɔ⁵¹
	这 个 房 子 不 如 兀 个 房 子 好
通渭	tʂʊ⁴⁴fã²¹tsʅ⁴⁴mə²¹uə⁴⁴fã²¹tsʅ⁴⁴xɔ⁵³
	这 房 子 没 兀 房 子 好
陇西	tʂʅ⁴⁴kɤ⁴⁴fã²²tsʅ⁴³mɤ²¹iɤu⁵⁵vu⁴⁴kɤ⁴⁴fã²²tsʅ²¹tə²¹xɔ³²
	这 个 房 子 没 有 兀 个 房 子 的 好
临洮	tʂe⁵³ɕiɛ²¹fã¹³tsʅ⁴⁴pu¹³ʐu¹³na⁵³ɕiɛ²¹fã¹³tsʅ⁴⁴xɔ⁵³
	这 些 房 子 不 如 那 些 房 子 好

漳县	tʃɤ²⁴siɛ²¹kɤ²¹fɑ̃²¹tsʅ⁵³pu²¹ʐu²⁴u²⁴siɛ²¹kɤ²¹fɑ̃²¹tsʅ⁵³xɔ⁵³ 这 些 个 房 子 不 如 兀 些 个 房 子 好
武都	tsə⁵³ɕiɛ²¹faŋ²¹tsʅ⁵⁵pu¹³ʐu¹³vɛi⁵³ɕiɛ²¹faŋ²¹tsʅ⁵⁵xɔu⁵³ 这 些 房 子 不 如 咻 些 房 子 好
文县	tsɛ⁵⁵ɕiɛ³¹fɑ̃²¹tsʅ⁵⁵muə⁴²tɤ²¹uɛ⁴⁴ɕiɛ³¹fɑ̃²¹tsʅ⁵⁵xɔ⁵⁵ 这 些 房 子 没 的 咻 些 房 子 好
宕昌	tʂər⁵³tʅ²¹fɑ̃²²tsʅ⁴²pu²¹ʐu⁴⁴la⁴²ɚ²¹tʅ²¹xao⁵³ 这 的 房 子 不 如 那儿 的 好
康县	tʂɤ⁵⁵siɛ²¹fɑ̃²¹mɤ²¹iɤu⁵⁵lʌ²⁴siɛ⁵⁵fɑ̃²¹xɔ⁵³ 这 些 房 没 有 那 些 房 好
西和	tsei⁵³ɕiɛ²¹fɑ̃²⁴mɤ²⁴uɛ⁵³ɕiɛ²¹fɑ̃²⁴xao⁵¹ 这 些 房 没 咻 些 房 好
临夏市	tʂʅ⁴⁴ɕiɛ²¹faŋ²¹tsʅ⁴²vu⁴⁴ɕiɛ²¹faŋ²¹tsʅ⁴²pu²¹tɔ⁵³ 这 些 房 子 兀 些 房 子 不 到
临夏县	tʂʅ⁵⁵ɕiɛ²¹faŋ²¹tsʅ⁵⁵mə⁵⁵iɤu⁵²ɤu⁵⁵ɕiɛ²¹faŋ²¹tsʅ⁵⁵xɔ⁵⁵ 这 些 房 子 没 有 那 些 房 子 好
合作	tʂɤ⁵³ɕie⁵⁵faŋ¹³tsʅ⁵³pu⁵³ʐu¹³vu⁴⁴ɕie⁵⁵faŋ¹³tsʅ⁵³xɔ⁵³ 这 些 房 子 不 如 兀 些 房 子 好
舟曲	tɤr³⁵tsʅ⁴²siɛr⁴⁴fɑ̃⁵³tsʅ²¹pu⁵³ʐu³¹la²⁴tsʅ⁴²siɛr⁴⁴fɑ̃⁵³tsʅ²¹xɔ⁵⁵ 这儿 的 些儿 房 子 不 如 那 的 些儿 房 子 好
临潭	tʂɤ⁴⁴kɤ⁴⁴fɑ̃²⁴tsʅ⁵³mɤ¹³iɤu⁵³na⁴⁴kɤ³¹fɑ̃¹³tsʅ⁵³xɔ⁵³ 这 个 房 子 没 有 那 个 房 子 好

56. 孩子不争气，把老师费心了

兰州	va⁵³va⁴⁴pu²²tʂən⁴⁴tɕʻi¹³，lɔ⁵³ʂʅ⁴⁴fei²²ɕin⁴⁴lɔ²¹
	娃 娃 不 争 气， 老 师 费 心 了
红古	tʂʅ⁴²kɤ²¹va²¹va¹³pu¹³tʂən²¹tsʻʅ¹³，tɕiɔ¹³ɕiæ²²ʂən⁴⁴fei¹³ɕin³¹li¹³
	这 个 娃 娃 不 争 气， 叫 先 生① 费 心 了
永登	tʂʅ²²kə⁴⁴va⁵³va³¹pu²²tʂən⁴⁴tɕʻi²²，tɕiɑo²⁴ni²²fei²⁴ɕin⁴⁴liɑo²¹
	这 个 娃 娃 不 争 气， 叫 你 费 心 了
榆中	ʋua⁵³ʋua³⁵pu³¹tʂən⁴⁴tɕʻi²⁴，tɕiɔ³¹lɔ⁴⁴ʂʅ⁴⁴fei³¹ɕin⁴⁴lɔ³¹
	娃 娃 不 争 气， 叫 老 师 费 心 了
白银	va⁵¹pu²²tʂən⁴⁴tɕʻi¹³，pa³³lɔ³³ʂʅ⁴⁴xɛ²²sʅ³³lɔ²¹
	娃 不 争 气， 把 老 师 害 死 了
靖远	va²²va⁵⁵pu⁵³tsɤŋ²²tsʻʅ³⁵，tɕiɑo²²lɑo⁵⁵ʂʅ²¹fei³⁵ɕiŋ⁴¹liɑo²¹
	娃 娃 不 争 气， 叫 老 师 费 心 了
天水	va¹³va²¹pu⁴⁴tsəŋ⁴⁴tɕʻi，tɕiɔ⁴⁴lɔ⁵³ʂʅ²¹fei⁴⁴ɕiən²¹li⁵³
	娃 娃 不 争 气， 叫 老 师 费 心 了
秦安	ua¹³ua⁵³pfu²²tsan⁵³tɕiɜ̃⁴⁴，ma¹³lɔɜ̃¹³fei⁴⁴siɜ̃²²lɔ⁵³
	娃 娃 不 攒 劲， 把 老 师 费 心 了
甘谷	uə¹³uə⁵³pu²¹tsəŋ⁴⁴tɕʻi²¹，tɕiɑu⁴⁴lɑu⁵³ʂʅ⁴⁴fai⁴⁴ɕiəŋ²¹lɑu⁴⁴
	娃 娃 不 争 气， 叫 老 师 费 心 了
武山	uə²⁴uə²⁴pu⁴⁴tʂʻəŋ²¹tʻi⁵³mia¹³，tsa⁴⁴ma²¹lɔɔ⁵³ʂʅ²¹fɛi⁴⁴ɕiəŋ²¹lɔ²¹
	娃 娃 不 成 体 面， 咱 把 老 师 费 心 了
张家川	tʂʅ⁴⁴ɕiɛ²¹ʋa¹³ʋa²¹pu⁴⁴tsɤŋ²¹tɕʻi⁴⁴，tʂɤ²¹lɔu⁵³ʂpa²¹ɕiŋ¹³tsʻɔu²¹tɔu⁴⁴lɔ²¹
	这 些 娃 娃 不 争 气， 着 老 师 把 心 操 倒 了
武威	tɕiŋ⁵³kə³¹va³⁵va³¹pu⁵³tsəŋ³⁵tɕʻi³¹，tɕiɔu²²lɔu⁴⁴ʂʅ²¹fei⁵³ɕiŋ²²liɔu²¹
	这 个 娃 娃 不 争 气， 叫 老 师 费 心 了
民勤	va²²va⁴⁴pu²²tsɤŋ⁴⁴tɕʻi⁴²，tɕiɔ²²lɔ⁴⁴ʂʅ⁴⁴fei²²ɕiŋ⁴⁴la²¹
	娃 娃 不 争 气， 叫 老 师 费 心 了

---

① 先生：老师。

古浪	tʂɿ²¹kə²¹va⁴⁴va²¹pu²¹tsəŋ⁴⁴tɕʻi²¹, pə²¹lao⁴⁴ʂɿ⁴²fei²¹ɕin³³liao²¹
	这 个 娃 娃 不 争 气, 把 老 师 费 心 了
永昌	va¹³va²¹pu⁴²tʂəŋ³⁵tɕʻi⁵³, pa⁴²lɔo⁴⁴ʂɿ⁵³tɕiɔo⁴⁴tsa⁵³liɔo²¹
	娃 娃 不 争 气, 把 老 师 教 杂 了
张掖	va²⁴tsɿ²¹pu³¹tʂəŋ⁴⁴tɕʻi³¹, ʐʌŋ³¹lɔ⁴⁴ʂɿ⁴⁴fei³¹ɕin⁴⁴li⁴⁴
	娃 子 不 争 气, 让 老 师 费 心 了
山丹	ua⁵⁵ua²²mən²¹pu⁴²tʂəŋ⁴⁴tɕʻi⁴¹, tɕiɑo⁴²lɑo³⁴ʂɿ⁴⁴fei⁴²ɕin³⁴lə⁴⁴
	娃 娃 们 不 争 气, 叫 老 师 费 心 了
平凉	uɑ³¹uɑ⁵³pu³¹tsəŋ³¹tɕʻi⁴⁴, pɑ²⁴lɔ⁵³sɿ⁴⁴feɪ⁴⁴ɕin⁵³liɑ²¹
	娃 娃 不 争 气, 把 老 师 费 心 了
泾川	xE³¹tsɿ⁵³pu²⁴tsəŋ³¹tɕʻi⁴⁴, tɕiɔ⁴⁴lɔ⁵³sɿ²¹fei⁴⁴ɕin³¹liA²¹
	孩 子 不 争 气, 叫 老 师 费 心 了
灵台	xɛ³¹tsɿ⁵³pfu²⁴tsəŋ³¹tɕʻi⁴⁴, tɕiɔ²¹lɔ⁵³sɿ²¹fei⁴⁴siəŋ³¹liɔ²¹
	孩 子 不 争 气, 叫 老 师 费 心 了
酒泉	va⁴⁴va⁴²pu²²tsəŋ⁴⁴tɕʻi²¹, tɕiθ²²lɵ⁴⁴sɿ⁴⁴fɹ²²ɕin⁴⁴liɑ²¹
	娃 娃 不 争 气, 叫 老 师 费 心 了
敦煌	xɛ²¹³tsɿ⁴⁴pu⁵³tsəŋ²¹tɕʻɿ²¹³, pa²¹³lɔo⁴⁴sɿ⁵³fei⁵³ɕin²¹ə²¹³
	孩 子 不 争 气, 把 老 师 费 心 了
西峰	ua⁵³ua³¹pu³¹tsəŋ⁵³tɕʻi⁵⁵, tɕiɔ⁵⁵lɔ⁵³sɿ³¹feɪ⁵⁵ɕin⁵³liɑ²¹
	娃 娃 不 争 气, 叫 老 师 费 心 了
环县	va²⁴pu³¹tsəŋ³¹tɕʻi⁵⁵, pa³¹lɔ⁵⁵sɿ²¹fei⁵⁵ɕin⁴¹ti²¹
	娃 不 争 气, 把 老 师 费 心 的
正宁	ua⁴⁴ua³¹pu³¹tsəŋ³¹tɕʻi⁴⁴, tɕiɔ⁴⁴lɔ⁵³sɿ²¹fei⁴⁴siŋ³¹liɔ²¹
	娃 娃 不 争 气, 叫 老 师 费 心 了
镇原	tʂɛ³¹ua²⁴pu⁴⁴tsəŋ⁵³tɕʻi²⁴, pa²⁴lɔ⁵³sɿ²¹təu³¹fei⁴⁴siŋ⁵³lɔ²¹
	这 娃 不 争 气, 把 老 师 都 费 心 了
定西	va²¹va⁴⁴tʻiɔ¹³pʻiə¹³, tɕiɔ²¹lɔ⁵³sɿ²¹fɹ⁴⁴ɕin²¹lɔ¹³
	娃 娃 调 皮, 叫 老 师 费 心 了
通渭	ua²¹ua⁴⁴pu⁴⁴tsə̃²¹tɕʻi⁴⁴, ma²¹lɔ⁵³sɿ⁴⁴fe⁴⁴ɕĩ²¹la¹³
	娃 娃 不 争 气, 把 老 师 费 心 了
陇西	kɔo²²tʊ²²va²²va⁴⁴pu⁴⁴tsəŋ⁴²tɕʻi⁴³, tsæ⁵⁵ma⁴²lɔo⁵⁵sɿ⁴⁴fe³³ɕin²¹la²¹
	皋ˉ 的 娃 娃 不 争 气, 昝ˉ 把 老 师 费 心 了

临洮	va¹³va⁴⁴pu¹³tsẽ²¹tɕʻi⁴⁴, tʂɔ¹³lɔ⁵³ʂʅ²¹fe⁴⁴ɕi²¹liɔ¹³
	娃 娃 不 争 气， 着 老 师 费 心 了
漳县	uɑ²²uɑ²⁴pu²⁴tsɤ̃⁵³tɕʻi²⁴, pɑ³³lɔɔ⁵³ʃʅ²¹ti²¹siɤ̃²¹pʻɛ²¹fɹ²⁴lɔɔ²¹
	娃 娃 不 争 气， 把 老 师 的 心 白 费 了
武都	va²¹va¹³ʒuæ²¹tɕʻiæ¹³, pu²¹tsə̃⁵³tɕʻi²⁴, pa²¹lɔu⁵⁵ʂʅ²¹tsɔu²¹ta²¹tsa²¹lɔɔ²¹
	娃 娃 瓢"欠， 不 争 气， 把 老 师 糟 蹋 杂 了
文县	tsɛ⁵⁵ua²¹pu³¹tʻiə̃²¹xua²⁴, pa²¹lɔɔ⁵³ʂʅ³¹ma²¹fæ⁴⁴lɔɔ²¹
	这 娃 不 听 话， 把 老 师 麻 烦 了
宕昌	tʂɤ⁴⁴ua²⁴pu¹³tɕʻi²²xua⁴⁴, pa²¹lao⁵³ʂʅ²¹ma¹³fæ²²lao²¹
	这 娃 不 听 话， 把 老 师 麻 烦 了
康县	uᴀ⁵³uᴀ¹³pu⁵⁵tsɤŋ⁵⁵tɕʻi⁵⁵, pᴀ²¹lɔɔ⁵⁵ʂʅ²¹mᴀ¹³fæ²¹lɔ²¹
	娃 娃 不 争 气， 把 老 师 麻 烦 了
西和	uᴀ²⁴uᴀ²¹pu²⁴tʻiŋ²¹xuᴀ⁵⁵, tʂao²⁴lao⁵¹ʂʅ²¹fei⁵⁵ɕiŋ²¹lao⁵⁵
	娃 娃 不 听 话， 着 老 师 费 心 了
临夏市	kɑ²¹va⁴²xuɑ⁵³pu¹³tʻiŋ¹³, lɔ⁴²ʂʅ²⁴fei⁴⁴ɕiŋ²¹liɔ⁴²
	尕 娃 话 不 听， 老 师 费 心 了
临夏县	vɑ¹³məŋ²¹pu¹³tʂəŋ²¹tɕʻi⁵², pɑ¹³lɔ⁵⁵ʂʅ²⁴fei⁵⁵ɕiŋ²¹li⁵²
	娃 们 不 争 气， 把 老 师 费 心 了
合作	ka¹³vua⁵⁵pu⁵³tsɤŋ⁵⁵tɕʻi⁵³, pa⁵⁵lɔɔ⁵³ʂʅ¹³ɕin¹³tsʻɔɔ¹³suei⁴⁴liɔɔ⁵⁵
	尕 娃 不 争 气， 把 老 师 的 心 操 碎 了
舟曲	tʂʅ²⁴ua⁵³pu⁴²tʻiŋ⁴⁴xua²⁴, pa²²lɔɔ⁵⁵ʂʅ⁵³ma³¹fæ⁴²liɔɔ²¹
	这 娃 不 听 话， 把 老 师 麻 烦 了
临潭	tʂɤ⁴⁴kɤ³¹va¹³va³¹læi⁴⁴kæi⁵³ti³¹xəŋ⁵³, ma¹³lɔ⁵³ʂʅ⁴⁴pʻɤ⁴⁴fɑ̃⁴⁴ti¹³xəŋ⁵³
	这 个 娃 娃 烂"杆"①得 很， 把 老 师 婆 烦 得 很

---

① 烂"杆"：不争气。

57. 爹爹一出差，把两个娃娃乐死了

兰州	tiɛ⁴⁴tiɛ⁴⁴zฺɿ¹³pfʻu¹³tʂʻɛ⁴⁴, pa⁴⁴liã⁵³kɤ¹³va⁵³va⁴⁴kɔ⁴⁴ɕin⁴⁴xuɛ¹³lɔ³¹
	爹 爹 一 出 差， 把 两 个 娃 娃 高 兴 坏 了
红古	a²²ta⁴⁴zฺɿ⁴⁴tʂʻu²¹vɛ¹³, pa²¹liã⁵⁵kɤ²¹va²¹va¹³kɔ²¹ɕin¹³sฺɿ⁴²liɔ²¹
	阿 大 一 出 外， 把 两 个 娃 娃 高 兴 死 了
永登	na⁴²tiə⁴⁴i²²pfʻu²⁴tʂʻɛi⁴², pa²²liãŋ⁴⁴kə²¹va²¹va³¹kao⁴⁴ɕin³¹xuɛi³¹liɑo³³
	那 爹 一 出 差， 把 两 个 娃 娃 高 兴 坏 了
榆中	tie⁵³ti¹³zฺɿ²⁴tʂʻu⁴⁴tsʻɛ⁴⁴, pa³¹liã³⁵kɯ⁴⁴vua³¹vua³⁵lɔo³¹xuɛi³¹lɔo⁴⁴
	爹 的 一 出 差， 把 两 个 娃 娃 乐 坏 了
白银	tiɛ⁴⁴ti²¹zฺɿ²²tʂʻu²²mən⁵¹, pa²²liɑŋ³³kə²¹va⁵¹va²¹kɔ⁴⁴ɕin¹³xuɛ¹³lɔ³³
	爹 的 一 出 门， 把 两 个 娃 娃 高 兴 坏 了
靖远	ta²⁴tiɛ²¹zฺɿ²²tʂʻu²²mɤŋ²⁴, pa²²liɑŋ³⁵ə²¹va²²va⁵⁵kao²²ɕiŋ⁵⁵sฺɿ⁵⁵liao²¹
	大 的 一 出 门， 把 两 个 娃 娃 高 兴 死 了
天水	ta¹³ta²¹i⁴⁴tʃʻʅ¹³tsʻɛ¹³, pa²¹liã²¹kɛ⁴⁴va¹³va²¹kɔ²¹ɕiəŋ⁴⁴sฺɿ⁵³liɔ²¹
	大 大 一 出 差， 把 两 个 娃 娃 高 兴 死 了
秦安	ta⁴⁴xan⁴⁴zi¹³tʃʻʅ¹³tsʻa¹³, ma⁵³liã⁵³kə⁴⁴ua³⁵ua⁴²tsʻi˜²²sฺɿ⁵³lɔ²¹
	大 汉 一 出 差， 把 两 个 娃 娃 轻 死 了
甘谷	tʻɒ²¹tɑ⁴⁴i²¹tʃʻʅ⁴⁴tsʻɒ¹³, mɒ²⁴liɑŋ⁵³kiɛ⁴⁴uə²¹uɑ⁴⁴kɑu²¹ɕiəŋ⁴⁴xuai²¹lɑu²¹
	他 大 一 出 差， 把 两 个 娃 娃 高 兴 坏 了
武山	tʻɔo²¹tɑ⁴⁴tʃʻu²¹tsʻɛi²¹tɕʻi²¹lə²¹, mɑ²¹liɑŋ²¹kuɛi²¹uə²¹uə⁴⁴kɔo²¹ɕiəŋ⁴⁴sฺɿ²¹lə²¹
	他 大 出 差 去 了， 把 两 个 娃 娃 高 兴 死 了
张家川	pa¹³pa²¹i⁴⁴tʃʻʅ¹³tsʻe²¹tɕʻi⁴⁴, pa²¹liã⁵³kɤ⁴⁴ʋa¹³ʋa²¹kɔu²¹ɕiŋ⁴⁴li¹³kæ̃²¹liə²¹
	爸 爸 一 出 差 去， 把 两 个 娃 娃 高 兴 零˭干˭①了
武威	lɔu⁵³tsฺɿ²¹i²²tʂʻʅ⁵³mən³⁵, pu²²liã⁵³kə³¹va³⁵va³¹kɔu³⁵ɕiŋ⁵³tsa⁴⁴liɔu²¹
	老 子 一 出 门， 把 两 个 娃 娃 高 兴 砸 了
民勤	taŋ⁴⁴tiɛ⁴⁴tə⁴⁴zฺɿ²²tʂʻu²²mɤŋ⁵³, pa⁴⁴niɑŋ²²kɯ⁵³va²²va⁴⁴kɔo⁴⁴ɕiŋ⁴²sฺɿ²²la²¹
	当 爹 的 一 出 门， 把 两 个 娃 娃 高 兴 死 了
古浪	tiə¹³zi³¹tʂʻu⁴⁴vɛ⁴², pə²¹liɑŋ²¹kə²²va⁴⁴va²¹kao²¹ɕiŋ²¹xuɛ²²liɑo²¹
	爹 一 出 外， 把 两 个 娃 娃 高 兴 坏 了

---

① 零˭干˭：相当于程度副词"很、非常"。

第一章 语法例句

永昌	tiə¹³ʑi⁵³tʂʻʅ⁵³məŋ²¹, pa²²liAŋ⁴²kə²¹va¹³va²¹luə⁵³sʅ²¹liɔo²¹
	爹 一 出 门, 把 两 个 娃 娃 乐 死 了
张掖	taŋ⁴⁴tiə⁴⁴ti⁴⁴ʑi²⁴kʻfu³¹məŋ⁵³, pa²²liAŋ²²kə⁴⁴va²⁴tsʅ²¹kɔ⁵³ɕiŋ³¹sʅ²²liɔ²¹
	当 爹 的 一 出 门, 把 两 个 娃 子 高 兴 死 了
山丹	tã⁴⁴tiə³⁴tə⁴⁴ʑi²⁴tʂʻu²²məŋ⁵³, pa²²liã³kə⁴⁴ua⁵⁵tsʅ²¹kɑo⁵³ɕiŋ⁴²sʅ²²lə²¹
	当 爹 的 一 出 门, 把 两 个 娃 子 高 兴 死 了
平凉	tʻa³¹ta²⁴i³¹tʂʻu³¹tsʻɛ³¹, pa²⁴liaŋ⁵³kɤ⁴⁴suei⁴⁴suŋ²⁴ua²⁴kɔ³¹ɕiŋ⁴⁴xuæ⁴⁴liɛ³¹
	他 大 一 出 差, 把 两 个 碎 怂① 娃 高 兴 坏 了
泾川	tʻA³¹tA⁴⁴i³¹tʃʻu²⁴tsʻE³¹, pA³¹liaŋ⁴⁴kɤ²¹vA⁴⁴kɔ³¹ɕiŋ⁴⁴sʅ³¹liɛ²¹
	他 大 一 出 差, 把 两 个 娃 高 兴 死 了
灵台	ua²⁴tʻa³¹pa⁴⁴i³¹ʃu²⁴tsʻɛ³¹, pa²¹liaŋ⁴⁴kɤ²¹ua²⁴kɔ⁴⁴ɕiaŋ⁴⁴sʅ²¹liɔ²¹
	娃 他 爸 一 出 差, 把 两 个 娃 高 兴 死 了
酒泉	taŋ⁴⁴tiə⁴⁴ti⁴⁴ʑi¹³tʂʻʅ²²tsʻe⁴⁴, pa²²liaŋ²²kə⁴⁴va⁴⁴va⁴²luə³¹sʅ²²lia²¹
	当 爹 的 一 出 差, 把 两 个 娃 娃 乐 死 了
敦煌	lɔo⁴⁴tsʅ⁵³ʐʅ²⁴tʂʻu²¹³tsʻa²¹³, pa²¹³liɔŋ⁵³kə⁴⁴va²¹va⁴⁴kɔo²²ɕiŋ⁴⁴sʅ²¹lə²¹³
	老 子 一 出 差, 把 两 个 娃 娃 高 兴 死 了
西峰	tʻa³¹pa²⁴i³¹tsʊ⁵³, pa³¹ua²⁴kɔ³¹ɕiŋ²⁴sʅ³¹lia³¹
	他 爸 一 走, 把 娃 高 兴 死 了
环县	tʻa³¹ta⁵⁵i²¹tsɤu⁴¹, pa³¹liaŋ⁵⁵kɤ²¹va⁵⁵kɔ³¹ɕiŋ⁵⁵sʅ³¹liɤu²¹
	他 大 一 走, 把 两 个 娃 高 兴 死 了
正宁	tiɛ⁵³tiɛ²¹i³¹tʃʻu⁴⁴tsʻɛ³¹, pa²⁴liaŋ⁵³kɤ²¹ua²⁴ua²¹kɔ³¹ɕiŋ²¹sʅ⁵³liɔ²¹
	爹 爹 一 出 差, 把 两 个 娃 娃 高 兴 死 了
镇原	tʻa³¹pa²⁴i²²tsəu⁵³, pa²⁴liaŋ⁵³kɤ⁴⁴ua²⁴i²⁴xa²¹kɔ³¹ɕiŋ⁴⁴ti²¹
	他 爸 一 走, 把 两 个 娃 一 下 高 兴 的
定西	pa²¹pa⁴⁴ʑi⁴⁴tʃʻʅ²¹mɤ̃¹³, pa²¹vu⁴⁴liã⁵³kɤ³²va⁴⁴va²¹kɔ²¹ɕin⁴⁴sʅ⁵³lɔ²¹
	爸 爸 一 出 门, 把 兀 两 个 娃 娃 高 兴 死 了
通渭	ta¹³ʑi⁴⁴tʃʻʅ²¹mɤ̃¹³, ma²¹uə⁴⁴liã²¹ke⁴⁴ua²¹ua⁴⁴xuæ̃²¹sʅ⁵³la²¹
	大 一 出 门, 把 兀 两 个 娃 娃 欢 死 了
陇西	tʻɔo⁴²ta²²ʑi²²tʃʻu⁴²mɤ̃¹³, ma²²liã²²ke²¹va²¹va³³kɔo⁴²ɕin⁴⁴lin²¹kæ̃²¹la²¹
	他 们 大 一 出 门, 把 两 个 娃 娃 高 兴 零 干 了

---

① 碎怂：小孩子。

临洮	pa²¹pa⁴⁴ʑi²¹tʂʻu⁴⁴tsʻɛ¹³, pa²¹liã⁵³kɛ²¹va²¹va⁴⁴ke⁴⁴kɔ²¹ɕi⁴⁴xuɛ⁴⁴liɔ²¹ 爸 爸 一 出 差， 把 两 个 娃 娃 给 高 兴 坏 了
漳县	tʻɤu⁵³tɑ²⁴ʑi²⁴tʃʻʅ⁴²tʃʻɑ²¹, pɑ²²liã²¹kɤ²¹uɑ²²uɑ²⁴kuo³³kɔo⁵³ɕiɤ̆³⁵sʅ²¹ 他 大 一 出 差， 把 两 个 娃 娃 给 高 兴 死
武都	pa⁵³pa²¹ʑi²¹tʃʻʅ²¹mɔ̃¹³, pa²¹liaŋ⁵⁵kə²¹va²¹va⁴⁴kou²¹ɕiɔ̃²⁴sʅ⁵⁵lou²¹ 爸 爸 一 出 门， 把 两 个 娃 娃 高 兴 死 了
文县	pa²¹pa⁴⁴ʑi⁴⁴tʃʻʅ³¹tɕʻi²⁴, pa²¹liã⁵⁵kɤ⁴⁴ua²²kei⁴⁴kɔo³¹ɕiɔ̃²⁴ti⁴² 爸 爸 一 出 去， 把 两 个 娃 给 高 兴 的
宕昌	a²¹ta⁴⁴tʂʻu⁴⁴məŋ²⁴lao⁴⁴, pa²¹liã⁴⁴kɤ⁴⁴ua²⁴ua²¹kao²²ɕiŋ⁴⁴liŋ²⁴kæ̃⁴²lao²¹ 阿 大 出 门 了， 把 两 个 娃 娃 高 兴 零 干 了
康县	tA²⁴ʐ̩ɤŋ⁴²i²¹pfʻu⁵³mɤŋ²¹, pA²¹liã⁵⁵kɤ²¹uA²¹uA¹³kɔo²¹ɕiŋ²⁴tE⁵³ 大 人 一 出 门， 把 两 个 娃 娃 高 兴 的
西和	tʻA²¹pA⁵⁵i²¹tʃʻʅ⁵⁵tsʻɛ²¹, liã⁵¹kE²¹uA²⁴uA²¹kao²¹ɕiŋ⁵⁵ti²¹xɤŋ⁵¹ 他 爸 一 出 差， 两 个 娃 娃 高 兴 得 很
临夏市	a⁴⁴tɑ²¹ʑi¹³tʂʻu⁴⁴məŋ²⁴, liaŋ⁴⁴kə⁴²va¹³xɑ²¹kɔ²¹ɕiŋ⁵³xuɛ⁴⁴liɔ²¹ 阿 大 一 出 门， 两 个 娃 哈 高 兴 坏 了
临夏县	lɔ⁵⁵xã⁵²ʑi¹³tʂʻu²¹tsʻɛ²⁴, pɑ¹³liaŋ⁵⁵kə⁵²vɑ¹³luə¹³sʅ⁵⁵liɔ⁵² 老 汉① 一 出 差， 把 两 个 娃 乐 死 了
合作	lco⁵³xan⁵⁵i¹³tʂʻu¹³tʂɛi¹³, pa⁵⁵tʂɤ⁵³liaŋ¹³kɤ⁵³ka⁵³vua¹³lɤ²¹sʅ⁵⁵lɤ⁵⁵ 老 汉 一 出 差， 把 这 两 个 尕 娃 乐 死 了
舟曲	pɛ²⁴ʒʅ⁵³tʃʻʅ⁵⁵mɤŋ³¹, pa²⁴liã⁵⁵kɤ⁵⁵va⁵³va²¹kiɛ²¹kɔo²¹ɕiŋ⁵⁵xuɛ²¹liɔo⁵³ 伯 一 出 门， 把 两 个 娃 娃 给 高 兴 坏 了
临潭	a¹³ta⁴⁴ʑi³¹tʂʻu⁴⁴məŋ⁴⁴, ma¹³liã⁵³kɤ⁴⁴va⁴⁴va³¹kɔ¹³ɕin⁴⁴sʅ⁵³lɔ³¹ 阿 大 一 出 门， 把 两 个 娃 娃 高 兴 死 了

---

① 老汉：老人。

58. 你快些说，把人急着

兰州	ni⁴⁴	kʻuɛ¹³	ɕiɛ⁴⁴	ʂuo²¹,	pa⁴⁴	zₙən⁵³	tɕi⁵³	sʅ⁵³	lɔ³¹
	你	快	些	说，	把	人	急	死	了
红古	ni⁵⁵	kʻuɛ¹³	ɕiə⁴²	fɤ²¹	ʂa¹³,	pa²²	vɤ⁵⁵	tsʅ²¹	tʂɤ⁴⁴
	你	快	些	说	哨，	把	我	急	着
永登	ni²²	kʻuɛi²⁴	ɕiə⁴⁴	fə²⁴	ʂa³¹,	pa²⁴	zₙən²²	tɕi⁴²	tʂə²¹
	你	快	些	说	哨，	把	人	急	着
榆中	ni⁴⁴	kʻuɛi³¹	ɕie⁴⁴	ʂuo⁵³,	pa³¹	zₙən⁴⁴	tɕi⁵³	tʂɤ³⁵	
	你	快	些	说，	把	人	急	着	
白银	ni³³	fə²²	kʻuɛ¹³	ɕiɛ⁴⁴,	pa²²	zₙən⁵¹	tɕi⁵¹	xuɛ¹³	lɔ³³
	你	说	快	些，	把	人	急	坏	了
靖远	niɛ⁵⁵	ʂuə²²	kʻuɛi³⁵	ɕiə˞⁴¹,	pa²²	zₙɤŋ³³	tsʅ²²	tiɛ⁵⁵	
	你	说	快	些儿，	把	人	急	的	
天水	n̩i⁵³	kʻuɛ⁴⁴	ɕie⁴²	ʂʅə¹³,	pa²¹	zₙəŋ¹³	tɕi¹³	ti²¹	
	你	快	些	说，	把	人	急	得	
秦安	n̩i⁵³	lian⁴⁴	kə⁴⁴	ʃyə¹³,	tʻa²²	tɕi³⁵	ti⁵³	li²¹	
	你	连	赶	说，	他	急	的	哩	
甘谷	n̩i⁵³	kʻuai⁴⁴	i⁴²	ɕiɛ²¹	ʃə²¹,	mɒ²¹	zₙəŋ²⁴	tɕi²¹	ti⁴⁴
	你	快	一	些	说，	把	人	急	的
武山	n̩i⁵³	kʻuɛi⁴⁴	tia⁵³	ʃuə²¹,	tsʅ⁴⁴	mɒ²¹	zₙəŋ²⁴	tɕi²¹	tʂə⁴⁴
	你	快	点	说，	这	把	人	急	着
张家川	n̩i⁵³	kʻue⁵⁵	ɕiɛ²¹	ʃɤ²¹	sa⁴⁴,	pa²¹	zₙɤŋ¹³	tɕi¹³	sʅ²¹	liɔ²¹
	你	快	些	说	哨，	把	人	急	死	了
武威	ni³⁵	kʻuɛi⁴⁴	ɕiɛ³¹	ʂuə⁴⁴	sÃ²¹,	pu²²	zₙəŋ³⁵	tɕi⁴⁴	tʂə²¹
	你	快	些	说	哨，	把	人	急	着
民勤	nŋ⁴⁴	kʻuæi⁴²	ɕiɛ²²	ʂuə⁴²,	pa²¹	zₙɤŋ⁵³	tɕi⁵³	sʅ²²	la²¹
	你	快	些	说，	把	人	急	死	了
古浪	ni²²	kʻuɛ²¹	ɕiə³¹	ʂuə⁴²	ʂɒ²¹,	pə²¹	zə̃ŋ³¹	tɕi⁴⁴	tʂə²¹
	你	快	些	说	哨，	把	人	急	着
永昌	ni⁴⁴	kʻuɛ⁵³	ɕiə²¹	ʂuə⁵³	pa⁴²	zₙəŋ⁴⁴	tɕi³⁵	sʅ⁴⁴	liɔ²¹
	你	快	些	说	把	人	急	死	了

张掖	ni⁵³	kʻuɛi³¹	ɕiə²¹	fə³¹	pa²¹,	pa²²	ʐ̩əŋ⁵³	tɕi⁵⁵	tiə²¹	
	你	快	些	说	吧，	把	人	急	的	
山丹	ni⁵³	kʻuɛe⁴²	ɕiə²¹	fə⁴¹,	pa²²	ʐ̩əŋ⁵³	tɕi⁵⁵	tə²¹		
	你	快	些	说，	把	人	急	的		
平凉	ȵi⁴⁴	kʻuæ⁴⁴	ɕiɛ³¹	ʂuo⁵³	sa²¹,	pɑ³¹	ʐ̩əŋ²⁴	tɕi²⁴	ti³¹	
	你	快	些	说	哟，	把	人	急	的	
泾川	ȵi⁵³	kʻuE⁴⁴	ɕiɛ⁵³	ʂɤ³¹,	pA³¹	ʐ̩əŋ²⁴	tɕi²⁴	sɿ³¹	liə²¹	
	你	快	些	说，	把	人	急	死	了	
灵台	ȵi⁵³	kʻuɛ⁴⁴	siɛ²¹	ʂɤ³¹,	pa²¹	ʐ̩əŋ²⁴	tɕi³¹	sɿ⁵³	liə²¹	
	你	快	些	说，	把	人	急	死	了	
酒泉	ni⁵³	kue²²	ɕiə¹³	ʂuə⁴⁴,	pa²²	ʐ̩əŋ⁵³	tɕi⁴⁴	tiə²¹		
	你	快	些	说，	把	人	急	的		
敦煌	ȵɿ⁵³	kan⁵³	tɕiŋ⁴⁴	ʂuə⁵³	sa²¹³,	pa²¹³	ʐ̩əŋ²¹³	tɕʅ²¹³	tə⁴⁴	
	你	赶	紧	说	啥，	把	人	急	着	
西峰	ȵi³¹	kʻuE⁵⁵	ɕiɛ³¹	ʂuo³¹	sa²¹,	pa³¹	ʐ̩əŋ²⁴	tɕi³¹	sɿ⁵³	lia²¹
	你	快	些	说	哟，	把	人	急	死	了
环县	ȵi⁴¹	kʻuɛ⁵⁵	ɕiɛ²¹	ʂuo⁴¹,	pu³¹	iɔ⁵⁵	tɕi³¹	liɛ⁴¹		
	你	快	些	说，	不	要	急	了		
正宁	ȵi⁵³	kʻuE²⁴	siɛ²⁴	ʃuo³¹,	pa³¹	ʐ̩ən²⁴	tɕi²⁴	t̪i²¹		
	你	快	些	说，	把	人	急	的		
镇原	ȵi⁴⁴	kʻuɛ⁴⁴	siɛ²¹	sa³¹,	pa³¹	ʐ̩əŋ²⁴	i³¹	xa²⁴	tɕi²⁴	ti²¹
	你	快	些	哟，	把	人	一	下	急	的
定西	ȵi⁵³	kʻE⁴⁴	tiæ̃³²	ʃuɤ²¹,	pa²¹	ʐ̩ɤŋ¹³	tɕi²¹	ti⁴⁴		
	你	快	点	说，	把	人	急	的		
通渭	ȵi⁵³	kʻuɛ⁴⁴	ɕiɛ³²	ʃɿɤ²¹	sæ̃¹³,	pa²¹	ʐ̩ɔ̃¹³	tɕi²¹	tʂə⁴⁴	
	你	快	些	说	啥，	把	人	急	着	
陇西	li⁵⁵	kʻuɛ⁴⁴	zi²¹	tiæ̃⁵⁵	ʂuɤ²¹,	ma⁴²	ʐ̩əŋ¹³	tɕi¹³	sɿ⁴²	la²¹
	你	快	一	点	说，	把	人	急	死	了
临洮	ni⁵³	kʻuɛ⁴⁴	tiar⁴²	ʂo¹³,	pa²¹	ʐ̩ɛ̃¹³	tɕi¹³	sɿ⁵³	liɔ²¹	
	你	快	点儿	说，	把	人	急	死	了	
漳县	ȵi³³	kʻuE²⁴	zi²¹	tiæ̃²¹	ʃɿɤ²²	pɑ²¹	ʐ̃²⁴	tɤu³³	tɕi²⁴	sɿ²¹ lɔ²¹
	你	快	一	点	说，	把	人	都	急	死 了

第一章 语法例句

武都	n̠i⁵⁵	kæ̃⁵⁵	kʻuɛi⁵⁵	ʃuə²¹,	pa²¹	ŋə⁵⁵	tɕi²¹	sʅ⁵⁵	lou²¹
	你	赶	快	说，	把	我	急	死	了
文县	n̠i³³	kæ̃²¹	tɕiɔ̃⁵⁵	suə³¹,	pa¹³	zə̃²¹	tɕi²¹	ti¹³	
	你	赶	紧	说，	把	人	急	的	
宕昌	n̠ʅ⁴⁴kæ⁵³kʻuɛ⁴⁴ʂuə⁴⁴，				pa²¹zə̩ŋ¹³tɕi¹³liŋ¹³kæ⁴²lao²¹				
	你 赶 快 说，				把 人 急 零 干 了				
康县	n̠i⁵⁵	kʻuɛ²⁴	siɛ²¹	fɤ⁵³,	pᴀ⁵⁵	ʐɤŋ²¹	tɕi⁵³	tʂɔo¹³	
	你	快	些	说，	把	人	急	着	
西和	n̠i⁵¹	kʻuɛ⁵⁵	ɕiɛ²⁴	ɕyə²¹,	pᴀ²¹	ʐɤŋ²⁴	tɕi²⁴	ti²¹	
	你	快	些	说，	把	人	急	得	
临夏市	ni⁴⁴	kuɛ⁴⁴	ɕiɛ²¹	ʂuə¹³,	ŋə⁴⁴	tɕi¹³	xuɛ⁴⁴	liɔ⁴²	
	你	快	些	说，	我	急	坏	了	
临夏县	ni⁵⁵	kuɛ⁵³	ɕiɛ²¹	fə¹³,	pa¹³	ŋə⁵⁵	tɕi¹³	tʂə²¹	
	你	快	些	说，	把	我	急	着	
合作	ni⁵³	ʂuə¹³	kʻuɛi⁵³	ɕie⁵⁵,	pa⁵⁵	ʐə̩ŋ¹³	tɕi¹³	tʂɤ⁵⁵	
	你	说	快	些，	把	人	急	着	
舟曲	nzʅ³⁵	ia⁵³	ma²¹	ʃuə⁵³,	pa²⁴	ʐɤŋ⁵³	tʃʮ⁴²	sʅ²¹	liɔo²¹
	你	牙⁼	麻①	说，	把	人	急	死	了
临潭	ni⁵³kʻuɛi⁴⁴ɕiɛi⁴⁴ʂɤ⁵³sa³¹，				pa¹³ʐə̩ŋ¹³tɕi¹³tʂɤ⁴⁴kua⁴⁴				
	你 快 些 说 哟，				把 人 急 着 挂⁼②				

---

① 牙⁼麻⁼：赶紧。
② 挂⁼：句末语气词。

59. 刘老师连着讲了三节课，把嗓子讲哑了

兰州	liou⁵³lɔ²²ʂɿ⁴⁴liæ̃⁵³tʂɤ³¹tɕiɑ̃⁴⁴lɔ⁴⁴sæ̃⁴⁴tɕiɛ¹³kʻɤ²¹, sɑ̃⁴⁴tsɿ³¹t əu²²tɕiɑ̃³¹ia³¹lɔ²¹
	刘 老师 连着 讲 了 三 节 课， 嗓子 都 讲 哑 了
红古	liəu²²lɔ⁵⁵ʂɿ²¹liẽ²²tʂɤ⁴⁴tɕiɑ̃⁵⁵liɔ²¹sɑ̃²¹tɕiɑ²⁴kʻə²¹, pa²²sɑ̃⁴⁴tsɿ²¹t ʁu²¹xɑ̃⁵⁵ia⁵⁵liɔ²¹
	刘 老师 连着 讲 了 三 节 课， 把 嗓 子 都 喊 哑 了
永登	liʊu²²lɑo⁴⁴ʂɿ²⁴liẽ⁵³tʂə²²tɕiɑ̃n²⁴liɑo²¹sæ̃⁴⁴tɕiɛ³¹kʻə²⁴, pa²²sɑ̃ŋ⁴⁴tsɿ²¹tʊu³³xæ̃²² ia³¹liɑo³³
	刘 老 师 连着 讲 了 三 课， 把 嗓 子 都 喊 哑 了
榆中	liəu⁵³lɔo³⁵ʂɿ⁴⁴liæ̃⁵³tʂuɤ⁴⁴tɕiɑ̃⁴⁴lɔo³¹sæ̃⁴⁴tɕie²⁴kʻuo²⁴, pa³¹saŋ⁴⁴tsɿ³¹tɕiɑ̃³¹ia⁴⁴ lɔo³¹
	刘 老师 连着 讲 了 三 节 课， 把 嗓 子 讲 哑 了
白银	liɤu⁵¹lɔ³³ʂɿ⁴⁴lian⁵¹saŋ¹³lɔ³³san⁴⁴tɕiɛ²¹kʻə¹³, saŋ³⁵tsɿ²¹tu⁴⁴xan³³ia¹³lɔ³³
	刘 老师 连 上 了 三 节 课， 嗓子 都 喊 哑 了
靖远	liɤu²²lɑo⁵⁵sɿ²¹liæ²²tʂʻʮ⁵⁵ʂaŋ³⁵liɑo⁴¹sæ̃⁴¹tɕiɛ²¹kʻuɑ³³, pa²²saŋ⁵⁵tsɿ²¹t ʁu²²tɕiaŋ⁵⁵ ia⁵⁵liɑo²¹
	刘 老师 连住 上 了 三 节 课， 把 嗓 子 都 讲 哑 了
天水	liəu¹³lɔ⁵³sɿ²¹liæ¹³tʃʻʮ²¹tɕiɑ̃⁵³liɔ²¹sæ̃¹³tɕiɛ²¹kʻuə⁴⁴, pa²¹xu¹³lu²¹tsəŋ⁴⁴sɛ²¹liɔ⁵³
	刘 老师 连住 讲 了 三 节 课， 把 喉咙 挣 塞 了
秦安	liəʉ³⁵lɔ⁵³ʃʮ¹³lian¹³tʃʻʮ⁴⁴tɕiɑ̃⁵³lɔ²¹san⁴⁴tsiə²¹kʻuo⁴⁴, ma¹³sɑ̃⁵³tsɿ⁵³təʉ⁴⁴xan⁵³ia⁵³ lɔ²¹
	刘 老师 连住 讲 了 三 节 课， 把 嗓子 都 喊 哑 了
甘谷	liɤʉ²⁴lɑu⁵³sɿ²¹lia²¹tʃʻʮ⁴⁴tɕiaŋ⁵³lau⁴²sa¹³tɕiɛ²¹kʻuə¹³, mɒ²¹saŋ⁵³tsɿ²¹tɕiaŋ⁴⁴sai²¹ lau¹³
	刘 老师 连住 讲 了 三 节 课， 把 嗓子 讲 塞 了
武山	lɤʉ²¹lɔo⁴⁴sɿ²¹lia²⁴tʂə⁴⁴tɕiaŋ⁵³lə²¹sa²¹tɕiə²¹kʻuo²⁴, mɑ²⁴xɤʉ²¹luəŋ⁴⁴ȵia⁵³tʁʉ²⁴ tsə⁴⁴sə¹³lɔ²¹
	刘 老师 连着 讲 了 三 节 课， 把 喉咙 眼 都 着 塞 了

第一章　语法例句

张家川	liɣu¹³lɔu⁵³sʅ³²liæ̃¹³tʂɤ²¹tɕiʌ̃⁵³liə¹³sæ̃¹³tɕiɛ²¹kʻuɤ⁴⁴，pa²¹sɑ̃⁵³tʂʻɤu¹³xæ̃⁵³n̩ia⁵³
	刘　老　师　连　着　讲　了　三　节　　课，　把　嗓　子　都　喊　哑
	liə²¹
	了
武威	liəu³⁵lɔu⁵³sʅ²¹liÃ³⁵tʂə³¹tɕiÃ⁵³liɔu²¹sÃ³⁵tɕiɛ³⁵kʻuə³¹，sÃ⁵³tsʅ²¹tu⁴⁴ia⁴⁴tiɔu¹³liɔu²¹
	刘　老　师　连　着　讲　了　三　节　　课，　嗓　子　都　哑　掉　了
民勤	niɣu⁵³lɔo⁴⁴sʅ²¹ʐi²²nir⁴⁴ʂaŋ⁴²lə²¹sæi⁴⁴tɕiɛ²¹kʻuə⁴²，pa⁴⁴saŋ²²tsʅ⁴⁴xæi⁵³ia²²la⁴⁴
	刘　老　师　一　连　上　了　三　节　　课，　把　嗓　子　喊　哑　了
古浪	liʊu⁴⁴lao²²sʅ²¹lie⁴⁴tʂə²¹tɕiãŋ²¹liao²²sæ³³tɕiɛ²²kuə³¹，pə²²sãŋ¹³tsʅ⁴⁴tʊu²²ʂuə²
	刘　老　师　连　着　讲　　了　三　节　课，　把　嗓　子　都　说
	ia²¹liao³¹
	哑　了
永昌	liɣu³⁵lɔo⁵³sʅ²¹lie⁴⁴ʂʌŋ⁵³liɔo²¹sɜ⁴⁴tɕiə⁴⁴kʻuə⁵³，pa¹³sʌŋ⁵³tsʅ²¹tɕiʌŋ⁴⁴ia⁴²liɔo²¹
	刘　老　师　连　上　了　三　节　　课，　把　嗓　子　讲　哑　了
张掖	liəu²⁴lɔ²²sʅ²¹ʐi²²liʌŋ⁴⁴tɕiʌŋ²²liə⁴⁴sʌŋ⁴⁴tɕiə⁴⁴kʻə³¹，pa²²sʌŋ²²tsʅ⁴⁴tɣu⁴⁴tɕiʌŋ⁵³ia²²
	刘　老　师　一　连　讲　了　三　节　　课，　把　嗓　子　都　讲　哑
	liɔ⁴⁴
	了
山丹	liəu⁵⁵lao²²sʅ²¹lie⁴⁴tʂuə⁴⁴tɕiã²²liə⁴⁴sɜɛ³⁴tɕiə⁴⁴kʻuə⁴¹，pa²²sã⁵³tsʅ⁴⁴tɕiã⁵³ia²²lə⁴⁴
	刘　老　师　连　着　讲　了　三　节　　课，　把　嗓　子　讲　哑　了
平凉	liɣu³¹lɔ⁵³sʅ³¹i³¹xɑ⁴⁴tsʅ²¹tɕiaŋ⁴⁴liə³¹sæ̃²⁴tɕiɛ³¹kʻuo⁴⁴，pɑ⁵³saŋ⁴⁴tsʅ⁵³tɣu²¹tɕiaŋ⁵³
	刘　老　师　一　下　子　讲　了　三　节　　课，　把　嗓　子　都　讲
	ia⁴⁴liɔ³¹
	哑　了
泾川	liəu²⁴lɔ⁵³sʅ³¹tɕiaŋ⁵³lie²¹sæ̃²⁴tɕiɛ³¹kʻuo⁴⁴，saŋ⁴⁴tsʅ²¹t əu³¹iʌ⁴⁴lie²¹
	刘　老　师　讲　了　三　节　　课，　嗓　子　都　哑　了
灵台	liou²⁴lɔ⁵³sʅ²¹liæ̃³¹tʃʻuo⁵³ʂaŋ⁴⁴lie²¹sæ̃²⁴tsiɛ³¹kʻuo⁴⁴，saŋ⁴⁴tsʅ²¹tou²¹ia³³liɔ²¹
	刘　老　师　连　着　上　了　三　节　　课，　嗓　子　都　哑　了
酒泉	liəu⁴⁴lə⁴²sʅ²¹liẽ⁴⁴tʂuə⁴²tɕiaŋ²²liʌ⁴⁴sã⁴⁴tɕiə⁴⁴kʻə²¹，pa²²saŋ²²tsʅ⁵³tɣu⁵³tɕiaŋ⁵³
	刘　老　师　连　着　讲　了　三　节　　课，　把　嗓　子　都　讲
	ia²²lia²¹
	哑　了

161

敦煌	liɤu²¹³lɔo⁴⁴sʅ²¹³liɛ²¹³tʂə⁴⁴ʂɔŋ⁵³lə²⁴san²⁴tɕiɛ²¹kʻə²¹³， pa²²saŋ⁵⁵tsʅ⁵³təu⁴⁴tɕiɔŋ⁵³
	刘　老师　连着　讲　了　三　节　课，　把　嗓子　都　讲
	ia²¹³lə²¹
	哑　了
西峰	liʊ³¹lɔ⁵⁵sʅ³¹liæ²⁴tʂu²¹ʂãŋ²⁴lə²¹sæ̃⁵³tɕiɛ³¹kʻɤ⁵⁵， pa³¹saŋ⁵⁵tsʅ²¹tɕiaŋ⁵⁵ia³¹lia²¹
	刘　老师　连着　上　了　三　节　课，　把　嗓子　讲　哑了
环县	liɤu⁵⁵lɔ⁵⁵sʅ²¹liɛ³¹tʂʅ⁴¹ʂaŋ⁵⁵liɛ²¹sæ̃⁴¹tɕiɛ³¹kʻuo⁵⁵， pa³¹saŋ⁵⁵tsʅ²¹tɤu³¹tɕiaŋ⁵⁵
	刘　老师　连　住　上　了　三　节　课，　把　嗓子　都　讲
	ia⁵⁵liɛ²¹
	哑　了
正宁	liou²⁴lɔ⁴⁴sʅ²¹liæ̃²⁴tʂɤ²¹tɕiaŋ³¹liɔ²¹sæ̃³¹ʨiɛ³¹kʻuo⁴⁴， pa²⁴saŋ⁴⁴tsʅ²¹tɕiaŋ⁴⁴sɛ²¹liɔ²¹
	刘　老师　连　着　讲　了　三　节　课，　把　嗓子　讲　塞了
镇原	liəu³¹lɔ⁵³sʅ²¹liæ̃²⁴tʂɤ²¹ʂaŋ⁴⁴lə³¹sæ̃²⁴tsiɛ²¹kʻuo⁴⁴， pa³¹saŋ⁵³tsʅ²¹təu⁴⁴tɕiaŋ⁴⁴
	刘　老师　连着　上　了　三　节　课，　把　嗓子　都　讲
	ia⁵³lia²¹
	哑　了
定西	liu¹³lɔ⁵³sʅ³²liæ²¹tʃʻʅ⁴⁴tɕiã⁵³lɔ³²sæ̃¹³tɕiɛ³²kʻuɤ³³， pa²¹sã⁵³tsʅ²¹ʃʅɤ¹³sE²¹lɔ¹³
	刘　老师　连　住　讲　了　三　节　课，　把　嗓子　说　塞了
通渭	liʊ¹³lɔ⁵³sʅ⁴⁴liæ¹³tʃʻʅ⁴⁴tɕiã⁵³lɔ³²sæ̃¹³tɕiɛ³²kʻuə⁴⁴， ma²¹sã⁵³tsʅ²¹lũ⁴⁴se²¹la¹³
	刘　老师　连　住　讲　了　三　节　课，　把　嗓子　弄　塞了
陇西	liɤu¹³lɔo⁵⁵sʅ⁴³zi⁴²liæ²²ʂã⁴⁴lɔo⁴⁴sæ̃²¹tɕiɛ²¹kʻɤ³²， ma²¹sã⁵⁵tsʅ²¹tɕiã⁵⁵se²¹la²¹
	刘　老师一连　上　了　三　节　课，　把　嗓子　讲　塞了
临洮	liʊ¹³lɔ⁵³sʅ²¹liæ̃¹³tʂu⁴⁴tɕiã⁵³liɔ²¹sæ̃¹³tɕiɛ²¹kʻo⁴⁴， pa¹³sã⁵³tsʅ²¹tsɤŋ⁴⁴sɛ²¹liɔ¹³
	刘　老师　连　住　讲　了　三　节　课，　把　嗓子　挣　塞了
漳县	liɤu²⁴lɔo⁵³ʃʅ²¹liæ²⁴tʃ⁴⁴tɕiã⁵³lɔo²¹sæ̃²¹tsiE²¹kʻuo⁴⁴， pa²⁴sã⁵³tsʅ²¹tɤu²¹kE⁴⁴
	刘　老师　连着　讲　了　三　节　课，　把　嗓子　都　给
	tɕiã⁵³sE²²lɔo²¹
	讲　塞了
武都	liɤu²¹lɔu⁵⁵sʅ²¹liæ²¹ tʂə²¹tɕiaŋ⁵⁵lɔu²¹sæ̃⁵³tʻaŋ⁴⁴kʻuə²⁴， pa²¹saŋ⁵⁵tsʅ²¹tɕiaŋ⁵⁵
	刘　老师连着　讲　了　三　堂　课，　把　嗓　子　讲
	xa²¹lɔu²¹
	哑　了

文 县	liɤu¹³lɔɔ⁵³sʅ³¹liæ²¹tʃʻʮ⁴⁴sã²⁴lɔɔ⁴²sæ³¹tɕiɛ⁴⁴kʻuə²⁴，pa²¹sã⁵³tsʅ²¹tɤu³¹kei²²tɕiã⁴⁴
	刘 老 师 连 住 上 了 三 节 课， 把 嗓 子 都 给 讲
	sɛ³¹lɔɔ²¹
	塞 了
宕 昌	liɤu¹³lao⁵³sʅ²¹tɕiɛ³³liæ²¹ʂã⁴⁴lao²¹sæ³⁵tɕiɛ²¹kʻuə⁴⁴，pa²²xɤu²²lɤu²⁴tɤu⁴²tɕiã⁵³
	刘 老 师 接 连 上 了 三 节 课， 把 喉 咙 都 讲
	sei⁴⁴lao⁴⁴
	塞 了
康 县	liɤu²¹lɔɔ³⁵ʂʅ²¹liæ²¹tʂɤ²⁴tɕiã⁵⁵lɔ²¹sæ⁵³tsiE²¹kʻuɤ²⁴，pA²¹sã⁵⁵tsʅ²¹tɕiã⁵⁵sE⁵³lA²¹
	刘 老 师 连 着 讲 了 三 节 课， 把 嗓 子 讲 塞 了
西 和	liɤu²⁴lao²⁴sʅ²¹liæ²⁴ʂã²¹tɕiã⁵¹lao²¹sæ²¹tʻã²⁴kʻuɤ²¹，pA²⁴sã⁵¹tsʅ²¹tʂɤŋ⁵⁵n̠iA⁵¹lɔ²¹
	刘 老 师 连 上 讲 了 三 堂 课， 把 嗓 子 整 哑 了
临夏市	liɤu¹³lɔ⁴²sʅ²⁴liẽ¹³tsə⁴⁴ʂuə²¹ɕiɔ⁴²sã⁴⁴tɕiɛ²¹kʻuə⁵³，sã⁴²tsʅ⁴⁴ia⁴²liɔ²⁴
	刘 老 师 连 着 说 了 三 节 课， 嗓 子 哑 了
临夏县	liɤu¹³lɔ⁵⁵sʅ²⁴liã¹³tsuə⁵²tɕiaŋ⁵⁵liɔ⁵²sã⁵⁵tɕiɛ²¹kʻuə⁵³，saŋ⁵⁵tsʅ²¹tɕiaŋ⁵⁵ia⁵⁵liɔ⁵²
	刘 老 师 连 着 讲 了 三 节 课， 嗓 子 讲 哑 了
合 作	liɤɯ¹³lɔɔ⁵³sʅ⁵⁵lian¹³tʂɤ⁵⁵tɕiaŋ¹³lɤ⁵⁵san⁵⁵tɕie¹³kʻɤ⁵³，pa⁵⁵saŋ⁵⁵tsʅ⁵⁵tɕiaŋ¹³ia⁵³
	刘 老 师 连 着 讲 了 三 节 课， 把 嗓 子 讲 哑
	liɔɔ⁵³
	了
舟 曲	liɤu²⁴lɔɔ²¹sʅ⁵⁵liæ⁵³tʃʻʮ⁴²ʂã²⁴liɔɔ⁵⁵sæ⁵⁵tsiE²¹kʻuə²⁴，pa³³xu⁵³lu⁴²tɤu⁴²kei²⁴tsɤŋ²⁴
	刘 老 师 连 住 上 了 三 节 课， 把 喉 咙 都 给 挣
	ia⁵⁵liɔɔ⁴²
	哑 了
临 潭	liɤu¹³lɔ⁵³sʅ⁴⁴liæ̃i¹³ʂã⁴⁴tɕiã⁵³lɤ⁴⁴sæ̃i⁴⁴tɕiɛi¹³kɤ⁴⁴，pa⁵³sã⁵³tsʅ⁴⁴kei¹³tɕiã⁵³ia⁵³lɔ⁵³
	刘 老 师 连 上 讲 了 三 节 课， 把 嗓 子 给 讲 哑 了

60. 给儿子把学费给给了

兰州	kɯ44	va53	va44	pa22	ɕyɛ53	fei13	kɯ55	kɯ53	lɔ21
	给	娃	娃	把	学	费	给	给	了
红古	kei13	ər22	tsʅ55	pa13	ɕyə22	fei44	kei53	kei31	liɔ21
	给	儿	子	把	学	费	给	给	了
永登	kei24	ar44	tsʅ21	pa24	ɕyə22	fei33	kei22	kei44	liɑo21
	给	儿	子	把	学	费	给	给	了
榆中	pa35	vua53	vua31	ti31	ɕyɛ53	fei31	tɕiɔ44	kɤ31	lɔ31
	把	娃	娃	的	学	费	交	给	了
白银	kɯ22	ɣɯ51	tsʅ33	pa33	ɕyɛ51	fei13	kɯ33	kɯ21	lɔ21
	给	儿	子	把	学	费	给	给	了
靖远	kei22	ər24	tsʅ55	pa22	ɕyə22	fei33	kei21	kei55	kei22 liɑo21
	给	儿	子	把	学	费	给	给	给 了
天水	kɛ44	ər13	tsʅ21	pa21	ɕyə13	fei55	kɛ44	kɛ21	liɔ21
	给	儿	子	把	学	费	给	给	了
秦安	kuə22	ua35	ua31	ma21	ɕiə13	fei44	kuə44	kuə21	lɔ21
	给	娃	娃	把	学	费	给	给	了
甘谷	kuə44	zʅ21	tsʅ44	pɒ53	ɕyɛ21	fai44	tɕiɛ21	kuə21	lɑu53
	给	儿	子	把	学	费	交	给	了
武山	kuo44	xɤʉ35	zəŋ42	mɑ24	ɕiə21	fɛi44	tɕiə21	ku21	lɔ42
	给	后	人	把	学	费	交	给	了
张家川	kɪ44	xʮu44	zʮŋ21	pa21	ɕyɛ13	fɪ44	ta53	ʂɑ̃44	liə21
	给	后	人	把	学	费	打	上	了
武威	kə21	ɣ35	tsʅ53	pu31	ɕyɛ35	fei21	kə53	kə21	liɔu21
	给	儿	子	把	学	费	给	给	了
民勤	pa44	ɕyɛ53	fei42	kɯ22	kɯ44	ɣɯ22	tsʅ44	la21	
	把	学	费	给	给	儿	子	了	
古浪	kɤ21	ɤ44	tsʅ21	pə31	ɕyə42	fei21	kɤ21	kɤ44	liɑo21
	给	儿	子	把	学	费	给	给	了
永昌	pa21	ɕyə13	fɪ21	kə53	kə13	ɣɯ13	tsʅ21	liɔ21	
	把	学	费	给	给	儿	子	了	

张掖	ɕyə⁵³	fei³¹	kə²²	kɤ⁴⁴	yɤ⁴⁴	tsʅ²²	liɔ²¹	
	学	费	给	给	儿	子	了	
山丹	kɤ²²	ɤɤ⁵⁵	tsʅ²¹	pa²²	ɕyə⁵³	fei⁴²	kɤ⁵³	kɤ²²	lə⁴⁴
	给	儿	子	把	学	费	给	给	了
平凉	keɪ⁴⁴	ər²⁴	tsʅ²¹	pɑ³¹	ɕyo²⁴	feɪ⁴⁴	keɪ⁴⁴	keɪ²¹	liɑ²¹
	给	儿	子	把	学	费	给	给	了
泾川	kei³¹	ʌr²⁴	pA³¹	ɕyɤ²⁴	fei⁴⁴	kei⁴⁴	kei³¹	liɛ²¹	
	给	儿	把	学	费	给	给	了	
灵台	kei⁴⁴	ər³¹	tsʅ⁵³	pa²¹	ɕyo²⁴	fei⁴⁴	kei²⁴	kei²¹	liɔ²¹
	给	儿	子	把	学	费	给	给	了
酒泉	pa²²	ɕyə⁵³	fɿ²²	kə²²	kə⁵³	yɤ⁴⁴	tsʅ⁴²	lia²¹	
	把	学	费	给	给	儿	子	了	
敦煌	kə²²	ər²¹³	tsʅ⁵³	pa²¹³	ɕyə²¹³	fei⁴⁴	tɕiɔ⁴⁴	la²¹³	
	给	儿	子	把	学	费	交	了	
西峰	keɪ²⁴	ər²¹	tsʅ⁴⁴	pa³¹	ɕyo²⁴	feɪ⁵⁵	keɪ⁵⁵	keɪ²¹	lia²¹
	给	儿	子	把	学	费	给	给	了
环县	kei⁴¹	ər³¹	tsʅ⁴¹	pa³¹	ɕyɤ³¹	fei⁵⁵	kei⁵⁵	kei²¹	liɔ²¹
	给	儿	子	把	学	费	给	给	了
正宁	kei⁴⁴	ər³¹	tsʅ⁵³	pa²¹	ɕyɛ²⁴	fei⁴⁴	tsʅ²¹	kei²¹	lia²¹
	给	儿	子	把	学	费	子	给	了
镇原	kei³¹	va²⁴	pa²⁴	ɕyo³¹	fei⁴⁴	təu⁴⁴	kei⁴⁴	kei³¹	lə²¹
	给	娃	把	学	费	都	给	给	了
定西	pa¹³	ɕiɛ²¹	fɿ⁴⁴	kE⁴⁴	ər²¹	tsʅ⁴⁴	liɔ²¹		
	把	学	费	给	儿	子	了		
通渭	ma²¹	xʊ⁴⁴	zɔ̃³²	tɚ²¹	ɕiɛ²¹	fe⁴⁴	tɕiɛ²¹	kuə²¹	la⁴⁴
	把	后	人	的	学	费	接	过	了
陇西	ko⁴⁴	va²²	va⁴⁴	pa⁴²	ɕyɤ²²	fe⁴⁴	tɕiɔ⁴²	sã²²	la³²
	给	娃	娃	把	学	费	交	上	了
临洮	ke⁴⁴	ər²²	tsʅ⁴⁴	pa²¹	ɕye²¹	fe⁴⁴	ke⁴⁴	liɔ²¹	
	给	儿	子	把	学	费	给	了	
漳县	kuo²⁴	uɑ²²	uɑ²⁴	pɑ²¹	ɕiE²¹	fɿ⁴⁴	tɤu²¹	kuo²⁴	kuo⁵³	lɔɔ²¹
	给	娃	娃	把	学	费	都	给	给	了

武都	kei^{55} 给	ʌr^{21} 儿	tsʅ^{55} 子	pa^{21} 把	çyə^{21} 学	fei^{55} 费	kɿ^{24} 给	kɿ^{21} 给	lɔu^{21} 了
文县	pa^{35} 把	çyɤ^{21} 学	fei^{44} 费	kei^{35} 给	ər^{21} 儿	tsʅ^{44} 子	kei^{35} 给	kei^{42} 给	a^{21} 啊
宕昌	pa^{22} 把	çyə^{21} 学	fei^{44} 费	kei^{21} 给	ər^{13} 儿	tsʅ^{44} 子	kei^{44} 给	kei^{33} 给	
康县	kɿ^{55} 给	ər^{21} 儿	tsʅ^{35} 子	pʌ^{24} 把	çyɛ^{21} 学	fɿ^{24} 费	kɿ^{24} 给	kɿ^{53} 给	lɔ^{21} 了
西和	kei^{55} 给	ər^{24} 儿	tsʅ^{21} 子	pʌ^{21} 把	çyə^{24} 学	fei^{55} 费	tçiɛ^{21} 接	kei^{55} 给	læ̃^{21} 了
临夏市	ɯ^{21} 儿	tsʅ^{44} 子	xɑ^{21} 下	çyɛ^{21} 学	fei^{52} 费	kei^{44} 给	ti^{21} 的	liɔ^{21} 了	
临夏县	kei^{55} 给	ɯ^{21} 儿	tsʅ^{55} 子	pɑ^{13} 把	çyɛ^{21} 学	fei^{52} 费	kei^{55} 给	kei^{21} 给	liɔ^{21} 了
合作	kei^{55} 给	ər^{13} 儿	tsʅ^{55} 子	pa^{53} 把	çye^{13} 学	fei^{53} 费	kei^{13} 给	kei^{55} 给	liɔo^{53} 了
舟曲	pa^{33} 把	çyə^{31} 学	fei^{35} 费	kei^{42} 给	ər^{35} 儿	tsʅ^{21} 子	liɔ^{53} 撂	kiɛ^{42} 给	liɔo^{21} 了
临潭	kei^{55} 给	va^{44} 娃	va^{31} 娃	pa^{13} 把	çyɛ^{13} 学	fei^{33} 费	tçiɔ^{13} 交	lɔ^{53} 了	

61. 把我们算啥哩？功劳是大家的

兰 州	pa²²vɤ⁴⁴mən⁵³suæ̃¹³sa¹³li⁴⁴？kuən⁴⁴lɔ⁵³ʂɿ¹³ta¹³tɕia⁴⁴ti²¹
	把 我 们 算 啥 哩？ 功 劳 是 大 家 的
红 古	pa¹³vɤ³⁵mən²¹suã¹³ʂa¹³lia⁴²？kuən¹³lɔ⁵⁵ʂɿ²¹ta¹³tɕia⁴²tʂɤ²¹
	把 我 们 算 啥 呢？ 功 劳 是 大 家 的
永 登	pa³³a²¹mən⁴⁴suæ̃³¹sa²¹li⁴⁴ʂa²¹？kuən⁴⁴lɑo²¹ʂɿ²¹ta²¹³tɕia²¹ti⁴⁴
	把 我 们 算 啥 哩 吵？ 功 劳 是 大 家 的
榆 中	pa³¹uɤ³⁵mən³¹suæ̃⁴⁴sa¹³li³¹？kun⁴⁴lɔo⁵³ʂɿ²⁴ta³¹tɕia³⁵ti³¹
	把 我 们 算 啥 哩？ 功 劳 是 大 家 的
白 银	vɑŋ⁵¹suan¹³kə²¹sa¹³？kuen⁴⁴lɔ⁵¹ʂɿ¹³ta²²tɕia⁴⁴ti²¹
	我们 算 个 啥？ 功 劳 是 大 家 的
靖 远	pa²⁴ŋuə⁴¹mɤŋ²¹suæ̃³³sa³⁵niɛ⁴¹？koŋ⁴¹lɑo²¹ʂɿ³³ta³⁵tɕia⁴¹tiɛ²¹
	把 我 们 算 啥 呢？ 功 劳 是 大 家 的
天 水	pa⁵³ŋɔ²⁴suæ⁴⁴ʂa⁴⁴li¹³？kuəŋ²¹lɔ¹³sɿ²¹tʃuəŋ⁵⁵ʐəŋ⁴²tɛ²¹
	把 我 们 算 啥 哩？ 功 劳 是 众 人 的
秦 安	ma²²kə⁵³mɔ̃⁴⁴pfu²¹suan⁴⁴sa⁴⁴？kuɔ̃¹³lɔ⁴⁴ʃɿ⁴⁴ta⁴⁴tɕia²¹tə²¹
	把 我 们 不 算 啥？ 功 劳 是 大 家 的
甘 谷	mɒ²¹kiɛ²¹sua⁴⁴sɒ⁵³li²¹？kuəŋ⁴⁴lɑu²¹sɿ⁴⁴tɒ⁴⁴tɕiɒ²¹tə⁴⁴
	把 我 算 啥 哩？ 功 劳 是 大 家 的
武 山	mɑ²¹kiə²¹sua⁴⁴sə⁴⁴tʂə⁴⁴lə⁴²？vu⁴⁴kuəŋ²¹lɔo²⁴ɤ²⁴sɿ⁴⁴tɑ⁴⁴tɕiɑ²¹tə²¹
	把 我 算 啥 着 哩？ 兀 功 劳 都 是 大 家 的
张家川	pa²¹tsʻɔu¹³suæ̃⁴⁴sa⁴⁴li¹³？koŋ²¹lɔu¹³s̺ta⁴⁴tɕia²¹ti²¹
	把 曹 算 啥 哩？ 功 劳 是 大 家 的
武 威	pu⁴⁴və⁵³mən²¹suÃ²¹sa⁴⁴li²¹？kuəŋ³⁵lou⁴⁴sɿ²¹ta⁴⁴tɕia²¹ti²¹
	把 我 们 算 啥 哩？ 功 劳 是 大 家 的
民 勤	pa⁴⁴uə²²mɤŋ⁴⁴suæi⁴²kɯ²²sɑŋ⁴²？koŋ⁴⁴lɔo²¹sɿ⁴⁴ta⁴²tɕia²²tə²¹
	把 我 们 算 个 啥？ 功 劳 是 大 家 的
古 浪	pə¹³uə²²mɔ̃ŋ⁴⁴suɛ⁴⁴ʂɑ⁵³li²¹？kuɤ̃⁴⁴lɑo⁴⁴sɿ²²tɑ⁴²tɕiɑ³¹ti²¹
	把 我 们 算 啥 哩？ 功 劳 是 大 家 的
永 昌	pa³⁵uə⁵³məŋ²¹suɛ⁵³kə²¹ʂəŋ⁵³mə²¹liə²¹？kuŋ⁴⁴lɔo⁴⁴sɿ²¹ta⁵³tɕia²¹ti²¹
	把 我 们 算 个 什 么 咧？ 功 劳 是 大 家 的

张掖	uə²²məŋ⁴⁴suʌŋ²⁴ʂa³¹a²¹？ kvuŋ⁴⁴lɔ⁴⁴ʂʅ⁴⁴ta³¹tɕia²²tiə²¹	
	我 们 算 啥 啊？ 功 劳 是 大 家 的	
山丹	pa²²uə²²məŋ⁴⁴suɛ⁴²kə²¹ʂa⁴¹？ kuŋ³⁴lɑo⁴⁴ʂʅ⁴⁴ta⁴²tɕia²²tə²¹	
	把 我 们 算 个 啥？ 功 劳 是 大 家 的	
平凉	pɑ³¹uo⁴⁴məŋ²¹suæ⁴⁴sa⁴⁴li²¹？ kuŋ⁵³lɔ²¹nɛ⁴⁴sʅ²¹tɑ⁴⁴tɕiɑ³¹ti³¹	
	把 我 们 算 啥 哩？功 劳 那 是 大 家 的	
泾川	vo⁴⁴məŋ³¹suæ⁴⁴sʌ⁴⁴li²¹？ kuŋ³¹lɔ²¹sʅ⁴⁴tʌ²⁴tɕiʌ³¹ti²¹	
	我 们 算 啥 哩？ 功 劳 是 大 家 的	
灵台	pa²¹ŋuo³¹ti²¹suæ⁴⁴kɤ²¹sa⁴⁴？ kuəŋ³¹lɔ²¹sʅ²¹ta⁴⁴tɕia²¹ti²¹	
	把 我 们 的 算 个 啥？ 功 劳 是 大 家 的	
酒泉	pa²²uə²²məŋ⁵³suã¹³sa²²nia²¹？ kuəŋ⁴⁴lɵ⁴⁴sʅ⁴⁴ta³¹tɕia²²tiə¹³	
	把 我 们 算 啥 哩？ 功 劳 是 大 家 的	
敦煌	pa²²ŋə⁵³məŋ⁴⁴suan⁴⁴sa⁴⁴nə⁴²？ kuŋ²²lɔo²²ʂʅ⁴⁴ta⁴⁴tɕia⁴⁴tə²¹mã²¹	
	把 我 们 算 啥 哩？ 功 劳 是 大 家 的 嘛	
西峰	pa³¹ŋɤ⁵⁵suæ⁵⁵sa⁵⁵liɛ²¹？ kuŋ⁵³lɔ²¹sʅ³¹ta²⁴tɕia³¹ti²¹	
	把 我 算 啥 咧？ 功 劳 是 大 家 的	
环县	pa³¹ŋuo⁵⁵m̩²¹suæ⁵⁵sa⁵⁵li²¹？ kuŋ⁴¹lɔ²¹sʅ⁴¹ʐəŋ³¹tɕia⁵⁵ti²¹	
	把 我 们 算 啥 哩？ 功 劳 是 人 家 的	
正宁	pa³¹tʻa²⁴ɕyæ⁴⁴sa²⁴lei²¹？ kuŋ³¹lɔ²¹sʅ²¹ta²⁴ia³¹ʨi²¹	
	把 他 算 啥 哩？ 功 劳 是 大 家 的	
镇原	pa³¹uo⁵³məŋ²¹suæ⁴⁴sa⁴⁴n̩i²⁴？ kuŋ⁵³lɔ²¹sʅ²²ta⁴⁴tɕia²¹ti³¹	
	把 我 们 算 啥 呢？ 功 劳 是 大 家 的	
定西	pa²¹tsʻɔ¹³tsæ⁵³suæ⁴⁴sɤ⁵³li²¹？ kuŋ²¹lɔ¹³sʅ⁴⁴ta⁴⁴tɕia²¹ti²¹	
	把 曹"嗒 算 啥 哩？ 功 劳 是 大 家 的	
通渭	ma²¹tsʻɔ²¹suæ⁴⁴ke³²sə⁵³？ kuə̃²¹lɔ²¹sʅ⁴⁴ʧũ⁴⁴ʐə̃³²ta²¹	
	把 曹" 算 个 啥？ 功 劳 是 众 人 的	
陇西	ma²²kɔo²²suæ⁴⁴ʂo⁴⁴liæ⁴²？ kuŋ⁴²lɔo²²sʅ⁴⁴ta⁴⁴tɕia²¹ta²¹	
	把 皋" 算 啥 咧？ 功 劳 是 大 家 的	
临洮	pa¹³ŋo⁵³mɤŋ²¹suæ⁴⁴sa⁴⁴niə¹³？ kə̃²¹lɔ²¹sʅ⁴⁴ta⁴⁴tɕia²¹tiə²¹	
	把 我 们 算 啥 呢？ 功 劳 是 大 家 的	
漳县	mɑ²²kɔo²¹suæ²⁴ʃɔo²⁴liɛ²¹？ kuɤ̃⁵³lɔo²⁴ʃʅ²¹tɑ²⁴tɕiɑ²¹tɤ²¹	
	把 皋" 算 啥 哩？ 功 劳 是 大 家 的	

武 都	pa²¹ŋə⁵³mɔ̃²¹suæ̃²⁴kə²¹sa¹³？ koŋ⁵³lɔu¹³sʅ²¹ta²⁴tɕia²¹ti²¹	
	把 我 们 算 个 啥？ 功 劳 是 大 家 的	
文 县	pa³⁵ŋɤ⁵⁵mɔ̃²¹ʃuæ̃²⁴sa¹³？ koŋ³¹lɔo²¹sʅ⁴⁴ta²⁴tɕia³¹tɛ²¹	
	把 我 们 算 啥？ 功 劳 是 大 家 的	
宕 昌	pa²²ŋɤ⁵³mɤŋ²¹suæ̃⁴⁴sa⁵³ɲʅ²¹？ kuŋ³³lao¹³sʅ²¹ta⁴⁴tɕia³³tʅ²¹	
	把 我 们 算 啥 哩？ 功 劳 是 大 家 的	
康 县	pᴀ²¹ŋuɤ⁵⁵mɤŋ²¹suæ̃²⁴kɤ⁵⁵ʂᴀ¹³？ kuŋ⁵³lɔo²¹sʅ⁵⁵tᴀ²⁴tɕiᴀ⁵⁵tE²¹	
	把 我 们 算 个 啥？ 功 劳 是 大 家 的	
西 和	pᴀ²¹ŋuɤ²⁴tsʅ²¹ʃɥæ̃⁵⁵sᴀ²⁴liɛ²¹？ kuŋ²¹lao²⁴sʅ²¹tᴀ⁵⁵tɕiᴀ²¹tɤ²¹	
	把 我 几 算 啥 咧？ 功 劳 是 大 家 的	
临夏市	ŋə⁴⁴məŋ⁴⁴suã⁴⁴ʂʅ²¹mɑ⁴⁴li²⁴？ kuəŋ²¹lɔ⁵²ʂʅ²¹tɑ⁴⁴tɕiɑ²¹ti²¹	
	我 们 算 什 么 哩？ 功 劳 是 大 家 的	
临夏县	ŋə⁵⁵məŋ⁵⁵suã⁵³ʂʅ¹³mɑ⁵²？ kuəŋ²¹lɔ⁵²ʂʅ²¹tɑ⁵⁵tɕiɑ²¹ti²¹	
	我 们 算 什 么？ 功 劳 是 大 家 的	
合 作	ta⁵³tɕia¹³ti⁵⁵kuŋ¹³lɔo⁵³，ŋɤ⁵³mən⁵⁵suan⁵⁵ʂa¹³li⁵⁵？	
	大 家 的 功 劳， 我 们 算 啥 哩？	
舟 曲	pa³³ŋɤu⁵³mɤŋ²¹suæ̃³⁵sa⁴²？ kuɤŋ³⁵lɔo⁵³sʅ²¹ta³³tɕia²⁴tsʅ⁵³	
	把 我 们 算 啥？ 功 劳 是 大 家 的	
临 潭	pa¹³ŋɤ⁵³mən³¹suæ̃i⁴⁴sa⁴⁴li³¹？ kuŋ⁴⁴lɔ¹³sʅ⁴⁴ʑi¹³kua⁴⁴ti³¹	
	把 我 们 算 啥 哩？ 功 劳 是 一 挂 ̈ 的	

62. 我把这件事情知道了

兰州	vɤ⁵³	tʂʅ⁴⁴	tɔ¹³	tʂɤ¹³	kɤ¹³	ʂʅ¹³	tɕʻin²¹	
	我	知	道	这	个	事	情	
红古	tʂʅ¹³	kɤ³⁵	ʂʅ²²	tɕʻin⁴⁴	vɤ¹³	tʂʅ²¹	tɔ¹³	lia⁴²
	这	个	事	情	我	知	道	了
永登	tʂʅ²¹	kə⁴⁴	tʂʅ²¹	tɕin⁴⁴	və²¹	tʂʅ⁴²	tao²¹	
	这	个	事	情	我	知	道	
榆中	tʂɤ⁴⁴	tɕiæ̃⁴⁴	ʂʅ³¹	tɕʻin⁵¹	uɤ⁴⁴	tʂʅ³¹	tɔɔ²⁴	
	这	件	事	情	我	知	道	
白银	tʂʅ²²	kə¹³	ʂʅ²²	tɕʻin⁵¹	və³³	tʂʅ⁴⁴	tɔ²¹	
	这	个	事	情	我	知	道	
靖远	ŋuə⁵⁵	pa²²	tʂʅ³⁵	kə⁴¹	sʅ³⁵	tɕʻiŋ⁴¹	tʂʅ²²	tao³⁵ niɛ⁴¹
	我	把	这	个	事	情	知	道 呢
天水	tsɛ⁵³	tɕʻiæ⁴⁴	sʅ⁴⁴	tɕʻiəŋ³¹,	ŋuə⁵³	ɕiɔ⁵³	ti¹³	liɔ²¹
	这	件	事	情,	我	晓	得	了
秦安	tʂəu⁴⁴	tɕʻian¹³	ʃʅ⁴⁴	tsʻiə̃²¹	kə⁵³	tʂʻʅ²²	tʻɔ⁴⁴	
	这	件	事	情	我	知	道	
甘谷	kiɛ⁴⁴	uɑŋ²¹	tʂʅ⁵³	tɕʻia⁴⁴	sʅ¹³	tɕʻiəŋ²⁴	tʂʻʅ²¹	tau⁴⁴
	我	往	这	件	事	情	知	道
武山	kiə⁵³	pɑ²¹	tʂʅ⁴⁴	i²¹	tɕʻia⁴⁴	sʅ⁴⁴	tɕʻiəŋ²¹	tʂʅ²¹ tʻɔ⁴⁴
	我	把	这	一	件	事	情	知 道
张家川	ŋɤ⁵³	ɕiɔu⁵³	tɕi²¹	tʂʅ⁴⁴	kɤ²¹	sʅ⁴⁴	tɕʻiŋ̌²¹	
	我	晓	得	这	个	事	情	
武威	tɕiŋ⁴⁴	kə³¹	sʅ⁴⁴	tɕʻiŋ²¹	və³⁵	tʂʅ⁵³	tɔu³¹	
	这	个	事	情	我	知	道	
民勤	tʂʅ⁴²	kɯ²²	sʅ⁴²	tɕʻiŋ²¹	uə⁴⁴	tʂʅ⁴⁴	tɔɔ²²	la²¹
	这	个	事	情	我	知	道	了
古浪	tʂʅ³¹	kə⁴⁴	sʅ⁴⁴	tɕʻiŋ²¹	uə⁴⁴	tʂʅ³¹	tao²¹	
	这	个	事	情	我	知	道	
永昌	uə⁵³	pa¹³	tʂə⁵³	kə²¹	sʅ⁴²	tʂʅ⁴⁴	tɔɔ⁴⁴	liɔɔ²¹
	我	把	这	个	事	知	道	了

张 掖	uə⁵³	tʂɿ⁴⁴	tɔ⁴⁴	tʂɿ³¹	tɕiʌŋ²¹	sɿ³¹	tɕʻiŋ²¹	
	我	知	道	这	件	事	情	
山 丹	tʂə⁴²	kə²¹	sɿ⁴²	tɕʻiŋ²¹	uə⁵³	tʂɿ³⁴	tɑo⁴⁴	
	这	个	事	情	我	知	道	
平 凉	uo⁵³	pa⁵³	tʂɛ⁴⁴	tɕiæ⁴⁴	sɿ⁴⁴	tɕʻiŋ²¹	ɕiɔ⁴⁴	ter³¹ liɑ²¹
	我	把	这	件	事	情	晓	得 了
泾 川	tʂ⁵³	sɿ⁴⁴	vo⁵³	tʂɿ³¹	tɔ⁴⁴	liɛ²¹		
	这	事	我	知	道	了		
灵 台	ŋuo⁵³	pa²¹	tʻa⁵³	ta³¹	liɔ²¹	我把他打了		
	uo⁵³	pa²¹	fæ⁴⁴	tʂʻɿ³¹	liɔ²¹	我把饭吃了		
	ŋuo⁵³	pa²¹	tsuo²⁴	ȵiɛ³¹	tsuo³¹	liɔ²¹		
	我	把	作	业	做	了		
	tʂɤ⁵³	sɿ⁴⁴	ŋuo⁵³	tʂɿ⁵³	tɔ²¹	这事我知道		
酒 泉	tʂɿ²²	kə⁵³	sɿ²²	və⁵³	tʂɿ⁴⁴	tɵ⁴⁴		
	这	个	事	我	知	道		
敦 煌	ŋə⁵³	tʂɿ²²	tɑo⁴⁴	tʂə⁴²	kə⁴²	sɿ⁴⁴	tɕʻiŋ²¹	
	我	知	道	这	个	事	情	
西 峰	tʂɛ⁵⁵	tɕiæ⁵⁵	sɿ²⁴	ŋɤ³¹	tʂɿ⁵³	tɔ²¹	liɑ³¹	
	这	件	事	我	知	道	了	
环 县	ŋuo⁴¹	tʂɿ³¹	tɔ⁵⁵	tʂei⁴¹	tɕiæ⁵⁵	sɿ⁵⁵	tɕʻiŋ²¹	ȵi²¹
	我	知	道	这	件	事	情	呢
正 宁	ŋɤ⁵³	tʂɿ³¹	tʻɔ²¹	tʂɤ⁵³	tɕʻiæ²¹	sɿ²⁴	tɕʻiŋ²¹	
	我	知	道	这	件	事	情	
镇 原	tʂɛ³¹	sɿ²⁴	uo³¹	tʂɿ⁵³	tɔ²¹	ȵi²¹		
	这	事	我	知	道	呢		
定 西	tʂɤu⁴⁴	sɿ⁴⁴	tɕʻin³²	ŋɤ⁵³	tʂʻɿ²¹	tʻɔ³³		
	这	事	情	我	知	道		
通 渭	kə⁵³	ma²¹	tʂɿ⁴⁴	sɿ⁴⁴	tʂɿ²¹	tʻɔ⁴⁴	la²¹	
	我	把	这	事	知	道	了	
陇 西	kɔɔ²²	ma²²	tʂɿ⁴⁴	ke⁴²	sɿ⁴⁴	tɕʻin⁴²	tɤu¹³	tʂɿ²¹ tʻɑɔ²¹
	皋	把	这	个	事	情	都	知 道

临洮	ŋo⁵³	pa²¹	tʂe⁵³	ko²¹	sʐ⁴⁴	tɕʰi²¹	tʂʰʐ²²	to⁴⁴
	我	把	这	个	事	情	知	道
漳县	kɤ⁴⁴	mɑ²¹	tʃʐ²⁴	tɕʰiæ²¹	ʃʐ⁴⁴	tsʰiɤ̃²¹	tʃʐ²¹	tʰɔɔ²⁴
	我	把	这	件	事	情	知	道
	tʃʐ²⁴	tɕʰiæ⁵³	ʃʐ²¹	kɤ⁴⁴	tʃʐ⁵³	tʰɔɔ²⁴		
	这	件	事	我	知	道		
武都	ŋə⁵⁵	pa²¹	tsei⁵³	tɕiæ²¹	sʐ¹³	ɕiɔu⁵⁵	ti²¹	lɔu²¹
	我	把	这	件	事	晓	得	了
文县	tsɛ⁵⁵	tɕiæ²¹	sʐ²¹	ŋɤ²²	ɕiɔɔ³⁵	tɛ³¹		
	这	件	事	我	晓	得		
宕昌	tʂər⁵³	tɕiæ²¹	sʐ¹³	tɕʰiŋ²¹	ŋɤ⁵³	tʂʐ²²	tao⁴⁴	
	这	件	事	情	我	知	道	
康县	tʂɤ⁵⁵	tɕiæ²¹	sʐ²⁴	tsʰiŋ⁵³	ŋuɤ⁵⁵	tʂʐ²¹	tɔɔ²⁴	
	这	件	事	情	我	知	道	
西和	tsei⁵⁵	kɤ²¹	sʐ⁵⁵	tɕʰiŋ²¹	ŋuɤ⁵¹	tʂʰʐ²¹	tʰao⁵⁵	
	这	个	事	情	我	知	道	
临夏市	tʂə⁴⁴	tɕiɛ̃⁴²	sʐ⁴⁴	tɕʰiŋ²¹	tʂʐ²¹	tɔ⁵³		
	这	件	事	情	知	道		
临夏县	ŋə⁵⁵	tʂʐ²¹	tɔ⁵²	tʂʐ⁵⁵	tɕiɛ̃⁵²	sʐ⁵⁵	tɕʰiŋ²¹	
	我	知	道	这	件	事	情	
合作	tʂɤ¹³	kɤ⁴²	sʐ⁵⁵	tɕʰin⁵⁵	ŋɤ⁵⁵	tʂʐ¹³	tɔɔ⁵³	
	这	个	事	情	我	知	道	
舟曲	tʂʐ²²	tɕiæ⁵⁵	sʐ⁵⁵	tsʰiŋ⁵⁵	uə⁵⁵	tʂʐ⁵⁵	tɔɔ²¹	
	这	件	事	情	我	知	道	
临潭	ŋɤ⁵³	pa¹³	tʂɤ⁴⁴	kɤ³¹	sʐ⁵³	tɕʰin³¹	tʂʐ¹³	tɔ⁴⁴
	我	把	这	个	事	情	知	道

63. 我把啥没有呦？

兰 州	vɤ⁴⁴	pa⁵³	sa⁴⁴	mei⁵³	iəu⁵³	sa²¹？
	我	把	啥	没	有	呦？
红 古	vɤ⁵⁵	pa²¹	ʂa¹³	mɤ²¹	iəu⁵⁵	ʂa²¹？
	我	把	啥	没	有	呦？
永 登	və³⁵	pa²¹	sa⁴⁴	mei²¹	iʊu⁴²	sa²¹？
	我	把	啥	没	有	呦？
榆 中	uɤ⁴⁴	sa³⁵	tu⁴⁴	iəu⁴⁴	li²¹	我啥都有哩
白 银	və³³	sa¹³	mei¹³	iɤu³³	tiɛ²¹	ʂa²¹？
	我	啥	没	有	的	呦？
靖 远	ŋuə⁵⁵	pa²²	sa³⁵	mə²²	iɤu⁵⁵	ɕiɛ²¹？
	我	把	啥	没	有	些？
天 水	n̩i⁵³	pa²¹	sa⁵⁵	mo²¹	iəu⁵³	sa²¹？
	你	把	啥	没	有	呦？
秦 安	tsʻɔ³⁵	xɛ¹³	tɕʻyə²¹	sa⁴⁴	liə²¹？	我还缺啥哩？
甘 谷	n̩i⁴⁴	uaŋ²¹	sʅ⁴⁴	mə⁵³	iɤu²¹？	你往˝什˝没有？
武 山	n̩i⁵³	ma²⁴	sə⁴⁴	tɔɔ⁴⁴	mə²¹	iɤu²¹ sɑ¹³？
	你	把	什	么	没	有 啥？
张家川	ŋɤ⁵³	sa⁴⁴	tɤu¹³	iɤu⁵³	liɛ²¹？	我啥都有咧？
武 威	və³⁵	sa⁵³	tu²¹	iəu⁵³	li²¹？	我啥都有哩？
民 勤	uə⁴⁴	pa⁴⁴	saŋ²²	kɯ⁴⁴	miɾ²²	iɤu⁴⁴ sæi²¹？
	我	把	啥	给	没	有 噻？
古 浪	uə³¹	pə⁴²	ʂɑ⁴⁴	mei¹³	iʊu³³	ʂæ³¹？
	我	把	啥	没	有	呦？
永 昌	uə³⁵	sʅ³⁵	mə²¹	mɪ⁴⁴	iɤu²¹？	我什么没有？
张 掖	uə²²	pa⁴⁴	ʂa²⁴	mu³¹	iəu²¹	xʌŋ²¹？
	我	把	啥	没	有	呦？
山 丹	uə⁵³	ʂa²⁴	mei²²	iəu⁵⁵	ʂa²¹？	我啥没有呦？
平 凉	uo⁵³	pɑ³¹	sa⁴⁴	keɪ⁴⁴	mɔ²⁴	iɤu³¹ sa²¹？
	我	把	啥	给	没	有 呦？
泾 川	vo⁵³	mo³¹	iəu⁵³	sʌ⁴⁴	ɕiʌ²¹？	我没有啥下？

灵 台	ŋuo⁵³ pa²¹ sa⁴⁴ mɤ³¹ iou²⁴ sa²¹? 我　把　啥　没　有　呦？	
酒 泉	və²² pa⁵³ sa¹³ mɿ²² iəu⁵³?	我把啥没有？
敦 煌	ŋə⁵³ pa²² sa⁴⁴ mo²¹ iɤu⁵³ sa²¹? 我　把　啥　没　有　呦？	
西 峰	uo³¹ tsəŋ³¹ sa⁵⁵, sa²⁴ tʊ²⁴ pu³¹ tsəŋ³¹? 我　争　啥，　啥　都　不　争？	
环 县	ŋuo⁴¹ sa⁵⁵ tɤu³¹ iɤu⁵⁵ n̪i²¹?	我啥都有呢？
正 宁	ŋɤ⁵³ kei²¹ mɔ²² iou⁵³ ʃuo⁴⁴?	我给没有说？
镇 原	uo⁵³ pa³¹ sa⁴⁴ mɔ³¹ iəu⁴⁴ sa³¹?	
	我　把　啥　没　有　呦？	
定 西	ŋɤ²¹ sɤ⁵³ mɤ²¹ sa¹³?	我啥没呦？
通 渭	kə⁵³ mə⁴⁴ ke³² sə⁵³?	我没个啥？
陇 西	kɔo²² ma²² ʂo⁴⁴ mɤ⁴⁴ mɤ²¹ iʊɐ²¹?	
	皋̈　把　什　么　没　有？	
临 洮	ŋo⁵³ pa²¹ sa⁵³ mo²¹ iʊ⁵³ sa²¹? 我　把　啥　没　有　呦？	
漳 县	kɤ⁴⁴ pɑ²¹ ʃɔo²⁴ mɤ²¹ iɤui⁵³?	我把啥没有？
武 都	ŋə⁵⁵ sa¹³ tɤu²¹ ziɤu³⁵?	我啥都有？
文 县	ŋɤ⁵⁵ pa²¹ sa¹³ muə⁴² tɛ¹³?	我把啥没的？
宕 昌	ŋɤ⁵³ pa²² sa⁴² mɤ²¹ iɤu³⁵?	我把啥没有？
康 县	ŋuɤ⁵⁵ pA²¹ ʂA¹³ mɤ²¹ iɤu⁵⁵ ʂA²¹? 我　把　啥　没　有　呦？	
西 和	n̪i⁵¹ pA²¹ sa²⁴ mɤ²¹ ʂA²¹?	你把啥没呦？
临夏市	ŋə⁴⁴ ʂʅ²¹ mɑ⁴⁴ mə²¹ iɤu⁴⁴ ʂɑ⁴²? 我　什　么　没　有　啥？	
临夏县	ŋə⁵⁵ ʂʅ¹³ mɑ⁵² kə²¹ mə⁵⁵ iɤu²¹, zi²¹ kuɑ⁵² tu¹³ iɤu⁵⁵ li²¹? 我　什么　个　没　有，　一　挂̈　都　有　哩？	
合 作	ŋɤ⁵³ ʂʅ⁵⁵ ʂa¹³ mɤ⁵⁵ iɤuɪ¹³?	我是啥没有？
舟 曲	ŋuə³⁵ pa⁵³ sa²⁴ mɤ⁴² iɤu²¹?	我把啥没有？
临 潭	ŋɤ⁵³ pa¹³ sa⁴⁴ mɤ¹³ iɤu⁵³ sa³¹? 我　把　啥　没　有　呦？	

64. 校长就是把理科班的学生好

兰 州	ɕiɔ¹³tʂã⁴⁴tɕiəu¹³ʂʅ¹³pa²¹li⁴⁴kʻɤ²²pæ̃⁴⁴ti⁴⁴ɕyɛ⁵³ʂən³¹xɔ³¹
	校 长 就 是 把 理 科 班 的 学 生 好
红 古	ɕiɔ¹³tʂã⁵⁵tɕiəu⁴²ʂʅ²¹pa²²li⁴²kʻə²¹pã²²tʂɤ¹³ɕy²²ʂən⁴⁴xɔ⁴²
	校 长 就 是 把 理 科 班 者 学 生 好
永 登	ɕiɑo²¹tʂɑŋ⁴⁴tɕiʊu²¹tʂʅ⁴⁴pa²¹na⁵³mən²¹li⁴²kə⁴²pan²¹ti¹¹ɕyə³¹sən²¹xɑo⁴⁴³
	校 长 就 是 把 那 们 理 科 班 的 学 生 好
榆 中	ɕiɔ³¹tʂɑŋ⁴⁴tɕiəu³¹ʂʅ⁴⁴pa³¹li⁴⁴kʻɤ⁴⁴pæ̃⁴⁴ti³¹ɕye³¹ʂən³¹xɔ⁴⁴
	校 长 就 是 把 理 科 班 的 学 生 好
白 银	ɕiɔ²²tʂɑŋ³³tɕixu¹³ʂʅ¹³pʻian³³ɕin⁴⁴li³³kʻə²¹pan⁴⁴ti²¹ɕyɛ⁵¹ʂən²¹
	校 长 就 是 偏 心 理 科 班 的 学 生
靖 远	ɕiɑo³⁵tʂɑŋ⁵⁵tsɤu³⁵ʂʅ⁴²pa²²li⁵⁵kʻuə²¹pæ̃²¹tiɛ²¹ɕy²²sɤŋ⁴⁴pʻiæ̃⁴¹ɕiŋ²¹
	校 长 就 是 把 理 科 班 的 学 生 偏 心
天 水	ɕiɔ⁴⁴tʂã⁵³tɕiəu⁵⁵ʂʅ²¹pa²¹li⁵³kʻuə²¹pæ̃²¹tiɛ²¹ɕy²²sən²¹xɔ⁵³
	校 长 就 是 把 理 科 班 的 学 生 好
秦 安	ɕiɔ⁴⁴tʂɑŋ⁴⁴ma²²li³¹kʻuo²²pan¹³ə¹³ɕiə³⁵ʃɤ̃²¹pʻian¹³siɤ̃²²ti⁴⁴li²¹
	校 长 把 理 科 班 的 学 生 偏 心 的 哩
甘 谷	ɕiɑu⁴⁴tʂʻɑŋ⁴²tɕʻixʉ⁴⁴sʅ⁴⁴uɑŋ²¹li⁴²kʻə²¹²pa²¹²tə⁴⁴ɕiɛ²⁴sɤŋ⁴⁴xɑu⁵³
	校 长 就 是 往 理 科 班 的 学 生 好
武 山	ɕiɔ⁴⁴tʂɑŋ⁵³tɕʻixɤ⁴⁴pɑ²¹li⁵³kʻuo²¹pa²¹tə²⁴ɕiɛ²⁴sɤŋ²¹xɔ⁵³
	校 长 就 把 理 科 班 的 学 生 好
张家川	ɕiɔ⁴⁴tʂã⁵³tɕʻixu⁴⁴stuɪ⁴⁴li⁵³kʻɤ¹³pæ̃²¹tɕi²¹ɕyɛ¹³sɤŋ²¹xɔu⁵³
	校 长 就 是 对 理 科 班 的 学 生 好
武 威	ɕiʊu⁵³tʂÃ²¹tɕiəu⁵³sʅ³¹tuei³¹li³⁵kʻə⁵³pÃ³¹ti²¹ɕyɛ⁴⁴sən⁵³xɔu²¹
	校 长 就 是 对 理 科 班 的 学 生 好
民 勤	ɕiɔ²²tʂɑŋ⁴⁴tɕixu⁴²sʅ²²tuei⁴²ŋ⁴⁴kʻuə⁴⁴pæi⁴⁴tə²¹ɕyɛ⁵⁵sɤŋ²¹xɔ⁴⁴
	校 长 就 是 对 理 科 班 的 学 生 好
古 浪	ɕiɑo¹³tʂãŋ⁴⁴tɕiʊu¹³sʅ⁴⁴tuei³³li³³kə²²pæ⁴⁴ti²²ɕyə⁴⁴ʂɤŋ²²xɑo³¹
	校 长 就 是 对 理 科 班 的 学 生 好
永 昌	ɕiɔ⁵³tʂʌŋ⁴⁴tɕixu⁴⁴sʅ²¹pa⁴⁴li⁵³kʻə²¹pɛ¹³ti²¹ɕyə¹³sɤŋ²¹suə⁴⁴tə²¹xɔ⁴⁴
	校 长 就 是 把 理 科 班 的 学 生 说 得 好

张 掖	ɕiɔ²²tʂɑŋ⁵³tɕiəu³¹sʅ²¹tuei³¹li²²kʻə⁴⁴pɑŋ⁴⁴tiə⁴⁴ɕyə⁵⁵ʂəŋ²¹xɔ⁵³
	校 长 就 是 对 理 科 班 的 学 生 好
山 丹	ɕiɑo²²tʂã⁵³tɕiəu⁴⁴sʅ²¹tuei⁴²li⁵³kʻə⁴⁴pɛɛ⁴⁴tə⁴⁴ɕyə⁵⁵ʂəŋ²¹xɑo²²a⁴⁴
	校 长 就 是 对 理 科 班 的 学 生 好 啊
平 凉	ŋɤ⁵³pɑ²⁴tɕiɤu⁴⁴sʅ⁴⁴tueɪ⁴⁴ŋɤ⁵³meɪ⁴⁴meɪ²¹xɔ⁵³
	我 爸 就 是 对 我 妹 妹 好
泾 川	ɕiɔ⁴⁴tʂɑŋ⁵³tɕiəu⁴⁴sʅ²¹tueɪ⁴⁴li⁵³kʻɤ³¹pæ̃³¹ti²¹ɕyɤ³¹səŋ⁵³xɔ⁵³
	校 长 就 是 对 理 科 班 的 学 生 好
灵 台	ɕiɔ⁴⁴tɑŋ⁵³tɕiou⁴⁴sʅ⁴⁴tuei⁴⁴li⁵³kʻuo³¹pæ̃³¹ti²¹ɕyo³¹səŋ⁵³xɔ⁵³
	校 长 就 是 对 理 科 班 的 学 生 好
酒 泉	ɕiɵ²²tʂɑŋ⁵³tuɪ²²li⁵³kʻə⁴⁴pã⁴⁴ti⁴⁴ɕye⁴⁴səŋ⁴²xɵ⁵³
	校 长 对 理 科 班 的 学 生 好
敦 煌	ɕiɔ⁴⁴tʂɔŋ⁴⁴tɕiɤu⁴⁴sʅ⁴⁴tuei⁴⁴li⁴⁴kʻə²²pan²¹³tə²²nɛ²²ɕiə²¹³ɕyə²¹³səŋ⁴⁴xɔ⁵³
	校 长 就 是 对 理 科 班 的 那 些 学 生 好
西 峰	ɕiɔ⁵⁵tsɑŋ²¹tɕiʊ⁵⁵sʅ²¹tueɪ²⁴li⁵⁵kʻɤ³¹pæ̃³¹ti³¹ɕyɛ²⁴səŋ³¹xɔ⁵³
	校 长 就 是 对 理 科 班 的 学 生 好
环 县	ɕiɔ⁵⁵tʂɑŋ⁴¹tuei⁵⁵li⁵⁵kʻuo²¹pæ̃⁴¹ti²¹ɕyɤ³¹səŋ⁴¹xɔ⁴¹
	校 长 对 理 科 班 的 学 生 好
正 宁	ɛ²¹, ɕiɔ⁴⁴tʂɑŋ⁵³tʻiou⁴⁴sʅ²¹tuei³¹lei⁴⁴kʻɤ³¹pæ̃³¹ti²¹ɕyɛ²⁴səŋ²¹xɔ⁵³
	哎, 校 长 就 是 对 理 科 班 的 学 生 好
镇 原	ɕiɔ²⁴tʂʻɑŋ⁵³tsʻəu⁴⁴sʅ²¹tuei²⁴li⁵³kʻuo²¹pæ̃⁵³ti³¹ɕyo²⁴səŋ²¹xɔ⁵³
	校 长 就 是 对 理 科 班 的 学 生 好
定 西	ɕiɔ⁴⁴tʂã⁵³pʻiæ²¹ti²¹sʅ⁴⁴li⁵³kʻuɤ²¹pæ̃²¹ti²¹ɕiɛ²¹sŋ²¹
	校 长 偏 的 是 理 科 班 的 学 生
通 渭	ɕiɔ⁴⁴tʂã⁵³ma²¹li⁵³kʻə⁴¹pæ̃²¹tə²¹ɕiɛ¹³sɔ̃³¹pʻiæ¹³
	校 长 把 理 科 班 的 学 生 偏①
陇 西	ɕiɔ⁴⁴tʂã⁵⁵tɕiɤu⁴⁴sʅ⁴²ma²¹li⁵⁵kʻo⁴²pæ̃²¹ti²¹ɕyɤ¹³səŋ²¹xɔ²¹
	校 长 就 是 把 理 科 班 的 学 生 好
临 洮	ɕiɔ⁴⁴tʂã⁵³tɕiʊ⁴⁴sʅ⁴⁴pa²¹li⁵³kʻo²¹pæ̃²¹ti²¹ɕye¹³sɤŋ²¹xɔ⁵³
	校 长 就 是 把 理 科 班 的 学 生 好

---

① 偏：偏心。

漳县	ɕiɔ⁴⁴tʃã⁴²tsiɤu²⁴ʃʅ²¹pa³³li²⁴kʻuo²¹ɕyE²⁴ʃɤ̃²¹ti²¹kE⁴⁴	
	校 长 就 是 把 理 科 学 生 的 爱	
武都	ɕiɔu²⁴tʂaŋ⁵⁵tɕiɤu²⁴sʅ²¹tuei²⁴li⁵⁵kʻə²¹pæ̃²¹tə²¹ɕyə²¹sə̃⁵⁵xɔu⁵⁵	
	校 长 就 是 对 理 科 班 的 学 生 好	
文县	ɕiɔ²⁴tsã⁴²tɕiɤu²⁴sʅ²¹pa¹³lʅ⁴⁴kʻuə²¹pæ̃³¹tɤ²¹ɕyɤ¹³sə̃⁴⁴pʻiæ̃³¹ɕiə̃³¹	
	校 长 就 是 把 理 科 班 的 学 生 偏 心	
宕昌	ɕiao⁴⁴tʂã⁵³tɕiɤu²⁴sʅ⁴²tuei⁴⁴lʅ⁵³kʻuə²¹pæ̃²²lʅ²¹ɕyə¹³səŋ²²pʻiæ²⁴ɕiŋ⁴⁴	
	校 长 就 是 对 理 科 班 里 学 生 偏 心	
康县	ɕiɔ²⁴tʂã⁵³tsiɤu²⁴sʅ²¹tuɪ³⁵kʻuɤ²¹pæ̃⁵³tE²¹ɕyE²¹sɤŋ⁵⁵xɔ⁵⁵³	
	校 长 就 是 对 理 科 班 的 学 生 好	
西和	ɕiao⁵⁵tʂã²¹tɕʻiɤu⁵⁵sʅ²¹pA²¹li⁵¹kʻuɤ²¹pæ̃²¹tɤ²¹ɕyə²⁴sɤŋ²¹kʻæ̃⁵⁵tɤ²¹tɕʻi⁵¹	
	校 长 就 是 把 理 科 班 的 学 生 看 得 起	
临夏市	ɕiɔ⁴⁴tʂaŋ⁴²li⁴⁴kʻə²⁴pã¹³ti²¹ɕyɛ¹³sə̃⁵²kã²¹tɕʻi¹³ɕiɛ²¹	
	校 长 理 科 班 的 学 生 看 起 些	
临夏县	ɕiɔ⁵⁵tʂaŋ²¹tɕiɤu⁵⁵sʅ²¹pɑ¹³li⁵⁵kə²⁴ɕyɛ¹³sə̃⁵²xɔ⁵⁵	
	校 长 就 是 把 理 科 学 生 好	
合作	ɕiɔo⁵³tʂaŋ⁵⁵pa⁵⁵li⁵³kʻɤ⁵³pan⁵⁵tɤ⁵⁵ɕye¹³sɤŋ⁵⁵kʻan⁵⁵tɕʻi⁵³	
	校 长 把 理 科 班 的 学 生 看 起	
舟曲	ɕiɔo³³tʂã⁵⁵tsiɤu⁵⁵sʅ⁴²pa³³li⁵⁵kʻuə⁴²pæ̃⁵³ti²¹ɕyə⁴²sɤŋ²¹pʻiæ̃⁵³sin²¹	
	校 长 就 是 把 理 科 班 的 学 生 偏 心	
临潭	ɕiɔ¹³tʂã⁵³tɕiɤu¹³sʅ⁴⁴pa¹³li⁵³kʻɤ¹³pæi⁴⁴ti³¹ɕyɛ¹³səŋ¹³xɔ⁵³	
	校 长 就 是 把 理 科 班 的 学 生 好	

65. 窑街炭把靖远炭比不上

兰州	ʑiɔ⁵³tɕiɛ⁴⁴t'æ¹³pa²²tɕin¹³yæ⁴⁴t'æ¹³pi⁴⁴pu²¹ʂã¹³ 窑 街 炭 把 靖 远 炭 比 不 上
红古	iɔ¹³kɛ⁴⁴t'ã¹³pa²¹tɕin¹³yɛ̃⁵⁵t'ã¹³pɿ⁵⁵pu²¹kuə¹³ 窑 街 炭 把 靖 远 炭 比 不 过
永登	iao²¹³kɛi⁴²t'æ²¹pa¹¹tɕin²¹³iuæ⁴⁴t'æ²¹ti²⁴pu⁴²ʂãŋ²¹ 窑 街 炭 把 靖 远 炭 敌 不 上
榆中	iɔɔ⁵³kɛi⁴⁴ti³¹t'æ²⁴mei⁴⁴tɕin³¹yæ⁴⁴ti³¹xɔɔ⁴⁴ 窑 街 的 炭 没 靖 远 的 好
白银	iɔ⁵¹tɕiə¹³ti²¹t'an¹³pi³³tɕin¹³yan³³ti²¹t'an¹³ʐaŋ⁵¹ 窑 街 的 炭 比 靖 远 的 炭 瓤
靖远	iao²⁴kɛi⁴¹tiɛ²¹t'æ³³pɿ²²pu²¹ʂaŋ³⁵tɕiŋ²²yæ⁴¹tiɛ²¹t'æ³³ 窑 街 的 炭 比 不 上 靖 远 的 炭
天水	iɔ²⁴kɛ³¹tɛ²¹t'æ⁵³vɛ⁵³pi⁵³pu²¹ʂã⁴⁴tɕiəŋ⁴⁴yæ²¹tɛ²¹t'æ²¹ 窑 街 的 炭 咊 比 不 上 靖 远 的 炭
秦安	iɔ³⁵kɛ²¹mei¹³k'uã⁴⁴ma¹³tɕiɔ̃³⁵yan⁵³mei¹³k'uã⁵³pi⁵³ti¹³tsan⁴⁴lɔ²¹ 窑 街 煤 矿 把 靖 远 煤 矿 比 得 潸 了
甘谷	iau²⁴kai⁵³t'a⁴⁴uaŋ⁴⁴tɕiəŋ⁴⁴ya⁵³t'a⁴⁴pi⁴⁴pu²¹ʂaŋ⁴⁴ 窑 街 炭 往 靖 远 炭 比 不 上
武山	iɔɔ²⁴tɕiɛ²¹t'a⁴⁴pi⁵³pu²¹ʂaŋ⁴⁴tɕiəŋ⁴⁴ya²¹t'a⁴⁴ 窑 街 炭 比 不 上 靖 远 炭
张家川	iɔu¹³kɛ²¹t'æ⁴⁴mɤ²¹iɤu⁵³tɕiŋ⁴⁴yæ²¹t'æ⁴⁴xɔu⁵³ 窑 街 炭 没 有 靖 远 炭 好
武威	iɔu³⁵kɛi⁵³t'ʌ̃³¹pu³¹ʐʯ²²tɕiŋ⁴⁴yʌ̃⁵³t'ʌ̃³¹ 窑 街 炭 不 如 靖 远 炭
民勤	iɔɔ⁵³kæi²¹t'æi²¹tɕiɤu⁴²sʯ²¹kæi²²pu²²ʂaŋ⁴⁴tɕiŋ⁴²yei²¹t'æi⁴² 窑 街 炭 就 是 赶 不 上 靖 远 炭
古浪	iao⁴⁴kɛ³¹t'æ²¹pu⁴⁴ʐu⁵¹tɕiŋ³¹yuɜ¹³t'æ²²xao³¹ 窑 街 炭 不 如 靖 远 炭 好
永昌	iɔɔ¹³kɛ⁴²t'ɛ⁴²tɕiɤu⁴²sʯ²¹pu²²ʐʯ⁴²tɕiŋ⁵³ye²¹ti²¹t'ɛ⁵³ 窑 街 炭 就 是 不 如 靖 远 的 炭

张掖	iɔ²⁴kɛi²¹tʰʌŋ³¹pi²²pu⁴⁴ʂʌŋ²¹tɕiŋ³¹yʌŋ²⁴tʰʌŋ³¹
	窑 街 炭 比 不 上 靖 远 炭
山丹	iɑo⁵⁵kɛe²¹tʰɛe⁴²pi²²pu²²ʂaŋ⁴⁴tɕiŋ⁴²yẽ²¹tʰɛe⁴¹
	窑 街 炭 比 不 上 靖 远 炭
平凉	iɔ²⁴tɕiɛ³¹ti³¹tʰæ⁴⁴tɕiɤu⁴⁴sʅ²¹pi⁴⁴pu³¹ʂaŋ²¹xuɑ³¹tʰiŋ⁵³ti³¹tʰæ⁴⁴
	窑 街 的 炭 就 是 比 不 上 华 亭 的 炭
泾川	iɔ²⁴tɕiɛ³¹tʰæ⁴⁴kæ⁵³pu³¹ʂaŋ⁵⁵tɕiŋ⁵⁵yæ̃³¹tʰæ⁴⁴
	窑 街 炭 赶 不 上 靖 远 炭
灵台	tɕiɔ³¹tɕiɛ⁵³tʰæ⁴⁴pi⁵³pfu²¹ʂaŋ⁴⁴tsiŋ⁴⁴yæ²¹tʰæ⁴⁴
	窑 街 炭 比 不 上 靖 远 炭
	iɔ³¹tɕiɛ⁵³tʰæ⁴⁴kæ⁴⁴pfu²¹ʂaŋ⁴⁴tsiŋ⁴⁴tɕy²¹tʰæ⁴⁴
	窑 街 炭 赶 不 上 靖 远 炭
酒泉	iɵ⁴⁴ke⁴²tʰã¹³pi²²pu⁴⁴ʂaŋ⁴²ni¹³tɕiŋ²²yẽ⁵³tʰã²¹
	窑 街 炭 比 不 上 臬 靖 远 炭
敦煌	iɔo²¹³tɕiə⁵³tʰan⁴⁴pʅ⁴⁴pu²²ʂŋ⁴⁴tɕiŋ⁴⁴yɛ²¹tʰan⁴⁴
	窑 街 炭 比 不 上 靖 远 炭
西峰	xua²¹tʰiŋ⁵³tʰæ⁵⁵kæ⁵³pu³¹ʂãŋ⁵⁵tɕiŋ²⁴yæ³¹tʰæ⁵⁵
	华 亭 炭 赶 不 上 靖 远 炭
环县	iɔ³¹kɛ⁴¹mei²⁴pu⁵⁵ʂəŋ⁵⁵tɕiŋ⁵⁵yæ²¹mei⁵⁵
	窑 街 煤 不 胜 靖 远 煤
正宁	iɔ²⁴tɕiɛ²¹tʰæ⁴⁴tʰiou⁴⁴sʅ²¹mɔ³¹iou²¹tiŋ²⁴yæ²¹tʰæ³¹xɔ³¹
	窑 街 炭 就 是 没 有 靖 远 炭 好
镇原	iɔ²⁴kɛ⁵³tʰæ⁴⁴pi⁴⁴pu³¹kuo²¹tɕiŋ⁴⁴yæ²⁴tʰæ⁵³
	窑 街 炭 比 不 过 靖 远 炭
定西	iɔ¹³kᴇ³²tʰæ⁴⁴yæ⁵³pi⁵³pu²¹ʂã⁴⁴tɕin⁴⁴yæ³²ti²¹tʰæ²¹
	窑 街 炭 远 比 不 上 靖 远 的 炭
通渭	iɔ¹³ke³²tʰə²¹tʰæ⁴⁴ma²¹tɕi⁴⁴yæ³²tʰæ⁴⁴kæ⁵³pu²¹ʂã⁴⁴
	窑 街 的 炭 把 靖 远 炭 赶 不 上
陇西	iɔo²⁴kɛ²¹me¹³pa²¹tɕin⁴⁴yæ⁴²meʋ¹³pi⁵⁵pu⁴²ʂã²¹
	窑 街 煤 把 靖 远 煤 比 不 上
临洮	iɔ²⁴tɕie²¹tʰæ⁴⁴yæ⁵³pi⁵³pu²²ʂã⁴⁴tɕi⁴⁴yæ²¹ti²¹tʰæ⁴⁴
	窑 街 炭 远 比 不 上 靖 远 的 炭

漳县	iɔ24tɕiE21ti21mE24tsiɣu44pi53pu21ʃɑ̃44tɕiɤ̃24yæ42ti21mE24
	窑 街 的 煤 就 比不上 靖 远 的 煤
武都	ʑiɔu13kɛi21t'æ̃24pu42ʐʅ21tɕiɔ̃24ʑyæ̃21t'æ̃24xɔu55
	窑 街 炭 不 如 靖 远 炭 好
文县	iɔ13kɛ31lɿ21t'æ̃24muə21ɤ21tɕiɔ̃24yæ55tɤ21xɔ44
	窑 街 里 炭 没 得 靖 远 的 好
宕昌	iao13tɕiɛ21tɿ21t'æ44mɤ21iɣu53tɕiŋ44yæ21tɿ21tæ44xao53
	窑 街 的 炭 没 有 靖 远 的 炭 好
康县	iɔ21kE53t'æ24yæ55pi55pu21ʂɑ̃24siŋ24yæ55t'æ24
	窑 街 炭 远 比 不 上 靖 远 炭
西和	iao24kɛ55tɤ21mei24t'æ42mɤ21tɕiŋ55yæ21tɤ21xao51
	窑 街 的 煤 炭 没 靖 远 的 好
临夏市	iɔ13kɛ52t'ɑ̃53tɕiŋ44yɛ̃21t'ɑ̃53pu21tɔ53
	窑 街 炭 靖 远 炭 不 到
临夏县	iɔ13kɛ52t'ɑ̃53pi55pu21ʂɑŋ52tɕiŋ55yɛ̃21t'ɑ̃53
	窑 街 炭 比 不 上 靖 远 炭
合作	tɕin35yan55t'an55pi55iɔɔ13kɛi13t'an55xɔɔ53
	靖 远 炭 比 窑 街 炭 好
舟曲	iɔɔ33kɛ33tsʅ55mei42mei22iɣu55tɕiɤŋ33yæ55tsʅ22mei42xɔɔ53
	窑 街 的 煤 没 有 靖 远 的 煤 好
临潭	iɔ24tɕiə13ti31t'æi44pa13tɕin53yæi13ti31t'æi44pi53pu13kuə44
	窑 街 的 炭 把 靖 远 的 炭 比 不 过

66．这句话用_话怎么说？

兰州	tʂɤ¹³tɕy⁴⁴xua¹³yn¹³læ̃⁵³tʂəu⁴⁴xua¹³tsei⁴⁴mo²¹ʂuo²¹？ 这 句 话 用 兰 州 话 怎 么 说？
红古	tʂɤ⁴²tsʅ²²xua²¹yn⁴⁴xuən¹³ku⁵⁵xua²¹tsa¹³fɤ²¹lia¹³？ 这 句 话 用 红 古 话 咋 说 呢？
永登	tʂʅ²¹i⁴⁴tɕy⁴⁴xua²¹liæ⁴⁴yn²¹t ən²¹xua²¹³tsən⁴⁴mə²¹fuə²¹tʂə²¹li⁴⁴？ 这 一 句 话 连 永 登 话 怎 么 说 着 哩？
榆中	tʂɤ⁴⁴tɕy³¹xua⁴⁴yn⁴⁴y³¹tʂun⁴⁴xua⁴⁴tsən⁴⁴mə²¹ʂuɤ²⁴？ 这 句 话 用 榆 中 话 怎 么 说？
白银	tʂʅ²²kə¹³xua¹³yn¹³pə⁵¹in²¹xua¹³tsuen²²fə¹³li¹³？ 这 个 话 用 白 银 话 怎 说 哩？
靖远	tʂʅ³⁵kə²²xua³³ioŋ²⁴tɕiŋ³⁵yæ̃⁴¹xua²⁴tsa²²ʂuə⁴¹niɛ²¹？ 这 个 话 用 靖 远 话 咋 说 呢？
天水	tsɛ⁵³tɕy⁴⁴xua⁴⁴xa²¹tʼiæ²¹suei⁵³xua⁴⁴tsa¹³ʂʅ ə²¹li⁴⁴？ 这 句 话 拿 天 水 话 咋 说 哩？
秦安	tʂəɯ⁴⁴ʑi²¹tɕy⁴⁴xua⁴⁴xan⁵³tsʼiə̃¹³kan⁴⁴xua¹³tsa¹³ʃyə²¹li⁴⁴？ 这 一 句 话 拿 秦 安 话 咋 说 哩？
甘谷	tsʅ⁴⁴tɕy⁵³xuə⁴⁴yŋ¹³ka³⁵ku⁴²xuə⁴⁴tsə⁴⁴mə⁴²ʃə²¹a²¹？ 这 句 话 用 甘 谷 话 怎 么 说 啊？
武山	tsʅ⁴⁴tɕy⁴⁴xuo⁴⁴lia²⁴u⁴⁴sa²¹xuo⁴⁴tsə⁴⁴mə⁴⁴ʃuə²¹tə²¹la²¹？ 这 句 话 连 武 山 话 怎 么 说 的 啦？
张家川	tʂɤ⁵³kɤ³²xua⁴⁴yŋ⁴⁴tʂɤ̃¹³tʃʼæ²¹xua⁴⁴tsa¹³ʃɤ²¹liə⁵³？ 这 个 话 用 张 川 话 怎 说 哩？
武威	tsʅ³⁵tɕy⁵³xua³¹yŋ⁴⁴vu³⁵vei⁴⁴xua³¹tsʅ⁵³mə¹³ʂuə³¹？ 这 句 话 用 武 威 话 怎 么 说？
民勤	tsʅ⁴²kɯ²¹xua⁴²miŋ⁵⁵tɕʼiŋ²¹xua⁴²tsɑŋ²²ɑŋ⁴⁴ʂuə⁴²ŋ²¹？ 这 个 话 民 勤 话 怎 么 说 哩？
古浪	tsʅ²¹ʑi²¹tɕy⁴⁴xuɑ⁴¹yŋ²²ku¹³lɑ̃ŋ³¹xuɑ²¹tsʅ¹³mə²¹ʂuə³¹？ 这 一 句 话 用 古 浪 话 怎 么 说？
永昌	tʂə⁴⁴tɕy²¹xua⁵³yŋ¹³yŋ⁵³tʂʼʌŋ²¹xua⁵³tsəŋ⁵³mə¹³ʂuə²¹？ 这 句 话 用 永 昌 话 怎 么 说？

张掖	tʂə³¹tɕy²¹xua³¹yŋ³¹tʂʌŋ⁴⁴iə⁴⁴xua³¹tsa⁵³fə³¹liə²¹?
	这 句 话 用 张 掖 话 咋 说 哩?
山丹	tʂə⁴²tɕy²¹xua⁴²yŋ⁴²ʂɛ³⁴tɛɛ⁴⁴xua⁴²tsa⁵³fə⁴¹?
	这 句 话 用 山 丹 话 咋 说?
平凉	tʂɤ⁵³i³¹tɕy⁴⁴xuɑ⁴⁴yŋ⁴⁴pʻiŋ³¹liɑŋ⁵³xuɑ⁴⁴tsa³¹ʂuo⁵³n̩i²¹ma²¹?
	这 一 句 话 用 平 凉 话 咋 说 呢 吗?
泾川	tʂɤ⁵³tɕy⁴⁴xuʌ⁴⁴yŋ⁴⁴tɕiŋ³¹tʃʻæ²¹xuʌ⁴⁴tsʌ²⁴ʂɤ³¹?
	这 句 话 用 泾 川 话 咋 说?
灵台	tʂɤ⁴⁴kɤ²¹xua⁴⁴yŋ⁴⁴liəŋ³¹tʻɛ⁴⁴xua⁴⁴tsa³¹ʃuo⁵³li²¹?
	这 个 话 用 灵 台 话 咋 说 哩?
酒泉	tʂə²²xua⁴²tɕiəu²²tɕʻyẽ⁵³tsʅ²²mə⁵³ʂuə³¹nia²¹?
	这 话 酒 泉 怎 么 说 哩?
敦煌	tʂʅ⁴⁴tɕʅ⁴⁴xua⁴⁴yŋ⁴²tuŋ²²xuɔŋ²²xua⁴⁴tsa²¹³ʂuə⁴⁴nɔ̃²¹sa⁴⁴?
	这 句 话 用 敦 煌 话 咋 说 呢 吵?
西峰	tʂi⁵⁵i³¹tɕy⁵⁵xua⁵⁵yŋ⁵³ɕi³¹fəŋ²⁴xua⁵⁵tsa⁵³ʂuo³¹liɛ²¹?
	这 一 句 话 用 西 峰 话 怎 么 说?
环县	tʂei⁵⁵tɕy⁵⁵xua⁵⁵yŋ⁵⁵xuæ³¹ɕiæ⁵⁵xua⁵⁵tsa⁵⁵ʂuo⁴¹n̩i²¹?
	这 句 话 用 环 县 话 咋 说 呢?
正宁	tʂɤ³¹tɕy²¹xua²⁴yŋ⁴⁴tʂəŋ²⁴n̩iŋ²¹xua²⁴tsən⁴⁴mə²¹ʃuo³¹?
	这 句 话 用 正 宁 话 怎 么 说?
镇原	tʂɛ⁵³tɕy²¹xua⁴⁴yŋ⁴⁴tsəŋ⁴⁴yæ²¹xua²⁴tsəŋ³¹ma²¹siɛ⁵³?
	这 句 话 用 镇 原 话 怎 么 说?
定西	tʂɤu⁴⁴ʐi³²tɕy⁴⁴xua⁴⁴yŋ⁴⁴tin⁴⁴ɕi²¹xua⁴⁴a²¹mɤŋ¹³ʃɥɤ¹³?
	这 一 句 话 用 定 西 话 阿 么 说?
通渭	tʂʊ⁴⁴ke³²xua⁴⁴ỹ⁴⁴tʻũ²¹ue⁴⁴xua⁴⁴tsʅ⁵³tsʅ¹³ʃɥə³?
	这 个 话 用 通 渭 话 怎 子① 说?
陇西	tʂʅ⁴⁴ke⁴²xua⁴⁴luŋ⁵⁵ɕi⁴²xua⁴⁴a⁴²məŋ¹³ʂo²¹liæ²¹?
	这 个 话 陇 西 话 阿 么② 说 咧?

---

① 怎子：怎么。
② 阿么：怎么。

临洮	tʂe⁵³tɕy⁴⁴xua⁴⁴yõ⁴⁴li̠²⁴tʻɔ²¹xua⁴⁴ã²¹mɤŋ⁴⁴ʂo²¹niə²⁴?
	这 句 话 用 临 洮 话 阿 么 说 呢?
漳县	tʃl̩²⁴ʑi²¹tɕy²⁴xuɑ²⁴yɤ̃²¹tʃã⁵³ɕiæ²⁴xuɑ⁴⁴a⁵³mɤ²⁴ʃʮɤ²¹liɛ²¹?
	这 一 句 话 用 漳 县 话 阿 么 说 咧?
武都	tsɛi⁵⁵xua²⁴ʑyɚ̃²⁴u⁵⁵tu²¹xua²⁴a⁵³mu²¹ʃuə⁵³tɕia²¹?
	这 话 用 武 都 话 阿 么 说 价⁼①?
文县	tsɛ⁵⁵ʑi³¹tɕy⁴⁴xua⁴⁴xæ̃⁴²vɚ̃²¹ɕiæ⁴⁴xua²⁴a³¹mɚ̃²¹tɕia⁴⁴ɕyɤ³¹liɛ²⁴?
	这 一 句 话 拿 文 县 话 阿 么 样 说 咧?
宕昌	tʂɤ⁴⁴ʐl̩⁵³tsʮ⁴⁴xua⁴²la²²tʻæ̃³⁵tʂʻã²¹xua⁴²a²²mu⁴⁴ʂuə⁴⁴?
	这 一 句 话 拿 宕 昌 话 阿 么 说?
康县	tʂɤ⁵⁵tɕy²¹xuA²⁴yŋ²⁴kʻã²¹ɕiæ²⁴xuA²⁴lA⁵³mɤŋ²¹tE²¹fɤ⁵³?
	这 句 话 用 康 县 话 怎 么 的 说?
西和	tsei⁵¹i²¹tɕy⁵⁵xuA⁵⁵yŋ⁵⁵ɕi²¹xuɤ²⁴xuA⁵⁵tsA²¹ɕyə²¹liɛ²⁴?
	这 一 句 话 用 西 和 话 咋 说 咧?
临夏市	tʂʅ⁴⁴kə⁴²xua⁵³liŋ²¹ɕia⁵³xua⁵³a⁴⁴məŋ²¹ʂuə¹³li⁴⁴?
	这 个 话 临 夏 话 阿 么 说 哩?
临夏县	tʂə⁵⁵tɕy⁵²xua⁵³na¹³liŋ¹³ɕia⁵²ɕiɛ̃⁵³xua⁵³a⁵⁵məŋ²¹fə¹³?
	这 句 话 拿 临 夏 县 话 阿 么 说?
合作	tʂɤ⁵³tɕy⁵⁵xua⁵³yn⁵³xɤ¹³tsuə⁵³xua⁵³a¹³mɤ⁵⁵ʂuə⁵⁵li⁵³?
	这 句 话 用 合 作 话 阿 么 说 哩?
舟曲	tʂl̩²⁴ʐʮ⁵⁵tsʮ²¹xua⁴⁴xã⁵⁵tʂʮ⁵⁵tsʻʮ⁴²xua⁴⁴a⁴⁴kuə⁴²ʃʮə⁴⁴ȵiɛ²¹?
	这 一 句 话 拿 舟 曲 话 阿 过⁼② 说 呢?
临潭	tʂɤ⁵³tɕy¹³xua⁴⁴yn⁴⁴lin¹³tʻæ̃i¹³xua⁴⁴a¹³mu⁵³ʂuɤ⁴⁴niɛ⁵³?
	这 句 话 用 临 潭 话 阿 么 说 呢?

---

① 价⁼：句末语气词。

② 阿过⁼：怎么。

67. 谁呀？我是老三

兰州	fei⁵³ ia²¹? vɤ⁴⁴ ʂʅ¹³ lɔ³¹ sæ̃³¹
	谁　　呀？我　是　老　　三
红古	fei²² ʂa³⁵? vɤ⁵⁵ ʂʅ¹³ lɔ⁵⁵ sã¹³
	谁　　吵？我　是　老　　三
永登	ʂei⁵³ ʂa²¹, və²⁴ ʂʅ³³ lao⁴⁴ sæ̃⁴²
	谁　　吵？我　是　老　　三
榆中	ʂuei³¹ ia³⁵? uo⁴⁴ ʂʅ³¹ lɔo⁴⁴ sæ̃³¹
	谁　　呀？我　是　老　　三
白银	fei⁵¹? və³³ ʂʅ²¹ lɔ³³ san⁴⁴
	谁？我　是　老　　三
靖远	sei²⁴? ŋuə⁵⁵ ʂʅ²¹ lao⁵⁵ sæ̃⁴¹
	谁？我　是　老　　三
天水	sei²⁴ kɛ²⁴? ŋuə⁵³ ʂʅ⁴⁴ lɔ⁵³ sæ̃⁷¹
	谁　个？我　　是　老　　三
秦安	a²¹ kuɛ⁴⁴ a²¹? kə⁵³ ʃʅ⁴⁴ lɔ⁵³ san¹³
	阿　个①　　啊？我　是　老　　三
甘谷	sɒ⁵³ i²¹ kai⁴⁴ kiɛ⁵³? ʂʅ⁴⁴ lɑu⁵³ sa¹³
	啥　一　个？我　是　老　　三
武山	ɑ²¹ sɑ¹³? kiə⁵³ ʂʅ⁴⁴ lɔo⁴⁴ sa²¹
	阿　谁？我　是　老　　三
张家川	sʅ²⁴ a⁴³? ŋɤ⁵³ ʂlou⁵³ sæ̃¹³
	谁　啊？我　是老　三
武威	ʂuei³⁵ kə⁵³? və³⁵ ʂʅ³¹ lou³⁵ sÃ³¹
	谁　　个？我　是　老　　三
民勤	ʂuei²² ia⁴⁴? uə⁴⁴ ʂʅ⁴⁴ lɔo⁴⁴ sæi⁴⁴
	谁　　呀？我　是　老　　三
古浪	ʂuei⁵³? uə¹³ ʂʅ⁴⁴ lao²⁴ sæ¹³
	谁？我　是　老　　三

---

① 阿个：相当于疑问代词"哪个"。

永昌	ni⁵³ ʂuɪ⁴⁴ ia²¹? uə³⁵ ʂʅ⁵³ lɔo⁵³ sɛ²¹	
	你 谁 呀？ 我 是 老 三	
张掖	fei⁴⁴ ia²¹? uə²² ʂʅ⁴⁴ lɔ⁵³ sʌŋ⁴⁴	
	谁 呀？ 我 是 老 三	
山丹	fei⁵⁵ ia²¹? uə²² ʂʅ⁴⁴ lɑo⁵³ sɛe³⁴	
	谁 呀？ 我 是 老 三	
平凉	seɪ⁴⁴ ɑ⁵³? uo³¹ sʅ⁴⁴ lɔ⁴⁴ sæ̃³² mɔ²¹	
	谁 呀？ 我 是 老 三 么	
泾川	sei²⁴ iᴀ³¹? vo⁵³ sʅ²¹ lɔ⁵³ sæ̃³¹	
	谁 呀？ 我 是 老 三	
灵台	sei²⁴ i⁴⁴ kɤ²¹? ŋuo⁵³, lɔ⁵³ sæ̃³¹ i²¹ kɤ²¹	
	谁 一 个？ 我， 老 三 一 个	
酒泉	ʂuɪ⁴⁴ ia⁴²? və²² ʂʅ⁵³ lɵ⁵³ sɑ̃⁴⁴ a²¹	
	谁 呀？ 我 是 老 三 啊	
敦煌	ʂei²² ʂa⁵³? ŋə⁵³ ʂʅ⁴² lɔo⁴⁴ san²¹ vɔŋ²¹³	
	谁 吶？ 我 是 老 三 么	
西峰	seɪ⁵³ kɤ²¹? ŋɤ³¹ sʅ⁵⁵ lɔ³¹ sæ̃⁵³	
	谁 个？ 我 是 老 三	
环县	sei³¹ sa⁴¹? ŋuo⁴¹ sʅ²¹ lɔ⁵⁵ sæ̃⁴¹	
	谁 啥？ 我 是 老 三	
正宁	sei²⁴ ia²¹? ŋɤ⁴⁴ sʅ²¹ lɔ⁵³ sæ̃³¹	
	谁 呀？ 我 是 老 三	
镇原	sei²⁴ kɤ⁵³? uo⁴⁴ sʅ⁴⁴ lɔ⁴⁴ sæ̃⁵³ ma²¹	
	谁 个？ 我 是 老 三 嘛	
定西	ʃɥi? ŋɤ²¹ lɔo⁵³ sæ̃¹³	
	谁？ 我 老 三	
通渭	a²¹ sʅ¹³? kə⁵³ lɔ⁵³ sæ̃¹³	
	阿 谁？ 我 老 三	
陇西	a⁴² sʅ²⁴? kɤ⁵⁵ sʅ⁴⁴ lɔo⁵⁵ sæ̃²¹	
	阿 谁？ 我 是 老 三	
临洮	sue²² ia⁴⁴? ŋo⁵³ sʅ²¹ lɔ⁵³ sæ̃¹³	
	谁 呀？ 我 是 老 三	

漳 县	ɑ⁵³	ʃʅ²¹	kɛ²⁴ iɑ²¹?	kɤ⁵³	ʃʅ²¹	lɔo⁵³	sæ̃²¹
	阿	谁	个 呀?	我	是	老	三
武 都	ȵi⁵⁵	tɕiou²⁴	suei¹³?	ŋə⁵⁵	sʅ²¹	lou⁵⁵	sæ̃²¹
	你	叫	谁?	我	是	老	三
文 县	suei¹³	k'uɛ⁴²?	ŋɤ²²	sʅ²¹	lou⁵⁵	sæ̃³¹	
	谁	个?	我	是	老	三	
宕 昌	ʂuei²¹	lɛ⁴⁴?	ŋɤ⁵³	sʅ²¹	lao⁵³	sæ̃⁴⁴	
	谁	唻?	我	是	老	三	
康 县	suɪ¹³?	ŋuɤ⁵⁵	sʅ²¹	lɔo⁵⁵	sæ̃⁵³		
	谁?	我	是	老	三		
西 和	sei²⁴	k'uɛ⁵⁵?	ŋuɤ⁵¹	sʅ⁵⁵	lao⁵¹	sæ̃²¹	
	谁	个?	我	是	老	三	
临夏市	ɑ¹³	ʑi²¹	kə⁵²?	ŋə⁴⁴	sʅ²¹	lɔ⁴²	sɑ̃²⁴
	阿	一	个?	我	是	老	三
临夏县	ɑ⁵⁵	ʑi²¹	kə⁵²?	ŋə⁵⁵	sʅ²¹	lɔ⁵⁵	sɑ̃²⁴
	阿	一	个?	我	是	老	三
合 作	a¹³	ʑi¹³	kɤ⁵³?	ŋɤ⁵³	sʅ⁵⁵	lɔo⁵³	san¹³
	阿	一	个?	我	是	老	三
舟 曲	a⁵⁵	ʃʅ²¹?	ŋuə⁵⁵	sʅ²¹	lɔo⁵⁵	sæ̃⁵³	
	阿	谁?	我	是	老	三	
临 潭	suei¹³	ʂa⁵³?	ŋɤ⁵³	sʅ⁴⁴	lɔ⁵³	sæi⁵³	
	谁	啥?	我	是	老	三	

68. 老四呢？他正在跟一个朋友说着话呢

兰州	lɔ⁴⁴sʅ¹³niẽ⁴⁴？t'a²²tʂen⁴⁴ken⁴⁴ʑi²²kɤ¹³p'ən³¹ziəu⁴⁴ʂuo²¹xua¹³niẽ⁴⁴	
	老四 呢？他 正 跟 一 个 朋 友 说话 呢	
红古	lɔ⁵⁵sʅ¹³lɛ³⁵？tɕia³⁵tʂen⁴⁴liẽ¹³zʅ²¹kɤ¹³p'ən²²iəu⁵⁵ɕyã²¹tʂɤ²¹li⁴²	
	老四 来？傢̅ 正 连 一 个 朋 友 喧 着 哩	
永登	lɑo⁴⁴sʅ²¹lɛi⁴⁴？na³¹tʂən²¹³liæ²¹i²¹kə⁴⁴pən⁵³iʊu³¹ɕyæ̃⁴⁴tʂə²¹li¹¹	
	老 四 来？那 正 连 一 个 朋 友 喧 着 哩	
榆中	lɔo⁴⁴sʅ³¹le¹³？t'a⁴⁴ken⁴⁴ʑi³¹kɯ⁴⁴p'ən³¹iəu²⁴tsɛi⁴⁴suɤ³¹xua³¹tʂɤ³⁵li²¹	
	老 四 呢？他 跟 一 个 朋 友 在 说 话 着 哩	
白银	lɔ³³sʅ²²lɛ¹³？pa¹³tʂən²²xuə⁵¹ʑi¹³kə¹³z̩ən⁵¹ɕyan³³tʂə²¹li²¹	
	老四 唻？他 正 和 一 个 人 喧 着 哩	
靖远	lɑo²²sʅ³⁵lɛi⁴¹？niɛ³²tʂɤŋ³⁵liæ⁴²zʅ²²kə²¹p'ɤŋ⁵⁵iʉu²¹ʂuə⁴²xua³⁵tiɛ⁴¹niɛ²¹	
	老四 唻？臬̅ 正 连 一 个 朋 友 说 话 的 呢	
天水	lɔ⁵³sʅ⁴⁴la²¹？t'a²¹tʂəŋ⁴⁴liæ¹³ɕkɛ⁵³p'əŋ¹³iəu²¹kuã⁴⁴ɕiæ⁴⁴tʂʅə²¹li²¹	
	老 四 啦？他 正 连一个 朋 友 逛 闲① 着 哩	
秦安	lɔ⁵³sʅ⁴⁴le²¹？t'a¹³tʃẽ⁴⁴ts'e⁴⁴lan¹³ʑi²¹kuə⁴⁴p'ə̃⁴⁴nei⁴⁴ʃyə⁴⁴ʃɤ¹³xua⁴⁴liə³¹	
	老 四 哩？他 正 在 连 一 个 朋 友 说话 哩	
甘谷	lau⁵³sʅ⁴⁴liə²¹？t'ɒ²¹tʃəŋ³⁵kəŋ⁴⁴i²¹kiɛ⁴⁴p'əŋ²⁴iʉɤ⁴⁴ʃə²¹eux⁴⁴tʃʅ⁴⁴liə⁴⁴	
	老 四 哩？他 正 跟 一 个 朋 友 说话 着 咧	
武山	lɔo⁵³sʅ⁴⁴la⁴⁴？t'ɑ²¹tʂəŋ⁴⁴la²⁴i²¹kɛi²¹p'əŋ²⁴iɤ²¹ʃuə²¹xuo⁴⁴tʂə⁴⁴lə⁴⁴	
	老 四 啦？他 正 连 一 个 朋 友 说 话 着 哩	
张家川	lɔu⁵³sʅ⁴⁴la²¹？t'a²¹tʂɤŋ⁴⁴liæ²¹ʑi²¹kɤ⁴⁴p'ɤŋ¹³iɤu²¹ʃɤ²¹xua⁴⁴tʂɤ²¹liə²¹	
	老 四 啦？他 正 连 一 个 朋 友 说 话 着 咧	
武威	lɔu³⁵sʅ⁵³na²¹？tɕia³⁵tʂəŋ⁴⁴liÃ⁵³kə³¹p'əŋ³⁵iəu²¹ɕyÃ⁴⁴xuÃ²¹ɤʁ²¹tʂə²²li²¹	
	老 四 啦？傢̅ 正 连 个 朋 友 喧 谎 儿② 着 哩	
民勤	lɔo⁴⁴sʅ⁴²ni²¹？pi⁵³læi²²p'ɤŋ⁵⁵iʁu²¹ɕyei⁴⁴xuɑŋ⁴⁴tə²²ŋ²¹	
	老 四 呢？彼 连 朋 友 喧 谎 的 哩	
古浪	lɑo⁴⁴sʅ²²lɛ²¹？nɑ⁴²tʂəŋ³¹liɛ⁴⁴ʑi²²kə²¹p'əŋ⁴⁴iʊu²¹ɕuɛ²⁴xuɑŋ²¹ər¹³tʂə²¹li²¹	
	老 四 呢？那 正 来 一 个 朋 友 喧 谎 儿 着 哩	

---

① 逛闲：聊天。

② 喧谎儿：聊天。

永昌	lɔo¹³sʅ²¹tsa¹³mə⁴²lɛ²¹? tɕia¹³xuə²¹tɕia¹³ti²¹p'əŋ³⁵iɤu⁵³ɕye⁴⁴xuʌŋ²¹niə²¹ 老四咋没来？傢 和 傢 的 朋友 喧谎 咧
张掖	lɔ⁵³sʅ³¹nia²¹? t'a⁴⁴xuə⁴⁴zi³¹kə²¹pəŋ⁴⁴iəu²¹ɕyʌŋ⁴⁴xuʌŋ⁴⁴tiə⁴⁴liə⁴⁴ 老四 呢？ 他 和 一 个 朋友 喧谎 的 咧
山丹	lɑo⁵³sʅ⁴²nə²¹? na⁵³xə⁵³zi⁴²kə²¹p'əŋ⁵⁵iəu²¹ɕyẽ⁴⁴xuaŋ³⁴tə⁴⁴ni⁴⁴ 老四 呢？ 那 和 一 个 朋 友 喧 谎 的 呢
平凉	lɔ⁵³sʅ⁴⁴nɑ²¹? t'ɑ⁴⁴tʂəŋ⁴⁴tsæ²¹kəŋ³¹i³¹kɤ²¹p'əŋ²⁴iɤu⁵³ʂuo³¹xuɑ⁴⁴tʂɤ²¹n̩i²¹ 老四 啦？ 他 正 在 跟 一 个 朋 友 说 话 着 呢
泾川	lɔ⁵³sʅ⁴⁴ni³¹? t'ʌ⁵³tʂəŋ⁴⁴tsE⁴⁴kəŋ³¹i³¹kɤ⁴⁴p'əŋ²⁴iəu²¹ʂɤ³¹xuʌ⁴⁴ 老四 呢？ 他 正 在 跟 一 个 朋 友 说 话
灵台	lɔ⁴⁴sʅ⁴⁴tsɛ⁴⁴mɤ²¹? t'a⁵³kəŋ³¹i³¹kɤ⁴⁴p'əŋ²⁴iou²¹tʂəŋ⁴⁴ʂɤ³¹xua⁴⁴n̩i²¹ 老四 在 么？ 他 跟 一 个 朋 友 正 说 话 呢
酒泉	lɵ⁵³sʅ²²ni²¹? t'a⁴⁴tʂəŋ²²tse²²xuə⁵³i²²kɤ²²p'əŋ⁴⁴iəu⁴²ʂuə¹³xua²²nia²¹ 老四 呢？ 他 正 在 和 一 个 朋 友 说 话 呢
敦煌	lɔo⁴⁴sʅ²¹³nɔ̃⁵³? t'a²¹³tʂəŋ⁴⁴kəŋ⁴⁴zʅ²¹kə²¹³p'əŋ²¹iɤu⁴⁴ʂuə²²xua⁴⁴nɔ̃⁵³ 老四 呢？ 他 正 跟 一 个 朋 友 说 话 呢
西峰	lɔ³¹sʅ⁵⁵na? t'a³¹tʂəŋ⁵⁵xɤ²⁴i³¹kɤ⁵⁵p'əŋ²⁴iʊ³¹ʂuo³¹xua⁵⁵liɛ²¹ 老四 呢？ 他 正 和 一 个 朋 友 说 话 咧
环县	lɔ⁴¹sʅ⁵⁵na²¹? t'a⁴⁴xuo³¹i³¹kɤ⁵⁵p'əŋ³¹iɤu⁴¹ʂuo³¹xua⁵⁵tʂɤ²¹nei²¹ 老四 呢？ 他 和 一 个 朋 友 说 话 着 呢
正宁	lɔ⁵³sʅ⁴⁴na²¹? t'a⁴⁴tʂəŋ⁴⁴tsʻE³¹kən³¹i³¹kɤ⁴⁴p'əŋ²²iou⁴⁴ʃuo³¹xua⁴⁴lei²¹ 老四 啦？ 他 正 在 跟 一 个 朋 友 说 话 嘞
镇原	lɔ⁵³sʅ⁴⁴na²¹? na³¹tʂəŋ⁴⁴liæ̃³¹i²⁴kɤ⁴⁴p'əŋ²⁴iəu⁴⁴siɛ⁵³xua⁴⁴tʂɤ²¹n̩i²¹ 老四 啦？ 那 正 连 一 个 朋 友 说 话 着 呢
定西	lɔ⁵³sʅ⁴⁴lE³²? t'a²¹tʂɤŋ⁴⁴xɤ¹³zi²¹kɤ⁴⁴p'ɤŋ¹³iu²¹ʂuɤ²¹xua⁴⁴tʂɤ²¹li²¹ 老四 哎？ 他 正 和 一 个 朋 友 说 话 着 哩
通渭	lɔ⁵³sʅ⁴⁴læ̃³²? uə⁴⁴tʂə̃⁴⁴læ̃³²zi²¹ke²¹liæ̃¹³ʂʊ³²p'iæ̃⁵³tʃʻyæ̃²¹tʂʅ⁴⁴læ̃³² 老四 呢？ 兀 正 连 一 个 联手① 谝 传② 着 嘞
陇西	lɔo⁵⁵sʅ⁴⁴læ̃⁴⁴? t'a⁴²tʂəŋ⁴⁴læ̃¹³zi⁴²kɤ⁴⁴p'əŋ²²iɤu⁴⁴kɔ⁵⁵xua³³tʂʅ³³læ̃³² 老四 呢？ 他 正 连 一 个 朋 友 搞 话③着 嘞

① 联手：朋友。
② 谝传：聊天。
③ 搞话：说话。

临洮	lɔ⁵³sʅ⁴⁴lɛ²¹? t'a²¹tʂẽ⁴⁴liæ̃¹³ʑi²¹kɛ⁴⁴liæ̃¹³ʂʊ⁵³ʂo²¹xua⁴⁴niə²¹	
	老 四 呢? 他 正 连 一 个 联手 说 话 咧	
漳县	lɔo⁵³sʅ⁴⁴lɑ²¹? t'ɑ²¹tʃɤ̃⁴⁴læ̃²⁴ʑi²⁴kɤ⁴⁴p'ɤ̃²⁴iɤu⁵³kɔo⁵³tʃɤ⁴⁴xuɑ²⁴lɛ²¹	
	老 四 啦? 他 正 连 一 个 朋 友 搞 着 话 嘞	
武都	lɔu⁵⁵sʅ²⁴liɛ? t'a⁵⁵tʂə̃²⁴kə̃²⁴ʑi²¹kə⁵⁵p'ə̃²¹ʑiɤu⁵⁵ʃuə²¹xua²⁴tʂə²¹liɛ²¹	
	老 四 呢? 他 正 跟 一 个 朋 友 说 话 着 咧	
文县	lɔo⁵⁵sʅ²¹tsɛ²⁴l̩⁴⁴pa²¹? t'a³¹tʂə̃²⁴læ̃²¹ʑi¹³kɤ⁴⁴p'ə̃¹³iɤu⁴⁴suə²¹xua²⁴tɤ⁴²liɛ²¹	
	老 四 在 哩 吗? 他 正 连 一 个 朋 友 说 话 的 咧	
宕昌	lao⁵³sʅ⁴⁴lɛ²¹? ʐa³⁵kən⁴⁴læ̃²²p'əŋ¹³iɤu³³ʂuə³³xua⁴⁴ɲ̩²¹	
	老 四 咪? 他 正 连 朋 友 说 话 呢	
康县	lɔo⁵⁵sʅ²⁴læ̃⁵³? t'ᴀ²¹tʂʌŋ²⁴tsᴇ²¹kʌŋ⁵³ʑi²¹kɤ⁵⁵p'ʌŋ¹³iɤu⁵⁵suɤ²¹xuᴀ²⁴	
	老 四 呢? 他 正 在 跟 一 个 朋 友 说 话	
西和	lao⁵¹sʅ⁵⁵lᴀ²¹? t'ᴀ²¹tʂʌŋ⁵⁵læ̃²⁴i²¹kɛ⁵⁵p'ʌŋ²⁴iɤu²¹ɕyə²¹xuᴀ⁵⁵tʂɔ²¹liɛ²¹	
	老 四 啦? 他 正 连 一 个 朋 友 说 话 着 咧	
临夏市	lɔ⁵⁵sʅ²¹ɑ¹³li⁴²tɕ'i²¹liɔ⁵³? tɕiɛ¹³tʂəŋ⁵³ʑi²¹kə⁴²liã¹³ʂɤu⁵²lɑ²¹suə²¹xuɑ⁵²tʂə⁴⁴ni²¹	
	老 四 阿里去 了? 傢 正 一 个 联手 拉 说 话 着 呢	
临夏县	lɔ⁵⁵sʅ²¹? t'ɑ⁵⁵tʂəŋ⁵⁵tsɛ²¹kən¹³ʑi²¹kə⁵²liẽ¹³ʂɤu⁵²fə²¹xuɑ⁵²	
	老 四? 他 正 在 跟 一 个 联 手 说 话	
合作	lɔo⁵³sʅ⁵⁵nɤ⁵⁵? t'a⁵⁵tʂʌŋ⁵³tsɛi⁵³kən⁵⁵ʑi¹³kɤ⁵³lian¹³ʂɯ⁵³suə³³xua⁵³tʂɤ⁵⁵nɤ⁵⁵	
	老 四 呢? 他 正 在 跟 一 个 联手 说 话 着 呢	
舟曲	lɔo⁵⁵sʅ⁵⁵tsɛ²⁴mɤ⁵³? ʐa⁵³tʂʌŋ³⁵liæ̃³¹ʒu²⁴kiɛ⁴⁴p'ʌŋ²⁴iɤu⁵³ʃuə⁴²xua³³tʂɔ²⁴n̩iɛ⁴²	
	老 四 在 没? 他 正 连 一 个 朋 友 说 话 着 呢	
临潭	lɔ⁵³sʅ⁴⁴niɛ³¹? t'a⁴⁴tʂəŋ¹³tsɛi⁴⁴kəŋ¹³ʑi¹³kɤ⁴⁴liæ̃i¹³ʂɤu⁵³suɤ¹³xua⁴⁴tʂɤ⁵³li³¹	
	老 四 呢? 他 正 在 跟 一 个 联手 说 话 着 呢	

69. 他还没有说完吗

兰州	tʻa13	xæ44	mei13	iəu44	ʂuo13	væ̃53	ma21?
	他	还	没	有	说	完	吗?
红古	tɕia44	xã13	mɤ21	ɕyã13	vã21	ma35?	
	傢"	还	没	喧	完	吗?	
永登	na31	xɛi21	mei21	iʊu33	ɕyæ44	væ̃41	ma21?
	那	还	没	有	喧	完	吗?
榆中	tʻa44	xɛi44	mei53	ʂuɤ31	væ̃53	li13?	
	他	还	没	说	完	哩?	
白银	pa13	xan51	miə13	ɕyan44	van51	li21	ma13?
	他	还	没	喧	完	哩	吗?
靖远	niɛ24	ɧiæ̃21	mə21	ʂuə21	væ̃22	ma55?	
	臬"	还	没	说	完	吗?	
天水	tʻa21	xæ̃13	mo21	iəu53	ʂɭə13	pʻa 55	ma21?
	他	还	没	有	说	罢	吗?
秦安	tʻa22	xan13	mə22	iəʉ53	ʃyə22	uan35	ma53?
	他	还	没	有	说	完	吗?
甘谷	tʻɒ21	xai24	məʉ44	ʃə42	ua21	ma44?	
	他	还	没	说	完	吗?	
武山	tʻɑ21	xa35	mə44	iɤ53	ʃuə21	uɑ21	mɑ21?
	他	还	没	有	说	完	吗?
张家川	tʻa21	xæ̃13	mɤ13	ʃɤ32	tɕiɛ13	ʃma33?	
	他	还	没	说	结	束吗?	
武威	tɕia35	xã44	mei44	iəu21	ɕyã31	vã35	ma21?
	傢"	还	没	有	喧	完	吗?
民勤	piɿ53	xæi53	miɿ22	ʂuə42	væi22	mɑŋ44?	
	他	还	没	说	完	吗?	
古浪	nɑ42	xɛ44	mei22	iʊu21	ɕuɛ44	vɛ44	mɑ21?
	那	还	没	有	喧	完	吗?
永昌	tɕia44	xɛ13	mə22	ʂuə53	vɛ13	ma21?	
	傢"	还	没	说	完	吗?	

第一章　语法例句

张掖	tʻa⁴⁴	xuʌŋ⁵³	mu²²	iəu⁴⁴	fə²²	vʌŋ⁴⁴	ma⁴⁴?	
	他	还	没	有	说	完	吗?	
山丹	na⁵³	xɛe⁵³	mu²⁴	fə⁴²	vɛɤ⁵⁵	ma²¹?		
	那	还	没	说	完	吗?		
平凉	tʻɑ⁵³	xæ²⁴	mɔ²⁴	ʂuo³¹	væ̃²⁴	ɑ²¹?		
	他	还	没	说	完	啊?		
泾川	tʻʌ³¹	xɛ²⁴	mo³¹	ʂɤ⁸	væ̃²⁴	mʌ⁴⁴?		
	他	还	没	说	完	吗?		
灵台	tʻa⁵³	xɛ²⁴	mɤ³¹	ʃuo³¹	uæ̃²⁵	ma²¹?		
	他	还	没	说	完	吗?		
酒泉	tʻa⁴⁴	xã⁵³	mɪ²²	iəu⁵³	ʂuə²²	vã⁴⁴	ni⁴²	ma²¹?
	他	还	没	有	说	完	哩	吗?
敦煌	tʻa²²	xɛ⁴⁴	mo⁵³	iɤu⁵³	ʂuə⁴⁴	van²¹³	ɔo⁴²?	
	他	还	没	有	说	完	噢?	
西峰	tʻa³¹	xæ̃²⁴	mɔ³¹	iʊ³¹	ʂuo⁵³	uæ̃²⁴	ma²¹?	
	他	还	没	有	说	完	吗?	
环县	tʻa⁴¹	xɛ²⁴	mɤ²¹	iɤu⁵⁵	ʂuo⁴¹	væ̃²¹	ma⁵⁵?	
	他	还	没	有	说	完	吗?	
正宁	tʻa⁵³	xæ̃²⁴	mɔ²²	iou³¹	ʃuo³¹	pi⁵³	ma²¹?	
	他	还	没	有	说	毕	吗?	
镇原	na⁴⁴	xæ̃²⁴	mɔ²⁴	iəu³¹	siɛ³¹	uæ̃²⁴	ɔ²¹?	
	他	还	没	有	说	完	哦?	
定西	tʻa¹³	xæ̃¹³	mɤ¹³	ʃɥɤ²¹	væ̃²¹	ma⁴⁴?		
	他	还	没	说	完	吗?		
通渭	tʻa²¹	xæ̃¹³	mə³²	ʃɥ²¹	uæ̃²¹	uæ̃²¹?		
	他	还	没	说	完	吗?		
陇西	tʻa⁴²	mɤ⁴⁴	ʂo⁴²	væ̃²²	ma⁴⁴?			
	他	没	说	完	吗?			
临洮	tʻæ̃²¹	xæ̃¹³	mo¹³	ʂo²¹	væ̃²¹	ma⁴⁴?		
	他	还	没	说	完	吗?		
漳县	tʻɑ²¹	xæ̃²⁴	mɤ⁴²	iɤu²⁴	ʃɥ⁵³	uæ̃²⁴	mɑ²¹?	
	他	还	没	有	说	完	吗?	

武 都	tʻa⁵⁵	xæ¹³	mə²¹	ʃuə⁵³	væ²¹	ma⁵⁵?	
	他	还	没	说	完	吗?	
文 县	tʻa³¹	xæ¹³	muə²¹	çyɤ³¹	uæ²¹	ma¹³?	
	他	还	没	喧	完	吗?	
宕 昌	tʻa³³	xuɛ⁴²	mɤ²⁴	ʂuə⁴⁴	væ⁴²	ma⁴⁴?	
	他	还	没	说	完	吗?	
康 县	tʻA⁵³	xæ²¹	mɤ²¹	fɤ⁵⁵	væ²¹	mA⁵⁵?	
	他	还	没	说	完	吗?	
西 和	tʻA²¹	xæ²⁴	mɤ²⁴	çyə²¹	uæ²⁴	uA²¹?	
	他	还	没	喧	完	哇?	
临夏市	tɕiɛ¹³	xã¹³	mə¹³	ʂuə²¹	vã²⁴?	他还没说完?	
临夏县	tʻɑ⁵⁵	xɛ¹³	mə⁵⁵	iɤu²¹	fə¹³	vã²⁴	mɑ²¹?
	他	还	没	有	说	完	吗?
合 作	tʻa⁵⁵	xɛi¹³	mɤ⁵⁵	iɤɯ⁵³	ʂuə¹³	vuan¹³	ni⁵³
	他	还	没	有	说	完	呢
舟 曲	tʻa⁵⁵	xɛ⁴²	mei⁵⁵	ʃʯə²⁴	væ³¹	sa²¹?	
	他	还	没	说	完	啥?	
临 潭	ɔ⁴⁴	kɤ⁵³	xæi¹³	mɤ¹³	iɤu⁵³	ʂuɤ¹³	væi²⁴ ma⁵³?
	兀	个	还	没	有	说	完 吗?

70. 还没有，大约再有一会儿就说完了

兰州	xɛ⁵³mei²¹ziəu⁴⁴，ta⁴⁴yɛ¹³xɛ⁴⁴ziəu⁴⁴zi¹³xuei¹³ɯ⁵³tɕiəu⁴⁴ʂuo⁴⁴væ⁵³liɔ²¹
	还 没 有， 大 约 还 有 一 会 儿 就 说 完 了
红古	xã¹³mɤ²¹iəu⁵⁵，ta⁴⁴kɛ¹³tsɛ¹³zʅ²¹xuer¹³tɕiuei¹³vã²¹liɔ¹³
	还 没 有， 大 概 再 一 会 儿 就 完 了
永登	mu²¹iʊu⁴⁴，xɛi²¹dɛi²¹i²¹³xuei⁴⁴
	没 有， 还 得 一 会
榆中	xɛi⁴⁴mei³⁵li²¹，tsɛi³¹tən⁴⁴zi³¹xuei³¹ɯ⁵³
	还 没 哩， 再 等 一 会 儿
白银	xuan⁵¹mei¹³iɤu³³ti²¹，xan⁵¹tə¹³zi²²xui¹³
	还 没 有 的， 还 得 一 会
靖远	xæ²⁴mə²²iɤu⁵⁵niɛ²¹，xa³³pa²¹tsɛi³³tʂŋ⁵⁵kʻɚ³¹tsɤu³⁵ʂuə²¹væ²¹liɑo²¹
	还 没 有 呢， 下 罢① 再 等 会 儿 就 完 了
天水	xæ¹³mo²¹iəu⁵³，kʻuə¹³ləŋ¹³xæ¹³iɔ⁵⁵ɕxuei⁵³li²¹
	还 没 有， 可 能 还 要 一 会 哩
秦安	xɛ¹³mə²²liə⁵³，ta⁴⁴kɛ⁴⁴xɛ²¹iəu⁵³zi¹³ʃa⁵³tsiəu⁴⁴ʃyə²²uan⁴⁴lɔ³¹
	还 没 哩， 大 概 还 有 一 霎 就 说 完 了
甘谷	xai²⁴muə¹³，sɑu⁴⁴uai³⁵i²¹tʻɒ⁴²tɕiɤu⁴⁴ʃə²¹ua²¹lɑu²¹
	还 没， 稍 微 一 等 就 说 完 了
武山	xɛi¹³mə⁴⁴iɤu⁵³，tɑ¹³kɛi¹³tsɛi⁴⁴təŋ⁵³ku²¹xɑ²¹tɕʻiɤ⁴⁴ʃuə²¹uɑ²¹lə⁴²
	还 没 有， 大 概 再 等 个 下 就 说 完 了
张家川	xæ¹³mɤ²¹liə⁵³，ta⁴⁴ke⁴⁴tsʻe⁵⁵iɤu³²i²¹tʂɚ⁵³tɕʻiɤu⁴⁴ʃɤ²¹ʊɤ¹³iɛ²¹liɔ²¹
	还 没 哩， 大 概 再 有 一 阵 儿 就 说 窝"叶 了
武威	xaŋ³⁵mei⁵³iəu²¹，tsɛi³⁵kuə⁴⁴i⁵³xu³¹yɤ³⁵tɕiəu³¹ɕyã²¹vã³⁵liɔu²¹
	还 没 有， 再 过 一 会 儿 就 喧 完 了
民勤	xæi⁵³miɪ²²iɤu⁴⁴，tsæi²²zi²²xuei⁵⁵xuei²¹tɕiɤu²²ʂuə⁴²væi²²la⁴⁴
	还 没 有， 再 一 会 会 就 说 完 了
古浪	xɛ⁴⁴mei¹³iʊu⁴⁴li²¹，kʻə³¹nəŋ⁴²xɛ⁴⁴təŋ²¹zi²¹xuei²¹tsʅ²¹tɕiʊu²²ɕuɛ³³vɛ³³liɑo²¹
	还 没 有 哩， 可 能 还 得 一 会 子 就 喧 完 了

---

① 下罢：大概。

永昌	xɛ¹³mə⁴²iɤu²¹, k'ə⁵³nəŋ¹³ʂɔo⁴⁴təŋ⁵³ʑi²¹xuɹ⁴²ɣɯ²¹tɕixu²¹ʂuə⁵³vɛ¹³liɔo²¹	
	还 么 有， 可 能 稍 等 一 会 儿 就 说 完 了	
张掖	xAŋ⁵³mu²²iəu⁴⁴, tsɛi²⁴ʑi³¹xuei⁴⁴xuei²¹tɕiəu²⁴fə³¹vAŋ⁴⁴liə²¹	
	还 没 有， 再 一 会 会 就 说 完 了	
山丹	xuɛɛ⁵³mu²²iəu⁵³, tsɛɛ²⁴ʑi²²xuei⁵⁵xuei²¹tɕiəu²⁴fə⁴²vɛɛ⁵⁵lə²¹	
	还 没 有， 再 一 会 会 就 说 完 了	
平凉	xæ²⁴mɔ³¹iɤu⁵³, tɑ⁴⁴mu⁴⁴əɹ²¹tsɛ⁴⁴iɤu⁴⁴i³¹xueɹ²⁴xuəɹ²⁴tɕixu⁴⁴ʂuo³¹væ²⁴liɑ³¹	
	还 没 有， 大 模 儿 再 有 一 会 会儿 就 说 完 了	
泾川	xA²⁴mo³¹iəu⁵³, xA²⁴tei³¹i³¹xuɹ⁵³	
	还 没 有， 还 得一 会儿	
灵台	xɛ²⁴mɤ³¹iou⁵³, xɛ²⁴tei³¹i³¹xueə³¹	
	还 没 有， 还 得一 会儿	
酒泉	xã⁵³mɹ²²uei⁵³, ta⁴⁴yə²²xã³¹tiə¹³ʑi²²xuə⁴⁴xuə⁴²	
	还 没 有， 大 约 还 得 一 会 会	
敦煌	xɛi⁴⁴mo²¹iɤu⁵³, ta⁴⁴kɛi⁴⁴tsɛ⁴⁴iɤu⁵³ʐɹ²¹³xuei²¹³əɹ²¹tɕiɤu⁴²ʂuə⁴⁴van²¹³la⁴²	
	还 没 有， 大 概 再 有 一 会 儿 就 说 完 了	
西峰	mɔ³¹iʊ³¹li²¹, xæ̃³¹teɹ⁵³i³¹xuəɹ²⁴tɕiʊ⁵⁵ʂuo³¹uæ̃²⁴lia³¹	
	没 有 咧， 还 得一 会儿 就 说 完 了	
环县	xɛ²⁴mɤ²¹iɤu⁴¹, ta⁵⁵mɤ²¹tei⁴¹i²¹tʂəŋ⁵⁵tʂəŋ²¹ts'ɛ³¹ʂuo⁴¹væ²⁴n̩i⁴¹	
	还 没 有， 大 摸 得 一 阵 阵 才 说 完 呢	
正宁	xæ²¹mɔ³¹iou⁵³, ta⁴⁴kE⁴⁴tsE⁴⁴təŋ⁵³i³¹xuɹ²¹tɕ'iou²¹ʃuo²⁴pi³¹li²¹	
	还 没 有， 大 概 再 等 一会儿 就 说 毕 了	
镇原	xæ²⁴mɔ⁵³n̩i²¹, tsɛ³¹sɔ⁵³ueiɹ²¹təŋ⁵³kɤ²¹ts'ɔ²⁴siɛ⁵³uæ²⁴lə²¹	
	还 没 呢， 再 稍 微儿 等 个 曹 说 完 了	
定西	xæ¹³mɤ¹³, iɛ²¹mu⁵³tsE⁴⁴kuɤ⁴⁴ʂɑ̃³²ʑi²¹tʂɤŋ⁴⁴tsɹ³²tɕiu⁴⁴væ²¹lɔ³³	
	还 没， 约 摸 再 过 上 一 阵 子 就 完 了	
通渭	mə¹³, xæ³¹te²¹ʑi³²tʂɹ̃⁴⁴tsɹ³²tɕ'iʊ⁴⁴ʃɤ̩²¹uæ²¹la³³	
	没， 还 得一 阵 子 就 说 完 了	
陇西	xæ²⁴mɤ⁴², kɤ⁵⁵mɔo⁴²tsɛ⁴⁴təŋ⁵⁵i⁵²xa²¹tɕixu⁴⁴ʂo⁴²væ²²la³²	
	还 没， 我 猜 再 等 一 下 就 说 完 了	

临洮	xæ¹³mo²¹iʊ⁵³, ta⁴⁴kɛ⁴⁴tsɛ⁴⁴te¹³zi²¹xuər⁴²tɕiʊ⁴⁴ʂo²¹væ¹³
	还 没 有， 大 概 再 得 一 会 儿 就 说 完
漳县	xæ²⁴mɤ²¹iɣu⁵³, tɑ²⁴kE⁴⁴iɑ²¹xE²⁴iɔo⁵³tɤ̃⁵³tiæ²⁴tiæ²¹ʃ²⁴xɤu⁴⁴liE²¹
	还 没 有， 大 概 呀 还 要 等 点 点 时 候 咧
武都	xæ¹³mə²¹ʑiɤu⁵⁵, ta²⁴kɛi⁵⁵tɤ̃⁵⁵zi²¹xa²¹tɕiɤu⁵⁵væ²¹lou⁵⁵
	还 没 有， 大 概 等 一 下 就 完 了
文县	xæ²¹muə²¹lɛ²¹liɛ²⁴, xa²¹pa²¹xæ²¹tiɛ⁴⁴tɤ̃⁴⁴xa²¹
	还 没 来 咧， 下 罢 还 得 等 下
宕昌	xuɛ²²mɤ⁴⁴ŋ⁴⁴, xuɛ²⁴tei⁴²ʐʅ²²tʂəŋ³⁵tsʅ²¹
	还 没 呢， 还 得 一 阵 子
康县	xæ¹³mɤ²¹iɣu⁵⁵, tᴀ²¹k'Er⁵³i²¹xᴀr¹³tsʻiɣu²¹ʂuɤ⁵⁵væ²¹lᴀ⁵⁵
	还 没 有， 大 概 儿 一 下 儿 就 说 完 了
西和	xæ²⁴mɤ²¹, xæ²⁴iao⁵⁵i²¹tʂɤŋ⁵⁵tsʅ²¹liɛ²¹
	还 没， 还 要 一 阵 子 咧
临夏市	xã¹³mu¹³, xã¹³tɛ⁵³zi²¹xuei⁴²
	还 没， 还 得 一 会
临夏县	xɛ¹³mə⁵⁵iɣu²¹, kuə⁵³zi²¹xuei⁵²tɕiɤu⁵⁵fə¹³vã²⁴liɔ²¹
	还 没 有， 过 一 会 就 说 完 了
合作	xɛi¹³mɤ¹³iɣɯ⁵³, ta⁵³kei⁵⁵tsɛi⁵³kuə⁵⁵zi¹³xueiər⁵³tɕiɤɯ¹³tʂʻəŋ¹³liɔo⁵³
	还 没 有， 大 概 再 过 一 会 儿 就 成 了
舟曲	xã̃²²mɤ⁵³, xa²⁴pa⁴²xɛ²¹tei⁵³ʐʅ⁴²xuEr³¹
	还 没， 下 罢 还 得 一 会 儿
临潭	xæi¹³mɤ⁴⁴iɣu⁵³, ta⁴⁴kɛi³¹tsɛi⁴⁴iɣu⁵³zi¹³xuɛr⁵³tɕiɤu⁴⁴ʂuɤ⁴⁴væi¹³lɔ⁴⁴
	还 没 有， 大 概 再 有 一 会 儿 就 说 完 了

71. 你到哪儿去？我到城里去

兰州	ni⁴⁴tɔ¹³na⁴⁴li⁵³tɕʻi²¹? vɤ⁴⁴tɔ¹³tʂʻən⁵³li³¹tɕʻy²¹
	你 到 哪里 去？ 我 到 城 里 去
红古	ni⁵⁵tɔ²¹a²⁴tʂər⁴²tɕʻi²²li²¹? vɤ⁵⁵tɔ²²tɕʻən¹³ŋ⁵⁵tɕʻi²¹kʻər¹³
	你 到 阿着儿①去 哩？ 我 到 城 里去会儿
永登	ni⁴⁴na²¹³ar²¹tɕʻi²¹li⁴⁴? və²⁴tʂən³¹li²¹tʻʊu¹¹tɕʻi²¹³kʻa²¹
	你 哪 儿 去 哩？ 我 城里 头 去 恰
榆中	ni⁴⁴tɔo⁴⁴na⁴⁴tɕʻy²⁴? uo⁴⁴tɔo³¹tʂʻən⁵³li³¹tɕʻy⁴⁴
	你 到 哪 去？ 我 到 城 里 去
白银	ni³³tɔ²²na³³a⁵¹tɕʻi²²li¹³? və³³tɔ¹³tʂʻən⁵¹li²¹tɕʻi²²li¹³
	你 到 哪儿 去 哩？ 我 到 城 里 去 哩
靖远	niɛ⁵⁵tsɤu⁵⁵na⁵³tʂʻɳ³⁵niɛ⁴¹? ŋuə⁵⁵tsɤu⁵⁵tʂʻɤŋ²²lɛi⁵⁵tsʻɳ³⁵niɛ⁴¹
	你 走 哪 去 呢？ 我 走 城 来 去 呢
天水	ȵi⁵³tɔ⁴⁴a²¹li⁴⁴tɕʻi²¹tɕia⁴⁴? ŋuə⁵³tsəu⁵³tʂʻəŋ¹³li¹³tɕʻi²¹tɕia²¹
	你 到 阿里 去 恰¯？ 我 走 城 里 去 恰
秦安	ȵi⁵³tɔ⁴⁴a²¹li⁵³tɕʻi⁴⁴lɔ²¹? kə⁵³tɔ⁴⁴tʂʻə̃³⁵xə⁴⁴li³¹tɕʻi³¹lɔ²¹
	你 到 阿里 去 了？ 我 到 城 壑¯里②去 了
甘谷	ȵi⁵³tɑu⁴⁴sɔ⁵³lai²¹tɕʻi⁴⁴lə⁴⁴? kiɛ⁵³tɑu⁴⁴tʂʻəŋ²¹lai⁵³tɕʻi⁴²lɑu²¹
	你 到 啥里 去 了？ 我 到 城 里 去 了
武山	ȵi⁵³tɔo⁴⁴ɑ²¹li²¹tɕʻi⁴⁴lə²¹? kiə⁴⁴tɔo¹³tʂʻəŋ²¹lɛi⁴⁴tɕʻi⁴²lə²¹
	你 到 阿里 去 了？ 我 到 城 里 去 了
张家川	ȵi⁵³tɔu⁴⁴ta²¹tɕʻi⁴⁴tɕʻia²¹? ŋɤ⁵³tsɤu⁵³tʂʻɤŋ¹³li³²tɕʻia²¹
	你 到 阿搭¯去 恰¯？ 我 走 城 里 恰¯
武威	ni³⁵na⁵³li²¹tɕʻi³⁵li²¹? və²²tʂʻəŋ³⁵li²¹tɕʻi³⁵li²¹
	你 哪 里 去 哩？ 我 城 里 去 哩
民勤	ŋɿ⁴⁴la²²ŋɿ⁴⁴tɕʻi⁴²ŋɿ²¹? uə⁴⁴tʂʻɤŋ²²ŋɿ⁴⁴tɕʻi⁴²ŋɿ²¹
	你 那 里 去 哩？ 我 城 里 去 哩
古浪	ni⁴⁴nɑ³¹li²¹tɕʻi⁴⁴li²¹? uə⁴⁴tɑo³¹tʂʻə̃ŋ⁴⁴li²¹tɕʻi⁴⁴li²¹
	你 哪 里 去 哩？ 我 到 城 里 去 哩

---

① 阿着儿：相当于疑问代词"哪里，哪儿"。

② 壑¯里：里面。

第一章　语法例句

永昌	ni⁴⁴na⁵³li¹³tɕʻy⁵³niə²¹?	uə⁴⁴tʂʻəŋ³⁵li²¹tɕʻy⁵³kʻa²¹
	你 那 里 去 呢？	我 城 里 去 恰⁼
张掖	ni⁵³kʌŋ²⁴ʂa³¹kʻə²²liə²¹?	uə⁵³tɕiŋ²²tʂʻəŋ⁵³kʻə³¹liə²¹
	你 干 啥 去 哩？	我 进 城 去 哩
山丹	ni²²tsəu⁵³na⁵³ni²²tɕʻi⁴⁴nə⁴⁴?	uə⁵⁵tɕiŋ²²tʂʻəŋ⁵³tɕʻi⁴²nə²¹
	你 走 哪 里 去 呢？	我 进 城 里 去
平凉	ȵi⁴⁴tɔ³¹nɑ⁵³tɑ³¹tɕʻi⁴⁴tɕiɑ²¹?	uo⁴⁴tsʁu⁵³tʂʻəŋ²⁴ȵi⁵³tɕʻi²¹tɕiɑ²¹
	你 到 哪 搭⁼ 去 恰⁼？	我 走 城 里 去 恰⁼
泾川	ȵi⁵³tɔ⁴⁴nʌ⁴⁴li²¹tɕʻi⁴⁴?	vo⁵³tɔ⁴⁴tʂʻəŋ³¹li⁵³
	你 到 哪 里 去？	我 到 城 里
灵台	ȵi⁵³tɔ⁴⁴a³¹ta²¹tɕʻy²¹?	uo⁵³tɔ⁴⁴tʻəŋ²⁴li⁵³tɕʻy²¹
	你 到 阿 搭⁼ 去？	我 到 城 里 去
酒泉	ni⁵³tθ²²na⁵³li⁵³tɕʻi⁴²nia²¹?	və⁵³tθ²²tʂʻəŋ⁴⁴ni⁴²tɕʻi⁴²nia²¹
	你 到 哪 里 去 哩？	我 到 城 里 去 咧
敦煌	ŋ̍⁵³tɔo⁴⁴na²²ta²²tɕʻɻ⁴⁴nə̃⁴²?	ŋə⁵³tɔo⁴⁴tʂʻəŋ²²nə⁴⁴tɕʻɻ²¹
	你 到 哪 搭⁼ 去 呢？	我 到 城 里 去
西峰	ȵi³¹tsʊ⁵⁵a⁵⁵ta⁵⁵ia²¹?	ŋʁ³¹tɔ⁵⁵tʂʻəŋ²⁴li³¹tɕʻi⁵⁵
	你 走 阿 搭⁼ 呀？	我 到 城 里 去
环县	ȵi⁴¹tsʁu⁴¹na⁴¹ȵi²¹tɕʻi⁵⁵ȵi²¹?	ŋuo⁴¹tɔ⁵⁵ɕiæ̃⁵⁵ȵi⁴¹tɕʻi⁵⁵ȵi²¹
	你 走 哪 儿 去 呢？	我 到 县 里 去 呢
正宁	ȵi⁴⁴tɔ⁴⁴a⁴⁴ta²¹tɕʻi²¹?	ŋʁ⁴⁴tɔ⁴⁴tʂʻəŋ²⁴lei²¹tɕʻi²¹
	你 到 阿 搭⁼ 去？	我 到 城 里 去
镇原	ȵi⁴⁴tsa³¹tɕʻi⁴⁴tɕia⁴⁴?	uo³¹tsin⁴⁴tʂʻəŋ²⁴ȵi³¹tɕʻi⁴⁴tɕia²¹
	你 咋 去 恰⁼？	我 进 城 里 去 恰⁼
定西	ȵi⁵³tɔ⁴⁴a²¹ta²¹tɕʻiɐ⁴³?	ŋʁ⁵³tɔ⁴⁴tʂʻʁŋ²¹li⁴⁴tɕʻi²¹
	你 到 阿 搭⁼ 去？	我 到 城 里 去
通渭	ȵi⁵³a²¹li²¹tɕʻi⁴¹læ̃³²?	kə⁵³tɔ²¹tʂʻə̃¹³xə⁵³tʻʊ²¹tɕʻiə⁴⁴
	你 阿 里 去 嘞？	我 到 城 壑⁼ 头 去
陇西	li⁵⁵tɔo⁴⁴a²¹le²²tɕʻi⁴⁴liæ̃⁴²?	kʁ⁵⁵tɔo⁴⁴tʂʻəŋ²²le⁴⁴tɕʻi²¹liæ̃²¹
	你 到 阿 来 去 咧？	我 到 城 来 去 咧
临洮	ni⁵³tɔ⁴⁴a²¹tar⁵³tɕʻi⁴⁴niə²¹?	ŋo⁵³tɔ⁴⁴tʂʻẽ²¹li⁵³tɕʻi⁴⁴niə²¹
	你 到 阿 搭⁼ 儿 去 呢？	我 到 城 里 去 呢

漳县	ȵi²⁴tɔo²¹ɑ⁵³li²¹tɕʻi²⁴liɛ²¹？ kɤ⁵³tɔo²¹tʃʻɤ̃²¹xɤ⁴⁴li²¹tɕʻi²⁴liɛ²¹
	你 到 阿里 去 咧？ 我 到 城壑̈ 里 去 咧
武都	ȵi⁵⁵tɔu²⁴a⁵³ta²¹tɕʻi⁵⁵？ ŋə⁵⁵tɔu²⁴tʂʻə̃²¹li⁵⁵tɕʻi²¹
	你 到 阿搭̈ 去？ 我 到 城 里 去
文县	ȵɿ⁵⁵tɔo⁴²a²¹tɤ²¹tɕʻi²⁴tɕia⁴²？ ŋɤ⁴⁴tɔo²⁴tʂʻə̃²¹li³⁵tɕʻi⁴²liɛ
	你 到 阿里 去 恰̈？ 我 到 城 里 去 咧
宕昌	ȵɿ⁴²tao⁴²a²²tɤr⁴²tsʻʮ²⁴？ ŋɤ⁵³tao⁴²tsʻəŋ²¹lɿ⁴⁴tsʻʮ²¹
	你 到 阿搭̈儿 去？ 我 到 城 里 去
康县	ȵi⁵⁵tɔo²⁴lA⁵³li²¹tɕʻi²⁴？ ŋuɤ⁵⁵tɔo²⁴tʂʻɤŋ²¹li²¹tɕʻi⁵³
	你 到 哪里 去？ 我 到 城 里 去
西和	ȵi⁵¹tao⁵⁵A²¹tA⁵⁵tɕi⁵⁵tɕiA²¹？ ŋuɤ³³tɕiŋ⁵⁵tʂʻɤŋ²⁴li²¹tɕʻi²¹liɛ²¹
	你 到 阿搭̈去 恰̈？ 我 进 城 里 去 咧
临夏市	ni⁴⁴məŋ²¹ɑ⁴⁴li²¹tɕʻi⁵³ni²¹？ ŋə⁵⁵tʂʻəŋ²¹li⁵²tɕʻi⁵³ni²¹
	你 们 阿里 去 呢？ 我 城 里 去 哩
临夏县	ni⁵⁵ɑ¹³li⁵²tɕʻi⁵³li²¹？ ŋə⁵⁵tɔ⁵³tʂʻəŋ²¹li⁵²tɕʻi⁵³
	你 阿里 去 哩？ 我 到 城 里 去
合作	ni⁵³tɔo⁵⁵a¹³li¹³tɕʻi⁵³li⁵⁵？ ŋɤ⁵³tɔo⁵⁵tʂʻɤŋ¹³li¹³tɕʻi⁵³li¹³
	你 到 阿里 去 哩？ 我 到 城 里 去 哩
舟曲	nʐɿ²⁴tɔo⁵⁵ar⁵³tɕʻia²⁴？ ŋuɚ⁴⁴tɔo⁴⁴tʂʻɤŋ⁵³ȵi²¹tɕʻia²¹
	你 到 阿儿 去？ 我 到 城 里 去
临潭	ni⁵³tɔ¹³a⁵⁵tʂʻɤ¹³tɕʻy⁵³li¹³？ ŋɤ⁵³tɔ¹³kɛi⁴⁴ʂɑ̃⁴⁴tɕʻy⁵³li¹³
	你 到 阿着 去 呢？ 我 到 街 上 去 呢

72. 在那儿，不在这儿

兰州	tsɛ13	na44	ta21,	pu22	tsɛ44	tʂɤ53	ta21	
	在	那	搭⁼,	不	在	这	搭⁼	
红古	tsɛ13	nɛ44	tʂər35,	pu21	tsɛ13	tʂər42		
	在	那	搭⁼儿,	不	在	这儿		
永登	tsɛi21	nɛi21	ɕiə44	li21,	tʂʅ21	ɕiə44	mei21	iʊu21 ə44
	在	那	些	哩,	这	些	没	有 哦
榆中	tsɛi24	nɛ31	ta24	li21,	pu24	tsɛi42	tʂɤ31	li21
	在	那	搭⁼	哩,	不	在	这	里
白银	tsɛ13	lɛ13	tʂa51	li21,	miɤu13	tsɛ21	tʂʅ22	li33
	在	那	儿	哩,	没	在	这	里
靖远	tsɛi35	yu35	ta41	niɛ21,	mə22	tsɛi35	tʂɐr41	
	在	兀	搭⁼	呢,	没	在	这儿	
天水	tsʻɛ44	u53	ta24	li21,	pu13	tsʻɛ44	tsʅ21	ta21
	在	兀	搭⁼	哩,	不	在	这	搭⁼
秦安	tsʻɛ44	vu44	li21,	pfu22	tsʻɛ44	tʂəʉ44	li21	
	在	兀	里,	不	在	这	里	
甘谷	tsʻai44	u53	tɑ21	liə44,	mə44	tsʻai35	tsʅ53	tɑ21
	在	兀	搭⁼	哩,	没	在	这	搭⁼
武山	tsʻɛi44	vu44	tɑ44,	pu21	tsʻɛi44	tsʅ44	tɑ44	
	在	兀	搭⁼,	不	在	这	搭⁼	
张家川	tsʻe44	vu44	tar13	li21,	pu21	tsʻe44	tsʅ44	ta21
	在	兀	搭⁼儿	哩,	不	在	这	搭⁼
武威	tsɛi44	nɛi44	ɕiɛ31	li21,	pu35	tsɛi53	tsʅ44	ɕiɛ31
	在	那	些	哩,	不	在	这	些
民勤	tsæi22	la42	ŋʅ21,	pu22	tsæi44	tsʅ42	ŋʅ21	
	在	那	里,	不	在	这	里	
古浪	tsɛ22	nɑ31	li44	li21,	pu22	tsɛ13	tʂə42	li21
	在	那	里	哩,	不	在	这	里
永昌	tsɛ44	na42	tʻa42,	pu42	tsɛ44	tʂə53	tʻa21	
	在	那	搭⁼,	不	在	这	搭⁼	

张掖	tsɛi³¹ na²² li⁵³, pu²² tsɛi²² tʂə³¹ li²¹	
	在 那 里, 不 在 这 里	
山丹	tsɛe⁴¹ na⁴⁴ ɕiə⁴⁴ ni⁴⁴, mu²⁴ tsɛe²¹ tʂə⁴² ɕiə²¹	
	在 那 些 呢, 不 在 这 些	
平凉	tsæ³¹ nɑ⁴⁴ tɑ³¹, pu³¹ tsæ⁴⁴ tʂɤ⁴⁴ tɑ²¹	
	在 那 搭ᵚ, 不 在 这 搭ᵚ	
泾川	tsE⁴⁴ nA⁵³, pu³¹ tsE⁴⁴ tʂər⁵³	
	在 那, 不 在 这儿	
灵台	tsɛ⁴⁴ u³¹ ta⁵³, pfu³¹ tsɛ⁴⁴ tʂɤ⁴⁴ ta²¹	
	在 兀 搭ᵚ, 不 在 这 搭ᵚ	
酒泉	tse¹³ ne⁴⁴ ni⁴⁴, pu²² tse¹³ tʂʅ²² ni²¹	
	在 那 里, 不 在 这 里	
敦煌	tsɛ⁴⁴ na⁴⁴ ta²¹, pu²² tsɛ⁴⁴ tʂə²¹³ ta²¹	
	在 那 搭ᵚ, 不 在 这 搭ᵚ	
西峰	tsE⁵⁵ u³¹ ta⁵⁵ liɛ²¹, mɔ³¹ iʊ³¹ tsE⁵⁵ tʂʅ³¹ ta⁵⁵	
	在 兀 搭ᵚ 咧, 没 有 在 这 搭ᵚ	
环县	tsɛ⁵⁵ nɛ⁵⁵ ta²¹, pu²¹ tsɛ⁵⁵ tsɛ⁵⁵ ta²¹	
	在 那 搭ᵚ, 不 在 这 搭ᵚ	
正宁	tsʻE⁴⁴ ur⁵³, pu³¹ tsʻE⁴⁴ tʂɤr³¹	
	在 兀儿, 不 在 这儿	
镇原	tsɛ⁴⁴ tsa⁵³ ȵi²¹, pu²¹ tsɛ²⁴ tʂɛ⁴⁴ ɐr²¹ ti²¹	
	在 那 呢, 不 在 这儿 的	
定西	tsʻE⁴⁴ vu⁴⁴ ta²¹, pu²¹ tsʻE⁴⁴ tʂɤu⁴⁴ ta²¹	
	在 兀 搭ᵚ, 不 在 这 搭ᵚ	
通渭	tsʻe⁴⁴ uə⁴⁴ ta³², pu²¹ tsʻe⁴⁴ tʂʅ⁴⁴ ta²¹	
	在 兀 搭ᵚ, 不 在 这 搭ᵚ	
陇西	tsɛ⁴⁴ vu⁴⁴ ta⁴⁴ liæ̃⁴², mɤ⁴² tsɛ⁴⁴ tʂʅ³³ ta²¹	
	在 兀 搭ᵚ 咧, 没 在 这 搭ᵚ	
临洮	tsɛ⁴⁴ v̇⁴⁴ tar⁵³, pu²¹ tsɛ⁴⁴ tʂʅ⁴⁴ tar⁵³	
	在 兀 搭ᵚ儿, 不 在 这 搭ᵚ儿	

漳县	tsʻɛ⁴⁴ 在	u²⁴ 兀	tɑ⁵³, 搭⁼,	pu⁵³ 不	tsʻɛ⁴⁴ 在	tʂʅ⁴² 这	tɑ²¹ 搭⁼	
武都	tsɛi²⁴ 在	vɛi⁵⁵ 咻⁼	ta²¹, 搭⁼,	pu²¹ 不	tsɛi²⁴ 在	tsʅ⁵⁵ 这	ta²¹ 搭⁼	
文县	tsɛ²² 在	uə⁴⁴ 那	tɤ²¹ 的	liɛ²¹, 里,	muə²¹ 没	tsɛ²⁴ 在	tsɤ⁴⁴ 这	tɤ²¹ 的
宕昌	tsɛ²² 在	ɣu⁴² 那	ta²⁴ 搭⁼	ər²¹, 儿,	mɤ³³ 没	tsɛ⁴² 在	tʂər⁵³ 这儿	
康县	tsE²¹ 在	vE²⁴ 咻⁼	tA²¹, 搭⁼,	pu²¹ 不	tsE²¹ 在	tʂʅ⁵⁵ 这	tA²¹ 搭⁼	
西和	tsʻɛ⁵⁵ 在	u⁵⁵ 兀	ŋæ²⁴ 搭⁼	liɛ²¹, 唎,	mɤ²⁴ 没	tsʻɛ⁵⁵ 在	tsʅ⁵⁵ 这	ŋæ²¹ 搭⁼
临夏市	tsɛ⁵³ 在	vu⁴⁴ 兀	ɕiɛ²¹ 些	li²¹, 哩,	pu¹³ 不	tsɛ⁵² 在	tʂʅ⁴⁴ 这	ɕiɛ²¹ 些	li²¹ 哩
临夏县	tsɛ⁵³ 在	vu⁵⁵ 兀	tɑ²⁴, 搭⁼,	pu²¹ 不	tsɛ⁵² 在	tʂʅ⁵⁵ 这	li²¹ 里	
合作	tsɛi⁵³ 在	vu⁵⁵ 兀	li⁵⁵ 里	li⁵³, 哩,	tʂɤ¹³ 这	ɕiɛ⁵³ 些	li⁵⁵ 里	mɤ¹³ 没	iɣɯ⁵³ 有
舟曲	tsɛ²⁴ 在	ʁu⁵³ 兀	tʌr⁵⁵, 搭⁼儿,	mɤ⁵³ 没	tsɛ²¹ 在	tʂʅ²¹ 这	tʌr⁴⁴ 搭⁼儿	
临潭	tsɛi¹³ 在	ɔ⁴⁴ 兀	tʻɤr¹³ 搭⁼儿	li¹³, 哩,	pu¹³ 不	tsɛi⁴⁴ 在	tʂɤr¹³ 这儿	

73. 不是那么做，是要这么做的

兰 州	pu²²ʂʅ⁴⁴na¹³mei⁴⁴tsuə²¹, iɔ¹³tʂɤ¹³mo⁴⁴tsuə²¹ 不 是 那 么 做， 要 这 么 做
红 古	pu²²ʂʅ⁴⁴nɛ²¹mən⁴⁴tɕia⁴²tsʮ²¹, tɕiəu⁴⁴iɔ¹³tʂʅ²¹mən⁴⁴tɕia⁴²tsʮ²¹ 不 是 那 么 样 做， 就 要 这 么 样 做
永 登	lɛi²¹mən⁴⁴mei²¹iʊu⁴⁴tsu²¹tʂə⁴⁴, tʂʅ²¹mən²⁴tɕia⁴⁴tsu²¹³ə²¹li²¹ 那 么 没 有 做 着， 这 么 样 做 着 哩
榆 中	pu³¹ʂʅ²⁴tʂɤ⁵³mə³¹tsuɤ⁵³, ʂʅ³¹na⁴⁴mə³¹tsuɤ³¹tʂɤ³¹li³¹ 不 是 这 么 做， 是 那 么 做 着 哩
白 银	pu²²nən⁵¹luen¹³tsu¹³, tʂən¹³tsu⁴²li²¹ 不 能 那 么 做， 这 么 做 哩
靖 远	pu²²liɑo²¹tʂ'ɑo²⁴ ɣu²⁴mɤŋ⁵⁵tsɤu³⁵, tʂ'ɑo²²tʂʅ²⁴mɤŋ⁵⁵tsɤu³⁵ 不 了 照 兀 么 做， 照 这 么 做
天 水	pu¹³lən¹³mu⁵³tɕia⁴⁴tsu⁴⁴, iɔ⁴⁴tsʅ⁵³tɕia⁴⁴tsu⁴⁴li 不 能 那 样 做， 要 这 样 做 哩
秦 安	pfu²²ʃʅ⁴⁴tʂəʉ¹³iɔ̃¹³tsʅ²¹tsu⁴⁴, ʃʅ⁴⁴iɔ⁴⁴vu⁴⁴iɔ̃³⁵tsʅ⁵³tsu³¹liə²¹ 不 是 这 样 子 做， 是 要 兀 样 子 做 的
甘 谷	pu²¹sʅ⁴⁴u⁴⁴iaŋ⁵³tsʅ⁵³tsɤʉ¹³, iau¹³tsʅ⁴⁴mə²¹tsɤʉ⁴⁴liə⁴⁴ 不 是 兀 样 子 做， 要 这 么 做 哩
武 山	pu²¹sʅ⁴⁴vu⁴⁴məŋ⁴⁴tsʮ⁴⁴tə⁴⁴, sʅ¹³tsʅ⁴⁴məŋ⁴⁴tsʮ¹³tə²¹ 不 是 兀 么 做 的， 是 这 么 做 的
张家川	pu²¹sʅ⁴⁴vu⁴⁴mɤ²¹tsʮ⁴⁴tɕi²¹, iɔu⁴⁴tsʅ⁴⁴mɤŋ²¹kɤ²¹tsʮ⁴⁴liə²¹ 不 是 兀 么 做 的， 要 这 们 个 做 哩
武 威	pu⁴⁴liɔ²¹nɛi⁴⁴mə²¹tsuə³¹, iɔu²²tsʅ⁴⁴mu⁵³tɕia³¹tsuə²¹ 不 了 那 么 做， 要 这 么 样 做
民 勤	pu⁴²sʅ²²tsaŋ⁴²tɕia²¹tsu⁴²tə²¹, iɔo²²laŋ⁴²tɕia²¹tsu⁴²ŋ²¹ 不 是 这 样 做 的， 要 那 样 做 哩
古 浪	pu²²liɑo⁴⁴nɛ⁴²mu⁴⁴tsuə⁴², iɑo⁴⁴tsʅ⁴²mu¹³tɕia⁴⁴tsuə⁴² 不 了 那 么 做， 要 这 么 样 做
永 昌	pu⁵³lɛ¹³ti²¹na⁵³mə²¹tɕiə¹³tsuə²¹, tə¹³tʂə⁵³mə²¹tɕiə¹³tsuə²¹ 不 来 得 那 么 样 做， 得 这 么 样 做

第一章 语法例句

张掖	pu²²nəŋ⁵³tʂɿ³¹mə²¹tsuə³¹, iɔ²⁴na³¹mə²²tɕia²¹tsuə³¹liə²¹ 不 能 这么 做， 要 那么 样 做 哩
山丹	pu²²nəŋ⁵³tʂə⁴²mə²¹tsuə⁴¹, iɑo²⁴na⁴²mə²¹tsuə⁴²ni²¹ 不 能 这么 做， 要 那么 做 呢
平凉	pu³¹sɿ⁴⁴nɛ⁴⁴mo²¹tsu⁴⁴, sɿ⁴⁴iɔ²¹tʂɿ⁵³mo²¹tsu⁴⁴ti³¹ 不 是 那么 做， 是 要 这么 做 的
泾川	pu³¹sɿ⁴⁴nʌ⁴⁴mo³¹tsu⁴⁴, sɿ³¹tʂɿ⁴⁴mo³¹tsu⁴⁴ 不 是 那么 做， 是 这么 做
灵台	pfu³¹sɿ⁴⁴u⁴⁴mɤ²¹tsuo³¹, sɿ²¹tʂɤ⁴⁴mɤ²¹tsuo³¹ 不 是 兀么 做， 是 这么 做
酒泉	pu²²sɿ⁵³tʂɿ²²mu⁴⁴tsuə⁴²tiə²¹, sɿ²²ni⁴⁴mu⁴²tɕia²¹tsuə⁴²nia²¹ 不 是 这么 做 的， 是 那么 样 做 咧
敦煌	pu²²ʂɿ⁴⁴na⁴⁴mə⁴⁴tsu⁴²ə²¹, iɔo²¹³tʂə⁴⁴mo²¹tsu²²nə²¹ 不 是 那么 做 的， 要 这么 做 呢
西峰	pu³¹sɿ⁵⁵uɛ⁵⁵məŋ²¹kɤ²⁴tsɿ⁵⁵liɛ²¹, sɿ²⁴tʂɤ⁵⁵məŋ²¹kɤ²⁴tsɿ⁵⁵liɛ²¹ 不 是 㕶么 个 做 咧， 是 这 么 个 做 咧
环县	pu³¹sɿ²¹nɛ⁵⁵mu²¹kɤ²⁴tsɿ⁵⁵, sɿ³¹tʂei⁵⁵mu²¹kɤ²⁴tsɿ⁵⁵n̩i⁴¹ 不 是 那么 个 做， 是 这么 个 做 呢
正宁	pu³¹sɿ²⁴uei²⁴mə⁵³tsu⁴⁴ʈi²¹, sɿ³¹iɔ²⁴tʂɿ³¹mə⁵³tsu⁴⁴ʈi²¹ 不 是 㕶么 做 的， 是 要 这么 做 的
镇原	pu³¹sɿ²⁴mɔ⁴⁴kɤ²⁴tsɿ⁴⁴n̩i²¹, iɔ³¹tʂɿ⁴⁴mɔ²¹kɤ²⁴tsɿ⁴⁴n̩i²¹ 不 是 兀 个儿 做 呢， 要 这么 个儿 做 呢
定西	pu⁴⁴liæ̃²¹vu⁴⁴mɤŋ⁴⁴tsuə³², iɔ⁴⁴tʂɤ⁴⁴mɤŋ⁴⁴tsuə²¹ 不 连 兀么 做， 要 这 么 做
通渭	pu²¹sɿ⁴⁴ uə⁴⁴mə̃³²tsu³³, iɔ⁴⁴tʂʊ⁴⁴mə̃³²tsu⁴⁴læ̃²¹ 不 是 兀么 做， 要 这么 做 呢
陇西	pu⁴²sɿ⁴⁴vu⁴⁴məŋ⁴⁴ke⁴²ta²¹, sɿ⁴⁴tʂɿ⁴⁴məŋ⁴⁴ke²¹ta²¹ 不 是 兀么 个 的， 是 这么 个 的
临洮	pu²¹v̩⁴⁴mɤŋ⁴²tsɿ⁴⁴, tʂe⁵³mə̃r²¹tsɿ⁴⁴niə²¹ 不 兀么 做， 这么儿 做 呢
漳县	pu⁵³ʃɿ²⁴u²⁴mu⁴⁴tsɿ²¹, ʃɿ²¹iɔo⁴⁴tʃɿ²⁴mu⁵³tsɿ⁴⁴liɛ²¹ 不 是 兀么 做， 是 要 这 么 做 咧

武都	pu²¹ʂʅ⁵⁵la⁵³mɜ̃²¹tsʮ²⁴, ʌr²¹ʂʅ⁵⁵tʂə⁵³mɜ̃²¹tsʮ²⁴
	不 是 那 么 做, 而 是 这 么 做
文县	uə⁴⁴mɜ̃²¹tɤ²¹tsʮ²⁴pu³¹ɕiɜ̃¹³, iɔ²⁴tsɤ⁴⁴mə²¹tɤ²¹tsʮ²²liɛ²¹
	那 么 的 做 不 行, 要 这 么 的 做 唻
宕昌	pu²²ləŋ⁴²la⁵³mu²²tɕia⁴⁴tsu⁴⁴, iao⁴⁴tʂɤ⁵³mu²²tɕia⁴⁴tsu⁴⁴
	不 能 那 么 样 做, 要 这 么 样 做
康县	pu²¹ʂʅ²⁴lA²⁴mA⁵³tsu²⁴tE²¹, ʂʅ²¹tʂɤ⁵⁵mA²¹tsu²⁴tE⁵³
	不 是 那 么 做 的, 是 这 么 做 的
西和	pu²¹u⁵⁵tɕiA²¹tsuɤ⁵⁵, iao⁵⁵tsʅ⁵⁵tɕiA²¹lɤu⁵⁵li²¹
	不 兀 样 做, 要 这 样 弄 哩
临夏市	vu⁴⁴mu²¹pɔ¹³tsu⁵², tʂʅ⁴⁴mu²¹tsu⁵³
	兀 么 嫑 做, 这 么 做
临夏县	ɤu⁵⁵məŋ²¹pu²¹tsu⁵², iɔ⁵³tʂʅ⁵⁵məŋ²¹tsu⁵³
	那 么 不 做, 要 这 么 做
合作	pu⁵⁵ʂʅ⁵³vu⁵⁵mɤ⁵⁵tsuɤ⁵³ti⁵⁵, ʂʅ⁵³tʂɤ⁵³mɤ⁵⁵tsuə⁵³li⁵⁵
	不 是 兀 么 做 的, 是 这 么 做 哩
舟曲	la²⁴kuər⁵³pu²²tsʮ²⁴, iɔɔ²²tʂʅ²¹kuər⁵³tsʮ⁴⁴ȵiɛ⁴²
	那 个 儿 不 做, 要 这 个 儿 做 呢
临潭	pu¹³ʂʅ⁴⁴vu⁴⁴mɤ¹³tsuɤ³¹ti³¹, tɕiɤu⁴⁴iɔ⁴⁴tʂɤ⁵³mɤ⁴⁴tsuɤ⁴⁴li³¹
	不 是 兀 么 做 的, 就 要 这 么 做 呢

74. 太多了，用不着那么多，只要这么多就够了

兰州	t'ɛ²²tuo⁵³lɔ²¹, yn¹³pu⁴⁴tʂuo⁴⁴na⁴⁴mo⁴⁴tuo⁵³, tʂɿ⁴⁴iɔ¹³tʂɤ²¹mo⁴⁴tuo⁴⁴tɕiəu³¹
	太 多 了，用 不 着 那 么 多， 只 要 这 么 多 就
	kəu¹³lɔ³¹
	够 了
红古	tuə²¹tei¹³xən⁴⁴liɔ⁴², nɛ²¹mən⁴⁴tuə⁴²tʂɤ²¹pu²¹iɔ¹³, tʂɿ¹³ɕiər⁴⁴tɕiəu²¹kɤu¹³liɔ⁴²
	多 得 很 了，那 么 多 者 不 要，这 些 儿 就 够 了
永登	tuə⁴⁴ti²¹xən²⁴liɑo²¹, lɛi²⁴mən⁴⁴tuə²¹ti²¹pu⁵³iɑo²²³, tʂɿ²¹ɕiə²¹tɕiɤu²¹kɤu²¹
	多 得 很 了， 那 么 多 的 不 要， 这 些 就 够
	liɑo⁴⁴
	了
榆中	t'ɛi³¹tuɤ⁴⁴lɔo³¹, yn³¹pu⁴⁴lɔo³¹na⁴⁴mə³¹tuɤ⁵³
	太 多 了， 用 不 了 那 么 多
白银	tuə⁴⁴ti³¹xən³³lɔ²¹, yn²²pu¹³tʂuə⁵³nən²²tuə⁴⁴, tʂɿ²²ɕiɛ⁴⁴tɕiɤu¹³kɤu²¹lɔ³³
	多 得 很 了，用 不 着 恁 多， 这 些 就 够 了
靖远	t'ɛi⁵⁵tuə⁴¹liɑo²¹, ioŋ³⁵pu²¹xa³⁵ɣu²⁴mɤŋ⁵⁵tuə⁴¹, tsɤu³⁵tʂɿ³⁵ɕiər⁴¹tsɤu³⁵kɤu³⁵
	太 多 了， 用 不 下 兀 么 多， 就 这 些 儿 就 够
	liɑo⁴¹
	了
天水	t'ɛ⁴⁴tuə²¹liɔ⁵³, yəŋ⁴⁴pu¹³tʂ'uə¹³mu⁵³tuə¹³, tʂɿ²¹iɔ⁴⁴tʂɿ⁴⁴mu²¹tuə¹³tɕ'iəu⁴⁴kəu⁴⁴
	太 多 了， 用 不 这 么 多， 只 要 这 么 多 就 够
	liɔ²¹
	了
秦安	t'ɛ⁴⁴tə²¹lɔ⁴², yə̃⁴⁴pfu²²ʂɤ̃⁴⁴vu⁴⁴mə⁵³tə¹³, iəu⁴⁴tsɿu⁴⁴siə²¹tsiəu⁴⁴kəu⁴⁴lɔ²¹
	太 多 了，用 不 上 兀 么 多， 有 这 些 就 够 了
甘谷	t'ai⁴⁴tə²¹²lɑu²¹, yəŋ⁴⁴pu²¹²tʂ'əŋ²⁴u⁵³mə²¹²tə⁴⁴, tʂɿ²¹iɑu⁴⁴tsə⁵³mə¹³tə²¹tɕixu⁴⁴
	太 多 了， 用 不 成 兀 么 多， 只 要 这 么 多 就
	kɤu⁴⁴lɑu²¹
	够 了
武山	t'ɛi⁴⁴tə²¹lə²¹, yəŋ⁴⁴pu⁴⁴lə²¹tsuəŋ⁴⁴tə²¹, tʂɿ²¹iɔ⁴⁴tsuəŋ⁴⁴tə⁴²tɕ'ixu²¹kɤ⁴⁴lɔ⁴²
	太 多 了，用 不 了 这 多， 只 要 这 多 就 够 了

张家川	ʋe⁵³ɕiɛ¹³t'e⁵³tuɤ²¹liɜi¹³, yŋ⁴⁴pu²¹liɔu⁵³ʋu⁴⁴mɤ²¹tuɤ¹³², iɔu⁴⁴tʂʅ⁴⁴mər¹³ɕiɛ²¹
	那 些 太 多 咧, 用 不 了 兀 么 多, 要 这 么 儿 些
	tɕiɤu⁴⁴kɤu⁴⁴liɛ²¹
	就 够 咧
武威	t'ɛi⁵³tuə³⁵liɔu⁵³, yŋ⁵⁵pu⁵³liɔu²¹nɜi⁴⁴mu⁵³tuə²¹, tʂʅ⁴⁴mu⁵³ɕiɛ³¹tɕiəu³¹kəu⁴⁴
	太 多 了, 用 不 了 那 么 多, 这 么 些 就 够
	liɔu²¹
	了
民勤	t'æi²²tuə⁴⁴la²¹, yŋ⁴²pu²²ʂaŋ²¹laŋ⁴²tuə⁴⁴, tɕiɿ²²ɕiɛ⁴⁴tɕiɤu²²kɤu⁴²la²¹
	太 多 了, 用 不 上 那 么 多, 这 么 些 就 够 了
古浪	t'ɛ³¹tuə⁴⁴liɑo²¹, yŋ³¹pu¹³liɑo⁴⁴nɛ³¹mu²¹tuə⁴⁴, tʂʅ³¹mu²¹ɕiə²²tɕiʋu²²ɕiŋ⁴⁴liɑo²¹
	太 多 了, 用 不 了 那 么 多, 这 么 些 就 行 了
永昌	t'ɛ⁵³tuə¹³liɔu²¹, pu⁴⁴yŋ⁴²na⁵³mə²¹ɕiə²¹liɔu²¹, tʂə⁵³ɕiə²¹tɕiɤu⁴⁴kɤu⁵³liɔu²¹
	太 多 了, 不 用 那 么 些 了, 这 些 就 够 了
张掖	t'ɛi³¹tuə⁴⁴li⁴⁴, yŋ³¹pu²²liɔ²²na³¹mə²²tuə⁴⁴, tʂʅ³¹mə²²ɕiə²²tɕiəu⁴⁴kɤu³¹liɔ²¹
	太 多 了, 用 不 了 那 么 多, 这 么 些 就 够 了
山丹	t'ee⁴²tuə³⁴la⁴⁴, yŋ⁴²pu²²lə²¹na⁴²mə²¹tuə³⁴, tʂə⁴²ɕiə²¹tɕiəu⁴⁴kəu⁴²la²¹
	太 多 了, 用 不 了 那 么 多, 这 些 就 够 了
平凉	t'ɛ⁵³tuo³¹liɛ²¹, yŋ⁴⁴pu³¹tʂu²⁴nɛ³¹mo²¹tuo⁴⁴, tʂʅ³¹iɔ²⁴tʂɤ⁴⁴mo²¹tuo³¹tɕiou⁴⁴
	太 多 了, 用 不 着 那 么 多, 只 要 这 么 多 就
	kou⁴⁴liɑ²¹
	够 了
泾川	t'ᴇ⁵³tuo³¹liᴀ²¹, pu³¹yŋ⁴⁴nᴀ⁴⁴mo²¹tuo³¹, tʂɤ⁴⁴tɕiəu⁴⁴kəu²⁴liᴀ²¹
	太 多 了, 不 用 那 么 多, 这 就 够 了
灵台	t'ɛ⁵³tuo³¹lia²¹, yŋ²⁴pfu²¹tʂ²⁴u¹³mɤ²¹tuo³¹, tʂʅ³¹iɔ⁴⁴tʂɤ⁴⁴mɤ²¹tuo³¹tɕiou⁴⁴
	太 多 了, 用 不 着 兀 么 多, 只 要 这 么 多 就
	kou⁴⁴lia²¹
	够 了
酒泉	t'e²²tuə⁴⁴liɵ⁴⁴, yŋ⁴²pu²²aŋ⁴⁴tʂʅ⁴²mu²¹tuə⁴⁴, tʂʅ²²iɵ⁴⁴tʂʅ⁴²mu²²tuə⁴⁴tɕiəu²²
	太 多 了, 用 不 上 这 么 多, 只 要 这 么 多 就
	ɕiŋ⁴⁴liɵ⁴²
	行 了

第一章　语法例句

敦煌	tʻɛ⁴⁴tuə⁴²la²¹, yŋ⁴⁴pu⁴²tʂuə²¹na⁴⁴mo²¹tuə²¹³, tʂʅ²¹³iɔɔ⁴⁴tʂə⁴⁴mo⁴⁴tuə²¹³tɕiɤu²¹³ 太 多 了，用 不 着 那 么 多， 只 要 这 么 多 就 kɤu⁴⁴la⁴² 够 了
西峰	tʻE⁵⁵tuo⁵³lia²¹, pu³¹iɔ²⁴uE⁵⁵məŋ³¹tuo⁵³, tʂʅ²¹iɔ²⁴tʂɤ⁵⁵mə⁵⁵ɕiɛ³¹tɕiu⁵⁵ku⁵⁵lia²¹ 太 多 了， 不 要 咻 么 多， 只 要 这 么 些 就 够 了
环县	tʻɛ⁵⁵tuo⁴¹liɔ²¹, yŋ⁵⁵pu²¹li⁴¹nɛ⁴¹mɤ²¹tuo⁴¹, tsɛ⁵⁵ɕiɛ³¹tɕiɤu²⁴ɕiŋ²⁴liɔ⁴¹ 太 多 了， 用 不 了 那 么 多， 这 些 就 行 了
正宁	tʻE⁵³tuo³¹liɔ²¹, pu³¹iɔ²⁴le³¹mə⁵³tuo³¹, tʂʅ³¹iɔ²⁴tʂʅ³¹mə⁵³tuo³¹tɕʻiou⁴⁴kou⁴⁴liɔ²¹ 太 多 了， 不 要 那 么 多， 只 要 这 么 多 就 够 了
镇原	tʻɛ⁴⁴tuo⁵³lə³¹, yŋ⁴⁴pu³¹xa⁴⁴mɔ²²tuo⁵³, iɔ⁴⁴tʂɛ⁵³siɛ²¹tsʻəu³¹kəu⁴⁴lia³¹ 太 多 了， 用 不 下 兀 多， 要 这 些 就 够 了
定西	tɤ²¹ti¹³xɤŋ⁵¹, lɤŋ²¹yŋ⁴⁴tɤ²¹ʂɔ⁵¹, tʂʅ²¹iɔ⁴⁴zi²¹tiæ⁵³tiæ¹³tɕiu⁴⁴kɤu⁴⁴lɔ²¹ 多 得 很， 能 用 多 少， 只 要 一 点 点 就 够 了
通渭	tə²¹ti⁴⁴xə̃⁵³, ỹ⁴⁴pu³²tʂʻə²¹uə⁴⁴mə̃³²tə¹³, ma¹³tʂʊ⁴⁴mə̃³²tə²¹tɕʻiʊ⁴⁴kʊ⁴⁴la³¹ 多 得 很， 用 不 着 兀 么 多， 把 这 么 多 就 够 了
陇西	tʻɛ⁵⁵to²¹la²¹, yŋ⁴⁴pu⁴⁴liɔɔ⁵⁵vu⁴⁴məŋ⁴⁴tuɤ²¹, tʂʅ⁴⁴məŋ⁴⁴tuɤ⁴²tɕiɤu⁴⁴kɤu⁴⁴la²¹ 太 多 了， 用 不 了 兀 么 多， 这 么 多 就 够 了
临洮	tʻɛ⁴⁴to²¹liɔ¹³, yõ⁴⁴pu²¹ʂo¹³v̌⁴⁴mɤŋ⁴²tuo¹³, tʂʅ²¹iɔ⁴⁴tʂʅ⁴⁴ɕiər²¹tɕiʊ⁴⁴kʊ⁴⁴liɔ²¹ 太 多 了， 用 不 着 兀 么 多， 只 要 这 些儿 就 够 了
漳县	tʻE⁵³tɤ²¹lɔɔ²¹, yɤ̃²⁴pu²¹tʃf̌²⁴u²⁴mu²¹ɤ²¹, tʃʅ⁵³iɔɔ²⁴tʃf̌²⁴mɤ²¹ɤ²¹tsʻiɤu⁴⁴kɤu⁴⁴ 太 多 了， 用 不 着 兀 么 多， 只 要 这 么 多 就 够 lɔɔ²¹ 了
武都	tʻɛi⁵⁵tuə²¹lɔu²¹, zɤ̯²⁴pu²¹liɔu⁵⁵la⁴²mə²¹tuə²¹, tʂʅ²¹iɔu²⁴tʂə⁵³ɕiɛ²¹tɕiɤu²⁴ 太 多 了， 用 不 了 那 么 多， 只 要 这 些 就 tʂʻə̃²¹lɔu⁵⁵ 成 了
文县	tʻɛ²⁴tuə³¹lɔɔ²¹, iɔɔ²⁴pu⁴⁴liɔɔ²¹u⁴⁴mə²¹tuə³¹ɛ²⁴, tsə⁵⁵mə²¹tɤ²¹tɕiɤu²¹kɤu²⁴ 太 多 了， 要 不 了 那 们 多 的， 这 么 的 就 够 lɔɔ⁴² 了

宕昌	t'ɛ⁵³tuə⁴⁴lao⁴⁴，iɤu⁴⁴tʂɤ⁴²ɕiɛr²¹tɕiɤu²¹kɤu³⁵lao²¹，la⁴²ɕiɛr²¹tɕiɤu⁴⁴pu²¹yn²⁴
	太 多 了， 有 这 些儿 就 够 了， 那 些儿 就 不 用
	lao²¹
	了
康县	t'ɛ⁵⁵tuɤ⁵³liɔ²¹，yn²⁴pu²¹liɔ²⁴ʌ²⁴mɤ⁵³siɛ²¹，tʂʅ²¹iɔ²⁴tʂɤ⁵⁵mɤ²¹tuɤ⁵³tsiɤu⁵⁵
	太 多 了， 用 不 了 那 么 些， 只 要 这 么 多 就
	kɤu²⁴lɔ⁵³
	够 了
西和	t'ɛ⁵⁵tuɤ²¹lɔ⁴²，yn⁵⁵pu²¹tʂ'uɤ²⁴u⁵⁵mɤ²¹tuɤ²¹，tʂʅ⁵⁵ɕiɛ²¹kuɤ²¹tɕ'iɤu⁵⁵tuei⁵⁵lao²¹
	太 多 了， 用 不 着 那 么 多， 这 些 个 就 对 了
临夏市	t'ɛ⁵³tuə¹³liɔ⁴²，vu⁴⁴məŋ²¹tuə¹³yəŋ⁵³pu¹³tsuə¹³，tʂʅ⁴⁴mu²¹tuə¹³tɕiɤu⁴⁴kɤu⁴²
	太 多 了， 兀 么 多 用 不 着， 这 么 多 就 够
	liɔ⁵³
	了
临夏县	t'ɛ⁵³tuə¹³liɔ⁵²，yəŋ⁵³pu¹³tʂuə¹³ɤu⁵⁵məŋ²¹tuə¹³，tʂʅ²¹iɔ⁵²tʂʅ⁵⁵məŋ²¹tuə¹³
	太 多 了， 用 不 着 兀 们 多， 只 要 这 么 多
	tɕiɤu⁵³kɤu⁵⁵liɔ²¹
	就 够 了
合作	t'ɛi⁵³tuə¹³liɔ⁵³，yn⁵³pu⁵⁵tʂɔ¹³tʂɤ⁵³mɤ⁵⁵tuə⁵³，tʂʅ⁵⁵iɔ⁵³tʂɤ⁵³ɕiɛ⁵⁵tɕiɯ⁵³
	太 多 了， 用 不 着 这 么 多， 只 要 这 些 就
	kɤɯ⁵⁵liɔ⁵⁵
	够 了
舟曲	t'ɛ⁵⁵tuə⁵⁵liɔ²¹，iɔ²⁴pu⁵⁵liɔ⁵³ɤu²¹mɤ⁴⁴tuə⁵³，tʂʅ²⁴mɤ²¹tuə⁵³tsiɤu⁵⁵kɤu⁴⁴
	太 多 了， 要 不 了 那 么 多， 这 么 多 就 够
	liɔ⁴²
	了
临潭	a¹³mɤ¹³tʂɤ⁴⁴mɤ¹³tuɤ¹³，vu⁴⁴mɤ¹³tuɤ¹³yn⁴⁴pu⁵³ʂã⁴⁴，tʂɤ⁴⁴tiæ̃i⁵³tɕiɤu⁴⁴kɤu⁴⁴
	阿 么 这 么 多， 兀 么 多 用 不 上， 这 点 就 够
	lɔ⁵³
	了

75．这个大，那个小，这两个哪一个好一点儿呢？

兰 州	tṣɤ¹³kɤ⁴⁴ta¹³, na²²kɤ¹³ɕio⁴⁴, tṣɤ¹³liã⁴⁴kɤ¹³na⁴⁴ʑi²¹kɤ¹³xɔ⁴⁴ʑi²¹tiã̃²¹?
	这 个 大，那 个 小， 这 两 个 哪 一 个 好 一 点?
红 古	tʂʅ⁴²kɤ²¹ta¹³, nɛ⁴²kɤ²¹ka⁴⁴, tʂʅ²¹liã⁵⁵kɤ²¹tɔ¹³tʅ⁵⁵a¹³ʐʅ²¹kɤ¹³xɔ⁴⁴ʂa²¹?
	这 个 大， 那 个 尕， 这 两 个 到 底 阿 一 个 好 唦?
永 登	tʂʅ⁴⁴kə²¹ta¹¹ɕiə⁴⁴, lɛi⁴⁴kə²¹ka⁴⁴ɕiə²¹, tʂə⁴⁴liã²¹kə¹¹tao²¹³ti⁴⁴na²¹³kə²¹xao²⁴ ɕiə²¹?
	这 个 大 些， 那 个 尕 些， 这 两 个 到 底 哪 个 好 些?
榆 中	tʂɤ⁴⁴kɯ⁴⁴ta³¹ɕie⁴⁴, nɛ³¹kɯ⁴⁴ka⁵³ɕie⁴⁴ɯ¹³, tʂɤ⁴⁴liã⁴⁴kɯ³¹nɛ⁴⁴ʑi²¹kɯ⁴⁴xɔo⁴⁴ ɕie³¹ɯ⁵³?
	这 个 大 些， 那 个 尕 些 儿， 这 两 个 哪 一 个 好 些 儿?
白 银	tʂʅ²²kə¹³ta²²ɕie⁴⁴, lɛ¹³kə²²ka⁴⁴ɕie²¹, tʂʅ²²liaŋ³³kə²¹tɔ¹³ti⁴⁴na³³kə²¹xɔ³⁵ɕie²¹?
	这 个 大 些， 那 个 尕 些， 这 两 个 到 底 哪 个 好 些?
靖 远	tʂʅ³⁵kə⁴¹ta³⁵, nɛi³⁵kə⁴¹suei³³, tʂʅ²²liaŋ⁵⁵kə²¹na⁴¹kə²¹xɑo⁵⁵?
	这 个 大， 那 个 小， 这 两 个 哪 个 好?
天 水	tsɛ⁵³kɛ¹³ta⁴⁴, vɜ⁵³kɛ¹³ɕiɔ⁵³, tsɛ⁵³liã²¹kɛ⁴⁴a²¹i⁴⁴kɛ⁴⁴xɔ⁵³ʑi²¹tiã̃²¹?
	这 个 大，咊 个 小， 这 两 个 阿 一 个 好 一 点?
秦 安	tʂəu⁴⁴kə²¹ta⁴⁴, vu⁴⁴kə²¹si⁵³, tʂəu⁴⁴liɜ̃²¹kə³a¹³ʑi²¹kə³xɔ⁴⁴ʑi²¹tian⁵³li⁴⁴?
	这 个 大， 兀 个 小， 这 两 个 阿 一 个 好 一 点 哩?
甘 谷	tʂʅ⁴⁴kiɛ⁴⁴tɒ⁴⁴, u⁵³kiɛ⁴⁴ɕiɑu⁵³, tʂʅ⁴⁴liaŋ²¹kiɛ⁴⁴sɒ⁵³i²¹kiɛ⁴⁴xɑu⁵³ʑi²¹tia²¹?
	这 个 大， 兀 个 小， 这 两 个 啥 一 个 好 一 点?
武 山	tʂʅ⁴⁴kuɛi²¹tɒ⁴⁴, vu⁴⁴kuɛi²¹suei⁴⁴, tsʅ⁴⁴liaŋ²¹kuɛi¹³a²¹i⁴⁴kuɛi⁴⁴xɔ⁵³i⁴²tia²¹?
	这 个 大， 兀 个 碎， 这 两 个 阿 一 个 好 一 点?
张家川	ʑi²¹kɤ⁴⁴ta⁴⁴, ʑi²¹kɤ⁴⁴suɹ⁴³, n̠i⁵³kʰæ̃⁴⁴tʂʅ⁴⁴liɜ̃²¹kɤ²¹a¹³ʑi²¹kɤ³xɔu⁵³i²¹tɕiɜ̃²¹?
	一 个 大， 一 个 碎， 你 看 这 两 个 阿 一 个 好 一 点?
武 威	tɕiŋ³⁵kə⁴⁴ta³¹, nɛi⁴⁴kə³¹ɕiou³⁵, tɕiŋ⁴⁴liɜ̃⁵³kə³¹nɛi⁵³kə³¹xou⁵³ɕie³¹?
	这 个 大， 那 个 小， 这 两 个 那 个 好 些?
民 勤	tɕiɹ²²kɯ⁴⁴ta⁴², læi²²kɯ⁴⁴ɕiɔ⁴⁴, tɕiɹ²²niaŋ²²kɯ⁴⁴la²²kɯ⁴⁴xɔ²²ɕie⁴⁴?
	这 个 大， 那 个 小， 这 两 个 哪 个 好 些?

古浪	tʂʅ³¹kə⁴⁴tɑ⁴²ɕiə¹³, nɛ³¹kə²¹ɕiɑo³¹ɕiə⁴², tʂʅ²²liã¹³kə⁴²nɑ³¹kə⁴²xɑo¹³ɕiə⁴²? 这个大些，那个小些，这两个哪个好些?
永昌	tʂə⁴⁴tʂə⁵³mə²¹ta⁵³, na⁴⁴kə²¹na⁵³mə²¹ɕiɔo⁴², tʂə⁴⁴liaŋ⁴²kə²¹tɕiʁu⁵³tɕiŋ⁴⁴na⁵³kə²¹ 这这么大，那个那么小，这两个究竟哪个 xɔo¹³ʂa²¹? 好啥?
张掖	tʂʅ⁴¹kə²²ta⁴¹, na⁴¹kə²²ɕiɔ⁵³, tʂʅ⁴²niaŋ²²kə⁴⁴na⁵³zi³¹kə²²xɔ⁵³ɕiə⁴⁴a²¹? 这个大，那个小，这两个哪一个好些啊?
山丹	tʂə⁴²kə²¹ta⁴¹, na⁴²kə²¹ɕiɑo⁴⁴, tʂə⁴²liã²²kə⁴⁴na²²kə⁴⁴xɑo²²ɕiə⁴⁴a⁴⁴? 这个大，那个小，这两个哪个好些啊?
平凉	tʂʅ⁴⁴kʁ²¹tɑ⁴⁴, nɛ⁴⁴kʁ²¹sueɹ⁴⁴, tʂɛ⁴⁴liaŋ⁴⁴kʁ²¹tɔ³¹ti²¹na³¹³¹kʁ⁴⁴xɔ⁵³i³¹tiɛ̃³¹ 这个大，那个碎，这两个到底哪一个好一点 sɑ²¹? 咹?
泾川	tʂʁ⁴⁴kʁ²¹tA⁴⁴, vu²⁴kʁ²¹ɕiɔ⁵³, tʂʁ⁴⁴nA³¹kʁ²¹xɔ⁵³? 这个大，兀个小，这哪个好?
灵台	tʂʅ³¹kʁ⁴⁴ta⁴⁴, u³¹kʁ⁵³suei⁴⁴, tʂʁ⁴⁴liaŋ³¹kʁ²¹a²⁴i³¹kʁ²¹xɔ⁵³? 这个大，兀个碎，这两个阿一个好?
酒泉	tʂʅ²²kə⁴⁴ta⁴⁴, ni⁴⁴kə⁴⁴ɕiɔ⁵³, tʂʅ²²liaŋ²²kə⁵³na²²kə⁵³xɔ²⁴zi⁴⁴ɕiə⁴²? 这个大，那个小，这两个哪个好一些?
敦煌	tʂʅ²¹³kə⁴⁴ta⁴⁴, na⁴⁴kə⁴⁴ɕiɔo⁵³, tʂʅ⁴⁴liɔŋ⁵³kə⁴⁴na⁴⁴zʅ²¹³kə⁴⁴xɔo⁴²zʅ²¹ɕiə⁴⁴nõ? 这个大，那个小，这两个哪一个好一些呢?
西峰	tʂʅ²¹kʁ⁵⁵ta²⁴, u³¹kʁ⁵⁵ɕiɔ⁵³, ta⁵⁵ti³¹xɔ³¹li²¹xæ̃²¹sʅ²⁴ɕiɔ⁵⁵ti³¹xɔ²¹? 这个大，兀个小，大的好呢还是小的好?
环县	tʂʅ³¹kʁ²¹ta²⁴, nɛ⁵⁵kʁ²¹suei⁵⁵, tʂɛ⁵⁵liaŋ⁴¹kʁ²¹na⁵⁵i²¹kʁ²¹xɔ⁴¹? 这个大，那个碎，这两个哪一个好?
正宁	tʂE⁴⁴iɛ²¹ta²⁴, tʂE⁴⁴iɛ²¹siɔ⁵³, tʂʁ³¹liaŋ³¹kʁ⁴⁴a³¹i³¹kʁ⁴⁴xɔ⁵³i²¹tɹiɛɹ²⁴? 这也大，这也小，这两个阿一个好一点儿?
镇原	tʂE⁵³kʁ²¹ta⁴⁴siɛ²¹, vɛ³¹kʁ²¹suei⁴⁴siɛ²¹, tʂE⁴⁴liaŋ³¹kʁ²¹tsa²⁴i³¹kʁ²¹xɔ⁵³i²¹ 这个大些，兀个碎些，这两个哪一个好一 siɛɹ⁵³n̩i²¹? 些儿呢?

定西	tʂɤu⁴⁴kɤ³²ta⁴⁴, vu⁴⁴kɤ³²ɕiɔ⁵¹, tʂɤ⁵³liã⁵³kɤ²¹a¹³zi²¹kɤ²¹xɔ⁵³tiæ̃²¹?
	这 个 大，兀 个 小，这 两 个 阿一个 好 点？
通渭	tʂʊ⁴⁴ke³²ta⁴⁴, uə⁴⁴ke³²ɕiɔ⁵³, tʂʊ⁴⁴liã²¹ke⁴⁴a¹³zi²¹ke⁴⁴xɔ⁵³?
	这 个 大，兀 个 小，这 两 个 阿一个 好？
陇西	tʂɿ⁴⁴ke²¹ta³², vu⁴⁴ke²¹sue³², tʂɿ⁴⁴liã⁴²ke²¹a²²ke²¹xɔ⁵⁵i³²tiæ̃²¹?
	这 个 大，兀 个 碎，这 两 个 阿个 好一点？
临洮	tʂe⁵³kɔ²¹ta⁴⁴, v̍⁴⁴kɔ²¹ɕiɔ⁵³, tʂe⁵³liã⁵³kɔ²¹a¹³zi²¹kɔ⁴⁴xɔ⁵³zi²¹tiar²¹?
	这 个 大，兀 个 小，这 两 个 阿一个 好一点儿？
漳县	tʃɿ²⁴kɿ²¹tɑ²⁴, u²⁴kɿ²¹siɔɔ⁵³, tʃɿ²⁴liã⁵³kɤ²¹ɑ⁵³zi²⁴kɤ²¹xɔ⁵³zi²¹tiæ̃r²¹liɛ²¹?
	这 个 大，兀 个 小， 这 两 个 阿一个 好 一 点儿 咧？
武都	tsei⁵⁵kə²¹tsei⁵⁵ta²⁴zi²¹tiæ̃²¹, la⁵⁵kə²¹la²¹ɕiou²⁴zi²¹tiæ̃²¹, tʂə⁵⁵liaŋ⁵⁵kə²¹
	这 个 这 大 一 点， 那 个 呢 小 一 点， 这 两 个
	la⁵³ʑi²¹kə²¹xɔu⁵⁵?
	哪 一 个 好？
文县	tsɛ⁵⁵kʻuɛ²¹ta²⁴, uei²⁴kʻuə²⁴ɕiɔɔ⁴², tsɛ⁵⁵liã³³kʻuɛ²¹a²¹kʻuɛ²⁴xɔ⁵⁵?
	这 个 大， 咿 个 小， 这 两 个 阿个 好？
宕昌	tʂɤ⁴²kɤ⁴⁴ta⁴⁴, la⁴²kɤ⁴⁴ɕiao⁵³, tʂɤ⁴⁴liã⁵³kɤ⁴⁴a²⁴zɿ²¹kɤ²²xao⁴⁴ɕiɛr²¹?
	这 个 大，那 个 小， 这 两 个 阿一个 好 些儿？
康县	tsei⁵⁵kɤ²¹tA²⁴, lA²¹kɤ⁵⁵siɔɔ⁵⁵³, tʂɤ⁵⁵liã⁵⁵kɤ²¹lA⁵³i²¹kɤ²¹xɔ³⁵?
	这 个 大， 那 个 小， 这 两 个 哪一个 好？
西和	tsei⁵³kɛ²¹tA²⁴, uɛ⁵³kɛ²¹ɕiɔ⁵¹, A²¹i²⁴kʻuɛ²¹xao⁵¹i²⁴tiæ̃r²¹?
	这 个 大， 咿 个 小， 阿一个 好一点儿？
临夏市	tʂɿ²¹kə⁵²tɑ⁵³, vu⁴⁴kə⁵²kɑ¹³, ɑ¹³zi²¹kə⁵³xɔ⁴⁴ɕiɛ²¹?
	这 个 大， 兀 个 尕， 阿一个 好 些？
临夏县	tʂɿ²¹kə⁵²tɑ⁵³, ɤu²¹kə⁵²ɕiɔ⁵⁵, tʂə⁵³liaŋ⁵⁵kə⁵²ɑ⁵⁵zi²¹kə⁵²xɔ⁵⁵zi²²ɕiɛ⁵²?
	这 个 大， 兀 个 小， 这 两 个 阿一个 好 一 些？
合作	tʂɤ⁵³kɤ⁵⁵ta⁵³, nei⁵³kɤ⁵⁵ɕiɔɔ⁵³, tʂɤ⁵³liaŋ⁵⁵kɤ⁵³na⁵⁵zi¹³kɤ⁵³xɔ⁵³ʂɿ⁵⁵li⁵³?
	这 个 大， 兀 个 小， 这 两 个 哪 一 个 好 是 哩？
舟曲	tʂɿ²¹kiɛ⁵⁵ta⁴⁴, ɤu²¹kʻɛ⁵⁵siɔɔ⁵³, tʂɿ²¹liã⁵³kʻɛ⁵⁵a²¹kʻɛ²¹xɔ⁵³?
	这 个 大， 兀 个 小， 这 两 个 阿个 好？
临潭	tʂɤ⁵³kɤ⁴⁴ta⁴⁴, vu⁵³kɤ¹³ɕiɔ⁵³, tʂɤ⁴⁴liã⁵³kɤ⁵³a¹³zi²¹kɤ⁴⁴xɔ⁵³?
	这 个 大， 兀 个 小， 这 两 个 阿一个 好？

76. 您贵姓？我姓王

兰 州	ni44	kuei44	ɕin13？	vɤ44	ɕin13	vã53	
	你	贵	姓？	我	姓	王	
红 古	ni55	kuei13	ɕin13？	vɤ55	ɕin13	vã13	
	你	贵	姓？	我	姓	王	
永 登	ni24	ɕin21	sa24？	və223	ɕin31	vãŋ53	mə21
	你	姓	啥？	我	姓	王	么
榆 中	ni44	ɕin24	sa44？	uo35	ɕin31	vuã53	
	您	姓	啥？	我	姓	王	
白 银	ni33	ɕin22	sa13？	və33	ɕin22	vaŋ51	
	你	姓	啥？	我	姓	王	
靖 远	niɛ55	ɕiŋ35	sa35？	ŋuə55	ɕiŋ35	vaŋ24	
	你	姓	啥？	我	姓	王	
天 水	ȵi53	kuei44	ɕiəŋ44？	ŋuə53	ɕiəŋ44	vã13	
	您	贵	姓？	我	姓	王	
秦 安	ȵi53	kuei44	siẽ44？	kə53	siẽ44	uɔ̃13	
	你	贵	姓？	我	姓	王	
甘 谷	ȵi53	kuai44	ɕiəŋ44？	kiɛ53	ɕiəŋ44	uaŋ24	
	你	贵	姓？	我	姓	王	
武 山	ȵi53	kuɛi44	ɕiəŋ44？	kiə53	ɕiəŋ44	uaŋ24	
	你	贵	姓？	我	姓	王	
张家川	ȵi53	kuɹ44	ɕiŋ44？	ŋɤ53	ɕiŋ44	ʋɐ̃13	
	你	贵	姓？	我	姓	王	
武 威	ni44	kuei35	ɕin31？	və35	ɕin31	vÃ35	
	你	贵	姓？	我	姓	王	
民 勤	ŋ44	ɕiŋ22	saŋ42？	uə44	ɕiŋ22	vɑŋ53	
	你	姓	啥？	我	姓	王	
古 浪	ni42	kuei44	ɕin31？	uə44	ɕin31	vãŋ53	
	你	贵	姓？	我	姓	王	
永 昌	ni44	ɕiŋ44	ʂa53？	uə35	ɕiŋ42	vʌŋ21	
	你	姓	啥？	我	姓	王	

第一章 语法例句

张掖	ni⁴⁴	kuei²⁴	ɕiŋ³¹?	və⁵³	ɕiŋ²²	vɑŋ⁵³	
	您	贵	姓?	我	姓	王	
山丹	ni⁵³	kuei²⁴	ɕiŋ⁴²	a²¹?	uə⁵³	ɕiŋ²²	vã⁵³
	你	贵	姓	啊?	我	姓	王
平凉	ȵi³¹	kueɪ⁴⁴	ɕiŋ³¹?	ŋɤ⁵³	ɕiŋ³¹	uan²⁴	
	您	贵	姓?	我	姓	王	
泾川	ȵi⁵³	kueɪ⁴⁴	ɕiŋ⁴⁴?	vo⁵³	ɕiŋ⁴⁴	vɑŋ²⁴	
	你	贵	姓?	我	姓	王	
灵台	kuei⁴⁴	siəŋ⁴⁴?	ŋuo⁵³	siəŋ⁴⁴	uaŋ²⁴		
	贵	姓?	我	姓	王		
酒泉	ni⁵³	ɕiŋ¹³	sa²¹?	və⁵³	ɕiŋ²²	vɑŋ¹³	
	你	姓	啥?	我	姓	王	
敦煌	ȵ̩⁵³	kuei⁴⁴	ɕiŋ²¹³?	ŋə⁵³	ɕiŋ⁴⁴	vɔŋ²¹³	
	你	贵	姓?	我	姓	王	
西峰	ȵi⁵⁵	kueɪ⁵⁵	ɕiŋ⁵⁵?	miæ̃⁵³	kueɪ⁵⁵	ɕiŋ⁵³	uãŋ²⁴
	你	贵	姓?	免	贵	姓	王
环县	ȵi⁴¹	ɕiŋ⁵⁵	sa⁵⁵?	ŋuo⁴¹	ɕiŋ⁵⁵	vɑŋ²⁴	
	你	姓	啥?	我	姓	王	
正宁	ȵi⁴⁴	kuei⁴⁴	ɕiŋ⁴⁴?	ŋɤ⁵³	ɕiŋ⁴⁴	uɑŋ²⁴	
	您	贵	姓?	我	姓	王	
镇原	ȵi³¹	kuei⁴⁴	siŋ⁴⁴?	a⁴⁴?	miæ̃³¹	kuei⁴⁴	siŋ⁴⁴ uɑŋ²⁴
	你	贵	姓	啊?	免	贵	姓 王
定西	ȵi⁵³	kuɪ⁴⁴	ɕĩæ⁴⁴²?	ŋɤ⁵³	ɕin⁴⁴	vã¹³	
	您	贵	姓?	我	姓	王	
通渭	ȵi⁵³	ɕĩ⁴⁴	sə⁵³?	kə⁵³	ɕĩ⁴⁴	uã¹³	
	你	姓	啥?	我	姓	王	
陇西	li⁵⁵	ɕin³¹	ʂuɤ⁴³?	kɤ⁵⁵	ɕin⁴⁴	vã¹³	
	你	姓	啥?	我	姓	王	
临洮	ni⁵³	kue⁴⁴	ɕiẽ⁴⁴?	ŋo⁵³	ɕĩ⁴⁴	vã¹³	
	您	贵	姓?	我	姓	王	
漳县	ȵi⁵³	kuei⁴⁴	siɤ̃⁴⁴?	kɤ⁵³	siɤ̃⁴²	uã²⁴	
	你	贵	姓?	我	姓	王	

武都	ȵi⁵⁵	ɕiə̃²⁴	sa¹³?	ŋə⁵⁵	ɕiə̃²⁴	vɑŋ¹³
	你	姓	啥?	我	姓	王
文县	ȵɿ⁵³	kuei²⁴	ɕiə̃²⁴?	ŋɤ⁵³	ɕiə̃²⁴	uã¹³
	你	贵	姓?	我	姓	王
宕昌	nɿ⁴²	ɕin⁴⁴	sa⁵³?	ŋɤ⁵³	ɕin⁴⁴	vã¹³
	你	姓	啥?	我	姓	王
康县	ȵi⁵³	siŋ⁵⁵	ʂA¹³?	ŋuɤ⁵⁵	siŋ²⁴	vã²¹
	你	姓	啥?	我	姓	王
西和	ȵi²¹	kuei⁵⁵	ɕiŋ⁵⁵?	ŋuɤ³³	ɕiŋ⁵⁵	uã²⁴
	您	贵	姓?	我	姓	王
临夏市	ni⁴⁴	ɕiŋ⁵³	ʂʅ²¹	mɑ⁴⁴?	ŋə⁵⁵	ɕiŋ⁵³ vɑŋ¹³
	你	姓	什	么?	我	姓 王
临夏县	ni⁵⁵	ɕiŋ⁵³	ʂʅ¹³	mɑ⁵²?	ŋə⁵⁵	ɕiŋ⁵³ vɑŋ¹³
	你	姓	什	么?	我	姓 王
合作	nin¹³	kuei⁵³?	ɕin⁵³?	ŋɤ¹³	ɕin⁵³	vuɑŋ¹³
	您	贵	姓?	我	姓	王
舟曲	nzɿ⁵⁵	kuei⁵⁵	siŋ⁵⁵?	uə⁵⁵	siŋ⁵⁵	vã⁴²
	你	贵	姓?	我	姓	王
临潭	ni⁵³	ɕin⁵³	sa⁴⁴?	ŋɤ⁵³	ɕin⁴⁴	vã¹³
	你	姓	啥?	我	姓	王

77. 你姓王，我也姓王，咱们两个人都姓王

兰州	ni⁴⁴ɕin¹³vã⁵³, vɤ⁴⁴iɛ³¹ɕin¹³vã²¹, tsa⁴⁴men⁴⁴liã⁴⁴kɤ¹³tu⁴⁴ɕin¹³vã³¹
	你 姓 王，我 也 姓 王，咱们 两 个 都 姓 王
红古	ni⁵⁵ɕin⁴⁴vã¹³, vɤ⁵⁵ɕin¹³vã¹³, vɤ⁵⁵mən²¹liã⁵⁵kɤ²¹ʐu³⁵ɕin²¹vã¹³
	你 姓 王，我 姓 王，我 们 两 个 都 姓 王
永登	ni²⁴ɕin³¹vãŋ⁵³, və²⁴ɕin³¹vãŋ⁵³, a²¹³mən²¹liã²¹³kə³¹tʊ²¹ʂʅ²¹vãŋ⁴⁴tɕia²¹
	你 姓 王，我 姓 王，我 们 两 个 都 是 王 家
榆中	ni⁴⁴ɕin³¹vuã⁵³, uo⁴⁴ie⁴⁴ɕin³¹vuã⁵³, uo⁴⁴mən³¹liã⁴⁴kuɯ³¹tu⁴⁴ɕin⁴⁴vuã⁵³
	你 姓 王，我 也 姓 王，我 们 两 个 都 姓 王
白银	ni³³ɕin²²vaŋ⁵¹, və³³iə³³ɕin²²vaŋ⁵¹, vaŋ⁵¹liaŋ³³kə²¹tu⁴⁴ʂʅ²¹vaŋ⁵¹tɕia²¹
	你 姓 王，我 也 姓 王，我 们 两 个 都 是 王 家
靖远	niɛ⁵⁵ɕiŋ³⁵vaŋ²⁴, ŋuə⁴¹ɕia⁴¹ɕiŋ³⁵vaŋ²⁴, tsa²²mɤŋ⁵⁵sʅ²¹zʅ²²tɕia⁴¹tsʅ²¹
	你 姓 王，我 也 姓 王，咱们 是 一 家 子
天水	n̩i⁵³ɕiəŋ⁴⁴vã¹³, ŋuəie⁵³ɕiəŋ⁴⁴vã¹³, ŋo¹³liã²¹kɛ⁵³təu²¹ɕiəŋ⁴⁴vã¹³
	你 姓 王，我 也 姓 王，皋 两 个 都 姓 王
秦安	n̩i⁴⁴siə̃⁵³uõ¹³, kə⁴⁴ia⁵³siə̃⁴⁴uõ¹³, ts'ɔ¹³liz̩²²kuə⁵³təɯ¹³ʃ⁴⁴zi¹³tɕia²¹tsʅ⁵³
	你 姓 王，我 也 姓 王，曹 两 个 都 是 一 家 子
甘谷	n̩i⁵³ɕiəŋ⁴⁴uaŋ²⁴, kiɛ⁵³iɛ⁵³ɕiəŋ⁴⁴uaŋ²⁴, ts'au²⁴liaŋ⁴²kiɛ⁴⁴tɤɯ²¹ɕiəŋ⁴⁴uaŋ²⁴
	你 姓 王，我 也 姓 王，曹 两 个 都 姓 王
武山	n̩i⁵³ɕiəŋ⁴⁴uaŋ²⁴, kiɛ⁵³ia⁵³ɕiəŋ⁴⁴uaŋ²⁴, ts'au²⁴liaŋ⁴²kiɛ⁴⁴tɤɯ²¹ɕiəŋ⁴⁴uaŋ²⁴
	你 姓 王，我 也 姓 王，曹 两 个 都 姓 王
张家川	n̩i⁵³ɕiŋ⁴⁴ʊ̃¹³, ŋɤ¹³a⁵³ɕiŋ⁴⁴ʊ̃¹³, ts'ɔ¹³liã²¹kɤ²¹tʐu¹³ɕiŋ⁴⁴ʊ̃²¹
	你 姓 王，我 也 姓 王，曹 两 个 都 姓 王
武威	ni³⁵ɕin⁵³vã³⁵, və⁵³iɛ³⁵ɕin⁵³vã³⁵, və³⁵məŋ⁴⁴liã³⁵kə³¹i⁴⁴kə²¹ɕin³¹
	你 姓 王，我 也 姓 王，我 们 两 个 一 个 姓
民勤	n̩⁴⁴ɕiŋ²²vaŋ⁵³, ua⁴⁴a⁴⁴ɕiŋ²²vaŋ⁵³, oŋ²¹⁴niaŋ²²kuɯ⁴⁴tɕ'yei⁵³ɕiŋ²²vaŋ⁵³
	你 姓 王，我 也 姓 王，我们 两 个 全 姓 王
古浪	ni⁴⁴ɕiŋ³¹vãŋ⁵³, uə²⁴iə²¹ɕiŋ²¹vãŋ⁵³, uə¹³mə̃ŋ²¹liaŋ³¹ kə⁵³zi³¹kə⁴⁴ɕiŋ⁴²
	你 姓 王，我 也 姓 王，我 们 两 个 一 个 姓
永昌	ni⁴⁴ɕiŋ⁵³vʌŋ¹³, uə⁵³iə¹³ɕiŋ⁵³vʌŋ¹³, uə³⁵məŋ⁵³liʌŋ⁴²kə²¹tu⁵³ɕiŋ⁵³vʌŋ¹³
	你 姓 王，我 也 姓 王，我 们 两 个 都 姓 王

张掖	ni⁵³ɕiŋ²²vAŋ⁵³, və⁵³iə⁴⁴ɕiŋ²²vAŋ⁵³, uə²²məŋ⁴⁴liaŋ²²kə⁴⁴tʂu⁴⁴ɕiŋ²²vAŋ⁵³
	你 姓 王， 我 也 姓 王， 我 们 两 个 都 姓 王
山丹	ni⁵³ɕiŋ²²vã⁵³, uə⁴⁴ia⁴⁴ɕiŋ²²vã⁵³, uə²²məŋ⁴⁴liã²²kə⁴⁴təu⁵⁵ɕiŋ²²vã⁵³
	你 姓 王， 我 也 姓 王， 我 们 两 个 都 姓 王
平凉	n̠i³¹ɕiŋ³¹uaŋ²⁴, ŋɤ⁵³i³¹ɕiŋ⁵³uaŋ²⁴, tsa²⁴liaŋ⁵³kɤ²¹xæ²⁴ʂɿ²¹i³¹tɕia⁵³tsɿ²¹mo²¹
	你 姓 王， 我 也 姓 王， 咱 两 个 还 是 一 家 子 么
泾川	n̠i³¹ɕiŋ⁴⁴vaŋ²⁴, vo⁵³ɕiŋ⁴⁴vaŋ²⁴, tɕʰiA²⁴təu²⁴ɕiŋ⁴⁴vaŋ²⁴
	你 姓 王， 我 姓 王， 儜 都 姓 王
灵台	n̠i⁵³siəŋ⁴⁴uaŋ²⁴, ŋuo⁵³siəŋ⁴⁴uaŋ²⁴, tɕia²⁴liaŋ⁵³kɤ²¹ʂɿ²¹i³¹tɕia⁵³tsɿ²¹
	你 姓 王， 我 姓 王， 儜 俩 个 是 一 家 子
酒泉	ni⁵³ɕiŋ²²vAŋ⁵³, və⁵³iə⁵³ɕiŋ²²vAŋ⁵³, və²²məŋ⁵³liaŋ²²kə⁵³tʂu⁵³ɕiŋ²²vAŋ⁵³
	你 姓 王， 我 也 姓 王， 我 们 两 个 都 姓 王
敦煌	n̠ɿ⁵³ɕiŋ⁴⁴vɔŋ²¹³, ŋə⁵³a²¹ɕiŋ⁴⁴vɔŋ²¹³, tsa²²məŋ⁴⁴liɔŋ⁵³kə⁴⁴təu²²ɕiŋ⁴⁴vɔŋ²¹³
	你 姓 王， 我 也 姓 王， 咱 们 两 个 都 姓 王
西峰	n̠i³¹ɕiŋ⁵³uãŋ²⁴, ŋɤ³¹ɕiŋ⁵³uãŋ²⁴, tsa²⁴məŋ³¹liãŋ³¹kɤ⁵⁵tʊ²⁴ɕiŋ⁵³uãŋ²⁴
	你 姓 王， 我 姓 王， 咱 们 两 个 都 姓 王
环县	n̠i⁴¹ɕiŋ⁵⁵vaŋ²⁴, ŋuo⁴¹iɛ⁴¹ɕiŋ⁵⁵vaŋ²⁴, tsa²⁴liaŋ⁴¹kɤ²¹i³¹kɤ⁵⁵ɕiŋ⁵⁵
	你 姓 王， 我 也 姓 王， 咱 两 个 一 个 姓
正宁	n̠i⁵³ɕiŋ³¹uaŋ²⁴, ŋɤ⁵³ia²¹ɕiŋ³¹uaŋ²⁴, tsʰa²⁴lia²¹tou⁴⁴ɕiŋ³¹uaŋ²⁴
	你 姓 王， 我 也 姓 王， 咱 俩 都 姓 王
镇原	n̠i³¹siŋ⁴⁴uaŋ²⁴, uo⁵³xæ²⁴siŋ⁴⁴uaŋ²⁴, tsʰɔ²⁴liaŋ⁵³kɤ²¹təu²⁴siŋ⁴⁴uaŋ²⁴
	你 姓 王， 我 还 姓 王， 曹 两 个 都 姓 王
定西	n̠i⁵³vã²¹tɕia⁴⁴, ŋɤ⁵³vã²¹tɕia⁴⁴, tsʰɔ¹³liã³²kɤ²¹sɿ⁴⁴zi⁴⁴tɕia³²tsɿ²¹
	你 王 家， 我 王 家， 曹 两 个 是 一 家 子
通渭	n̠i⁵³uã²¹tɕia⁴⁴, kə⁵³uã²¹tɕia⁴⁴, tsʰɔ¹³liã³²ke²¹tʊ²¹ɕi⁴⁴uã³¹
	你 王 家， 我 王 家， 曹 两 个 都 姓 王
陇西	li⁵⁵ɕin⁴⁴vã¹³, kɤ⁵⁵ɕin⁴⁴vã¹³, tsʰɔ¹³liã²²kɤ²¹tʂu²²ɕin⁴⁴vã¹³
	你 姓 王， 我 姓 王， 曹 两 个 都 姓 王
临洮	ni⁵³ɕĩ⁴⁴vã¹³, ŋo⁵³ɕĩ⁴⁴vã¹³, tsa¹³mɤŋ⁴⁴liã⁵³ko²¹tʊ²²ɕĩ⁴⁴vã¹³
	你 姓 王， 我 姓 王， 咱 们 两 个 都 姓 王
漳县	n̠i⁵³siɤ⁴⁴uã²⁴, kɤ⁴⁴iɛ²¹siɤ⁴⁴uã²⁴, tsʰɔ²⁴liã⁵³kɛ²¹tʂu²¹siɤ⁴⁴uã²⁴
	你 姓 王， 我 也 姓 王， 曹 两 个 都 姓 王

武都	ȵi⁵⁵ɕiə̃²⁴vaŋ¹³, ŋə⁵⁵iɛ²¹ɕiə̃²⁴vaŋ¹³, tsæ²¹mə̃⁵⁵liaŋ⁵⁵kə²¹tɤu²¹sɿ⁵⁵ʑi²¹ʑiaŋ²⁴tɕi²¹
	你 姓 王, 我 也 姓 王, 咱们 两 个 都 是 一 样 的
文县	ŋɿ⁵³ɕiə̃²⁴uã¹³, ŋɤ⁵⁵ia²¹ɕiə̃²⁴uã¹³, ŋɤ⁵⁵mə̃²¹liã³³kʻuɛ³³tɤu²¹ɕiə̃²⁴uã¹³
	你 姓 王, 我 也 姓 王, 我们 两 个 都 姓 王
宕昌	nɿ⁵³ɕiŋ⁴⁴vã¹³, ŋɤ²⁴iɛ⁵³ɕiŋ⁴⁴vã¹³, ŋɤ⁴⁴mɤŋ⁴²liã⁵³kɤ⁴²zɿ²⁴tɕia⁴⁴tsɿ⁴⁴
	你 姓 王, 我 也 姓 王, 我 们 两 个 一 家 子
康县	ȵi⁵³siŋ²⁴vã²¹, ŋuɤ⁵⁵iE²¹siŋ²⁴vã²¹, ŋuɤ³⁵mɤŋ²¹liã⁵⁵kɤ²¹tɤu⁵³siŋ²⁴vã¹³
	你 姓 王, 我 也 姓 王, 我 们 两 个 都 姓 王
西和	ȵi⁵¹ɕiŋ⁵⁵uã²⁴, ŋuɤ²⁴iɛ⁵¹ɕiŋ⁵⁵uã²⁴, ŋuɤ²⁴liã⁵⁵kʻuɛ²¹tɤu²¹ɕiŋ²¹uã²¹
	你 姓 王, 我 也 姓 王, 我 两 个 都 姓 王
临夏市	ni⁴⁴ɕiŋ⁵³vaŋ¹³, ŋə⁴⁴iɛ²¹ɕiŋ⁵³vaŋ¹³, ŋə⁴⁴la²¹ʂɿ²¹taŋ²¹tɕia⁵³
	你 姓 王, 我 也 姓 王, 我 拉①是 当 家
临夏县	ni⁵⁵ɕiŋ⁵³vaŋ¹³, ŋə⁵⁵iɛ²¹ɕiŋ⁵³vaŋ¹³, ŋə⁵⁵məŋ⁵⁵liaŋ⁵⁵kə²¹ʑi²¹kua⁵²ɕiŋ⁵³vaŋ¹³
	你 姓 王, 我 也 姓 王, 我 们 两 个 一 挂˘姓 王
合作	ni⁵³ɕin⁵³vuaŋ¹³, uə⁵³ie⁵⁵ɕin⁵³vuaŋ¹³, ŋɤ⁵³la⁵⁵tɯ¹³ʂɿ¹³ɕin⁵³vuaŋ¹³ti²¹
	你 姓 王, 我 也 姓 王, 我 拉 都 是 姓 王 的
舟曲	nzɿ⁵⁵siŋ⁵⁵vã³¹, ŋuə²⁴ia⁵³siŋ²¹vã³¹, tsʻã⁵³liã⁴⁴kʻɛ⁴⁴tɤu⁵³siŋ²¹vã³¹
	你 姓 王, 我 也 姓 王, 咱们 两 个 都 姓 王
临潭	ni⁵³ɕin⁴⁴vã¹³, ŋɤ⁵³iɛ¹³ɕin⁴⁴vã¹³, ŋɤ⁵³məŋ⁴⁴liã⁴⁴kɤɣ⁴⁴ʑi¹³kua⁴⁴ɕin³¹vã¹³
	你 姓 王, 我 也 姓 王, 我 们 两个儿 一 挂˘姓 王

---

① 拉：复数标记，相当于"们"。

78. 你先去吧，我们等一会儿再去

兰州	ni³¹ɕiæ̃⁴⁴tɕʻi¹³，vɤ⁴⁴men⁴⁴tən⁴⁴zi²²xuei¹³tsɛ⁴⁴tɕʻi²¹
	你 先 去， 我 们 等 一 会 再 去
红古	ni⁴²ɕiæ̃⁴⁴tɕʻʅ¹³，vɤ³⁵mən²¹tən⁵⁵kʻər²¹tsɛ²²tɕʻʅ¹³
	你 先 去， 我 们 等 会儿 再 去
永登	ni²⁴ɕiæ²¹tɕʻi²¹ʂa⁵³，a²¹³mən⁴⁴tən²⁴kə³¹xa⁵³lɛi²¹
	你 先 去 唦， 我 们 等 会 下 来
榆中	ni⁴⁴ɕiæ̃⁴⁴tɕʻy³¹pa⁴⁴，uo⁴⁴tən⁴⁴zi³¹xuei³¹ɯ⁵³
	你 先 去 吧， 我 等 一 会 儿
白银	ni³³ɕian⁴⁴tɕʻi¹³，vɑŋ⁵¹tən³³kʻa²¹tsɛ¹³tɕʻi¹³
	你 先 去， 我们 等 会 再 去
靖远	niɛ⁵⁵ɕiæ̃²²tsʻʅ³⁵，ŋuə⁴¹mɤŋ²¹tɤŋ⁵⁵zʅ²²tʂər³³tsʻu³⁵lɛi²²liɑo⁵⁵
	你 先 去， 我 们 等 一 阵儿 就 来 了
天水	ȵi⁵³ɕiæ²¹tɕʻi⁴⁴pa²¹，ŋ¹³tən⁵³zi²¹tʂəŋ⁴⁴tɕʻi²¹
	你 先 去 吧， 㫰 等 一 阵 去
秦安	ȵi⁵³sian¹³tɕʻi⁴⁴ma⁴⁴，kə⁴⁴tə̃⁵³zi¹³xuei¹³tsɛ¹³tɕʻi¹³
	你 先 去 嘛， 我 等 一 会 再 去
甘谷	ȵi⁴⁴ɕia⁵³tɕʻiə¹³，kə⁵³tən⁵³i²¹xɒ⁴²tsai⁴⁴tɕʻi⁴⁴
	你 先 去， 我 等 一 会 再 去
武山	ȵi⁵³ɕia²¹tɕʻi⁴⁴，kuo²¹tən⁵³kɛi²¹tɕʻiɤ⁴⁴lɛi²⁴lɔ²¹
	你 先 去， 我 等 一会 就 来 了
张家川	ȵi⁵³ɕiæ²¹tɕʻi⁴⁴pa²¹，ŋɤ⁵³kuɤ⁴⁴i²¹tʂər²¹tɕʻiɤu⁴⁴tsɤu⁵³liɔ²¹
	你 先 去 吧， 我 过 一 阵儿 就 走 了
武威	ni⁵³ɕiÃ³⁵tɕʻi⁴⁴sÃ²¹，və³⁵məŋ²¹tən⁵³kʻa²¹tsɛi³⁵tɕʻi²¹
	你 先 去 唦， 我 们 等 会 再 去
民勤	nŋ⁴⁴ɕiɪ⁴⁴tɕʻi⁴²，uə²²mɤŋ⁴⁴tɤŋ²²zi⁴⁴xa²¹tsæi²²tɕʻi⁴²
	你 先 去， 我 们 等 一 下 再 去
古浪	ni⁴²ɕiɛ⁴⁴tɕʻi³¹pa²¹，uə¹³mə̃ŋ⁴²tə̃ŋ¹³kʻɑ⁴²tsɛ³³tɕʻi⁴²
	你 先 去 吧， 我 们 等 会 再 去

---

① 㫰：相当于第一人称复数"我们"，是"我们"的合音形式。

第一章 语法例句

永昌	ni⁵³ɕie⁴⁴tɕʻy⁵³pa²¹, uə³⁵məŋ⁴⁴təŋ⁵³ʐi²¹xuɪ¹³ɣɯ²¹tsɛ¹³tɕʻy²¹
	你 先 去 吧， 我 们 等 一 会 儿 再 去
张掖	ni⁵³ɕiAŋ⁴⁴kʻə³¹pa²¹, və²²məŋ⁴⁴ʐi²²xuei⁵⁵xuei²²tɕiəu²⁴kʻɤ³¹liɔ²¹
	你 先 去 吧， 我 们 一 会 会 就 去 了
山丹	ni⁵³ɕiẽ²⁴tɕʻy⁴¹, uə²²məŋ⁴⁴təŋ²²təŋ⁵³tsɛe²⁴tɕʻi⁴¹
	你 先 去， 我 们 等 等 再 去
平凉	ɲi⁵³ɕiæ̃³¹tɕʻy²⁴pa²¹, uo⁵³məŋ²¹təŋ⁵³i⁴⁴xuər²⁴liɔ²¹tsɛ⁴⁴tɕʻi⁴⁴
	你 先 去 吧， 我 们 等 一 会儿 了 再 去
泾川	ɲi⁵³ɕiæ̃³¹tɕʻy⁴⁴, vo⁵³ mə²¹təŋ⁵³i³¹xuər⁵³
	你 先 去， 我 们 等 一 会儿
灵台	ɲi⁵³siæ̃³¹tɕʻy⁴⁴pa²¹, ŋuo³¹ti²¹təŋ⁵³ka²¹tsɿ²¹tsɛ⁴⁴tɕʻy⁴⁴
	你 先 去 吧， 我 的 等 会子 再 去
酒泉	ni⁵³ɕiẽ⁴⁴tɕʻi⁴²pa²¹, və²²məŋ⁴⁴təŋ²²təŋ⁴²tse¹³tɕʻi²¹
	你 先 去 吧， 我 们 等 等 再 去
敦煌	n̩⁵³ɕiɛ²²tɕʻɹ̩²¹³, ŋə⁵³məŋ⁴⁴ʐɹ̩²²xuei²¹³ər²¹tsɛ⁴⁴tɕʻɥ⁴⁴
	你 先 去， 我 们 一 会 儿 再 去
西峰	ɲi³¹ɕiæ̃³¹tsʊ⁵³, uo⁵³məŋ²¹təŋ⁵⁵ka²¹tsE²⁴lE²¹
	你 先 走， 我 们 等 会 再 来
环县	ɲi⁴¹ɕiæ⁴¹tɕʻi⁵⁵, ŋuo⁴¹tæ̃⁵⁵mər⁴¹təŋ⁵⁵ka²¹tsʏu⁵⁵lɛ³¹lia⁴¹
	你 先 去， 我 单"们儿 等 会 走 来 了
正宁	ɲi⁵³siæ̃³¹tɕʻi⁴⁴, ŋɤ⁵³lia²¹təŋ⁵³i³¹xuei²¹tsE⁴⁴tɕʻy²¹
	你 先 去， 我 俩 等 一 会 再 去
镇原	ɲi⁴⁴siæ̃⁵³tɕʻi³¹, uo³¹tsi⁵³kɤ⁴⁴təŋ⁴⁴i²¹tʂənr⁴⁴tsɛ²⁴kuo²⁴tɕʻi²¹
	你 先 去， 我 几 个 等 一 阵儿 再 过 去
定西	ɲi⁵³ɕiæ²¹tɕʻi⁴⁴pa²¹, ŋɔ⁵⁵tɤŋ⁵³ʐi²¹xuɪ²¹tsE⁴⁴tɕʻi²¹
	你 先 去 吧， 皋" 等 一 会 再 去
通渭	ɲi⁵³ɕiæ²¹tɕʻia¹³, kɔ⁵⁵tə̃⁵³kuə²¹xa⁴⁴tse⁴⁴tɕʻiæ⁴⁴
	你 先 去， 皋" 等 过 下 再 去
陇西	li⁵⁵ɕiæ̃⁴²tɕʻia¹³, kɔo⁴²tɕʻiʏu⁴⁴lɛ²²la³²
	你 先 去， 皋" 就 来 了
临洮	ni⁵³siæ²¹tɕʻiə⁴⁴, ŋo⁵³mɤŋ²¹tẽ⁵³ʐi²¹xuər²¹tsɛ⁴⁴tɕʻi³²
	你 先 去， 我 们 等 一 会儿 再 去

漳县	ȵi⁵³siæ̃²¹tɕ'i⁴⁴pɑ²¹, kɔɔ²⁴tɤ̃⁵³ʑi²¹xuE²¹ɚ²¹tsE⁴⁴tɕ'i⁴⁴
	你 先 去 吧， 皋⁻ 等 一 会 儿 再 去
武都	ȵi⁵⁵ɕiæ̃²¹tɕ'i²⁴, ŋə⁵⁵mɔ̃²¹ʈ͡ʂ̃⁵⁵ʑi²¹xuer¹³tsɛi²⁴tɕ'i²⁴
	你 先 去， 我 们 等 一 会 儿 再 去
文县	ŋʅ⁵⁵tɕ'iæ̃²¹t'ɤu¹³tsɤu⁴², ŋɤ⁵⁵mɤ̃²¹xɤu²⁴t'ɤu²¹tɕiɤu²⁴lɛ²¹lɔɔ³⁵
	你 前 头 走， 我 们 后 头 就 来 了
宕昌	ŋʅ⁴⁴tɕ'iæ̃²¹t'ɤu⁴⁴tsɤu⁵³, ŋɤ⁵³mɤŋ²¹xɤu²⁴t'ɤu²¹tɕiɤu⁴²lɛ²¹lao⁴⁴
	你 前 头 走， 我 们 后 头 就 来 了
康县	ȵi⁵⁵siæ̃⁵³tɕ'i²⁴, ŋɤ⁵⁵mɤŋ²¹t'ɤŋ⁵⁵i²¹xAr¹³tsE⁵⁵tɕ'i²⁴
	你 先 去， 我 们 等 一 下 儿 再 去
西和	ȵi⁵⁵ɕiæ̃²¹tɕ'i⁵⁵, ŋuɤ³³tsʅ²¹t'ɤŋ⁵¹i²¹tʂɤ̃r⁵⁵tsɛ⁵⁵tɕ'i⁵⁵
	你 先 去， 我 几 等 一 阵 儿 再 去
临夏市	ni⁴⁴ɕiẽ⁵⁵tɕ'i⁵³, ŋə⁵⁵məŋ²¹t'iŋ⁵³ʑi²¹xuei⁵²tsɛ⁴⁴tɕ'i⁵²
	你 先 去， 我 们 停 一 会 再 去
临夏县	ni⁵⁵ɕiẽ⁵⁵tɕ'i⁵³pɑ²¹, ŋə⁵⁵məŋ⁵²təŋ⁵⁵ʑi²¹xuei⁵²tsɛ⁵⁵tɕ'i⁵²
	你 先 去 吧， 我 们 等 一 会 再 去
合作	ni⁵³ɕian¹³tɕ'i⁵³, ŋɤ⁵³t'ɤŋ⁵⁵ʑi¹³xueiər⁵⁵tɕ'i⁵³
	你 先 去， 我 等 一 会 儿 去
舟曲	nzʅ⁵⁵ts'iæ̃⁵³t'ɤu²¹tsɤu⁵⁵, ŋuə⁵³mɤŋ²¹xɤu²¹t'ɤu⁵⁵tsiɤu⁵⁵lɛ³¹liɔɔ²¹
	你 前 头 走， 我 们 后 头 就 来 了
临潭	ni⁵³ɕiæ̃i¹³tɕ'i⁵³sa³¹, ŋɤ⁵³təŋ⁵³ʑi¹³xuɐr¹³tsɛi⁴⁴lɛi¹³
	你 先 去 吵， 我 等 一 会 儿 再 来

79. 他今年多大岁数

兰 州	ni⁴⁴	tɕin⁴⁴	niã⁵³	tuo⁴⁴	ta¹³	lɔ³¹?	
	你	今	年	多	大	了?	
红 古	tʻa⁴⁴	tɕin²¹	ɲiɛ̃¹³	suei²²	fu⁴⁴	tuə²¹	ta¹³?
	他	今	年	岁	数	多	大?
永 登	ni²¹	tɕin⁴⁴	niã²¹	suei²¹	fu⁴⁴	tuə⁴²	ta¹³?
	那	今	年	岁	数	多	大?
榆 中	ni⁴⁴	tɕin³¹	niã⁵³	tuɤ⁴⁴	ta⁴⁴	lɔo³¹	a³¹?
	你	今	年	多	大	了	啊?
白 银	pa²²	tɕin⁴⁴	nian²¹	tuə⁴⁴	ta¹³	sui¹³	lɔ³³?
	他	今	年	多	大	岁	了?
靖 远	niɛ²⁴	tɕiŋ⁴¹	niã²¹	tuə⁵³	ta³³	suei³⁵	ʂʅ⁴¹ liao²¹?
	杲	今	年	多	大	岁	数 了?
天 水	tʻa¹³	tɕiəŋ²¹	ɲiã¹³	tuə²¹	ta⁵⁵	suei⁴⁴	ʃʅ²¹?
	他	今	年	多	大	岁	数?
秦 安	tʻa⁴⁴	tɕiə̃⁴⁴	ɲian¹³	tə¹³	ta⁴⁴	ɲian¹³	liə̃¹³?
	他	今	年	多	大	年	龄?
甘 谷	tʻɒ¹³	tɕiəŋ²¹²	ɲia²⁴	tə²¹	tɒ⁴⁴	suai²¹	ʃu²¹?
	他	今	年	多	大	岁	数?
武 山	tʻɑ²¹	tɕiəŋ²¹	ɲia²⁴	tə²¹	tɑ⁴⁴	tsuɛi⁴⁴	ʃu²¹?
	他	今	年	多	大	岁	数?
张家川	tʻa²¹	tɕiŋ²¹	ɲiã¹³	tuɤ²⁴	ta²¹	niã¹³	liŋ²¹?
	他	今	年	多	大	年	龄?
武 威	tʻa⁴⁴	tɕin⁴⁴	niÃ³⁵	tuə⁴⁴	ta⁴⁴	liɔu²¹?	
	他	今	年	多	大	了?	
民 勤	piɪ⁵³	tɕin⁴⁴	niɪ⁴⁴	tuə⁴⁴	ta²¹	suei⁴²	ʂu²¹?
	彼	今	年	多	大	岁	数?
古 浪	nɑ⁵³	tɕin⁴⁴	niɛ⁴⁴	tuə⁴⁴	tɑ³¹	liao²¹?	
	那	今	年	多	大	了?	
永 昌	tʻa⁴⁴	tɕiŋ¹³	nie²¹	tuə⁴⁴	ta⁴²	suɪ⁵³	ʂʅ²¹?
	他	今	年	多	大	岁	数?

张掖	tʻa⁴⁴	tɕiŋ⁴⁴	niʌŋ⁴⁴	tuə⁴⁴	ta²¹	suei³¹	fu²²	a²¹?
	他	今	年	多	大	岁	数	啊?
山丹	na⁵³	tɕiŋ³⁴	niẽ⁴⁴	tuə³⁴	ta²¹	suei⁴²	fu²¹	?
	那	今	年	多	大	岁	数?	
平凉	tʻɑ⁵³	tɕiŋ³¹	ȵiẽ²⁴	tuo³¹	tɑ⁴⁴	sueɪ⁴⁴	ʂu²¹	liɔ²¹ sɑ²¹?
	他	今	年	多	大	岁	数	了 吵?
泾川	tʻʌ⁵³	tɕiŋ⁵³	ȵiẽ²¹	tuo³¹	tʌ⁴⁴	sueɪ⁴⁴	ʃʅ³¹	liʌ²¹?
	他	今	年	多	大	岁	数	了?
灵台	tʻa⁵³tɕiəŋ³¹ȵiẽ²⁴tuo³¹ta⁴⁴suei⁴⁴ʃu²¹? tʻa⁵³tɕiəŋ³¹ȵiẽ²⁴tuo³¹ta⁴⁴?							
	他 今 年 多 大 岁 数? 他 今 年 多 大?							
酒泉	tʻa⁴⁴	tɕiŋ⁴⁴	niẽ⁴⁴	tuə⁴⁴	ta⁴²	lia²¹?		
	他	今	年	多	大	了?		
敦煌	tʻa⁴⁴	tɕiŋ²²	ȵiɛn⁴⁴	tuə²¹³	ta⁴⁴	suei⁴⁴	ʂu⁴⁴?	
	他	今	年	多	大	岁	数?	
西峰	tʻa³¹	tɕiŋ³¹	ȵiẽ²⁴	tuo⁵³	ta⁵⁵	lia²¹?		
	他	今	年	多	大	了?		
环县	ȵia³¹	tɕiŋ⁴¹	ȵiẽ²¹	tuo³¹	ta⁵⁵	lɛ²¹?		
	他	今	年	多	大	了?		
正宁	tʻa⁴⁴	tɕiŋ³¹	ȵiẽ²⁴	tuo³¹	ta⁴⁴	suei⁴⁴	ʃu²¹?	
	他	今	年	多	大	岁	数?	
镇原	na²⁴	tɕiŋ⁵³	ȵiẽ²¹	tuo⁵³	ɐr²¹	ta⁴⁴	lia²¹?	
	他	今	年	多	儿	大	了?	
定西	tʻa¹³	tɕin²¹	ȵiẽ¹³	tɤ²¹	ta⁴⁴?	他今年多大?		
通渭	uə⁴⁴	tɕi²¹	ȵiẽ¹³	tə²¹	ta⁴⁴	la³¹?		
	兀	今	年	多	大	了?		
陇西	tʻa²¹	tɕin⁴²	liẽ¹³	tuɤ⁴²	ta⁴⁴	la⁴²?		
	他	今	年	多	大	啦?		
临洮	tʻa¹³	tɕi²¹	niẽ¹³	tuo²¹	ta⁴⁴	sue⁴⁴	ʂu²¹?	
	他	今	年	多	大	岁	数?	
漳县	tʻɑ³³	tɕiy̌⁵³	ȵiẽ²⁴	tuo⁵³	tɑ²⁴	suei⁴²	ʃʮ²¹?	
	他	今	年	多	大	岁	数?	

武都	tʻa⁵⁵	tɕiə̃⁵³	ȵiæ²¹	suei²⁴	ʃʉ²¹	tuə²¹	ta²⁴	la²¹？
	他	今	年	岁	数	多	大	了？
文县	tʻa⁴⁴	tɕiə̃³¹	ȵiæ²¹	tuə²¹	ta²⁴	ʃuei⁴⁴	su⁴⁴	lɔɔ²¹？
	他	今	年	多	大	岁	数	了？
宕昌	tʻa⁴⁴	tɕiŋ³³	niæ̃¹³	tuə²¹	ta⁵⁵	lao²¹？		
	他	今	年	多	大	了？		
康县	tʻA⁵⁵	tɕiŋ⁵³	ȵiæ²¹	tuɤ⁵³	tA⁵⁵	suɪ²⁴	ʂu⁴²？	
	他	今	年	多	大	岁	数？	
西和	tʻA²¹	tɕiŋ²¹	ȵiæ²⁴	tuɤ²¹	tA⁵⁵	ʃɥei⁵⁵	ʃʉ²¹	lɔ²¹？
	他	今	年	多	大	岁	数	了？
临夏市	tɕiɛ¹³	tɕiŋ²¹	niɛ̃⁵²	tuə¹³	tɑ⁵²	liɔ⁴⁴？		
	他	今	年	多	大	了？		
临夏县	tʻɑ⁵⁵	tɕiŋ²¹	niɛ̃⁵²	tuə²¹	tɑ⁵²	suei⁵⁵	fu⁵²？	
	他	今	年	多	大	岁	数？	
合作	tʻa⁵⁵	tɕin⁵⁵	nian¹³	tuə¹³	ta⁵⁵	liɔɔ⁵³？		
	他	今	年	多	大	了？		
舟曲	tʻa⁵⁵	tɕiŋ⁵⁵	ȵiæ²¹	tuə⁵⁵	ta²¹	tsuei²¹	ʃʉ⁵⁵	liɔɔ²¹？
	他	今	年	多	大	岁	数	了？
临潭	ɔ⁴⁴	kɤ³¹	tɕin¹³	niæ̃i⁴⁴	tuɤ¹³	ta⁴⁴	suei⁵³	su⁴⁴	lɔ⁵³？
	兀	个	今	年	多	大	岁	数	了？

80. 大概有三十来岁罢

兰州	ta⁴⁴	tɛ⁴⁴	iəu⁴⁴	sæ̃⁴⁴	ʂʅ¹³	lɛ²²	suei¹³	
	大	概	有	三	十	来	岁	
红古	sã²¹	ʂʅ¹³	suei⁵³	ʂã⁴²	ɕia¹³	pa²¹		
	三	十	岁	上	下	吧		
永登	tɕia²⁴	tɕiʊu²¹	sæ⁴⁴	ʂʅ²¹	ʂɑŋ²¹	ɕia²¹		
	傢"	就	三	十	上	下		
榆中	ta²⁴	kɛi⁴⁴	iəu⁴⁴	sæ⁴⁴	ʂʅ²⁴	lei⁴⁴	suei⁵³	pa²¹
	大	概	有	三	十	来	岁	吧
白银	tɕia⁴⁴	tɕiɤu²¹	san⁴⁴	ʂʅ²¹	kuə¹³	ɕiɛ⁴⁴		
	刚	就	三	十	过	些		
靖远	tsɤu³⁵	sʅ⁴¹	kə²¹	sæ̃⁴¹	ʂʅ²¹	lei²²	suei³⁵	
	就	是	个	三	十	来	岁	
天水	xa⁴⁴	pa⁴⁴	iəu⁵³	sæ̃²¹	ʂʅ⁴⁴	lɛ⁴²	suei²¹	
	下	罢"	有	三	十	来	岁	
秦安	ta⁴⁴	kɛ¹³	san²¹	ʂʅ⁴⁴	ʂɔ̃⁴⁴	xa⁴⁴		
	大	概	三	十	上	下		
甘谷	tɒ⁴⁴	kai⁴⁴	sa²¹	ʂʅ²¹	lai²⁴	suai²¹		
	大	概	三	十	来	岁		
武山	xɔo⁵³	pɑ⁴⁴	iɤ⁵³	sa²¹	ʂʅ²⁴	lɛi²¹	tsuɛi⁴⁴	lɔ²¹ pɑ²¹
	下	罢"	有	三	十	来	岁	了 吧
张家川	ta⁴⁴	ke⁴⁴	iɤu⁵³	sæ̃²¹	ʂʅ¹³	le³²	suɪ³²	
	大	概	有	三	十	来	岁	
武威	kÃ³⁵	sÃ³¹	ʂʅ³⁵	lɛi⁴⁴	suei⁴⁴	pa²¹		
	赶	三	十	来	岁	吧		
民勤	ta²²	kæi⁴²	sæi⁴⁴	ʂʅ²¹	læi⁴⁴	suei⁴²		
	大	概	三	十	来	岁		
古浪	iə⁴⁴	tɕiʊu⁴²	sæ⁴⁴	ʂʅ⁴⁴	lɛ⁴²	suei²²	pɑ²¹	
	也	就	三	十	来	岁	吧	
永昌	ta⁴⁴	kɛ⁵³	iʊɤ⁴²	sɛ⁴⁴	ʂʅ⁴²	lɛ⁴²	suɪ²¹	
	大	概	有	三	十	来	岁	

张掖	ta²⁴ 大	kɛi³¹ 概	iəu⁵³ 有	sʌŋ⁴⁴ 三	ʂʅ⁴⁴ 十	lɛi⁴⁴ 来	suei⁴⁴ 岁	pa²¹ 吧
山丹	ta²⁴ 大	kɛe⁴¹ 概	sɛe³⁴ 三	ʂʅ⁴⁴ 十	lɛe⁴⁴ 来	suei⁴¹ 岁		
平凉	tɑ⁴⁴ 大	mu²¹ 摸	eɻ²¹ 儿	iɤu³¹ 有	sæ̃⁵³ 三	ʂʅ²⁴ 十	læ²⁴ 来	sueɻ⁴⁴ pɑ²¹ 岁 吧
泾川	tᴀ⁴⁴ 大	kᴇ⁴⁴ 概	iəu³¹ 有	sæ̃⁵³ 三	ʂʅ²¹ 十	lᴇ²¹ 来	sueɻ⁴⁴ 岁	
灵台	sæ̃⁵³ 三	ʂʅ²¹ 十	lɛ²¹ 来	suei²¹ 岁	三十来岁			
酒泉	ta¹³ 大	ke²² 概	iəu⁵³ 有	sã⁴⁴ 三	ʂʅ⁴⁴ 十	xɵ⁵³ 好	tɕi²² 几	lə⁴⁴ pa²¹ 了 吧
敦煌	ta⁴⁴ 大	kɛ⁴⁴ 概	iɤu⁵³ 有	san²¹³ 三	ʂʅ⁴⁴ 十	tuə⁴⁴ 多	suei⁴⁴ 岁	pa⁴² 吧
西峰	ta³¹ 大	kᴇ⁵⁵ 概	sæ̃⁵³ 三	ʂʅ²¹ 十	tɕi³¹ 几	lia²¹ 了		
环县	ta⁵⁵ 大	meɻ⁴¹ 摸儿	sæ̃⁴¹ 三	ʂʅ²¹ 十	lɛ³¹ 来	suei⁵⁵ 岁		
正宁	ta⁴⁴ 大	kᴇ²¹ 概	iou⁵³ 有	sæ̃⁵³ 三	ʂʅ²⁴ 十	lᴇ²⁴ 来	suei⁴⁴ 岁	pa²¹ 吧
镇原	tsʻa⁵³ 差	pu²¹ 不	tuo⁴⁴ 多	iəu²⁴ 有	sæ̃⁵³ 三	ʂʅ²¹ 十	tuo³¹ 多	zuei⁴⁴ pa²¹ 岁 吧
定西	ta⁴⁴ 大	iɛ²¹ 约	mu⁵³ 摸	sæ̃²¹ 三	ʂʅ¹³ 十	tɕi²¹ 几		
通渭	iɛ²¹ 约	mə⁵³ 摸	tʂə³² 着	sæ̃²¹ 三	ʂʅ¹³ 十	tə²¹ 多	la¹³ 了	
陇西	ta⁴⁴ 大	yɤ⁴² 约	muə⁵³ 摸	sæ̃⁴² 三	ʂʅ¹³ 十	tso⁵⁵ 左	iɤu³² 右	
临洮	xa⁴⁴ 下	pa⁴⁴ 罢	iʊ⁵³ 有	sæ̃²¹ 三	ʂʅ²¹ 十	lɛ⁴⁴ 来	sue²¹ 岁	
漳县	ta²⁴ 大	kᴇ²¹ 概	iɤu⁵³ 有	sæ̃⁵³ 三	ʃ²¹ 十	suei²⁴ 岁		

武都	ta²⁴ kɛi⁵⁵ ziɤu⁵⁵ sæ̃⁵³ ʂʅ²¹ lɛi¹³ suei⁵⁵ pa²¹
	大 概 有 三 十 来 岁 罢
文县	kʻoŋ⁵⁵ pʻa²¹ sæ̃³¹ sʅ²¹ lɛ¹³ ʃuei⁴⁴ lɔ²¹
	恐 怕 三 十 来 岁 了
宕昌	tsʻa⁴⁴ pu¹³ tuə⁴² sæ̃⁴⁴ sʅ²¹ lɛ⁴² suei²¹
	差 不 多 三 十 来 岁
康县	kuɤ⁵³ lɤŋ²¹ iɤu⁵⁵ sæ̃⁵³ ʂʅ²¹ lE¹³ suɿ²⁴ pA²¹
	可 能 有 三 十 来 岁 吧
西和	xA⁵⁵ pA²¹ iɤu⁵¹ sæ̃²¹ ʂʅ²⁴ lɛ²⁴ ʃɥei²¹
	下 罢" 有 三 十 来 岁
临夏市	tɑ⁴⁴ kɛ²¹ iɤu⁴⁴ sã²¹ ʂʅ⁵² tuə¹³ suei⁵³
	大 概 有 三 十 多 岁
临夏县	tɑ⁵⁵ tʂʅ⁵² iɤu⁵⁵ sã²¹ ʂʅ⁵² lɛ¹³ suei⁵³ pɑ²¹
	大 致 有 三 十 来 岁 吧
合作	ta⁵⁵ kɛi⁵³ san⁵⁵ ʂʅ¹³ tɕi⁵³ suei⁵³ pa²¹
	大 概 三 十 几 岁 吧
舟曲	xa²⁴ pa⁵⁵ sæ̃⁵⁵ ʂʅ³¹ lɛ³¹ tsuei²¹
	下 罢" 三 十 来 岁
临潭	ta⁴⁴ kɛi⁴⁴ iɤu⁵³ sæ̃i⁴⁴ ʂʅ⁴⁴ tuɤ¹³ suei⁴⁴ pa³¹
	大 概 有 三 十 多 岁 吧

81. 这个东西有多重呢？

兰州	tʂɤ¹³	kɤ¹³	tuən⁴⁴	ɕi⁴⁴	ziəu⁵³	tuo⁵³	tʂʻuən¹³？	
	这	个	东	西	有	多	重？	
红古	tʂʅ¹³	kɤ⁴²	tuən²¹	sʅ¹³	iəu⁵⁵	tuə²¹	tʂʻuən¹³	ʂa⁴²？
	这	个	东	西	有	多	重	哟？
永登	tʂʅ²¹	kə²⁴	tuən⁴⁴	ɕi²¹	iou²⁴	tuə⁴⁴	tʂuən²¹	ʂa³¹？
	这	个	东	西	有	多	重	哟？
榆中	tʂɤ³⁵	kɯ²¹	tun⁴⁴	ɕi²¹	iəu⁴⁴	tuɤ⁵³	tʂun²⁴	a³⁵？
	这	个	东	西	有	多	重	啊？
白银	tʂʅ¹³	kə²¹	tuen⁴⁴	ɕi⁴⁴	iʁu³³	tuə⁴⁴	tʂʻuen¹³？	
	这	个	东	西	有	多	重？	
靖远	tʂʅ³⁵	kə⁴¹	toŋ⁴¹	sʅ²¹	iʁu⁵⁵	tuə⁵³	tʂoŋ²²？	
	这	个	东	西	有	多	重？	
天水	tsɛ⁵³	kɛ⁴⁴	tuəŋ²¹	ɕi¹³	iəu⁵³	tuə²¹	tʃʻuəŋ⁴⁴？	
	这	个	东	西	有	多	重？	
秦安	tʂəʉ⁴⁴	kə¹³	toŋ¹³	sʅ¹³	iəʉ⁵³	a²¹	mə¹³	tʃʻoŋ⁴⁴？
	这	个	东	西	有	阿	么	重？
甘谷	tsʅ⁴⁴	kiɛ⁴⁴	tuəŋ²¹	ɕi¹³	iʁʉ⁴⁴	tə²¹	tʃʻuəŋ²⁴？	
	这	个	东	西	有	多	重？	
武山	tsʅ⁴⁴	kuɛi²¹	tuəŋ²¹	ɕi¹³	iɤ⁴⁴	tə²¹	tʃʻuəŋ²⁴？	
	这	个	东	西	有	多	重？	
张家川	tʂɤ⁵³	kɤ³²	tuŋ²¹	ɕi²¹	iʁu⁵³	tuɤ¹³	tʃʻɤŋ²¹？	
	这	个	东	西	有	多	重？	
武威	tsʅ⁵³	kə³¹	tuəŋ²¹	ɕi³⁵	iəu²¹	tuə³⁵	tʂʻuəŋ⁴⁴	sÃ²¹？
	这	个	东	西	有	多	重	哟？
民勤	tsʅ²²	kɯ²²	toŋ⁴⁴	ɕi⁴⁴	iʁu⁴⁴	tuə⁴⁴	tʂoŋ⁴²	a²¹？
	这	个	东	西	有	多	重	啊？
古浪	tsʅ³¹	kə¹³	tuẽŋ⁴⁴	ɕi²²	iou⁴⁴	tuə⁴⁴	tʂuə̃ŋ²²	ʂæ³¹？
	这	个	东	西	有	多	重	哟？
永昌	tʂə⁴⁴	kə⁵³	tuŋ⁴⁴	ɕi⁵³	iʁu⁵³	tuə¹³	tʂʻuŋ²¹？	
	这	个	东	西	有	多	重？	

张掖	tʂə³¹	kə²²	tuŋ⁴⁴	ɕi²²	iəu²²	tuə⁴⁴	kuŋ³¹	a²¹?		
	这	个	东	西	有	多	重	啊?		
山丹	tʂə⁴²	kə²¹	tuŋ³⁴	ɕi⁴⁴	tuə³⁴	tʂuŋ⁴²	ʂa²¹?			
	这	个	东	西	多	重	吶?			
平凉	tʂɛ²⁴	kɤ²¹	tuŋ⁵³	ɕi³¹	tɔ⁴⁴	ti²¹	iɤu³¹	tuo³¹	tʂ'uŋ⁴⁴	sa²¹?
	这	个	东	西	到	底	有	多	重	吶?
泾川	tʂɛ⁴⁴	kɤ²¹	tuŋ⁵³	ɕi²¹	iəu⁵³	tuo³¹	tʃ'əŋ⁴⁴?			
	这	个	东	西	有	多	重?			
灵台	uɛ⁵³	tuo³¹	tʃuəŋ⁴⁴?	兀多重?						
酒泉	tʂʅ²²	kə²²	tuəŋ⁴⁴	ɕi⁴⁴	iəu⁵³	tuə⁴⁴	tʂuəŋ⁴²	a²¹?		
	这	个	东	西	有	多	重	啊?		
敦煌	tʂʅ⁴⁴	kə⁴⁴	tuŋ²¹³	ɕʅ⁴⁴	iɤu⁵³	tuə²¹	tʂ'uŋ²¹³?			
	这	个	东	西	有	多	重?			
西峰	tʂʅ³¹	kɤ²¹	tuŋ⁵³	ɕi³¹	iʊ³¹	tuo²⁴	tʂuŋ³¹	a²¹?		
	这	个	东	西	有	多	重	啊?		
环县	tʂei⁵⁵	kɤ²¹	tuŋ⁴¹	ɕi²¹	tuo³¹	tʂuŋ⁵⁵?				
	这	个	东	西	多	重?				
正宁	tʂɤ⁴⁴	tuŋ³¹	si³¹	iou⁴⁴	tuo³¹	tʃ'uŋ⁴⁴?				
	这	东	西	有	多	重?				
镇原	tʂɛ³¹	tuŋ³¹	si²⁴	iəu²¹	tuor⁵³	ts'əŋ²⁴	a²¹?			
	这	东	西	有	多儿	重	啊?			
定西	tʂɤu⁴⁴	tsæ̃⁵³	tɤ²¹	tʃ'uŋ⁴⁴?	这嗒多重?					
通渭	tʂʅ⁴⁴	kɛ³²	uə²¹	tɕ'iæ⁴⁴	iʊ⁵³	tə²¹	tʃ'ʮə⁴⁴?			
	这	个	物	件	有	多	重?			
陇西	tʂʅ⁴⁴	ke⁴²	uɤ⁴²	tɕ'iæ⁴⁴	iɤu⁵⁵	to⁴²	tʂ'uŋ⁴⁴	liæ⁴²?		
	这	个	物	件	有	多	重	咧?		
临洮	tʂe⁵³	ko²¹	vo²¹	tɕiæ⁴⁴	iʊ⁵³	to²¹	tʂõ⁴⁴?			
	这	个	物	件	有	多	重?			
漳县	tʃʅ²⁴	kɤ²¹	tuɤ̃⁵³	si²⁴	lɤ̃²⁴	iɤu⁵³	tuo⁴²	tʃ'ʮɤ̃²¹?		
	这	个	东	西	有	能	多	重?		
武都	tʂə⁵³	kə²¹	toŋ⁵³	ɕi²¹	tɔu²⁴	ti²¹	ziɤu⁵⁵	tuə²¹	tʃ'uŋ¹³?	
	这	个	东	西	到	底	有	多	重?	

文县	tsɛ⁵⁵	kʻuɛ²¹	toŋ³¹	çi²¹	tʃoŋ¹³	ma⁴⁴	tɕʻiə̃³¹?
	这	个	东	西	重	吗	轻？
宕昌	tʂɤ⁴²	kɤ²¹	tuŋ⁴⁴	çɿ⁴²	tʂuŋ¹³	ma²¹	tɕʻiŋ³³?
	这	个	东	西	重	吗	轻？
康县	tʂɤ⁵⁵	kɤ²¹	tuŋ⁵³	si²¹	iɤu⁵⁵	tuɤ²¹	tʂuŋ¹³?
	这	个	东	西	有	多	重？
西和	tsei⁵⁵	kɤ²¹	tsɛ⁵³	iɤu⁵¹	tuɤ²¹	tʃʻɥŋ⁵⁵?	
	这	个	这	有	多	重？	
临夏市	tʂʅ²¹	kə⁵²	tuəŋ²¹	çi⁵³	iɤu⁴⁴	tuə¹³	tʂuəŋ⁵³?
	这	个	东	西	有	多	重？
	tʂʅ²¹kə⁵²tuəŋ²¹çi⁵³iɤu⁴⁴a⁴⁴məŋ²¹kə⁵³tʂuəŋ⁴⁴liaŋ⁴²?						
	这 个 东 西 有 阿 么 个 重 量？						
临夏县	tʂʅ²¹	kə⁵²	tuəŋ⁵⁵	çi²¹	iɤu⁵⁵	tuə¹³	tʂuəŋ⁵³?
	这	个	东	西	有	多	重？
合作	tʂɤ⁵³	kɤ⁵⁵	tuŋ⁵⁵	çi¹³	tuə¹³	tʂuŋ⁵³	sa¹³?
	这	个	东	西	多	重	吟？
舟曲	tʂʅ²¹	kʻɛ⁵⁵	tuɤŋ⁵³	sʅ⁴²	tʃʻɥŋ³³	ma³⁵	tɕʻiŋ⁵³?
	这	个	东	西	重	吗	轻？
临潭	tʂɤ⁴⁴	kɤ⁵³	tuŋ⁴⁴	çi²¹	iɤu⁵³	tuɤ¹³	tʂuŋ⁴⁴?
	这	个	东	西	有	多	重？

82. 有五十斤重呢

兰 州	ziəu⁴⁴	vu⁵³	ʂʅ¹³	tɕin⁴⁴	tʂʻuən¹³	niẽ²¹
	有	五	十	斤	重	呢
红 古	iəu⁵⁵	vu⁵⁵	ʂʅ⁴²	tɕin²¹	tʂʻuən¹³	lia²¹
	有	五	十	斤	重	咧
永 登	xa⁴⁴pa⁴⁴u²¹ʂʅ²⁴tɕin³¹ 下罢五十斤					
榆 中	iu³³	vu⁴⁴	ʂʅ³¹	tɕin⁴⁴	tʂun³¹	pa²¹
	有	五	十	斤	重	吧
白 银	tʂʻa⁴⁴	pu²¹	tuə⁴⁴	vu³³	ʂʅ²¹	tɕin⁴⁴
	差	不	多	五	十	斤
靖 远	iɤu⁵⁵	vu⁵⁵	ʂʅ²¹	tɕiŋ²¹	tʂoŋ³⁵	niɛ⁴¹
	有	五	十	斤	重	呢
天 水	u⁵³	ʂʅ⁵³	tɕiəŋ²¹	tʃʻuəŋ³³	li²¹	五十斤重哩
秦 安	iəɤ⁴⁴	vu⁵³	ʂʅ²¹	tɕiə̃¹³	ma²¹	有五十斤嘛
甘 谷	iɤɯ³⁵	u⁵³	ʂʅ²¹	tɕiəŋ²²	tʃʻuəŋ²⁴	有五十斤重
武 山	xɔɔ⁵³	pʻɑ⁴⁴	iɤɯ⁵³	vu⁵³	ʂʅ²¹	tɕiəŋ²¹ tʃʻuəŋ²⁴ pa¹³
	下	罢	有	五	十	斤 重 吧
张家川	iɤu⁵³	v̇⁵³	ṣtuɤ¹³	tɕiŋ²¹	tʃʻɤŋ²¹	
	有	五十	多	斤	重	
武 威	vu⁴⁴	ʂʅ⁵³	tɕiŋ³¹	lia²¹	五十斤呢	
民 勤	iɤu⁴⁴	vu²²	ʂʅ²²	tɕiŋ⁴⁴	tʂoŋ⁴²	pa²¹
	有	五	十	斤	重	吧
古 浪	iʊu⁴²	v³¹	ʂʅ⁴⁴	tɕiŋ²¹	tʂuə̃ŋ⁴⁴	li²¹
	有	五	十	斤	重	哩
永 昌	iɤu⁴⁴	vu⁵³	ʂʅ²¹	tɕiŋ²¹	tʂʻuŋ⁴²	有五十斤重
张 掖	iəu⁵³	vu²²	ʂʅ⁴⁴	tɕiŋ⁴⁴	kuŋ³¹	有五十斤重
山 丹	iəuɛ⁵³	vu²²	ʂʅ²²	tɕiŋ⁴⁴	tʂuŋ⁴²	ni²¹
	有	五	十	斤	重	呢
平 凉	iɤu⁴⁴	u⁵³	ʂʅ³¹	tuo³¹	tɕiŋ⁵³	ɲi²¹
	有	五	十	多	斤	呢
泾 川	iəu³¹	vu⁴⁴	ʂʅ²¹	lɛ²¹	tɕiŋ²¹	有五十来斤
灵 台	iou⁴⁴	u⁴⁴	ʂʅ²¹	tɕiəŋ⁵¹	tʃʻuəŋ⁴⁴	ɲi²¹
	有	五	十	斤	重	呢

第一章　语法例句　　　　　　　　　231

酒泉	iəu⁵³　vu²²　ʂʅ⁴⁴　tɕiŋ⁴²　tʂuəŋ⁴²　pa²¹
	有　五　十　斤　重　吧
敦煌	iɤu⁴⁴　vu⁵³　ʂʅ²¹　tuə²²　tɕiŋ²¹³　有五十多斤
西峰	iʊ⁵⁵　u⁵⁵　ʂʅ²¹　tɕiŋ³¹　tsuo⁵⁵　iʊ²¹　pa²¹
	有　五　十　斤　左　右　吧
环县	iɤu⁵⁵　vu⁵⁵　ʂʅ²¹　tɕiŋ⁴¹　tʂuŋ⁵⁵　有五十斤重
正宁	iou⁴⁴　u⁴⁴　ʂʅ²¹　tɕiŋ³¹　tʂʻuŋ⁴⁴　pa²¹
	有　五　十　斤　重　吧
镇原	iəu⁴⁴　u⁴⁴　ʂʅ²¹　tɕiŋ³¹　ȵi²¹　有五十斤呢
定西	vu⁵³　ʂʅ²¹　lɛ⁴⁴　tɕiẽ²¹　五十来斤
通渭	iʊ⁵³　u⁵³　ʂʅ³²　tɕĩ²¹　tʂʻʅə̃⁴⁴　有五十斤重
陇西	a⁴⁴　ia⁴²，vu⁵⁵　ʂʅ¹³　to²¹　tɕin²¹　liæ²¹
	啊　呀，　五　十　多　斤　咧
临洮	xa⁴⁴　pa⁴⁴　iʊ⁵³　v̩⁴⁴　ʂʅ²¹　tɕĩ²¹　tʂõ⁴⁴　ni²¹　pa²¹
	下　罢　有　五　十　斤　重　呢　吧
漳县	iɤu²⁴　vu⁵³　ʃʅ²⁴　lɑ²⁴　tɕiɤ̃²¹　tʂʻʅɤ̃⁴⁴　liɛ²¹
	有　五　十　来　斤　重　咧
武都	ziɤu²¹　vu⁵⁵　ʂʅ²¹　tɕiɤ̃²¹　tʂʻuŋ¹³　有五十斤重
文县	iɤu²²　vu³⁵　ʂʅ²¹　tɕiɤ̃⁴⁴　tʂoŋ¹³　liɛ²¹
	有　五　十　斤　重　咧
宕昌	iɤu⁵³　vu⁴⁴　ʂʅ⁴⁴　tɕiŋ⁴²　ŋ̍²¹　有五十斤呢
康县	iɤu⁵⁵　vu³⁵　ʂʅ²¹　tɕiŋ²¹　tʂuŋ¹³　pɐ²¹
	有　五　十　斤　重　吧
西和	xɐ⁵⁵　pɐ²¹　iɤu⁵¹　u⁵¹　ʂʅ²⁴　tɕiŋ²¹
	下　罢　有　五　十　斤
临夏市	iɤu⁴⁴　vu⁴²　ʂʅ²⁴　tɕiŋ¹³　tʂuəŋ⁵³　ni²¹
	有　五　十　斤　重　哩
临夏县	iɤu⁵⁵　vu⁵⁵　ʂʅ²⁴　tɕiŋ¹³　tʂuəŋ⁵³　li²¹
	有　五　十　斤　重　哩
合作	iɤɯ⁵⁵　vu⁵⁵　ʂʅ¹³　tɕin⁵⁵　pa⁵³　有五十斤吧
舟曲	iɤu⁵⁵　vu⁵⁵　ʂʅ⁵³　tɕiŋ²¹　tʂʻʅɤŋ²¹　ȵiɛ⁴²
	有　五　十　斤　重　呢
临潭	vu⁵³　ʂʅ¹³　tɕin⁴⁴　iɤu⁵³　li¹³　pa³¹
	五　十　斤　有　哩　吧

83. 拿得动吗？

兰 州	na⁵³	tɤ³¹	tuən¹³	ma⁴⁴?	拿得动吗？		
红 古	ni⁵⁵	na²¹	tʂɤ²²	tuən¹³	ma⁴²?	你拿者动吗？	
永 登	na⁵³	tuən²¹	na⁵³	pu¹³	tuən²¹?	拿动拿不动？	
榆 中	na⁵³	tɤ²⁴	tun²⁴?	拿得动？			
白 银	na⁵¹	tuen²²	lia¹³?	拿动哩吗？			
靖 远	nɤŋ²⁴	na²²	toŋ³⁵	pa⁴¹?	能拿动吧？		
天 水	xa⁵³	ti²¹	tuəŋ⁴⁴	ma²²?	拿得动吗？		
秦 安	xan⁴⁴	ti¹³	tʻoŋ⁴⁴	ma⁵³?	拿得动吗？		
甘 谷	xa²⁴	tai²¹	tʻuəŋ⁴⁴	mɒ²¹?	拿得动吗？		
武 山	xa⁴⁴	tɛi²¹	tʻəŋ⁴⁴	mɑ⁴⁴?	拿得动吗？		
张家川	lɤŋ¹³	xæ̃⁵³	tʻoŋ⁴⁴	mə²¹?	能拿动么？		
武 威	na³⁵	tɛi⁵³	tuəŋ³¹	ma²¹?	拿得动吗？		
民 勤	n̩⁴⁴	lɤŋ⁵³	la²²	toŋ⁴⁴	a²²	pa²¹?	
	你	能	拿	动	啊	不?	
古 浪	nɑ⁵⁵	tɛ²¹	tuə̃ŋ⁴⁴	mɑ²¹?	拿得动吗？		
永 昌	ni⁴⁴	nəŋ⁵³	na³⁵	tə²¹	tuŋ⁵³	na¹³	pu²¹ tuŋ²¹?
	你	能	拿	得	动	拿	不 动?
张 掖	nəŋ⁵³	na⁴⁴	tuŋ²¹	a²²	pu²¹	a²¹?	
	能	拿	动	啊	不	啊?	
山 丹	nəŋ⁵³	na⁵³	tuŋ⁴²	a²²	pu⁴²	a²¹?	
	能	拿	动	啊	不	啊?	
平 凉	nɑ²⁴	tɛɪ³¹	tɕʻi⁴⁴	ma²¹?	拿得起吗？		
泾 川	xᴀ⁵³	tɛɪ²¹	tʻuŋ⁴⁴	mᴀ²¹?	拿得动吗？		
灵 台	ləŋ²⁴	na²⁴	tei⁵³	tuəŋ⁴⁴	ma²¹?	能拿得动吗？	
酒 泉	na⁴⁴	tuəŋ⁴²	lə²²	pa²¹?	拿动了吧？		
敦 煌	nəŋ²²	na²¹³	tuŋ⁴⁴	mã⁵²?	能拿动吗？		
西 峰	na²⁴	ti³¹	tɕʻi⁵³	ma²¹?	拿得起吗？		
环 县	ȵi⁴¹	na³¹	ti⁴¹	tuŋ⁵⁵	ma²¹?	你拿得动吗？	
正 宁	xæ̃⁴⁴	tɪ³¹	tʻuŋ⁴⁴	a³¹	mə²¹?	拿得动啊吗？	
镇 原	nəŋ²⁴	xa⁵³	tuŋ⁵³	ma²¹?	能拿动吗？		

第一章　语法例句

定 西	na²¹ t'uŋ⁴⁴ puɐ²¹?	拿得不？
通 渭	xæ̃⁵³ t'ũ⁴⁴ pa³¹?	拿动吧？
陇 西	xæ̃⁵⁵ ti⁴² t'uŋ⁴⁴ ma⁴⁴?	拿得动吗？
临 洮	na¹³ tõ⁴⁴ na²¹?	拿动呐？
漳 县	xæ̃²⁴ tᴇ²¹ tuɣ²⁴ mɑ²¹?	拿得动吗？
武 都	xæ̃⁵⁵ tei²¹ tɕ'i⁵⁵ ma²¹?	拿得起吗？
文 县	xæ̃⁴⁴ ti²¹ toŋ²⁴ li⁴⁴ ma²¹?	拿得动哩吗？
宕 昌	la¹³ tʅ⁴⁴ tuŋ⁴⁴ ma²¹?	拿得动吗？
康 县	xæ̃⁵⁵ tɿ²¹ tuŋ²⁴ mᴀ²¹?	拿得动吗？
西 和	xᴀ²¹ ti²¹ tuŋ⁵⁵ uᴀ²¹?	拿得动哇？
临夏市	na¹³ tuəŋ⁵³ xɑ²¹ lɑ⁴²?	拿动哈啦？
临夏县	nəŋ¹³ nɑ¹³ tuəŋ⁵³ mɑ⁵³?	能拿动吗？
合 作	na¹³ tuŋ⁵⁵ xa⁵⁵ la⁵³	拿动下了
舟 曲	xã⁵⁵ tsʅ⁵³ tuɣŋ²¹ ma⁴²?	拿得动吗？
临 潭	na¹³ ti³¹ tuŋ⁴⁴ niɛ³¹?	拿得动呢？

84. 我拿得动，他拿不动

兰州	vɤ⁴⁴ na⁵³ tɤ³¹ tuən¹³, ni⁴⁴ na⁵³ pu³¹ tuən¹³ 我 拿 得 动， 你 拿 不 动
红古	vɤ⁵⁵ nən¹³ na²¹ tuən¹³, tɕia¹³ na³¹ pu²¹ tuən²¹ 我 能 拿 动， 傢 拿 不 动
永登	və²⁴ na⁵³ tuən²¹ ni⁴⁴, t'a²¹ na⁵³ pu²¹ tuən²¹ 我 拿 动 哩， 他 拿 不 动
榆中	uɤ⁴⁴ na⁵³ tun³¹ li⁴⁴, t'a⁴⁴ na⁵³ pu³¹ tun²⁴ 我 拿 动 哩， 他 拿 不 动
白银	və³³ na⁵¹ tuen²¹ li²¹, t'a³³ na⁵¹ pu²¹ tuen¹³ 我 拿 动 哩， 他 拿 不 动
靖远	ŋuə⁵⁵ nɤŋ²⁴ na²² toŋ³³, t'a⁴¹ na²⁴ pu²² toŋ³³ 我 能 拿 动， 他 拿 不 动
天水	ŋuə⁵³ ləŋ¹³ xa⁵³ t'uəŋ⁴⁴, t'a²¹ xa⁵³ pu²¹ t'uəŋ⁴⁴ 我 能 拿 动， 他 拿 不 动
秦安	kə⁵³ xan⁴⁴ ti²¹ t'oŋ⁴⁴, t'a³⁵ xan³¹ pfu²² t'oŋ⁴⁴ 我 拿 得 动， 他 拿 不 动
甘谷	kiɛ⁵³ xa²⁴ tai²¹² tuəŋ⁴⁴, t'ɒ⁴⁴ xa⁴² pu²¹ t'uəŋ²¹ 我 拿 得 动， 他 拿 不 动
武山	kiə⁵³ ləŋ¹³ xa⁴⁴ t'uəŋ¹³, t'ɑ²¹ xa⁴⁴ pu²¹ t'uəŋ¹³ 我 能 拿 动， 他 拿 不 动
张家川	ŋɤ⁵³ lɤŋ¹³ xæ⁵³ t'oŋ²¹, t'a²¹ xa⁵³ p̍ t'oŋ⁴⁴ 我 能 拿 动， 他 拿 不 动
武威	və³⁵ nəŋ⁴⁴ na³⁵ tuəŋ³¹, t'a²² na³⁵ pu⁴⁴ tuəŋ³¹ 我 能 拿 动， 他 拿 不 动
民勤	uə⁴⁴ lɤŋ⁵³ la²² toŋ⁴⁴, t'a⁴⁴ la²² pu⁴⁴ toŋ⁴² 我 能 拿 动， 他 拿 不 动
古浪	uə³¹ nə̃ŋ⁵³ nɑ⁴⁴ tuɑ̃ŋ³¹, nɑ⁵³ nɑ⁴⁴ pu²² tuɑ̃ŋ²¹ 我 能 拿 动， 那 拿 不 动
永昌	uə⁵³ nəŋ¹³ na¹³ tuŋ²¹, t'a⁴² na¹³ pu²¹ tuŋ²¹ 我 能 拿 动， 他 拿 不 动

张掖	və²²	nəŋ⁵³	na⁴⁴	tuŋ²¹,	tʻa⁴⁴	na⁴⁴	pu²²	tuŋ²¹
	我	能	拿	动，	他	拿	不	动
山丹	uə²²	nəŋ⁵³	na⁵⁵	tuŋ²¹,	tʻa³⁴	na⁵⁵	pu²¹	tuŋ⁴¹
	我	能	拿	动，	他	拿	不	动
平凉	uo⁵³	nəŋ²⁴	nɑ²⁴	tɕʻi²¹,	tʻɑ⁵³	nɑ²⁴	pu²⁴	tɕʻi²¹
	我	能	拿	起，	他	拿	不	起
泾川	vo⁵³	xʌ⁵³	ter²¹	tʻuŋ⁴⁴,	tʻʌ⁵³	xʌ⁵³	pu²¹	tʻuŋ⁴⁴
	我	拿	得	动，	他	拿	不	动
灵台	ŋuo⁵³	ləŋ²⁴	la²⁴	tʻuəŋ⁵³,	tʻa⁵³	la²⁴	pfu²¹	tʻuəŋ⁴⁴
	我	能	拿	动，	他	拿	不	动
酒泉	və²²	na⁴⁴	tuəŋ⁴²	lia²¹,	tʻa⁴⁴	na⁴⁴	pu⁴²	tuəŋ²²	a²¹
	我	拿	动	了，	他	拿	不	动	啊
敦煌	ŋə⁵³	na²²	tə⁴²	tuŋ⁴⁴,	tʻa²¹³	na²²	pu⁴⁴	tuŋ²¹³
	我	拿	得	动，	他	拿	不	动
西峰	ŋʁ⁵³	nəŋ²⁴	na²⁴	tɕʻi⁵³	li²¹,	tʻa⁵⁵	na²⁴	pu³¹	tɕʻi⁵³
	我	能	拿	起	哩，	他	拿	不	起
环县	uo⁴¹	nəŋ²⁴	na²¹	tuŋ⁵⁵	ȵi²¹,	tʻa⁴¹	na²⁴	pu²¹	tuŋ⁵⁵
	我	能	拿	动	呢，	他	拿	不	动
正宁	ŋʁ⁵³	xæ⁴⁴	ʈi³¹	tʻuŋ⁴⁴,	tʻa⁴⁴	xæ⁴⁴	pu³¹	tʻuŋ⁴⁴
	我	拿	得	动，	他	拿	不	动
镇原	uo³¹	nəŋ²⁴	xa⁵³	tuŋ⁴⁴,	na⁴⁴	xa⁵³	pu²¹	tuŋ²⁴	a²¹
	我	能	拿	动，	他	拿	不	动	啊
定西	ŋʁ⁵³	lʁŋ¹³	la²¹	tʻuɚ⁴⁴,	tʻa¹³	la²¹	pu⁴⁴	tʻuɚ²¹
	我	能	拿	动，	他	拿	不	动
通渭	kə⁵³	xæ⁵³	ti²¹	tʻuə̃⁴⁴,	uə⁴⁴	xæ⁵³	pu²¹	tʻuə̃⁴⁴
	我	拿	得	动，	兀	拿	不	动
陇西	kʁ⁵⁵	ləŋ¹³	xæ⁵⁵	tʻoŋ³²,	tʻa²¹	xæ⁵⁵	pu⁴²	tʻoŋ³²
	我	能	拿	动，	他	拿	不	动
临洮	ŋo⁵³	na²²	tõ⁴⁴	niə²¹,	tʻa²¹	na¹³	pu²¹	tõ⁴⁴
	我	拿	动	呢，	他	拿	不	动
漳县	kʁ⁴⁴	xæ⁵³	ti²¹	tuɚ⁴⁴,	tʻɑ²¹	xæ²⁴	pu²¹	tuɚ²¹
	我	拿	得	动，	他	拿	不	动

武都	ŋə³³	xæ³⁵	tei²¹	tɕ'i⁵⁵,	t'a⁵⁵	xæ⁵⁵	pu²¹	tɕ'i⁵⁵
	我	拿	得	起,	他	拿	不	起
文县	ŋuə³³	xæ⁴⁴	ti²¹	toŋ²⁴,	t'a³¹	xæ³⁵	pu²¹	toŋ²⁴
	我	拿	的	动,	他	拿	不	动
宕昌	ŋɤ⁵³	ləŋ³⁵	la²¹	tuŋ⁴⁴,	t'a⁴⁴	la²²	pu¹³	tuŋ⁴⁴
	我	能	拿	动,	他	拿	不	动
康县	ŋuɤ⁵³	xæ⁵⁵	tɿ²¹	tuŋ²⁴,	t'ᴀ⁵³	xæ²¹	pu²¹	tuŋ²⁴
	我	拿	得	动,	他	拿	不	动
西和	ŋuɤ⁵¹	xᴀ⁴²	ti²¹	tuŋ²⁴,	t'ᴀ⁵⁵	xᴀ²¹	pu²¹	tuŋ²¹
	我	拿	得	动,	他	拿	不	动
临夏市	ŋə⁴⁴	nɑ¹³	tuəŋ⁵³	xɑ²¹	li²¹,	tɕiɛ¹³	nɑ¹³	pu¹³	tuəŋ⁵³
	我	拿	动	下	哩,	傢	拿	不	动
临夏县	ŋə⁵⁵	nɑ¹³	tɛ²¹	tuəŋ⁵³,	tɑ⁵⁵	nɑ¹³	pu¹³	tuəŋ⁵³
	我	拿	得	动,	他	拿	不	动
合作	ŋɤ⁵³	na¹³	tuŋ⁵³	xa⁵³	li⁵³,	t'a⁵³	na¹³	pu⁵⁵	tuŋ⁵³
	我	拿	动	下	哩,	他	拿	不	动
舟曲	ŋuə⁵⁵	lɤŋ²⁴	xã⁵⁵	tuɤŋ⁴²,	t'a⁵⁵	xã⁴²	pu³¹	tuɤŋ²¹
	我	能	拿	动,	他	拿	不	动
临潭	ŋɤ⁵³	na¹³	ti²¹	tuŋ⁴⁴,	vu⁴⁴	kɤ³¹	na¹³	pu¹³	tuŋ⁴⁴
	我	拿	得	动,	兀	个	拿	不	动

85. 真不轻，重得连我都拿不动了

兰 州	tʂən⁴⁴pu¹³tɕʻin⁵³, vɤ⁴⁴na⁵³pu²²tuən¹³
	真 不 轻, 我 拿 不 动
红 古	fa²¹ma⁴⁴tʂɤ²¹xən⁴⁴, liẽ²²vɤ⁵⁵tɤu²¹na¹³pu²¹tuən²¹
	砝 码① 着 很, 连 我 都 拿 不 动
永 登	fa²¹ma⁴⁴ti²¹xən⁴⁴³, və⁴⁴tʊu²¹na⁴⁴pu²¹tuən²¹
	砝 码 得 很, 我 都 拿 不 动
榆 中	xən⁴⁴tʂun⁵³li³¹, tʂun³¹tɤ⁴⁴liæ⁵³uɤ³⁵tu⁴⁴na⁵³pu²⁴tun²⁴
	很 重 哩, 重 得 连 我 都 拿 不 动
白 银	tʂuen¹³tə¹³xən³³, və³³tu⁴⁴na⁵¹pu²¹tuen¹³
	重 得 很, 我 都 拿 不 动
靖 远	tʂoŋ³⁵tʻɤŋ³³, liæ²²ŋuə⁵⁵tɤu²¹na²⁴pu²²toŋ³³
	重 腾, 连 我 都 拿 不 动
天 水	tʂɔ²¹kuə⁴⁴tʃʻuəŋ⁵³, tʃʻuəŋ⁴⁴ti²¹liæ¹³ŋuə⁵³təu¹³xa⁵³puʼt'uəŋ⁴⁴li²¹
	真 个 重, 重 得 连 我 都 拿 不 动 了
秦 安	tʂə̃¹³kə⁴⁴tʃʻoŋ⁴⁴, tʃʻoŋ⁵³ti⁴⁴lian¹³kə⁵³təʉ⁴⁴xan⁵³pfu²¹tʻoŋ⁴⁴lɔ³¹
	真 个 重, 重 得 连 我 都 拿 不 动 了
甘 谷	tʂəŋ²¹²kɑ⁴⁴tʃʻuəŋ²⁴, tʃʻuəŋ²⁴tai²¹²lia²⁴kiɛ⁵³tɤ⁴⁴xa⁴²pu²¹²tʻuəŋ⁴⁴lɑu⁴²
	真 个 重, 重 得 连 我 都 拿 不 动 了
武 山	tʂəŋ²¹kɑ⁴⁴pu¹³tɕʻiəŋ²¹, tʃʻuəŋ²⁴ti²¹la²⁴kiɛ⁵³tɤʉ⁴⁴xa⁴⁴pu²¹ʻtuəŋ⁴⁴lɔ⁴²
	真 个 不 轻, 重 得 连 我 都 拿 不 动 了
张家川	tʂʅ⁴⁴kɤ²¹toŋ²⁴ɕi⁴⁴tʃʻɤŋ⁴⁴tɕi²¹xɤ̃⁵³, liæ¹³ŋɤ⁵³tɤu²¹xa⁵³pʻtʻoŋ⁴⁴liɛ²¹
	这 个 东 西 重 得 很, 连 我 都 拿 不 动 了
武 威	tʂuə⁵³ʂʅ³⁵tʂʻuəŋ⁵³, və⁴⁴tu²¹na³⁵pu⁴⁴tuəŋ³¹
	着 实 重, 我 都 拿 不 动
民 勤	tʂɤŋ⁴⁴tə²¹pu²²tɕʻiŋ⁴⁴, tʂoŋ⁴²tə²²uə⁴⁴a²¹la²²pu⁴⁴toŋ⁴²
	真 的 不 轻, 重 得 我 也 拿 不 动
古 浪	tʂuə̃ŋ⁴⁴tʂə⁴²li⁴⁴, uə³¹tʊu⁴²nɑ⁴⁴pu²²tuə̃ŋ²¹
	重 着 哩, 我 都 拿 不 动

---

① 砝码：厉害。

永昌	tʂəŋ³⁵pu⁴²tɕʻiŋ²¹，lie⁴⁴uə⁵³iə⁴²na¹³pu²¹tuŋ²¹
	真　不轻，　连　我也拿不动
张掖	tʂəŋ⁴⁴tiə⁴⁴pu²²tɕʻiŋ⁴⁴，kuŋ³¹tiə²²liʌŋ⁴⁴və⁵³tʁu⁴⁴na⁴⁴pu²²tuŋ³¹liɔ²¹
	真　的不　轻，　重　得　连　我都　拿不动了
山丹	tʻɛe²⁴tʂuŋ⁴²lə²¹，tʂuŋ⁴²tə²¹uə⁴⁴ia⁴⁴na⁵⁵pu²²tuŋ²¹
	太　重　了，　重得　我也拿不动
平凉	tʂəŋ²⁴pu³¹tɕʻiŋ²¹，tʂʻuŋ⁴⁴teɹ³¹liæ²⁴uo⁵³tʁu²¹nɑ²⁴pu³¹tuŋ⁴⁴liɑ²¹
	真　不　轻，　重　得　连我都拿不动了
泾川	tʂəŋ²⁴sʅ²¹pu²⁴tɕʻiŋ³¹，tʂʻəŋ⁴⁴ti²¹liæ²⁴vo⁵³tʁu³¹xʌ⁵³pu³¹tuŋ⁴⁴liʌ²¹
	真　是　不　轻，　重　得连我都拿不动了
灵台	təŋ²⁴pfu²⁴tɕʻiəŋ，tʂʻuəŋ¹³ti²¹liæ²⁴ŋuo⁵³tou³²la²⁴pfu²¹tʻuəŋ²⁴liɑ²¹
	真　不　轻，　重　得连　我　都　拿　不　动了
酒泉	tʂuəŋ⁴²tiə²²xəŋ²⁴a²¹，və⁵³iə²¹na⁴⁴pu⁴²tuŋ²²a²¹
	重　得很啊，我也拿不动啊
敦煌	tʂəŋ⁴⁴pu⁴⁴tɕʻiŋ²¹³，tʂʻuŋ⁴⁴tə⁴⁴liɛ²²ŋə⁵³tu⁴²na²¹pu²¹³tuŋ⁴⁴la⁴²
	真　不　轻，　重　得连我都拿不动了
西峰	pu³¹tɕʻiŋ⁵³li²¹，ŋʁ⁵³tʊ²⁴na²⁴pu³¹tuŋ²⁴liɑ²¹
	不　轻咧，我　都拿不动了
环县	tʂuŋ²⁴ti²¹xəŋ⁴¹，ŋuo⁵⁵tʁu²¹na²⁴pu²¹tʻuŋ⁵⁵
	重　得很，　我　都拿不动
正宁	tʂʻuŋ²⁴ti³¹xən³¹，tʂʻuŋ²⁴ti³¹liæ²⁴ŋuo⁵³tou³¹xæ⁴⁴pu³¹tʻuŋ⁴⁴liɔ²¹
	重　得很，　重　得连我都拿不动了
镇原	ʂʅ³¹xua⁴⁴ləŋ²⁴tsʻəŋ⁴⁴ȵi，uo³¹təu²¹xa⁴⁴pu²¹tuŋ⁴⁴liɛ²¹
	实话怎重呢，我　都　拿不动了
定西	tʂʻuŋ⁴⁴ti³²xʁ⁵¹，ŋʁ⁵³tʁu¹³la²¹pu²¹tʻuŋ²¹
	重　得很，　我　都拿不动
通渭	tʂə̃²¹kæ²¹tʂʻuɜ⁴⁴，kə⁵³tʊ³²xæ⁵³pu³²tʻuɜ⁴⁴
	真　个重，　我都拿不动
陇西	tʂəŋ⁴²kæ²²tʂʻũe⁴³，tʂʻuŋ⁴⁴ti⁴³kʁ⁵⁵iæ⁵⁵xæ⁵⁵pu⁴²tʻuŋ³³la²¹
	真　个重，　重　得我也拿不动了
临洮	tʂõ⁴⁴te³²xẽ⁵³，liæ¹³ŋo⁵³tʊ¹³na¹³pu²¹tõ⁴⁴
	重　得很，　连我都拿不动

漳县	tʃɤ̃⁵³kɤ²⁴tʃʰʉɤ²⁴ti²¹, liæ̃²⁴kɤ⁵³tʁu²¹xæ̃⁵³pu²¹tuɤ̃⁴⁴lɔo²¹
	真 个 重 的, 连 我 都 拿 不 动 了
武都	tʃuŋ¹³tei²¹xɚ⁵⁵, liæ²¹ŋə⁵⁵tʁu²¹xæ⁵⁵pu²¹tɕʰi⁵⁵lɔu²¹
	重 得 很, 连 我 都 拿 不 起 了
文县	tʃoŋ¹³ti⁴⁴xɚ⁴², liæ²¹ŋɤ⁵⁵tʁu²¹xæ⁴⁴pu²¹toŋ²⁴
	重 得 很, 连 我 都 拿 不 动
宕昌	ʂʅ²¹xua⁴⁴iʁu⁵³ɕiɛr²¹tʂuŋ⁴⁴, ŋɤ⁵³tʁu²¹la¹³pu⁴⁴tuŋ⁴⁴
	实 话 有 些 儿 重, 我 都 拿 不 动
康县	tʂɤŋ⁵³tɿ²¹tʂuŋ¹³tɿ⁵⁵xɤŋ⁵⁵, tʂuŋ¹³tɿ⁵⁵liæ²¹ŋuɤ⁵⁵tʁu²¹xæ̃⁵⁵pu²¹tuŋ²⁴lɔ²¹
	真 得 重 得 很, 重 得 连 我 都 拿 不 动 了
西和	xæ²⁴pu²¹tɕʰiŋ²¹, tʃʰʉŋ²⁴ti²¹læ²⁴ŋuɤ⁵¹tʁu²¹xæ⁵¹pu²¹tuŋ⁵⁵lɔ²¹
	还 不 轻, 重 得 连 我 都 拿 不 动 了
临夏市	tʂəŋ²¹ti⁴²tʂuəŋ⁵³, ŋə⁴⁴tu¹³nɑ¹³pu²¹tuəŋ⁵²
	真 得 重, 我 都 拿 不 动
临夏县	tʂəŋ¹³pu²¹tɕʰiŋ²⁴, tʂuəŋ⁵³ti²¹liɛ̃¹³ŋə⁵⁵tu¹³nɑ¹³pu²¹tuəŋ⁵²li²⁵³
	真 不 轻, 重 得 连 我 都 拿 不 动 了
合作	ʂʅ¹³xua⁵⁵pu¹³tɕʰin⁵⁵, tʂuŋ⁵³tɤ⁵⁵ŋɤ⁵³xa⁵³na¹³pu⁵⁵tuŋ⁵³
	实 话 不 轻, 重 得 我 哈 拿 不 动
舟曲	ʂʅ⁵³xua⁴²tʃʰʉɤŋ³¹, tʃʰʉɤŋ²²tsʅ⁵⁵liæ²⁴ŋuə⁵³tʁu⁴²xɑ̃⁵⁵pu³¹tuɤŋ³¹lioo²¹
	实 话 重, 重 得 连 我 都 拿 不 动 了
临潭	tsuŋ⁴⁴tɤ³¹xəŋ⁵³, ŋɤ⁵³tʁu⁴⁴na¹³pu¹³tuŋ⁴⁴
	重 得 很, 我 都 拿 不 动

86．你说得很好，你还会说点儿什么呢？

兰 州	ni⁴⁴fɤ¹³tɤ⁴⁴xɔ²¹，xuæ̃⁵³xuei⁵³fɤ¹³ɕiɛ⁴⁴sa¹³？
	你 说 得 好， 还 会 说 些 啥？
红 古	ni³⁵tsã⁴⁴tʂɤ²¹tuə¹³，xã¹³xuei⁴⁴fɤ¹³ɕiɛ³⁵ʂa¹³ʂa²¹？
	你 讲 者 多， 还 会 说 些 啥 哨？
永 登	ni²¹tsæ̃⁴⁴ti²¹xɑo⁴⁴ti²¹xən⁴⁴ni²¹，ɕɛi⁵³xuei²¹fu²⁴ɕiɛ²¹sa²¹ʂa⁴⁴？
	你 讲 得 好 得 很 呢， 你 还 会 些 啥 哨？
榆 中	ni⁴⁴ʂuɤ³¹ti²¹xɛi⁴⁴xɔ⁴⁴，xɛi⁵³xuei³⁵ʂuɤ⁴⁴ɕie⁴⁴sa³⁵？
	你 说 得 还 好， 还 会 说 些 啥？
白 银	ni³³fə⁴⁴tə²¹xɔ³³，ni³³xan⁵¹xui¹³fə⁴¹ɕiɛ⁴⁴sa¹³？
	你 说 得 好， 你 还 会 说 些 啥？
靖 远	niɛ⁵⁵ʂuə²²tiɛ²¹xɑo⁵⁵t'ɤŋ⁵⁵，niɛ⁵⁵xa²²xuei³⁵ʂuə⁴¹ɕiər²¹tsɛi³⁵tiɛ⁴¹sa³⁵pa²¹？
	你 说 得 好 腾， 你 还 会 说 些儿 再 的 啥 吧？
天 水	ȵi⁵³ʂʅə²¹ti⁴⁴xɔ⁵³，ȵi⁵³xæ̃¹³ləŋ¹³ʂʅə²¹tiæ̃⁵³sa⁴⁴？
	你 说 得 好， 你 还 能 说 点 啥？
秦 安	ȵi⁵³ʃyə²²ti¹³xɔ⁴⁴，ȵi⁵³xan¹³xuei¹³ʃyə²¹sa⁴⁴li⁵³？
	你 说 得 好， 你 还 会 说 啥 哩？
甘 谷	ȵi⁵³ʃə²¹²tai²¹²xəŋ²¹xɑu⁵³，ȵi⁵³xai²⁴xuai⁴⁴ʃə²¹²tia⁵³sʅ²¹？
	你 说 得 很 好， 你 还 会 说 点 啥？
武 山	ȵi⁵³ʃuə²¹tɛi²¹tʂəŋ²¹kɑ²¹xɔ⁵³，ȵi⁵³xɛi²¹ləŋ²¹ʃuə²¹ɕiə²¹ʂɑ⁴⁴？
	你 说 得 真 个 好， 你 还 能 说 些 啥？
张家川	ȵi⁵³ʃɤ²¹tɕi⁴⁴xɔu⁵³tɕi³²xɤŋ⁵³，ȵi⁵³xæ̃¹³xuɹ⁴⁴ʃɤ²¹ɕiɛ²¹sa²¹？
	你 说 得 好 得 很， 你 还 会 说 些 啥？
武 威	ni³⁵ʂuə⁴⁴ti³¹xɔu³⁵，ni³⁵xÃ⁴⁴nəŋ³⁵tsɛi⁴⁴ʂuə⁵³ɕiɛ³¹sa⁵³？
	你 说 得 好， 你 还 能 再 说 些 啥？
民 勤	ŋ⁴⁴ʂuə⁴²tə²²xɔu⁴⁴，ŋ⁴⁴xæi⁵³xuei²²ʂuə⁴²ɕiɛ²²sɑŋ⁴²？
	你 说 得 好， 你 还 会 说 些 啥？
古 浪	ni⁴²ʂuə²²ti²¹xɑo³¹a⁴²，ni³¹xɛ⁴⁴nəŋ⁴²ʂuə³¹ɕiɛ⁴⁴sɑ⁴²？
	你 说 得 好 啊，你 还 能 说 些 啥？
永 昌	ni⁴⁴ʂuə⁵³tə²¹xɔ⁴⁴，ni⁴⁴xɛ⁵³nəŋ¹³ʂuə⁵³kə²¹ʂa⁵³niə²¹？
	你 说 得 好， 你 还 能 说 个 啥 呢？

张掖	ni⁵³fə³¹tiə²²xɔ⁵³，ni²²xuʌŋ⁴⁴nəŋ⁴⁴fə³¹ɕiə²⁴ʂa³¹？
	你 说 得 好， 你 还 能 说 些 啥？
山丹	ni⁵³ʂuə⁴²ti²¹xɑo⁴⁴，ni²²xɛɛ⁵³nəŋ⁵³ʂuə⁴²ɕiə²¹ʂa⁴²ʂʅ²¹？
	你 说 得 好， 你 还 能 说 些 啥是？
平凉	ȵi⁵³ʂuo⁵³ti²¹xɔ⁵³ti²¹xəŋ⁵³mo³¹，ȵi⁵³xæ²⁴nəŋ²¹ʂuo³¹tiæ³¹sɑ⁴⁴ȵi²¹sɑ²¹？
	你 说 得 好 得 很 么， 你 还 能 说 点 啥 呢 咿？
泾川	ȵi⁵³ʂɤ³¹ti²¹xɔ⁵³，ȵi⁵³xʌ²⁴nəŋ²⁴ʂɤ³¹tiæ²¹ʂəŋ⁴⁴mo³¹？
	你 说 得 好， 你 还 能 说 点 什 么？
灵台	ȵi⁵³ʂɤ⁵³ti²¹xɔ⁵³ti²¹xəŋ⁵³，ȵi⁵³xɛ²⁴xuei⁴⁴ʂɤ³¹tiæ²¹sa⁴⁴？
	你 说 得 好 得 很， 你 还 会 说 点 啥？
酒泉	ni⁵³ʂuə⁴²tiə²²xɵ⁵³，ni²²xã⁴⁴nəŋ⁴²ʂuə²²ɕiə²⁴sa²¹？
	你 说 得 好， 你 还 能 说 些 啥？
敦煌	ȵɿ⁵³ʂuə²²tə²¹³xəŋ²²xɔo⁵³，ȵɿ⁵³xɛ²²xuei⁴⁴ʂuə²²sa⁴⁴sa⁴⁴？
	你 说 得 很 好， 你 还 会 说 啥 咿？
西峰	ȵi³¹ʂuo⁵³tə³¹xɔ⁵⁵a⁵⁵，ȵi³¹xæ³¹xueɪ⁵⁵ʂuo⁵³tiæ³¹sa²⁴liɛ²¹？
	你 说 得 好 啊， 你 还 会 说 点 啥 咧？
环县	ȵi⁴¹ʂuo⁴¹ti²¹xɔ⁴¹ti²¹xəŋ⁴¹，xɛ³¹xuei⁵⁵ʂuo³¹sa⁵⁵ȵi²¹？
	你 说 得 好 得 很， 还 会 说 啥 呢？
正宁	ȵi⁴⁴xuei⁴⁴ʃuo³¹ti³¹xən³¹，ȵi⁵³xæ²⁴xuei²¹ʃuo³¹ȶiæ⁵³sa²¹？
	你 会 说 得 很， 你 还 会 说 点 啥？
镇原	ȵi³¹xæ²⁴siɛ⁵³ti²¹xɔ⁵³，ȵi⁴⁴xæ²⁴xuei⁴⁴siɛ⁵³kɤ³¹sa⁴⁴ȵi²¹？
	你 还 说 得 好， 你 还 会 说 个 啥 呢？
定西	ȵi⁵³xuɪ⁴⁴ʃʮɤ¹³，ȵi⁵³tsɛ⁴⁴ʃʮɤ²¹ʂã¹³ɕiɛ²¹？
	你 会 说， 你 再 说 上 些？
通渭	tɕi⁵³lə̃¹³ʃʮə³²ti²¹xə̃²³，tsɛ⁴⁴ʃʮə²¹ɕiɛ¹³？
	你 能 说 得 很， 再 说 些？
陇西	li⁵⁵ʂo⁴²ti¹³xɔo⁵⁵ti⁴²xə̃⁵³，li⁵⁵xæ¹³ləŋ¹³ʂo²¹tiæ⁵⁵sa³²？
	你 说 得 好 得 很， 你 还 能 说 点 啥？
临洮	ni⁵³ʂo¹³te²¹xẽ²¹xɔ⁵³，ni⁵³xæ¹³xue⁴⁴ʂuo²¹sa⁵³niə¹³？
	你 说 得 很 好， 你 还 会 说 啥 呢？
漳县	ȵi⁵³ʃʮɤ²¹ti²⁴xɤ̆²¹xɔ⁵³，ȵi⁵³xɛ²¹xuɛ²⁴ʃʮɤ²¹siɛ²¹ʃɔ²⁴ti²¹la²¹？
	你 说 得 很 好， 你 还 会 说 些 啥 的 了？

武都	ȵi⁵⁵ʃuə⁵³ti²¹pi⁵⁵tʂʻɑŋ²⁴ti²¹xæ²¹xɔu⁵⁵tʻiə̃²¹，ȵi⁵⁵xæ²¹xuei²⁴ʃuə²¹sa¹³？ 你 说 得 比 唱 得 还 好 听， 你 还 会 说 啥？
文县	ȵʅ⁵⁵suə³¹ti²¹xɔ⁴²，ȵi⁵⁵tsɛ²⁴suə⁴⁴tʻir³⁵xɔ⁴⁴ɕiɛ²¹tɛ²¹？ 你 说 得 好， 你 再 说 丢儿 好 些 的？
宕昌	ŋ⁴⁴ʂuə⁴⁴tʅ⁴⁴xao⁵³，ŋ³³xuɛ²¹xei⁴⁴ʂuə⁴⁴ɕiɛɾ²¹sa⁴²？ 你 说 得 好， 你 还 会 说 些儿 啥？
康县	ȵi⁵⁵fɤ⁵³tʅ²¹xɔo⁵⁵tʅ²¹xɤŋ⁵⁵，ȵi⁵⁵xæ²¹xuɿ²⁴fɤ⁵³mᴀ⁵⁵？ 你 说 得 好 得 很， 你 还 会 说 啥 吗？
西和	ȵi⁵¹ɕyə²¹ti⁵⁵xao⁵¹ti²¹xɤŋ⁵¹ᴀ²¹，ȵi⁵¹xæ̃²⁴xuei²¹ɕyə²¹sᴀ²⁴？ 你 说 得 好 得 很 啊， 你 还 会 说 啥？
临夏市	ni⁴⁴ʂuə¹³ti⁵²xɔ⁴⁴，ni⁴⁴tsɛ⁵³ʂuə²¹tʻɤu⁴²iɤu⁴⁴lɑ²¹？ 你 说 得 好， 你 再 说 头 有 啦？
临夏县	ni⁵⁵fə¹³ti⁵²xəŋ⁵⁵xɔ⁵⁵，ni⁵⁵xɛ¹³xuei⁵³fə¹³ɕiɛ²¹ʂʅ¹³mɑ⁵²li²¹？ 你 说 得 很 好， 你 还 会 说 些 什 么 哩？
合作	ni⁵³ʂuə¹³tɤ⁵⁵kan⁵⁵san⁵³ti²¹xɤŋ¹³，xɛi¹³suə¹³ɕiə¹³ʂən¹³mɤ⁵³li⁵³ 你 说 得 干散① 得 很， 还 说 些 什 么 哩？
舟曲	nzʅ⁵⁵ʃɥə⁵⁵tsʅ⁴²xɔ⁵⁵，nzʅ⁴²xɛ³³xuɛ⁴⁴ʃɥə⁵³siɛɾ²¹sa²¹？ 你 说 得 好， 你 还 会 说 些儿 啥？
临潭	ni⁵³ʂuɤ⁴⁴tɤ³¹xɔ⁵³tɤ³¹xəŋ⁵³，xæi¹³iɤu⁵³ʂuɤ⁴⁴tɤ¹³ʂa⁴⁴li²¹？ 你 说 得 好 得 很， 还 有 说 的 啥 哩？

---

① 干̈散̈：利落、好。

87. 我嘴笨，我说不过他

兰州	vɤ⁴⁴tsuei⁴⁴pən¹³, vɤ⁴⁴fɤ¹³pu⁴⁴kuo¹³tʻa⁴⁴
	我 嘴 笨， 我 说 不 过 他
红古	vɤ⁵⁵tsuei⁵⁵pən¹³, vɤ⁵⁵pa²¹tɕia¹³fɤ²¹pu²²kuə¹³
	我 嘴 笨， 我 把 傢̈ 说 不 过
永登	və²⁴tsuei²¹pfuə²¹³, və⁴⁴pa²¹na⁵³fuə²¹pu⁴⁴kuə²¹³
	我 嘴 拙， 我 把 那 说 不 过
榆中	uɤ⁴⁴tsuei⁴⁴pə²⁴, uɤ⁴⁴ʂuɤ³¹pu⁴⁴kuɤ⁴⁴tʻa⁴⁴
	我 嘴 笨， 我 说 不 过 他
白银	və³³ti²¹tsui³³pən¹³, fə²¹pu⁴²kuə¹³pa¹³
	我 的 嘴 笨， 说 不 过 他
靖远	ŋuə⁵⁵tsuei³³mɤŋ³³, ʂuə⁴¹pu²²kuə³⁵niɛ²⁴
	我 嘴 笨， 说 不 过 㒚̈
天水	ŋuə⁵³tsuei⁵³məŋ⁴⁴, ŋuə⁵³ʂɿ²¹pu⁴⁴kuə⁴⁴tʻa²¹
	我 嘴 笨， 我 说 不 过 他
秦安	kə⁵³tsuei⁵³pə̃⁴⁴, kə⁵³ʃyə¹³pfu¹³kuo⁴⁴tʻa¹³
	我 嘴 笨， 我 说 不 过 他
甘谷	kiɛ⁵³tsuai⁵³pəŋ²¹, ʃə²¹pu²¹kuə⁴⁴tʻɒ²¹²
	我 嘴 笨， 说 不 过 他
武山	kiə⁵³tsuɛi⁵³pəŋ¹³, kiə⁴⁴ʃuə²¹pu²¹kuo¹³tʻa⁴⁴
	我 嘴 笨， 我 说 不 过 他
张家川	ŋɤ⁵³tsuɪ⁵³pɤŋ⁴⁴tɕi⁴⁴xɤŋ⁵³, ŋɤ⁵³ʃɤ¹³pu²¹kuɤ⁴⁴tʻa²¹
	我 嘴 笨 得 很， 我 说 不 过 他
武威	və³⁵tsuei⁴⁴pəŋ⁵³ti³¹xəŋ²¹, və³⁵ʂuə⁵³pu³¹kuə³¹tɕia¹³
	我 嘴 笨 得 很， 我 说 不 过 傢̈
民勤	uə⁴⁴tsuei⁴⁴pɤŋ⁴²tə²²xəŋ²², ʂuə⁴²pu²²kuə²²tʻa⁴⁴
	我 嘴 笨 得 很， 说 不 过 他
古浪	uə²⁴tsuei⁴⁴pə̃ŋ³¹, uə²⁴ʂuə³¹pu²²kuə³³nɒ⁴²
	我 嘴 笨， 我 说 不 过 那
永昌	uə³⁵pu⁵³xuɪ²¹ʂuə²¹, ʂuə⁵³pu²¹kuə²¹tʻa²¹
	我 不 会 说， 说 不 过 他

张掖	və²²tsuei⁵³pəŋ³¹，və⁵³fə³¹pu²²kuə²²tʻa⁴⁴
	我 嘴 笨， 我 说 不 过 他
山丹	uə²²tsuei⁵³pəŋ⁴²tə²¹xəŋ⁴⁴a⁴⁴，uə⁵³fə⁴²pu²¹kuə⁴²tʻa³⁴
	我 嘴 笨 得 很 啊， 我 说 不 过 他
平凉	ŋɤ⁵³tsueɪ⁵³pəŋ³¹，ʂuo⁵³puʔ²¹kuo⁴⁴tʻɑ²¹
	我 嘴 笨， 说 不 过 他
泾川	vo⁵³ tsueɪ⁵³ pʻəŋ⁴⁴，ʂɤ³¹ pu³¹ kuo⁴⁴tʻʌ³¹ 我嘴笨，说不过他
灵台	ŋuo⁵³tsuei⁵³pəŋ⁴⁴，ŋuo⁵³ʂɤ⁵³pfu²¹kuo⁴⁴tʻa³¹
	我 嘴 笨， 我 说 不 过 他
酒泉	və⁵³tsuɪ⁵³tʂuə¹³，ʂuə²²pu²²kuə²²tʻa⁴⁴
	我 嘴 拙， 说 不 过 他
敦煌	ŋə⁵³tsuei⁵³pəŋ²¹³，ŋə⁵³ʂuə²²pu²¹³kuə⁴⁴tʻa²¹
	我 嘴 笨， 我 说 不 过 他
西峰	ŋɤ³¹tsueɪ⁵⁵pəŋ⁵⁵，ʂuo⁵³pu³¹kuo²⁴tʻa³¹
	我 嘴 笨， 说 不 过 他
环县	ŋuo⁴¹pəŋ⁵⁵tɤ²¹xəŋ⁴¹，ʂuo⁴¹pu²¹kuo⁵⁵ȵiæ̃²⁴
	我 笨 得 很， 说 不 过 枭
正宁	ŋɤ⁵³tsuei⁴⁴pʻən⁴⁴，ŋɤ⁵³ʃuo³¹pu²¹kuo³¹tʻa³¹
	我 嘴 笨， 我 说 不 过 他
镇原	uo³¹tsuei³¹pʻəŋ⁴⁴ti²¹，uo³¹siɛ⁵³pu²¹kuo³¹na²⁴
	我 嘴 笨 的， 我 说 不 过 那
定西	ŋɤ⁵³tsuɪ⁵³tʃʮɤ¹³，ŋɤ⁵³ʃʮɤ²¹pu²¹kuɤ⁴⁴tʻa¹³
	我 嘴 拙， 我 说 不 过 他
通渭	kə⁵³pu²¹xue⁴⁴ʃʮə¹³，kə⁵³ʃʮə²¹pu²¹kuə⁴⁴tʻa¹³
	我 不 会 说， 我 说 不 过 他
陇西	kɤ⁵⁵pu⁴²xuɪ⁴⁴ʂo²¹，kɤ⁵⁵ʂo⁴²pu²¹ko⁴⁴tʻa²¹
	我 不 会 说， 我 说 不 过 他
临洮	ŋo⁵³tsue⁵³pɤ̃⁴⁴，ŋo⁵³ʂuo²¹pu²¹kuo⁴⁴tʻa²¹
	我 嘴 笨， 我 说 不 过 他
漳县	kɤ²⁴kʻɤu⁵³pɤ̃⁴⁴，kɤ²⁴ʃʮɤ⁴²pu²¹kuo²⁴tʻɑ²¹
	我 口 笨， 我 说 不 过 他

武都	ŋə⁵⁵pu²¹xuei²⁴ʃuə²¹, ŋə⁵⁵ʃuə⁵³pu²¹kuə²⁴tʻa²¹	
	我 不 会 说, 我 说 不 过 他	
文县	ŋɤ⁵⁵pu²¹xuei²⁴suə²¹xua²⁴, ŋɤ⁵⁵suə³¹pu²¹kuə⁴⁴tʻa³¹	
	我 不 会 说 话, 我 说 不 过 他	
宕昌	ŋɤ⁵³pu²¹xuei⁴⁴ʂuə²¹xua⁴⁴, ŋɤ⁴⁴ʂuə³⁵pu¹³kuə⁴⁴tʻa²¹	
	我 不 会 说 话, 我 说 不 过 他	
康县	ŋuɤ²¹tsuɪ⁵⁵tɕyE⁵³, ŋuɤ²¹fɤ⁵³pu²¹kuɤ²⁴tʻA⁵³	
	我 嘴 倔, 我 说 不 过 他	
西和	ŋuɤ⁵¹tʃɥei⁵¹tʃɿɤ²¹, ŋuɤ⁵¹ɕyə²¹pu²⁴kuɤ²¹tʻA²¹	
	我 嘴 拙, 我 说 不 过 他	
临夏市	ŋə⁴⁴tsuei⁵⁵tʻu¹³, ŋə⁴⁴tɕiɛ¹³ʂuə¹³pu²¹kuə⁵²	
	我 嘴 秃, 我 傢̈ 说 不 过	
临夏县	ŋə⁵⁵tsuei⁵⁵pəŋ⁵³, ŋə⁵⁵fə¹³pu²¹kuə⁵²tʻɑ⁵³	
	我 嘴 笨, 我 说 不 过 他	
合作	ŋɤ⁵³tsuei⁵⁵pən⁵³, ŋɤ⁵³tʻa⁵⁵ʂuə¹³pu¹³kuə⁵³	
	我 嘴 笨, 我 他 说 不 过	
舟曲	ŋuə⁵⁵pu⁴²xuei⁵⁵ʃɥə²¹xua⁴⁴, ŋuə⁵⁵ʃɥə⁵⁵pu³¹kuə²⁴ʈa⁵³	
	我 不 会 说 话, 我 说 不 过 他	
临潭	ŋɤ⁵³tsuei⁵³pəŋ⁴⁴ti³¹xəŋ⁵³, ŋɤ⁵³ʂuɤ⁴⁴pu²⁴kuɤ⁴⁴tʻa⁴⁴	
	我 嘴 笨 得 很, 我 说 不 过 他	

88. 说了一遍，又说了一遍

兰州	fɤ^{22}	lɔ^{44}	ʑi^{22}	piæ̃^{44},	ʑiəu^{44}	fɤ^{31}	lɔ^{31}	ʑi^{22}	piæ̃^{13}
	说	了	一	遍，	又	说	了	一	遍
红古	fɤ^{21}	liɔ^{13}	zʅ^{21}	piɛ̃^{13}	iəu^{35}	zʅ^{21}	piɛ̃^{13}		
	说	了	一	遍	又	一	遍		
永登	na^{21}	i^{24}	piæ̃^{44}	i^{24}	piæ̃^{44}	ti^{21}	fə^{213}	ti^{21}	li^{21}
	那	一	遍	一	遍	地	说	的	哩
榆中	ʂuɤ^{31}	lɔ^{44}	ʑi^{24}	pian^{44}	iəu^{44}	ʑi^{31}	pian^{44}	ti^{31}	ta^{44}
	说	了	一	遍	又	一	遍	的	哒
白银	ʑi^{22}	pian^{35}	ʑi^{22}	pian^{22}	ti^{44}	fə^{31}	li^{21}		
	一	遍	一	遍	地	说	哩		
靖远	ʂuə^{41}	liɑo^{21}	zʅ^{22}	piæ̃^{35},	kʰuə^{22}	ʂuə^{41}	liɑo^{21}	zʅ^{22}	piæ̃^{35}
	说	了	一	遍，	可①	说	了	一	遍
天水	ʂʅə^{21}	liɔ^{53}	ʑi^{21}	piæ̃^{53},	kʰuə^{55}	ʂʅə^{21}	liɔ^{44}	ʑi^{21}	piæ̃^{21}
	说	了	一	遍，	可	说	了	一	遍
秦安	ʃyə^{22}	lɔ^{13}	ʑi^{21}	pian^{13},	kə^{44}	ʃyə^{21}	lɔ^{44}	ʑi^{21}	pian^{13}
	说	了	一	遍，	可	说	了	一	遍
甘谷	ʃə^{21}	lɑu^{44}	i^{212}	pia^{21},	kʰə^{35}	ʃə^{212}	lɑu^{44}	i^{212}	pia^{21}
	说	了	一	遍，	可	说	了	一	遍
武山	ʃuə^{44}	lɔ^{44}	i^{21}	tsʰa^{42},	kʰə^{35}	ʃuə^{21}	lɔ^{44}	i^{21}	tsʰa^{21}
	说	了	一	划②，	可	说	了	一	划
张家川	ʃɤ^{21}	liə^{53}	i^{21}	piæ̃^{44}	iɤu^{44}	i^{21}	piæ̃^{21}		
	说	了	一	遍	又	一	遍		
武威	ʂuə^{53}	liɔu^{21}	i^{44}	piã^{21}	iəu^{44}	i^{44}	piã^{21}		
	说	了	一	遍	又	一	遍		
民勤	ʂuə^{42}	lə^{22}	ʑi^{42}	piɿ^{21},	iɤu^{22}	ʂuə^{42}	lə^{22}	ʑi^{42}	piɿ^{21}
	说	了	一	遍，	又	说	了	一	遍
古浪	ʂuə^{13}	liɑo^{44}	ʑi^{31}	tʂʰæ^{24}	iʊu^{44}	ʑi^{42}	tʂʰæ^{31}		
	说	了	一	划	又	一	划		

① 可：又、再。
② 划：相当于动量词"次"。

第一章 语法例句

永昌	ʂuə⁵³ liɔ²¹ ʐi⁴² pie²¹, iɤu⁴⁴ ʂuə⁵³ liɔ²¹ ʐi⁴² pie²¹	
	说 了 一 遍, 又 说 了 一 遍	
张掖	fə³¹ liə²² ʐi³¹ piʌŋ²¹, iəu²⁴ fə³¹ liə²² ʐi³¹ piʌŋ²¹	
	说 了 一 遍, 又 说 了 一 遍	
山丹	fə⁴² lə²¹ ʐi⁴² pei²¹, iəu²⁴ fə⁴² lə²¹ ʐi⁴² pei²¹	
	说 了 一 遍, 又 说 了 一 遍	
平凉	ʂuo⁵³ liɔ²¹ i³¹ piɛ̃⁴⁴, kʻɤ²⁴ ʂuo³¹ liɔ²¹ i³¹ piɛ̃⁴⁴	
	说 了 一 遍, 可 说 了 一 遍	
泾川	ʂɤ³¹ liɛ²¹ i³¹ piæ̃⁴⁴, iəu⁴⁴ ʂɤ³¹ liɛ²¹ i³¹ piæ̃⁴⁴	
	说 了 一 遍, 又 说 了 一 遍	
灵台	ʂɤ³¹ liɛ²¹ i³¹ piæ̃⁴⁴, kʻuo²⁴ ʂɤ³¹ liɛ²¹ i³¹ piæ̃⁴⁴	
	说 了 一 遍, 可 说 了 一 遍	
酒泉	ʂuə²² lə⁴⁴ i²² piɛ̃⁴⁴, iəu¹³ ʂuə²² lə⁴⁴ i²² piɛ̃²¹	
	说 了 一 遍, 又 说 了 一 遍	
敦煌	ʂuə²¹³ lɔɔ⁴⁴ ʐʅ²² piɛ²¹³, iɤu⁴⁴ ʐʅ²¹³ piɛ	
	说 了 一 遍 又 一 遍	
西峰	ʂuo⁵³ lə³¹ i³¹ piæ̃⁵⁵, xæ²⁴ ʂuo⁵³ lə³¹ i³¹ piæ̃²¹	
	说 了 一 遍, 还 说 了 一 遍	
环县	ʐæ̃³¹ sæ̃⁴¹ vu⁴¹ sʅ⁵⁵ ti⁴¹ ʂuo⁴¹ lɤ²¹ tuo⁴¹ ʂɔ⁴¹ piæ̃⁵⁵ liɛ²¹	
	黏 三 五 四 地 说 了 多 少 遍 了	
正宁	ʃuo³¹ liɔ²¹ i³¹ tsʻæ̃⁴⁴, kʻɤ⁵³ ʃuo³¹ liɔ²¹ i³¹ tsʻæ̃⁴⁴	
	说 了 一 划, 可 说 了 一 划	
镇原	siɛ⁵³ lə³¹ i²² xuei²⁴, kʻuo²⁴ siɛ⁵³ lə³¹ i²² xuei²⁴	
	说 了 一 回, 可 说 了 一 回	
定西	ʃɥɤ²¹ lɔ¹³ ʐi²¹ piæ̃³³, iu⁴⁴ ʐi³² piæ̃²¹	
	说 了 一 遍, 又 一 遍	
通渭	ʃɥɤ²¹ lu⁴⁴ ʐi²¹ piæ̃³³, kʻə⁴⁵ ʃɥɤ³² lu²¹ ʐi²¹ piæ̃²¹	
	说 了 一 遍, 可 说 了 一 遍	
陇西	ʂo⁴² ʐi⁴² piæ̃⁴³, kʻɤ⁴⁴ ʂo²¹ lɔɔ²¹ i²¹ piæ̃²¹	
	说 一 遍, 可 说 了 一 遍	
临洮	ʂo²¹ liɔ¹³ ʐi²¹ tsʻæ̃⁴⁴, kʻo²⁴ ʂo²¹ liɔ¹³ ʐi²¹ tsæ̃²¹	
	说 了 一 划, 可 说 了 一 划	

漳县	ʃʯɤ²¹ lɔo²¹ ʑi⁴² piæ̃⁴⁴, iɤu²⁴ ʃʯɤ²¹ lɔo²¹ ʑi²¹ piæ̃⁴⁴	
	说 了 一 遍， 又 说 了 一 遍	
武都	ʃuə⁵³ liou²¹ ʑi²¹ piæ̃²⁴, kə⁵³ ʃuə⁵³ lou²¹ ʑi²¹ piæ̃²⁴	
	说 了 一 遍， 可 说 了 一 遍	
文县	suə³¹ liɔo²¹ ʑi²¹ piæ̃⁴⁴ iɤu²⁴ ʑi²¹ piæ̃²⁴	
	说 了 一 遍 又 一 遍	
宕昌	ʂuə³³ lao⁵³ zʅ²¹ piæ̃⁴⁴ iɤu²⁴ zʅ⁴² piæ̃⁴⁴	
	说 了 一 遍 又 一 遍	
康县	fɤ⁵³ lɔ²¹ i²¹ piæ̃²⁴, k'uɤ⁵⁵ fɤ⁵³ lɔ²¹ i²¹ piæ̃²⁴	
	说 了 一 遍， 可 说 了 一 遍	
西和	ɕyə²¹ lɔ²¹ i²¹ piæ̃⁵⁵, k'uɤ⁵⁵ ɕyə²¹ lɔ²¹ i²¹ piæ̃⁵⁵	
	说 了 一 遍， 又 说 了 一 遍	
临夏市	ʂuə²¹ liɔ⁵² ʑi²¹ piẽ⁵², k'ə⁴⁴ ʂuə²¹ liɔ⁵² ʑi²¹ piẽ⁵²	
	说 了 一 遍， 可 说 了 一 遍	
临夏县	fə¹³ liɔ⁵² ʑi²¹ piẽ⁵², iɤu⁵³ fə¹³ liɔ⁵² ʑi²¹ piẽ⁵²	
	说 了 一 遍， 又 说 了 一 遍	
合作	ʂuə¹³ liɔo⁵³ ʑi¹³ pian⁵³ iɤɯ⁵³ ʑi¹³ pian⁵³ ti²¹	
	说 了 一 遍 又 一 遍 的	
舟曲	ʃʯə⁵⁵ liɔo²¹ ʒʯ²⁴ piæ̃⁴⁴ iɤu⁵⁵ ʒʯ⁴² piæ̃³¹	
	说 了 一 遍 又 一 遍	
临潭	ʂuɤ⁴⁴ lɤ¹³ ʑi¹³ piæ̃i⁵³, ni⁴⁴ tsɛi²⁴ ʂuɤ⁴⁴ ʑi⁵³ piæ̃i⁴⁴	
	说 了 一 遍， 你 再 说 一 遍	

89. 请你再说一遍

兰州	tɕʰin³¹ 请	ni³¹ 你	tsɛ⁴⁴ 再	fɤ¹³ 说	zi²¹ 一	piæ̃¹³ 遍	
红古	ni⁵⁵ 你	tsɛ¹³ 再	fɤ²¹ 说	zɿ²¹ 一	piẽ⁴² 遍	ʂa²¹ 呦	
永登	ni⁴² 你	tsɛi⁴⁴ 再	fə²¹ 说	i¹¹ 一	xa³¹ 下	ʂa³¹ 呦	
榆中	tɕʰin⁴⁴ 请	ni⁴⁴ 你	tsɛi⁴⁴ 再	ʂuɤ³¹ 说	zi⁴⁴ 一	ɕia⁵³ 下	
白银	ni³³ 你	tsɛ⁴⁴ 再	fə³¹ 说	zi²² 一	xa²¹ 下		
靖远	ma²² 麻	fæ̃⁵⁵ 烦	niɛ⁵⁵ 你	tsɛi³⁵ 再	ʂuə⁴¹ 说	zɿ²¹ 一	xa²¹ 下
天水	tɕʰiəŋ⁵³ 请	ȵi⁵³ 你	tsɛ⁴⁴ 再	ʂɿə¹³ 说	ɕpiæ̃²¹ 一遍		
秦安	ȵi⁵³ 你	tsɛ¹³ 再	ʃyə³⁵ 说	zi²¹ 一	pian¹³ 遍		
甘谷	ȵi⁵³ 你	tsai⁴⁴ 再	ʃə⁴² 说	i²¹ 一	pia²¹ 遍		
武山	tsɑ⁴⁴ 咋	ȵi⁵³ 你	tsɛi⁴⁴ 再	ʃuə²¹ 说	ʂaŋ¹³ 上	i²¹ 一	tsʰa⁴² 划
张家川	ma¹³ 麻	fæ̃³² 烦	ȵi⁵³ 你	tse⁴⁴ 再	ʃɤ¹³ 说	i³² 一	xa 下
武威	tɕʰiŋ⁵³ 请	ni²¹ 你	tsɛi⁴⁴ 再	ʂuə⁴⁴ 说	i⁵³ 一	xuei²¹ 回	sÃ²¹ 呦
民勤	ŋɿ⁴⁴ 你	tsæi²² 再	ʂuə⁴² 说	zi²² 一	pir²¹ 遍		
古浪	tɕʰiŋ⁴⁴ 请	ni⁴² 你	tsɛ⁴⁴ 再	ʂuə⁴² 说	zi³¹ 一	tʂʰæ²¹ 划	
永昌	ni⁴⁴ 你	tsɛ¹³ 再	ʂuə⁵³ 说	zi⁴² 一	pie²¹ 遍		
张掖	ni⁵³ 你	tsɛi²⁴ 再	fə³¹ 说	zi²² 一	piaŋ²¹ 遍		
山丹	ni⁵³ 你	tsɛe²⁴ 再	fə²⁴ 说	zi⁴² 一	pei²² 遍	ʂa²¹ 呦	
平凉	mɑ²⁴ 麻	fæ̃²⁴ 烦	ȵi³¹ 你	tsæ⁴⁴ 再	ʂuo³¹ 说	i³¹ 一	piæ̃⁴⁴ 遍 sɑ³¹ 呦
泾川	ȵi⁵³ 你	tsɛ⁴⁴ 再	ʂɤ³¹ 说	i³¹ 一	piæ³¹ 遍		
灵台	ȵi⁵³ 你	tsɛ⁴⁴ 再	ʂɤ³¹ 说	i³¹ 一	piæ⁴⁴ 遍		

酒泉	tɕʻiŋ⁵³ 请	ni⁵³ 你	tse¹³ 再	ʂuə⁴² 说	zi²² 一	xa²¹ 下	
敦煌	ɳɻ⁵³	tsɛ⁴⁴	ʂuə²¹³	zɻ²²	piɛ²¹³	你再说一遍	
西峰	tɕʻiŋ⁵⁵ 请	ɳi⁵⁵ 你	tsE⁵⁵ 再	ʂuo⁵³ 说	i³¹ 一	xa⁵⁵ 下	
环县	ɳi⁴¹	tsɛ⁵⁵	ʂuo⁴¹	i²¹	piæ̃⁵⁵	你再说一遍	
正宁	ma²⁴ 麻	fæ̃²⁴ 烦	ɳi⁵³ 你	tsE⁴⁴ 再	ʃuo³¹ 说	i³¹ 一	tsʻæ̃²¹ 划
镇原	ɳi⁴⁴	tsɛ⁴⁴	siɛ⁵³	i²²	xuei²⁴	你再说一回	
定西	ma¹³ 麻	fæ̃³² 烦	ɳi⁴⁴ 你	tsE⁴⁴ 再	ʃʮɤ¹³ 说	zi²¹ 一	piæ̃²¹ 遍
通渭	ɳi⁵³ 你	ku⁴⁴ 给	tsʻɔ¹³ 曹	tse⁴⁴ 再	ʃʮə³² 说	zi²¹ 一	xa²¹ 下
陇西	li⁵⁵ 你	ko²¹ 给	kɤ⁵³ 我	tsɛ⁴⁴ 再	ʂo⁴² 说	ʂã¹³ 上	zi²¹ 一 piæ̃²¹ 遍
临洮	ma¹³ 麻	fæ̃²¹ 烦	ni⁴³ 你	tsɛ⁴⁴ 再	ʂo²⁴ 说	zi²¹ 一	tsʻæ̃²¹ 划
漳县	tsʻiɤ̈⁵³ 请	ɳi²¹ 你	tsE²⁴ 再	ʃʮɤ⁵³ 说	kuo²¹ 给	tɕiɑ²¹ 家	
武都	ɳi⁵⁵	tsɛi²⁴	ʃuə⁵³	zi²¹	piæ̃⁵³	你再说一遍	
文县	ma¹³ 麻	fæ̃⁴⁴ 烦	ɳi⁴² 你	tsɛ⁵³ 再	suə³¹ 说	zi³¹ 一	piæ̃²⁴ 遍
宕昌	ma³⁵ 麻	fæ̃²¹ 烦	ɳɻ⁴³ 你	tsɛ⁵³ 再	ʂuə⁴⁴ 说	zɻ²¹ 一	piæ̃⁴⁴ 遍
康县	ɳi⁵⁵	tsE²⁴	fɤ⁵³	i²¹	piæ̃²⁴	你再说一遍	
西和	mᴀ²⁴ 麻	fæ̃²¹ 烦	ɳi⁵¹ 你	tsɛ⁵⁵ 再	ɕyə²¹ 说	i²¹ 一	piæ̃⁵⁵ 遍
临夏市	ni⁴⁴	tsɛ⁵³	ʂuə¹³	zi²¹	kuɑ⁴²	你再说一挂	
临夏县	ni⁵⁵	tsɛ⁵³	fə¹³	zi²¹	piɛ̃⁵²	你再说一遍	
合作	ni⁵⁵	tsɛi⁵³	ʂuə⁵⁵	zi¹³	xa⁵³	你再说一下	
舟曲	ma³³ 麻	fæ̃³³ 烦	nzɻ⁴² 你	tsɛ²⁴ 再	ʃʮə⁵³ 说	ʒʮ⁴² 一	piæ̃⁴² 遍
临潭	ni⁵³	tsɛi⁴⁴	ʂuɤ⁴⁴	zi¹³	piæ̃i⁴⁴	你再说一遍	

90. 不早了，快去罢

兰州	pu¹³	tsɔ⁴⁴	lɔ³¹，	k'uei⁴⁴	tɕ'i¹³		
	不	早	了，	快	去		
红古	tʂʅ²²	xa⁴⁴	liɔ²¹，	kã²²	tɕin⁴⁴	tsʐu⁵⁵	
	迟	下	了，	赶	紧	走	
永登	tʂʅ³¹	xa²¹	liɑo⁴⁴，	kæ̃²²	tɕin⁴²	tɕi¹³	
	迟	下	了，	赶	紧	去	
榆中	pu³¹	tsɔɔ⁴⁴	lɔɔ³¹，	xuei⁵³	tɕ'y²⁴	pa³⁵	
	不	早	了，	回	去	吧	
白银	tʂ'ʅ⁵¹	lɔ²¹，	k'uɛ³³	ɕiɛ⁴⁴	tɕ'i¹³		
	迟	了，	快	些	去		
靖远	ts'ʅ²²	xa⁵⁵	liɑo²¹，	kæ̃²²	tɕiŋ⁵⁵	ts'ʅ³³	
	迟	下	了，	赶	紧	去	
天水	pu¹³	tsɔ⁵³	liɔ²¹，	k'uɛ⁴⁴	ɕtiã²¹	tɕ'y²¹	
	不	早	了，	快	一点	去	
秦安	ʃʅ¹³	xəx⁴⁴	pfu¹³	tsɔ⁵³	lɔ²¹，	lian¹³	kə⁴⁴ tɕ'i⁴⁴
	时	候	不	早	了，	连	赶① 去
甘谷	pu²¹²	tsɑu⁵³	lɑu²¹，	k'uai⁴⁴	tɕ'i⁴⁴	a²¹	
	不	早	了，	快	去	啊	
武山	pu²¹	tsɔɔ⁵³	lə²¹，	k'uɛi⁴⁴	tia²¹	tɕ'iəŋ¹³	
	不	早	了，	快	点	去	
张家川	tsa⁵³	pu²¹	tsɔu⁵³	liɔu²¹，	k'uɛ⁴⁴	tsʐu⁵⁵	
	喀゠	不	早	了，	快	走	
武威	pu⁵³	liɔu²¹	ts'ʅ³⁵	xa⁵³	liɔu²¹，	k'uɛi⁵³	ɕiɛ²¹ tɕ'i³¹
	不	了	迟	下	了，	快	些 去
民勤	pu²²	tsɔ²²	la⁴⁴，	k'uæi⁴²	ɕiɛ²²	tɕ'i⁴²	
	不	早	了，	快	些	去	
古浪	tʂʅ⁴⁴	liɑo²¹，	k'uɛ³¹	ɕiə¹³	tɕ'i¹³		
	迟	了，	快	些	去		

---

① 连赶：赶紧、抓紧。

永昌	pu⁴²	tsɔ²¹	liɔ²¹,	kʻuɛ⁴⁴	tɕʻy⁵³	pa²¹	
	不	早	了，	快	去	吧	
张掖	pu³¹	tsɔ²²	liɔ⁵³,	kʻuɛi³¹	ɕiə²²	kʻə³¹	pa²¹
	不	早	了，	快	些	去	吧
山丹	pu⁴²	tsɑo²²	lə⁴⁴	a²¹,	kʻuɛɛ⁴²	ɕiə²¹	tɕʻi⁴² pa²¹
	不	早	了	啊，	快	些	去 吧
平凉	pu³¹	tsɔ⁵³	liɔ²¹,	kʻuæ⁴⁴	tɕʻi⁴⁴		
	不	早	了，	快	去		
泾川	pu³¹	tsɔ⁴⁴	liɔ²¹,	kʻuE⁴⁴	tɕʻi⁴⁴	sA²¹	
	不	早	了，	快	去	唦	
灵台	pfu³¹	tsɔ⁴⁴	liɔ²¹,	kʻuɛ⁴⁴	tɕʻi⁴⁴	pa²¹	
	不	早	了，	快	去	吧	
酒泉	pu²²	tsɵ²²	lia⁵³,	kʻue²²	ɕiə⁴⁴	tɕʻi⁴²	a²¹
	不	早	了，	快	些	去	啊
敦煌	pu²²	tsɔɔ⁵³	lə²¹,	kan²²	tɕiŋ⁴⁴	tɕʻʮ²¹³	
	不	早	了，	赶	紧	去	
西峰	pu³¹	tsɔ⁵⁵	lia³¹,	kʻuE²⁴	tɕʻi⁵⁵	pa²¹	
	不	早	了，	快	去	吧	
环县	pu³¹	tsɔ⁵⁵	liɤu²¹,	kʻuɛ⁵⁵	tɕʻi⁵⁵	sa²¹	
	不	早	了，	快	去	唦	
正宁	pu³¹	tsɔ⁴⁴	liɔ²¹,	kʻE⁴⁴	xuei²⁴	tɕʻy²¹	pa²¹
	不	早	了，	快	回	去	吧
镇原	sɿ²⁴	tɕiæ²¹	ta⁴⁴	lia²¹,	kʻuɛ²⁴	tɕʻi⁴⁴	pa²¹
	时	间	大	了，	快	去	吧
定西	tsʻɿ²¹	lɔ⁴³,	tsɤu⁵³	sa²¹	迟了，走唦		
通渭	tsʻɿ²¹	lʊɐ⁴³,	kæ²¹	tɕĩ⁵³	tɕʻia¹³		
	迟	了，	赶	紧	去		
陇西	pu²¹	tsɔɔ⁵⁵	la⁴²,	kæ²¹	tɕin⁵⁵	tɕʻia²¹	
	不	早	啦，	赶	紧	去	
临洮	pu¹³	tsɔ⁵³	liɔ²¹,	kæ̃¹³	tɕĩ⁵³	tɕʻiə⁴⁴	
	不	早	了，	赶	紧	去	

漳县	pu²¹	tsɔɔ⁵³	lɔɔ²¹,	kʻuɐ²⁴	ʑi²¹	tiæ̃²¹	tɕʻiɑ²⁴	
	不	早	喽,	快	一	点	去	
武都	pu²¹	tsɔu⁵⁵	lɔu²¹,	kæ̃²¹	tɕiɜ̃⁵⁵	tɕʻi²⁴		
	不	早	了,	赶	紧	去		
文县	tsʻɿ²¹	lɔɔ²⁴,	kæ̃²⁴	tɕiɜ̃⁵³	tɕʻi²⁴			
	迟	了,	赶	紧	去			
宕昌	tsʻɿ¹³	lao⁵³,	kæ̃⁵³	kʻɛ⁴⁴	tsʻʅ⁴⁴	迟了,赶快去		
康县	pu²¹	tsɔɔ⁵⁵	lɔ²¹,	kæ̃⁵⁵	tɕiŋ⁵⁵	tɕʻi²⁴		
	不	早	了,	赶	紧	去		
西和	pu²⁴	tsɔ⁵¹	lɔ²¹,	kʻuɛ⁵⁵	tɕʻi⁵⁵			
	不	早	了,	快	去			
临夏市	ʂʅ²¹	xɤu⁴²	pu²¹	tsɔ¹³	liɔ⁵²	tsɔ⁴⁴	ɕiɛ²¹	tɕʻi⁵³
	时	候	不	早	了,	早	些	去
临夏县	pu²¹	tsɔ⁵⁵	liɔ⁵²,	kuɛ⁵³	tɕʻi⁵³	pɑ²¹		
	不	早	了,	快	去	吧		
合作	ʂʅ¹³	tɕian⁵⁵	pu¹³	tsɔɔ⁵⁵	liɔɔ⁵³,	kan⁵³	kuɛi⁴⁴	tsɤɯ⁵³
	时	间	不	早	了,	赶	快	走
舟曲	tsʻɿ⁵³	liɔɔ²¹,	ȵia⁴⁴	ma²¹³	tɕʻia²¹			
	迟	了,	牙˭	马˭	恰˭			
临潭	tsʻɿ¹³	lɔ⁵³,	kʻuɛi⁴⁴	tɕʻy⁵³	sa³¹	迟了,快去哨		

91. 现在还很早呢。等一会儿再去罢

兰州	çiæ̃¹³tsɛ¹³xæ̃⁵³tsɔ⁴⁴，tən⁴⁴ʑi¹³xuei³¹tsɛ⁴⁴tɕʻi²¹
	现 在 还 早， 等 一 会 再 去
红古	çiẽ⁵⁵tsɛ⁴⁴xã¹³tsɔ⁵⁵tʂɣ²¹lia²¹，tən⁵⁵kʻər²¹tsɛ¹³tsʻʅ¹³
	现 在 还 早 着 咧，等 会儿 再 去
永登	tsɑo⁴⁴ti²¹xən⁴⁴，tən²¹kʻa²¹³liɑo²¹tɕʻi²¹
	早 得 很， 等 会 了 去
榆中	çiæ³³tsɛi³³xɛi³³tsɔɔ⁴⁴tʂɣ³¹li²¹，tsɛi³¹tən⁴⁴ʑi¹³xuei⁵³
	现 在 还 早 着 哩， 再 等 一 会
白银	tɕia⁴⁴xan⁵¹tsɔ³³ə²¹li²¹，tən³³kʻa²¹tɕʻi²¹
	这 还 早 着 哩， 等 会 去
靖远	tsɛi⁵⁵xæ̃²²tsɑo⁵⁵tiɛ²¹niɛ²¹，tɤŋ⁵⁵kʻər²¹tsɛi³³tsʻʅ³³
	这 还 早 的 呢， 等 会儿 再 去
天水	tsɛ⁵³ʑi²¹tʂəŋ⁵³xæ¹³tsɔ⁵³tʂʅə²¹li²¹，tsɛ⁴⁴kuə⁴⁴ɕtʂəŋ²¹tɕʻy²¹
	这 一 阵 还 早 着 哩， 再 过 一 阵 去
秦安	tsɔ̃⁴⁴xan²¹tsɔ⁵³li²¹，kuə⁴⁴ʑi¹³xuei¹³ɹ¹³tsɛ¹³tɕʻi⁴⁴
	藏⁼① 还 早 哩， 过 一 会 儿 再 去
甘谷	xa²⁴tsɑu⁵³，tən⁵³i²¹²xueir¹³tsai¹³tɕʻi¹³
	还 早， 等 一 会儿 再 去
武山	tsa⁵³xɛi²¹tsɔɔ⁵³tɛi²¹xəŋ⁵³，təŋ⁵³kuɛi²¹xɑ¹³tsɛi⁴⁴tɕʻia²¹
	嗒⁼ 还 早 得 很， 等 会 下 再 去
张家川	za⁵³xæ¹³tsɔu⁵³tʂɣ²¹li²¹，kuɤ⁴⁴i²¹tʂər²¹li²¹tse²¹tsɤu²¹
	嗒⁼ 还 早 着 哩， 过 一 阵儿 了 再 走
武威	tsɔu⁵³tʂə³¹li²¹，təŋ⁵³kʻa¹³tɕʻi³¹
	早 着 哩， 等 会 去
民勤	tɕir²²xuei⁴⁴tsʅ⁴⁴xɛi⁵³tsɔɔ²²tə²²ŋ⁴⁴，tɤŋ²²ʑi²²xa⁴⁴tsæi²²tɕʻi⁴²
	这 会 子 还 早 的 呢， 等 一 下 再 去
古浪	tʂʅ³¹xu¹³tsʅ²²xɛ⁴⁴tsɑo³¹tʂə⁴⁴li²¹，təŋ³¹kʻa⁴⁴liɑo²¹tɕʻi²²
	这 会 子 还 早 着 哩， 等 会 了 去

---

① 藏⁼：现在。

第一章 语法例句

永昌	tʂə⁴⁴xuɪ⁵³tsʅ²¹xɛ¹³tsɔ⁵³tʂə²¹niə²¹, təŋ⁵³zi²¹təŋ⁵³tsɛ¹³tɕʻy⁵³pa²¹
	这 会 子 还 早 着 咧， 等 一 等 再 去 吧
张掖	tɕiə³¹xuei²²tsʅ²²xɑŋ⁵³tsɔ²²tiə²²liə⁴⁴, təŋ²²zi²²təŋ⁴⁴tsɛi²⁴kʻə³¹pa²¹
	这 会 子 还 早 的 咧， 等 一 等 再 去 吧
山丹	tʂə⁴²xuei²¹xuɛ⁵³tsɑo²²tə²²ni⁴⁴a⁴⁴, təŋ²²xuei⁴⁴xuei²¹tsɛɛ²⁴tɕʻi⁴¹
	这 会 还 早 得 呢 啊， 等 会 会 再 去
平凉	ər³¹kəŋ⁵³xæ²⁴tsɔ⁵³tʂɤ²¹n̩i²¹, təŋi³¹xuər²⁴li³¹tsæ⁴⁴tɕʻi⁴⁴
	日今 还 早 着 呢， 等 一 会儿 了 再 去
泾川	ɕiæ̃⁴⁴tsE⁴⁴xɛ²⁴tsɔ⁴⁴li²¹, kuo⁴⁴i³¹xuər⁵³
	现 在 还 早 哩， 过 一 会儿
灵台	ɕiæ̃⁴⁴tsɛ⁴⁴xɛ²⁴tsɔ⁴⁴tʂɤ²¹li²¹, təŋ⁵³i³¹xueə²¹tsɛ⁴⁴tɕʻy⁴⁴
	现 在 还 早 着 哩。 等 一 会儿 再 去
酒泉	tʂʅ⁴²xuɪ²²tsʅ²²xã⁵³tsə²²ɕiə⁵³, təŋ²²zi⁴⁴xa⁴²lə²¹tse¹³tɕʻi²¹
	这 会 子 还 早 些， 等 一 下 了 再 去
敦煌	ɕiɛ⁴⁴tsɛ⁴⁴xɛ²¹tsɔɔ⁵³nɔ̃²¹, təŋ⁵³zʅ²²xa²¹³tsɛ²¹³tɕʻʅ²¹³
	现 在 还 早 呢， 等 一 下 再 去
西峰	tsɔ⁵⁵tʂɤ²¹li²¹, təŋ⁵⁵i³¹xuər²⁴tsE²⁴tɕʻi⁵⁵pa²¹
	早 着 哩， 等 一 会儿 再 去 吧
环县	ɕiæ̃⁵⁵tsɛ⁵⁵tsɔ⁵⁵tʂɤ²¹n̩i²¹, təŋ⁵⁵ka²¹tsɛ⁵⁵tɕʻi⁵⁵
	现 在 早 着 呢， 等 会 再 去
正宁	ɕiæ̃⁴⁴tsE⁴⁴xæ²⁴tsɔ⁴⁴tʂɤ²¹lei²¹, təŋ⁵³i³¹xueir²⁴tsE⁴⁴xuei²⁴tɕʻy²¹
	现 在 还 早 着 嘞， 等 一 会儿 再 回 去
镇原	iŋ²²kəŋ⁵³xæ²⁴tsɔ³¹tʂɤ²¹n̩i²¹, təŋ⁴⁴kuo²¹lə³¹tsɛ³¹tɕʻi³¹
	应 该 还 早 着 呢， 等 会 了 再 去
定西	tsæ⁵³xæ¹³tsɔ⁵³ti³²xɤ⁵³, tɤŋ⁵³ku³²xa²¹tsE⁴⁴tsɤu⁵¹
	嗻⁼ 还 早 得 很， 等 给 下 再 走
通渭	tsɔ⁵³tʂʅ³²læ²¹, tə̃⁵³ku²¹xa⁴⁴tse⁴⁴tɕʻiæ⁴⁴
	早 着 嘞， 等 给 下 再 去
陇西	tsæ⁵⁵xæ¹³tsɔɔ⁵⁵tʂɤ⁴²læ¹³, təŋ⁵⁵ku³²xa²¹lɔɔ²¹tsɛ⁴⁴tɕʻia¹³
	嗻⁼ 还 早 着 嘞， 等 给 下 了 再 去
临洮	tsɔ⁵³tʂə²¹niə²¹, tɤŋ⁵³zi²¹xuər¹³tsɛ⁴⁴tɕʻiə³²
	早 着 咧， 等 一 会儿 再 去

漳县	tsɑ⁴⁴xæ²¹tsɔo⁵³tʃɤ²¹liɛ²¹，tɤ̃⁵³kuo²¹tɕiɑ²¹tsɛ⁴⁴tɕʻi⁴⁴
	这 还 早 着 咧， 等 给ˉ 家ˉ 再 去
武都	tʂə⁵³xuer²¹xæ²¹tsɔu⁵⁵tʂə²¹li²¹，tɔ̃⁵⁵ʑi²¹tʂɔ̃⁵⁵tsɿ²¹tsɛi²⁴tɕʻi²⁴
	这 会儿 还 早 着 哩， 等 一 阵 子 再 去
文县	tsɛ⁵⁵xur²¹xæ²¹tsɔo⁵⁵tɔo²¹liɛ²¹，tɔ̃⁵⁵xar²¹tɕʻi²⁴tɕia⁴²
	这 会儿 还 早 到 咧， 等 下儿 去 恰ˉ
宕昌	tʂɤ⁵³xuər²¹xuæ²⁴tsao⁵³tʂuæ⁴²ŋ²¹，tʻæ̃⁵³xuər²¹tsɛ⁴⁴tsʻʮ⁴²
	这 会儿 还 早 着 呢， 等 会儿 再 去
康县	tsE²⁴tʂɤŋ²¹xæ²¹tsɔo⁵⁵tʂɔ²¹liɛ²¹，kuɤ²⁴i²¹tʂɤ̃r²¹tɕʻi²⁴
	这 阵 还 早 着 咧， 过 一 阵儿 去
西和	tsei⁵³i²¹tʂɤŋ⁵⁵ər²¹xæ²⁴tsao⁵¹tʂɔ²⁴liɛ²¹，tɤŋ⁵¹i²¹xA⁵⁵tsɛ⁵⁵tɕʻi⁵⁵
	这 一 阵儿 还 早 着 咧， 等 一下 再 去
临夏市	ɑ²¹tsɑŋ⁵³xã¹³tsɔ⁴⁴li²¹，tən⁴⁴xuei⁵²tsɛ⁴⁴tɕʻy⁵³
	阿 藏ˉ① 还 早 哩， 等 会 再 去
临夏县	ɕiẽ⁵⁵tsɛ⁵²xɛ¹³tsɔ⁵⁵，tən⁵⁵ʑi²¹xuei⁵²tsɛ⁵³tɕʻi⁵³
	现 在 还 早， 等 一 会 再 去
合作	ɕian⁵³tsɛi⁵⁵xɛi¹³tsɔo⁵³ti²¹xɤŋ⁵⁵，kuə⁵⁵ʑi¹³xueiər⁵⁵liɔo¹³tsɤɯ⁵³pa⁵³
	现 在 还 早 得 很， 过 一 会儿 了 走 吧
舟曲	tʂɿ²¹xuər⁵⁵xã⁴⁴tsɔo²⁴tʂɔo⁵³ȵiɛ³¹，tʻæ̃⁵⁵xuər⁵³tsɛ⁴⁴tɕʻia²¹
	这 会儿还 早 着 咧， 等 会儿 再 去
临潭	tʂɤ⁴⁴xuer¹³xæ̃i¹³tsɔ⁵³ti³¹xəŋ⁵³，tən⁵³xuer¹³tsɛi⁴⁴tɕʻi⁴⁴
	这 会儿 还 早 得 很， 等 会儿 再 去

---

① 阿藏ˉ：相当于"现在"。

92. 吃了饭再去好罢

兰州	tʂʻʅ²²	lɔ⁴⁴	fæ̃¹³	tsɛ³¹	tɕʻy²¹?	吃了饭再去?		
红古	fã¹³	tʂʻʅ²¹	pa²²	liɔ⁴⁴	tsɛ²¹	tsʻʅ¹³	pei⁴²?	
	饭	吃	罢	了	再	去	呗?	
永登	fæ̃⁴⁴	tʂʻʅ²¹	pa³¹	liɑo²¹	tɕʻi²¹	ʂa⁴⁴	ã ŋ⁴¹?	
	饭	吃	罢	了	去	吵	昂?	
榆中	uo⁴⁴	tʂʻʅ³¹	kuɤ⁴⁴	fæ̃³¹	lɔo⁴⁴	tsei⁴⁴	tɕʻi²⁴	pa²¹?
	我	吃	过	饭	了	再	去	罢?
白银	tʂʻʅ²²	pa¹³	lɔ⁴⁴	tsɛ²⁴	tɕʻi²¹,	ɕin⁵¹	lia²¹?	
	吃	罢	了	再	去,	行	哩?	
靖远	fæ³⁵	tʂʻʅ²²	pa³⁵	liɑo⁴¹	tsei³³	tsʻʅ³³	tʂʻɤŋ²²	va⁴¹?
	饭	吃	罢	了	再	去,	成	吧?
天水	tʂʻʅ¹³	pʻa⁵⁵	fæ̃⁴⁴	liə²¹	tɕʻi⁴⁴	ləŋ¹³	ɕiəŋ¹³	ma²²?
	吃	罢	饭	了	去	能	行	吗?
秦安	fan⁴⁴	tʂʻʅ⁵³	lɔ¹³	tsɛ¹³	tɕʻi⁴⁴	ma²¹?		
	饭	吃	了	再	去	吗?		
甘谷	tʂʻʅ³¹	liɑu²²	fa⁴⁴	tsai⁴⁴	tɕʻi⁴⁴,	ləŋ²⁴	ɕiəŋ²¹	pɒ³³?
	吃	了	饭	再	去,	能	行	吧?
武山	fa⁴⁴	tʂʻʅ²¹	xɑ²¹	lɔ²¹	tɕʻi¹³,	tʂʻəŋ²⁴	a⁴⁴	pu²¹ tʂʻəŋ²¹?
	饭	吃	下	了	去,	成	啊	不 成?
张家川	tʂʻliɔ⁵³	fæ⁴⁴	tse⁴⁴	tsɤu⁵³	lɤŋ¹³	ɕiɤ̃¹³	pa²¹?	
	吃了	饭	再	走	能	行	吧?	
武威	tʂʻʅ⁵³	liɔu²¹	fÃ⁴⁴	liɔu²¹	tsei³⁵	tɕʻi⁴⁴,	ɕiŋ³⁵	pu⁵³ ɕiŋ²¹?
	吃	了	饭	了	再	去,	行	不 行?
民勤	fæi²²	tʂʻʅ⁴²	lə²²	tsæi²²	tɕʻi⁴²,	ɕiŋ²²	a⁴⁴	pa²¹?
	饭	吃	了	再	去,	行	啊	不?
古浪	fæ⁴⁴	tʂʻʅ⁴⁴	pɑ³¹	liɑo²¹	tsɛ⁴⁴	tɕʻi⁴⁴	ʂæ³¹?	
	饭	吃	罢	了	再	去	吵?	
永昌	fɛ¹³	tʂʻʅ⁴²	liɔo²¹	tɕʻy⁵³	pa²¹?	饭吃了去吧?		
张掖	tʂʻʅ²⁴	pa³¹	fʌŋ³¹	liə²¹	tsɛi²⁴	kʻə³¹	ɕiŋ⁵⁵	a²² pu³¹ a²¹?
	吃	罢	饭	了	再	去	行	啊 不 啊?

山丹	tʂʻʅ²⁴ pa⁴² fɛe⁴² lə²² tsɛe²⁴ tɕʻi⁴¹, ɕiŋ⁵⁵ a²¹ pu⁴² a²¹?
	吃 了 饭 了 再 去， 行 啊 不 啊？
平凉	tʂʻʅ⁵³ li³¹ fæ̃⁴⁴ tsæ⁴⁴ tɕʻi⁴⁴, nəŋ²⁴ tʂʻəŋ²⁴ ma²¹?
	吃 了 饭 再 去， 能 成 吗？
泾川	tʂʻʅ³¹ liɛ²¹ fæ̃⁴⁴ tsɛ⁴⁴ tɕʻi⁴⁴?
	吃 了 饭 再 去？
灵台	tʂʅ³¹ liɛ²¹ fæ̃⁴⁴ tsɛ⁴⁴ tɕʻy⁴⁴ pa²¹?
	吃 了 饭 再 去 吧？
酒泉	tʂʻʅ²² lə¹³ fã⁴⁴ tse¹³ tɕʻi²¹, ɕiŋ⁴⁴ a⁴² pa²¹?
	吃 了 饭 再 去， 行 啊 吧？
敦煌	tʂʻʅ²¹³ lɔo²² fan⁴⁴ tsɛ⁴⁴ tɕʻʅ²¹³, ɕiŋ²² pu⁴⁴ ɕiŋ²¹?
	吃 了 饭 再 去， 行 不 行？
西峰	fæ̃⁵⁵ tʂʻʅ⁵³ li³¹ tsE²⁴ tɕʻi⁵⁵, nəŋ²⁴ ɕiŋ²⁴ ma²¹?
	饭 吃 了 再 去， 能 行 吗？
环县	tʂʻʅ³¹ liɛ²¹ fæ̃⁵⁵ tsɛ⁵⁵ tɕʻi⁵⁵ pa²¹?
	吃 了 饭 再 去 吧？
正宁	tʂʅ³¹ liɔ²¹ fæ̃⁴⁴ tsE⁴⁴ xue²⁴ tɕʻy²¹ pa²¹
	吃 了 饭 再 回 去 吧
镇原	fæ̃⁴⁴ tʂʻʅ⁵³ lə³¹ tsɛ²¹ tɕʻi⁴⁴ i⁵³ nəŋ²⁴ ɕiŋ²⁴ ma²¹?
	饭 吃 了 再 去 也 能 行 吗？
定西	tʂʻʅ¹³ pʻa⁴⁴ lɔ³² tsE⁴⁴ tsɤu⁵³ sa²¹?
	吃 罢 了 再 走 唦？
通渭	fæ̃⁴⁴ tʂʻʅ³² xa²¹ lʊ⁴⁴ tsɛ⁴⁴ tɕʻiæ³³?
	饭 吃 下 了 再 去？
陇西	tʂʻʅ⁴² ko⁴⁴ lɔo⁴² tsɛ⁴⁴ tɕʻia¹³, tʂʻəŋ²² ma⁴⁴?
	吃 过 了 再 去， 成 吗？
临洮	tʂʻʅ²¹ liɔ¹³ fæ̃⁴⁴ tsɛ⁴⁴ tɕʻi³², tʂʻẽ²¹ na⁴⁴?
	吃 了 饭 再 去， 成 呐？
漳县	tʃʻʅ⁵³ xɑ²¹ fæ̃⁴⁴ lɔo²¹ tsE⁴⁴ tɕʻi⁴⁴, tʃʻɤ²¹ mɑ⁴⁴?
	吃 下 饭 了 再 去， 成 吗？
武都	fæ̃²⁴ tʂʻʅ²¹ liou²¹ tsɛi²⁴ tɕʻi²⁴ tʂʻəŋ²¹ ma⁵⁵?
	饭 吃 了 再 去 成 吗？

第一章 语法例句

文 县	fæ²⁴	tsʻʅ³¹	liɔo²¹	tsɛ²¹	tɕʻi²⁴	tɕia⁴²,	ɕiɜ̃²¹	ma⁴⁴?
	饭	吃	了	再	去	价⁼,	行	吗?
宕 昌	fæ⁴⁴	tʂʻʅ⁴⁴	lao⁵³	tsɛ⁴⁴	tsʻʅ⁴⁴,	tʂʻəŋ¹³	pu⁴⁴	tʂʻəŋ¹³?
	饭	吃	了	再	去,	成	不	成?
康 县	fæ²⁴	tʂʻʅ⁵³	lɔ²¹	tsE²⁴	tɕʻi²⁴	lɤŋ¹³	ɕiŋ²⁴	mA²¹?
	饭	吃	了	再	去	能	行	吗?
西 和	fæ⁵⁵	tʂʻʅ²¹	lɔ²⁴	tɕʻi⁵⁵	xæ²¹	pu⁵⁵	tʃʻʅŋ²¹	yŋ⁵⁵ A²¹?
	饭	吃	了	去	还	不	中	用 啊?
临夏市	fã⁵³	tʂʻʅ²¹	liɔ⁵²	tsɛ⁴⁴	tɕʻi⁴²,	tʂʻəŋ¹³	lɑ²⁴	
	饭	吃	了	再	去,	成	啦	
临夏县	tʂʻʅ²¹	liɔ⁵²	fã⁵³	tsɛ⁵³	tɕʻi⁵³	pɑ²¹		
	吃	了	饭	再	去	吧		
合 作	fan⁵³	tʂʅ¹³	xa¹³	liɔo⁵³,	tsɛi⁵³	tɕʻi⁵³	pa⁵³	
	饭	吃	下	了,	再	去	吧	
舟 曲	fæ²⁴	tʂʻʅ⁵⁵	liɔo²¹	tsɛ⁵⁵	tɕʻia⁵³	ma⁴²	kuɛ²¹?	
	饭	吃	了	再	去	吗	快?	
临 潭	tʂʻʅ⁴⁴	lɔ⁵³	fæi⁴⁴	tsɛi⁵⁵	tɕʻi⁴⁴	sa³¹		
	吃	了	饭	再	去	吵		

93. 慢慢儿的吃啊！不要急哨

兰州	mæ̃⁴⁴ mæ̃¹³ tʂʻʅ²¹！pu²² lɔ⁵³ tɕi⁵³
	慢 慢 吃！ 不 要 急
红古	mã¹³ mã¹³ tʂʻʅ¹³！pɔ¹³ tɕʻʅ²¹ ʂa⁴²
	慢 慢 吃！ 嫑 急 哨
永登	mæ̃¹³ mæ̃²² tʂʻʅ²¹³！pu⁴⁴ iɑo³¹ tɕi⁴¹
	慢 慢 吃！ 不 要 急
榆中	mæ̃⁴⁴ mæ̃⁴⁴ ti³¹ tʂʻʅ⁴⁴！pu³¹ lɔo⁴⁴ ie³¹ tʂʻu²⁴ lɔo³¹
	慢 慢 地 吃！ 不 了 噎 住 了
白银	ɕiɔ⁴⁴ tʻin²¹ tʂʻʅ³¹！pu²² iɔ¹³ tɕi⁵¹
	消 停 吃！ 不 要 急
靖远	mæ̃³³ mɐr³⁵ tʂʻʅ⁴¹！pu²¹ liɑo²¹ tsʅ²² liɑo⁵⁵ ɕiɛ²¹
	慢 慢儿 吃！ 不 了 急 了 些
天水	mæ̃⁴⁴ mæ̃⁵³ ti¹³ tʂʻʅ²¹！xuə²¹ liɔ¹³ tɕi¹³
	慢 慢 地 吃！ 休 了 急
秦安	man⁴⁴ man⁴⁴ ti³¹ tɕia²¹！pfu²¹ iɔ⁴⁴ tsuə²¹ tɕi¹³
	慢 慢 地 吃！ 不 要 着 急
甘谷	ma⁴⁴ ma⁴⁴ kiɛ⁴⁴ ti⁴⁴ tʂʻʅ²¹！piɑu³⁵ tɕiɐ²⁴
	慢 慢 个 地 吃！ 甭 急
武山	ma⁴⁴ ma⁴⁴ kɛi²¹ tə²⁴ tʂʻʅ²¹！xɔo¹³ tɕi²⁴
	慢 慢 个 地 吃！ 别 急
张家川	mæ̃⁴⁴ mɐr⁴⁴ tɕi³² tʂʻsa⁴³！pu²¹ liɔ⁴⁴ tɕi¹³ li²¹
	慢 慢儿 地 吃哨！ 不 了 急 了
武威	mÃ³⁴ mÃ³⁴ tʂʻʅ⁵³！pu⁴⁴ liou²¹ tɕi³⁵ sÃ²¹
	慢 慢 吃！ 不 了 急 哨
民勤	mæi²² mæi⁴⁴ tʂʻʅ⁴²！pu⁴² lə²² tɕi⁵³
	慢 慢 吃！ 不 了 急
古浪	mæ³¹ mæ⁴⁴ tʂʅ⁴² ʂæ²¹！pu³¹ tsao²² tɕi⁴²
	慢 慢 吃 哨！ 不 了 急
永昌	mɛ⁴⁴ mɛ⁴⁴ tʂʻʅ⁴²！pu²¹ iɔo⁴⁴ tsuə⁵³ tɕi²¹
	慢 慢 吃！ 不 要 着 急

张掖	mʌŋ²⁴	mʌŋ³¹	tiə²¹	tʂʻʅ³¹!	pu³¹	liə²²	tɕi⁵³	
	慢	慢	地	吃!	不	了	急	
山丹	mɛe⁴²	ɕiə²¹	tʂʻʅ⁴²	a²¹!	pu⁴²	lə²¹	tɕi⁵³	
	慢	些	吃	啊!	不	了	急	
平凉	ȵi⁴⁴	mæ̃⁴⁴	mæ̃⁴⁴	tʂʻʅ³¹	ɔ³¹!	pu³¹	liɔ²¹	tɕi²⁴	lia²¹
	你	慢	慢	吃	哦!	不	了	急	了
泾川	mæ̃⁴⁴	mæ̃⁴⁴	tʂʻʅ³¹!	pu³¹	iɔ⁴⁴	tɕi²⁴		
	慢	慢	吃!	不	要	急		
灵台	mæ̃⁴⁴	mæ̃⁴⁴	tʂʻʅ³¹!	pfu³¹	iɔ⁴⁴	tɕi³¹	sa⁵³	
	慢	慢	吃!	不	要	急	吶	
酒泉	mã¹³	mã²²	tiə⁵³	tʂʻʅ⁴²	a²¹!	pu³¹	iθ²²	tɕi⁴⁴	ma⁴²
	慢	慢	地	吃	啊!	不	要	急	嘛
敦煌	man⁴⁴	man⁴⁴	tʂʻʅ²¹!	pu²²	lɔo⁴⁴	tɕi²²	sa⁴²	
	慢	慢	吃!	不	了	急	吶	
西峰	ɕiɔ⁵³	tʻiŋ²¹	tʂʻʅ⁵³,	pu³¹	iɔ⁵³	tɕi²⁴		
	消	停	吃,	不	要	急		
环县	mæ̃²⁴	ɕiɛ²¹	tʂʻʅ⁴¹	sa²¹!	pu³¹	iɔ⁵⁵	tɕi²¹	liɔ⁴¹
	慢	些	吃	吶!	不	要	急	了
正宁	mæ̃⁴⁴	mæ̃²¹	tʂʻʅ³¹!	pu³¹	iɔ²⁴	tɕi²⁴	ɔ²¹	
	慢	慢	吃!	不	要	急	哦	
镇原	mæ̃⁴⁴	mæ̃r²⁴	tʂʻʅ⁵³	sa⁵³!	tsɛ⁴⁴	pu³¹	tɕi²⁴	lə³¹	sa⁵³
	慢	慢儿	吃	吶!	再	不	急	了	吶
定西	mæ̃⁴⁴	tiæ̃³²	tʂʻʅə¹³!	xʁu²¹	tɕiə¹³			
	慢	点	吃!	休	急			
通渭	ɕiɔ²¹	xuæ̃⁵³	tʂʻʅə¹³!	xʊ²¹	tɕiæ¹³			
	消	缓	吃!	休	急			
陇西	mæ̃⁴⁴	mæ̃⁴⁴	kɤ⁴²	tʂʻʅɐ²¹,	xɤu⁴²	tɕiɐ¹³		
	慢	慢	个	吃,	休	急		
临洮	mæ̃⁴⁴	mar⁵³	ko¹³	tʂʻʅ²¹!	xʊ²¹	tɕiə²⁴		
	慢	慢儿	个	吃!	休	急		
漳县	mæ̃²⁴	mæ̃²¹	kɤ²¹	tʃʻʅ²¹,	pu⁵³	iɔo²⁴	tɕi²⁴	
	慢	慢	个	吃,	不	要	急	

武 都	mæ²⁴	mæ̃r¹³	ti²¹	tʂʻʅ³¹!	n̠i⁵⁵	tɕi¹³	kə⁵⁵	sa¹³
	慢	慢儿	地	吃！	你	急	个	啥
文 县	xuæ̃⁴⁴	xuæ̃²¹	tɤ²¹	tʂʻʅ³¹!	tɕi²¹	sa¹³	tsʅ⁵⁵	lia²¹
	缓	缓	地	吃！	急	啥	子	唻
宕 昌	mæ⁴⁴	mæ⁴⁴	ər²¹	tʂʻʅ³³!	pu¹³	tɕʅ¹³	lao⁴⁴	
	慢	慢	儿	吃！	不	急	了	
康 县	mæ²⁴	mæ̃r⁵⁵	tɤ²¹	tʂʻʅ⁵³!	pɔo²⁴	tɕi¹³		
	慢	慢儿	地	吃！	嫑	急		
西 和	mæ̃⁵⁵	mæ̃r⁵¹	ti²¹	tʂʻʅ²¹!	mɤ²¹	lɔ⁵⁵	tɕi²⁴	tE²¹
	慢	慢儿	地	吃！	没	了	急	的
临夏市	mã⁴⁴	ɕiɛ²¹	tʂʻʅ¹³!	pɔ¹³tɕi¹³	慢些吃！嫑急			
临夏县	mã⁵⁵	mã²¹	ti²¹	tʂʻʅ¹³!	pɔ¹³	tɕi¹³		
	慢	慢	地	吃！	甭	急		
合 作	man⁵³	man⁵³	tɤ⁵⁵	tsʅ⁵⁵,	pɔo¹³	tɕi¹³		
	慢	慢	地	吃！	嫑	急		
舟 曲	xuæ̃⁵⁵	xuæ̃r⁴⁴	tʂʻʅ⁵³!	tʃʻʮ³¹	sa²⁴	tʂɔo⁵³	ȵiɛ⁴²	
	缓	缓儿	吃！	急	啥	着	咧	
临 潭	mæ̃i⁴⁴	mæ̃r⁵³	ti²¹	tʂʻʅ¹³!	pu¹³	iɔ⁴⁴	tɕi¹³	sa⁵³
	慢	慢儿	地	吃！	不	要	急	吵

94. 坐着吃比站着吃好些

兰 州	tsuo¹³tʂɤ⁴⁴tʂʅ²¹piɔ²²tʂæ̃¹³tʂɤ⁴⁴tʂʅ²¹xɔ⁴⁴
	坐　着　吃　比　站　着　吃　好
红 古	tsuə¹³xa⁴²liɔ²¹tʂʅ²¹pl̩²²tʂã¹³xa⁴²liɔ²¹tʂʅ²¹fu⁴²tʻã²¹
	坐　下　了　吃　比　站　下　了　吃　舒　坦
永 登	tsuə²¹ə⁴⁴tʂʅ²¹piɔ⁴⁴tʂæ²¹ə⁴⁴tʂʅ²¹fu⁴²tʻæ²¹mən¹¹
	坐　着　吃　比　站　着　吃　舒　坦　么
榆 中	tsuɤ³¹tʂɤ⁴⁴tʂʅ⁴⁴piɔ⁴⁴tʂæ³¹tʂɤ⁴⁴tʂʅ⁴⁴xɔɔ⁵³
	坐　着　吃　比　站　着　吃　好
白 银	tsuə³¹xa⁴⁴tʂʅ³¹pi³³tsan³¹xa⁴⁴tʂʅ³¹fu⁴²tʻan²¹
	坐　下　吃　比　站　下　吃　舒　坦
靖 远	tsuə³⁵xa⁴²tʂʅ⁴¹pl̩²²tsæ³⁵xa⁴¹tʂʅ⁴²xɑo⁵⁵ɕiər²¹
	坐　下　吃　比　站　下　吃　好　些儿
天 水	tsʻuə⁴⁴tʂə³² tʂʅ²¹pi⁵³tsæ⁴⁴tsə²¹tʂʅ²¹xɔ⁵³ʑi²¹tiæ̃²¹
	坐　着　吃　比　站　着　吃　好　一　点
秦 安	tsʻuo⁴⁴xa⁴⁴tʂʅ²¹pi⁴⁴tʃan⁴⁴xa⁴⁴tʂʅ²¹xɔ⁵³si²¹
	坐　下　吃　比　站　下　吃　好　些
甘 谷	tsʻuə³⁵xɒ⁴⁴tʂʅ²¹pi⁵³tsa⁴⁴xɒ⁴⁴tʂʅ²¹xɑu⁵³ɕy⁴⁴tia¹³
	坐　下　吃　比　站　下　吃　好　许　多
武 山	tsʻuo⁴⁴xɑ⁴⁴tʂʅ²¹pi⁵³tsa⁴⁴xɑ⁴⁴tʂʅ²¹tɛi²¹xɔ⁵³
	坐　下　吃　比　站　下　吃　得　好
张家川	tsʻuɤ⁴⁴xa³²tʂʅ¹³pi⁵³tsæ⁴⁴tʂɤ³²tʂʅ¹³iɔu⁴⁴xɔu⁵³i²¹tɕiæ²¹li²¹
	坐　下　吃　比　站　着　吃　要　好　一　点　哩
武 威	tsuə⁴⁴xa²¹tʂʅ⁵³pi²¹tsÃ⁴⁴xa²¹tʂʅ⁵³xɔu⁵³ɕiɛ³¹
	坐　下　吃　比　站　下　吃　好　些
民 勤	tsuə⁴²xa²²tʂʅ⁴²pi²²tsæi⁴²xa²²tʂʅ⁴²xɔo²¹⁴
	坐　下　吃　比　站　下　吃　好
古 浪	tsuə³¹tʂə⁴⁴tʂʅ³¹pi¹³tsæ³¹tʂə⁴⁴tʂʅ³¹xɑo⁴⁴
	坐　着　吃　比　站　着　吃　好
永 昌	tsuə⁵³xa²¹tʂʅ²¹, tʂɛ⁵³xa²¹tʂʅ²¹pu⁴²xɔo²¹
	坐　下　吃，　站　下　吃　不　好

张掖	tsuə³¹tiə²²tʂʻʅ³¹pi²²tʂʌŋ³¹tiə²²tʂʻʅ³¹fu⁴⁴tʻʌŋ⁴⁴ɕiə⁴⁴
	坐　的 吃 比 站　的 吃 舒 坦 些
山丹	tsuə⁴²tʻə²¹tʂʻʅ⁴²pi⁴⁴tʂɛe⁴²tʻə²¹tʂʻʅ⁴²xɑo²²a⁴⁴
	坐　的 吃 比 站　的 吃 好 啊
平凉	tsuo⁴⁴xɑ²¹tʂʻʅ³¹tʻo²⁴ti²¹pi³¹tsæ̃⁴⁴xɑ²¹tʂʻʅ⁵³tɕʻi²¹tʂʻæ̃⁴⁴xuo²¹mo³¹
	坐　下 吃 到 底 比 站　下 吃 去 鞔˝ 和① 么
泾川	tsʻuo⁴⁴tʂɤ²¹tʂʻʅ³¹pi³¹tsæ̃⁴⁴tʂɤ²¹tʂʻʅ³¹xɔ⁵³
	坐　着 吃 比 站　着 吃 好
灵台	tsʻuo²⁴tʂɤ²¹tʂʻʅ³¹pi³¹li⁵³tʂɤ²¹tʂʻʅ³¹xɔ⁵³
	坐　着 吃 比 立　着 吃 好
酒泉	tsuə²²tiə⁵³tʂʻʅ²¹pi⁵³tsã²²tiə⁵³tʂʻʅ²¹xɵ²²ɕiə⁴²
	坐　的 吃 比 站　的 吃 好 些
敦煌	tsʻuə⁴⁴tʂə⁵³tʂʻʅ²¹pɿ⁵³tsan⁴⁴tʂə⁵³tʂʻʅ²¹xɔo⁴²
	坐　着 吃 比 站　着 吃 好
西峰	tsuo²⁴xɑ²¹tʂʻʅ⁴⁴pi³¹tsæ̃²⁴xɑ²¹tʂʻʅ³¹xɔ⁵³
	坐　下 吃 比 站　下 吃 好
环县	tsuo²⁴tʂɤ²¹tʂʻʅ⁴¹pi⁴¹tsæ̃²⁴tʂɤ²¹tʂʻʅ³¹xɔ⁴¹
	坐　着 吃 比 站　着 吃 好
正宁	tsʻuo⁴⁴tʂɤ²¹tʂʻʅ³¹pi³¹tsæ̃²⁴tʂɤ²¹tʂʻʅ³¹xɔ⁴⁴ɕiɛ²¹
	坐　着 吃 比 站　着 吃 好 些
镇原	tsʻuo⁴⁴xɑ²¹tʂʻʅ⁵³pi³¹tsæ̃⁴⁴xɑ²¹tʂʻʅ³¹xɔ⁵³
	坐　下 吃 比 站　下 吃 好
定西	tsʻuɤ⁴⁴xɑ³²tʂʻʅə²¹pi⁵³tsæ̃⁴⁴xɑ³²tʂʻʅ²¹xɔ⁵³ɕiɛ²¹
	坐　下 吃 比 站　下 吃 好 些
通渭	tsʻuə⁴⁴xɑ³²tʂʻʅ²¹pi²¹tsæ̃⁴⁴tʂɿ³²tʂʻʅ³²uə¹³iɛ³²ɕiɛ²¹
	坐　下 吃 比 站　着 吃 窝˝叶˝ 些
陇西	tsʻo⁴⁴xɑ⁴⁴tʂʻʅ²¹pi⁵⁵tsæ̃⁴⁴xɑ⁴⁴tʂʻʅ²¹xɔo⁵⁵i³²tiæ̃²¹
	坐　下 吃 比 站　下 吃 好 一 点
临洮	tso⁴⁴xɑ²¹tʂʻʅ¹³pi⁵³tsæ̃⁴⁴xɑ²¹tʂʻʅ¹³xɔ⁵³ɕiər²¹
	坐　下 吃 比 站　下 吃 好 些儿

---

① 鞔˝和：舒服。

漳县	tsʻuo²⁴tʃɤ⁴²tʃʻʅ²¹pi³³tʃæ̃²⁴tʃɤ⁴²tʃʻʅ²¹xɔo⁴²	
	坐 着 吃 比 站 着 吃 好	
武都	tsuə²⁴tʂə²¹tʂʻʅ²¹pi²¹tsæ̃²⁴tʂə²¹tʂʻʅ²¹ʃɥ⁵³tʻæ̃²¹	
	坐 着 吃 比 站 着 吃 舒 坦	
文县	tsʻuə²⁴xa⁴⁴tsʻʅ³¹xa²¹pi²¹tsæ̃²⁴tɔo⁴⁴tsʻʅ³¹xɔo³⁵ɕiɛ²¹	
	坐 下 吃 哈 比 站 的 吃 好 些	
宕昌	tsuə⁴⁴ɕia²¹tʂʻʅ³³pʅ²²tsæ̃⁴⁴ɕia²¹tʂʻʅ³³xao⁴²ɕiɛr²¹	
	坐 下 吃 比 站 下 吃 好 些儿	
康县	tsuɤ²⁴tʂɔo⁵³tʂʻʅ²¹pi³³tsæ̃²⁴tʂɔo⁵³tʂʻʅ²¹xɔ⁵⁵	
	坐 着 吃 比 站 着 吃 好	
西和	tʃʻʅɤ²⁴xA²¹tʂʻʅ²¹pi⁵¹tsæ̃²⁴xA²¹tʂʻʅ²¹xao⁵¹i²⁴tiæ̃²¹	
	坐 下 吃 比 站 下 吃 好 一 点	
临夏市	tsuə⁵³tʂə²¹tʂʻʅ¹³pi⁴⁴tʂã⁵³tʂə²¹tʂʻʅ¹³xɔ⁴⁴ɕiɛ²¹	
	坐 着 吃 比 站 着 吃 好 些	
临夏县	tsuə⁵³tʂuə²¹tʂʻʅ¹³pi⁴⁴²tʂã⁵³tsuə²¹tʂʻʅ¹³xɔ⁵⁵ɕiə⁵³	
	坐 着 吃 比 站 着 吃 好 些	
合作	tsuə⁵³tʂɤ⁵⁵tʂʅ¹³ʂʅ⁵³pi⁵⁵tʂan⁵³tʂɤ⁵⁵tʂʅ¹³xɔo¹³ɕie⁵⁵	
	坐 着 吃 是 比 站 着 吃 好 些	
舟曲	tsuə²¹xa²⁴tʂʻʅ⁵³pʅ⁵⁵tsæ̃²¹xa²⁴tʂʻʅ⁵³xɔo⁵⁵siɛr³¹	
	坐 下 吃 比 站 下 吃 好 些儿	
临潭	tsuɤ⁴⁴tʂɤ¹³tʂʻʅ¹³pi⁴⁴tʂæ̃i⁴⁴xa⁵³tʂʻʅ¹³xɔ⁵³	
	坐 着 吃 比 站 下 吃 好	

95. 这个吃得，那个吃不得

兰州	tʂɤ13 这	kɤ44 个		tʂʻʅ13 吃	tɤ31, 得，	na13 那	kɤ44 个	tʂʻʅ13 吃	pu44 tɤ21 不 得
红古	tʂʅ42 这	kɤ21 个	nən13 能	tʂʻʅ13, 吃，	nɛ42 那	kɤ21 个	tʂʻʅ21 吃	pu13 不	tɕʻən13 成
永登	tʂʅ21 这	kə44 个	nəŋ21 能	tʂʻʅ223, 吃，	nɛi21 那	kə44 个	tʂʻʅ44 吃	pu42 不	tʂʻən53 成
榆中	tʂɤ44 这	kɯ44 个	nən53 能	tʂʻʅ44, 吃，	nɛ31 那	kɯ44 个	pu31 不	nən53 能	tʂʻʅ44 吃
白银	tʂʅ31 这	kə44 个	nən51 能	tʂʻʅ13, 吃，	lɛ31 那	kə44 个	tʂʻʅ22 吃	pu44 不	tʂʻən51 成
靖远	tʂʅ35 这	kə42 个	nɤŋ22 能	tʂʻʅ41, 吃，	nɛi35 那	kə41 个	pu22 不	nɤŋ22 能	tʂʻʅ41 吃
天水	tsɛ53 这	kɛ13 个	ləŋ13 能	tʂʻʅ21, 吃，	vɜ53 咘	kɛ13 个	tʂʻʅ21 吃	pu44 不	tʂʻəŋ13 成
秦安	tʂɞu13 这	kə44 个	tʂʻʅ21 吃	tiə13, 的，	və44 兀	kə31 个	tʂʻʅ21 吃	pfu13 不	tiə21 的
甘谷	tʂʅ44 这	kiɛ13 个	tʂʻʅ21 吃	tai21, 的，	u44 兀	kiɛ13 个	tʂʻʅ21 吃	pu21 不	tai212 得
武山	tʂʅ44 这	kɛi13 个	ləŋ24 能	tʂʻʅ21, 吃，	vu44 兀	kuɛi21 个	pu21 不	ləŋ24 能	tʂʻʅ21 吃
张家川	tʂʅ44 这	kɤ21 个	lɤŋ13 能	tʂʻʅ13, 吃，	ʋe53 兀	kɤ32 个	pu21 不	lɤŋ13 能	tʂʻʅ32 吃
武威	tɕiŋ44 这	kə31 个	nəŋ35 能	tʂʻʅ53, 吃，	nɛi44 那	kə31 个	tʂʻʅ53 吃	pu31 不	tʂʻəŋ35 成
民勤	tɕir22 这	kɯ44 个	lɤŋ53 能	tʂʻʅ42, 吃，	læi22 那	kɯ44 个	pu22 不	lɤŋ53 能	tʂʻʅ42 吃
古浪	tʂʅ31 这	kə13 个	nɔ̃ŋ42 能	tʂʻʅ31, 吃，	nɛ31 那	kə44 个	tʂʻʅ31 吃	pu22 不	tʂʻɔ̃ŋ42 成
永昌	tʂə42 这	kə21 个	nəŋ35 能	tʂʻʅ21, 吃，	na42 那	kə21 个	pu53 不	nəŋ13 能	tʂʻʅ21 吃

第一章　语法例句

张掖	tʂʅ³¹	kə²²	nəŋ⁵³	tʂʰʅ³¹,	na³¹	kə²¹	pu²²	nəŋ⁵³	tʂʰʅ³¹
	这	个	能	吃,	那	个	不	能	吃
山丹	tʂə⁴²	kə²¹	nəŋ⁵³	tʂʰʅ⁴¹,	na⁴²	kə²¹	pu⁴²	nəŋ⁵³	tʂʰʅ⁴¹
	这	个	能	吃,	那	个	不	能	吃
平凉	tʂʅ⁴⁴	kɤ²¹	nəŋ²⁴	tʂʰʅ³¹,	nɛ⁴⁴	kɤ³¹	pu³¹	ləŋ²⁴	tʂʰʅ³¹
	这	个	能	吃,	那	个	不	能	吃
泾川	tʂɤ⁴⁴	kɤ²¹	nəŋ²⁴	tʂʰʅ³¹,	nɑ⁴⁴	kɤ²¹	tʂʰʅ³¹	pu³¹	tɛr²¹
	这	个	能	吃,	那	个	吃	不	得
灵台	tʂɤ⁴⁴	kɤ²¹	ləŋ²⁴	tʂʰʅ³¹,	u³¹	kɤ⁵³	pfu³¹	ləŋ²⁴	tʂʰʅ³¹
	这	个	能	吃,	兀	个	不	能	吃
酒泉	tʂə⁴²	nəŋ⁴⁴	tʂʰʅ⁴²,	ne⁴⁴	kə⁴⁴	pu²²	nəŋ⁴⁴	tʂʰʅ⁴²	
	这	能	吃,	那	个	不	能	吃	
敦煌	tʂʅ⁴⁴	kə⁴⁴	nəŋ²¹³	tʂʰʅ²¹,	nɛ⁴⁴	kə⁴⁴	pu²²	nəŋ²²	tʂʰʅ²¹
	这	个	能	吃,	那	个	不	能	吃
西峰	tʂɤ⁵⁵	kɤ²¹	nəŋ²⁴	tʂʰʅ³¹,	u⁵³	kɤ²¹	pu³¹	nəŋ²⁴	tʂʰʅ³¹
	这	个	能	吃,	兀	个	不	能	吃
环县	tʂɛ⁵⁵	kɤ²¹	nəŋ³¹	tʂʰʅ⁴¹,	nɛ⁵⁵	kɤ²¹	mɤ²¹	sʅ⁵⁵	tʂʰʅ³¹
	这	个	能	吃,	那	个	没	事	吃
正宁	tʂɤ⁴⁴	iɛ²¹	nəŋ²⁴	tʂʰʅ³¹,	vei⁴⁴	iɛ³¹	tʂʰʅ⁵³	pu²¹	tʂʰəŋ²⁴
	这	也	能	吃,	兀	也	吃	不	成
镇原	tʂɛ⁴⁴	kɤ²¹	nəŋ²⁴	tʂʰʅ⁵³,	vɛ⁵³	kɤ²¹	mɔ²⁴	sʅ⁴⁴	tʂʰʅ⁵³
	这	个	能	吃,	兀	个	没	事	吃
定西	tʂɤu⁴⁴	lɤŋ¹³	tʂʰə¹³,	vu⁴⁴	pu²¹	lɤŋ¹³	tʂʰə¹³		
	这	能	吃,	兀	不	能	吃		
通渭	tʂʊ²⁴	lɔ̃¹³	tʂʰə¹³,	uə⁴⁴	pu²¹	lɔ̃¹³	tʂʰə¹³		
	这	能	吃,	兀	不	能	吃		
陇西	tʂʅ⁴⁴	ke⁴²	ləŋ¹³	tʂʰʅɑ²¹,	vu⁴⁴	ke⁴²	pu⁴²	ləŋ¹³	tʂʰʅ²¹
	这	个	能	吃,	兀	个	不	能	吃
临洮	tʂʅ⁴⁴	ke²¹	nẽ¹³	tʂʰʅ¹³,	v̇⁴⁴	ke²¹	tʂʰʅ²¹	pu⁴⁴	tʂʰẽ¹³
	这	个	能	吃,	兀	个	吃	不	成
漳县	tʃʅ²⁴	kɿ²¹	tʃʰʅ⁵³	ti²⁴,	u²⁴	zi²¹	kɿ²¹	tʃʰʅ⁵³	pu²¹	ti³⁵
	这	个	吃	得,	兀	一	个	吃	不	得

267

武都	tsei⁵³ kə²¹ lɔ̃¹³ tʂʻʅ²¹, vɛi⁵³ kə²¹ tʂʻʅ⁵³ pu²¹ ti²¹ 这　　个　　能　　吃，　咓̃　个　　吃　　不　　得
文县	tsɛ⁵⁵ kʻuɛ²¹ tsʻʅ³¹ ti²¹, uə⁴⁴ kʻɤ²¹ tsʻʅ³¹ pu²¹ ti²⁴ 这　　个　　吃　　的，　那　　可　　吃　　不　　的
宕昌	tʂɤ⁵³ kɤ²¹ ləŋ¹³ tʂʻʅ⁴⁴, la⁵³ kɤ²¹ pu¹³ ləŋ¹³ tʂʻʅ⁴⁴ 这　　个　　能　　吃，　那　　个　　不　　能　　吃
康县	tsE⁵⁵ kuɤ²¹ tʂʻʅ⁵³ tʅ²¹, lA²¹ kuɤ⁵³ tʂʻʅ⁵⁵ pu²¹ tʅ²¹ 这　　个　　吃　　的，　那　　个　　吃　　不　　的
西和	tsei⁵¹ kɛ²¹ tʂʻʅ²¹ ti²⁴, uɛ⁵³ kɛ²¹ tʂʻʅ²¹ pu²⁴ tiɛ²¹ 这　　个　　吃　　的，　咓̃　个　　吃　　不　　的
临夏市	fɑŋ⁴⁴kɤ²¹tsʻʅ²¹tsʻəŋ²⁴ni²¹, vu⁴⁴kə²¹tsʻʅ¹³pu²¹tsʻəŋ¹³ 这　个　吃　成　哩，兀　个　吃　不　成
临夏县	tʂʅ²¹kə⁵²tsʻʅ²¹tsʻəŋ²⁴li²¹, ɤu²¹kə⁵²tsʻʅ¹³pu²¹tsʻəŋ¹³ 这　个　吃　成　哩，兀　个　吃　不　成
合作	tʂɤ⁵³ kɤ⁵⁵ tʂʅ¹³ tʂʻɤŋ¹³, vu⁵⁵ kɤ¹³ tʂʅ¹³ pu⁵³ tʂʻɤŋ¹³ 这　　个　　吃　　成，　兀　　个　　吃　　不　　成
舟曲	tʂʅ²¹ kʻɛ⁵⁵ lɤŋ²⁴ tʂʻʅ⁵³, la²¹ kʻɛ⁵⁵ pu⁵⁵ lɤŋ⁴² tʂʻʅ³¹ 这　　个　　能　　吃，　那　　个　　不　　能　　吃
临潭	tʂɤ⁵³ kɤ¹³ tʂʻʅ¹³ tei²¹, na⁵³ kɤ⁴⁴ tʂʻʅ¹³ pu⁴⁴ tei³¹ 这　　个　　吃　　得，　那　　个　　吃　　不　　得

96. 他吃了饭了，你吃了饭没有呢？

兰 州	tʻa44　fæ35　tʂʻʅ21　lɔ31, ni44　tʂʻʅ21　lɔ31　mei13　ʑiəu21?	
	他　饭　吃　了，你　吃　了　没　有？	
红 古	tɕia42　tʂʻʅ21　pa13　liɔ42, ni55　tʂʻʅ13　li44　mei13　iəu55?	
	傢＝　吃　罢　了，你　吃　了　没　有？	
永 登	na31　tʂʅ21　pa41　liao44, ni13　tʂʅ21　liao44　mei13　iʊu44	
	那　吃　罢　了，你　吃　了　没　有？	
榆 中	tʻa44　tʂʻʅ31　lɔo44　fæ44　lɔo31, ni44　tʂʻʅ44　lɔo31　mei53　ti31?	
	他　吃　了　饭　了，你　吃　了　没　的？	
白 银	pa35　tʂʻʅ31　pa13　lɔ33, ni33　tʂʻʅ31　lɔ33　mei42?	
	他　吃　罢　了，你　吃　了　没？	
靖 远	niɛ24　tʂʅ22　pa35　liao41, niɛ55　tʂʻʅ41　liɛ21　mə21?	
	臬＝　吃　罢　了，你　吃　了　没？	
天 水	tʻa13　tʂʻʅ21　liɔ53, n̠i53　tʂʻʅ21　liɔ53　mo21　iəu53?	
	他　吃　了，你　吃　了　没　有？	
秦 安	tʻa13　fan44　tʂʻʅ44　lɔ21, n̠i44　fan13　tʂʻʅ21　lɔ31　mə21?	
	他　饭　吃　了，你　饭　吃　了　没？	
甘 谷	tʻɒ35　tʂʻʅ21　lɑu13, n̠i53　tʂʻʅ21　lɑu42　mɒ21?	
	他　吃　了，你　吃　了　吗？	
武 山	tʻɑ21　fa44　tʂʻʅ42　lə21, n̠i53　tʂʻʅ21　lɔ21　fa44　miɣɯ53　ɑ21?	
	他　饭　吃　了，你　吃　了　饭　没有　啊？	
张家川	tʻa21　pa21　fæ44　tʂʻliʊi53, n̠i53　pa21　fæ44　tʂʻliɤ53　m̩?	
	他　把　饭　吃了，你　把　饭　吃了　吗？	
武 威	tɕia35　tʂʻʅ53　pa44　liʊi21, ni35　tʂʻʅ53　liʊi21　mu44　iəu21?	
	傢＝　吃　罢　了，你　吃　了　没　有？	
民 勤	pi53　tʂʻʅ42　la21, nŋ44　tʂʻʅ42　la22　mir44?	
	彼　吃　了，你　吃　了　没？	
古 浪	nɑ42　tʂʻʅ44　pɑ31　liao21, ni22　tʂʻʅ31　liao13　mei22　iʊu21?	
	那　吃　罢　了，你　吃　了　没　有？	
永 昌	tʻa13　tʂʻʅ22　fɛ42　liɔo21, ni35　tʂʻʅ42　liɔo21　mə53　iɣu21?	
	他　吃　饭　了，你　吃　了　没　有？	

张掖	tʻa⁴⁴ tʂʻʅ³¹ liɔ²¹, ni⁴⁴ tʂʻʅ³¹ a²² mu³¹ a²¹?
	他 吃 了， 你 吃 啊 没 啊？
山丹	tʻa³⁴ tʂʻʅ⁴² lə²¹, ni⁵³ tʂʻʅ⁴² lə²² mu⁴⁴ a⁴⁴?
	他 吃 了， 你 吃 了 没 啊？
平凉	tʻɑ⁵³tɤu²⁴tʂʻʅ⁵³liɔ³¹, ȵi⁵³tʂʻʅ⁵³liɔ²¹mɑ²¹mɔ³¹iɤu⁵³?
	他 都 吃 了， 你 吃 了 吗 没 有？
泾川	tʻA⁵³ tʂʻʅ³¹ liɛ²¹, ȵi⁵³ tʂʻʅ³¹ liɛ²¹ mo³¹ iəu⁵³?
	他 吃 了， 你 吃 了 没 有？
灵台	tʻa⁵³ tʂʻʅ³¹ liɛ²¹, ȵi⁵³ tʂʻʅ³¹ liɛ²¹ mei²⁴ iou²¹?
	他 吃 了， 你 吃 了 没 有？
酒泉	tʻa⁴⁴tʂʻʅ⁴²kuə¹³fã²²lə²¹, ni⁵³tʂʻʅ²²lə¹³mei²²iəu²²sɑŋ⁵³?
	他 吃 过 饭 了， 你 吃 了 没 有 唦？
敦煌	tʻa⁴⁴tʂʻʅ²¹³lɔɔ⁴²fan⁴⁴, ȵɿ⁴⁴tʂʻʅ⁴²lɔɔ²¹mɔ²¹iɤu⁵³?
	他 吃 了 饭， 你 吃 了 没 有？
西峰	tʻa⁵⁵tʂʻʅ⁵³lia³¹, ȵi³¹tʂʻʅ⁵³lia³¹mɔ²⁴? 他吃了，你吃了没？
环县	ȵia³¹ tʂʻʅ⁴¹ liɛ²¹, ȵi⁵⁵ tʂʻʅ³¹ liɛ²¹ mɤ²¹ iɤu⁵⁵?
	伢⁻ 吃 了， 你 吃 了 没 有？
正宁	tʻa⁴⁴tʂʻʅ³¹liɔ³¹fæ̃⁴⁴liɔ³¹, ȵi⁴⁴tʂʻʅ³¹fæ̃⁴⁴liɔ³¹mɔ²¹?
	他 吃 了 饭 了， 你 吃 饭 了 没？
镇原	na⁴⁴pa³¹fæ̃⁴⁴tʂʻʅ⁵³lia³¹, ȵi⁴⁴tʂʻʅ⁵³lə³¹ma²¹mɔ²²iəu⁵³?
	他 把 饭 吃 了， 你 吃 了 吗 没 有？
定西	tʻa²⁴ tʂʻʅ²¹ kuɤ⁴⁴ lɤu³², ȵi⁵³ tʂʻʅ²¹ lɔ¹³ mɤ¹³?
	他 吃 过 了， 你 吃 了 没？
通渭	uə⁴⁴ tʂʻʅ²¹ la¹³, ȵiə⁵³ tʂʻʅ²¹ lʊ¹³ mə³¹?
	兀 吃 了， 你 吃 了 没？
陇西	tʻa³³ tʂʻʅ³³ kuɤ²² lɔɔ⁴³, li⁵⁵ tʂʻʅ⁴² kuɤ⁴⁴ lɔɔ⁴² væ̃²¹?
	他 吃 过 了， 你 吃 过 了 完？
临洮	tʻa²⁴ tʂʻʅ²¹ liɔ¹³, ni⁵³ tʂʻʅ²¹ xa¹³ la⁴⁴?
	他 吃 了， 你 吃 下 呐？
漳县	tʻɑ³³tʃʻʅ⁵³xa²¹fæ̃²⁴lɔɔ²¹, ȵi⁵³tʃʻʅ²¹xɑ²¹lɔɔ²⁴mɤ²¹?
	他 吃 下 饭 喽， 你 吃 下 了 没？

武 都	tʻa⁵⁵fæ̃²⁴i⁵³tɕiɔ̃⁵⁵tʂʻʅ⁵³ʂɑŋ²¹lɔu²¹, ȵi⁵⁵tʂʻʅ⁵³liɔu²¹mə²¹ʑiɤu⁵⁵? 他 饭 已 经 吃 上 了, 你 吃 了 没 有?
文 县	tʻa³¹fæ̃²⁴tʂʻʅ³¹lɔo²¹, ȵi⁵⁵tʂʻʅ³¹lɔo²¹ma²¹? 他 饭 吃 了, 你 吃 了 吗?
宕 昌	ʐa³⁵fæ̃⁴²tʂʻʅ²⁴lao⁴⁴, ŋ⁵³tʂʻʅ³⁵lao⁴⁴mɤ⁴²iɤu²¹? 他 饭 吃 了, 你 吃 了 没 有?
康 县	tʻA⁵³tʂʻʅ⁵³lɔ²¹fæ̃²⁴lɔ⁵³, ȵi⁵⁵tʂʻʅ⁵³lɔ²¹fæ̃²⁴lɔ²¹mɤ²¹iɤu⁵⁵? 他 吃 了 饭 了, 你 吃 了 饭 了 没 有?
西 和	tʻA²¹tʂʻʅ²¹lɔ²¹, ȵi⁵¹tʂʻʅ²¹lɔ²⁴mɤ²¹? 他 吃 了, 你 吃 了 没?
临夏市	tɕiɛ¹³fã⁵³tʂʻʅ²¹liɔ⁵², ni⁴⁴tʂʻʅ²¹liɔ⁵²mə⁴⁴iɤu²¹? 傢 饭 吃 了, 你 吃 了 没 有?
临夏县	tʻɑ⁵⁵fã⁵³tʂʻʅ¹³kuə⁵⁵liɔ⁵², ni⁵⁵tʂʻʅ²¹liɔ⁵²mei⁵⁵iɤu²¹? 他 饭 吃 过 了, 你 吃 了 没 有?
合 作	tʻa⁵⁵fan⁵³tʂʅ¹³liɔo¹³, ni⁵⁵fan⁵³tʂʅ¹³liɔo¹³mɤ¹³? 他 饭 吃 了, 你 饭 吃 了 没?
舟 曲	ʐa⁵³fæ̃²⁴tʂʻʅ⁵⁵liɔo²¹, nzɿ⁵⁵tʂʻʅ⁵⁵liɔo⁵³mɤ⁴²? 他 饭 吃 了, 你 吃 了 没?
临 潭	tʻa⁴⁴tʂʻʅ¹³lɔ⁵³fæi⁴⁴lɔ⁵³, ni⁵³xæi⁴⁴mɤ¹³iɤu⁵³tʂʻʅ¹³fæi⁴⁴ma⁵³? 他 吃 了 饭 了, 你 还 没 有 吃 饭 吗?

97. 他去过上海，我没有去过

兰州	tʻa⁴⁴tɕʻi²²kuo¹³ʂã²²xɛ⁴⁴， vɤ⁴⁴mo³¹tɕʻi¹³kuo¹³
	他 去 过 上 海， 我 没 去 过
红古	tɕia⁴²ʂã²²xɛ⁵⁵tɕʻi¹³kuə⁴²， vɤ³⁵mɤ²¹tɕʻi¹³kuə²¹
	傢" 上 海 去 过， 我 没 去 过
永登	na⁴¹ʂãŋ¹³xɛi⁴⁴tɕʻi²¹kuə⁴⁴， və³⁵mei²¹iʊu³¹tɕʻi²⁴kuə⁴⁴
	那 上 海 去 过， 我 没 有 去 过
榆中	tʻa⁴⁴tɕʻy³¹kuɤ⁴⁴ʂã²⁴xɛi⁴⁴， uɤ⁴⁴mei⁴⁴tɕʻy³¹kuɤ⁵³
	他 去 过 上 海， 我 没 去 过
白银	pa³⁵tɕʻi³¹kuə⁴⁴ʂaŋ²²xɛ³³， və¹³mei¹³tɕʻi³¹kuə¹³
	他 去 过 上 海， 我 没 去 过
靖远	niɛ²⁴tao²¹ʂaŋ³³xɛi⁵⁵tsʻɿ³⁵kuə⁴¹， ŋuə⁵⁵mə²²tsʻɿ³⁵kuə⁴¹
	臬" 到 上 海 去 过， 我 没 去 过
天水	tʻa²¹tɕʻi⁴⁴xa²¹ʂã⁴⁴xɛ⁵³tɛ²¹， ŋuə⁵³mo²¹iəu⁵³tɕʻy³³kuə³³
	他 去 下 上 海 的， 我 没 有 去 过
秦安	tʻa¹³tɕʻy⁴⁴kuo⁴⁴ʂɔ̃⁴⁴xɛ⁵³a²¹， ɲi⁴⁴tɕʻi⁴⁴kuo⁴⁴mə²¹
	他 去 过 上 海啊， 你 去 过 没?
甘谷	tʻɒ⁴⁴tɕʻi⁴⁴kuə¹³ʂaŋ⁴⁴xai⁴⁴， kiɛ⁵³mə²¹tɕʻi⁴⁴kuə¹³
	他 去 过 上 海， 我 没 去 过
武山	tʻa²¹tɕʻi⁴⁴kuo⁴⁴ʂaŋ⁴⁴xɛi⁵³， kiə⁵³xɛi²¹mə²¹tɕʻi⁴⁴kuo⁴⁴
	他 去 过 上 海， 我 还 没 去 过
张家川	tʻa²¹tɕʻi⁴⁴kuɤ³²ʂã⁴⁴xe⁵³， ŋɤ⁵³mɤ²¹tɕʻi⁴⁴kuɤ²¹
	他 去 过 上 海， 我 没 去 过
武威	tɕia³⁵ʂÃ⁵³xɛi³⁵tɕʻi⁴⁴kuə³¹， və³⁵mu⁴⁴iəu²¹tɕʻi⁴⁴kuə³¹
	傢" 上 海 去 过， 我 没 有 去 过
民勤	pi⁵³tɕʻi⁴²kuə⁴⁴ʂaŋ²²xæi⁴⁴， uə⁴⁴miɹ²²tɕʻi⁴²kuə²¹
	彼 去 过 上 海， 我 没 去 过
古浪	nɑ⁵³ʂãŋ³¹xɛ⁴⁴tɕʻi⁴⁴kuə²¹， uə⁴⁴mei¹³iʊu²¹tɕʻi⁴⁴kuə³¹
	那 上 海 去 过， 我 没 有 去 过
永昌	tɕia¹³tɕʻy⁵³kuə²¹ʂʌŋ⁵³xɛ²¹， uə³⁵mə²¹tɕʻy⁵³kuə²¹
	傢" 去 过 上 海， 我 没 去 过

第一章 语法例句

张掖	t'a⁴⁴k'ə³¹kuə²²ʂaŋ²²xɛi⁵³，və⁵³mu²⁴k'ə³¹kuə²¹	
	他 去 过 上 海， 我 没 去 过	
山丹	na⁵³tɕ'y⁴²kuə²¹ʂã⁴²xɛe⁴⁴，uə⁵³mu²⁴tɕ'y⁴²kuə²¹	
	他 去 过 上 海， 我 没 去 过	
平凉	t'a⁵³tɕ'i⁴⁴kuo²¹ʂaŋ²⁴xæ⁵³，uo³¹xæ²⁴mɔ³¹tɕ'i⁴⁴kuo³¹	
	他 去 过 上 海， 我 还 没 去 过	
泾川	t'ᴀ⁵³tsəu⁵³kuo²¹ʂaŋ⁴⁴xᴇ⁵³，vo⁵³mo³¹tsəu⁵³kuo²¹	
	他 走 过 上 海， 我 没 走 过	
灵台	t'a⁵³tɕ'y⁴⁴kuo²¹ʂaŋ⁴⁴xɛ⁵³，ŋuo⁵³mɤ³¹iou⁵³tɕ'y⁴⁴kuo²¹	
	他 去 过 上 海， 我 没 有 去 过	
酒泉	t'a⁴⁴tɕ'i²²kuə⁴⁴ʂaŋ²²xe⁴⁴，və⁵³mu¹³tɕ'i⁴²kuə²¹	
	他 去 过 上 海， 我 没 去 过	
敦煌	t'a²²tɕ'ɥ⁴⁴kuə⁴²ʂɒŋ⁴⁴xɛ⁵³，ŋə⁵³mɔɕŋtɕ'ɥ⁴⁴kuə⁴⁴	
	他 去 过 上 海， 我 没 去 过	
西峰	t'a⁵⁵tɕ'i⁵⁵kuo²¹ʂãŋ⁵⁵xᴇ²¹，ŋɤ⁵³mɔ³¹tɕ'i⁵⁵kuo²¹ʂãŋ⁵⁵xᴇ²¹	
	他 去 过 上 海， 我 没 去 过 上 海	
环县	t'a³¹tɕ'i⁵⁵kuo²¹ʂaŋ⁵⁵xɛ⁴¹，ŋuo⁵⁵mɤ²¹iʁu⁵⁵tɕ'i⁵⁵kuo²¹	
	他 去 过 上 海， 我 没 有 去 过	
正宁	t'a⁴⁴tɕ'i⁴⁴kuo²¹ʂaŋ⁴⁴xᴇ⁵³，ŋuo⁵³mo³¹tɕ'i²⁴kuo²¹	
	他 去 过 上 海， 我 没 去 过	
镇原	na⁵³tɕ'i⁴⁴kuo²¹ʂaŋ⁴⁴xɛ⁵³，uo³¹mɔ⁴⁴iəu²¹tɕ'i⁴⁴kuo²¹	
	那 去 过 上 海， 我 没 有 去 过	
定西	t'a¹³tsʁu⁵³kuʁ³²ʂã⁴⁴xᴇ⁵³，ŋɤ⁵³mɤ²¹tɕ'i⁴⁴kuʁ²¹	
	他 走 过 上 海， 我 没 去 过	
通渭	uə⁴⁴tɕ'i⁴⁴kuə³²ʂã⁴⁴xe⁵³，kə⁵³mə²¹tɕ'i⁴⁴kuə²¹	
	兀 去 过 上 海， 我 没 去 过	
陇西	t'a²¹tsʁu⁵⁵ko⁴²ʂã⁴⁴xɛ⁵³，kɤ⁵⁵mɤ²¹tsʁu⁵⁵kuʁ²¹	
	他 走 过 上 海， 我 没 走 过	
临洮	t'a²¹tɕ'y⁴⁴ko²¹ʂã⁴⁴xɛ⁵³，ŋo⁵³mo²¹tɕ'y⁴⁴ko²¹	
	他 去 过 上 海， 我 没 去 过	
漳县	t'ɑ³³tɕ'y²⁴kuo²¹ʃã²⁴xᴇ⁵³，kɤ⁵³mɤ²¹tɕ'y²¹kuo⁴⁴	
	他 去 过 上 海， 我 没 去 过	

武都	tʻa⁵⁵tɔu²⁴ʂaŋ²⁴xɛi²¹tɕʻi²⁴kuə²¹，ŋə⁵⁵mə²¹tɕʻi⁵⁵kuə²¹
	他 到 上 海 去 过， 我 没 去 过
文县	tʻa³¹tɕʻi²⁴kuə⁴⁴sã²⁴xɛ⁵³，ŋɤ⁵⁵mə²¹tɕʻi²⁴kuə⁴²
	他 去 过 上 海， 我 没 去 过
宕昌	ʐa³⁵tsʻʮ⁵³kuə⁴⁴ʂã⁴⁴xɛ⁵³，ŋɤ⁵³mɤ³⁵tsʻʮ⁵³kuə⁴⁴
	他 去 过 上 海， 我 没 去 过
康县	tʻᴀ⁵³tɕʻi²¹kuɤ⁵⁵ʂã²¹xᴇ⁵³，ŋuɤ⁵⁵mɤ²¹iɤu⁵⁵tɕʻi²¹kuɤ²⁴
	他 去 过 上 海， 我 没 有 去 过
西和	tʻᴀ²¹tɕʻi⁵⁵kuɤ²¹ʂã⁵⁵xɛ⁵¹，ŋuɤ⁵¹mɤ²⁴tɕʻi⁵⁵kuɤ²¹
	他 去 过 上 海， 我 没 去 过
临夏市	tɕiɛ¹³ʂaŋ⁴⁴xɛ⁴²tɕʻy²¹kuə⁵²，ŋə⁴⁴mə⁴⁴iɤu²¹tɕʻy²¹kuə⁵²
	傢 上 海 去 过， 我 没 有 去 过
临夏县	tʻɑ⁵⁵tɕʻi²¹kuə⁵²ʂaŋ⁵⁵xɛ²¹，ŋə⁵⁵mei⁵⁵iɤu²¹tɕʻi²¹kuə⁵²
	他 去 过 上 海， 我 没 有 去 过
合作	tʻa⁵⁵ʂaŋ⁵⁵xɛi⁵³tɕʻi⁵³kuə⁵³，ŋɤ⁵³mei¹³tɕʻi⁵³kuə⁵³
	他 上 海 去 过， 我 没 去 过
舟曲	ʐa⁵³tʃʻʮ²¹kuə⁵⁵ʂã²¹xɛ⁵³，ŋuə⁵⁵mɤ⁵³tʃʻʮ²¹kuə⁴²
	他 去 过 上 海， 我 没 去 过
临潭	ɔ⁴⁴kɤ³¹tɕʻy⁵³kuɤ⁴⁴ʂã⁴⁴xɛi⁵³，ŋɤ⁵³xæi¹³mɤ²⁴iɤu⁵³tɕʻy⁴⁴kuɤ⁵³
	兀个 去 过 上 海， 我 还 没 有 去 过

98．来闻闻这朵花香不香

兰 州	lɛ⁵³ven⁵³ven²¹tʂe¹³tuo³¹xua³¹ɕiã⁴⁴pu²²ɕiã²¹
	来 闻 闻 这 朵 花 香 不 香
红 古	lɛ¹³, vən²¹kʻər¹³, tʂɿ⁴²kɛ²¹xuɐr¹³ɕiã²¹pu⁴²ɕiã¹³
	来， 闻会儿， 这个 花儿 香 不 香
永 登	kuə⁴⁴lɛi²¹, vən⁵³kʻə¹¹xa⁴⁴xua⁴⁴ɕiaŋ⁴⁴pu²¹ɕiaŋ⁴⁴
	过 来， 闻会下 花 香 不 香
榆 中	ni⁴⁴vən⁵³ʐi³¹ɕia⁴⁴tʂɤ⁴⁴kɯ³¹xua⁴⁴ɯ²¹ɕiã⁴⁴pu²⁴ɕiã⁵³
	你 闻 一 下 这 个 花 儿 香 不 香
白 银	ni³⁵lɛ⁵¹vən⁵¹ʐi²²xa²¹, tʂɿ²²kə¹³xua⁴⁴ɕiaŋ⁵³pu²²ɕiaŋ²¹
	你 来 闻 一 下， 这 个 花 香 不 香
靖 远	kuə³⁵lɛi⁴¹vɤŋ²⁴ʐɿ²¹xa²¹tʂɿ³⁵kə⁴²xuɐr⁴¹ɕiaŋ⁴¹pa²¹
	过 来 闻 一 下 这 个 花儿 香 吧
天 水	lɛ¹³vəŋ¹³ɕxa²¹, tʂə⁵³ʐi²¹tuə⁴⁴xua¹³ɕiã²¹pu⁴⁴ɕiã²¹
	来 闻 一 下， 这 一 朵 花 香 不 香
秦 安	lɛ¹³və̃⁴⁴ʐi²¹xa⁴⁴tʂɤu⁴⁴kə¹³xua²¹lɤ¹³ɕiɔ̃²¹pfu⁴⁴ɕiɔ̃²¹
	来 闻 一 下 这 朵 花 呢 香 不 香
甘 谷	uəŋ¹³uəŋ¹³tʂɿ⁴⁴tuə¹³xuə¹³, ɕiaŋ²¹pu⁴⁴ɕiaŋ²¹
	闻 闻 这 朵 花， 香 不 香
武 山	kuo⁴⁴lɛi²⁴uəŋ²¹kuo⁴⁴xɑ²¹, tʂɿ⁴⁴tuo¹³xuo¹³ɕiaŋ²¹ɑ²¹pu⁴⁴ɕiaŋ²¹
	过 来 闻 给 下， 这 朵 花 香 啊 不 香
张家川	ȵi⁵³le¹³ʋɤŋ¹³i²¹xa²¹kʻæ̃⁴⁴tʂɿ⁵³kɤ³²xuɐr¹³ɕiã¹³a³²p̓
	你 来 闻 一 下 看 这 个 花儿 香 啊 不
武 威	lɛi³⁵, vəŋ³⁵kʻa²¹tɕiŋ⁵³tuə²¹xua²¹ɕiÃ³⁵pu⁵³ɕiÃ²¹
	来， 闻 会 这 朵 花 香 不 香
民 勤	vɤŋ⁵⁵ʐi²²xa²¹, tɕi²²kɯ⁴⁴xua⁴⁴ɕiɑŋ⁴⁴a²²pa²¹
	闻 一 下， 这 个 花 香 啊 吧
古 浪	lɛ⁵³, və̃⁴⁴kʻa²¹tʂɿ³¹kə²¹xua⁵³ɕiãŋ⁴⁴tʂɿ⁴²mei¹³iʋu²¹
	来， 闻 会 这 个 花 香 着 没 有
永 昌	lɛ⁵³vəŋ¹³ʐi⁵³vəŋ²¹tʂə⁵³tuə²¹xua⁴⁴ɕiɅŋ¹³pu⁴²ɕiɅŋ²¹
	来 闻 一 闻 这 朵 花 香 不 香

张掖	lɛi⁵³vəŋ⁴⁴ʐi²²xa²¹, tʂʅ³¹tuə²¹xua⁴⁴ɕiʌŋ⁴⁴a⁴⁴pu³¹a²¹
	来 闻 一 下， 这 朵 花 香 啊 不 啊
山丹	lɛe⁵³vəŋ⁵⁵ʐi²²xa²¹, tʂə⁴²kə²¹xua³⁴ɕiã³⁴a⁴⁴pu⁴⁴ʂa⁴⁴
	来 闻 一 下， 这 个 花 香 啊 不 吵
平凉	læ²⁴vəŋ²⁴i³¹xɑ²¹tʂɤ⁴⁴kɤ²¹xuɑ³¹ɕiɑŋ³¹pu²⁴ɕiɑŋ³¹
	来 闻 一 下 这 个 花 香 不 香
泾川	lɛ²⁴vəŋ³¹kʌ⁵³xuʌ³¹ɕiɑŋ³¹pu²⁴ɕiɑŋ³¹
	来 闻 下 花 香 不 香
灵台	lɛ²⁴uəŋ²⁴i³¹xa²¹, tʂɤ⁵³xua³¹ɕiɑŋ⁵³pfu²¹
	来 闻 一 下， 这 花 香 不
酒泉	le⁵³vəŋ⁴⁴ʐi⁴²xa²¹, tʂʅ³¹kə²²xua⁴⁴ɕiɑŋ⁴⁴a⁴⁴pu⁴²
	来 闻 一 下， 这 个 花 香 啊 不
敦煌	le⁴⁴vəŋ²¹³vəŋ²¹³tʂʅ⁴⁴tuə⁴²xua²¹³ɕiɔŋ²¹³pu⁴⁴ɕiɔŋ²¹
	来 闻 闻 这 朵 花 香 不 香
西峰	lɛ²⁴uŋ²⁴i³¹xa²¹tʂʅ³¹kɤ⁵⁵xua³¹tsʻuæ̃⁵⁵pu³¹tsʻuæ̃²¹
	来 闻 一 下 这 个 花 窜① 不 窜
环县	vəŋ²⁴i²¹xa²¹tʂei⁵⁵kɤ²¹xua⁴¹ɕiɑŋ⁴¹pu²¹ɕiɑŋ⁴¹
	闻 一 下 这 个 花 香 不 香
正宁	lɛ²⁴uəŋ²⁴i³¹xa²¹kæ̃³¹, tʂɤ⁵³tuo²¹xua²⁴ɕiɑŋ³¹pu²¹ɕiɑŋ³¹
	来 闻 一 下 看， 这 朵 花 香 不 香
镇原	lɛ²⁴uəŋ²⁴i²¹xa²¹, tʂɛ⁴⁴i³¹tuo²¹xua⁵³ɕiɑŋ⁵³ma²¹pu²⁴ɕiɑŋ⁵³
	来 闻 一 下， 这 一 朵 花 香 吗 不 香
定西	vɤŋ¹³tʂɤu⁴⁴xua¹³ɕiã¹³puə²¹
	闻 这 花 香 不
通渭	ũ²¹ku⁴⁴xa³²xua²¹ʐʅ¹³ɕiã¹³puɤ³¹
	闻 给 下 朵 儿 香 不
陇西	la²⁴, vəŋ²²ku⁴⁴xa⁴², tʂʅ⁴⁴ke⁴²xua⁴²ʐʅ¹³ɕiã⁴²ma¹³
	来， 闻 给 下， 这 个 花 儿 香 吗
临洮	ni⁵³vɤŋ²⁴ʐi⁴²xar²¹tʂe⁵³tor⁵³xuar¹³ɕiã²¹pu⁴⁴ɕiã²¹
	你 闻 一 下儿 这 朵儿 花儿 香 不 香

---

① 窜=：香、厉害，这儿相当于"香"。

漳县	lɑ²⁴lɛ²⁴uɤ²¹kuo²⁴tɕiɑ²¹tʃʅ²⁴tuo²¹xuɑ⁵³ər²⁴ɕiã⁵³mɑ²¹pu²⁴ɕiã²¹	
	拿 来 闻 给" 家" 这 朵 花 儿 香 吗 不 香	
武都	lei¹³vɚ²¹ʑi²¹xa⁵⁵tʂə²¹xuɑ²¹ɕiɑŋ⁵³xæ²¹sʅ⁵⁵pu²⁴ɕiɑŋ²¹	
	来 闻 一 下 这 花 香 还 是 不 香	
文县	lɛ¹³vɚ¹³xa²¹tsɛ⁵⁵tuə²¹xuɑ³¹ɕiɑ²¹pu²¹ɕiã³¹	
	来 闻 下 这 朵 花 香 不 香	
宕昌	lɛ¹³vəŋ²⁴zʅ⁴²xa²¹, tʂɤ⁵³tuə²¹xuɑ⁴⁴ər²¹ɕiã²⁴pu⁴²ɕiã⁴⁴	
	来 闻 一 下, 这 朵 花 儿 香 不 香	
康县	lɛ¹³uŋ²¹i⁵⁵xʌ²¹tʂɤ⁵⁵tuɤ²¹xuʌ⁵³ɕiã⁵³mʌ²¹	
	来 闻 一 下 这 朵 花 香 吗	
西和	lɛ²⁴uŋ²⁴i²¹xʌ²⁴tsei⁵³ tuɤ⁴⁴xuʌ²⁴ɕiã²¹pu⁴⁴ɕiã²¹	
	来 闻 一 下 这 朵 花 香 不 香	
临夏市	vəŋ¹³ʑi²¹ɕiɑ⁵³, tʂə²¹kə⁵³xuɑ¹³ɕiɑŋ¹³tʂə⁴⁴lɑ²¹	
	闻 一 下, 这 个 花 香 着 啦	
临夏县	lɛ¹³vəŋ¹³ʑi¹³xɑ⁵³, tʂʅ⁵³ʑi¹³tuə⁵²xuɑ¹³ɕiɑŋ¹³pu²¹ɕiɑŋ¹³	
	来 闻 一 下, 这 一 朵 花 香 不 香	
合作	lɛi¹³vuən¹³ʑi¹³xa⁵⁵tʂɤ⁵³kɤ⁵⁵xua⁵⁵ɕiɑŋ¹³pu⁵⁵ɕiɑŋ¹³	
	来 闻 一 下 这 个 花 香 不 香	
舟曲	lɛ³³vɤŋ⁵³xa²¹tʂʅ³³tuə⁵⁵xuʌr⁵³ɕiã⁵³ɕiã⁴²	
	来 闻 下 这 朵 花 儿 香 香	
临潭	lɛi¹³, vəŋ¹³ʑi⁵³kua⁴⁴tʂɤ⁵³tuɤ⁴⁴xua⁴⁴ɕiã⁴⁴pu³¹ɕiã⁴⁴	
	来, 闻 一 挂" 这 朵 花 香 不 香	

99. 香得很，是不是

兰 州	ɕiã⁵³ tɤ¹³ xən⁴⁴, ʂʅ¹³ pu²² ʂʅ¹³? 香　　得　　很，　是　不　是？
红 古	ɕiã²¹ tʂɤ¹³ xən⁴⁴ ʂa²¹? tɕiəu³⁵ ʂʅ¹³ ʂa⁴²? 香　　着　　很　哨？　就　　是　哨？
永 登	ɕiaŋ⁴⁴ ti²¹ xən²⁴ ʂa⁴⁴? tɕiʊu⁴¹ ʂʅ²¹ ʂa⁴⁴? 香　　得　　很　哨？　就　　是　哨？
榆 中	ɕiã⁴⁴ ti⁴⁴ xən⁴⁴, ʂʅ⁴⁴ pu³¹ ʂʅ⁴⁴ a²¹? 香　　得　　很，　是　不　是　啊？
白 银	ɕiaŋ⁴⁴ tə⁴² xən³³, ʂʅ⁴⁴ pu²² ʂʅ¹³? 香　　得　　很，　是　不　是？
靖 远	ɕiaŋ⁴¹ niɛ²¹ ɕia²¹?　　香呢下？
天 水	ɕiã²¹ ti¹³ xəŋ⁵³, tɕiəu⁴⁴ pu²¹ sʅ⁴⁴ tɛ⁴⁴? 香　　得　　很，　就　不　是　的？
秦 安	ɕiɔ̃²¹ ti¹³ xɔ̃⁵³, tsiəu⁴⁴ ʃʅ²¹ pa²¹? 香　　得　　很，　就　是　吧？
甘 谷	ɕiɑŋ²¹ tai¹³ xəŋ⁴⁴, sʅ⁴⁴ pu²² sʅ⁴⁴? 香　　得　　很，　是　不　是？
武 山	ɕiaŋ²¹ ti¹³ xəŋ⁵³, tɕiə⁴⁴ sʅ⁴⁴ uɑ⁴⁴? 香　　得　　很，　价⁼①　是　哇？
张家川	ɕiã²¹ tɕi⁴⁴ xɤŋ⁵³, tuɪ⁵³ tʂɤ²¹ mɤ²¹? 香　　得　　很，　对　着　么？
武 威	kã³⁵ tɕiəu⁴⁴ ɕiÃ³⁵ ti⁴⁴ xəŋ²¹? sʅ⁴⁴ pu⁵³ sʅ³¹? 敢　就　　香　　得　　很？　是　不　是？
民 勤	ɕiɑŋ⁴⁴ tə⁴⁴ xɤŋ⁵³, tuei⁴² a²² pa⁴⁴? 香　　得　　很，　对　啊　不？
古 浪	ɕiãŋ⁴⁴ ti⁴² xɔ̃⁴²! ʂʅ⁴⁴ pu²¹ ʂʅ²²? 香　　得　　很！　是　不　是？
永 昌	ɕiʌŋ¹³ ti⁴² xəŋ²¹, ʂʅ¹³ pu⁴² ʂʅ²¹? 香　　得　　很，　是　不　是？

---

① 价⁼：发语词。

张掖	ɕiʌŋ⁴⁴	tiə⁴⁴	liə⁵³,	tuei²¹	a²² pu³¹	a²¹?
	香	得	咧,	对	啊 不	啊?
山丹	ɕiã³⁴	tə⁴⁴	xəŋ⁵³,	tuei⁴²	a²¹ pu⁴²	a²¹?
	香	得	很,	对	啊 不	啊?
平凉	ɛ⁴⁴,	ɕiaŋ⁵³	tɛ³¹ xəŋ⁴⁴,	sʅ²⁴	ma²¹?	
	哎,	香	得 很,	是	吗?	
泾川	ɕiaŋ⁵³	ti³¹	xəŋ⁵³,	sʅ⁴⁴	pu³¹	sʅ⁴⁴?
	香	得	很,	是	不	是?
灵台	ɕiaŋ⁵³	ti²¹	xəŋ⁵³,	tei³¹	sʅ⁴⁴?	
	香	得	很,	得	是?	
酒泉	ɕiaŋ⁴⁴	tiə⁴⁴	xəŋ⁵³,	sʅ³¹	a²¹ pu³¹	a²¹?
	香	得	很,	是	啊 不	啊?
敦煌	ɕiɔŋ²²	tə²¹³	xəŋ⁵³,	sʅ⁴⁴	pu⁴²	sʅ⁴⁴?
	香	得	很,	是	不	是?
西峰	tuæ̃³¹	teɪ³¹	xəŋ⁵³,	teɪ³¹	sʅ²⁴?	
	窜	得	很,	得	是?	
环县	ɕiaŋ⁴¹	ti²¹	xəŋ⁴¹,	tuei²⁴	tʂɤ²¹	ma²¹?
	香	得	很,	对	着	吗?
正宁	ɕiaŋ⁵³	ʈi²¹	xəŋ⁵³,	ʈi³¹	sʅ⁴⁴	ʈi³¹?
	香	得	很,	得	是	的?
镇原	ɕiaŋ³¹	ti²¹	xəŋ⁵³,	sʅ⁴⁴	ti³¹	ma²¹?
	香	得	很,	是	的	吗?
定西	ɕiã²¹	ti¹³	xɤŋ⁵¹,	tur⁴⁴	tʂɤ²¹	mɤ²¹?
	香	得	很,	对	着	没?
通渭	ɕiã²¹	ti⁴⁴	xə̃⁵³,	tɕ'iʊ⁴⁴	pa³¹?	
	香	得	很,	就	吧?	
陇西	ɕiã⁴²	ti⁴²	xə̃⁵³,	lɔo⁵⁵	ʂʅ²¹	ɕiã²¹?
	香	得	很,	老	实	香?
临洮	ɕiã²¹	ti⁴⁴	xẽ⁵³,	tue⁴⁴	tʂə⁴²	na²¹?
	香	得	很,	对	着	呐?
漳县	ɕiã⁴²	ti²⁴	xɤ̃⁵¹,	ʃʅ⁴⁴	ma⁴⁴?	
	香	得	很,	是	吗?	

武都	ʂʅ²⁴ pu²¹ ʂʅ⁵⁵ ɕiaŋ⁵³ tə²¹ xə̃²¹?	
	是 不 是 香 得 很?	
文县	ɕiã³¹ ti²¹ xə̃⁴², tuei²⁴ pu²¹ tuei²⁴?	
	香 得 很, 对 不 对?	
宕昌	ɕiã⁴⁴ ti⁴⁴ xəŋ⁵³, ʂʅ⁴⁴ pu²¹ ʂʅ¹³?	
	香 得 很, 是 不 是?	
康县	ɕiã⁵⁵ tɿ²¹ xɤŋ⁵⁵, ʂʅ²¹ ᴀ⁵⁵ mᴀ²¹?	
	香 得 很, 是 啊 吗?	
西和	ɕiã²¹ ti⁵⁵ xɤŋ⁵¹, tɕʰiɤu⁵⁵ ʂʅ²¹ tᴇ²¹ pu²⁴ ʂʅ⁵⁵ tᴇ²⁴?	
	香 得 很, 就 是 的 不 是 的?	
临夏市	ɕiaŋ¹³ ti⁵² xəŋ⁴⁴ ʂa²¹, ɕiaŋ¹³ la²¹ pu¹³ ɕiaŋ¹³?	
	香 得 很 吵, 香 啦 不 香?	
临夏县	ɕiaŋ¹³ ti⁵² xəŋ²¹, ʂʅ⁵³ pu²¹ ʂʅ²¹?	
	香 得 很, 是 不 是?	
合作	ɕiaŋ¹³ tɤ⁵⁵ xɤŋ⁵³, ʂʅ⁵⁵ pu¹³ ʂʅ⁵⁵?	
	香 得 很, 是 不 是?	
舟曲	ɕiã⁵³ tsʅ⁴² xɤŋ⁵³, ʂʅ³⁵ ʂʅ²¹?	
	香 得 很, 是 是?	
临潭	ɕiã⁴⁴ ti³¹ xəŋ⁵³, ʂʅ⁴⁴ pa²¹?	
	香 得 很, 是 吧?	

100. 给我一本书

兰州	kɯ⁵³	vɤ⁴⁴		zi¹³	pən⁴⁴	fu⁵³			
	给	我		一	本	书			

红古	kei¹³	vɤ⁵⁵	kei⁴⁴	ʂã²¹	zʅ²¹	pən⁵⁵	fu¹³		
	给	我	给	上	一	本	书		

永登	kə²⁴	və¹³	kei⁴⁴	ʂã̃ŋ²¹	i²¹³	pən²⁴	fu⁴⁴		
	给	我	给	上	一	本	书		

榆中	kɤ³¹	uɤ⁴⁴		zi²⁴	pən⁴⁴	ʂu³¹			
	给	我		一	本	书			

白银	kei²²	və³³	kei³³	ʂɑŋ³¹	zi²¹	pən⁴⁴	fu⁴⁴		
	给	我	给	上	一	本	书		

靖远	kei³⁵	ŋuə⁵⁵	kei⁵⁵		zʅ²²	pər⁴¹	ʂʅ⁴¹		
	给	我	给		一	本儿	书		

天水	kɛ⁴⁴	ŋuə⁵³		zi²¹	pəŋ⁵³	ʃʅ⁵³			
	给	我		一	本	书			

秦安	kuə⁴⁴	kə⁵³		zi¹³	pə̃⁵³	ʃʅ¹³			
	给	我		一	本	书			

甘谷	kuə⁴⁴	kiɛ⁵³		i²¹	pəŋ⁴⁴	ʃʅ²¹²			
	给	我		一	本	书			

武山	ku⁴⁴	kiə⁵³		i²¹	pəŋ²¹	ʃʅ²¹			
	给	我		一	本	书			

张家川	kɪ⁴⁴	ŋɤ⁵³	kɪ⁴⁴	ʂã³²	i²¹	pɤŋ⁴⁴	tsʅ³²	ʃʅ²¹	sa⁴⁴
	给	我	给	上	一	本	子	书	呦

武威	kə⁴⁴	və⁴⁴		i⁴⁴	pəŋ²¹	ʂʅ⁵³			
	给	我		一	本	书			

民勤	kɯ⁴⁴	uə⁴⁴		zi⁴²	pɤŋ²¹	ʂu⁴⁴			
	给	我		一	本	书			

古浪	kɤ⁴⁴	uə⁴²		zi¹³	pɤ̃ŋ²¹	ʂu⁴⁴			
	给	我		一	本	书			

永昌	kə⁴⁴	uə⁴⁴		zi⁵³	pəŋ⁴²	ʂʅ⁴⁴			
	给	我		一	本	书			

张 掖	kə⁴⁴ 给	və⁵³ 我	zi³¹ 一	pəŋ²² 本	fu⁴⁴ 书	
山 丹	kɤ⁵³ 给	uə⁵³ 我	zi⁴² 一	pəŋ²¹ 本	fu³⁴ 书	
平 凉	keɪ⁴⁴ 给	uo⁵³ 我	i³¹ 一	pəŋr⁵³ 本儿	ʂu³¹ 书	
泾 川	kei⁴⁴ 给	vo⁵³ 我	i³¹ 一	pəŋ⁵³ 本	ʃʮ³¹ 书	
灵 台	kei⁵³ 给	ŋuo⁵³ 我	i³¹ 一	pər⁵³ 本儿	ʃu³¹ 书	
酒 泉	kɤ²² 给	kɤ⁵³ 给	və⁵³ 我	i²² 一	pəŋ⁵³ 本	ʂʮ⁴⁴ 书
敦 煌	kə⁴⁴ 给	ŋə⁵³ 我	zɿ²² 一	pəŋ⁵³ 本	ʂu²¹³ 书	
西 峰	keɪ³¹ 给	ŋɤ⁵³ 我	i⁵³ 一	pəŋ²¹ 本	ʃu³¹ 书	
环 县	kei⁴¹ 给	ŋuo⁴¹ 我	i²¹ 一	kɤ⁵⁵ 本	ʂʮ⁴¹ 书	
正 宁	kei⁴⁴ 给	ŋuo⁴⁴ 我	i³¹ 一	pər⁵³ 本儿	ʃu³¹ 书	
镇 原	kei²⁴ 给	uo³¹ 我	i²¹ 一	pəŋ⁴⁴ 本	sɿ⁵³ 书	
定 西	ku⁴⁴ 给	ŋɤ⁵³ 我	zi²¹ 一	pɤŋ⁵³ 本	ʃʯə¹³ 书	
通 渭	ku⁴⁴ 给	kə⁵³ 我	zi³² 一	pə̃⁵³ 本	ʃʯə¹³ 书	
陇 西	ku²¹ 给我一本书	kɤ⁵⁵	i²¹	pəŋ³²	ʂuɐ²¹	
临 洮	ke⁴⁴ 给	ŋo⁵³ 我	ke⁴⁴ 给	zi⁴² 一	pɤŋ⁵³ 本	ʂuɐ¹³ 书
漳 县	kuo²⁴ 给我一本书	kɤ⁴²	zi²¹	pɤ̃⁴⁴	ʃʮ²¹	
武 都	kei²¹ 给	ŋɯ⁵⁵ 我	ki²⁴ 给	zi²¹ 一	pə̃⁵⁵ 本	ʃʮ²¹ 书

文 县	kei²¹	ŋɤ⁵³	kei²¹	ʑi⁴⁴	pə̃⁵⁵	ʃʮ³¹
	给	我	给	一	本	书
宕 昌	kei²¹	ŋɤ⁵³	kei⁴⁴	pər²¹	ʂu⁴⁴	
	给	我	给	本儿	书	
康 县	kɿ²¹	ŋuɤ⁵⁵	kɿ²⁴	i²¹	pɤ̃r²⁴	fu⁵³
	给	我	给	一	本儿	书
西 和	kei⁵⁵	ŋuɤ⁵¹	i²⁴	pɤ̃r²¹	ʃʮ²¹	
	给	我	一	本儿	书	
临夏市	ŋə⁴⁴	kei⁴⁴	pəŋ⁴²	ʂu¹³	我给本书	
临夏县	kei⁵⁵	ŋə⁵⁵	ʑi²¹	pəŋ⁵²	fu¹³	给我一本书
合 作	ŋɤ¹³	kei¹³	ʑi¹³	pən⁵³	ʂu¹³	我给一本书
舟 曲	kei²⁴	ŋuə⁵⁵	kei²⁴	ʐʮ⁵⁵	pɤr⁴⁴	ʃʮ⁵³
	给	我	给	一	本儿	书
临 潭	pa¹³	vu⁴⁴	kɤ³¹	ʂu⁴⁴	kɛi⁵³	ŋɤ⁵³
	把	兀	个	书	给	我

101. 我实在没有书呢

兰州	vɤ⁴⁴ ʂʅ⁵³ tsɛ¹³ mei¹³ ziəu⁴⁴ ʂu⁵³
	我 实 在 没 有 书
红古	vɤ⁵⁵ tʂʅ²¹ ər⁴ ʂʅ²¹ xua³⁵ mɤ⁴² fu²¹
	我 这 儿 实话 没 书
永登	və²¹ tʂʅ²¹³ ɕiə⁴¹ ʂʅ¹³ ʂʅ³¹ mei²⁴ iʊu¹¹ fu²¹
	我 这 些 实 实 没 有 书
榆中	uɤ⁴⁴ mei⁴⁴ ʂu⁴⁴ tʂɤ¹³ 我没书着
白银	və³³ ʂʅ⁵¹ tsɛ¹³ mei²² iɤu³³ ti²¹
	我 实 在 没 有 的
靖远	ŋuə⁵⁵ ʂʅ²² xua⁵⁵ mə²² iɤu⁵⁵ ʂʮ⁴¹
	我 实 话 没 有 书
天水	ŋuə⁵³ tʂɔ²¹ kuə⁴⁴ mo²¹ iəu⁵³ ʃʮ²¹
	我 真 个 没 有 书
秦安	kə⁵³ tʂə̃¹³ kə⁴⁴ mə⁴⁴ ʃʮ²¹ lɔ²¹
	我 真 个 没 书 了
甘谷	kiɛ⁵³ ʂʅ²¹ tsʻai⁴⁴ mə⁴⁴ ʃʮa²¹² 我实在没书
武山	kiə⁵³ tʂəŋ²¹ kɑ²¹ mə⁴⁴ iɤu⁵³ ʃʮ²¹
	我 真 个 没 有 书
张家川	ŋɤ⁵³ s̩ tse⁴⁴ ʂʅ³² mɤ⁴⁴ ʃʮ⁴⁴ liɛ²¹
	我 实 在 是 没 书 咧
武威	və³⁵ tʂəŋ⁴⁴ ti⁴⁴ mei⁴⁴ iəu²¹ ʂʮ³¹
	我 真 的 没 有 书
民勤	uə⁴⁴ ʂʅ²² tsæi⁴⁴ mu²² ʂu⁴⁴ a²¹
	我 实 在 没 书 啊
古浪	uə²⁴ tʂə̃ŋ⁴⁴ ti⁵³ mei¹³ iʊu²¹ ʂu²² liɑo²¹
	我 真 的 没 有 书 了
永昌	uə³⁵ ʂʅ⁵³ tsɛ⁵³ mə⁵³ iɤu²¹ ʂʮ⁴⁴
	我 实 在 没 有 书
张掖	və²² ʂʅ⁴⁴ tsɛi²² mu²² fu⁴⁴ liɔ²¹
	我 实 在 没 书 了

第一章　语法例句

山丹	uə²²	ʂɻ⁵⁵	tsɛe²¹	mu⁴²	fu³⁴			
	我	实	在	没	书			
平凉	uo⁵³	ʂɻ²⁴	tsæ⁴⁴	mɔ³¹	iɤu⁵³	ʂu³¹	k'æ̃⁴⁴	lia²¹
	我	实	在	没	有	书	看	了
泾川	vo⁵³	ʂɻ²⁴	tsE⁴⁴	mo³¹	iəu⁵³	我实在没有		
灵台	ŋuo⁵³	kən³¹	pən⁵³	mɤ³¹	iou⁵³	ʃu⁵³	mə²¹	
	我	根	本	没	有	书	么	
酒泉	və⁵³	ʂɻ⁴⁴	tse⁴²	mu²²	ʂʯ⁴⁴	lia²¹		
	我	实	在	没	书	了		
敦煌	ŋə⁵³	ʂɻ²²	tsɛ⁴⁴	mɔo²²	iɤu⁵³	ʂu⁴²	la²¹	
	我	实	在	没	有	书	啦	
西峰	ŋɤ⁵⁵	mɔ³¹	iʊ²¹	ʃu⁵³	mə²¹	我没有书没		
环县	ŋuo⁴¹	tʂən³¹	kɤ⁵⁵	mɤ²¹	iɤu⁵⁵	ʂʯ⁴¹		
	我	真	个	没	有	书		
正宁	vu⁴⁴	tɕ'yɛ⁵³	ʂɻ²⁴	mɔ²⁴	iou²¹	ʃu³¹		
	我	确	实	没	有	书		
镇原	uo³¹	tɕ'yo⁵³	ʂɻ²¹	tsɛ³¹	mɔ²²	iəui⁴⁴	sɻ⁵³	la³¹
	我	确	实	再	没	有	书	了
定西	ŋɤ⁵³	tʂɤŋ²¹	kæ̃¹³	mɤ²¹	iu⁴²	我真个没有		
通渭	kə⁵³	tʂə̃²¹	kæ̃¹³	mə³²	ʃʯ²¹	我真个没书		
陇西	kɤ⁵³	tʂən⁴²	kæ̃²²	mɤ⁴⁴	ʂu²¹	我真个没书		
临洮	ŋo⁵³	ʂɻ²¹	tsɛ⁴⁴	mo²¹	iʊ⁵³	ʂuɐ¹³		
	我	实	在	没	有	书		
漳县	kɤ⁴⁴	tʃɤ̃⁵³	kɤ²⁴	mɤ²¹	yɤ̃⁵³	ʃʯ²¹	a²¹	
	我	真	个	没	有	书	啊	
武都	ŋə⁵⁵	ʂɻ²¹	tsɛi²⁴	mə¹³	ʃʯ²¹	lɔu²¹		
	我	实	在	没	书	了		
文县	ŋɤ⁵⁵	tsə̃³¹	tɤ²¹	muə⁴²	tɤ²¹	ʃu⁴⁴	lɔo²¹	
	我	真	的	没	的	书	了	
宕昌	ŋɤ⁴⁴	tʂəŋ⁴⁴	tɻ²¹	mɤ²¹	iɤu²⁴	ʂu⁴⁴		
	我	真	的	没	有	书		

康县	ŋuɤ⁵³	tɕʻyE⁵³	ʂʅ²¹	mɤ²¹	iɤu⁵⁵	fu⁵³
	我	确	实	没	有	书
西和	ŋuɤ⁵⁵	lao⁵¹	ʂʅ²¹	mɤ²¹	iɤu⁵¹	ʃʯ²¹
	我	老	实	没	有	书
临夏市	ŋə⁴⁴	tɕʻyɛ²¹	ʂʅ⁴²	ʂu¹³	mu⁴⁴	iɤu²¹？
	我	确	实	书	没	有？
临夏县	ŋə⁵⁵	tɕʻyɛ⁵⁵	ʂʅ²¹	mə⁵⁵	iɤu²¹	fu¹³
	我	确	实	没	有	书
合作	ŋɤ⁵³	tʂʅ¹³	tsɛi⁵³	mɤ⁵³	ʂu⁵⁵	我实在没书
舟曲	ŋuə²⁴	tʂɤŋ⁵⁵	tsʅ⁴²	mɤ³³	iɤu⁵⁵	ʃʯ⁵³
	我	真	的	没	有	书
临潭	ŋɤ⁵³	mɤ¹³	iɤu⁵³	ʂu⁴⁴	li²¹	我没有书呢

102. 你告诉他

地点	转写					释义
兰州	ni⁴⁴	kɯ⁴⁴	tʻa⁴⁴	fɤ¹³		你给他说
红古	ni⁵⁵	kei²¹	tɕia⁴⁴	fɤ²¹		你给傢⁼说
永登	ni²⁴	kei²¹	na⁵³	fə²¹		你给那说
榆中	ni⁴⁴	kɔo³¹	su⁴⁴	tʻa⁵³		你告诉他
白银	ni³³	kei³³	pa¹³	fə³¹	zɿ²²	xa⁴⁴
	你	给	他	说	一	下
靖远	niɛ⁵⁵	kei²²	tʻa⁴¹	ʂuə⁴¹	zɿ²²	xa²¹
	你	给	他	说	一	下
天水	ȵi⁵³	kɛ⁴⁴	tʻa²¹	ʂɿə¹³		ɕxa²¹
	你	给	他	说		一下
秦安	ȵi⁵³	kuə⁴⁴	tʻa¹³	ʃyə¹³		你给他说
甘谷	ȵi⁵³	kuə⁴²	tʻɒ⁴⁴	ʃə²¹²		你给他说
武山	ȵi⁵³	ku¹³	tʻɑ¹³	ʃuə²¹		你给他说
张家川	ȵi⁵³	kɪ⁴⁴	tʻa⁵³	sɤ¹³	zi³²	xa²¹
	你	给	他	说	一	下
武威	ni⁵³	kei³¹	tɕia³⁵	ʂuə³¹		你给傢⁼说
民勤	ŋɿ⁴⁴	kɯ²²	tʻa²²	ʂuə⁴²		你给他说
古浪	ni¹³	kɤ⁴⁴	nɑ⁵³	ʂuə³¹		你给那说
永昌	ni⁴⁴	kɪ⁴⁴	tʻa¹³	ʂuə²¹		你给他说
张掖	ni⁵³	fə³¹	kə²²	tʻa²¹		你说给他
山丹	ni⁵³	fə⁴²	kɤ²¹	tʻa³⁴		你说给他
平凉	ȵi⁵³	kɪ⁴⁴	tʻɑ⁴⁴	ʂuo⁵³	sa³¹	你给他说哟
泾川	ȵi⁵³	kəŋ³¹	tʻᴀ⁵³	ʂɤ³¹		你跟他说
灵台	ȵi⁵³	kei⁵³	tʻa⁵³	ʂɤ⁵³		你给他说
酒泉	ni⁵³	ʂuə⁴²	kə²²	tʻa²¹		你说给他
敦煌	ŋɿ⁵³	kɔo⁴⁴	su⁴⁴	tʻa²¹³		你告诉他
西峰	ȵi⁵⁵	kɛɪ²⁴	tʻa⁵⁵	ʂuo⁵³		你给他说
环县	ȵi⁴¹	kei⁴¹	tʻa⁵⁵	ʂuo⁴¹		你给他说
正宁	ȵi⁴⁴	kei²⁴	tʻa⁵³	ʃuo⁵³		你给他说
镇原	uo³¹	kei³¹	na⁴⁴	siɛ⁵³		我给他说

定 西	ȵi⁵³	kuɤ⁴⁴	tʻa¹³	ʃʮɤ²¹	你给他说
通 渭	ȵi⁵³	ku³²	uə⁴⁴	ʃʮə¹³	你给兀说
陇 西	li⁵⁵	ko⁴⁴	tʻa²¹	ʂuɤ²¹	你给他说
临 洮	ni⁵³	ke⁴⁴	tʻa²¹	ʂo¹³²	你给他说
漳 县	ȵi²⁴	kuo⁴²	tʻɑ²¹	ʃʮɤ⁵³	kuo²⁴ 你给他说给
武 都	ȵi⁵⁵	kei²¹	tʻa⁵⁵	ʃuə²¹	你给他说
文 县	ȵɿ⁵⁵	kei²¹	tʻa²¹	çyɤ³¹	你给他说
宕 昌	nɿ⁴⁴	kei²¹	tʻa²¹	ʂuə²¹	你给他说
康 县	ȵi⁵³	kɿ²¹	tʻA⁵⁵	fɤ⁵³	你给他说
西 和	ȵi⁵⁵	kei⁵¹	tʻA²¹	çyə²¹	你给他说
临夏市	ni⁴⁴	tɕiɛ¹³	ʂuə¹³	ti²¹	kə⁴² 你傢˝说的个
临夏县	ni⁵⁵	tʻɑ⁵⁵	fə²¹	ti⁵²	你他说的
合 作	kei⁵⁵	tʻa⁵⁵	ʂuə¹³	kei⁵³	给他说给
舟 曲	nzɿ²⁴	kei³³	tʻa⁴⁴	ʃʮɤ⁵³	你给他说
临 潭	ni⁵³	kɛi¹³	tʻa⁴⁴	ʂuɤ¹³	kɛi⁴⁴ 你给他说给

103. 好好儿的走，不要跑

兰州	xɔ⁵³	xɔ⁵³	tsəu⁴⁴,	pu¹³	lɔ⁴⁴	pʻɔ⁴⁴		
	好	好	走，	不	要	跑		
红古	xɔ⁵⁵	xər¹³	tʂɤ⁴⁴	tsɤu²¹,	pɔ²¹	pʻɔ⁵⁵		
	好	好儿	者	走，	夒	跑		
永登	vən²²	vən⁴⁴	tãŋ²¹	tãŋ⁴²	ti¹¹	tsʊu⁴⁴,	pu²²ião¹³pʻao⁴²	
	稳	稳	当	当	地	走，	不 要 跑	
榆中	mæ̃⁴⁴	mæ̃⁴⁴	ti²¹	tsəu⁵³,	pu³¹	iɔo⁴⁴	pʻuɤ⁴⁴	
	慢	慢	地	走，	不	要	跑	
白银	xɔ⁵¹	xɔ¹³	tsʉu³¹,	pu²¹	lɔ²¹	pʻɔ³³		
	好	好	走，	不	要	跑		
靖远	xɑo⁵⁵	xɔr³⁵	tsʉu⁵⁵,	pu²¹	liɑo²¹	pʻɑo⁵⁵	liɑo²¹	
	好	好儿	走，	不	了	跑	了	
天水	xɔ⁵³	xɔ⁵³	ti¹³	tsəu⁵³,	xuə²¹	liɔ⁴⁴	pʻɔ⁵³	
	好	好	地	走，	休	了	跑	
秦安	xɔ⁴⁴	xɔ⁴⁴	ti³¹	tsəɯ⁵³,	xə²¹	lɔ¹³	pʻɔ⁵³	
	好	好	地	走，	不	要	跑	
甘谷	xɑu⁵³	xɑu⁵³	kiɛ⁴⁴	tə⁴⁴	tsɤɯ³¹,	pɑu³⁵	pʻɑu⁵³	
	好	好	个	地	走，	甭	跑	
武山	xɔo⁵³	xɔo¹³	kei¹³	tə⁴⁴	tsɤɯ⁴²,	tɕʻia²¹	xɔo³⁵	pʻɔo⁵³
	好	好	个	地	走	恰	别	跑
张家川	mæ̃⁴⁴	mar⁴⁴	tɕi³²	tsɤu⁵³	li³²	mɤ³²,	pʻɔu⁵³	sa²¹	liɛ²¹
	慢	慢儿	地	走	哩	么，	跑	啥	咧
武威	xɔu⁵³	xɔu³¹	tsəu³¹,	pu⁴⁴	liɔu²¹	pʻɔu³⁵		
	好	好	走，	不	了	跑		
民勤	xɔo²²	xɔo⁴⁴	tsʉu⁴⁴,	pu⁴²	lə²²	pɔo⁴⁴		
	好	好	走，	不	了	跑		
古浪	xɑo⁴⁴	xɑo⁵³	tsʊu¹³	ãŋ⁴²,	pu²²	liɑo²¹	pʻɑo⁴²	
	好	好	走	昂，	不	了	跑	
永昌	xɔo¹³	xɔo⁴²	ti²¹	tsɤu⁴⁴,	pu⁴⁴	liɔo⁴⁴	pʻɔo⁴²	kʻə²¹
	好	好	地	走，	不	了	跑	咯

张掖	xɔ⁵³	xɔ²² tiə²² tsʁu⁴⁴,	pu³¹ liə²²	tɕiŋ⁴⁴				
	好	好 地 走,	不 了	跑				
山丹	xɑo⁵³	xɑo⁴⁴ tsəu⁵³,	pu⁴² lə²²	pʻɑo⁵³				
	好	好 走,	不 了	跑				
平凉	xɔ⁵³	xɔ²¹ ər²⁴ ti³¹ tsʁu⁵³,	pu²⁴ iɔ²⁴	pʻɔ⁵³	liɛ²¹	ɑ²¹		
	好	好 儿 地 走,	不 要	跑	了	啊		
泾川	xɔ⁵³	xɔr⁴⁴ ti²¹ tsəu⁵³,	pu³¹ iɔ⁴⁴	pʻɔ⁵³				
	好	好儿 地 走,	不 要	跑				
灵台	xɔ³¹	xɔr⁴⁴ tsou⁵³,	pa³¹	pʻɔ⁵³	好好儿走，甭跑			
酒泉	xɵ²²	xɵ⁴⁴ ti²¹ tsʁu⁵³,	pu⁴² iɵ²²	pʻɵ²²	a²¹			
	好	好 地 走,	不 要	跑	啊			
敦煌	xɔo⁵³	xɔo²¹ tə⁴⁴ tsʁu⁵³,	pu²¹ la²¹	pʻɔo⁴⁴	la²¹			
	好	好 地 走,	不 要	跑	啦			
西峰	xɔ⁵³	xɔ²¹ tsʊ⁵³,	pu³¹ iɔ⁵⁵	pʻɔ⁵⁵	lia²¹			
	好	好 走,	不 要	跑	了			
环县	mæ̃⁵⁵	mɐr⁵⁵ tsʁu⁴¹,	pu³¹ iɔ⁵⁵	pʻɔ⁵⁵	liɔ²¹			
	慢	慢儿 走,	不 要	跑	了			
正宁	mæ̃⁴⁴	mæ̃r³¹ tsou⁵³,	pu³¹ iɔ²⁴	pʻɔ⁵³				
	慢	慢儿 走,	不 要	跑				
镇原	xɔ⁵³	xɔr³¹ ti³¹ tsəu⁵³,	tsɛ⁴⁴ pu²²	pʻɔ⁵³	lia²¹			
	好	好儿 地 走,	再 不	跑	了			
定西	xɔ⁵³	xɔ¹³ kʁ³² tsʁu⁵¹,	xʁu²¹	pʻɔ⁵¹				
	好	好 个 走,	休	跑				
通渭	xɔ⁵³	xɔ¹³ kə³² tsʊə⁵³,	xʊ²¹	pʻɔ⁵³				
	好	好 个 走,	休	跑				
陇西	xɔo⁴⁴	xɔo²² kʁ²¹ tsʊɐ⁵³,	xʁu²¹	pʻɔo⁵³				
	好	好 个 走,	休	跑				
临洮	xɔ¹³	xɔ⁵³ ko⁴⁴ tsʊ⁵³,	xʊ¹³	pʻɔ⁵³	好好个走，休跑			
漳县	xɔo⁴⁴	xɔo⁴² kʁ²² ti²¹ tsʁu⁵³	ɑ²¹	pu²¹	iɔo²⁴	pʻɔo⁵³		
	好	好 个 地 走	啊	不	要	跑		
武都	mæ̃⁵⁵	mæ̃r¹³ tə²¹ tsʁu⁵⁵,	pu²¹ iɔu²⁴	pʻɔu⁵³				
	慢	慢儿 地 走,	不 要	跑				

第一章 语法例句

文 县	xɔo⁴⁴ 好	xɔo²¹ 好	ti²¹ 地	tsʁu⁵³, 走，	pʁu²¹ 嫑	p'ɔo⁵³ 跑		
宕 昌	xao⁵³ 好	xao³⁵ 好	ər²¹ 儿	tʅ⁴⁴ 地	tsʁu⁵³, 走，	pər³⁵ 嫑儿	p'ao⁵³ 跑	
康 县	mæ̃²⁴ 慢	mæ̃⁵⁵ 慢	li²¹ 地	tsʁu⁵⁵, 走，	pɔo²¹ 嫑	p'ɔo²⁴ 跑		
西 和	xao⁵¹ 好	xao²¹ 好	ti²¹ 地	tsʁu⁵¹, 走，	mʁ²¹ 莫	lao⁵⁵ 了	p'ao⁵¹ 跑	
临夏市	xɔ⁴⁴ 好	xɔ⁴² 好	ti²¹ 地	tsʁu⁴⁴, 走，	pɔ¹³ 嫑	p'ɔ⁴⁴ 跑		
临夏县	xɔ²¹ 好	xɔ²⁴ 好	ti²¹ 地	tsʁu⁵⁵, 走，	pɔ¹³ 甭	p'ɔ⁵⁵ 跑		
合 作	xɔo⁵⁵ 好	xɔo⁵³ 好	tsʁɯ⁵³, 走，	piɔo¹³ 嫑	pɔo⁵³ 跑			
舟 曲	xɔo⁵⁵ 好	xɔor²⁴ 好儿	tsʅ⁵⁵ 地	tsʁu⁵³, 走，	pʁr⁵³ 嫑儿	p'ɔo⁵¹ 跑		
临 潭	xɔ⁵³ 好	xɔr⁵³ 好儿	tsʁu⁵³ 走	sa³¹, 哨，	pu¹³ 不	iɔ⁴⁴ 要	p'ɔ⁵³ 跑	

104．小心跌下去爬也爬不上来

兰州	ɕiɔ⁴⁴ɕin⁵³tiɛ²²xa¹³tɕ'i⁵³，p'a⁵³iɛ¹³p'a⁵³pu¹³ʂã¹³lɛ⁵
	小 心 跌 下 去， 爬 也 爬 不 上 来
红古	ɕiɔ⁵⁵ɕin²²tʂɤ²¹，tiɛ²¹xa⁴⁴tɕ'i¹³tɕiəu²¹p'a¹³pu²¹ʂã¹³lɛ²¹
	小 心 着， 跌 下 去 就 爬 不 上 来
永登	fãŋ⁴⁴tʂə²¹，tiə⁴⁴xa²¹tɕ'i¹¹k'ə²¹³ʂãŋ²¹pu⁴⁴lɛi²¹
	防 着， 跌 下 去 可 上 不 来
榆中	ɕiɔɔ⁴⁴ɕin⁴⁴tie³¹xa⁴⁴tɕ'y⁵³，tie³¹xa⁴⁴tɕ'i⁴⁴p'a⁵³ie³¹p'a⁴⁴puʂ⁵³ʂã³¹lɛi⁵³
	小 心 跌 下 去， 跌 下 去 爬 也 爬 不 上 来
白银	faŋ⁵³tʂə³¹，tiɛ³¹xa¹³tɕ'i⁴⁴tɕiɤu⁴⁴ʂaŋ¹³pu⁴⁴lɛ⁵¹lɔ²¹
	防 着， 跌 下 去 就 上 不 来 了
靖远	ɕiɑo⁵⁵ɕin²¹tiɛ²²xa³⁵ts'ʅ⁴¹tiɛ²¹，tiɛ²²xa³⁵ts'ʅ⁴¹k'uə²²tsɤu³⁵p'a²⁴pu²²ʂaŋ³⁵lɛi⁴¹
	小 心 跌 下 去 的， 跌 下 去 可̄ 就 爬 不 上 来
	liɑo²¹
	了
天水	ɕiɔ⁵³ɕiəŋ²¹tʂɔ²¹，tiɛ²¹xa⁴⁴tɕ'i¹³tɕiəu⁴⁴p'a¹³pu²¹ʂã⁴⁴lɛ¹³liɔ²¹
	小 心 着， 跌 下 去 就 爬 不 上 来 了
秦安	siɔ⁵³siə̃¹³ti²¹，tiɛ²¹xa⁴⁴tɕ'i⁴⁴tsiəɤ⁴⁴p'a¹³pfu²¹ʂ̃⁴⁴lɛ¹³lɔ²¹
	小 心 的， 跌 下 去 就 爬 不 上 来 了
甘谷	ɕiɑu⁵³ɕiəŋ²¹²a²¹，tiɛ²¹xɒ⁴⁴tɕ'i⁴²tɕiɤu⁴²pu²¹tai²¹ʂaŋ⁴⁴lɒ²¹lɑu²¹
	小 心 啊， 跌 下 去 就 不 得 上 来 了
武山	ɕiɔɔ⁵³ɕiəŋ¹³tʂ'ə²¹，tiə²¹tɛi²¹xɑ⁴⁴tɕ'i¹³tɕ'iɤ⁴⁴p'a²¹pu¹³ʂaŋ⁴⁴lɛi²⁴lɔ²¹
	小 心 着， 跌 得 下 去 就 爬 不 上 来 了
张家川	ts'ɔu¹³ɕiŋ²¹tʂɤ⁴⁴，tɕiɛ²¹tsɤ⁴⁴xa⁴⁴tɕ'i³²tɕiɤu⁴⁴p'a¹³pu³²ʂã⁴⁴lɛ²¹liɔ²¹
	操 心 着， 跌 着 下 去 就 爬 不 上 来 了
武威	ts'ɔu⁴⁴ɕin³⁵，tiɛ⁵³xa⁵³tɕ'i³¹k'ə²¹p'a³⁵pu³¹ʂÃ⁵³lɛ³⁵
	操 心， 跌 下 去 可̄ 爬 不 上 来
民勤	ɕiɔɔ⁴⁴ɕin⁴⁴tiɛ⁴²xa²²tɕ'i²¹，p'a⁵³a²¹p'a²²pu⁴⁴ʂaŋ⁴²læi²¹
	小 心 跌 下 去， 爬 也 爬 不 上 来
古浪	ɕiɑo⁴⁴ɕin⁴²ãŋ⁴⁴，tiɛ³¹xa¹³tɕ'i⁴²k'ə³¹ʂãŋ³¹pu¹³lɛ⁴²
	小 心 昂， 跌 下 去 可̄ 上 不 来

永昌	ɕiɔ³⁵ɕiŋ⁵³ɕiə²¹tiə⁵³ɕia²¹tɕʻy²¹, ni²¹pʻa⁵³iə²¹pʻa¹³pu²¹ʂAŋ⁴⁴lɛ²¹
	小 心 些 跌 下 去， 你 爬 也 爬 不 上 来
张掖	fAŋ⁴⁴tiə²²ɕiə²¹, pu³¹liə²²tiə³¹xa²²kʻə²¹pa⁵³a²²pa⁴⁴pu²²ʂaŋ³¹lɛi²²liə²¹
	防 的 些， 不 了 跌 下 可 爬 也 爬 不 上 来 了
山丹	fã⁵⁵tə²²ɕiə²¹, pu⁴²lə²¹tiə⁴²xa²²tɕʻi²¹pʻa⁵⁵pu²¹ʂã²²lɛɛ⁵⁵lə²¹
	防 的 些， 不 了 跌 下 去 爬 不 上 来 了
平凉	ɕiɔ⁵³ɕiŋ²⁴tiɛ³¹xa⁴⁴tɕʻi²¹, pʻa²⁴tʁu²¹pʻa²⁴pu²¹ʂaŋ²¹læ²¹
	小 心 跌 下 去， 爬 都 爬 不 上 来
泾川	ɕiɔ⁵³ɕiŋ³¹tiɛ³¹tɔ⁵³pʻA²⁴pu³¹tɕʻi⁴⁴lɛ²¹
	小 心 跌 倒 爬 不 起 来
灵台	tsʻɔ²⁴siəŋ³¹tiɛ³¹xa⁴⁴tɕʻi²¹, pʻa²⁴pfu²¹ʂaŋ⁴⁴lɛ²¹
	操 心 跌 下 去， 爬 不 上 来
酒泉	ɕiɵ⁴⁴ɕiŋ⁴⁴tiə⁴²xa²²tɕʻi²¹pʻa⁴⁴iə⁴²pʻa⁴⁴pu⁴²ʂaŋ²²le⁴²
	小 心 跌 下 去 爬 也 爬 不 上 来
敦煌	ɕiɔ⁵³ɕiŋ²¹³tiə²¹xa⁴⁴tɕʻɻ⁴⁴pʻa²²pu⁴⁴tɕʻɻ⁵³lɛ²¹³
	小 心 跌 下 去 爬 不 起 来
西峰	ɕiɔ³¹ɕiŋ²¹pæ⁵⁵tɔ⁵³lia³¹, pʻa²⁴i²¹pʻa²⁴pu³¹tɕʻi⁵³lE²⁴
	小 心 绊 倒 了， 爬 也 爬 不 起 来
环县	ɕiɔ⁵⁵ɕiŋ³¹tiɛ³¹tɔ⁵⁵liɛ²¹, ʐæ²⁴pu²¹tɕʻi⁵⁵lɛ²¹
	小 心 跌 倒 了， 爬 不 起 来
正宁	siɔ⁴⁴siŋ³¹tiɛ³¹xa²⁴tɕʻi³¹, tiɛ³¹xa²⁴tɕʻi²¹pʻa²⁴pu³¹ʂaŋ²⁴lE³¹lia²¹
	小 心 跌 下 去， 跌 下 去 爬 不 上 来 咧
镇原	siɔ⁴⁴siŋ²¹tiɛ³¹xa⁴⁴tɕʻi⁴⁴pʻa²⁴tʻəu²¹pʻa²⁴pu²²ʂaŋ⁴⁴lɛ²⁴
	小 心 跌 下 去 爬 都 爬 不 上 来
定西	ɕiɔ⁵³ɕin³²tiɛ²¹tʂʁ²¹xa⁴⁴tɕʻi⁵³tsE⁴⁴pʻa²¹pu⁴⁴ʂã⁴⁴lE²¹lɔ²¹
	小 心 跌 着 下 去 再 爬 不 上 来 了
通渭	ɕiɔ⁵³ɕĩ³²tiɛ²¹xa⁴⁴tɕʻi³²pʻa²¹pu⁴⁴tɕʻi⁵³lɛ³¹
	小 心 跌 下 去 爬 不 起 来
陇西	ɕiɔɔ⁵⁵ɕin⁴²tiɛ⁴²tʂʁ³²xa⁴⁴tɕʻiɛ²¹tɕʻiʁu⁴⁴pʻa²²pu⁴²tʂʁ²¹ʂã³³lɛ³³la²¹
	小 心 跌 着 下 去 就 爬 不 着 上 来 啦
临洮	ɕiɔ⁵³ɕiẽ²¹, tiɛ²¹tʂʁ⁴⁴xa⁴⁴tɕʻi⁴⁴tɕʻiʊ⁴⁴pʻa¹³pu³²ʂã⁴⁴lɛ²²liɔ⁵³
	小 心， 跌 着 下 去 就 爬 不 上 来 了

漳县	siɔɔ⁵³siɤ̃³¹tiɛ⁴²xɑ²⁴tɕʻi²¹, zi⁴⁴tæ̃⁴⁴tiɛ⁴²xɑ²⁴tɕʻi²¹, tsʻiɤu⁴²pʻɑ²¹pu⁴⁴ʃɑ̃⁴⁴lɛ⁴⁴lɔo²¹
	小 心 跌 下 去, 一 旦 跌 下 去, 就 爬 不 上 来 喽
武都	ɕiɔu⁵⁵ɕiʒ̃²¹zi²¹kə⁵⁵ma⁵⁵pa²¹tsl̩²¹tɕiɤu⁵⁵pʻɑ²¹pu⁵⁵tɕʻi⁵⁵lɛi²¹lɔu²¹
	小 心 一 个 马 趴 子 就 爬 不 起 来 了
文县	ɕiɔɔ⁵⁵ɕiʒ̃⁴⁴tiɛ²¹xa¹³tɕʻi⁴², kʻɤ²¹tɕiɤu⁴⁴pʻɑ²¹pu²¹sɑ̃²⁴lɛ⁴²lɔo²¹
	小 心 跌 下 去, 可 就 爬 不 上 来 了
宕昌	ɕiao⁵³ɕiŋ²¹tl̩ɛ²¹ɕia⁴⁴tsʻʅ⁴²lao²¹, pu¹³zæ̃²⁴pʻa¹³pu⁴⁴sɑ̃⁴⁴lɛ²¹lao⁴⁴
	小 心 跌 下 去 了, 不 然 爬 不 上 来 了
康县	siɔɔ⁵⁵siŋ²¹pæ̃²⁴xʌ²¹tɕʻi²¹pʻʌ²¹pu²¹sɑ̃²⁴lɛ⁵³
	小 心 拌 下 去 爬 不 上 来
西和	ɕiao⁵¹ɕiŋ²¹tiɛ²¹tʂɤ⁵⁵xʌ⁵⁵tɕʻi²¹tɕiɤu⁵⁵pʻʌ²⁴pu²⁴sɑ̃⁵⁵lɛ²⁴lɔ
	小 心 跌 着 下 去 就 爬 不 上 来 了
临夏市	ɕiɔ⁴⁴ɕiŋ²¹tii¹³xɑ²¹tɕʻi¹³, ʂaŋ²¹lɛ²⁴pu²¹xɑ⁴²
	小 心 跌 下 去, 上 来 不 下
临夏县	ɕiɔ⁵⁵ɕiŋ²¹tii¹³xɑ⁵³tɕʻi¹³, tiɛ¹³xɑ⁵³tɕy¹³pʻɑ¹³pu²¹ʂaŋ²¹lɛ²⁴
	小 心 跌 下 去, 跌 下 去 爬 不 上 来
合作	ɕiɔɔ⁵⁵ɕin⁵³tiɛ¹³tʂɤ¹³xa⁵⁵tɕʻi⁵³pʻa¹³iɛ⁵⁵pʻa¹³pu⁵⁵ʂaŋ⁵⁵lɛi⁵³
	小 心 跌 着 下 去 爬 也 爬 不 上 来
舟曲	siɔɔ⁵⁵siŋ⁵⁵tiɛ⁵³xa²¹tʃʻʅ³¹, kʻə⁵⁵tsiɤu⁵⁵va⁵⁵pu³¹sɑ̃³³lɛ⁴²
	小 心 跌 下 去, 可 就 挖 不 上 来
临潭	ɕiɔ⁵³ɕin¹³tiɛi¹³ti²¹xa⁴⁴tɕʻi⁵³, ʂɑ̃⁴⁴pu¹³lɛi¹³
	小 心 跌 得 下 去, 上 不 来

105. 医生叫你多睡一会

兰州	zi⁴⁴	ʂən⁴⁴	tɕiɔ¹³	ni⁴⁴	tuo⁴⁴	fei¹³	zi⁴⁴	xuei²¹
	医	生	叫	你	多	睡	一	会
红古	tai¹³	fu⁵⁵	tɕiɔ¹³	ni⁵⁵	tuə²¹	fei¹³	kʻər⁴²	
	大	夫	叫	你	多	睡	会儿	
永登	tɛi²¹	fu⁴⁴	tɕiɑo²¹	ni³³	tuə⁴⁴	fei²¹	kʻa⁴⁴	
	大	夫	叫	你	多	睡	会	
榆中	i⁴⁴	ʂŋ⁴⁴	tɕiɔɔ³¹	ni⁴⁴	tuɤ⁵³	ʂuei⁴⁴	zi³¹	xuei⁴²
	医	生	叫	你	多	睡	一	会
白银	ta¹³	fu⁴⁴	tɕiɔ²¹	ni³³	tuə⁴⁴	fei¹³	kʻa²¹	
	大	夫	叫	你	多	睡	会	
靖远	ɕiæ̃⁴¹	sɤŋ²¹	tɕiɑo²²	niɛ⁵⁵	tuə²²	ʂuei³⁵	kʻər⁴¹	
	先	生	叫	你	多	睡	会儿	
天水	ɕiæ̃²¹	sən⁵³	tɕiɔ⁴⁴	ȵi⁵³	tuə²¹	ʃei⁴⁴	ɕxuei²¹	
	先	生	叫	你	多	睡	一会	
秦安	sian¹³	ʃə̃⁴⁴	tɔ⁴⁴	ȵi⁵³	tə²¹	ʃyei⁴⁴	zi²¹	tɕiə¹³
	先	生	叫	你	多	睡	一	觉
甘谷	tai³⁵	fu⁴⁴	tɕiɑu⁴⁴	ȵi⁴⁴	tə²¹	ʃai⁴⁴	i¹³	xɒ²¹
	大	夫	叫	你	多	睡	一	下
武山	tɛi⁴⁴	fu¹³	tɔo⁴⁴	ȵi⁵³	tə²¹	ʃuei⁴⁴	ku⁴⁴	xɑ²¹
	大	夫	让	你	多	睡	给	下
张家川	zi¹³	sɤŋ²¹	sɤ²¹ tʂɤ³³ tʂou²¹	ȵi⁵³	iou⁴⁴	tuɤ²¹	ʃɹ⁴⁴	tɕiou⁴⁴ liə²¹
	医	生	说 着 着	你	要	多	睡	觉 哩
武威	tɛi⁵³	fu³¹	tɕiɔu³¹	ni³⁵	tuə³⁵	ʂuei⁵³	kʻa²¹	
	大	夫	叫	你	多	睡	会	
民勤	tæi⁴²	fu²¹	tɕiɔ²²	ŋ⁴⁴	tuə⁴⁴	ʂuei²²	ʂuei⁴⁴	
	大	夫	叫	你	多	睡	睡	
古浪	zi⁴⁴	sə̃⁴⁴	tɕiɑo¹³	ni⁴⁴	tuə⁴⁴	ʂuei³¹	kʻɑ³¹	
	医	生	叫	你	多	睡	会	
永昌	ɕie⁴⁴	ʂŋ⁴⁴	tɕiɔo⁵³	ni²¹	tuə¹³	ʂuɪ⁵³	zi²¹	ʂuɪ²¹
	先	生	叫	你	多	睡	一	睡

张掖	ʐɿ⁴⁴	ʂəŋ⁴⁴	tɕiɔ²²	ni⁴⁴	tuə⁴⁴	fei³¹	ʐɿ²²	fei²¹	
	医	生	叫	你	多	睡	一	睡	
山丹	ʐɿ³⁴	ʂəŋ⁴⁴	tɕiɑo⁴⁴	ni⁴⁴	tuə³⁴	fei⁴²	ʐɿ²²	fei²¹	
	医	生	叫	你	多	睡	一	睡	
平凉	i⁵³	səŋ³¹	tɕiɔ⁴⁴	ɲi⁵³	tuo³¹	ʂueɪ⁴⁴	i³¹	xuər²⁴	ɲi²¹
	医	生	叫	你	多	睡	一	会儿	呢
泾川	i³¹	səŋ²¹	tɕiɔ⁴⁴	t'ᴀ⁵³	tuo³¹	ʃeɪ⁴⁴	i³¹	xuər⁵³	
	医	生	叫	他	多	睡	一	会儿	
灵台	i³¹	səŋ²¹	tɕiɔ⁴⁴	ɲi⁵³	tuo³¹	ʃuei⁴⁴	ka²¹	tsɿ²	
	医	生	叫	你	多	睡	会	子	
酒泉	te²²	fu⁴⁴	tɕiθ²²	ni⁵³	tuə⁴⁴	ʂuɪ³¹	ʐɿ²²	ʂuɪ²¹	
	大	夫	叫	你	多	睡	一	睡	
敦煌	tɛ³³	fu⁵³	ʐɔŋ²¹³	ɲɿ⁵³	tuə²²	ʂuei⁴⁴	ʐɿ⁴²	ʂuei⁴²	nə̃²¹
	大	夫	让	你	多	睡	一	睡	呢
西峰	i⁵³	səŋ³¹	tɕiɔ²⁴	ɲi³¹	tuo³¹	ʂueɪ²⁴	ka⁵³		
	医	生	叫	你	多	睡	会		
环县	tɛ⁵⁵	fu²¹	tɕiɔ⁵⁵	ɲi⁴¹	ʂuei⁵⁵	i²¹	tʂəŋ⁵⁵	tsɿ²¹	
	大	夫	叫	你	睡	一	阵	子	
正宁	i³¹	səŋ²¹	tɕiɔ⁴⁴	ɲi⁴⁴	tuo³¹	ʃuei⁴⁴	i⁴⁴	xueir³¹	
	医	生	叫	你	多	睡	一	会儿	
镇原	i⁵³	səŋ²¹	tɕia²⁴	ɲi⁴⁴	tuo³¹	i²¹	sei⁴⁴	kɤ²¹	tsɿ²¹
	医	生	叫	你	多	一	睡	会	子
定西	tᴇ⁴⁴	fu³²	tɕiɔ⁴⁴	ɲi⁵³	tɤ²¹	ʃɥɪ⁴⁴	ʐɿ³²	xuɪ¹³	
	大	夫	叫	你	多	睡	一	会	
通渭	te⁴⁴	fu³²	tɔ³²	ʐə̃¹³	tə²¹	ʃɥe⁴⁴	ʐɿ³²	xa²¹	
	大	夫	让	人	多	睡	一	下	
陇西	tɛ⁴⁴	fu⁴²	tɔo²¹	li⁵³	to⁴²	ʂuɪ⁴⁴	i⁴⁴	xa²¹	
	大	夫	让	你	多	睡	一	下	
临洮	ʐi²⁴	sẽ²¹	tɕiɔ⁴⁴	ni⁴⁴	to²¹	ʂue⁴⁴	ʐi²¹	xuər²¹	
	医	生	叫	你	多	睡	一	会儿	
漳县	ʐi²⁴	ʃɤ̃⁴²	tɕiɔo²⁴	ɲi⁵³	ʃɥei³⁵	kuo⁴²	tɕiɑ²¹		
	医	生	叫	你	睡	给	家		

武都	ta²⁴	fu²¹	tɕiou²⁴	ȵi⁵⁵	tuə²¹	taŋ⁵⁵	ʑi²¹	xa²¹	
	大	夫	叫	你	多	躺	一	下	
文县	tɛ²⁴	fu⁴⁴	tɕiɔ²⁴	ȵi⁵³	tuə²¹	ʃuei²⁴	ʑi³¹	xa²¹	
	大	夫	叫	你	多	睡	一	下	
宕昌	ta⁵⁵	fu²¹	tɕiao⁴⁴	nʅ⁵³	tuə²¹	ʂuei⁵⁵	xuər²¹		
	大	夫	叫	你	多	睡	会儿		
康县	tA²⁴	fu⁵³	tɕiɔ²⁴	ȵi⁵³	tuɤ⁵³	fʅ²⁴	i²¹	xA⁵⁵	
	大	夫	叫	你	多	睡	一	下	
西和	tA²⁴	fu²¹	tʂɔ²⁴	ȵi⁵¹	tuɤ²¹	ʃɥei²⁴	i²¹	tʂɣr⁵³	
	大	夫	着	你	多	睡	一	阵儿	
临夏市	tɛ⁴⁴	fu²¹	ʂuə¹³	tuə¹³	ʂuei⁵³	liaŋ⁴⁴	tʻiɛ̃²¹		
	大	夫	说	多	睡	两	天		
临夏县	tɛ⁵⁵	fu²¹	tɕiɔ⁵³	ni⁵⁵	tuə²¹	fei⁵³	ʑi²¹	xuei⁵²	
	大	夫	叫	你	多	睡	一	会	
合作	tɛi⁵³	fu⁵⁵	ni⁵⁵	ʐaŋ⁵⁵	tuə¹³	ʂuei⁵³	ʑi¹³	xuei⁵⁵	
	大	夫	你	让	多	睡	一	会	
舟曲	ta³³	fu⁵⁵	tʂɔɔ⁴⁴	nzʅ⁴²	tuə⁵³	ʃɥei²⁴	ʐʅ¹³	xar⁵³	ȵiɛ²¹
	大	夫	着	你	多	睡	一	下儿	呢
临潭	tɛi⁴⁴	fu²¹	tɕiɔ⁴⁴	ni⁵³	tuɤ¹³	ʂuei⁵³	ʑi¹³	xuɤr¹³	li²¹
	大	夫	叫	你	多	睡	一	会儿	哩

106. 吸烟或者喝茶都不可以

兰州	ɕi²²	iæ̃⁴⁴	xɤ²²	tʂʻa⁴⁴	tu⁴⁴	pu²²	ɕin²¹	
	吸	烟	喝	茶	都	不	行	
红古	tʂʻʅ⁴⁴	iɛ̃⁴⁴	xə⁴⁴	tʂʻa¹³	tɤu³⁵	pu²¹	tɕʻən²¹	
	吃	烟	喝	茶	都	不	成	
永登	tʂʅ²⁴	iæ⁴⁴	xə²⁴	tʂa⁴¹	tʊu⁴⁴	pu¹³	ɕin⁴¹	
	吃	烟	喝	茶	都	不	行	
榆中	ɕi³⁵	iæ³¹	xuo⁴⁴	xɤ³¹	tʂʻa⁴⁴	tu⁴⁴	pu³¹	ɕin⁵³
	吸	烟	和	喝	茶	都	不	行
白银	tʂʻʅ²²	ian⁴⁴	xə²¹	tʂʻa⁵¹	tu⁴⁴	pu²²	tʂʻən⁵¹	
	吃	烟	喝	茶	都	不	成	
靖远	tʂʻʅ⁴¹	iæ⁴¹	xuə²²	tsʻa²⁴	tɤu⁴¹	pu²¹	tʂʻɤŋ²¹	
	吃	烟	喝	茶	都	不	成	
天水	tʂʻʅ¹³	iæ³¹	liæ¹³	xuə²¹	tsʻa¹³	təu¹³	pu²¹	ɕiəŋ²¹
	吃	烟	连	喝	茶	都	不	行
秦安	tʂʻʅ¹³	ian¹³	xə²¹	tsʻa¹³	təu⁴⁴	pfu²¹	lɔ̃²¹	ɕiə̃²¹
	吃	烟	喝	茶	都	不	能	行
甘谷	tʂʻʅ²¹	ia⁴⁴	xə²¹	tsʻɒ²⁴	sɒ³⁵	tɤʉ⁴⁴	pu²¹	ɕiəŋ²¹
	吃	烟	喝	茶	啥	都	不	行
武山	tʂʻʅ²¹	ia²¹	xiə²¹	tsʻɑ²⁴	tɤʉ²⁴	pu²¹	ləŋ²⁴	tʂʻəŋ²¹
	吃	烟	喝	茶	都	不	能	成
张家川	ɕi¹³	iæ¹³	xuɤ²¹	tsʻa¹³	tɤu¹³	pu³²	ɕiɤ̃³²	
	吸	烟	喝	茶	都	不	行	
武威	tʂʻʅ⁵³	iÃ³⁵	xə⁵³	tsʻa³⁵	tu³⁵	pu⁵³	ɕiŋ²¹	
	吃	烟	喝	茶	都	不	行	
民勤	tʂʻɤu⁴⁴	iɪ⁴⁴	xuə²²	tsʻa⁵³	tu⁵⁵	pu²²	ɕiŋ⁵³	
	抽	烟	喝	茶	都	不	行	
古浪	tʂʻʅ²²	iɛ⁴⁴	xə²²	tsʻɑ⁴⁴	tu⁴⁴	pu²²	ɕiŋ⁴²	
	吃	烟	喝	茶	都	不	行	
永昌	tʂʻɤu⁵³	iɛ¹³	xə²¹	tsʻa²¹	tu⁴⁴	pu⁴²	ɕiŋ²¹	
	抽	烟	喝	茶	都	不	行	

张掖	tṣʻɤu44	iAŋ44	xə22	tṣʻa53	tɤu44	pu22	ɕiŋ53		
	抽	烟	喝	茶	都	不	行		
山丹	tṣʻəu34	iẽ44	xə22	tṣʻa53	təu55	pu22	ɕiŋ55	a21	
	抽	烟	喝	茶	都	不	行	啊	
平凉	tṣʻɤu24	iæ̃31	xuɛ21	tṣʻɤ53	xuo31	tsʻa24	tɤu24	mɔ24	sʅ44
	抽	烟	或	者	喝	茶	都	没	事
泾川	tṣʻʅ24	iæ̃31	xuo31	tsʻA24	təu24	pu31	ɕiŋ24		
	吃	烟	喝	茶	都	不	行		
灵台	tṣʻʅ24	iæ̃31	xuo31	tsʻa241,	tou24	pfu21	ɕiəŋ24		
	吃	烟	喝	茶，	都	不	行		
酒泉	tṣʻɤu44	iẽ44	liẽ44	xə22	tsʻa53	tɤu44	pu22	ɕiŋ53	a21
	抽	烟	连	喝	茶	都	不	行	啊
敦煌	tṣʻəu44	iɛ44	xə53	tsʻa213	tu44	pu53	ɕiŋ21		
	抽	烟	喝	茶	都	不	行		
西峰	tṣʻʅ31	iæ̃53	xuo31	tsʻa24	tʊ24	pu31	ɕiŋ24		
	吃	烟	喝	茶	都	不	行		
环县	tṣʻʅ24	iæ̃41	xuo41	tsʻa24	tɤu24	pu21	ɕiŋ24		
	吃	烟	喝	茶	都	不	行		
正宁	ɕi24	iæ̃31	xuei24	xuo31	tsʻa24	tṣɤ44	tou31	pu31	xɔ53
	吸	烟	或	喝	茶	这	都	不	好
镇原	tṣəu24	iæ̃53	xuo22	tsʻa24	təu24	mɔ31	sʅ24		
	抽	烟	喝	茶	都	没	事		
定西	ʑiæ̃13	liẽ32	tsʻa13	tɤu13	xɤu21	ʑyɚ̃32	烟连茶都休用		
通渭	tṣʻʅ13	iæ̃13	xə21	tsʻa13	tʊ13	pu32	tṣʻə̃21		
	吃	烟	喝	茶	都	不	成		
陇西	tṣʻʅ33	iæ̃33	xɤ42	tsʻa13	tɤu13	pu42	tṣʻə̃13		
	吃	烟	喝	茶	都	不	成		
临洮	tṣʻʅ13	iæ̃13	xo21	tsʻa13	tʊ24	pu21	tṣʻẽ13		
	吃	烟	喝	茶	都	不	成		
漳县	tʃʻʅ24	iæ̃33	xɤ53	tʃʻa24	tɤu24	pu42	tʃʻɚ̃21		
	吃	烟	喝	茶	都	不	成		

武都	tʂʻʅ¹³ 吃	ziæ²¹ 烟	xə⁵³ 喝	tsʻa¹³ 茶	tɤu²¹ 都	pu⁴² 不	tʂʻə̃¹³ 成	
文县	pɔo²¹ 嫑	tsʻʅ²⁴ 吃	iæ²¹ 烟	xuə³¹ 喝	tsʻa¹³ 茶	lɔo⁴² 了		
宕昌	tʂʻʅ⁴⁴ 吃	iæ⁴⁴ 烟	xɤ³³ 喝	tsʻa³³ 茶	tɤu⁴⁴ 都	pu⁴⁴ 不	tʂʻəŋ¹³ 成	
康县	tʂʻʅ²¹ 吃	iæ⁵³ 烟	xuɤ⁵³ 喝	tsʻA²¹ 茶	tɤu⁵³ 都	pu²¹ 不	ɕiŋ²¹ 行	
西和	tʂʻʅ²⁴ 吃	iæ²¹ 烟	xuɤ²¹ 喝	tsʻA²⁴ 茶	tɤu⁵⁵ 都	pu²¹ 不	tʃʻuɤ²¹ 中	yŋ⁵¹ 用
临夏市	tʂʻʅ¹³ 吃	iẽ¹³ 烟	xə¹³ 喝	tʂʻɑ¹³ 茶	tu¹³ 都	pu²¹ 不	tʂʻəŋ²⁴ 成	
临夏县	tʂʻʅ¹³ 吃	iẽ¹³ 烟	xə¹³ 喝	tʂʻɑ¹³ 茶	tu¹³ 都	pu²¹ 不	tʂʻəŋ²¹ 成	
合作	ɕi⁵⁵ 吸	ian¹³ 烟	xuə⁵³ 或	tʂɤ⁵⁵ 者	xɤ⁵⁵ 喝	tsʻa¹³ 茶	tɤɯ⁵⁵ 都	pu⁵⁵ 不 tʂʻɤŋ¹³ 成
舟曲	pɤr⁵³ 嫑儿	tsʻʅ²⁴ 吃	iæ⁵³ 烟	xuə²⁴ 喝	tsʻa³¹ 茶	liɔo²¹ 了		
临潭	ɕi⁴⁴ 吸	iæi⁴⁴ 烟	xɤ¹³ 喝	tsʻa¹³ 茶	tɤu¹³ 都	pu¹³ 不	tʂʻəŋ¹³ 成	

107. 烟也好，茶也好，我都不喜欢

兰 州	iæ⁴⁴iɛ⁵³xɔ⁵³, tʂʰa⁵³iɛ⁵³xɔ³¹, vɤ³¹tu⁴⁴pu²²ɕi⁴⁴xuæ̃³¹
	烟 也 好， 茶 也 好， 我 都 不 喜 欢
红 古	iɛ̃¹³iɛ⁴⁴xɔ⁴¹, tʂʰa¹³iɛ⁴⁴pa²¹, vɤ³⁵tʁu⁵⁵pu²¹xɔ⁴²
	烟 也 好， 茶 也 罢， 我 都 不 好
永 登	iæ⁴⁴tʂa⁵³və³⁵tʊu⁴⁴pu²²xɑo¹³
	烟 茶 我 都 不 好
榆 中	iæ⁴⁴ie³¹xɔ⁵³, tʂʰa⁴⁴ie³¹xɔ⁴², uo⁴⁴tu⁴⁴pu³¹ɕi⁴⁴xuæ̃³¹
	烟 也 好， 茶 也 好， 我 都 不 喜 欢
白 银	ian⁴⁴tʂʰa⁵¹və³³tu⁴⁴pu²²xɔ³³
	烟 茶 我 都 不 好
靖 远	iæ⁴¹ia⁵⁵xɑo⁵⁵tsʰa²⁴ia⁵⁵pa³³, ŋuə⁵⁵tʁu⁴¹pu²²zæ²⁴
	烟 也 好 茶 也 罢， 我 都 不 粘
天 水	iæ²¹xɔ⁵³, tsʰa¹³xɔ⁵³, ŋuə⁵³təu¹³pu²¹ŋɛ⁴⁴
	烟 好， 茶 好， 我 都 不 爱
秦 安	ian¹³ia⁵³xɔ⁴⁴, tsʰa¹³ia⁵³xɔ⁴⁴, kə⁵³tʁ̈⁴⁴pfu¹³ɕi⁵³xuan²¹
	烟 也 好， 茶 也 好， 我 都 不 喜 欢
甘 谷	ia³⁵iɛ²¹xɑu⁵³, tsʰɑ²⁴iɛ²¹xɑu⁵³, kiɛ⁵³tʁ̈⁴⁴pu²¹yəŋ⁴⁴
	烟 也 好， 茶 也 好， 我 都 不 用
武 山	ia²¹iɑ⁵³xɔ⁵³, tsʰɑ²⁴iɑ⁵³xɔ⁵³, kiə⁵³tʁ̈²⁴pu²¹ka⁴⁴
	烟 也 好， 茶 也 好， 我 都 不 爱
张家川	iæ¹³liæ²¹tsʰa¹³ŋuɤ⁵³tʁu¹³ pʰu¹³ŋe⁴⁴
	烟 连 茶 我 都 不 爱
武 威	iÃ⁴⁴tsʰa⁵³və³⁵tu⁴⁴pu²²ɕi⁵³
	烟 茶 我 都 不 爱
民 勤	iɿ⁴⁴a²²xɔ⁴⁴, tsʰa⁵³a²²xɔ⁴⁴, uə⁴⁴tu⁵³pu²²xɔ⁴²
	烟 也 好， 茶 也 好， 我 都 不 好
古 浪	iɛ⁴⁴tʂʰɑ⁴⁴uə²²tu⁴⁴pu¹³xɑo⁴²
	烟 茶 我 都 不 好
永 昌	tʂə⁵³iɛ⁴⁴iə⁴²xɔ²¹, tʂə⁵³tʂʰa³⁵iə⁴²xɔ²¹, uə³⁵tu²¹pu²¹ɕi⁵³xuɛ²¹
	这 烟 也 好， 这 茶 也 好， 我 都 不 喜 欢

张掖	iaŋ²⁴iə⁴⁴xɔ⁵³, tsʻa⁵³iə⁴⁴xɔ⁵³, və⁵³tʁu⁴⁴pu³¹ɕi²²xuaŋ⁴⁴
	烟 也 好， 茶 也 好， 我 都 不 喜 欢
山丹	iẽ³⁴ia⁴⁴, tsʻa⁵⁵ia²¹, uə⁵³təu⁵⁵pu⁴²ɕi⁴⁴xuɛe²¹
	烟 啊， 茶 啊， 我 都 不 喜 欢
平凉	iæ̃⁵³iɛ³¹xɔ⁵³, tsʻɑ²⁴iɛ³¹xɔ⁵³, uo⁵³tʁu²⁴pu³¹ʐæ̃⁵³
	烟 也 好， 茶 也 好， 我 都 不 粘
泾川	iæ̃³¹tsʻᴀ²⁴vo⁵³təu²⁴pu³¹xɔ⁴⁴
	烟 茶 我 都 不 好
灵台	iæ̃³¹a²¹pᴀ⁴⁴, tsʻa²⁴a²¹pa⁴⁴, ŋuo⁵³tou²⁴pfu²¹nɛ⁴⁴
	烟 也 罢， 茶 也 罢， 我 都 不 爱
酒泉	iẽ⁴⁴iə⁵³xɵ⁵³, tsʻa⁵³iə⁵³xɵ⁵³, və²²tʁu⁴⁴pu⁴²ɕi²²xuã⁴⁴
	烟 也 好， 茶 也 好， 我 都 不 喜 欢
敦煌	iɛ²¹³a⁴⁴xɔo⁵³, tsʻa²¹³a⁴⁴xɔo⁵³, ŋə⁵³təu²¹³pu²¹ɕɹ̩⁵³xuan²¹
	烟 也 好， 茶 也 好， 我 都 不 喜 欢
西峰	tʂʻɿ³¹iæ̃⁵³, xuo³¹tsʻa²⁴, ŋʁ³¹tʊ⁵⁵pu³¹nE²¹
	吃 烟， 喝 茶， 我 都 不 爱
环县	iæ̃⁴¹xɔ⁴¹, tsʻa²⁴xɔ⁴¹, tæ̃⁵⁵ŋuo⁴¹tʁu³¹pu²¹nɛ⁵⁵
	烟 好， 茶 好， 但 我 都 不 爱
正宁	iæ̃⁴⁴iɛ²¹xɔ⁵³, tsʻa²⁴ia²¹xɔ⁵³, ŋuo⁵³tou²⁴pu²¹ɕi⁴⁴xuæ̃
	烟 也 好， 茶 也 好， 我 都 不 喜 欢
镇原	iæ̃⁵³a²¹xɔ³¹, tsʻa²⁴a²¹xɔ³¹, uɛ⁴⁴uo³¹təu²⁴pu⁵³ɕi⁵³xuæ̃²¹
	烟 啊 好， 茶 啊 好， 那 我 都 不 喜 欢
定西	iæ̃²¹tsʻa¹³ŋʁ⁵³tʁu¹³pu²¹yŋ³³
	烟 茶 我 都 不 用
通渭	iæ̃¹³læ̃³²tsʻa¹³kə⁵³tʊ¹³pu²¹yə̃⁴⁴
	烟 连 茶 我 都 不 用
陇西	iæ̃²¹iɛ⁵⁵xɔo⁵³, tsʻa¹³iɛ⁵⁵xɔo⁵³, kʁ⁵⁵tʁu¹³pu⁴²kɛ³²
	烟 也 好， 茶 也 好， 我 都 不 爱
临洮	iæ̃²¹tsʻa¹³ŋo⁵³tʊ¹³pu²¹yõ⁴⁴
	烟 茶 我 都 不 用
漳县	iæ̃²⁴iE⁴⁴xɔo⁵³, tʃʻa²⁴iE⁴⁴xɔo⁵³, kʁ⁴⁴tʁu²⁴pu²¹ɕi⁴⁴xuæ̃²¹
	烟 也 好， 茶 也 好， 我 都 不 喜 欢

武都	kʻæ²⁴tʻa⁵⁵ʑiæ⁵³iɛ²¹xɔu²¹, tsʻa²¹iɛ⁵⁵xɔu²¹, ŋə⁵⁵tʁu²¹pu²¹ŋei²⁴
	看 它 烟 也 好, 茶 也 好, 我 都 不 爱
文县	iæ³¹tsʻa¹³ŋʁ⁵⁵tʁu²¹pu²¹ŋɛ⁴⁴
	烟 茶 我 都 不 爱
宕昌	iæ⁴⁴tsʻa²²ŋʁ⁵³tʁu⁴⁴pu¹³ɕi⁵³xuæ̃³⁵
	烟 茶 我 都 不 喜 欢
康县	iæ⁵³iE²¹xɔ²¹, tʂʻA²¹iE²¹xɔ²¹, ŋuʁ⁵⁵tʁu²¹pu²¹ŋE²⁴
	烟 也 好, 茶 也 好, 我 都 不 爱
西和	iæ²¹tsʻA²⁴ŋuʁ⁵¹tʁu²¹pu²⁴ŋɛ⁵⁵
	烟 茶 我 都 不 爱
临夏市	iẽ¹³lɑ²¹tʂʻɑ¹³, ŋə⁴⁴tu¹³pu²¹nɛ⁵³
	烟 连 茶, 我 都 不 爱
临夏县	iẽ¹³iɛ¹³xɔ⁵⁵, tʂʻɑ¹³iɛ¹³xɔ⁵⁵, ŋə⁵⁵tu¹³pu²¹ɕi⁵⁵xuẽ²⁴
	烟 也 好, 茶 也 好, 我 都 不 喜 欢
合作	ian⁵⁵iɛ¹³xɔɔ⁵³, tʂʻa¹³iɛ⁵⁵xɔɔ⁵³, ŋʁ¹³tʁɯ⁵³pu⁵⁵ɕi¹³xuan⁵⁵
	烟 也 好, 茶 也 好, 我 都 不 喜 欢
舟曲	iæ̃⁵³tsʻa²²uə²⁴tʁu⁴²pu²¹ŋɛ²⁴
	烟 茶 我 都 不 爱
临潭	iæi⁴⁴iɛ⁵³xɔ⁵³, tʂʻa¹³iɛi⁵³xɔ⁵³, ŋʁ⁵³ʑi¹³kua⁴⁴tʁu¹³pu⁴⁴ɛi⁴⁴
	烟 也 好, 茶 也 好, 我 一 挂" 都 不 爱

108. 不管你去不去，反正我是要去的

兰州	pu²²kuæ⁴⁴ni⁴⁴tɕʻi¹³pu⁴⁴tɕʻi²¹, fæ̃⁴⁴tʂen⁴⁴vɤ⁴⁴iɔ⁵³tɕʻi²¹
	不 管 你 去 不 去，反 正 我 要 去
红古	ni⁵⁵tɕʻi¹³pu⁴⁴tɕʻi¹³fæ̃⁵⁵tʂən⁴²vɤ⁵⁵iɔ²¹tɕʻi¹³li²¹
	你 去 不 去 反 正 我 要 去 哩
永登	ni²⁴tɕʻi²¹pu⁴⁴tɕʻi²¹və²⁴fæ̃¹³tʂən²¹tʊu⁴⁴tɕʻi²¹li⁴⁴
	你 去 不 去 我 反 正 都 去 哩
榆中	pu³¹kuæ⁴⁴ni⁴⁴tɕʻi³¹pu⁴⁴tɕʻi⁴⁴, uo⁴⁴ʂʅ³¹iɔ⁴⁴tɕʻi³¹li²¹
	不 管 你 去 不 去， 我 是 要 去 哩
白银	pu²²kuan³³ni³³tɕʻi³¹pu⁴⁴tɕʻi³¹? fan³³tʂən³¹və³⁵iɔ³¹tɕʻi²²li²¹
	不 管 你 去 不 去? 反 正 我 要 去 哩
靖远	pu²²kuæ⁵⁵niɛ⁵⁵tsʻʅ³⁵pu²¹tsʻʅ³⁵, fæ²²tʂɤŋ³⁵ŋuə⁵⁵iɑo³⁵tsʻʅ³⁵niɛ⁴¹
	不 管 你 去 不 去， 反 正 我 要 去 呢
天水	pu¹³kuæ⁵³ȵi⁵³tɕʻi⁴⁴pu²¹tɕʻi⁴⁴, fæ̃¹³tʂəŋ⁴⁴ŋuə⁵³tɕʻi²¹li²¹
	不 管 你 去 不 去， 反 正 我 去 哩
秦安	kuan⁵³ȵi⁵³tɕʻi⁴⁴pfu¹³tɕʻi⁴⁴, fan²¹tsə̃¹³kə⁵³iɔ⁴⁴tɕʻi⁴⁴tiə¹³
	管 你 去 不 去， 反 正 我 要 去 的
甘谷	pu²¹kua⁴⁴ȵi⁵³tɕʻi⁴⁴pu²¹tɕʻi¹³, fa²¹tʃəŋ⁴⁴kiɛ⁵³iɑu¹³tɕʻi¹³ə²¹
	不 管 你 去 不 去， 反 正 我 要 去 的
武山	pu²¹kua⁵³ȵi⁵³tɕʻi⁴⁴ma⁴⁴pu²¹tɕʻi¹³, fa⁵³tʂəŋ⁴⁴kiɛ⁵³iɔo⁴⁴tɕʻi¹³tə²¹
	不 管 你 去 吗 不 去， 反 正 我 要 去 的
张家川	pu¹³kuæ⁵³ȵi⁵³tɕʻi⁴⁴ pu¹³tɕʻi⁴³, fæ²¹tʂɤŋ⁴⁴ŋɤ⁵³iɔu⁴⁴tɕʻi⁴⁴liə²¹
	不 管 你 去 不 去， 反 正 我 要 去 咧
武威	pu⁵³kuÃ⁴⁴ni⁴⁴tɕʻi³⁵pu⁴⁴tɕʻi³¹, fÃ³⁵tʂəŋ⁵³və³⁵tɕʻi⁵³li²¹
	不 管 你 去 不 去， 反 正 我 去 哩
民勤	pu²²kuæi⁴⁴ŋ⁴⁴tɕʻi⁴²a²²pa⁴⁴, fæi⁴⁴tʂɤŋ⁴²uə⁴⁴tɤ²²tɕʻi⁴²
	不 管 你 去 啊 不， 反 正 我 得 去
古浪	pu²¹kuɛ⁴⁴ni⁴⁴tɕʻi ⁴⁴pu²²tɕʻi ²¹, fæ⁴⁴tʂə̃ŋ²¹uə⁴⁴tɕʻi²²li²¹
	不 管 你 去 不 去， 反 正 我 去 哩
永昌	pu⁴²kuɛ¹³ni²¹tɕʻy⁵³pu⁴⁴tɕʻy²¹, fɛ⁴⁴tʂəŋ²¹uə³⁵tə²¹tɕʻy²¹
	不 管 你 去 不 去， 反 正 我 得 去

第一章 语法例句

张掖	pu²²kuʌŋ⁵³ni⁵³kʻə³¹a²²puʻ³¹a²¹, və²²ʂʅ⁴⁴iɔ²⁴kʻə³¹liə²¹
	不 管 你 去 啊不啊，我 是 要 去 咧
山丹	pu²²kuɛ⁵³ni⁵³tɕʻi⁴²a²¹pu⁴²a²¹, fɛe⁵³tʂəŋ⁴²uə⁵³tɕʻi⁴²ni²¹
	不 管 你 去 啊不啊， 反 正 我 去 呢
平凉	pu³¹kuæ̃⁵³n̠i⁵³tɕʻi⁴⁴pu²¹tɕʻi⁴⁴, fæ̃³¹tʂəŋ⁵³uo⁵³iɔ²¹tɕʻi⁴⁴ti³¹
	不 管 你 去 不 去， 反 正 我 要 去 的
泾川	pu³¹kuæ̃⁵³n̠i⁵³tɕʻi⁴⁴pu³¹tɕʻi⁴⁴, fæ̃³¹tʂəŋ⁵³vo⁵³iɔ³¹tɕʻi⁴⁴
	不 管 你 去 不 去， 反 正 我 要 去
灵台	n̠i⁵³tɕʻi⁴⁴pfu²¹tɕʻi⁴⁴, fæ̃³¹tʂəŋ⁴⁴ŋuo⁵³iɔ⁴⁴tɕʻi⁴⁴
	你 去 不 去， 反 正 我 要 去
酒泉	pu²²kuã⁵³ni⁵³tɕʻi²²pu⁴⁴tɕʻi²¹, fã²²tʂəŋ⁵³və²²ʂʅ⁴⁴iθ¹³tɕʻi²²ti²¹
	不 管 你 去 不 去， 反 正 我 是 要 去 的
敦煌	pu²²kuan⁵³n̠ʅ⁵³tɕʻʅ⁴²pu²¹tɕʻʅ⁴², fan²²tʂəŋ⁴⁴ŋə⁵³iɔo⁴⁴tɕʻʅ⁴⁴nə̃²¹
	不 管 你 去 不 去， 反 正 我 要 去 呢
西峰	pu³¹kuæ̃⁵⁵n̠i⁵⁵tɕʻi⁵⁵pu³¹tɕʻi²⁴, fæ̃³¹tʂəŋ⁵⁵ŋɤ⁵³tɕʻi⁵⁵ia²¹
	不 管 你 去 不 去， 反 正 我 去 呀
环县	pu³¹kuæ̃⁵⁵n̠i⁴¹tɕʻi⁵⁵pu²⁴, ŋuo⁵⁵iɔ⁵⁵tɕʻi⁵⁵n̠i²¹
	不 管 你 去 不， 我 要 去 呢
正宁	pu³¹kuæ̃⁴⁴n̠i⁴⁴tɕʻi⁴⁴pu³¹tɕʻi⁴⁴, fæ̃³¹tʂəŋ⁴⁴ŋuo⁵³tɕʻi⁴⁴ia²¹
	不 管 你 去 不 去， 反 正 我 去 呀
镇原	pu³¹liɔ²⁴n̠i⁴⁴tɕʻi⁴⁴pu²¹tɕʻi⁴⁴a⁴⁴, fæ̃³¹tʂəŋ²⁴uo³¹tɕʻi⁴⁴tɕia²¹
	不 了 你 去 不 去 啊， 反 正 我 去 价
定西	pu²¹kuæ̃⁵³n̠i⁵³tɕʻi⁴⁴puə²¹, fæ̃²¹tʂɤŋ⁴⁴ŋɤ⁵³tɕʻiə²¹
	不 管 你 去 不， 反 正 我 去
通渭	pu²¹kuæ̃⁵³n̠i⁵³tɕʻi⁴⁴puɐ³², kə⁵³tiʊ²¹iɔ⁴⁴tɕʻi⁴⁴liæ²¹
	不 管 你 去 不， 我 都 要 去 咧
陇西	li⁵⁵ tɕʻi⁴⁴ma⁴⁴pu⁴²tɕʻi⁴³, fæ̃⁴²tʂəŋ⁴⁴kɤ⁵⁵iɔo⁴⁴tɕʻi³²liə²¹
	你 去 吗 不 去， 反 正 我 要 去 咧
临洮	pu¹³kuæ̃⁵³ni⁵³tɕʻi⁴⁴pu²¹tɕʻi⁴⁴, fæ̃²¹tʂɤŋ⁴⁴ŋo⁵³iɔ⁴⁴tɕʻi⁴⁴niə²¹
	不 管 你 去 不 去， 反 正 我 要 去 呢
漳县	pu²¹kuæ̃²⁴n̠i³³tɕʻi³⁵pu²¹tɕʻi²⁴, fæ̃⁴²tʃɤ̃⁴⁴kɤ⁴²ʃʅ²¹iɔ⁴⁴tɕʻi²⁴li²¹
	不 管 你 去 不 去， 反 正 我 是 要 去 的

武都	kuæ̃⁵⁵ɲi⁵⁵tɕʻi²⁴pu²¹tɕʻi²⁴, ŋə⁵⁵ʑi²¹tiə̃²⁴iɔu²¹tɕʻi²⁴ 管 你 去 不 去， 我 一 定 要 去
文县	pu²⁴kuæ̃⁵⁵ɲi⁵³tɕʻi²⁴pu²¹tɕʻi²⁴, ŋɤ⁵⁵sʅ²¹fei²¹iɔo²⁴tɕʻi²⁴tɛ²¹ 不 管 你 去 不 去， 我 是 非 要 去 的
宕昌	pu²¹kuæ̃⁴⁴nʅ⁴²tsʻɿ⁴⁴pu²¹tsʻɿ²⁴, ŋɤ⁴⁴fei²¹tsʻɿ⁴²pu²¹kʻɤ⁴² 不 管 你 去 不 去， 我 非 去 不 可
康县	pu²¹kuæ̃³⁵ɲi²¹tɕʻi²⁴iA²¹xɔ²¹, pu²¹tɕʻi²⁴iA²¹xɔ²¹, fæ̃²¹tʂɤŋ⁵⁵ŋuɤ³⁵iɔo⁵³tɕʻi²⁴liE²¹ 不 管 你 去 也 好， 不 去 也 好， 反 正 我 要 去 咧
西和	ɲi⁵¹tɕʻi⁵⁵A²¹pu²⁴tɕʻi⁵⁵, fæ̃²¹tʂɤŋ⁵⁵ŋuɤ⁵¹iao⁵⁵tɕʻi⁵⁵lɛ²¹ 你 去 啊 不 去， 反 正 我 要 去 㖿
临夏市	fã¹³tsəŋ⁵³ni⁴⁴tɕʻi⁵³pu¹³tɕʻi⁵³, ŋə⁴⁴tu¹³iɔ⁵³tɕʻi⁵³ni²¹ 反 正 你 去 不 去， 我 都 要 去 呢
临夏县	pu¹³kuã⁴⁴²ni⁵⁵tɕʻi⁵³pu¹³tɕʻi, fã⁵⁵tsəŋ⁵³ŋə⁴⁴²iɔ¹³tɕʻi⁵³ 不 管 你 去 不 去， 反 正 我 要 去
合作	pu⁵⁵kuan⁵³ni⁵⁵tɕʻi⁵³pu¹³tɕʻi, ŋɤ⁵³fan¹¹³tʂɤŋ⁵³ʂʅ⁵⁵tɕʻi⁵³li⁵⁵ 不 管 你 去 不 去， 我 反 正 是 去 哩
舟曲	pu³¹kuæ̃⁵⁵nzʅ⁵⁵tɕʻia²⁴pu³¹tʃʻʮ⁵⁵, ŋuə⁴⁴fei⁵³tʃʻʮ⁴⁴pu³¹kʻuə⁵³ 不 管 你 去 不 去， 我 非 去 不 可
临潭	ŋɤ⁵³pu¹³kuæ̃i⁴⁴ni⁵³tɕʻi⁴⁴pu¹³tɕʻi⁴⁴, fæ̃i¹³tsəŋ⁵³ŋɤ⁵³iɔ⁴⁴tɕʻi⁵³li²¹ 我 不 管 你 去 不 去， 反 正 我 要 去 哩

109. 我非去不可

兰州	vɤ³¹	fei⁴⁴	tɕ'i¹³	pu²¹	kɤ³¹	我非去不可
红古	vɤ³⁵	fei⁵⁵	tɕ'i¹³	pu²¹	k'ɤ⁴²	我非去不可
永登	və²⁴	fei⁴⁴	tɕ'i¹³	pu²¹³	kə⁴¹	我非去不可
榆中	uo⁴⁴	fei⁴⁴	tɕ'i³⁵	pu³¹	k'ɤ⁵³	我非去不可
白银	və³³	fei³³	tɕ'i³¹	pu²¹	k'ə¹³	我非去不可
靖远	ŋuə⁵⁵	fei²¹	tsʅ³³	pu²¹	k'uə⁵⁵	我非去不可
天水	ŋuə⁵³	fei²¹	tɕ'i⁴⁴	pu²¹	k'uə⁵³	我非去不可
秦安	kə⁵³	pfu¹³	tɕ'i⁴⁴	pfu¹³	lɔ̃¹³	ɕiɔ̃¹³
	我	不	去	不	能	行
甘谷	kiɛ⁵³	fai²¹	tɕ'i⁴⁴	pu²¹	k'iɛ⁴²	我非去不可
武山	kiə⁵³	fɛi²¹	tɕ'i⁴⁴	pu²¹	k'iə¹³	我非去不可
张家川	ŋɤ⁵³	fʅ²¹	tɕ'i⁴⁴	pu²¹	ɕiɤ̃¹³	我非去不行
武威	və³⁵	fei⁴⁴	tɕ'i⁵³	pu⁵³	k'ə²¹	我非去不可
民勤	uə⁴⁴	fei⁴⁴	tɕ'i⁴²	pu²²	ɕiŋ⁵³	我非去不行
古浪	uə²¹	fei⁵³	tɕ'i⁴⁴	pu²²	k'ə⁴²	我非去不可
永昌	uə¹³	fʅ⁴⁴	tɕ'y²¹	pu⁴⁴	k'ə¹³	我非去不可
张掖	və²²	fei⁴⁴	k'ə²⁴	pu²²	ɕiŋ⁵³	我非去不行
山丹	uə⁵³	fei³⁴	tɕ'i²⁴	pu²²	ɕiŋ⁵⁵	a²¹
	我	非	去	不	行	啊
平凉	uo⁵³	fɛʅ²⁴	tɕ'i⁴⁴	pu²¹	k'ɤ⁵³	我非去不可
泾川	vo⁵³	fei³¹	tɕ'y⁴⁴	pu³¹	k'ɤ⁵³	我非去不可
灵台	ŋuo⁵³	fei³¹	tɕ'i⁴⁴	pfu²¹	k'uo⁵³	我非去不可
酒泉	və⁵³	fʅ⁴⁴	tɕ'i¹³	pu²²	k'ə¹³	我非去不可
敦煌	ŋə⁵³	fei²²	tɕʅ⁴⁴	pu²²	k'ə⁵³	我非去不可
西峰	ŋɤ³¹	fɛʅ³¹	tɕ'i⁵⁵	pu³¹	kɤ⁵³	我非去不可
环县	ŋuo⁵⁵	fei³¹	tɕ'i⁵⁵	pu²¹	k'ɤ⁴¹	我非去不可
正宁	ŋɤ⁵³	fei³¹	tɕ'i⁴⁴	pu²¹	k'ɤ⁵³	我非去不可
镇原	uo⁵³	tsa³¹	mə²¹	təu³¹	tɕ'i⁴⁴	tɕia²¹
	我	怎	么	都	去	价
定西	ŋɤ⁵³	fʅ²¹	tɕ'i⁴⁴	pu²¹	k'ɤ²¹	我非去不可

通 渭	kə⁵³ fe²¹ iɔ⁴⁴ tɕ'iə⁴⁴	我非要去
陇 西	kɤ⁵⁵ tin⁴⁴ iɔo⁵⁵ tɕ'i²¹ liɐ²¹	我定要去呢
临 洮	ŋo⁵³ fe²¹ tɕ'i⁴⁴ pu¹³ k'ə⁵³	我非去不可
漳 县	kɤ⁴⁴ fɿ⁵³ tɕ'y²⁴ pu²¹ k'ɤ⁵³	我非去不可
武 都	ŋə⁵⁵ fei²¹ tɕ'i²⁴ pu²¹ k'ə⁵⁵	我非去不可
文 县	ŋɤ⁵⁵ fei²¹ tɕ'i²⁴ pu²⁴ k'ɤ⁴²	我非去不可
宕 昌	ŋɤ⁵³ fei²¹ tsʻʅ⁴² pu¹³ kɤ⁴²	我非去不可
康 县	ŋuɤ⁵⁵ fɿ⁵³ tɕ'i²⁴ pu²¹ kuɤ⁵³	我非去不可
西 和	ŋuɤ³¹ tɕ'i⁵⁵ tiŋ⁵⁵ læ̃²¹	我去定嘞
临夏市	ŋə⁴⁴ fei¹³ tɕ'i⁵³ pu²¹ k'ə⁴²	我非去不可
临夏县	ŋə⁵⁵ fei¹³ tɕ'i⁵³ pu²¹ k'ə⁵⁵	我非去不可
合 作	ŋɤ⁵³ fei¹³ tɕ'i⁵³ pu⁵⁵ kɤ⁵³	我非去不可
舟 曲	ŋuə⁵⁵ fei⁵³ tɕ'i⁴⁴ pu²¹ k'uə⁴²	我非去不可
临 潭	ŋɤ⁵³ fei¹³ tɕ'i⁵³ pu⁴⁴ k'ɤ⁵³	我非去不可

110. 你是哪一年来的？

兰州	ni⁴⁴	ʂɿ¹³	na⁴⁴	ziɿ¹³	niæ̃⁵³	lɛ²¹	ti²¹?
	你	是	哪	一	年	来	的？
红古	ni⁵⁵	ʂɿ²¹	a³⁵	zɿ⁴²	ȵiɛ̃²¹	lɛ²²	tʂɤ⁴⁴ ʂa²¹?
	你	是	阿	一	年	来	着 哨？
永登	ni²⁴	ʂɿ²¹	na²⁴		niæ̃⁵³	lɛi³¹	ti²¹?
	你	是	哪		年	来	的？
榆中	ni⁴⁴	ʂɿ³¹	na⁴⁴	zɿ³³	niæ̃⁴⁴	lɛi⁵³	ti¹³?
	你	是	哪	一	年	来	的？
白银	ni³³	ʂɿ²¹	na³⁵	zɿ²²	nian⁵¹	lɛ⁵¹	ti²¹?
	你	是	哪	一	年	来	的？
靖远	niɛ⁵⁵	ʂɿ³⁵	na⁴¹	zɿ²²	niæ̃²⁴	lɛi²²	tiɛ⁵⁵?
	你	是	哪	一	年	来	的？
天水	ȵi⁵³	ʂɿ⁴⁴	a²¹	i⁴⁴	ȵiæ̃³¹	lɛ¹³	tɛ²¹?
	你	是	哪	一	年	来	的？
秦安	ȵi⁵³	ʃ⁴⁴	a¹³	zi¹³	ȵian²¹	lɛ¹³	tə²¹?
	你	是	阿	一	年	来	的？
甘谷	ȵi⁵³	ʂɿ⁴⁴	sɒ⁵³	i²¹	ia²⁴	lai²¹	tə²¹?
	你	是	啥	一	年	来	的？
武山	ȵi⁵³	ʂɿ¹³	ɑ²¹	i²¹	ȵia²⁴	lɛi²¹	xɑ⁴⁴ tə²¹?
	你	是	阿	一	年	来	下 的？
张家川	ȵi⁵³	ʂɿ⁴⁴	a¹³	i²¹	ȵiæ̃¹³	le¹³	tɕi²¹?
	你	是	阿	一	年	来	的？
武威	ni³⁵	ʂɿ⁴⁴	nɛi⁵³	niæ̃³⁵	lɛi³⁵	ti²¹?	
	你	是	那	年	来	的？	
民勤	nŋ⁴⁴	la²²	niɪ⁴⁴	kɯ²¹	læi²²	tə⁴⁴?	
	你	哪	年	个	来	的？	
古浪	ni²¹	ʂɿ⁴²	nɑ³¹	niɛ⁴²	lɛ⁴⁴	ti²¹?	
	你	是	哪	年	来	的？	
永昌	ni⁵³ na⁵³ niɛ²¹ lɛ¹³ ti²¹? 你哪年来的？						
张掖	ni²²	ʂɿ⁴⁴	na²²	zi²²	niɑŋ⁴⁴	lɛi⁴⁴	iə²¹?
	你	是	哪	一	年	来	的？

山丹	ni²²	sʅ⁴⁴	na⁴²	zi²²	niẽ⁴⁴	lɛe⁵⁵	tə²¹?		
	你	是	哪	一	年	来	的?		
平凉	ȵi⁵³	sʅ⁴⁴	tɑ⁵³	ɑ²¹	i³¹	ȵiæ̃²⁴	læ²⁴	ti³¹	sɑ³¹?
	你	是	打	阿	一	年	来	的	哨?
泾川	ȵi⁵³	sʅ²¹	nʌ⁵³	i³¹	ȵiæ̃²⁴	lɛ²⁴	ti⁵³?		
	你	是	哪	一	年	来	的?		
灵台	ȵi⁵³	sʅ²⁴	a²¹	i³¹	ȵiæ̃²⁴	lɛ²⁴	ti²¹?		
	你	是	阿	一	年	来	的?		
酒泉	ni²²	sʅ⁴⁴	na²²	zi⁴⁴	niẽ⁴²	tə²⁴	tʂʅ⁴²	ɕiə²²	ti²¹?
	你	是	哪	一	年	到	这	些	的?
敦煌	ȵʅ⁵³	na⁴⁴	zi⁴⁴	ȵiɛ²¹	lɛ²¹³	ni⁵³?			
	你	哪	一	年	来	呢?			
西峰	ȵi³¹	sʅ⁵⁵	a⁵⁵	i³¹	ȵiæ̃²⁴	tɔ³¹	tʂɤ⁵⁵	ər²¹	ti²¹?
	你	是	阿	一	年	到	这	儿	的?
环县	ȵi⁵⁵	sʅ⁵⁵	na⁵⁵	ȵiæ̃²¹	lɛ³¹	ti⁴¹?			
	你	是	哪	年	来	的?			
正宁	ȵi⁴⁴	sʅ²¹	a³¹	i³¹	ȵiæ̃²⁴	lɛ²⁴	t̠i²¹?		
	你	是	阿	一	年	来	的?		
镇原	ȵi⁴⁴	sʅ²¹	tsa²⁴	i³¹	ȵiæ̃²⁴	lɛ²⁴	ti³¹	ia²¹?	
	你	是	哪	一	年	来	的	呀?	
定西	ȵi⁵³	a¹³	zi³²	ȵiæ̃³²	lɛ²¹?	你阿一年来?			
通渭	ȵi⁵³	sʅ³²	a¹³	zi²¹	ȵiæ̃¹³	lɛ²¹	ta⁴⁴?		
	你	是	阿	一	年	来	的?		
陇西	li⁵⁵	sʅ⁴⁴	a²¹	i²¹	liæ̃²¹	lɛ²²	xa⁴⁴	ta⁴²?	
	你	是	阿	一	年	来	下	的?	
临洮	ni⁵³	sʅ³²	a²⁴	zi²¹	niæ̃¹³	lɛ²²	tiə⁴⁴?		
	你	是	阿	一	年	来	的?		
漳县	ȵi⁵⁵	ʃ³³	ɑ⁵³	i²⁴	ȵiɑ̃²⁴	lɛ²⁴	ti⁴⁴?		
	你	是	阿	一	年	来	的?		
武都	ȵi⁵⁵	sʅ²¹	a⁵³	zi²⁴	ȵiæ̃¹³	lɛi²¹	tə²¹?		
	你	是	阿	一	年	来	的?		
文县	ȵʅ⁵⁵	sʅ²¹	a²²	zi⁴⁴	ȵiæ̃²¹	lɛ²¹	tɛ⁴⁴?		
	你	是	阿	一	年	来	的?		

第一章　语法例句

宕　昌	nȵ⁴⁴ sʅ⁴² a³⁵ zʅ⁴² niæ̃¹³ lɛ²¹ ti⁴⁴ ?
	你 是 阿 一 年 来 的 ?
康　县	ȵi⁵⁵ sʅ²¹ lA⁵³ i²¹ ȵiæ̃¹³ lE⁵³ tiE¹³ ?
	你 是 哪 一 年 来 的 ?
西　和	ȵi⁵⁵ sʅ²¹ A²¹ i²⁴ ȵiæ̃²⁴ lɛ²⁴ tɛ²¹ ?
	你 是 阿 一 年 来 的 ?
临夏市	ni⁴⁴ ɑ⁵³ ʑi²¹ niẽ⁵² lɛ¹³ ti²¹ ?
	你 阿 一 年 来 的 ?
临夏县	ni⁵⁵ ʂʅ⁵³ ɑ⁵⁵ ʑi²¹ niẽ⁵² lɛ¹³ ti²¹ ?
	你 是 阿 一 年 来 的 ?
合　作	ni⁵³ ʂʅ⁵⁵ a¹³ ʑi¹³ nian⁵³ ti⁵⁵ ?
	你 是 阿 一 年 的 ?
舟　曲	nzʅ⁵⁵ sʅ²¹ a³⁵ ʒʅ²² ȵiæ̃²² lɛ⁴² tsʅ²¹ ?
	你 是 阿 一 年 来 的 ?
临　潭	ni⁵³ sʅ⁴⁴ a¹³ ʑi¹³ niæi⁴⁴ lɛi¹³ tɤ²¹ ?
	你 是 阿 一 年 来 的 ?

111. 我是前年到的北京

兰州	vɤ⁴⁴	sʅ¹³	tɕʻiæ⁵³	niæ¹³	tɔ¹³	pɤ¹³	tɕin⁴⁴	ti²¹	
	我	是	前	年	到		北	京	的
红古	vɤ⁵⁵	sʅ²¹	tɕʻiɜ̃²¹	ɲiɜ̃³⁵	kɤ³¹	tɔ¹³	tʂɤ²¹	pei²²	tɕin⁵⁵
	我	是	前	年	个	到	者	北	京
永登	və²⁴	sʅ²¹	tɕʻiæ²¹³	niæ⁴⁴	kə²¹	tɑo³¹	ti²¹	biə²¹³	tɕin²¹
	我	是	前	年	个	到	的	北	京
榆中	uo⁴⁴	sʅ³¹	tɕʻiæ⁵³	niæ³⁵	tɔo⁵³	pɤ⁴⁴	tɕin⁴⁴	ti³¹	
	我	是	前	年	到		北	京	的
白银	və³³	tɕʻian⁵¹	nian²¹	kə¹³	tɔ¹³	pə²²	tɕin⁴⁴	ti²¹	
	我	前	年	个	到		北	京	的
靖远	ŋuə⁵⁵	sʅ²¹	tɕʻiæ²²	niæ⁵⁵	tɑo³⁵	pei⁴¹	tɕiŋ⁴¹	tiɛ²¹	
	我	是	前	年	到		北	京	的
天水	ŋuə⁵³	sʅ⁴⁴	tɕʻiæ²⁴	ɲiæ³¹	kuə²¹	tɔ⁴⁴	pei¹³	tɕiəŋ²¹	tɛ²¹
	我	是	前	年	个	到		北	京	的
秦安	kə⁵³	ʃʅ⁴⁴	tsʻian³⁵	ɲian⁵³	tɔ⁴⁴	pei¹³	tɕiɜ̃⁴⁴	tɕʻi⁴⁴	tə²¹
	我	是	前	年	到		北	京	去	的
甘谷	kiɛ⁵³	sʅ⁴⁴	tɕʻia²⁴	ɲia²¹	tɑu⁴⁴	pai¹³	tɕiəŋ²¹	tə²¹	
	我	是	前	年	到		北	京	的
武山	kiə⁵³	sʅ⁴⁴	tɕʻia²⁴	ɲia²¹	tɔo⁴⁴	xɑ⁴⁴	pɛi²¹	tɕiəŋ²¹	tə²¹
	我	是	前	年	到	下	北	京	的
张家川	ŋɤ⁵³	sʅ²¹	tɕʻiæ¹³	ɲiæ²¹	tou⁴⁴	pɪ¹³	tɕiŋ²¹	tiə²¹	
	我	是	前	年	到		北	京	的
武威	və³⁵	sʅ³¹	tɕʻiÃ⁴⁴	niÃ⁴⁴	kə³¹	tou³⁵	pə⁴⁴	tɕiŋ³¹	ti²¹
	我	是	前	年	个	到		北	京	的
民勤	uə⁴⁴	sʅ⁴⁴	tɕʻir⁵⁵	nir²²	kɯ²¹	tɔo²²	pɤ⁴²	tɕiŋ²²	tə²¹
	我	是	前	年	个	到		北	京	的
古浪	uə²¹	sʅ³¹	tɕʻiɛ⁴⁴	niɛ²²	kə²¹	tɑo²²	pə⁴⁴	tɕiŋ²²	ti²¹
	我	是	前	年	个	到		北	京	的
永昌	uə⁵³	sʅ⁴²	tɕʻie³⁵	niɛ⁵³	tɔo⁴⁴	pə⁵³	tɕiŋ²¹	ti²¹	
	我	是	前	年	到		北	京	的

张掖	və²² ʂɿ⁴⁴ tɕʰiAŋ⁴⁴ niAŋ²² kə²² tɔ²⁴ pei³¹ tɕiŋ²² tiə²¹ 我　是　前　　年　　个　到　北　京　的
山丹	uə²² ʂɿ⁴⁴ tɕʰiẽ⁵⁵ niẽ²² kə²¹ tɑo²⁴ pə⁴² tɕiŋ²² tə²¹ 我　是　前　　年　　个　到　北　京　的
平凉	uo⁵³ sɿ²¹ tɕʰiæ²⁴ ɲiæ̃⁵³ tɔ⁴⁴ ti³¹ peɪ⁵³ tɕiŋ³¹ 我　是　前　　年　　到　的　北　京
泾川	vo⁵³ sɿ³¹ tɕʰiæ²⁴ ɲiæ̃³¹ tɔ⁴⁴ peɪ³¹ tɕiŋ³¹ ti²¹ 我　是　前　　年　　到　北　京　的
灵台	ŋuo⁵³ tsʰiæ²⁴ ɲiæ̃⁵³ tɔ⁴⁴ pei³¹ tɕiəŋ²¹ ti²¹ 我　　前　　年　　到　北　京　的
酒泉	uə²² ʂɿ⁴⁴ tɕʰiẽ⁴⁴ niẽ⁴² tɵ²⁴ pɪ³¹ tɕiŋ²² ti²¹ 我　是　前　　年　　到　北　京　的
敦煌	ŋə⁵³ ʂɿ⁴⁴ tɕʰiɛ²¹³ ɲiɛ⁴⁴ tɔo⁴⁴ pei²² tɕiŋ⁴⁴ 我　是　前　　年　　到　北　京
西峰	nɔ⁵⁵ sɿ²¹ tɕʰiæ²⁴ ɲiæ²¹ tɔ⁵⁵ peɪ⁵³ tɕiŋ³¹ ti²¹ 我　是　前　　年　　到　北　京　的
环县	ŋɤ⁵⁵ sɿ²¹ tɕʰiæ³¹ ɲiæ⁴¹ lɛ²⁴ pei⁴¹ tɕiŋ²¹ ti²¹ 我　是　前　　年　　来　北　京　的
正宁	ŋɤ⁴⁴ sɿ³¹ tɕʰiæ²⁴ ɲiæ⁵³ tɔ⁴⁴ pei³¹ tɕiŋ²¹ ʈi²¹ 我　是　前　　年　　到　北　京　的
镇原	uo⁵³ tsʰiæ²⁴ ɲiæ̃³¹ tɔ⁴⁴ pei³¹ tɕiŋ²¹ ti²¹ 我　　前　　年　　到　北　京　的
定西	ŋɤ⁵³ tɕʰiæ¹³ ɲiæ³² lE¹³ pE¹³ tɕiẽ¹³ 我　　前　　年　　来　北　京
通渭	kə⁵³ sɿ²¹ tɕʰiæ¹³ ɲiæ³² kə²¹ tɔ⁴⁴ pe¹³ tɕi³² ta²¹ 我　是　前　　年　　个　到　北　京　的
陇西	kɤ⁵⁵ sɿ⁴⁴ tɕʰiæ¹³ liæ⁴² kɤ²¹ tɔo⁴⁴ pe²¹ tɕin²¹ ta²¹ 我　是　前　　年　　个　到　北　京　的
临洮	ŋo⁵³ sɿ²¹ tɕʰiæ²⁴ niæ̃²¹ tɔ⁴⁴ pe¹³ tɕi²¹ tiə²¹ 我　是　前　　年　　到　北　京　的
漳县	kɤ⁵⁵ ʃ³³ tsʰiæ²¹ ɲiæ²⁴ kɤ⁴² tɔo⁴⁴ pE²¹ tɕiɤ²⁴ ti²¹ 我　是　前　　年　　个　到　北　京　的

武都	ŋə⁵⁵	sʅ²¹	tɕiæ̃²¹	ȵiæ̃¹³	tou²⁴	pei³¹	tɕiɤ̃²¹	ti²¹
	我	是	前	年	到	北	京	的
文县	ŋɤ⁵⁵	sʅ²¹	tɕʻiæ̃²¹	ȵiæ⁴⁴	tɔ⁴⁴	pɛ³¹	tɕiɤ̃²¹	lɛ²¹	tɛ⁴⁴
	我	是	前	年	到	北	京	来	的
宕昌	ŋɤ⁵³	sʅ²¹	tɕʻiæ̃²¹	niæ̃⁴⁴	tao⁴⁴	pei³³	tɕiŋ³³	tʅ²¹
	我	是	前	年	到	北	京	的
康县	ŋuɤ⁵⁵	sʅ²¹	tsʻiæ²¹	ȵiæ̃¹³	tɔ²⁴	pei⁵³	tɕiŋ²¹	tE²¹
	我	是	前	年	到	北	京	的
西和	ŋuɤ²¹	sʅ⁵⁵	tɕʻiæ²⁴	ȵiæ̃²⁴	tao⁵⁵	pei²¹	tɕiŋ⁵⁵	tE²¹
	我	是	前	年	到	北	京	的
临夏市	ŋə⁴⁴	tɕiẽ¹³	niẽ⁵²	pɛ⁴⁴	tɕiŋ²¹	tɔ⁴⁴	xɑ⁴²	ti²¹
	我	前	年	北	京	到	下	的
临夏县	ŋə⁵⁵	sʅ⁵³	tɕiẽ¹³	niẽ⁵²	tɕʻi⁵³	pei⁵⁵	tɕiŋ²¹	ti²¹
	我	是	前	年	去	北	京	的
合作	ŋɤ⁵³	sʅ⁵⁵	tɕʻian¹³	nian¹³	tɔo⁵³	xa⁵³	pei¹³	tɕin¹³	ti²¹
	我	是	前	年	到	下	北	京	的
舟曲	ŋuə⁵⁵	sʅ²¹	tsʻiæ³¹	ȵiæ̃²¹	tɔo²⁴	pei⁵³	tɕiŋ²¹	tsʅ²¹
	我	是	前	年	到	北	京	的
临潭	ŋɤ⁵³	sʅ⁴⁴	tɕʻiæ̃i¹³	niæ̃i¹³	lei¹³	ti²¹	pei¹³	tɕin⁴⁴
	我	是	前	年	来	的	北	京

112. 今天开会谁的主席？

兰州	tɕin⁴⁴	tʰiæ̃⁴⁴	kʰɛ¹³	xuei⁴⁴	ʂuei⁵³	tʂu⁴⁴	tʂʅ²¹?			
	今	天	开	会	谁	主	持?			
红古	tɕin²²	tʰiɛ̃³⁵	kʰɛ²¹	xuei¹³	fei¹³	tʂã⁵⁵	vɤ⁴²	tʂɤ²¹	li²¹	ʂa²¹?
	今	天	开	会	谁	掌	握	着	哩	唦?
永登	tɕin⁴⁴	ə⁴⁴	kʰɛi⁴⁴	xuei²¹	fei⁵³	tʂãŋ²⁴	və⁴²	ə²¹	li⁴⁴?	
	今	个	开	会	谁	掌	握	着	哩?	
榆中	tɕin⁴⁴	ɯ²¹	ti³³	xuei⁴⁴	ʂuei⁴⁴	tʂu⁴⁴	ɕi³¹	tʂɤ⁴⁴	li²¹?	
	今	儿	的	会	谁	主	持	着	哩?	
白银	tɕin⁴⁴	tʰian⁴⁴	kʰɛ⁴⁴	xui¹³	fei⁵¹	tʂaŋ¹³	və⁴²	ə²²	li²¹?	
	今	天	开	会	谁	掌	握	着	哩?	
靖远	tɕiər⁴¹	kʰɛi²²	xuei³³	sei²⁴	tʂʅ⁵⁵	tʂʅ²¹	tiɛ²¹	niɛ²¹?		
	今日	开	会	谁	主	持	的	呢?		
天水	tɕiəŋ¹³	kuə²¹	kʰɛ²¹	xuei⁵³	ʂuei¹³	tɛ¹³	tʃʅ⁵³	ɕi¹³?		
	今	个	开	会	谁	的	主	席?		
秦安	ʃyei³⁵	ʃʅ⁴⁴	tɕiɔ¹³	tʰian⁴⁴	kʰɛ²¹	xuei⁴⁴	tə¹³	tʃʅ⁵³	sʅ¹³?	
	谁	是	今	天	开	会	的	主	席?	
甘谷	tɕiəŋ²¹	ʒʅ⁴⁴	kʰai²¹	xuai³⁵	suai⁴⁴	sʅ⁴⁴	tʃʅ⁵³	ɕi²¹	a²¹?	
	今	日	开	会	谁	是	主	席	啊?	
武山	tɕiəŋ²¹	kɛi⁴⁴	tsʅ²¹	xuɛi⁴⁴	ɑ²¹	ʂɛi²¹	sʅ⁴⁴	tʃu⁴⁴	ɕi²¹?	
	今	个	儿	会	阿	谁	是	主	席?	
张家川	tɕiər¹³	kʰe³²	xuɪ⁴⁴	sɪ¹³	tʃʅ⁵³	tʂʅ¹³	tʂɤ²¹	li²¹	sa²¹?	
	今儿	开	会	谁	主	持	着	哩	唦?	
武威	tɕiŋ³⁵	tʰiÃ⁵³	kʰɛi³⁵	xuei⁵³	ʂuei⁴⁴	tʂʅ³⁵	tʂʅ⁵³	tʂə²¹	li²¹?	
	今	天	开	会	谁	主	持	着	哩?	
民勤	tɕiŋ⁴⁴	kɯ⁴⁴	kæi⁴⁴	xuei⁴²	ʂuei⁵³	sʅ⁴⁴	tʂu²²	ɕi⁴⁴?		
	今	个	开	会	谁	是	主	席?		
古浪	tɕiŋ¹³	kə²²	kɛ⁴⁴	xuei²²	ʂuei⁴²	tʂu⁴⁴	tʂʅ²¹	tʂə²²	li²¹?	
	今	个	开	会	谁	主	持	着	哩?	
永昌	tɕiŋ³⁵	kə⁴⁴	kʰɛ⁴⁴	xuɪ⁴²	ʂuɪ⁴⁴	sʅ²¹	tʂʅ⁴²	ɕi²¹?		
	今	个	开	会	谁	是	主	席?		

张 掖	tɕiŋ⁴⁴	tʻiAŋ⁴⁴	kʻɛi⁴⁴	xuei³¹	ʂʅ²²	fei²⁴	tiə²²	kʻfu²²	ɕi³¹?	
	今	天	开	会	是	谁	的	主	席?	
山 丹	tɕiŋ³⁴	tʻiẽ⁴⁴	kʻɛe³⁴	xuei⁴¹	fei⁵³	ʂʅ⁴⁴	tʂu²²	ɕi⁴⁴	a⁴⁴?	
	今	天	开	会	谁	是	主	席	啊?	
平 凉	tɕiŋ⁵³	tʻiæ̃³¹	kʻæ³¹	xueɪ⁴⁴	seɪ²⁴	taŋ³¹	tʂu⁵³	ɕi²⁴	n̻i³¹	sɑ³¹?
	今	天	开	会	谁	当	主	席	哩	哟?
泾 川	tɕiŋ²⁴	tʻiæ̃³¹	kʻɛ³¹	xuei⁴⁴	sei²⁴	tʃʮ⁵³	tʂʅ²¹?			
	今	天	开	会	谁	主	持?			
灵 台	tɕiəŋ³¹	ər²¹	kʻɛ³¹	xuei⁴⁴	sei²⁴	tʃu⁴⁴	tʂʅ²¹?			
	今	日	开	会	谁	主	持?			
酒 泉	tɕiŋ⁴⁴	tʻiẽ⁴⁴	kʻe⁴⁴	xuɪ²¹	ʂuɪ⁴⁴	sʅ⁴²	tʂʮ²²	ɕi⁵³?		
	今	天	开	会	谁	是	主	席?		
敦 煌	tɕiŋ²²	tʻiɛ⁴⁴	kʻɛ²¹	xuei²¹³	ʂei²²	sʅ⁴⁴	tʂu⁵³	ɕʅ²¹?		
	今	天	开	会	谁	是	主	席?		
西 峰	tɕiər⁵³	kʻE³¹	xueɪ²⁴	seɪ²⁴	sʅ²¹	tʃu³¹	ɕi²⁴?			
	今儿	开	会	谁	是	主	席?			
环 县	tɕiŋ⁴¹	tʻiæ̃²¹	kʻɛ³¹	xuei⁵⁵	ʂuei²⁴	taŋ³¹	tʂʮ⁴¹	ɕi²⁴?		
	今	天	开	会	谁	当	主	席?		
正 宁	tɕiŋr³¹	kʻE³¹	xuei⁴⁴	sei²⁴	taŋ³¹	tʃu⁴⁴	si²⁴	lei²¹?		
	今儿	开	会	谁	当	主	席	嘞?		
镇 原	tɕiŋr⁵³	kʻɛ³¹	xuei⁴⁴	sei²⁴	sʅ³¹	tsʅ⁵³	si²⁴	ia²¹?		
	今儿	开	会	谁	是	主	席	呀?		
定 西	tɕin²¹	kɤ⁴⁴	ti³²	xuɪ⁴⁴	ʃʮɪ¹³	tʃʮ⁵³	tʂʅə²¹?			
	今	个	的	会	谁	主	持?			
通 渭	tɕĩ¹³	kə³²	kʻe²¹	xue⁴⁴	ʃʮe¹³	tʃʮ⁵³	tʂʅə³¹?			
	今	个	开	会	谁	主	持?			
陇 西	tɕin³³	kɤ³³	kʻɛ⁴²	xue⁴⁴	ʂuɪ¹³	tʂu⁵⁵	tʂʅɐ¹³?			
	今	个	开	会	谁	主	持?			
临 洮	tɕiər¹³	ko⁴⁴	kʻɛ²¹	xue⁴³	sue¹³	sʅ⁴⁴	tʂu⁵³	ɕiə¹³?		
	今儿	个	开	会	谁	是	主	席?		
漳 县	tɕiɤ̃⁵⁵	kɤ³³	kʻE⁴²	xuE³⁵	a⁴²	ʃʮ²⁴	ʃʮ⁴⁴	tʃʮ⁵³	si²¹?	
	今	个	开	会	阿	谁	是	主	席?	

武都	tɕiɜ̃53	tʻiæ̃21	kʻɛi21	xuei24	suei13	tɑŋ21	tʃʅ55	ɕi21?	
	今	天	开	会	谁	当	主	席?	
文县	tɕiɜ̃44	tʻiæ̃21	suei21	kʻuɛ44	tʃʅ55	tsʻɿ55	xuei24	liɛ21?	
	今	天	谁	个	主	持	会	咧?	
宕昌	tɕiŋ44	ər42	kɤ21	ʂuei13	tʂu21	tʂʅ42	xuei44?		
	今	儿	个	谁	主	持	会?		
康县	tɕiŋ53	tsʻiæ̃21	kʻE21	xuɪ24	sei13	tɑ̃21	pfu55	si21?	
	今	天	开	会	谁	当	主	席?	
西和	tɕiŋ21	tʻiæ̃21	kʻɛ21	xuei55	sei24	sɿ55	tʃʅ51	ɕi24?	
	今	天	开	会	谁	是	主	席?	
临夏市	tɕiŋ21	kə52	kʻɛ21	xuei52	ɑ44	zi21	kə52	tsu44	tʂʅ21 tʂə21 ni21?
	今	个	开	会	阿	一	个	主	持 着 呢?
临夏县	tɕiŋ21	kə52	kʻɛ21	xuei52	ɑ13	zi21	kə52	sɿ21	tsu55 ɕi24?
	今	个	开	会	阿	一	个	是	主 席?
合作	tɕin13	tʻian53	kei13	xuei53	sɿ53	ɑ13	zi53	kɤ55	ti55 tsu55 ɕi13?
	今	天	开	会	是	阿	一	个	的 主 席?
舟曲	tɕiər53	tʻiæ̃42	ɑ24	ʃɥei44	tʃʅ53	tʂʅ42	xuei21	tʂɔ44	ȵiɛ42?
	今儿	天	阿	谁	主	持	会	着	呢?
临潭	tɕin13	kɤ31	kʻɛi13	xuei44	ɑ13	zi13	kɤ53	sɿ13	tsu53 ɕi13?
	今	个	开	会	阿	一	个	是	主 席?

113. 你得请我的客

兰 州	ni^{44}	tɤ^{21}	tɕ'in^{31}	vɤ^{44}	ti^{13}	k'ɤ^{21}	
	你	得	请	我	的	客	
红 古	ni^{55}	pa^{22}	vɤ^{35}	tɕ'in^{55}	k'ər^{21}		
	你	把	我	请	客儿		
永 登	nin^{44}	tei^{21}	pa^{21}	və^{44}	tɕ'in^{44}	k'a^{22}	
	你	得	把	我	请	客	
榆 中	ni^{44}	tei^{31}	tɕ'in^{44}	uɤ^{44}	tʂ'ʅ^{31}	fæ̃^{24}	
	你	得	请	我	吃	饭	
白 银	ni^{33}	io^{33}	pa^{21}	və^{33}	tɕ'in^{13}	ʑi^{22}	xa^{21} li^{21}
	你	要	把	我	请	一	下 哩
靖 远	niɛ^{55}	iɑo^{33}	pa^{22}	ŋuə^{55}	tɕ'iŋ^{55}	zʅ^{21}	xa^{21} niɛ^{21}
	你	要	把	我	请	一	下 呢
天 水	ȵi^{53}	ti^{21}	tɕ'iəŋ^{53}	ŋuə^{53}	你得请我		
秦 安	ȵi^{53}	pi^{13}	sy^{44}	iɔ^{44}	tsˈiɤ̃^{44}	kə^{44}	tʂ'ʅ^{13} fan^{44}
	你	必	须	要	请	我	吃 饭
甘 谷	ȵi^{53}	tai^{13}	tɕ'iəŋ^{53}	i^{21}	xɒ^{44}	kiɛ^{53}	ɒ^{21}
	你	得	请	一	下	我	啊
武 山	ȵi^{53}	uo^{21}	ma^{13}	kiə^{53}	tɕ'iəŋ^{53}	i^{21}	tuəŋ^{13} lɛi^{21}
	你	要	把	我	请	一	顿 嘞
张家川	ȵi^{53}	tɿ^{21}	tɕ'iɤ̃^{53}	k'e^{32}	li^{44}	mə^{21}	
	你	得	请	客	哩	么	
武 威	ni^{35}	tə^{31}	pa^{21}	və^{22}	tɕ'iŋ^{53}	k'a^{21}	
	你	得	把	我	请	会	
民 勤	nŋ^{44}	tɤ^{42}	tɕ'iŋ^{53}	uə^{21}	你得请我		
古 浪	ni^{44}	tei^{31}	pə^{13}	uə^{44}	tɕ'iŋ^{21}	k'ɑ^{31}	
	你	得	把	我	请	会	
永 昌	ni^{44}	tə^{53}	tɕ'iŋ^{44}	uə^{53}	ti^{21}	k'ə^{42}	
	你	得	请	我	的	客	
张 掖	ni^{53}	tiə^{22}	tɕiŋ^{44}	və^{21}	你得请我		
山 丹	ni^{53}	tə^{21}	tɕ'iŋ^{53}	uə^{22}	a^{44}	你得请我啊	

第一章　语法例句

平凉	ȵi⁵³	ti³¹	pɑ³¹	uo⁵³	tɕ'iŋ⁵³	i³¹	ɕiɑ²¹	
	你	得	把	我	请	一	下	
泾川	ȵi⁵³	teɪ³¹	tɕ'iŋ⁵³	vo⁴⁴	mo²¹	你得请我么		
灵台	ȵi⁵³	tei²¹	ts'iəŋ⁵³	k'ei³¹	你得请客			
酒泉	ni⁵³	tə²²	tɕ'iŋ⁴⁴	və⁴²	你得请我			
敦煌	ŋʅ⁵³	tə²¹³	tɕ'iŋ²²	ŋə⁵³	k'ə²¹³	你得请我客		
西峰	ȵi⁵³	ti³¹	tɕ'iŋ⁵⁵	k'eɪ⁵³	pa²¹	你得请客吧		
环县	ȵi⁴¹	tei²¹	tɕ'iŋ⁵⁵	uo⁵⁵	k'ɤ⁴¹	你得请我客		
正宁	ȵi⁴⁴	ti³¹	ts'iŋ⁵³	uo⁵³	tʂʅ³¹	fæ̃⁴⁴		
	你	得	请	我	吃	饭		
镇原	ȵi⁴⁴	iɔ³¹	kei²⁴	uo⁵³	ts'iŋ²²	k'ɛ⁵³	ȵi²¹	
	你	要	给	我	请	客	呢	
定西	ȵi⁵³	tɐ¹³	pa²¹	ŋɤ⁵³	tɕ'in⁵³	tsɤ³²	tʂʅ¹³	zi²¹ tuɤ̌²¹
	你	得	把	我	请	着	吃	一 顿
通渭	ȵi⁵³	pa²¹	kə⁵³	tɕ'ĩ⁵³	zi²¹	tuɔ̃³³		
	你	把	我	请	一	顿		
陇西	li⁵⁵	iɔ⁴⁴	tɕ'in⁵⁵	kɤ⁵⁵	tʂʅ²¹	zi²¹	tuŋ²¹	liæ̃²¹
	你	要	请	我	吃	一	顿	咧
临洮	ni⁵³	te²¹	tɕ'ĩ¹³	ŋo⁵³	tsɤ̇ɛ¹³	xɔ²¹		
	你	得	请	我	才	好		
漳县	ȵi²⁴	tɐ²¹	ts'iɤ̃⁵⁵	kɤ⁵³	tɐ²¹	k'ɐ²¹		
	你	得	请	我	的	客		
武都	ȵi⁵⁵	zi²⁴	tiɔ̃²⁴	iou²¹	tɕ'iɔ̃⁵⁵	ŋə⁵⁵	tʂʅ²¹	fæ̃²⁴
	你	一	定	要	请	我	吃	饭
文县	ŋʅ⁵⁵	iɔɔ²¹	pa²¹	ŋɤ⁵⁵	tɕ'iɔ̃³⁵	zi³¹	xa²¹	
	你	要	把	我	请	一	下	
宕昌	ŋʅ⁴⁴	iao⁴⁴	pa²¹	ŋɤ⁴²	tɕ'iŋ⁵³	zʅ⁴²	xa²¹	
	你	要	把	我	请	一	下	
康县	ȵi⁵⁵	iɔɔ²⁴	ts'iŋ⁵⁵	ŋuɤ²¹	你要请我			
西和	ȵi³³	iao⁵⁵	tɕ'iŋ⁵¹	ŋuɤ²¹	你要请我			
临夏市	ni⁴⁴	ŋɑ⁴⁴	tɕ'iŋ²¹	k'ə⁵³	k'ɛ¹³	你我请个客		

临夏县	ni⁵⁵	iɔ⁵³	ŋɑ⁵⁵	tɕʻiŋ⁵⁵	zi¹³	kə⁵³
	你	要	我	请	一	客
合 作	ni⁵⁵	iɔo⁵⁵	ŋɤ⁵³	tɕʻin¹³	kʻɤ⁵³	li¹³
	你	要	我	请	客	哩
舟 曲	nzɿ⁵⁵	iɔo⁵³	pa³³	ŋuə⁵³	tsʻiŋ⁵⁵	ʒʅ⁵³	xa⁴²
	你	要	把	我	请	一	下
临 潭	ni⁵³	iɔ⁴⁴	kɛi¹³	ŋɤ⁵³	tɕʻin⁵³	kɤ⁴⁴
	你	要	给	我	请	客

114. 这是他的书，那一本是他哥哥的

兰州	tsɤ²²ʂʅ¹³tʻa⁴⁴ti²¹fu⁵³, na⁴⁴zi¹³pən⁴⁴ʂʅ¹³tʻa⁴⁴kɤ⁴⁴kɤ³¹ti²¹
	这 是 他 的 书， 那 一 本 是 他 哥 哥 的
红古	tsɤ⁴²ʂʅ²¹tɕia¹³tsɤ⁴²fu²¹, nɛ⁴²zʅ²¹pən⁵⁵ʂʅ²²tɕia⁴⁴a²¹kɤ¹³tsɤ³¹
	这 是 傢̈ 者 书， 那 一 本 是 傢̈ 阿 哥 者
永登	tʂʅ²⁴ʂʅ²¹na⁵³ti²¹fu⁴⁴, nɛi²¹³i⁴⁴pən⁴⁴tsʅ²¹ʂʅ²¹na⁴²kə⁴⁴ti²¹
	这 是 那 的 书， 那 一 本 子 是 那 哥 的
榆中	tsɤ⁴⁴ʂʅ³¹tʻa⁴⁴ti³¹ʂu⁴⁴, na⁴⁴zi²⁴pən⁴⁴ʂʅ³¹tʻa⁴⁴kɤ⁴⁴kɤ⁴⁴ti³¹
	这 是 他 的 书， 那 一 本 是 他 哥 哥 的
白银	tsʅ²²ʂʅ⁴⁴pa³¹ti⁴⁴fu³¹, lɛ⁴⁴zi²²pən⁴⁴tsʅ²¹ʂʅ²¹pa³¹ti¹³kə⁴⁴ti²¹
	这 是 他 的 书， 那 一 本 子 是 他 的 哥 的
靖远	tsʅ³⁵ʂʅ⁴²niɛ²²tiɛ⁵⁵ʂʯ²¹, ɤu³³zʅ²²pʁŋ⁵⁵tsʅ²¹sʅ³³niɛ²¹kuə²²tiɛ⁵⁵
	这 是 梟̈ 的 书， 兀 一 本 子 是 梟̈ 哥 的
天水	tsɛ⁵³ʂʅ²¹tʻa²¹tɛ¹³ʃʯ²¹, ʋɛ⁵³zi²¹pəŋ⁵³tsʅ²¹tʻa²¹kuə¹³kuə²¹tɛ²¹
	这 是 他 的 书， 咻̈ 一 本 是 他 哥 哥 的
秦安	tʂɵu¹³ʃʅ⁴⁴tʻa¹³tiə⁴⁴ʃʯ¹³, ʋə⁴⁴zi¹³põ⁵³ʃʅ⁴⁴tʻa²²kə³⁵kə⁵³tiə²¹
	这 是 他 的 书， 兀 一 本 是 他 哥 哥 的
甘谷	tsʅ⁴⁴sʅ¹³tʻɒ²²tə⁴⁴ʃʯ²¹, u⁴⁴i²¹pəŋ⁵³sʅ¹³tʻɒ²¹kiɛ²¹tə⁴⁴
	这 是 他 的 书， 兀 一 本 是 他 哥 的
武山	tsʅ⁴⁴sʅ¹³tʻɑ²¹tə²⁴ʃu²¹, vu⁴⁴sʅ⁴⁴tʻɑ²¹kiə²⁴tə⁴²
	这 是 他 的 书， 兀 是 他 哥 的
张家川	tsɿ⁵³i²¹pə̃r⁵³sʅ⁴⁴tʻa²¹tɕi¹³ʃʯ²¹, ʋe⁵³i²¹pə̃r⁵³sʅ⁴⁴tʻa²¹kuɤ¹³kuɤ²¹tɕiə²¹
	这 一 本 儿 是 他 的 书， 那 一 本 儿 是 他 哥 哥 的
武威	tɕiŋ⁵³pəŋ⁵³ʂʯ³¹sʅ²¹tɕia³⁵ti²¹, nɛi⁴⁴pəŋ⁵³ʂʯ²¹sʅ²¹tɕia³⁵kə³⁵kə⁴⁴ti²¹
	这 本 书 是 傢̈ 的， 那 本 书 是 傢̈ 哥 哥 的
民勤	tsʅ²²sʅ⁴⁴pi⁵⁵tə²²ʂu⁴⁴, lɤ⁴²kɯ²¹sʅ⁴⁴tʻa⁴⁴kuə⁴⁴kuə²²tə²¹
	这 是 彼 的 书， 那 个 是 他 哥 哥 的
古浪	tsʅ³¹ʂʅ¹³nɑ⁴⁴ti²¹ʂu⁴⁴, nɛ⁴⁴zi²²põ²¹ʂʅ²¹nɑ⁴⁴ti²¹kə⁴⁴kə⁴⁴ti²¹
	这 是 那 的 书， 那 一 本 是 那 的 哥 哥 的
永昌	tʂə⁵³ʂʅ²¹tɕia⁴⁴ti⁴²ʂʯ, na⁵³pəŋ⁴²ʂʅ²¹tʻa²¹kə¹³kə⁴⁴ti²¹
	这 是 傢̈ 的 书， 那 本 是 他 哥 哥 的

张掖	tʂə³¹ʂɿ²²tʻa⁴⁴tiə⁴⁴fu⁴⁴, nɛi³¹pəŋ²¹ʂɿ²²tʻa⁴⁴tiə²¹kə⁴⁴kə⁴⁴tiə⁴⁴
	这 是 他 的 书， 那 本 是 他 的 哥 哥 的
山丹	tʂə⁴²ʂɿ²¹na⁵⁵tə²¹fu³⁴, nɛe³⁴zi⁴⁴pəŋ⁴⁴ʂɿ⁴⁴na⁵³kə³⁴kə⁴⁴tə⁴⁴
	这 是 那 的 书， 那 一 本 是 他 哥 哥 的
平凉	tʂɤ⁵³ʂɿ²¹tʻɑ⁴⁴ti³¹ʂu³¹, nɛ⁵³i³¹pər³¹ʂɿ³¹tʻa³¹kɔ²⁴kɔ⁴⁴ti²¹
	这 是 他 的 书， 那一本儿 是 他 哥 哥 的
泾川	tʂɤ⁵³ʂɿ²¹tʻᴀ⁵³ti²¹ʃʅ³¹, nɛ⁴⁴i³¹pəŋ⁵³ʂɿ²¹tʻᴀ³¹kuo⁵³ti³¹
	这 是 他 的 书， 那 一 本 是 他 哥 的
灵台	tʂɤ⁵³ʂɿ²¹tʻa⁴⁴ti²¹ʃu³¹, uei³¹i³¹pəŋ⁵³ʂɿ²¹tʻa³¹kuo⁵³ti²¹
	这 是 他 的 书， 咻̈ 一 本 是 他 哥 的
酒泉	tʂɿ²²ʂɿ²²tʻa⁴⁴ti⁴⁴ʂʅ⁴⁴, ne⁴⁴zi⁴²pəŋ²²ʂɿ⁴⁴tʻa⁴⁴kɤ⁴⁴kɤ⁴⁴ti⁴⁴a²¹
	这 是 他 的 书， 那 一 本 是 他 哥 哥 的啊
敦煌	tʂɿ⁴⁴ʂɿ⁵³tʻa²¹³tə⁴²ʂu²¹³, nɛ⁴⁴zɿ⁴²pəŋ⁵³ʂɿ⁴⁴tʻa²¹³kə²¹³kə²¹³ti⁴²
	这 是 他 的 书， 那 一 本 是 他 哥 哥 的
西峰	tʂɤ⁵⁵ʂɿ²¹tʻa⁵⁵ti³¹ʃu³¹, nɛ³¹i³¹pəŋ³¹ʂɿ²¹tʻa³¹kɤ⁵³ti²¹
	这 是 他 的 书， 那 一 本 是 他 哥 的
环县	tʂɤ⁵⁵ʂɿ²¹ȵia³¹ti⁵⁵ʂʅ⁵⁵, nɛ⁴¹i²¹pəŋ⁴¹ʂɿ²¹ȵia²¹kuo³¹kuo⁵⁵ti²¹
	这 是 㟷̈ 的 书， 那一本 是 㟷̈ 哥 哥 的
正宁	tʂɤ⁵³ʂɿ²¹tʻa⁴⁴ȶi²¹ʃu³¹, lei⁵³i³¹pənr³¹ʂɿ²¹tʻa³¹kɤ⁵³kɤ²¹ȶi²¹
	这 是 他 的 书， 那一本儿 是 他 哥 哥 的
镇原	tʂɛ³¹ʂɿ²¹na⁴⁴ti³¹ʂɿ⁵³, vɛ⁴⁴i²²pəŋ⁵³ʂɿ³¹na⁴⁴kuo⁵³kuo²¹ti²¹
	这 是 那 的 书， 咻̈ 一 本 是 那 哥 哥 的
定西	tʂɤu⁴⁴ʂɿ³²tʻa²¹ti⁴⁴ʃɥə²¹, vu⁴⁴zi³²pɤŋ⁵³ʂɿ⁴⁴tʻa²¹kɤ¹³tiə²¹
	这 是 他 的 书， 兀 一 本 是 他 哥 的
通渭	tʂʊ⁴⁴ʂɿ³²uə⁴⁴tə³²ʃɥə¹³, ȵia⁴⁴põ⁵³ʂɿ⁴⁴uə⁴⁴kə⁴⁴ta¹³
	这 是 兀 的 书， 那 本 是 兀 个 的
陇西	tʂɿ⁴⁴ʂɿ⁴⁴tʻa²¹tɯ²¹ʂuɐ²¹, vu⁴⁴ʂɿ⁴⁴tʻɔᴐ⁴²kɤ¹³tɤ²¹
	这 是 他 的 书， 兀 是 他 哥 的
临洮	tʂe⁵³ʂɿ⁴⁴tʻa²¹ti⁴⁴ʂuə¹³, tæ²¹lĩ⁴⁴ti²¹v̞zi⁴²pər⁵³ʂɿ⁴⁴tʻa²¹ko²¹ko²¹tiə⁵³
	这 是 他 的 书， 单 另①的 兀 一 本儿 是 他 哥 哥 的

---

① 单另：另外。

漳县	tʃʅ³⁵ʃʅ³³tʻɑ²¹ti³³ʃʮ⁴⁴, u³⁵ʑi⁴²pɤ̆⁴⁴ʃʮ³³ʃʅ⁴²tʻɔo⁴²kɤ²² kɤ²⁴ti⁴²ʃʮ²¹
	这 是 他 的 书, 兀一 本 书 是 他 哥 哥 的 书
武都	tsei⁵³kə²¹sʅ²¹tʻa⁵⁵tə²¹ʃʮ²¹, vɛi⁵³ʑi²¹pɔ̃⁵⁵sʅ²¹tʻa⁵⁵kə⁵³kə²¹ti²¹
	这 个 是 他 的 书, 咻 一 本 是 他 哥 哥 的
文县	tsɛ⁵⁵sʅ²¹tʻa³¹tɤ²¹ʃʮ³¹, uei²⁴ʑi²¹pɔ̃²¹sʅ⁴⁴tʻa⁴⁴kɤ²¹kɤ²⁴tɛ⁴²
	这 是 他 的 书, 咻 一 本 是 他 哥 哥 的
宕昌	tʂɤ⁴²pər²¹sʅ⁴²tʻa⁴⁴tʅ⁴⁴ʂu⁴⁴, la⁴⁴pər²¹sʅ²¹tʻa⁴⁴kɤ²¹tʅ⁴⁴
	这 本儿 是 他 的 书, 那本儿 是 他 哥 的
康县	tsE⁵⁵ʂʅ²¹tʻA⁵³tE²¹fu²¹, lA²⁴i²¹pɤ̆r⁵⁵ʂʅ⁵⁵tʻA²¹kuɤ²¹kuɤ²¹tE⁵⁵
	这 是 他 的 书, 那一本儿 是 他 哥 哥 的
西和	tsei⁵³sʅ⁵⁵tʻA²¹tɤ²⁴ʃʮ²¹, uɛ⁵³i²¹pɤŋ⁵¹sʅ²¹tʻA²¹kuɤ²⁴kuɤ²¹tɤ²¹
	这 是 他 的 书, 咻 一 本 是 他 哥 哥 的
临夏市	tʂʅ⁴⁴ʂʅ²¹tɕiɛ¹³ti⁴²ʂu¹³, vu⁴⁴ʑi²¹pəŋ⁵²ʂʅ²¹tɕiɛ¹³ti²¹a⁴⁴kə²¹ti²¹
	这 是 傢 的 书, 兀 一 本 是 傢 的 阿哥 的
临夏县	tʂə⁵⁵ʂʅ⁵²tʻa⁵⁵ti²¹fu¹³, na⁵³ʑi²¹pəŋ⁵²ʂʅ⁵⁵tʻa⁵⁵a⁵⁵kə⁵²ti²¹
	这 是 他 的 书, 那 一 本 是 他 阿哥 的
合作	tʂɤ⁵³ʂʅ⁵⁵tʻa⁵⁵ti⁵³ʂu¹³, vu⁵³ʑi¹³pən⁵⁵ʂʅ⁵³tʻa⁵⁵ti²¹a¹³kɤ¹³ti⁵⁵
	这 是 他 的 书, 兀 一 本 是 他 的 阿哥 的
舟曲	tʂʅ⁴⁵sʅ⁴²tʻa⁵⁵tsʅ⁵³ʃʮ⁵¹, la²⁴ʐʮ²⁴pɤr³³sʅ²¹tʻa²⁴kuə⁵³tsʅ²¹
	这 是 他 的 书, 那 一 本儿是 他 哥 的
临潭	tʂɤ⁴⁴kɤ⁵³ʂʅ⁴⁴ɔ⁴⁴kei³¹ti¹³ʂu⁴⁴, na⁵³ʑi¹³pəŋ⁵³ʂʅ⁴⁴ɔ¹³kɛi¹³ti²¹a¹³kɤ⁴⁴tɤ²¹ʂu¹³
	这 个 是 兀个 的 书, 那 一 本 是 兀个 的 阿哥 的 书

115. 一边走，一边说

兰州	ʑi¹³	piã⁴⁴	tsəu⁴⁴,	ʑi²²	piã⁴⁴	fɤ¹³	
	一	边	走，	一	边	说	
红古	tsɤu⁵⁵	tʂɤ⁴²	li²¹,	fɤ²¹	tʂɤ¹³	li⁴²	
	走	着	哩，	说	着	哩	
永登	tsʊu²⁴	tʂə⁴⁴	li²¹,	fə²²	tʂə¹³	li⁴²	
	走	着	哩，	说	着	哩	
榆中	ʑi³¹	piã⁴⁴	tsəu⁴⁴,	ʑi⁴⁴	piã⁴⁴	ʂuɤ³¹	
	一	边	走，	一	边	说	
白银	tsɤu³³	ə²²	li²¹,	fə¹³	ə²²	li³³	
	走	哦	哩，	说	哦	哩	
靖远	tsɤu⁵⁵	tiɛ²¹	niɛ²¹,	ʂuə⁴¹	tiɛ²¹	niɛ²¹	
	走	的	呢，	说	的	呢	
	suã³³	tsɤu⁵⁵	suã³⁵	ʂuə⁴¹	旋走旋说		
天水	ʑi²¹	miã⁴⁴	tsəu⁵³,	ʑi²¹	miã⁴⁴	ʂʅə¹³	
	一	面	走，	一	面	说	
秦安	pian²¹	tsəʉ⁵³	pian¹³	ʃyə¹³	边走边说		
甘谷	i²¹	pia¹³	tsɤʉ⁵³,	i²¹	pia¹³	ʃə²¹	
	一	边	走，	一	边	说	
武山	i²¹	mia⁴⁴	tsɤʉ⁵³,	i²¹	mia⁴⁴	ʃuə²¹	
	一	面	走，	一	面	说	
	ɕye⁴⁴	tsɤʉ⁵³	ɕye⁴⁴	ʃuə²¹	旋走旋说		
张家川	tsɤu⁵³	tʂɤ³²	liə,	ʃɤ²¹	tʂɤ⁴⁴	liɛ²¹	
	走	着	哩，	说	着	咧	
武威	ɕyÃ⁵³	tsəu³⁵	ɕyÃ³⁵	ʂuə⁵³	旋走旋说		
民勤	pir²²	tsʉu⁴⁴	pir²²	ɕyei⁵³	边走边喧		
古浪	tsʊu³¹	tʂə⁴⁴	li²¹,	ɕuɛ⁴⁴	tʂə⁴⁴	li²¹	
	走	着	哩，	喧	着	哩	
永昌	ʑi⁴⁴	pie²¹	tsʉu⁴²,	ʑi⁴⁴	pie²¹	ɕye⁴²	
	一	边	走，	一	边	喧	
张掖	tsɤu²²	tiə²²	liə⁴⁴,	fə³¹	tiə²²	liə²¹	
	走	的	哩，	说	的	哩	

第一章 语法例句

山丹	tsəu²² tə²² na⁴⁴, fə⁴² tə²² na²¹ 走　的　呢，说　的　呢
平凉	çyæ⁴⁴ tsʁu⁵³, çyæ²⁴ ʂuo⁵³ sɑ²¹ 旋　走，旋　说　吵
泾川	suæ⁴⁴ tsəu⁵³ suæ⁴⁴ ʂɤ³¹　旋走旋说
灵台	suæ⁴⁴ tsou⁵³ suæ⁴⁴ ʃuo³¹　旋走旋说
酒泉	liẽ⁵³ tsʁu⁵³ te²⁴ ʂuə¹³　连走带说
敦煌	ʐʅ⁴⁴ piɛ⁴⁴ tsʁu⁵³, ʐʅ⁴⁴ piɛ⁴⁴ ʂuə²¹³ 一　边　走，一　边　说
西峰	suæ²⁴ tsʊ³¹ suæ²⁴ ʂuo³¹　旋走旋说
环县	çyæ²⁴ tsʁu⁴¹ çyæ⁴⁴ ʂuo⁴¹　旋走旋说
正宁	çyæ⁴⁴ tsou⁵³ çyæ⁴⁴ ʃuo³¹　旋走旋说
镇原	çyæ⁴⁴ tsəu⁵³ çyæ²⁴ siɛ⁵³　旋走旋说
定西	piæ̃²¹ tsʁu⁵³ piæ̃¹³ ʃʮ¹³　边走边说
通渭	çyæ⁴⁴ tsʊ⁵³ çyæ⁴⁴ ʃʮə³¹　旋走旋说
陇西	çyæ⁴⁴ tsʁu⁵⁵ çyæ³³ ʂuɤ²¹　旋走旋说
临洮	piæ̃¹³ tsʊ⁵³ piæ̃¹³ ʂo¹³　边走边说
漳县	zi²¹ miæ̃³⁵ tsʁu⁵³, zi²¹ miæ̃²⁴ ʃʮɤ²¹ 一　面　走，一　面　说
武都	piæ̃²¹ tsʁu⁵⁵ piæ̃¹³ ʃuə²¹　边走边说
文县	çyæ²⁴ tsʁu⁵³ çyæ²⁴ çyɤ³¹　旋走旋说
宕昌	piæ̃⁴⁴ tsʁu⁴² piæ̃⁴⁴ ʂuə⁴⁴　边走边说
康县	piæ̃²¹ tsʁu⁵³ piæ̃²¹ fɤ⁵³　边走边说
西和	çyæ̃⁵⁵ tsʁu⁵¹ çyæ̃⁵⁵ çyə²¹　旋走旋说
临夏市	piɛ̃¹³ tsʁu⁴⁴ piɛ̃¹³ ʂuə¹³　边走边说
临夏县	zi¹³ piɛ̃⁵² tsʁu⁵⁵, zi¹³ piɛ̃⁵² fə¹³ 一　边　走，一　边　说
合作	zi⁵⁵ mian⁴⁴ tsʁɯ⁵³ tʂɤ⁵⁵, zi¹³ mian⁵³ ʂuə¹³ tʂɤ⁵⁵ 一　面　走　着，一　面　说　着
舟曲	çyæ³³ tsʁu⁵⁵ çyæ²⁴ ʃʮə⁵³　旋走旋说
临潭	tsʁu⁵³ tʂɤ³¹ li⁴⁴, ʂuɤ⁴⁴ tʂɤ³¹ li⁴⁴ 走　着　哩，说　着　哩

116. 看书的看书，看报的看报，写字的写字

兰州	kʻæ¹³fu⁴⁴ti⁴⁴kʻæ²²fu⁵³, kʻæ²²pɔ¹³ti⁴⁴kʻæ¹³pɔ¹³, ɕiɛ⁴⁴tsʅ¹³ti⁴⁴ɕiɛ³¹tsʅ¹³
	看 书 的 看 书， 看 报 的 看 报， 写 字 的 写 字
红古	kʻã¹³fu³¹tʂɤ²⁴kʻã¹³fu²¹, kʻã¹³pɔ¹³tʂɤ⁴²kʻã¹³pɔ¹³, ɕiə⁵⁵tsʅ¹³tʂɤ⁴²ɕiə⁵⁵tsʅ²¹
	看 书 者 看 书， 看 报 者 看 报， 写 字 者 写 字
永登	kʻæ²⁴fu⁴²ti²¹kʻæ²⁴fu⁴², kʻæ¹³pɑo²⁴ti²¹kʻæ¹³pɑo²⁴, ɕiə⁴⁴tsʅ²¹ti²¹ɕiə⁴⁴tsʅ²¹
	看 书 的 看 书, 看 报 的 看 报， 写字 的 写字
榆中	kʻæ³¹ʂu⁴⁴ti³¹kʻæ³¹ʂu⁴⁴, kʻæ²⁴puɤ²⁴ti²¹kʻæ²⁴puɤ²⁴, ɕiɛ⁴⁴tsʅ²⁴ti³¹ɕiɛ⁴⁴tsʅ²⁴
	看 书 的 看 书， 看 报 的 看 报， 写 字 的 写字
白银	kʻan¹³fu⁴⁴ti²¹kʻan¹³fu⁴⁴ə²²li²¹, kʻan¹³pɔ³¹ti²²kʻan¹³pɔ³¹ə²²li²¹, ɕiɛ³³tsʅ³¹ti²²
	看 书 的 看 书哦哩， 看 报 的 看 报哦哩，写 字 的
	ɕiɛ³³tsʅ³¹ə²²li²¹
	写 字 哦 哩
靖远	kʻæ³⁵ʂʅ⁴¹tiɛ²¹kʻæ³⁵ʂʅ⁴¹tiɛ²¹niɛ²¹, kʻæ³⁵pɑo³⁵tiɛ⁴¹kʻæ³³pɑo³⁵tiɛ⁴¹niɛ²¹,
	看 书 的 看 书 的 呢， 看 报 的 看 报 的 呢，
	ɕiɛ⁵⁵tsʅ³⁵tiɛ⁴¹ɕiɛ⁵⁵tsʅ³⁵tiɛ⁴¹niɛ²¹
	写 字 的 写 字 的 呢
天水	kʻæ⁴⁴ʃʅ⁵³tɛ²¹kʻæ⁴⁴ʃʅ⁵³, kʻæ⁴⁴pɔ⁴⁴tɛ²¹kʻæ⁴⁴pɔ⁴⁴, ɕiɛ⁵³tsʅ⁴⁴tɛ²¹ɕiɛ⁵³tsʅ⁵³
	看 书 的 看 书， 看 报 的 看 报， 写 字 的 写 字
秦安	kʻan⁴⁴ʃʅ¹³tiə⁴⁴kʻan⁵³ʃʅ¹³, kʻan⁴⁴pɔ⁴⁴tiə²¹kʻan⁴⁴pɔ⁴⁴, siə³¹tsʅ⁴⁴ti¹³siə⁵³tsʅ¹³
	看 书 的 看 书， 看 报 的 看 报， 写 字 的 写 字
甘谷	kʻa⁴⁴ʃʅ²¹tə⁴⁴kʻa⁴⁴ʃʅ¹³, kʻa⁴⁴pɑu⁴⁴tə⁴⁴kʻa⁴⁴pɑu⁴⁴, ɕiɛ⁵³tsʅ⁴⁴tə⁴⁴ɕiɛ⁵³tsʅ⁴⁴
	看 书 的 看 书， 看 报 的 看 报， 写 字 的 写 字
武山	kʻa⁴⁴ʃu²¹tə²⁴kʻa⁴⁴ʃu²¹, kʻa⁴⁴pɔo⁴⁴tə²⁴kʻa⁴⁴pɔo⁴⁴, ɕiɛ⁵³tsʅ⁴⁴tə²⁴ɕiə⁵³tsʅ¹³
	看 书 的 看 书， 看 报 的 看 报， 写 字 的 写 字
张家川	kʻæ⁴⁴ʃʅ²¹tɕi⁴⁴kʻæ⁴⁴ʃʅ²¹tʂɤ⁴⁴liə²¹, kʻæ⁴⁴pɔu⁴⁴tsʅ⁵³tɕi³²kʻæ⁴⁴pɔu⁴⁴tsʅ⁵³tʂɤ²¹liə²¹,
	看 书 的 看 书 着 咧， 看 报 纸 的 看 报 纸 着 咧，
	ɕiɛ⁵³tsʅ⁴⁴tɕi³²ɕiɛ⁵³tsʅ⁴⁴tʂɤ²¹li²¹
	写 字 的 写 字 着 咧
武威	kʻʌ̃⁵³ʂʅ³⁵ti³¹kʻʌ̃⁵³ʂʅ²¹, kʻʌ̃⁴⁴pɔu⁴⁴ti²¹kʻʌ̃³⁵pɔu³¹, ɕiɛ³⁵tsʅ³¹ti²¹ɕiɛ³⁵tsʅ³¹
	看 书 的 看 书， 看 报 的 看 报， 写 字 的 写 字
民勤	kʻæi²²ʂu⁴⁴tə²²kæi²²ʂu⁴⁴, kʻæi²²pɔo⁴²tə²²kʻæi²²pɔo⁴², ɕiɛ⁴⁴tsʅ⁴²tə²²ɕiɛ⁴⁴tsʅ⁴²
	看 书 的 看 书， 看 报 的 看 报， 写 字 的 写 字

第一章　语法例句

古浪	kʻæ³¹ʂu⁴⁴ti⁴²kʻæ³¹ʂu⁴⁴tʂə⁴⁴li²¹, kʻæ⁴⁴pɑo⁴²tiʰ³¹kʻæ⁴⁴pɑo³¹tʂə⁴²li²¹, ɕiə⁴⁴tsʅ²¹ti²¹
	看 书 的 看 书 着 哩， 看 报 的 看 报 着 哩， 写 字 的
	ɕiə⁴⁴tsʅ²¹tʂə²¹li²¹
	写 字 着 哩
永昌	kʻɛ⁵³ʂʮ²¹ti²¹kʻɛ⁵³ʂʮ²¹, kʻɛ¹³pɔo⁵³tsʅ²¹ti²¹kʻɛ¹³pɔo⁵³tsʅ²¹, ɕiə¹³tsʅ²¹ti²¹ɕiə¹³tsʅ²¹
	看 书 的 看 书， 看 报 纸 的 看 报 纸， 写 字 的 写 字
张掖	kʻʌŋ³¹fu⁴⁴tiə⁴⁴kʻʌŋ³¹fu⁴⁴, kʻʌŋ²⁴pɔ³¹tiə²²kʻʌŋ²⁴pɔ³¹, ɕiə⁵³tsʅ³¹tiə²²ɕiə⁵³tsʅ³¹
	看 书 的 看 书， 看 报 的 看 报， 写 字 的 写 字
山丹	kʻɛe⁴²fu⁴⁴tə⁴⁴kʻɛe⁴²fu³⁴, kʻɛɛ²⁴pɑo⁴²tə²¹kʻɛɛ²⁴pɑo⁴¹, ɕiə⁵³tsʅ⁴²tə²¹ɕiə⁵³tsʅ⁴¹
	看 书 的 看 书， 看 报 的 看 报， 写 字 的 写 字
平凉	kʻæ̃³¹ʂu⁵³ti³¹kʻæ̃³¹ʂu⁴⁴tʂɤ²¹ɲi²¹, kʻæ̃⁴⁴pɔ²⁴ti³¹kʻæ̃⁴⁴pɔ²⁴tʂɤ²¹ɲi³¹, ɕiɛ⁵³tsʅ²¹ti³¹
	看 书 的 看 书 着 呢， 看 报 的 看 报 着 呢， 写 字 的
	ɕiɛ⁵³tsʅ²¹tʂɤ²¹ɲi³¹
	写 字 着 呢
泾川	kʻæ⁴⁴ʃʮ⁵³ti²¹kʻæ⁴⁴ʃʮ³¹, kʻæ⁴⁴pɔ⁴⁴ti²¹kʻæ⁴⁴pɔ⁴⁴, ɕiɛ³¹tsʅ⁴⁴ti²¹ɕiɛ³¹tsʅ⁴⁴
	看 书 的 看 书， 看 报 的 看 报， 写 字 的 写 字
灵台	kʻæ⁴⁴ʃu⁵³ti²¹kʻæ⁴⁴ʃu³¹, kʻæ⁴⁴pɔ⁴⁴ti²¹kʻæ⁴⁴pɔ⁴⁴, siɛ⁵³tsʅ⁴⁴ti²¹siɛ⁵³tsʅ⁴⁴
	看 书 的 看 书， 看 报 的 看 报， 写 字 的 写 字
酒泉	kʻã²²ʂʮ⁴⁴ti⁴⁴kʻã²²ʂʮ⁴⁴, kʻã⁴⁴pɵ²²ti⁴⁴kʻã⁴⁴pɵ²¹, ɕiə⁵³tsʅ²²ti²¹ɕiə⁵³tsʅ¹³
	看 书 的 看 书， 看 报 的 看 报， 写 字 的 写 字
敦煌	kʻan⁴⁴ʂu⁴²ti²¹kʻan⁴⁴ʂu²¹³, kʻan⁴⁴pɔo⁴⁴ti⁴²kʻan⁴⁴pɔo⁴⁴, ɕiə⁵³tsʅ⁴⁴ti⁴⁴ɕiə⁵³tsʅ²¹³
	看 书 的 看 书， 看 报 的 看 报， 写 字 的 写 字
西峰	kʻæ⁵⁵ʃu⁵³ti³¹kʻæ⁵⁵ʃu³¹, kʻæ⁵⁵pɔ⁵⁵ti³¹kʻæ⁵⁵pɔ⁵⁵, ɕiɛ³¹tsʅ⁵⁵ti³¹ɕiɛ³¹tsʅ⁵⁵
	看 书 的 看 书， 看 报 的 看 报， 写 字 的 写 字
环县	kʻæ⁵⁵ʂʮ⁴¹ti²¹kʻæ⁵⁵ʂʮ⁴¹, kʻæ⁵⁵pɔ⁵⁵ti²¹kʻæ⁵⁵pɔ⁵⁵, ɕiɛ⁴¹tsʅ⁵⁵ti²¹ɕiɛ⁴¹tsʅ⁵⁵
	看 书 的 看 书， 看 报 的 看 报， 写 字 的 写 字
正宁	kʻæ⁴⁴ʃu⁵³ti²¹kʻæ⁴⁴ʃu³¹, kʻæ⁴⁴pɔ⁴⁴ti²¹kʻæ⁴⁴pɔ⁴⁴, ɕiɛ⁵³tsʅ⁴⁴ti²¹ɕiɛ⁵³tsʅ⁴⁴
	看 书 的 看 书， 看 报 的 看 报， 写 字 的 写 字
镇原	kʻæ⁴⁴sʅ³¹ti²¹kʻæ⁴⁴sʅ²¹, kʻæ⁴⁴pɔ⁴⁴ti²¹kʻæ⁴⁴pɔ⁴⁴, siɛ⁵³tsʅ⁴⁴ti²¹siɛ⁵³tsʅ⁴⁴
	看 书 的 看 书， 看 报 的 看 报， 写 字 的 写 字
定西	kʻæ⁴⁴ʃʮ³²ti²¹kʻæ⁴⁴ʃʮə¹³, kʻæ⁴⁴pɔ⁴⁴ti³²kʻæ⁴⁴pɔ⁴³, ɕiɛ⁵³tsʅ⁴⁴ti³²ɕiɛ⁵³tsʅə³³
	看 书 的 看 书， 看 报 的 看 报， 写 字 的 写 字
通渭	kʻæ⁴⁴ʃʮə²¹tə⁴⁴kʻæ⁴⁴ʃʮə¹³, kʻæ⁴⁴pɔ⁴⁴tə³²kʻæ⁴⁴pɔ⁴⁴, ɕiɛ⁵³tsʅ⁴⁴tə³²ɕiɛ⁵³tsʅə⁴⁴
	看 书 的 看 书， 看 报 的 看 报， 写 字 的 写 字

陇西	kʻæ⁴⁴ʂu²¹tiʔ¹kʻæ⁴⁴ʂuʔ¹, kʻæ⁴⁴pɔo⁴⁴tiʔ¹kʻæ⁴⁴pɔo³², ɕie⁵⁵tsʻʅ⁴⁴tiʔ¹ɕie²¹tsʻʅɐ²¹
	看书的看书, 看报的看报, 写字的写字
临洮	kʻæ⁴⁴ʂu²¹tiʔ¹kʻæ⁴⁴ʂu¹³, kʻæ⁴⁴pɔ⁴⁴tiʔ¹kʻæ⁴⁴pɔ⁴⁴, ɕie⁵³tsʻʅ⁴⁴tiʔ¹ɕie⁵³tsʅə⁴⁴
	看书的看书, 看报的看报, 写字的写字
漳县	kʻæ³⁵ʃʯ²¹tiʔ¹kʻæ²⁴ʃʯ²¹, kʻæ²⁴pɔo⁴⁴tiʔ¹kʻæ²⁴pɔo⁵³, siE⁵³tsʻʅ²⁴tiʔ¹siE⁴²tsʻʅ²⁴
	看书的看书, 看报的看报, 写字的写字
武都	kʻæ²⁴ʃʯ⁵³tə²¹kʻæ²⁴ʃʯ²¹, kʻæ²⁴pou²⁴tə²¹kʻæ²⁴pou²⁴, ɕie⁵⁵tsʅ²⁴tə²¹ɕie⁵⁵tsʅ²⁴
	看书的看书, 看报的看报, 写字的写字
文县	kʻæ²⁴ʃʯ³¹tiʔ¹kʻæ²⁴ʃʯ³¹tɔo²¹liɛ²⁴, kʻæ²⁴pɔo²⁴ti⁴²kʻæ²⁴pɔo²⁴tɔo⁴²liɛ²¹, ɕie⁵³
	看书的看书的咧, 看报的看报的咧, 写
	tsʻʅ²¹tɛ⁴²ɕie⁵³tsʻʅ²¹tɔo⁴²liɛ²¹
	字的写字的咧
宕昌	kʻæ²⁴ʂu⁴²tʅ⁴⁴kʻæ⁴⁴ʂu⁴², kʻæ²⁴pao⁴⁴tʅ²¹kʻæ²⁴pao⁴⁴, ɕie⁴²tsʅ⁴⁴tʅ²¹ɕie⁴²tsʅ⁴⁴
	看书的看书, 看报的看报, 写字的写字
康县	kʻæ²⁴fu⁵⁵tE²¹kʻæ²⁴fu⁵³, kʻæ²⁴pɔo²⁴tE⁴²kʻæ²⁴pɔo²⁴, siE⁵⁵tsʅ²⁴tE⁴²siE⁵⁵tsʅ²⁴
	看书的看书, 看报的看报, 写字的写字
西和	kʻæ³⁵ʃʯ²¹tE²⁴kʻæ³⁵ʃʯ²¹, kʻæ⁵⁵pao⁵⁵tɤ²¹kʻæ⁵⁵pao⁵⁵, ɕie⁵¹tsʻʅ⁵⁵tɤ²¹ɕie⁵¹tsʻʅ⁵⁵
	看书的看书, 看报的看报, 写字的写字
临夏市	kʻã⁴²ʂu¹³tiʔ¹kʻã⁴²ʂu²⁴, kʻã¹³pɔ⁵²tiʔ¹kʻã¹³pɔ⁵³, ɕie⁵⁵tsʅ²¹tiʔ¹ɕie⁵⁵tsʅ²¹
	看书的看书, 看报的看报, 写字的写字
临夏县	iʁu⁵⁵tiʔ¹kʻã¹³fu¹³, iʁu⁵⁵tiʔ¹kʻã¹³pɔ⁵², iʁu⁵⁵tiʔ¹ɕie⁵⁵tsʅ⁵³
	有的看书, 有的看报, 有的写字
合作	kʻan⁵³ʂu¹³tɤ⁵⁵kʻan⁵³ʂu¹³, kʻan⁵³pɔo⁵³tɤ⁵⁵kʻan⁵³pɔo⁵³, ɕie⁵⁵tsʅ⁵³tɤ⁵⁵ɕie⁵⁵tsʅ⁵³
	看书的看书, 看报的看报, 写字的写字
舟曲	kʻæ³⁵ʃʯ²¹tsʅ⁴²kʻæ²⁴ʃʯ⁵⁵tʂɔo²⁴ȵiɛ²¹, kʻæ³⁵pɔo⁴²tsʅ⁵³kʻæ²⁴pɔo⁴²tʂɔo²⁴ȵiɛ²¹,
	看书的看书着呢, 看报的看报着呢,
	siɛ⁵⁵tsʅ⁵⁵tsʅ⁴²siɛ⁵⁵tsʅ²¹tʂɔo²⁴ȵiɛ⁵³
	写字的写字着呢
临潭	kʻæi¹³ʂu⁴⁴tiʔ¹kʻæi¹³ʂu⁴⁴tʂɤ⁴⁴li²¹, kʻæi¹³pɔ⁴⁴tɤ²¹kʻæi¹³pɔ⁴⁴tʂɤ⁴⁴li²¹, ɕie⁵³tsʅ⁴⁴tiʔ¹
	看书的看书着哩, 看报的看报着哩, 写字的
	ɕie⁵³tsʅ⁴⁴tʂɤ⁴⁴li²¹
	写字着哩

117. 看的看书，看的看报，写的写字

兰 州	（无）
红 古	kʻã¹³tʂɤ⁴²kʻã¹³, ɕiə⁵⁵tʂɤ²¹ɕiə⁵⁵ 看 着 看， 写 着 写
永 登	kʻæ¹³ti⁴⁴kʻæ³¹, ɕiə³⁵ti²²ɕiə⁴² 看 的 看， 写 的 写
榆 中	kʻæ³¹ti³³kʻæ³¹ʂu⁴⁴, kʻæ³¹ti⁴⁴kʻæ²⁴puɤ²⁴, ɕie⁴⁴ti³¹ɕie⁴⁴tsʅ²⁴ 看 的 看 书， 看 的 看 报， 写 的 写 字
白 银	kʻan¹³fu⁴⁴ti²¹pa³³fu⁴⁴kʻan³¹, kʻan¹³pɔ³¹ti¹³pa²¹pɔ¹³kʻan³¹, ɕie³³tsʅ³¹ti²²pa³³ 看 书 的 把 书 看， 看 报 的 把 报 看， 写 字 的 把 tsʅ³¹ɕiɛ³³ 字 写
靖 远	kʻæ³⁵ʂʯ⁴¹tiɛ²¹pa²²ʂʯ⁴¹kʻæ³⁵, kʻæ³⁵pɑo³⁵tiɛ⁴¹pa²²pɑo³⁵kʻæ³³, ɕiɛ⁵⁵tsʅ³⁵tiɛ⁴¹ 看 书 的 把 书 看， 看 报 的 把 报 看， 写 字 的 pa²²tsʅ³³ɕiɛ⁵⁵ 把 字 写
天 水	kʻæ⁴⁴tɛ²¹kʻæ⁴⁴, ɕiɛ⁵³tɛ²¹ɕiɛ⁵³ 看 的 看， 写 的 写
秦 安	（无）
甘 谷	kʻa³⁵tə⁴⁴kʻa¹³, ɕiɛ⁵³tə¹³ɕiɛ⁵³ 看 的 看， 写 的 写
武 山	kʻa⁴⁴tə⁴⁴kʻa⁴⁴, ɕiə⁵³tə²¹ɕiə⁵³ 看 的 看， 写 的 写
张家川	kʻæ⁴⁴ʃʯ²¹tɕi⁴⁴kʻæ⁴⁴ʃʯ²¹tʂɤ⁴⁴liə²¹, kʻæ⁴⁴pou⁴⁴tsʅ⁵³tɕi³²kʻæ⁴⁴pou⁴⁴tsʅ⁵³tʂɤ²¹liə²¹, 看 书 的 看 书 着 咧， 看 报 纸 的 看 报 纸 着 咧， ɕiɛ⁵³tsʅ⁴⁴tɕi³²ɕiɛ⁵³tsʅ⁴⁴tʂɤ²¹li²¹ 写 字 的 写 字 着 哩
武 威	kʻÃ⁴⁴ti²¹kʻÃ³¹, ɕiɛ⁵³ti²¹ɕiɛ⁵³ 看 的 看， 写 的 写
民 勤	（无）
古 浪	kʻæ¹³ʂu⁴⁴ti³¹kʻæ³¹ʂu⁴⁴, kʻæ⁴⁴pɑo⁴²ti³¹kʻæ⁴⁴pɑo³¹, ɕiə⁴⁴tsʅ²¹ti²¹ɕiə⁴⁴tsʅ²¹ 看 书 的 看 书， 看 报 的 看 报， 写 字 的 写 字

永昌	kʻɛ⁵³ʂʅ²¹ti²¹kʻɛ⁵³ʂʅ²¹, kʻɛ¹³pɔɔ⁵³ti²¹kʻɛ¹³pɔɔ⁵³, ɕiə¹³tsʅ²¹ti²¹ɕiə¹³tsʅ²¹
	看 书 的 看 书， 看 报 的 看 报， 写 字 的 写 字
张掖	kʻʌŋ³¹tiə²²fu⁴⁴, kʻʌŋ³¹tiə²²pɔ³¹, ɕiə⁵³tiə²²tsʅ³¹
	看 的 书， 看 的 报， 写 的 字
山丹	（无）
平凉	kʻæ³¹ʂu⁵³ti³¹kʻæ³¹ʂu⁵³tʂɤ²¹n̩ʴ²¹, kʻæ⁴⁴pɔ²⁴ti³¹kʻæ⁴⁴pɔ²⁴tʂɤ²¹n̩ʴ³¹, ɕie⁵³tsʅ²¹
	看 书 的 看 书 着 呢， 看 报 的 看 报 着 呢， 写 字
	ti³¹ɕie⁵³tsʅ²¹tʂɤ²¹n̩ʴ³¹
	的 写 字 着 呢
泾川	kʻæ⁴⁴ʃʅ⁵³ti²¹kʻæ⁴⁴ʃʅ³¹, kʻæ⁴⁴pɔ⁴⁴ti²¹kʻæ⁴⁴pɔ⁴⁴, ɕie⁵³tsʻʅ⁴⁴ti²¹ɕie⁵³tsʻʅ⁴⁴
	看 书 的 看 书， 看 报 的 看 报， 写 字 的 写 字
灵台	kʻæ⁴⁴ʃu⁵³ti²¹kʻæ⁴⁴ʃu³¹, kʻæ⁴⁴pɔ⁴⁴ti²¹kæ⁴⁴pɔ⁴⁴, sie⁵³tsʻʅ⁴⁴ti²¹sie⁵³tsʻʅ⁴⁴
	看 书 的 看 书， 看 报 的 看 报， 写 字 的 写 字
酒泉	（无）
敦煌	kʻan⁴⁴ʂu⁴²ti²¹kʻan⁴⁴ʂu²¹³, kʻan⁵⁴pɔɔ⁴⁴ti⁴²kʻan⁴⁴pɔɔ⁴⁴, ɕiə⁵³tsʅ⁴⁴ti⁴⁴ɕiə⁵³tsʅ²¹³
	看 书 的 看 书， 看 报 的 看 报， 写 字 的 写 字
西峰	（无）
环县	kʻæ⁵⁵ʂʅ⁴¹, kʻæ⁵⁵pɔ⁵⁵, ɕie⁴¹tsʅ⁵⁵
	看 书， 看 报， 写 字
正宁	kʻæ⁴⁴ʃu⁵³ti²¹kʻæ⁴⁴ʃu³¹, kʻæ⁴⁴pɔ⁴⁴ti²¹kʻæ⁴⁴pɔ⁴⁴, ɕie⁵³tsʻʅ⁴⁴ti²¹ɕie⁵³tsʻʅ⁴⁴
	看 书 的 看 书， 看 报 的 看 报， 写 字 的 写 字
镇原	siaŋ⁵³kʻæ⁴⁴sʅ⁵³n̩ʴ³¹tsʻəu²⁴kʻæ⁴⁴sʅ⁵³, siaŋ⁵³kʻæ³¹pɔ⁴⁴lə³¹sʅ²¹kʻæ³¹pɔ⁴⁴, yæ̃⁴⁴ i²¹
	想 看 书 你 就 看 书， 想 看 报 了 是 看 报， 愿意
	sie⁵³ tsʻʅ⁴⁴ ti³¹ tsʻəu²⁴ sie⁵³ tsʻʅ²¹
	写 字 的 就 写 字
定西	kʻæ⁴⁴ti³²kʻæ⁴⁴, ɕie⁵³ti³²ɕie⁵¹
	看 的 看， 写 的 写
通渭	kʻæ⁴⁴tɤ³²kʻæ⁴⁴, ɕie⁵³tɤ³²ɕie⁵³
	看 的 看， 写 的 写
陇西	（无）
临洮	kʻæ⁴⁴ti²¹kʻæ⁴⁴, ɕie⁵³ti¹³ɕie⁵³
	看 的 看， 写 的 写

第一章 语法例句

漳 县	kʻæ³⁵ʃʯ²¹ti²¹kʻæ²⁴ʃʯ²¹, kʻæ²⁴pɔo⁴⁴ti²¹kʻæ²⁴pɔo⁵³, siE⁵³tsʻɿ²⁴ti²¹siE⁴²tsʻɿ²⁴ 看书的看书， 看报的看报， 写字的写字
武 都	kʻæ²⁴tə²¹kʻæ²⁴, ɕie⁵⁵tə²¹ɕie⁵⁵ 看 的 看， 写 的 写
文 县	kʻæ²⁴ʯ³¹tɛ²¹kʻæ²⁴ʯ³¹, kʻæ²⁴pɔo²⁴tɛ²⁴kʻæ²⁴pɔo²⁴, ɕie⁵³tsʻɿ⁴⁴tɛ²¹ɕie⁵³tsʻɿ²⁴ 看书的看书， 看 报 的看报， 写字的写字
宕 昌	iʁu⁵³tɿ²¹kʻæ⁴⁴ʂu⁴², iʁu⁴²tɿ²¹kʻæ⁴⁴pao⁴⁴, iʁu⁵³tsɿ²¹ɕie⁴²tsɿ⁴⁴ 有 的 看书， 有 的 看报， 有 的 写字
康 县	kʻæ²⁴tE⁴²kʻæ²⁴, siE⁵⁵tE²¹siE⁵⁵ 看 的 看， 写 的 写
西 和	kʻæ²⁴tE²¹kʻæ⁵⁵, ɕie⁵¹tɣ²⁴ɕie⁵¹ 看 的 看， 写 的 写
临夏市	kʻã⁵³ti²¹kʻã⁴²ʂu¹³, kʻã⁵³ti²¹kʻã²¹pɔ⁵², ɕie⁵⁵ti²¹ɕie⁵⁵tsɿ⁵² 看 的 看书， 看 的 看 报， 写 的 写字
临夏县	kʻã¹³fu¹³ti²¹kʻã¹³fu¹³, kʻã¹³pɔ⁵²ti²¹kʻã¹³pɔ⁵², ɕie⁵⁵tsɿ⁵²ti²¹ɕie⁵⁵tsɿ⁵² 看书的看书， 看报的看 报， 写字的写字
合 作	kʻan⁵³tɣ¹³kʻan⁵³ʂu¹³, kʻan⁵³tɣ⁵³kʻan⁵³pɔo⁵³, ɕie⁵⁵tɣ⁵⁵ɕie⁵⁵tsɿ⁵³ 看 的 看书， 看 的 看 报， 写 的 写字
舟 曲	iʁu³⁵tsɿ⁵³kʻæ⁴⁴ʃʯ⁵³, iʁu²⁴tsɿ⁵³kʻæ¹³pɔo⁴², iʁu⁵⁵tsɿ⁴²sie²⁴tsɿ²² 有 的 看书， 有 的 看 报， 有 的 写字
临 潭	（无）

118. 越走越远，越说越多

兰 州	yɛ²²	tsəu⁴⁴	yɛ²²	yæ̃⁴⁴,	yɛ⁴⁴	fɤ¹³	yɛ¹³	tuo⁵³	
	越	走	越	远,	越	说	越	多	
红 古	yə¹³	tsʁu⁵⁵	yə²²	yɛ̃⁵⁵,	yə¹³	fɤ¹³	yə¹³	tuə¹³	
	越	走	越	远,	越	说	越	多	
永 登	yə²²	tsour⁴⁴	yə²¹	yæ⁴⁴³,	yə²²	fər⁴⁴	yə²¹	tuə⁴¹	
	越	走儿	越	远,	越	说儿	越	多	
榆 中	ye³¹	tsəu⁴⁴	ye³¹	yæ̃⁴⁴,	ye²⁴	ʂuɤ⁴⁴	ye³¹	tuɤ⁵³	
	越	走	越	远,	越	说	越	多	
白 银	yɛ¹³	tsʁu³³	yɛ¹³	yan³³	lɔ³³,	yɛ¹³	fə¹³	yɛ¹³	tuə⁴⁴	lɔ³³
	越	走	越	远	了,	越	说	越	多	了
靖 远	yə²²	tsʁu⁵⁵	yə²²	yæ³⁵	liɑo⁴¹,	yə²²	ʂuɛ⁴¹	yə²²	tuə⁴¹	liɑo²¹
	越	走	越	远	了,	越	说	越	多	了
天 水	yə²¹	tsəu⁵³	yə²¹	yæ⁵³,	yə²⁴	ʂʅ⁵³	yə¹³	tuə¹³	
	越	走	越	远,	越	说	越	多	
秦 安	yə²¹	tsɐu⁵³	yə²¹	yan⁵³,	yə³⁵	ʃyɛ¹³	yə¹³	tə¹³	
	越	走	越	远,	越	说	越	多	
甘 谷	yə²¹	tsʁɐ⁴⁴	yə²¹	ya⁵³,	yə³⁵	ʃə¹³	yə¹³	tə²¹	
	越	走	越	远,	越	说	越	多	
武 山	yə²¹	tsʁɐ⁵⁵	yə²¹	ya⁵³,	yə³⁵	ʃuə²¹	yə¹³	tə²¹	
	越	走	越	远,	越	说	越	多	
张家川	lu⁴⁴	yɛ²¹	tsʁu⁵³	yɛ²¹	yæ⁵³,	xua⁴⁴	yɛ¹³	ʃɤ¹³	yɛ¹³	tuɤ¹³
	路	越	走	越	远,	话	越	说	越	多
武 威	yɛ⁵³	tsəu³¹	yɛ⁵³	yÃ³⁵,	yɛ²²	ʂuə⁴⁴	yɛ⁵³	tuə²¹	
	越	走	越	远,	越	说	越	多	
民 勤	yɛ²²	tsʁu⁴⁴	yɛ²²	yei⁴⁴,	yɛ²²	ʂuə⁴²	yɛ²²	tuə⁴⁴	
	越	走	越	远,	越	说	越	多	
古 浪	yə³¹	tsou⁴⁴	yə³¹	yɛ⁴⁴,	yə¹³	ʂuə¹³	yə²²	tuə³¹	
	越	走	越	远,	越	说	越	多	
永 昌	yə⁵³	tsʁu⁴⁴	yə⁴²	ye²¹,	yə¹³	ʂuə⁴⁴	yə⁴²	tuə²¹	
	越	走	越	远,	越	说	越	多	

第一章　语法例句

张掖	ʑyə²²	tsʁu⁵³	ʑyə²²	yʌŋ⁴⁴,	ʑyə²⁴	fə²⁴	ʑyə²²	tuə⁴⁴	
	越	走	越	远,	越	说	越	多	
山丹	yə²²	tsəu⁵³	yə⁴²	yẽ²²	ia⁴⁴,	yə²⁴	fə²⁴	yə⁴²	tuə³⁴
	越	走	越	远	啊,	越	说	越	多
平凉	yɛ³¹	tsʁu⁵³	yɛ³¹	yæ̃⁵³,	yɛ²⁴	ʂuo³¹	yɛ²⁴	tuo²⁴	
	越	走	越	远,	越	说	越	多	
泾川	yʁ³¹	tsəu⁵³	yʁ³¹	yæ̃⁵³,	yʁ²⁴	ʂʁ³¹	yʁ²⁴	tuo³¹	
	越	走	越	远,	越	说	越	多	
灵台	yɛ³¹	tsou⁵³	yɛ³¹	yæ̃⁵³,	yɛ²⁴	ʂʁ³¹	yɛ²⁴	tuo³¹	
	越	走	越	远,	越	说	越	多	
酒泉	yə²²	tsʁu⁵³	yə²²	yã²²	lia⁵³,	yə²⁴	ʂuə²⁴	yə²²	tuə⁴⁴	lia⁴⁴
	越	走	越	远	了,	越	说	越	多	了
敦煌	yə²²	tsʁu⁵³	yə²²	yɛ⁵³,	yə²¹³	ʂuə²¹³	yə²¹³	tuə²¹³	
	越	走	越	远,	越	说	越	多	
西峰	yɛ³¹	tsʊ⁵³	yɛ³¹	yæ̃⁵³,	yɛ³¹	ʂuo⁵³	yɛ³¹	tuo²¹	
	越	走	越	远,	越	说	越	多	
环县	tɕiɛ³¹	tsʁu⁴¹	tɕiɛ³¹	yæ̃⁴¹,	tɕiɛ³¹	ʂuo⁴¹	tɕiɛ³¹	tuo⁴¹	
	越	走	越	远,	越	说	越	多	
正宁	yo³¹	tsou⁵³	yo³¹	yæ̃⁵³,	yo³¹	ʃuo³¹	yo³¹	tuo²¹	
	越	走	越	远,	越	说	越	多	
镇原	yɛ³¹	tsəu⁵³	yɛ³¹	yæ̃⁵³,	yɛ²⁴	siɛ⁵³	yɛ²⁴	tuo⁵³	
	越	走	越	远,	越	说	越	多	
定西	yʁ²¹	tsʁu⁵³	yʁ²¹	yæ̃⁵¹,	yʁ¹³	ʃʮʁ³²	yʁ¹³	tʁ¹³	
	越	走	越	远,	越	说	越	多	
通渭	yɛ²¹	tsʊ⁵³	yɛ²¹	yæ̃⁵³,	yɛ¹³	ʃʮɘ¹³	yɛ¹³	tə¹³	
	越	走	越	远,	越	说	越	多	
陇西	yʁ⁴²	tsʁu⁵⁵	yʁ²¹	yæ̃⁵³,	yʁ⁴⁴	ʂo⁴²	yʁ²¹	tuʁ²¹	
	越	走	越	远,	越	说	越	多	
临洮	ye¹³	tsʊ⁵³	ye¹³	yæ̃⁵³,	ʂuo²¹	tʻʊr²⁴	ye¹³	to¹³	
	越	走	越	远,	说	头儿	越	多	
漳县	ʑyE²¹	tsʁu⁴⁴	ʑyE²¹	yæ̃⁵³,	ʑyE²⁴	ʃʮʁ⁴²	ʑyE²⁴	tʁ²¹	
	越	走	越	远,	越	说	越	多	

武 都	ʑyə²¹ tsɤu⁵⁵ ʑyə²¹ ʑyæ̃⁵⁵，ʑyə¹³ ʃuə²¹ ʑyə¹³ tuə²¹
	越　　走　　越　　远，　越　　说　　越　　多
文 县	yɤ²¹ tsɤu³³ yɤ²¹ yæ̃⁵³，yɤ⁴² suə²¹ yɤ⁴² tuə²¹
	越　　走　　越　　远，　越　　说　　越　　多
宕 昌	yə²¹ tsɤu⁵³ yə²¹ yæ̃⁴²，yə¹³ ʂuə⁴² yə²⁴ tuə⁴⁴
	越　　走　　越　　远，　越　　说　　越　　多
康 县	yE²¹ tsɤu⁵⁵ yE²¹ yæ̃⁵⁵，yE²¹ fɤ⁵³ yE²¹ tuɤ⁵³
	越　　走　　越　　远，　越　　说　　越　　多
西 和	yə²⁴ tsɤu⁵¹ ɥə²¹ yæ̃⁵¹，yə²⁴ çyə²¹ yə²⁴ tuɤ²¹
	越　　走　　越　　远，　越　　说　　越　　多
临夏市	yɛ¹³ tsɤu⁵⁵ yɛ¹³ yɛ̃⁵⁵，yɛ¹³ ʂuɤ¹³ yɛ¹³ tuə¹³
	越　　走　　越　　远，　越　　说　　越　　多
临夏县	yɛ¹³ tsɤu⁵⁵ yɛ¹³ yɛ̃⁵³，yɛ¹³ fə¹³ yɛ¹³ tuə¹³
	越　　走　　越　　远，　越　　说　　越　　多
合 作	ye²¹ tsɤɯ⁵³ ye²¹ yan⁵³，ye¹³ ʂuə⁴⁴ ti²¹ ye¹³ tuə²⁴
	越　　走　　越　　远，　越　　说　　地　越　　多
舟 曲	yɛ³³ tsɤu⁵⁵ yɛ³³ yæ̃⁴²，yɛ²⁴ ʃɥə⁵³ yɛ²² tuə⁵³
	越　　走　　越　　远，　越　　说　　越　　多
临 潭	yɛi¹³ tsɤu⁵³ yɛi¹³ yæ̃i⁵³，yɛ¹³ ʂuɤ⁴⁴ yɛ¹³ tuɤ⁴⁴
	越　　走　　越　　远，　越　　说　　越　　多

第二章 长篇语料

1. 兰州话

fən⁵⁵xuo¹³tʻɛ¹³iã⁵³
风 和 太 阳

ɛ²¹, ziəu⁴⁴ẓi¹³tʻiæ̃⁴⁴na²¹, fən⁵⁵xuo¹³tʻɛ¹³iã⁵³liã⁴⁴kɤ¹³tʂən⁵⁵ʂuei⁵³tsuei¹³tɕʻiã⁵³tʂuẽ¹³,
呃， 有 一 天 哪， 风 和 太 阳 两 个 争 谁 最 强 壮,
呃，有一天哪，风和太阳两个争谁最强壮。‖强壮：厉害

fən⁵⁵tɕiəu¹³ʂuo¹³lɔ²¹, na⁴⁴ʂɿ¹³xən⁴⁴min⁵³ɕiã¹³ti²¹, vɤ⁴⁴tsuei¹³tɕʻiã³¹。in⁴⁴vei⁴⁴uɔ⁴⁴
风 就 说 了， 那 是 很 明 显 的， 我 最 强。 因 为 我
风就说了，那是很明显的，我最强。因为我

tsʻuei⁴⁴tɕʻiɛ⁵³ti²¹ʂɿ⁵³xəu¹³a²¹, xuei¹³pa³¹fu⁴⁴kua⁵³tuæ²⁴, xuei⁵⁵pa³¹pʻɤ⁴⁴lã⁵³tʻuei⁴⁴
吹 起 来 的 时 候 啊， 会 把 树 刮 断， 会 把 波 浪 推
吹起来的时候啊，会把树刮断，会把波浪推

tɔ⁴⁴ɣæ̃¹³ʂã⁵³。 tʻɛ⁴⁴iã⁵³ʂuo²¹: "tʂɿ⁴⁴mi⁵⁵sa¹³, uo³⁵pi²²ni⁴²tɕʻiã⁵³ti²²tuo⁵⁵。" fen⁴⁴xɤ¹³
到 岸 上。 太 阳 说: "这 没 啥， 我 比 你 强 得 多。" 风 和
到岸上。太阳说:"这没啥，我比你强得多。风和

tʻɛ¹³iã⁴⁴tʂən⁵⁵luən¹³ti⁴⁴ʂɿ²²xəu¹³, tʂen¹³tsɛ¹³tʂən⁵⁵luən¹³ti⁴⁴ʂɿ²²xəu²¹, a²¹kʻæ̃⁵³tɕiæ̃¹³
太 阳 争 论 的 时 候， 正 在 争 论 的 时 候， 啊 看 见
太阳争论的时候，正在争论的时候啊，看见

lɔ³¹zi¹³kɤ¹³tʂʻuæ̃⁴⁴tʂɤ³¹xəu⁴⁴vɛ³¹tʻɔ⁴⁴ti⁴⁴ẓən⁵³, tʻɛ¹³iã¹³ʂuo⁴⁴la⁴², vɤ⁴⁴men⁴⁴liã⁴⁴
了 一 个 穿 着 厚 外 套 的 人， 太 阳 说 了， 我 们 两
了一个穿着厚厚外套的人，太阳说了，我们两

tu⁴⁴lɛ⁵³ʂɿ¹³tsɿ⁵⁵ʂɿ²¹, kʻæ̃⁵³ʂuei⁵³ɕiæ̃⁴⁴tʻuo²²xa¹³ŋɤ²²kɤ¹³ẓən⁵³ti²¹vɛ⁴⁴tʻɔ¹³, tɕiəu¹³
都 来 试 一 试， 看 谁 先 脱 下 那 个 人 的 外 套， 就
都来试一试，看谁先脱下那个人的外套，就

tʂʻən⁵³kuən³¹lɔ²¹。 fei⁴⁴tɕiəu²²ʂʅ¹³tsuei²²tɕʻiã⁵³tʂuɤ̃²¹ti²¹， fən⁴⁴iɛ³¹tʻuən⁵³ʐi¹³lɔ⁴⁴。
成　功　了。谁　就　是　最　强　壮　的，风　也　同　意　了。
成功了。谁就是最强壮的，风也同意了。

ni⁴⁴ɕiɛ̃⁵³lɛ²¹。 tʻa⁴⁴ɕiɛ̃⁴⁴lɛ³¹， tʻa⁴⁴ʐi¹³ʂã⁵³lɛ⁵³tɕiəu¹³kʻɤ²²men⁴⁴liɛ²¹ti⁴⁴kua¹³，kua¹³
你　先　来。他　先　来，他　一　上　来　就　可　猛　烈　地　刮，刮
你先来。他先来，他一上来就很猛烈地刮，刮

tɕʻi⁴⁴lɔ²²fən⁵³， tæ̃⁵⁵miu³⁵ʂʅ²¹mə²¹sa⁴⁴yn¹³， vɛ¹³tʻɔ¹³tə³¹， pfʻæ̃⁵³vɛ¹³tʻɔ¹³ti⁴⁴ʐən⁵³
起　了　风，　但　没　什　么　啥　用，外　套　的，　穿　外　套　的　人
起了风，但没什么用，外套的，穿外套的人

tɕiəu¹³tsʅ¹³tɕyɛ¹³tɤ⁴⁴lən⁵³！ fã⁵³ʂou⁴⁴tɕin⁴⁴tɕin⁴⁴ti²¹pɔ¹³tʂɤ⁴⁴tsʅ¹³tɕi²²ti⁴⁴vɛ⁴⁴tʻɔ²¹。
就　只　觉　得　冷！双　手　紧　紧　地　抱　着　自　己　的　外　套。
就只觉得冷！双手紧紧地抱着自己的外套。

luən⁵³tɔ¹³tʻɛ¹³iã⁵³lɔ³¹， tʻɛ¹³iã⁵³tsʻuən⁵³vu¹³li⁴⁴miæ̃³¹lu²²tʂʻu²²lɔ⁴⁴tʻəu⁵³， pa³¹vən⁴⁴
轮　到　太　阳　了，太　阳　从　雾　里　面　露　出　了　头，把　温
轮到太阳了，太阳从雾里面露出了头，把温

nuæ̃⁴⁴ti²¹， min⁵³liã¹³ti²¹iã⁵³kuã⁴⁴nẽ¹³， sa⁴⁴tɔ²²pfʻæ̃⁴⁴vɛ⁵³tʻɔ¹³ti⁴⁴ʐən⁵³ti⁴⁴ʂən⁴⁴ʂã²¹，
暖　的、明　亮　的　阳　光　呢，洒　到　穿　外　套　的　人　的　身　上，
暖的、明亮的阳光呢，洒到穿外套的人的身上，

pfʻæ̃⁴⁴vɛ⁵³tʻɔ¹³ti⁴⁴ʐən⁵³ɕiɔ¹³tɕʻi⁴⁴lɛ⁵³lɔ²¹， pa²²vɛ⁴⁴tʻiɔ⁴⁴tʻuo²²luo²¹。 tʻuo²¹lɔ¹³ʐi⁴⁴xəu¹³
穿　外　套　的　人　笑　起　来　了，把　外　套　脱　了。　脱　了　以　后
穿外套的人笑起来了，把外套脱了。脱了以后

ɕiã⁴⁴ʂou¹³vən⁴⁴nuæ̃³¹ti²¹iã⁵³kuã⁵³。 tʻɛ¹³iã⁵³vən¹³lɔ³¹："kʻæ̃¹³tɕiæ̃⁴²lɔ⁴⁴pa²¹， ʂæ̃⁴⁴
享　受　温　暖　的　阳　光。太　阳　问　了："看　见　了　吧，善

享受温暖的阳光。太阳问了："看见了吧，善

ʐi⁴⁴xɤ²¹ʐiəu⁴⁴ia⁴⁴tsʻɛ⁵³ʂʅ²¹ʂʅ⁵³tɕiɛ²¹ʂã¹³tsuei¹³ʐiəu⁴⁴li²¹liã¹³ti⁴⁴tuən⁵³ɕi³¹。"
意　和　优　雅　才　是　世　界　上　最　有　　力　量　的　东　西。"
意和优雅才是世界上最有力量的东西。"

2. 红古话

$$fən^{13}liẽ^{13}z̩ɤ^{21}tʻɤu^{13}$$
风　连　日　头

fən¹³liẽ¹³z̩ɤ²¹tʻɤu¹³tʂɤ⁴²ku⁵⁵tɕin²¹. tsʻuən¹³tɕʻiẽ¹³, fən¹³liẽ¹³z̩ɤ²¹tʻɤu¹³pɿ⁴²fei²¹tʂɤ⁴⁴
风　连　日　头　的　古　今。　从　前，　风　连　日　头　比　谁　的
风和太阳的故事。从前，风和太阳比谁的 ‖ 连：和；日头：太阳；古今：故事

pən⁵⁵ʂɿ³¹ta¹³. fən¹³ɕiẽ²²fɤ¹³: "vɤ⁵⁵nən³³pa²¹ta¹³fu¹³kua⁵³fã¹³." z̩ɤ²¹tʻɤu²⁴fɤ²¹:
本　事　大。　风　先　说："我　能　把　大　树　刮　翻。"　日　头　说：
本事大。风先说："我能把大树刮翻。"太阳说：

"vɤ⁵⁵nən³³pa²¹iã³⁵kuã³¹sa⁴²mã²¹z̩ən²¹tɕiẽ¹³." tʂɤ⁴⁴ʂɿ⁴²xɤu²¹, lɛ²²liɔ⁴⁴kɤ²¹tsʻuã²¹
"我　能　把　阳　光　洒　满　人　间。"　这　时　候，　来　了　个　穿
"我能把阳光洒满人间。"这时候，来了个穿

tʂɤ²⁴pʻɿ²¹ŋ⁴⁴tʂɤ²¹z̩ən¹³, fɤ¹³: "z̩ɿ²¹ʂã³⁵tʻuə²¹tɔ²⁴, nən¹³ʂɿ²²vɤ⁵⁵ʂɤu¹³pu⁵⁵liɔ⁵⁵." fən¹³
着　皮　袄　者　人，　说："衣　裳　脱　掉，　能　使　我　受　不　了。"　风
着皮袄的人，说："我把衣裳脱掉，能使我受不了。"风 ‖ 者：相当于结构助词"的"。

tʻuən²¹z̩ɿ¹³liɔ²¹, fən¹³ɕiẽ³⁵kua⁵⁵tsʻɿ²¹ta¹³fən¹³, z̩ən²⁴mɤ²¹kã⁵⁵tɔ²¹lən⁵⁵, z̩ɤ²¹tʻɤu¹³
同　意　了，　风　先　刮　起　大　风，　人　没　感　到　冷，　日　头
同意了，风先刮起大风，脱衣人没感到冷，太阳

pa¹³tʻɤu²⁴ʂən¹³tsʻu²²lɛ²⁴, pa²¹iã³⁵kuã²¹sa⁵⁵ɕiã²¹tʻuə¹³z̩ɿ²¹z̩ən²⁴, tʻuə¹³z̩ɿ²¹z̩ən²⁴ɕiɔ¹³
把　头　伸　出　来，　把　阳　光　洒　向　脱　衣　人，　脱　衣　人　笑
把头伸出来，把阳光洒向脱衣人，脱衣人笑

liɔ⁴⁴, fɤ¹³: "z̩ɤ²²xu⁴²xuər²¹tʂɤ⁴²." z̩ɤ²¹tʻɤu¹³fɤ²¹: "ʂã¹³ɕin⁴²xuə²¹xɔ⁵⁵z̩ɿ¹³tsʻɛ¹³
了，　说："热　乎　乎　儿　的。"　日　头　说："善　心　和　好　意　才
了，说："热乎乎儿的。"太阳说："善心和好意才

ʂɿ²¹tsuei¹³iəu⁵⁵lɿ²¹liã¹³tʂɤ⁵³pən⁵⁵ʂɿ²¹."
是　最　有　力　量　者　本　事。"
是最有力量的本事。"

3. 永登话

fən⁴²xə²²z̻ə¹³t'ʋu⁵³
风 和 日 头

və¹³kei⁴⁴ni⁴²tɕiã̠ŋ³⁵kə⁴²ka⁴⁴ku³³ʂɻ̍⁴²。i¹³t'iæ̃⁴²fə²²na²¹, z̻ə¹³t'ʋu⁵³xə²²fən⁴²na²¹tsʋu⁴⁴   我 给 你 讲 个 尕 故 事。一 天 说 呐, 日 头 和 风 那 走   我给你讲个小故事。一天说呐，太阳和风他们走 ‖尕：小。
tʂə⁴²i⁴⁴ta⁴²liɑʋ²¹。liã̠ŋ¹³kə⁴²z̻ən⁵³tɕiʋu³³fə³³tʂə¹³nə²²mə²¹, fei⁵³vɛi⁴²? fən⁴²na³¹fə¹³   着 一 搭= 了。 两 个 人 就 说 着 呢 么, 谁 威? 风 那 说   在一起了。两个人就说着呢，是谁厉害？风他说 ‖一搭=：一起；威：厉害。
tʂə²¹："ei¹³lɛ¹³kə⁴²və⁴²vɛi⁴²pei²¹, və³⁵kua¹³tɕ'i⁴²lɛi²¹i²²kua⁴⁴xʋən⁴²t'iæ̃²¹xiə³³ti²¹fei⁴⁴   着："诶 那 个 我 威 呗, 我 刮 起 来 一 挂= 昏 天 黑 地 飞   着："（诶）那个我威呗。我刮起来一挂昏天黑地飞   那：第一个"那"相当于人称代词"他"；一挂=：全部。
ʂa⁴⁴tsʋu⁴²ʂɻ̍⁴², pa²²fu⁴²tʂɻ̍⁵³tsɻ̍²¹tu²²kua¹³tuæ̃³³niɛ²¹。"z̻ə¹³t'ʋu⁵³na²¹tɕiʋu³³fə¹³: 沙 走 石, 把 树 枝 子 都 刮 断 呢。" 日 头 那 就 说: 沙走石，把树枝子都刮断呢。"日头他就说:
"ei²¹, nɛi⁴⁴pu⁴²i²²tin²¹。"tʂə²²ʂɻ̍⁴²xʋu²¹mə²¹na²¹tɕiʋu²²kuə¹³lɛi⁵³lɑo²¹i²²kə¹³pf'æ̃⁴²p'i²²   "诶, 那 不 一 定。" 这 时 候 么 那 就 过 来 了 一 个 穿 皮   "（诶）那不一定。"这时候么（呐），那就过来了一个穿皮
ɑo¹³ti⁴²z̻ən²¹。z̻ə¹³t'ʋu⁵³tɕiʋu²²fə¹³："nɛi¹³ və³⁵mən⁵³liã̠ŋ⁴⁴kə⁴²tɕiʋu³³pi³³i⁴²xa²¹   袄 的 人。 日 头 就 说:"（那个）我 们 两 个 就 比 一 下   袄的人。日头就说："那我们两个就比一下
pei²¹。"fən⁴²fə¹³："ɛi¹³, və³⁵ɕiæ̃⁴⁴pi⁴², və³⁵ɕiæ̃⁴⁴pi⁴²!""ɛi¹³, tɕia³⁵ni⁴⁴ɕiæ̃⁴⁴pi⁴²",   呗。" 风 说: "唉, 我 先 比, 我 先 比!" "唉, 嗟 你 先 比",   呗。"风说："唉，我先比，我先比！""（唉），嗟你先比"， ‖嗟：发语词。
t'ɛi²²iã̠ŋ⁴⁴, z̻ə¹³t'ʋu⁵³tɕiʋu⁴²fə¹³:"ni³⁵ɕiæ̃⁴⁴pi⁴⁴ʂa²¹。"fən⁴²tɕiʋu²²na²²tɕiʋu⁴²kua³⁵   太 阳, 日 头 就 说:"你 先 比 吵。" 风 就 那 就 刮   太阳，太阳就说："你先比吧。"风就那就刮
fən⁴², fei⁴⁴ʂa¹³tsʋu⁴⁴ʂɻ̍⁵³, i²¹kua¹³xʋən⁴²t'iæ̃⁴²xiə¹³ti²¹tɕiʋu¹³kua²²tɕ'i¹³lɛi⁴⁴lɑo⁴²   风, 飞 沙 走 石, 一 挂= 昏 天 黑 地 就 刮 起 来 了   风，飞沙走石，全部昏天黑地就刮起来了

pei²¹. æ²¹fən⁴²yə¹³kua³³yə³³ta²¹liɑo¹³, na²²vən⁴²tu⁴⁴yə²²tɕiɑ̃ŋ¹³yə²¹ti⁴²liɑo²¹, tʻiæ⁴² 呗。 唵 风 越 刮 越 大 了， 那 温 度 越 降 越 低 了， 天 呗。唵风越刮越大了，那温度越降越低了，天	‖唵：发语词。

tɕʻi²¹yə²²lɛi⁴²yə²²lən⁴⁴³liɑo²¹. pfʻæ⁴⁴pʻi²²ɑo¹³ti⁴⁴z̩ən⁵³liɑŋ³⁵kə²¹pɑ̃ŋ³⁵tsɿ⁴²pa²²pʻi¹³ɑo²¹
气 越 来 越 冷 了。 穿 皮 袄 的 人 两 个 膀 子 把 皮 袄
气越来越冷了。穿皮袄的人两只胳膊把皮袄

kuə⁴²tɕin⁴⁴³, yə²²kuə⁴²yə²²tɕin⁴⁴³liɑo²¹. tɕiə¹³kuə⁴²pfʻei⁴²kei⁴²lɑo²¹pæ̃¹³ta²²tʻiæ⁴²,
裹 紧， 越 裹 越 紧 了。 结 果 吹 给 了 半 大 天，
裹紧，越裹越紧了。结果吹给了大半天，

pʻi¹³ɑo³¹iə⁴⁴mei²²yʊu⁴⁴tʻuə²¹xa¹³lɛi²¹. z̩ə²²tʻʊu⁴⁴fə¹³: "ni³⁵tsu³¹sa²²li²²ʂa²¹, ni¹³kən²²
皮 袄 也 没 有 脱 下 来。 日 头 说："你 做 啥 哩 吵， 你 跟
皮袄也没有脱下来。太阳说："你做啥呢，你跟

lɛi⁵³, kʻæ²²və³⁵ti⁴², və³⁵tʻuə²¹." z̩ə¹³tʻʊu⁵³na²²i¹³tʻʊu⁵³tsʻuən⁵³yn¹³tsʻɛi³³li⁴²tsuæ⁴²
来， 看 我 的， 我 脱。" 日 头 那 一 头 从 云 彩 里 钻
来，看我的，我脱。"太阳那一头从云彩里钻

pfʻu⁴⁴lɛi⁵³, tɑ̃ŋ³⁵ʂɿ⁴²tɕiʊu²²iɑ̃²²kuɑ̃ŋ⁴⁴tsʻæ⁴⁴læ⁴², pfʻən⁴²mæ⁴²z̩ən²²tɕiæ¹³mei²¹.
出 来， 当 时 就 阳 光 灿 烂， 春 满 人 间 嘛。
出来，当时就阳光灿烂，春满人间了。

tʻiæ⁴⁴tɕʻi⁴²iə⁴⁴tɕʻiən⁵³liɑo²¹, pfʻæ⁴²pʻi³³ɑo²¹ti⁴⁴z̩ən³¹i²²kua¹³liæ⁴⁴ʂɑ̃ŋ³¹iə⁴⁴tʂæ²²tʻuə⁴² 天 气 也 晴 了， 穿 皮 袄 的 人 一 挂= 脸 上 也 展 妥 天气也晴了，穿皮袄的人脸上也舒坦	‖展妥：舒坦。

liɑo²¹. i²²kʻæ¹³, tɕiʊu²¹ʂʊu⁴⁴suən⁴²kʻɛi⁴²tsʊu¹³kʻɛi⁴²liɑo²¹, ɑo³⁵, z̩ə¹³tʻʊu⁵³na²¹
了。 一 看， 就 手 松 开 走 开 了， 噢， 日 头 那
了。一看，就手松开走掉了，噢，日头它

tɕiʊu³³uɑ̃³³tʻiæ⁴²pfən⁴²tɕiæ²¹iʊu¹³i⁴²tʂæ¹³, ɑo³⁵iʊu⁵³, tʻiæ⁴²tɕʻi⁴²tɕiʊu²²yə¹³z̩ə⁴²
就 往 天 中 间 又 一 站， 噢 哟， 天 气 就 越 热
就往天中间又一站，噢哟，天气就越热

liɑo⁴²mei²¹. tʂɿ¹³ʂɿ⁴²xʊu²¹pfʻæ⁴⁴pʻi²²ɑo⁴⁴ti⁴²z̩ən⁵³na²¹tɕiʊu²¹kə¹³z̩ən⁵³na⁴²tɕiʊu²² 了 嘛。 这 时 候 穿 皮 袄 的 人 那 就 各 人 那 就 了么。这时候穿皮袄的人他就自己他就	‖各人：自己。

pa²²pʻi¹³ɑo³¹tʻuə²¹xa¹³lɛi²²liɑo²¹. æ²¹, z̩ə¹³tʻʊu⁵³tɕiʊu⁴⁴fə²¹: "ni¹²kʻæ²², fei⁵³vɛi⁴²!
把 皮 袄 脱 下 来 了。 唵， 日 头 就 说："你 看， 谁 威！
把皮袄脱下来了。唵，太阳就说："你看，谁厉害！

ni³⁵næ²²tɕ'iæ⁴⁴, t'iæ⁴⁴ti¹³tʂʅ⁴⁴tɕiæ⁴⁴ti⁴⁴tʂʅ²²kə⁴⁴ta¹³tɑo²²li⁴⁴tu⁴⁴mei⁴²iʊu²¹tsu²²t'uən⁴²
你 连 天， 天 地 之 间 的 这 个 大 道 理 都 没 有 做 通
你连天，天地之间的这个大道理都没有做通
tʂə²²mɛi²¹？kɑo¹³su⁴⁴ni⁴⁴³，fən⁴⁴xuə⁵³zʅ³³li¹³，pf'ən⁴⁴nuæ⁴²ʐən²²tɕiæ⁴⁴，tʂə¹³tsʻɛi⁴²
着 嘛？ 告 诉 你， 风 和 日 丽， 春 暖 人 间， 这 才
着嘛？告诉你，风和日丽，春暖人间，这才
ʂʅ²¹t'iæ⁴²ti²²tʂʅ⁴⁴tɕiæ⁴⁴ti²¹tɑɑo³³li⁴⁴³！tʂʅ²²tɑo³⁵ʂa⁴²？"
是 天 地 之 间 的 大 道 理！ 知 道 吵？"
是天地之间的大道理！知道吗？"

4. 榆中话

fən³¹xuɤ²⁴tʻɛi²⁴iã⁵³
风 和 太 阳

iəu⁴⁴ʐi²⁴tʻiæ³¹, fən³¹xuɤ²⁴tʻɛi²⁴iã⁵³tʂən³¹tʂɤ⁴⁴ʂuɤ²⁴ʂuei³¹ʐi²⁴kɯ²⁴li²⁴xɛi²⁴, fən³¹
有 一 天， 风 和 太 阳 争 着 说 谁 一 个 厉 害， 风
有一天，风和太阳争着说哪一个厉害，风

ʂuɤ²⁴fən³¹li²⁴xɛi²⁴, tʻɛi²⁴iã⁵³ʂuɤ²⁴uɤ⁴⁴ia³¹pi²⁴ni⁴⁴xɛi³¹li²⁴xɛi²⁴, fən³¹ʂuɤ²⁴na⁴⁴uɤ⁴⁴
说 风 厉 害， 太 阳 说 我 呀 比 你 还 厉 害， 风 说 那 我
说风厉害，太阳说我呀比你还厉害，风说那我

tsʻuei³¹tɕʻi⁴⁴lɛi⁵³ti³³ʂʅ²⁴xəu³¹, uɤ⁴⁴nən⁵³pa⁴⁴ʂu²⁴tu³¹tsʻuei³¹tuæ²⁴, pa⁴⁴ʐən⁵³tu³¹
吹 起 来 的 时 候， 我 能 把 树 都 吹 断， 把 人 都
吹起来的时候，我能把树都吹断，把人都

tsʻuei³¹ʂã²⁴tʻiæ³¹, pa⁴⁴xɛi⁴⁴li⁴⁴ti³³suei⁴⁴nən⁵³tsʻuei³¹ʂã²⁴ɣæ²⁴。tʻɛi²⁴iã⁵³ʂuɤ²⁴："na⁴⁴
吹 上 天， 把 海 里 的 水 能 吹 上 岸。 太 阳 说："那
吹上天，把海里的水能吹上岸。太阳说："那

iəu⁴⁴ʂən³¹mɤ³¹li²⁴xɛi²⁴ti³¹, uɤ⁴⁴pi²⁴ni⁴⁴xɛi⁴⁴li²⁴xɛi²⁴tɤ²⁴tuɤ⁵³。" tʂən³¹xəu¹³na⁴⁴liã⁴⁴
有 什 么 厉 害 的， 我 比 你 还 厉 害 得 多。" 正 好 他 俩
有什么厉害的，我比你还厉害得多。"正好他俩

kɯ²⁴tʂən³¹lun³¹pu²⁴ɕiəu³¹ti⁴⁴ʂʅ²⁴xəu³¹, kuɤ²⁴lɛi⁵³lɔɔ³³ʐi²⁴kɯ²⁴tʂʻuæ³¹xəu²⁴vɛi²⁴
个 争 论 不 休 的 时 候， 过 来 了 一 个 穿 厚 外
个争论不休的时候，过来了一个穿厚外

tʻɔɔ²⁴ti⁴⁴ʐən⁵³。tʻɛi²⁴iã⁵³ʂuɤ²⁴："uɤ⁴⁴mən³¹liã⁴⁴kɯ²⁴kʻæ²⁴ʂuei³¹ʐi²⁴kɯ²⁴nən⁵³pa⁴⁴
套 的 人。 太 阳 说："我 们 两 个 看 谁 一 个 能 把
套的人。太阳说："我们两个看谁一个能把 ‖谁一个：哪一个。

tʂɤ³¹kɯ²⁴ʐən⁵³ti⁴⁴vɛi²⁴tʻɔɔ²⁴tʻuɤ⁴⁴tiɔɔ¹³。" fən³¹tɕiəu²⁴tʻun⁵³ʐi²⁴lɔɔ³¹。fən³¹tɕiəu²⁴
这 个 人 的 外 套 脱 掉。" 风 就 同 意 了。 风 就
这个人的外套脱掉。"风就同意了。风就

ɕiæ⁴⁴lɛi⁵³, fən³¹tɕiəu²⁴mən⁴⁴lie¹³ti⁴⁴kua²⁴fən³¹, tʂɤ³¹kɯ²⁴ʐən⁵³pa⁴⁴vɛi²⁴tʻɔɔ²⁴ləu¹³
先 来， 风 就 猛 烈 地 刮 风， 这 个 人 把 外 套 搂
先来，风就猛烈地刮风，这个人把外套搂

tɤ²⁴tɕin⁴⁴tɕin³⁵ti³³。	t'ɛi³¹iã⁴⁴ʂuo²⁴：	"uɤ⁴⁴pi²⁴ni⁴⁴li³¹xɛi²⁴，				uɤ⁴⁴nən⁵³pa⁴⁴t'a⁴⁴ti⁴⁴				
得	紧	紧	的。	太	阳	说：	"我 比 你 厉 害，	我	能 把 他 的	

得紧紧的。太阳说："我比你厉害，我能把他的

miæ̃⁵³ʑi³¹ʂã²⁴t'uɤ²⁴tiɔo¹³z̻ɤ⁴⁴tʂɤ³¹。				t'a⁴⁴pa⁴⁴vən³¹nuæ̃¹³ti¹⁴iã⁴⁴kuã⁵³tʂɔo³¹kɤ¹³					
棉	衣 裳	脱	掉	热 着。"	他 把	温 暖	的	阳 光	照 给

棉衣裳脱掉热着。"他把温暖的阳光照给

liɔo³¹tʂɤ⁴⁴kɯ³¹tʂ'uæ̃³¹vɛi²⁴t'ɔo²⁴ti⁴⁴z̻ən⁵³，					tʂɤ³¹kɯ²⁴z̻ən⁵³z̻ɤ³¹tɤ²⁴pu⁴⁴ɕin³¹，				tɕiəu⁴⁴	
了	这 个	穿	外	套 的	人，	这 个	人 热	得 不 行，	就	

了这个穿外套的人，这个人热得不行，就

pa⁴⁴vɛi⁴⁴t'ɔo⁵³t'uɤ³¹tiɔo¹³lɔo³¹。				k'æ̃⁴⁴tɕiæ̃²⁴lɤ⁴⁴pa³¹，		ʂæ̃²⁴ʑi³¹xuɤ⁴⁴iəu⁴⁴ia⁴⁴tsʼɛi³¹ʂʅ²⁴				
把	外	套 脱	掉	了。	看	见 了 吧，	善	意 和	优 雅 才	是

把外套脱掉了。看见了吧，善意和优雅才是

tɕ'yæ̃⁵³ʂʅ⁴⁴tɕie⁵³tsuei³¹iəu⁴⁴li³¹liã¹³ti¹⁴tun³¹ɕi³¹。							
全	世	界	最	有	力 量	的	东 西。

全世界最有力量的东西。

5. 白银话

fən⁴⁴xuə²¹tˈɛ²²iɑŋ²⁴
风 和 太阳

pə⁵¹in⁵¹faŋ⁴⁴ian⁵¹fən⁴⁴xuə²¹tˈɛ²²iɑŋ²⁴ti²¹ku³³ʂʅ³¹。zi²²tˈian⁴⁴, fən⁴²iɑŋ²¹tˈɛ²²iɑŋ²⁴
白银 方言 风 和 太阳 的 故事。一 天, 风 仰⁼ 太阳
白银方言风和太阳的故事。一天,风和太阳 ‖仰⁼:连词,相当于"和"。
tʂən⁴⁴tɕin¹³fei⁵¹ti²¹pən³³ʂʅ³¹ta¹³. fən⁴²fə¹³:"kʽən¹³tin⁴⁴ʂʅ³¹və³³, və³³ti²¹pən³³
争 竞 谁 的 本 事 大。风 说:"肯 定 是 我, 我 的 本
争论谁的本事大。风说:"肯定是我,我的本 ‖争竞:争论。
ʂʅ²¹ta¹³. və¹³tæ⁴²kua³³tɕʽi³³lɛ³¹, nən⁵¹pa¹³fu¹³tsʅ⁴⁴tsʅ²¹kua³¹tuan¹³, pa²²faŋ⁵¹
事 大。我 但 刮 起 了, 能 把 树 枝 子 刮 断, 把 房
事大。我一旦刮起了,能把树枝子刮断,把房
ʂɑŋ²¹ti²¹va³⁵kei³³tˈa³³tɕiɛ³¹tɔ¹³, və³³nən⁵¹pa³³xə⁵¹li²¹ti²¹fei³³kei³³tˈa³³tʂʽui⁴²tɔ¹³an³¹
上 的 瓦 给 他 揭 掉, 我 能 把 河 里 的 水 给 他 吹 到 岸
上的瓦给他揭掉,我能把河里的水给他吹到岸
pian⁴⁴tsʅ²¹ʂɑŋ²¹."tˈɛ²²iɑŋ²⁴fə³¹:"tʂʅ²²iɤu³³sa¹³ʂa²¹, tʂʅ²²iɤu³³sa¹³li²¹, və³³pi²¹ni³³
边 子 上。" 太阳 说:"这 有 啥 吵, 这 有 啥 哩, 我 比 你
边子上。"太阳说:"这有啥呢,这有啥呢,我比你
li³¹xɛ¹³ti²²tuə⁴⁴." tɕiɤu¹³tsɛ³¹tˈa³³mən⁵¹tʂʅ²¹kə¹³tʂən⁴⁴tɕin²¹fei⁵¹kɔ⁴⁴fei⁵¹ti⁴⁴tə²¹ʂʅ⁵¹
厉 害 得 多。" 就 在 他 们 这 个 争 竞 谁 高 谁 低 的 时
厉害得多。"就在他们这个争论谁高谁低的时
xɤu³¹, yan⁴²yan¹³ti²¹lɛ⁵¹lɔ²¹zi²²kə¹³tʂʽuan⁴⁴pˈi⁵¹ɔ²¹ti⁴⁴zən⁵¹. tˈɛ²²iɑŋ²⁴fə¹³:"və³³
候, 远 远 地 来 了 一 个 穿 皮 袄 的 人。太阳 说:"我
候,远远地来了一个穿皮袄的人。太阳说:"我
mən²¹liaŋ³³kə²¹tu⁴⁴ʂʅ³¹zi¹³xa³¹, fei⁵¹nən⁵¹pa³³nɛ²¹kə³⁵zən⁵¹ti²¹pˈi⁵¹ɔ¹³tˈuə³¹tɔ¹³,
们 两 个 都 试 一 下, 谁 能 把 那 个 人 的 皮 袄 脱 掉,
们两个都试一下,谁能把那个人的皮袄脱掉,
fei⁵¹ti²¹pən³³ʂʅ³¹ta¹³, fei⁵³tɕiɤu¹³li²²xɛ³⁵." fən⁵³ʂuə²¹:"ɕin⁵³li²¹, və³³ɕian⁴⁴lɛ⁵¹."
谁 的 本 事 大, 谁 就 厉 害。" 风 说:"行 哩, 我 先 来。"
谁的本事大,谁就厉害。"风说:"行哩,我先来。"

fən⁴⁴ʑi³¹lɛ⁵¹mə²¹tɕiɤu¹³kua³¹ti¹³xən³³ta¹³。ə²¹, tɕiɛ²²kuə³³lɛ²¹, tʂɿ²²kə¹³tʂʻuan⁴⁴pʻi⁵¹
风　一来　么　就　　刮　得　很　大。呃，结　果　呢，这　个　穿　皮
风一来就刮得很大。呃，结果呢，这个穿皮

ɔ²¹ti²²ʐən⁵¹, ən¹³, yɛ¹³lɛ⁵¹yɛ²²kan³³tɕyɛ²¹tɔ²¹lən³³lɔ³¹, papʻi⁵¹ɔ¹³tɕiɤu²¹kuə⁵³tɕin³³
袄的人，　呃，　越来越感　觉　到冷了，把皮袄就　裹　紧
袄的人，呃，越来越感觉到冷了，把皮袄就裹紧

lɔ²¹。ə²², fən⁴⁴tɕyɛ²¹tə¹³, fən⁴⁴kʻan¹³tʂə²²tsən³³mə³¹tʻuə¹³put ɔ³¹tʻa⁴⁴ti²¹ʑifu²¹,
了。呃，风　觉　得，风　看　着　怎　么　脱　不　掉他的衣服，
了。呃，风觉得，风看着怎么脱不掉他的衣服，

tɕiɤu¹³kua³³ti²²kən⁴⁴ta³¹lɔ²¹。tɕiɛ²²kuə³³tʂɿ⁴²kə²²tʂʻuan⁴⁴pʻi⁵¹ɔ³¹ti⁴⁴ʐən⁵¹na²¹, pa²¹
就　刮　得　更　大　了。结　果　这　个　穿　皮　袄　的　人呐，把
就刮得更大了。结果这个穿皮袄的人呐，把

pʻi⁵¹ɔ²¹kuə¹³ti²¹tɕiɤu¹³yɛ¹³lɛ⁵¹yɛ²²tɕin⁵³lɔ²¹。tʂɿ²¹kə¹³fən⁴²xan⁵¹ʂɿ²¹mei¹³iɤu³³pa²¹
皮　袄　裹　得　就　　越来越　紧　了。这　个　风　还　是　没　有　把
皮袄裹得就越来越紧了。这个风还是没有把

pʻi⁵¹ɔ¹³keiʻ²¹tʻuə³¹tɔ¹³。lyn⁵¹tɔ¹³tʻɛ²²iaŋ²⁴lɔ³¹mə²¹, fən⁴²ʑi²²keiʻ²¹tʻɛ²²iaŋ²⁴fə²¹:
皮　袄　给　脱　掉。轮　到　太　阳　了　么，　风　儿　给　太　阳　说:
皮袄给脱掉。轮到太阳了嘛，风儿给太阳说:

"tɕia⁴²ni⁴⁴ʂɿ¹³ʑi²²xa²¹, və³³pa²¹ʐən⁵¹tɕia²¹mei¹³, mei²²iɤu³³tsu⁵³xa³¹lɛ¹³。" tʻɛ²²
"嗟　你试一　下，　我把　人　家　没，　没　有　做　下　来。" 太
"嗟你试一下，我把人家没弄下来。" 太

iaŋ²⁴fə²¹: "ɕin⁵³! ni³³kʻan³¹və²⁴ti²¹。" tʻɛ²²iaŋ²⁴tsʻuen⁵¹yn⁵¹tsʻɛ²¹li³³tsuæ̃⁴⁴tsʻu²²lɛ²²
阳　说:　"行! 你　看我　的。" 太阳　从　　云　彩里　钻　　出　来
阳说:"行! 你看我的。" 太阳从云彩里钻出来

ʑi⁴⁴xɤu¹³, tɕiɤu¹³pa²¹tʂɿ²¹kə¹³iaŋ⁵¹kuaŋ⁴⁴tʂɿ⁵¹tɕiɛ³³ʂɿ²¹tʂɔ⁴²ʂɿ²²kə¹³lə³³tsʻuan⁴⁴
以　后，　　就　把　这　个　阳　光　　直　接　是　照　是　个　了　穿
以后，就把这个阳光直接是照这个穿

pʻi⁵¹ɔ³¹ti¹³ʐən⁵¹, ɔ̃²¹, kuə²²lɔ³⁵ʑi²¹xui¹³, tʂʻuan⁴⁴pʻi⁵¹ɔ³¹ti²¹ʐən⁵¹tɕiɤu¹³nuan³³xuə⁵³
皮　袄　的　人，　呃，　过　了　一　会，　　穿　皮　袄　的　人　就　　暖　和
皮袄的人，呃，过了一会，穿皮袄的人就暖和

lɔ², pa²²tʂɿ²²kə¹³kuə⁵¹ʂɤu³³, pa²²tʂɿ²¹kə¹³kuə³³pʻi⁵¹ɔ³¹ti²¹liaŋ³³kə²¹ʂɤu³³tɕiɤu¹³
了，把　这　个　裹　手，　　把　这　个　裹　皮　袄　的　两　个　手　　就
了，把这个裹手，把这个裹皮袄的两个手就

faŋ¹³xa²¹lɛ¹³lɔ²¹。ɜ²¹，iɤu¹³kuə²¹lɔ³³ʑi²¹xui¹³，yɛ¹³lɛ⁵¹yɛ¹³ʐə³¹lɔ³³。ə²¹，tʂʻuan⁴⁴pʻi⁵¹	
放 下 来 了。呃， 又 过 了 一 会， 越 来 越 热 了。呃， 穿 皮	
放下来了。呃，又过了一会，越来越热了。呃，穿皮	
ɔ³¹ti²¹ʐən⁵¹tɕiɤu¹³tʂən³³kə¹³tʂ²¹kə¹³ʂən⁴⁴tʻi¹³tu⁴⁴faŋ¹³suen²¹lɔ²¹。ə²¹，ʂɔ⁴⁴vei⁴⁴iɤu³⁵	
袄的人 就 整 个 这 个 身 体 都 放 松 了。呃， 稍 微 又	
袄的人就整个这个身体都放松了。呃，稍微又	
kuə³¹lɔ³³ʑi³¹xui¹³lɛ²¹， tʂʻuan⁴⁴pʻi⁵¹ɔ³¹ti²¹ʐən⁵¹ʐə¹³ti⁴⁴pu²¹ɕin⁵¹lɔ²¹，xan¹³liɤu⁵¹kʻɤ²¹	
过 了 一 会 哩， 穿 皮 袄的人 热 得 不 行 了， 汗 流 开	
过了一会哩，穿皮袄的人热得不行了，汗流开	
lɔ²¹， mə¹³pan²²fa³⁵lɔ²¹，tɕiɤu⁴⁴pa²¹pʻi⁵¹ɔ¹³tɕiɤu²¹tʻuə³¹tɔ¹³lɔ³³。tʂʐ²²kə¹³ʂʐ³¹xɤu¹³，	
了， 没 办 法 了， 就 把 皮 袄 就 脱 掉 了。这 个 时 候，	
了，没办法了，就把皮袄脱掉了。这个时候，	
tʻɛ²²iɑŋ²⁴fə²¹："tɕia⁴²， ni²¹kʻan¹³tʂuə³¹lɔ²¹pa²¹， ə²¹xan⁵¹ʂʐ²¹və³³pi²¹ni¹³ti²¹pən³³ʂʐ²¹	
太 阳 说：" 嗟， 你 看 着 了 吧， 呃， 还 是 我 比 你 的 本 事	
太阳说："嗟，你看着了吧，呃，还是我比你的本事	
ta¹³。" ə²¹， fən⁴⁴ʂuə³¹："ɛ³¹，tui¹³! tɕiɤu¹³tʂʐ²¹mə²¹kə²¹。"	
大。" 呃， 风 说： "唉， 对! 就 这 么 个。"	
大。"呃，风说："唉，对!就这么样。"	

6. 靖远话

fɤŋ⁴¹læ²²iɑŋ²²pʻə⁵⁵
风　连　阳　婆

iɤu⁵⁵zɿ²¹tʻiæ²¹，fɤŋ⁴¹læ²²iɑŋ²²pʻə⁵⁵tsɤŋ⁴¹tɕiŋ²¹sɿ²¹tiɛ⁵⁵pɤŋ⁵⁵sɿ²¹ta³⁵tʂə⁴¹niɛ²¹。fɤŋ⁴¹
有　一　天，　风　连　阳　婆　争　竞　谁　的　本　事　大　着　呢。　风
有一天，风和太阳争论谁的本事大着呢。风　‖阳婆：太阳。
niɛ²²tsɿ²²tiɛ⁵⁵ʂuə³¹：" ɤu³⁵ŋuə⁵⁵tiɛ²¹pɤŋ⁵⁵sɿ²¹ta³⁵mɤŋ⁴¹。ŋuə⁵⁵tæ³⁵iɑo⁵⁵kua⁵⁵kʻɛi²¹
那　急　地　说："兀⁼我　的　本　事　大　么。　我　但　要　刮　开
那急地说："那我的本事大么。我但要刮开　‖兀：那。
liɑo²¹，pa²²ʂʮ³⁵tsʻɿ⁵⁵tsɿ²¹tɤu²²nɤŋ²⁴kua⁵⁵tuæ³³，pa²²xuə²²lɛi⁵⁵tiɛ²¹ʂuei⁵⁵tɤu²²nɤŋ²⁴
了，　把　树　枝　子　都　能　刮　断，　把　河　里　的　水　都　能
了，把树枝子都能刮断，把河里的水都能
tʂʻuei²¹tɑo³³xuə²⁴iæ²²ʂɑŋ⁵⁵。" iɑŋ²²pʻə⁵⁵ʂuə²¹："pa²¹niɛ⁵⁵tiɛ²¹tsɿ³⁵suæ³⁵sa³⁵niɛ⁴¹，
吹　到　河　沿　上。"　阳　婆　说："把　你　的　这　算　啥　呢，
吹到河岸上。"太阳说："把你的这算啥呢，
ŋuə⁵⁵kæ²²niɛ⁵⁵tiɛ²¹pɤŋ⁵⁵sɿ²¹ta³⁵tuə⁴¹liɑo²¹。" niɛ²²mɤŋ⁵⁵tʂɤŋ³⁵tsɤŋ⁴¹tɕiŋ²¹tiɛ²¹
我　赶　你　的　本　事　大　多　了。"　那　们　正　争　竞　的
我比你的本事大多了。"他们正争论的　‖赶：比。
tʻuər²¹，lɑo²²yæ⁵⁵kʻæ³⁵tʂuə²⁴liɑo⁵⁵zɿ²¹kə²¹tsʻuæ²¹pʻɿ²²nɑo⁵⁵tiɛ²¹zɤŋ²⁴。iɑŋ²²pʻə⁵⁵
同　儿，　老　远　看　着　了　一　个　穿　皮　袄　的　人。　阳　婆
时候，老远看着了一个穿皮袄的人。太阳
zɿ²²xa²¹tsɤu³⁵iɤu⁵⁵liɑo²¹tʂʮ⁵⁵zɿ²¹liɑo²¹。niɛ²⁴ʂuə⁴¹，tsa²²mɤŋ⁵⁵liɑŋ⁵⁵kə²¹tɤu⁴¹lɛi²⁴
一　下　就　有　了　主　意　了。　那　说，　咱　们　两　个　都　来
一下就有了主意了。他说，咱们两个都来
sɿ³⁵xuə⁴¹zɿ²¹xa²¹，pa²²tʂɿ³⁵kə⁴¹zɤŋ²⁴ʂɤŋ⁴¹ʂɑŋ²¹tiɛ²¹pʻɿ²²nɑo⁵⁵tʻuə²²xa²¹lɛi⁴¹，sei²⁴
试　活　一　下，　把　这　个　人　身　上　的　皮　袄　脱　下　来，　谁
试一下，把这个人身上的皮袄脱下来，谁
nɤŋ²¹tʻuə²¹xa³⁵lɛi⁴¹，tʂɤu³³suæ³³sei²²tiɛ⁵⁵pɤŋ⁵⁵sɿ²¹ta³³。fɤŋ⁴¹niɛ²¹ʂuə²¹，ɤu³³tʂʻɤŋ²²
能　脱　下　来，　就　算　谁　的　本　事　大。　风　那　说，　兀⁼成
能脱下来，就算谁的本事大。风他说，那成

niɛ⁵⁵,	niɛ²⁴xæ²¹ʂuə²¹niɛ²⁴ɕiæ²²sʅ³³.			tʂʅ²²mɤŋ⁵⁵,		fɤŋ⁴¹zʅ²²ʂaŋ³⁵lɛi⁴¹tsɤu³³lɤŋ⁵⁵				
呢,	那	还	说	那	先 试.	这 么,	风 一	上	来 就	冷
呢,他还说他先试。这么,风一上来就猛										
soŋ²²tiɛ⁵⁵kua⁵⁵k'ɛi²¹liao²¹mə²¹.					zʅ²²xa³³pa²²kə⁴¹zɤŋ²⁴toŋ³⁵tiɛ⁴¹,			pu²²iao⁵⁵ʂuə³¹pa²¹		
怂	地	刮	开	了 么.	一 下 把	个	人 冻 得,	不	要 说	把
烈地开始刮了。一下把个人冻得,不要说把 ‖ 冷怂地:猛烈地。										
p'ʅ²²nao⁵⁵t'uə²²xa³⁵lɛi⁴¹liao²¹,					tao³³kua⁵⁵tiɛ²¹yə²²lɛi²⁴yə²²tɕin⁵⁵liao²¹.				fɤŋ⁴¹kua⁵⁵	
皮	袄	脱	下 来 了,		倒 裹 得 越 来 越		紧 了.		风	刮
皮袄脱下来了,倒裹得越来越紧了。风刮										
pa³⁵liao⁴¹,	tao³⁵liɔr¹mə²¹pa²²kə⁴¹zɤŋ²⁴tiɛ⁵⁵p'ʅ²²nao⁵⁵t'uə²¹xa³⁵lɛi⁴¹.								tʂʅ³³sʅ²¹tɕiɛ²¹,	
罢 了,	到	了儿 没 把	个	人	的 皮	袄	脱 下 来.		这 时	节,
完了,到了儿没把个人的皮袄脱下来。这时候,										
iaŋ²²p'ə⁵⁵niɛ²¹tsʻoŋ²¹ioŋ²²tsʻɛi⁵⁵xɤu³⁵t'ɤu⁴¹ɕiao³⁵xuə⁴¹xuɐr²¹							tiɛ²¹tsuæ̃²²liao²¹tʂʻʅ²¹			
阳	婆 那 从 云 彩 后			头	笑 呵 呵儿 地		钻	了	出	
太阳她从云彩后头笑呵呵儿地钻了出										
lɛi²¹,	tuæ²²tuɐr²⁴tiɛ²¹tʂao³⁵tʂʻʅ⁴¹kə⁴¹zɤŋ²⁴tsɤu³³sɛi³⁵k'ɛi⁴¹liao²¹,								zʅ²²xa³³pa²¹kə⁴¹	
来,	端 端儿 地 照		住	个	人	就 晒 开 了,		一 下	把 个	
来,正好儿照着这个人就晒开了,一下把个 ‖ 端端儿:正好。										
zɤŋ²⁴sʅ⁴¹t'æ̃²¹tiɛ²¹,			k'ao³⁵tʂʻʅ⁴¹zʅ²²kə²¹tɕ'iaŋ²²kuɛi⁵⁵kuɐr²¹,					p'ʅ²²nao⁵⁵kɛi⁵⁵k'ɛi⁴¹,		
人	舒	坦 的,	靠 住	一 个	墙	拐	拐儿,	皮	袄 解	开,
人舒坦的,靠着一个墙角角儿,皮袄解开,										
tʂ'æ⁵⁵xuə²¹tiɛ²¹sɛi³⁵k'ɛi⁴¹luæ⁵⁵luɐr⁵⁵liao²¹.					zʅ²²tʂɤŋ³⁵tʂɤr⁴¹zei⁴¹tiɛ²¹pu²²tʂʻɤŋ²²					
輐˭	和 地	晒 开	暖	暖儿 了.	一	阵	阵儿 热 得 不			成
舒服地开始晒暖暖儿了。一阵阵儿热得不行 ‖ 輐˭和:舒坦。										
liao⁵⁵,	tsɤu³³pa²²p'ʅ²²nao⁵⁵t'uə⁴¹tiao²¹liao²¹.					iaŋ²²p'ə⁵⁵tsɤu³³vɤŋ³⁵fɤŋ⁴¹,			ʂuə³¹:	
了,	就	把	皮	袄 脱	掉 了.		阳 婆	就 问	风,	说:
了,就把皮袄脱掉了。太阳就问风,说:										
"tsʻɤu³³tʂuə²⁴liao⁵⁵ma²¹,			sei²²tiɛ⁵⁵pɤŋ⁵⁵sʅ²¹ta³⁵?			ʂæ³⁵ɕiŋ⁴¹ʂæ³⁵zʅ³³tsʻɛi²¹sʅ³³tsuei³³				
"瞅	着	了 吗,	谁	的	本	事	大?	善 心 善 意	才 是	最
"瞅着了吗,谁的本事大?善心善意才是最										
ta³⁵tiɛ⁴¹pɤŋ⁵⁵sʅ²¹."										
大	的	本	事."							
大的本事。"										

7. 天水话

fɤŋ²¹liæ̃¹³zˌʅə²¹tʻɤu¹³
风　连　日　头

tɕin²⁴ko²¹, ŋo⁵³kɪ⁴⁴n̩iɤu¹³ʂʅə¹³zi²¹kɛ⁵³fɤŋ²¹liæ̃¹³zˌʅə²¹tʻɤu¹³tɛ²¹ku⁵³tɕin²¹。iɤu⁵³ 今　个，我　给　你　说　一　个　风　连　日　头　的　古　今。　有 今天，我给你们说一个风和太阳的故事。有　‖今个：今天。
zi¹³xuɪ¹³, fɤŋ²¹liæ̃¹³zˌʅə²¹tʻɤu¹³tʻɛ¹³kã⁵³, kʻæ⁴⁴sʅ¹³kɛ¹³tsuɪ⁴⁴tsæ⁵³tɕiɤ̌⁴⁴, lɤŋ¹³。 一　回，风　连　日　头　抬　杠，　看 谁　个　最　攒　劲，　能。 一回，风和太阳争吵，看哪个最厉害，能。‖抬杠：争吵；谁个：哪个。
fɤŋ¹³ʂʅə²¹tʂɔ¹³: "sɤŋ⁵⁵tsa¹³ʂʅ²¹, tʻɤu¹³sʅ⁴⁴ŋo⁵³tsæ⁵³tɕin⁴⁴。ŋo⁵³tʻa¹³ɕkua⁵³, lɤŋ¹³ 风　说　着：" 甚　咋　说，　都　是　我　攒　劲。我 他 一 刮， 能 风说着："不管怎么说，都是我厉害。我他一刮，能 ‖攒劲：厉害；能：厉害。
pa¹³ʃʅ⁴⁴ku⁵³tsʅ²¹kua⁵³tʻuæ⁴⁴, lɤŋ²¹pa²¹ʃʅ⁵³kua⁵³tʂə²¹kæ²¹ŋæ⁴⁴ʂã²¹。" zˌʅə²¹tʻɤu¹³ 把　树　骨　子　刮　断，　 能　把　水　刮　着　河　岸　上。" 日　头 把树枝子刮断，能把海水刮到岸上。"太阳 ‖树骨子：树枝。
ʂʅə²¹tʂɔ¹³²: "pa²¹n̩i⁵³tɛ³²vɛ⁵³iɤu⁵³sa⁴⁴li¹³? ŋo⁵³kæ̃⁵³n̩i⁵³tsæ⁵³tɕin⁵⁵ti³²to¹³²。" tʻa²¹ 说　着：" 把　你　的　兀　有　啥　哩？ 我　赶　你　攒　劲　得　多。" 他 说着："把你的那有什么呢？我比你厉害得多。" ‖兀：相当于指示代词"那"。
tɕia¹³liã¹³kɛ⁵³tʂɤŋ⁵⁵tɕʻiã⁵⁵tʂə²¹li²¹, kʻæ⁴⁴tʂʻo¹³ɕkɛ⁵³tsʻæ²¹ta⁴⁴tsʻã⁵³ti⁰zˌɤŋ¹³ko⁴⁴lɛ¹³ 家　两 　个　正　犟　着　哩，看　着　一　个　穿　大　氅　的　人　过　来 们两个正犟着哩，看着一个穿棉衣的人过来
lio¹³。zˌʅə²¹tʻɤu²¹ʂʅə²¹tʂɔ¹³: "ŋo¹³liã¹³kɛ⁵³tʻɤu¹³sʅ⁴⁴ɕxa²¹, tʂə²¹vɛ⁵³kɛ⁴⁴zˌɤŋ¹³tʻo¹³ 了。 日　头　说　着："我　两　个 都　试　一　下，　着　兀　个　人　脱 了。太阳说着："我两个都试一下，让那人脱 ‖大氅：棉衣。
zi¹²sã¹³, sɪ²¹kɛ¹³lɤŋ¹³tɕin⁴⁴tʻa²¹tʻo²¹xa⁴³, sɪ¹³kɛ¹³tɕiɤu⁴⁴sʅ²¹tsuɪ⁴⁴tsæ⁵³tɕin⁴⁴tɛ²¹。" 衣 裳，谁 个 能　叫　他　脱　下，谁 个　就　是　最　攒　劲　的。" 衣裳，谁个能叫他脱下，谁个就是最厉害的。"
fɤŋ²¹ta²¹in⁴⁴ɕiɛ²¹sʅ⁴³xa²¹。tʻa¹³tsʅ⁵³sã⁴⁴lɛ¹³tɕiɤu⁴⁴lɤŋ²¹mɤŋ⁵³tskua⁵³ta⁴⁴fɤŋ¹³。fɤŋ²⁴ 风 答 应 先 试 下。 他 一 上 来 就 冷 猛 子 刮 大 风。 风 风答应先试下。他一上来就猛烈地刮大风。风

yə²¹ta⁴³, vɛ⁵³kɛ¹³ʐɤŋ¹³yə²⁴ko²¹tʂʻə¹³lɤŋ⁵³, liã²¹kɛ⁴⁴ʂɤu⁵³pa¹³zi²¹ʂã¹³²yə²¹pɔ⁴⁴yə²¹	
越 大， 兀 个 人 越 觉 着 冷， 两 个 手 把 衣 裳 越 抱 越	
越大，那个人越觉着冷，两个手把衣裳越抱越	‖冷猛子：猛烈地。
tɕiŋ⁵³liɔ¹³. fɤŋ²¹tɛ¹³pæ⁴⁴fa²¹muə¹³tɕʻi⁵³sa⁴⁴tso²¹yŋ⁴⁴, xæ¹³sʅ⁴⁴pa¹³vɛ⁵³kɛ⁴⁴ʐɤŋ¹³	
紧 了。 风 的 办 法 没 起 啥 作 用， 还 是 把 兀 个 人	
紧了。风的办法没起啥作用，还是把那个人	
ti³²zi²¹ʂ⁵³muə¹³tʻo²¹xa⁴³. xɤu⁴⁴tʻɤu²¹noŋ¹³tʂʻo¹³zʅə²¹tʻɤu²⁴liɔ²¹, zʅə²¹tʻɤu¹³	
的 衣 裳 没 脱 下。 后 头 轮 着 日 头 了， 日 头	
的衣裳没脱下。后面轮着太阳了，太阳	
tsʻuŋ¹³yŋ¹³ɲiæ⁵³xo²¹tʻæ⁴⁴tʂʻlɛ¹³. zɤŋ²⁴ʂʅə³²:"yŋ¹³ɲiæ⁵³tɛ²¹zʅə²¹tʻɤu⁴³xo²¹ɕiæ⁴⁴tɛ²¹	
从 云 眼 后 探 出 来。 人 说："云 眼 的 日 头 后 岘 的	
从云眼后探出来。人说："云眼的太阳后头的	‖后岘：后头。
fɤ̃¹³²." vɛ⁵³yŋ¹³ɲiæ⁵³tɛ²¹zʅə²¹tʻɤu⁴⁴tʂɔ⁴⁴tʂʻɔ²¹vɛ⁵³kɛ⁴³ʐɤŋ¹³ʂɤŋ²¹ʂã⁴⁴, tʻa¹³ko²¹	
风。" 兀 云 眼 的 日 头 照 着 兀 个 人 身 上， 他 觉	
风。"那云眼的太阳照着那个人身上，他觉	
tʂʻo¹³zʅə¹³, vɛ⁵³tɕiɤu⁴⁴pa²¹ta⁴⁴tʂʻã⁵³tʻo²¹liɔ⁵³, sɛ⁴⁴luæ⁵³luə²¹tʂə²¹li²¹. zʅə²¹tʻɤu¹³	
着 热， 兀 就 把 大 氅 脱 了， 晒 暖 暖 着 哩。 日 头	
着热，就把棉衣脱了，晒暖暖着哩。太阳	‖兀：相当于第三人称代词"他"。
vɤŋ⁴⁴fɤ̃¹³: "zɔ⁴⁴tʂʻo¹³liɔ²¹muə¹³? tʂɔ²¹zɤŋ¹³ko²¹tʂʻo¹³ɲi⁵³xɔ⁵³, ɲi⁵³ʂæ⁵⁵xo²¹, tsʻɛ¹³	
问 风："照 着 了 没？ 着 人 觉 着 你 好， 你 善 和， 才	
问风："看见了没？让人觉着你好，你善良，才	‖善和：善良。
sʅ⁴⁴tsuɪ⁴⁴tsæ⁵³tɕiŋ⁴⁴tɛ²¹."	
是 最 攒 劲 的。"	
是最厉害的。"	

8. 秦安话

fə̃¹³lan²¹t'ɛ⁴⁴ĩ³̃⁵³
风　连　太阳

| kə⁵³kuə⁵³ta⁴⁴tɕiɑ²¹ʃyə²¹ʑi²¹kuə⁴⁴fə̃¹³lan²¹t'ɛ⁴⁴ĩ³̃⁵³ti²¹kuʔ²¹。iəu⁵³ʑi¹³t'ian²¹，fə̃¹³ |
| 我　给　大家　　说　一个　风　连　太阳的　故事。　有一　天，　风 |
| 我给大家说一个风和太阳的故事。有一天，风 |
| lan²¹t'ɛ⁴⁴ĩ³̃²¹uei³⁵tʂ'ẽ⁵³lə̃³a²¹k'an⁴⁴a²¹kuə⁴⁴tsan⁵³tɕĩ³̃⁴⁴，tʂ'ə̃²¹ti¹³ʃ¹⁴⁴mian⁴⁴xuə̃¹³ər⁵³ |
| 连　太阳　为　逞能啊看　阿个　攒　劲，　争得是　面　红　耳 |
| 和太阳为逞能看哪个厉害，争得是面红耳 ‖阿个：哪个。 |
| tʂ'ʅ¹³，ʃ¹⁴⁴ɻ²¹ta³¹pfu⁵³ɕiə¹³，fə̃¹³ʃyə²¹："miə̃¹³pɛ⁵³ti¹³kə⁵³tsan⁵³tɕĩ³̃⁴⁴，kə⁵³səu⁵³ |
| 赤，　是雷打不　响，　风　说："明　摆的　我　攒　劲，　我 嗖 |
| 赤，是雷打不响，风说："明摆的我厉害，我嗖 |
| səu⁵³ti²¹tʂ'yei²¹ti¹³kuei⁵³tɤu⁴⁴mə²¹mɔ¹³，tʂ'ʅ⁵³ti²¹ʂu⁵³kə̃³⁵lian³⁵kə̃²¹p'a¹³tɕ'i⁵³，tʂ'y²¹ |
| 嗖 地 吹 得 鬼　都　没毛，　吹 得 树　根　连　根　拔 起，　吹 |
| 嗖地吹得鬼都没毛，吹得树根连根拔起，吹 |
| ti⁴⁴p'ə²¹lə̃⁴⁴tʂ'y²¹tɔ⁴⁴kan⁴⁴ʂə̃⁴⁴lɛ¹³lɔ¹³。" ʐə²¹t'əu⁴⁴ʃyə¹³："ma²¹n̩i⁵³və⁴⁴liə̃⁵³pa⁵³ʃua²¹ |
| 得 波　浪　吹到　岸　上　来 了。" 日　头　说："把　你　兀　两　把　刷 |
| 得波浪吹到岸上来了。"太阳说："把你那两把刷 |
| tsʅ⁵³xɛ¹³suan⁴⁴sa⁴⁴liə⁵³？n̩i⁵³pi⁵³kə⁵³tsan³¹tɕĩ³̃⁴⁴，kə⁵³pi⁵³n̩i⁵³tsan⁵³tɕĩ³̃⁴⁴ʂʅ¹³p'ie¹³， |
| 子　还　算　啥　哩？你　比　我　攒　劲，　我　比　你　攒　劲　十　倍， |
| 子还算什么？你比我厉害，我比你厉害十倍， |
| pei¹³p'ie¹³。" tʂə̃⁴⁴ts'ɛ⁴⁴liə̃⁵³kuə⁴⁴tʂ'ə̃²¹ti¹³pfu¹³kə⁵³k'ɛ¹³tɕiɔ¹³ti¹⁴⁴ʃ¹¹³xəu⁴¹，lu⁴⁴ʂə̃⁴⁴t'u⁴⁴ |
| 百　倍。" 正在　两个　　争得　不　可　开　交　的 时　候，　路 上 突 |
| 百倍。"正在两个争得不可开交的时候，路上突 |
| ʐan¹³kuo⁵³lə¹³ʑi¹³kuə⁴⁴tʂ'uan²¹xəu⁴⁴xəu⁴⁴ti¹³mian¹³ʑi⁵³ti¹³ʐə̃¹³a¹³，ʐə²¹t'əu⁴⁴ʃyə¹³： |
| 然　过　来　一个　穿　厚　厚　的　棉　衣的 人 啊，　日　头　说： |
| 然过来一个穿厚厚的棉衣的人，太阳说： |
| "tsɔ¹³liə̃⁵³kuə⁴⁴k'an⁴⁴a¹³kuə⁴⁴ti¹³pə̃⁵³ʃ¹⁴⁴ta⁴⁴，ma¹³tʂəu⁵³kə⁵³ʐə̃⁵³ti¹³təu⁴⁴mian¹³ʑi¹³ |
| "曹ⁿ 两个　看　阿个　的 本　事　大，　把　这　个　人　的　棉　衣 |
| "我们两个看哪个的本事大，把这个人的棉衣 ‖曹ⁿ：我们。 |

kuə⁴⁴tʻuo¹³xa⁴⁴lɛ¹³, a¹³kuə⁴⁴tsʻɛ¹³suan⁵³tsan⁵³tɕiɔ̃³¹." fɔ̃¹³ʃʮ¹³："vu⁵⁵kə³¹sian²¹lɛ¹³."
给　脱　下来,阿个　才　算　攒　　劲。"风说:"兀我　先　来。"
给脱下来,哪个才算厉害。"风说:"那我先来。"

fɔ̃⁴⁴zi¹³ʂ⁴⁴lɛ¹³, tsiɐu⁴⁴lan²¹zi¹³tsʻian¹³ua¹³tə¹³kufɔ̃¹³tɕi¹³zi¹³iɔ̃⁴⁴, vu¹³vu¹³vu¹³,
风一上来,　就　连一　千　瓦 的鼓　风　机一样, 呜呜呜,
风一上来,就像一千瓦的鼓风机一样,呜呜呜,　‖连:相当于动词"像"。

ɐu⁴²ɐu³¹ɐu³¹, ua⁵³ua⁵³ua⁵³ti²²tʃʻyei⁴⁴, ma¹³tsa⁵³lɛ⁵³ti¹³tɕiɔ̃⁵³tɐu¹³yɔ̃⁴⁴ʂ⁴⁴lɔ²¹, yɔ̃²¹,
噢　噢　噢,　哇　哇　哇地　吹,　把　咂　奶 的　劲　都　用　上了, 哎,
噢噢噢,哇哇哇地吹,把吃奶的劲都用上了,(哎), ‖咂奶:吃奶。

tʃʻuan²¹mian¹³zi³¹ti¹³zɔ̃¹³a²¹, yɔ̃³⁵tʃʻyei²¹ma⁵³zi¹³ʃɔ̃⁴⁴pɔ⁴⁴ti³¹yɔ²¹tɕiɔ̃⁵³lɔ²¹, tsʻɛ⁴⁴
穿　棉　衣 的 人　啊, 越　吹 把 衣　裳　抱 得　越　紧　了, 在
穿棉衣的人啊,越吹把衣裳抱得越紧了,在

tsʻʮ⁴⁴xə²¹ta⁵³kʻɛ⁵³kuɔ̃⁵³kuɔ̃²¹lɔ²¹. zi¹³ʃɔ̃³⁵tʻuo¹³pfu¹³xa¹³lɛ¹³. xa⁴⁴lɛ¹³noŋ¹³tɔ⁴⁴zə²¹
地　下　打　开　滚　滚　了。 衣　裳　脱　不下来。下来　轮　到　日
地下开始打滚。衣裳脱不下来。下来轮到太　‖打开滚滚:开始打滚。

tʻɐu¹³lɔ⁵³. ʃyɔ²¹ʃʻʮ⁴⁴tʃʻʮ¹³, vɔ⁵³ʃʻʮ²¹kʻuɛ⁵³, zi³⁵ʃʻʮ²¹kuɔ̃¹³, lan²¹tɕy³⁵kuɔ̃⁵³tɔ̃³⁵zi¹³iɔ̃¹³,
头　了。说　时　迟, 兀　时　快, 一　射　光, 连　聚　光　灯一样,
阳了。说时迟,那时快,一射光,像聚光灯一样,

tsʻoŋ¹³yɔ̃¹³ian⁵³li⁵³tʃʻʮ²¹lɛ¹³, n̪i⁵³siɔ̃⁵³ma²¹, tsuei⁴⁴lʮ⁴⁴xɛ⁵³ti¹³san²¹tɕʻian⁴⁴ʃʮ⁴⁴：xie²¹
从　云　眼　里　出　来, 你　想　嘛, 最　厉　害 的 三　件　事：蝎
从云眼里出来,你想啊,最厉害的三件事:蝎

tsʮ⁴⁴ti²¹tsian⁴⁴, ʃʮ¹³tsʻiɔ̃¹³tiɔ̃¹³tsʻan⁵⁵, yɔ̃¹³n̪ian⁵³li⁵³tə¹³ʒə²¹tʻɐu¹³ma¹³n̪i⁵³lɔ̃¹³ʃɛ⁴⁴kə⁴⁴
子 的 箭, 石　匠 的 錾, 云　眼　里 的 日　头 把 你 能　晒　个
子的箭,石匠的錾,云眼里的太阳把你能晒个

ʃi¹³pa²¹lan⁴⁴. tʂɐu¹³ʃʮ¹³, mian¹³zi⁵³kə⁴⁴tɕyə¹³tə¹³xuɔ̃⁵³ʂ⁵³uɔ̃²¹luan⁵³, suɔ⁵³fu²¹
稀巴　烂。这　时, 棉　衣　哥　觉　得　浑　身　温　暖,　舒　服
稀巴烂。这时,棉衣哥觉得浑身温暖,舒服

tsi¹³lɔ⁵³, vu¹³zi⁴⁴tʃoŋ¹³tɕiɛ⁵³kʻɛ⁵³zi¹³fɔ̃⁵³, tʻuo²¹xa⁴⁴lɛ¹³, tʻian⁴⁴tɔ⁵³pʻi⁴⁴n̪ian²¹tsʮ⁵³
极了, 无　意 中　解　开 衣　服, 脱　下来, 垫　到 屁　眼　底
极了,无意中解开衣服,脱下来,垫到屁股底

xa²¹, tsi⁴⁴tsʻiɔ̃¹³tiə¹³, mɛ⁵³mɛ¹³ti¹³ɕiɔ̃⁵³ʂɐu¹³tʂɐu¹³uɔ̃¹³luan⁵³ti¹³ʒə²¹tʻɐu¹³.
下, 尽　情　地, 美　美　地　享　受　着　这　温　暖 的 日　头。
下,尽情地,美美地享受着这温暖的阳光。

ʐə²¹tʻɤu¹³ʃyə¹³：" n̠i⁵³kʻan⁴⁴xa³⁵lɔ³¹mo⁵³iɚ²¹? a²¹kuə⁴⁴tsan⁵³tɕiɚ⁴⁴? " fɚ̃³⁵xuei¹³liɤu⁵³
日　头　说：" 你　看　下　了　没　有？阿　个　攒　劲？" 风　灰　溜
太阳说："你看到了没有？哪个厉害？"风灰溜
liɤu³¹ti¹³liɤu⁴⁴tsɤu²¹lɔ⁵³。
溜　地　溜　走　了。
溜地溜走了。

9. 甘谷话

fəŋ²¹²kəŋ²⁴ʅ⁴²tʻɤ˧⁴
风　跟　日　头

lau⁵³pʻəŋ²¹iɤ⁴² ,	tɕiəŋ²²ʅ⁴⁴kiɛ⁴⁴kuə⁴⁴tsʻau²¹ɒ¹³tɕiɒ⁴⁴,	ʃə²¹²i²¹²kiɛ⁴⁴xau⁵³tai²¹²
老　朋　友，	今　日 我　给　曹⁼ 大　家，	说　一　个　好　得
老朋友，今日我给咱们大家，说一个好得

xəŋ⁵³tə³¹ku⁵³ia²⁴.	tsʅ⁵³kiɛ⁴⁴ku⁴⁴ia²⁴tə⁴⁴miəŋ²¹tsʻʅ⁴⁴tɕiɤ¹³tɕiau¹³fəŋ²¹²kəŋ²⁴ʅ⁴²
很 的　古 言。	这 个 古 言 的 名 字 就 叫 风 跟 日
很的故事。这个故事的名字就叫风跟太 ‖ 古言：故事。

tʻɤ²⁴.	ɛ⁴⁴, iɤ⁵³i²¹²tɕʻia²¹,	fəŋ²¹²kəŋ⁴⁴ʅ⁵³tʻɤ⁴⁴liaŋ²¹kɛ⁴⁴tʻu¹³za²¹tsʅ²⁴tɕia⁴⁴,	tsʻa⁵³
头。	呃，有 一 天，	风 跟 日 头 两 个 突 然 之 间，	产
阳。呃，有一天，风跟太阳两个，突然之间产

səŋ²¹lau⁴²tsʅ⁴⁴iaŋ⁴⁴i²¹²kiɛ⁴⁴ɕiaŋ⁵³fɒ²¹²,	ɕiaŋ⁵³tɕiəŋ³⁵tsəŋ³¹i²¹xɒ⁴⁴,	sɒ⁵³i²¹²kiɛ¹³
生 了 这 样 一 个 想 法，	想 竞 争 一 下，	啥 一 个
生了这样一个想法，想竞争一下，哪一个

tsuai⁴⁴tʃʻə²¹tɕiəŋ⁴⁴.	ɛ²¹, fəŋ²¹²tɕiɤ⁴⁴ʃə²¹²:" tsai⁴⁴pau²¹²ʃə²¹²,	kʻəŋ⁵³tiəŋ⁴⁴sʅ⁴⁴kiɛ⁵³
最 着 劲。	哎， 风 就 说：" 再 嫑 说，	肯 定 是 我
最厉害。哎，风就说："再嫑说，肯定是我 ‖ 啥一个：哪一个；着劲：厉害。

tʃʻə²¹tɕiəŋ⁵³.	kiɛ⁵³iau²¹²sʅ¹³tʃʻai²²tɕʻi⁵³lai²¹,	li²¹²mɒ⁴⁴tɕiɤ⁴⁴pɒ⁵³u⁴⁴tə²¹²tʃuaŋ⁴⁴tə⁴⁴
着 劲。	我 要 是 吹 起 来，	立 马 就 把 兀 多 壮 的
厉害。我要是吹起来，立马就把那么粗的

ʃu⁴⁴ku⁵³tsʅ⁵³tɤ⁴⁴kuə⁴⁴tʻɒ²¹²tʃʻyai⁴²tʻua⁴⁴lau³¹.	tɕiɤ⁴⁴lia²⁴xai⁵³xə²¹tʻɤ²⁴tʻɤ⁴⁴tɒ³⁵
树 骨 子 都 给 他 吹 断 了。	就 连 海 墼 头 的 大
树枝子都给他吹断了。就连海后面的大 ‖ 海墼头：海里面。

pə²¹tɒ⁴⁴laŋ³⁵, yəŋ⁴⁴pu²¹²tʃʻə⁴⁴kiɛ⁵³sa⁴⁴liaŋ⁴²uai⁵³uai²¹²,	tɕiɤ⁴⁴mɒ³¹tʻɒ²¹²pʻiɛ⁴²tau⁴⁴
波 大 浪， 用 不 着 我 撒 两 威 威，	就 把 他 撒 到
波大浪，用不着我耍两下下，就把他撒到 ‖ 两威威：两下下。

xə²⁴tʻa²¹²saŋ²¹tɕʻi⁴²lau²¹." ʅ¹²¹tʻɤ²¹i⁴²tɕʻiəŋ²¹²,	fəŋ²¹²tə⁴⁴kʻɤ⁵³tɕʻi¹³tsʅ⁴⁴mə²¹tɒ²⁴
河 滩 上 去 了。" 日 头 一 听，	风 的 口 气 这 么 大
河滩上去了。"太阳一听，风的口气这么大

ti²¹, tɕiɣʉ²⁴ʃə²¹²: "n̠i⁵³tə⁴⁴tsʅ⁵³suɑ¹³sɒ¹³, kiɛn⁵³pi³¹i⁵³ʧˤə⁴⁴tɕiəŋ⁴⁴tə²¹²tai²²ɒ⁴², pu³¹
的， 就 说： "你 的 这 算 啥， 我 比 你 着 劲 得 多 啊， 不
的，就说："你的这算啥，我比你厉害得多啊，不

ɕiɑŋ⁴⁴ɕiəŋ⁴⁴tsʻɑu²¹sʅ¹³i²¹²xɒ¹³." tsəŋ³⁵tɑŋ⁴⁴tʻɒ²¹məŋ⁴⁴liaŋ²¹kɛ⁴⁴tsəŋ²¹²ti²¹²n̠ia⁵³xuəŋ²⁴
相 信 曹⁼ 试 一 下。" 正 当 他 们 两 个 争 得 脸 红
相信我们试一下。"正当他们两个争得脸红

pʻuə²²tsʅ⁴⁴tsʻʅ²¹², i²¹²kiɛ⁴⁴pi⁵³i²¹²kiɛ⁴⁴ʃɥɛ²¹²ʧˤə²¹tɕiəŋ⁴⁴tə⁴⁴sʅ²¹xʉɣ¹³, tʻɒ²¹²məŋ⁴⁴
脖 子 粗， 一 个 比 一 个 说 得 劲 的 时 候， 他 们
脖子粗，一个比一个说得美的时候，他们

liaŋ²¹kiɛ⁴⁴kʻa⁴⁴ʧˤə²¹lɑu⁴⁴i²¹²kiɛ⁴⁴ʧˤa²¹²xɒ⁴⁴i²¹²ʂəŋ²¹²zʅ²⁴xʉɣ⁴⁴xʉɣ⁴⁴kai²¹tə⁴⁴kuəŋ⁵³
两 个 看 着 了 一 个 穿 下 一 身 儿 厚 厚 给 的 裹
两个看着了一个穿着一身儿厚厚的棉

ʂəŋ²¹zʅ²⁴tə⁴⁴zəŋ²¹, ʐʅ⁵³tʻɣ³⁵i²¹²kʻa²¹, sʅ⁴⁴kiɛ⁵³zəŋ²⁴tə⁴⁴iaŋ¹³tsʅ³¹, tʻɒ²¹²tɕiɣʉ⁴⁴
身 儿 的 人， 日 头 一 看， 这 个 人 的 样 子， 他 就
衣的人，太阳一看，这个人的样子，他就

kuə⁴²fəŋ⁴⁴ʃə²¹²: "tsʻɑu²⁴liaŋ³¹kiɛ⁴⁴tai⁴⁴pu²¹iɑu⁴⁴xu¹³ɕiɑŋ⁴⁴ʧˤuai⁵³lɑu²¹, tsʻɑu²⁴pi⁵³
给 风 说： "曹⁼ 两 个 都 不 要 互 相 吹 了， 曹⁼ 比
给风说："咱们两个再不要互相吹了，咱们比

ʧˤə²¹sʅ³⁵i²¹²xɒ¹³, sɒ⁵³i²¹²kiɛ⁴⁴iɣʉ⁵³pəŋ⁵³sʅ²⁴, mɒ²⁴u⁴⁴kiɛ⁴⁴zəŋ²¹tə⁴⁴kuəŋ⁵³ʂəŋ²¹²
着 试 一 下， 啥 一 个 有 本 事， 把 兀 个 人 的 裹 身
着试一下，哪一个有本事，把那个人的棉衣

zʅ⁴⁴ɕia²¹²tʻuə²¹²ʧˤɒ²¹²lai²¹, sɒ⁵³i²¹²kiɛ⁴⁴ɛŋ⁴⁴tʂəŋ²¹²mɒ²¹u⁴⁴kiɛ⁴⁴zəŋ²⁴tə⁴⁴kuəŋ⁵³ʂəŋ¹³
儿 先 脱 下 来， 啥 一 个 能 真 把 兀 个 人 的 裹 身
先脱下来，哪一个真把那个人的棉衣

tʻuə²¹²ʧˤɒ⁴²lai²¹, tsai⁴⁴pɑu³⁵ʃə²¹², sɒ⁵³i²¹²kiɛ⁴⁴zəŋ⁴⁴kʻəŋ⁵³tiəŋ⁴⁴tsuai⁴⁴ʧˤə²¹tɕiəŋ⁵³."
脱 下 来， 再 嫑 说， 啥 一 个 人 肯 定 最 着 劲。"
脱下来，再别说，哪一个人肯定最厉害。"

fəŋ²¹²tɕiəŋ²¹²ʧˤə⁴⁴ʐʅ⁴⁴tʻɣʉ²¹tsʅ⁵³iaŋ⁴⁴i⁴²ʃə²¹², səŋ²¹²xai⁴⁴pʻɒ⁵³ʐə²¹tʻɣʉ²⁴tɕʻiaŋ⁵³tɑu²¹
风 听 着 日 头 这 样 一 说， 生 害 怕 日 头 抢 到
风听着太阳这样一说，生害怕太阳抢在

tʻɒ⁴⁴tʻɣʉ²¹lai²¹, ka²²tɕiəŋ⁵³kəŋ⁴²fəŋ²¹²ʃə²¹², kuə⁴⁴ʐʅ⁴²tʻɣʉ⁴⁴ʃə²¹²: "mə²²uəŋ⁴⁴tɕʻi²¹,
他 头 里， 赶 紧 跟 风 说， 给 日 头 说： "没 问 题，
他前面，赶紧给风说，给太阳说："没问题，

kiɛ⁵³tsʻɑu²⁴ɕia²¹²lai²⁴." fəŋ²¹²i²¹ʂaŋ⁴⁴lai²¹tɕiɤu⁴⁴məʔ²¹miəŋ⁴⁴zʅ²⁴ti⁴⁴tsʅ²¹sʅ⁴⁴tʃʻai²¹tʃʻə⁴⁴
我 曹ᵁ 先 来。" 风 一 上 来 就 没 命 儿 地 只 是 吹 着
我给咱们先来。"风一上来就没命儿地只是吹着

kuə⁵³tɒ⁴⁴fəŋ¹³, i²¹²tʂəŋ³⁵zʅ⁴²pɒ⁵³kiɛ²¹²zəŋ²⁴i⁴⁴xɒ⁴⁴tʃʻai²¹²tai²¹²tɕʻi⁴⁴puʔ³¹tʻɑŋ³¹, tsai⁴⁴
刮 大 风, 一 阵 儿 把 各 人 一 下 吹 得 气 不 淌, 再
刮大风,一阵儿把自己一下吹得气息不足了,再

i²¹²kʻa³⁵tʃʻa²¹²kuaŋ⁵³ʂəŋ²¹²zʅ²¹u⁴⁴kiɛ²¹zəŋ²⁴i²¹²tia⁵³tʻuəŋ⁴⁴tɕiəŋ⁴⁴tɤu⁴⁴mɒ²¹². tʃʻai²¹²
一 看 穿 裹 身 儿 兀 个 人 一 点 动 静 都 没。 吹
一看穿棉衣的那个人一点动静都没有啊。吹 ‖气不淌:上气不接下气,

kuə⁴⁴lu⁴⁴paʔtsə⁵³, u⁴⁴kiɛ⁴⁴zəŋ²¹kuaŋ²¹²sʅ⁴⁴kiɛ²¹²zəŋ²⁴kiɛ⁴²kə⁴⁴ʂəŋ²¹²ʂaŋ⁴⁴ləŋ⁵³tsʅ⁴⁴
给 了 半 早, 兀 个 人 光 是 各 人 觉 着 身 上 冷 得
了半天,那个人光是自己觉着身上冷得

ʃɤu¹³puʔ²¹²tʃʻʅ⁴². ka²²tɕiəŋ⁵³mɒ²⁴liaŋ⁵³kiɛ⁴⁴ʂɤu⁵³, lɒ²⁴liaŋ⁵³kiɛ⁴⁴ʃu⁵³, mɒ³⁵ʂəŋ²¹²
受 不 住。 赶 紧 把 两 个 手, 拿 两 个 手, 把 身
受不了。赶紧把两个手,拿两个手把身

ʂaŋ⁴⁴tə⁴⁴kuəŋ⁵³ʂəŋ²¹²zʅ⁴⁴yə⁴²pau³⁵yə²¹²tɕiəŋ⁵³, lia²⁴i²¹²tia⁵³tʻuə²¹²xɒ⁴⁴lai²¹tə⁴⁴i⁴⁴
上 的 裹 身 儿 越 包 越 紧, 连 一 点 脱 下 来 的 意
上的棉衣越包越紧,连一点脱下来的意

sʅ²¹²tiɤu⁴⁴mə⁴⁴iɤu⁵³. ʐʅ⁵³tʻɤu²¹tsa⁴⁴tau⁴⁴pʻia²¹²pakiɛ⁴⁴lai²¹, kʻa⁴⁴ləu⁴⁴paʔtʻia²¹²,
思 都 没 有。 日 头 站 到 偏 半 个 来, 看 了 半 天,
思都没有。太阳站到旁边,看了半天,

fəŋ²¹²tɕʻi⁴⁴tɕi²¹pʻai⁴⁴xuai⁴⁴tə³¹iaŋ⁴⁴tsʅ²¹, ɕiəŋ²¹²lai⁴⁴tiɤu⁴⁴ka²¹tɕyə⁴⁴tau⁴⁴iɤu⁴⁴i²¹²
风 气 急 败 坏 的 样 子, 心 里 就 感 觉 到 有 一
风气急败坏的样子,心里就感觉到有一 ‖偏半个:旁边。

tia⁵³ɒ²¹²xəŋ⁵³kʻiɛ⁵³ɕiɑu³⁵³. tsʅ⁴⁴kiɛ⁴⁴sʅ²¹xɤu¹³, tʻɒ²¹²tɕiɤu⁴⁴iau⁴²kiɛ²¹tsʻai²¹²kə²¹
点 儿 很 可 笑。 这 个 时 候, 他 就 要 觉 得 可
点很可笑。这个时候,他就要觉得可算

tau⁴⁴tʻɒ²¹²tʃʻʅ²¹²sa⁴⁴ʂaŋ⁴⁴tə⁴⁴sʅ²¹xɤu¹³lə²¹. tʻɒ²¹²ma⁴⁴ma⁴⁴kiɛ²¹ti⁴⁴ɕiau²¹²tɕiəŋ⁴⁴tə⁴⁴
到 他 出 山 上 的 时 候 了。 他 慢 慢 个 地 消 停 地
到他出山上阵的时候了。他慢慢地消停地

lɒ²¹²yəŋ²¹fəŋ⁴⁴xə⁵³lai⁵³kɛ⁴⁴ti⁵³ʂaŋ²¹tʃʻʅ⁴⁴lai²⁴, ma⁵³mia⁴⁴ɕiau⁴⁴yəŋ²¹ti⁴⁴pɒ⁵³u⁴⁴,
拉 云 缝 后 里 给 挤 上 出 来, 满 面 笑 容 地 把 兀,
从云缝后里挤出来,满面笑容地把那,

mɒ²⁴u⁴⁴lua⁴²xuəŋ⁴⁴xuəŋ⁴⁴tə⁴⁴tʻai⁴⁴iaŋ⁴⁴kuaŋ²¹², la²⁴uʔtʻia²¹²n̠y⁴⁴sa⁴⁴xuə²¹²tə⁴⁴iŋ²¹²
把　兀　暖　烘　烘　　的　太　阳　光，　拉　兀　天　女　撒　花　的　一
把那暖烘烘的太阳光，像那天女撒花的一 ‖ 拉：相当于动词"像"。

iaŋ⁵³, i²¹²pɒ⁵³i²¹²pɒ⁵³tə⁴⁴sa⁵³tau⁴⁴u²²kiɛ³¹tʃʻa²¹²kuəŋ⁵³ʂəŋ²¹²zɿ²⁴tə⁴⁴z̩əŋ²⁴kiɛ⁴⁴ʂəŋ²¹²
样，　一　把　一　把　地　撒　到　兀　个　穿　滚　身　儿　的　人　个　身
样，一把一把地撒到那个穿棉衣的人的身

ʂaŋ²⁴, ai²¹ia²¹u⁴⁴kiɛ⁴⁴z̩əŋ²⁴kʻa⁴⁴tʃʻə³¹, tau³⁵ʐɿ⁵³tʻɤ²⁴a²¹, i²¹²tsʻa⁴⁴kɛ⁵³tsə²¹xɤ⁴⁴,
上，　哎　呀　兀　个　人　看　着，　到　日　头　啊，一　刹　觉　着　后，
上，（哎呀）那个人看着，到那太阳，一瞬间他觉着，

tʂau⁴⁴tiəsɿ²¹ʃʻɤ⁴⁴fu²⁴ti²¹²xəŋ²³, ʃ⁵³fu²⁴tai²¹²lia²⁴i²¹²saŋ⁵⁵ka⁴⁴tʃʻə⁴⁴tɤ²¹²tʃʻa⁵³pu²¹²
照　得　是　舒　服　得　很，　舒　服　得　连　衣　裳　觉　着　都　穿　不
照得是舒服得很，舒服得连个衣裳觉着都穿不

tʃʻʉ⁴⁴lau²¹。a²¹tʻɒ²¹²ɕiau³⁵mi⁴⁴mi⁴⁴tə⁴⁴mɒ²⁴u⁴⁴i²¹²saŋ²¹kuə⁴⁴tʃʻai²¹², tʻuə²¹²tʃə²¹²xɒ⁴⁴
住　了。哎　他　笑　眯　眯　地　把　兀　衣　裳　给　吹，　脱　得　下
住了。哎他笑眯眯地把衣裳给吹，脱了下

lai²¹, lia²⁴z̩ɤ⁴⁴tɤʑ²¹²liaŋ²⁴tau³¹uai⁴⁴tʻɤ²¹, a²¹, iau³⁵tau³¹tʻai⁴⁴iaŋ⁴⁴lia²⁴tʻɒ²¹²tə⁴⁴
来，　连　肉　都　　亮　到　外　　头，　哎，　要　到　太　阳　连　他　的
来，连肉都亮到外头，哎，要到太阳连他的

u⁴⁴i²¹²saŋ²¹sai⁴⁴lua⁴⁴lau⁴⁴sɿ⁴⁴lia²⁴ʂəŋ²¹²ʂaŋ⁴⁴tɤ⁴⁴iau²¹²sai⁴⁴lua⁴⁴lə²¹, i³⁵³, i²¹²
兀　衣　裳　晒　暖　了　是　连　身　　上　都　要　晒　暖　了，　咦，　一
那衣裳晒暖了是连身上都要晒暖哩，噫，一

tsʻa⁴⁴sai⁴⁴ti⁴²ɕiəŋ²¹²lan²¹mai⁵³tɕʻi⁴⁴ti⁴⁴xəŋ⁵³iə¹³。tsa²¹kʻa⁴⁴tʃʻə⁴⁴tsɿ⁵³kiɛ⁴⁴z̩əŋ²⁴, tʃʻa³³
刹　晒　得　心　上　美　气　得　很　哟。再　看　着　这　个　人，　穿
刹晒得心里美气得很。再看着这个人，穿

kuəŋ⁵³ʂəŋ²¹tə⁴⁴z̩əŋ²⁴, a²¹, u²²kiɛ⁴⁴ʃʻɤ⁵³fu³¹tə⁴⁴iaŋ⁴⁴tsɿ²¹, ʐɿ⁵³tʻɤ²¹zɿ⁴²tɕʻiɤ⁴⁴tuai⁴⁴
裹　身　的　人，　哎，　兀　个　舒　服　的　样　子，日　头　儿　就　对
棉衣的人，哎那个舒服的样子，太阳儿就对

tsɿ⁵³kiɛ⁴⁴fəŋ¹³ʃə²¹²:"n̠i³⁵³tʂau⁴⁴tʃʻə²¹lau³¹u⁴²iə⁴⁴, i²¹²kiɛ⁴⁴xau⁵³tə⁴⁴ɕiəŋ²¹i³⁵³la²⁴xau⁵³
这　个　风　说："你　照　着　了　没　有，一　个　好　的　心　意　连　好
这个风说："你看见了没有，一个好的心意和好

tə⁴⁴ɕiaŋ⁵³fɒ²¹, tsʻai³¹sɿ⁴⁴tsɿ⁴⁴kiɛ⁴⁴sɿ⁴⁴tɕʻiɛ⁴⁴ʂaŋ²¹tsuai⁴⁴tʃə²¹tɕʻiəŋ⁴⁴tə⁴⁴tuəŋ²²ɕi²²a²¹。"
的　想　法，　才　是　这　个　世　界　上　最　着　劲　的　东　西　啊。"
的想法，才是这个世界上最厉害的东西。"

ai³¹ia²¹,	fəŋ²¹²ɒ⁵³,	t'iəŋ²¹²ʒə²¹t'ɤɯ²⁴tsʅ⁵³iɑŋ⁴⁴i²¹ʃə²¹²,				pu²¹²iɤɯ⁴⁴kiɛ²¹²tɕiɒ²²tsʅ⁴⁴				
哎呀,	风 啊,	听	日	头	这样一	说,	不	由 各	家	地
哎呀,风啊,听太阳这样一说,不由自主地										
tɕia⁵³xuən²¹lɑu²¹。	ti²¹²mɒ²⁴kɑŋ²¹²tsʻai²⁴xai²⁴pu²¹²kʻiɛ⁴⁴i²¹²sʅ⁴⁴tə⁴⁴t'ɤɯ²⁴ɒ²¹²,									ma⁴⁴
脸红了。	的 把	刚	才	还	不 可一	世	的	头	啊,	慢
脸红了。把他刚才还不可一世的头啊,慢 ‖ 不由各家:不由自主地。										
ma⁴⁴kə⁴⁴ti⁴⁴tɑu⁴²lɑu²¹,	ɕi⁴⁴i²¹²ɕiɑŋ⁵³,	tsʅ⁵³kiɛ⁴⁴ʒə³¹t'ɤɯ⁴⁴ʃə²¹²tə⁴²tsʅ⁵³kiɛ⁴⁴xuə⁴¹²,								
慢	个 地	倒 了,	细一 想,	这 个	日	头	说	的 这 个	话,	
慢地低下了,细一想,这个太阳说的这个话,										
ɛ³¹ia²¹yə²¹²ɕiɑŋ⁵³yə²¹²iɤɯ⁵³tɑu⁴⁴li²¹。	tɒ⁴⁴tɕiɒ²¹²t'iəŋ²¹²lɑu⁴⁴tsʅ⁵³kiɛ⁴⁴ku⁵³sʅ⁴⁴,									ka⁵³
哎 呀 越	想	越	有	道 理。| 大	家	听	了	这 个	故 事,	感
哎呀越想越有道理。大家听了这个故事,感										
tɕiɑu⁴⁴tɑu⁴⁴iɤɯ⁵³i⁴⁴sʅ⁴⁴mə⁴⁴iɤɯ⁵³i⁴⁴sʅ²¹²?	fa²¹tʃəŋ⁴⁴kiɛ⁵³tɕiɑu⁴⁴tʃə⁴⁴tsʅ⁵³kiɛ⁴⁴ku⁴⁴sʅ⁴⁴									
觉	到	有 意	思 没	有 意	思?	反	正 我	觉	着 这	个	故 事
觉到有意思没有意思?反正我觉着这个故事										
mai⁵³tɕʻi⁴⁴tai²¹²xəŋ²¹。										
美	气	得	很。							
很有意思。 ‖ 美气得很:很有意思。										

10. 武山话

fəŋ²¹la²⁴ʒə⁴⁴tʻɤ²⁴zʅ²⁴
风　连　日　头　儿

tɕiəŋ²¹ʒə²¹kɛi²¹tsʅ²¹kuo⁴⁴ta²¹tɕiɑ²¹ʃuə²¹i²¹kɛi²¹fəŋ²¹la²⁴ʒə⁴⁴tʻɤ²⁴zʅ²⁴tə²⁴ku⁵³tɕiəŋ²¹。
今　日　个　子　给　大　家　说　一　个　风　连　日　头　儿　的　古　今。
今日个子给大家讲一个风和太阳儿故事。
ʒ̃²¹, iɤ⁵³i¹³ʒə²¹la¹³, fəŋ²¹la²⁴tsʅ⁴⁴kɛi²¹ʒə²¹tʻɤ⁴liaŋ⁵³kuɛi²¹y⁴⁴ʂaŋ⁴⁴lə²¹i²¹xɤ¹³,
呃，　有　一　日　啦，　风　连　这　个　日　头　两　　个　遇　上　了　以　后，
呃，有一日啦，风和这个太阳两个遇上了以后，
tsəŋ²¹kuʒ̃¹³kʻa¹³kʻa¹³ɑ²¹sʅ²¹li⁴⁴xɛi⁵³ɑ²¹。fəŋ²¹tɕʻiɤ⁴⁴ʃuə²¹:"kʻəŋ⁵³tiəŋ⁴⁴sʅ¹³kiə⁵³lɑ⁵³,
争　论　可　看　阿谁　厉　害　啊。风　就　说："肯　定　是　我　啦，
争论可看哪个厉害（啊）。风就说："肯定是我啦，‖阿谁：哪个。
ɛ¹³kiə⁵³xɔɔ³⁵pi⁵³tʃʻuɛi²¹tɕi¹³tɕʻi⁴⁴lɛi²¹sʅ⁴⁴, ləŋ²⁴mɑ²¹vu⁴⁴ʃu³⁵ku⁴⁴tsʅ²¹tʻɤ⁴⁴kuɑ⁴⁴tʻua¹³,
呃我　好　比　吹　得　起　来　是，　能　把　兀　树　骨　子　都　刮　　断，
我好比吹得起来是，能把那树枝子都刮断，
ləŋ²⁴mɑ²⁴xɛi⁵³xɛi²¹li⁵³tə²⁴kɛi²¹tɑ¹³lɑŋ⁴⁴tʻɤ²⁴tʻuɛi¹³tɔɔ⁴⁴tsʅ⁴⁴kuɛi¹³ka⁴⁴tʻa¹³lɛi²¹。"
能　把　海　壑　里　的　个　大　浪　都　推　　到　这　个　岸　滩　里。"
能把海里面的那个大浪都推到这个岸滩里。"
tʻɛi³⁵iaŋ²¹tɕʻiɤ⁴⁴ʃuə²¹:"n̩i⁴⁴tə²¹tsʅ⁴⁴sua⁵³sɑ²¹tə²¹lə²¹, kiə³⁵pi⁵³n̩i⁵³li³⁵xɛi⁴²tɕi²¹tə²¹lə²¹。"
太　阳　就　说："你　的　这　算　啥　的　了，我　比　你　厉　害　得　多　了。"
太阳就说："你的这算啥的了，我比你厉害得多。"
tɕʻiɤ⁴⁴tsʻɛi⁴⁴tʻa²¹liaŋ²¹kɛi²¹tsʻiaŋ⁴⁴tʂə⁴⁴pu⁴⁴xua⁴⁴tə²⁴sʅ²¹xɤ¹³ã¹³, liaŋ²¹kɛi²¹zəŋ²⁴
就　　在　他　两　个　犟　着　不　缓　的　时　候　啦，两　个　人
就在他两个犟着不缓的时候啦，两个人
kʻa⁴⁴tə²¹, kʻa⁴⁴tʂʻə⁴lə⁴²i²¹kɤ¹³tʃʻua²¹tɕiɑ²¹kuo⁴⁴tʻu¹³tə²²zəŋ²¹。tsʅ⁴⁴sʅ²¹xɤ¹³lə²¹,
看　着，　看　着　了　一　个　穿　夹　裹　肚　的　人。这　时　候　了，
看着，看着了一个穿厚棉衣的人。这时候，‖夹裹肚：厚棉衣。
tʻɛi⁴⁴iaŋ²⁴tɕʻiɤ¹³ʃuə²¹, tsʅ⁴⁴sʅ²¹xɤ¹³ã⁴²zə²ʐ̩²¹tʻɤ⁴⁴tɕiɤ⁴⁴ʃuə²¹: "tsʻɔɔ²⁴liaŋ²¹kɛi⁴²sʅ⁴⁴
太　阳　就　说，　这　时　候　啊　热　头　就　　说："曹＝两　个　试
太阳就说，（啊）这时候太阳就说："我们两个试　‖热头：太阳。

i⁴⁴ɕiɑ²¹, kʻan⁴⁴ɑ²¹sʅ¹³ləŋ²⁴mɑ²⁴vuo⁴⁴kuɛi¹³ʐəŋ²¹tə⁴⁴tɕiɑ²¹kuo⁴⁴tʻu¹³tʻuo²¹xɑ¹³, ɑ²¹
一 下， 看 阿 谁 能 把 兀 个 人 的 夹 裹 肚 脱 下， 阿
一下，看哪个能把那个人的厚棉衣儿脱下，

sʅ¹³tɕiɤ⁴⁴iəŋ²¹lə⁴², ɑ⁵³sʅ²¹tɕiɤ⁴⁴sʅ²¹tsuɛi¹³liɤ⁴ɕi⁵³tə²¹。" fəŋ²¹ʃuə²¹ləŋ⁴⁴tʂʻəŋ²⁴ɑ¹³,
谁 就 赢 了， 阿 谁 就 是 最 厉 害 的。" 风 说 能 成 啊，
谁个就赢了，哪个就是最厉害的。"风说能成啊，

vu⁴⁴tʻɑ¹³ɕiɑ²¹lɛi²⁴。 fəŋ²¹la¹³ɛ²¹i²¹ʂaŋ⁴⁴lɑ⁴⁴, tɕʻiɤ³⁵xuo²¹tʂʻu¹³tə²⁴kuo⁴⁴fəŋ²¹, kʻɤ¹³
兀 他 先 来。 风 连 呃 一 上 来， 就 豁 住 地 刮 风， 可
那他先来。风呢一上来哇，就使劲地刮风，可

sʅ¹³mə²¹tsʻu²¹yəŋ⁴⁴, tʂʻua²¹tɕia²¹kuo⁵³tʻu²¹tə²⁴ʐəŋ²⁴, tɕiə²¹tʂʻə¹³ləŋ⁵³tɛi²¹tsʅ²¹pu²¹
是 没 作 用， 穿 夹 裹 肚 的 人， 觉 着 冷 得 支 不
是没作用，厚棉衣儿的那人，觉着冷得受不 ‖豁住地：使劲地。

tʂʻu⁴⁴lə⁴², tɕiɤ⁴⁴pa²¹liaŋ⁵³kɛi²¹ʂɤ⁵³pɔo⁴⁴tʂʅ⁴⁴kʻaŋ²¹sʅ⁵³ʂaŋ⁴⁴sʅ⁴⁴, ma²⁴tɕiɑ²¹kuo⁴⁴tʻu¹³
住 了， 就 把 两 个 手 抱 着 腔 子 上 是， 把 夹 裹 肚
住了，就把两个手抱着胸上，把厚棉衣 ‖腔子：胸部。

yə²¹pɔo⁴⁴yə²¹tɕiəŋ⁵³lə²¹。 tɕia²¹ʂaŋ⁴⁴lɑ⁴⁴, tɕʻiɤ⁴⁴kɛi²¹luəŋ²⁴tɔo⁴⁴ʐʅ²¹tʻɤɻ²¹zʅ⁴²lə²¹,
越 抱 越 紧 了。 接 上 啦， 就 该 轮 到 日 头 儿 了，
越抱越紧了。接上啦，就该轮到太阳儿了，

ʐə⁴⁴tʻɤɻ²⁴zʅ²⁴tsʻuəŋ²⁴uəŋ²⁴tsʻəŋ²¹xɤɻ¹³tʻɤɻ²⁴lɑ¹³ma⁴⁴ma⁴⁴kɛi²¹ti²⁴kɤɻ²¹pʻɑ²⁴tɔo⁴⁴
日 头 儿 从 云 层 后 头 啦 慢 慢 个 地 给 爬 到
太阳儿从云层后头啦慢慢地爬了

tʂʻu²¹lɛi²⁴, tɕiɤɻ⁴⁴pa²¹lua⁵³lua⁴⁴xuo²⁴xuo²¹tə²⁴tsʅ⁴⁴kɛi²¹tʻɛi²⁴ɛ²¹ʐə²¹tʻɤɻ¹³zʅ²⁴la²¹kɛi⁴⁴
出 来， 就 把 暖 暖 和 和 的 这 个 太 哎 日 头 儿 那 给
出来，就把暖暖和和的这个太阳儿那给

tʂɔo⁴⁴tsʻɛi²⁴vu⁴⁴kɛi²¹ʐəŋ²¹kə²⁴ʂəŋ⁴⁴ʂaŋ⁵³lə²¹。 vu⁴⁴kɛi¹³ʐəŋ²¹lə⁴⁴tɕiɤ⁴⁴kɔo²¹ɕiɤ̃⁴⁴lə²¹,
照 在 兀 个 人 的 身 上 了。 兀 个 人 呢 就 高 兴 了，
照在那个人的身上了。那个人呢就高兴了，

ma²⁴kuo⁵³tʻu²¹zʅ²¹tʻuo²¹xɑ⁴⁴lə²¹, ɛ²¹ka²¹tsʻuɛi⁴⁴iɤ¹³iɔo¹³sʅ²¹tɕiɤɻ⁴⁴tsɛi⁴⁴iaŋ²⁴kɛi²¹
把 裹 肚 子 脱 下 了， 哎 干 脆 还 要 是 蹴 在 阳 个
把棉衣脱下了，哎干脆还蹲在阳 ‖阳个洼：阳坡。

uo²¹lɔo⁴²kʻɤʉ¹³tsɑ⁴⁴tɛi¹³sɛi⁴⁴kʻɛi²¹lua⁵³lua²¹lə⁴²。	tsʅ⁴⁴sʅ²¹xɤʉ¹³lã⁴²,	ʒə²¹tʻɤʉ²⁴tɕiɤʉ¹³
洼 落 可 扎 着 晒 开 暖 暖 了。	这 时 候 啦,	日 头 就
坡落又扎着晒开太阳了。这时候啦,太阳就 ‖ 暖暖:太阳。		

ʃuə²¹:"kʻa¹³tʂʻə⁴⁴lɔ²¹pɑ²¹, xɔo⁵³ɕiəŋ²¹xɔo⁵³i¹³tiʻ²⁴tʻi²¹tsɛi⁴⁴tə²⁴ʐəŋ²¹tsʅa⁴⁴tə²¹ɕiɑŋ⁵³
说:" 看 着 了 吧, 好 心 好 意 地 替 再 的 人 喷 多 想
说:"看着了吧,好心好意地替别人喷多想

ʂɑŋ⁴⁴tia⁵³tsʅ⁵³, vu⁴⁴tsʻɛi²¹sʅ¹³ʂʅ¹³tɕiə⁴⁴ʂɑŋ²¹tsuɛi¹³li⁴⁴xɛi⁴⁴tə³¹tuəŋ²¹ɕi²¹。"
上 点 子, 兀 才 是 世 界 上 最 厉 害 的 东 西。"
上办法,那才是世界上最厉害的东西。" ‖ 再的人:别人。

11. 张家川话

fɤŋ¹³læ²¹ẓɤ²¹tʻɤu⁴⁴
风　连　日　头

tɕiř̃¹³ŋɤ⁵³kɤ⁴⁴tsʻɔu¹³tɕiã⁵³¹³²kɤ⁴⁴fɤŋ¹³læ²¹ẓɤ²¹tʻɤu⁴⁴tɕi³²ku⁴⁴sɿ ə⁴³. iɤu⁵³i⁴⁴tɕʻiæ²¹,
今儿 我 给 曹＝讲 一 个 风 连 日 头 的 故 事。 有 一 天,
今儿我给咱们讲一个风和太阳的故事。有一天，‖曹＝：咱们
fɤŋ¹³liæ²¹tʻe⁴⁴iã²¹tsɤŋ²¹tʂɤ⁴⁴ʃɿ²¹tsɤ⁴⁴tʻa²¹ia⁴⁴li⁵³kɤ²¹sɿ¹³tsuɿ⁴⁴ʻiã¹³tʂuã⁴². fɤŋ¹³
风 连 太阳 争 着 说 着 他家 两 个 谁 最 强 壮。 风
风和太阳争着说着他们两个谁最强壮。风 ‖他家：他们。
ʃɤ²¹tʂɤ⁴⁴ş̩: "xɤŋ⁵³miŋ¹³ɕiæ⁵³mɤ²¹, sɿ⁴⁴ŋɤ⁵³mɤ²¹. ŋɤ⁵³pa³²fɤŋ¹³i³²kua⁵³, ʃu⁴⁴a³²
说 着 是：" 很 明 显 么， 是 我 么。 我 把 风 一 刮， 树 啊
说着是："很明显么，是我么。我把风一刮，树啊
tɕʻiɤu⁴⁴tʻuæ⁴⁴li ɔ²¹, ɐ²²pʻuɤ³²lã⁴⁴a³²tɕʻiɤu⁴⁴tʻuɻ⁴⁴tsɤ⁴⁴xe⁵³ŋæ⁴⁴ş̩²¹liɔu²¹". ẓɤ²¹
就 断 了，啊 波 浪 啊 就 推 着 海 岸 上 了"。 日
就断了，啊波浪啊就推着海岸上了"。太
tʻɤuɻ⁵³ʃɤ¹³: "pa²¹ve⁵³iɤu⁵³sa⁴⁴li¹³², ŋɤ⁵³pi⁵³ni⁵³tɕʻiã¹³tuɤ²¹liɔu⁵³mɤ²¹." ẓɤ²¹tʻɤu¹³
头儿 说："把　兀　有　啥　哩，　我　比　你　强　多　了　吗。" 日 头
阳说："把那有什么呢，我比你强多了么。"太阳
liæ³²fɤŋ¹³tsɤŋ²¹tɕi⁴⁴tɕʻi liæ²¹tɕi²¹sɿ¹³xɤu²¹, tʻu¹³zæ³²tsʻoŋ¹³tʻa²¹tɕia⁴⁴kɤŋ²¹tɕʻiæ⁴⁴
连 风 争 得 激 烈 的 时 候， 突 然 从 他 家 跟 前
和风争得激烈的时候，突然从他们跟前
tsɤu⁵³kuɤ⁴⁴le³²i²¹kɤ⁴⁴tʂʻuæ²¹tʂɤ⁴⁴xɤu⁴⁴i²¹ş̩ã⁴⁴tɕi²¹ɤ̌¹³. ẓɤ⁴⁴tʻɤuɻ⁴⁴ʃɤ¹³: "tsʻɔ¹³liã⁵³
走 过 来 一 个 穿 着 厚 衣 裳 的 人。 日 头 儿 说：" 曹＝俩
走过一个穿着厚衣裳的人。太阳儿说："咱们俩
kɤ³²tʻɤu¹³sɿ¹³tsʻɤ³²tʻuɤ¹³i²¹xa⁴⁴ve⁵³kɤ²¹zɤŋ¹³ti²¹i²¹ş̩ã⁴⁴, ʒu¹³kuɤ⁵³sɿ¹³tşʻɤŋ¹³koŋ²¹
个 都 试 着 脱 一下 兀 个 人 的 衣 裳， 如 果 谁 成 功
个都试着脱一下那人的衣裳，如果谁成功
liɛ¹⁸³, tsuɿ⁴⁴tɕʻiã¹³tʂuã⁴⁴tiə²¹." fɤŋ¹³tʻoŋ¹³i⁴⁴liɔu²¹, tʻa¹³ɕiæ²¹le⁴⁴. tʻa¹³yŋ⁴⁴mɤŋ⁵³
了， 最 强 壮 的。" 风 同 意 了， 它 先 来。 他 用 猛
了，(谁就是)最强壮的。"风同意了，它先来。他用猛

liɛ²¹tɕi²¹fɤŋ¹³kua⁵³tʂɤ²¹li²¹，			kuã¹³pa²¹ʋe⁵³kɤ²¹zɤŋ¹³kua⁵³tʂɤ³²kæ̃⁵³tɕyɛ³²iɤu⁵³ɕiɛ³²							
烈	的	风	刮	着	哩，	光	把	兀 个	人	刮	着	感	觉	有	点

烈的风刮着哩，光把那个人刮着感觉有点

lɤŋ⁵³,	ʋe⁵³kɤ²¹zɤ̃¹³yɤ̌⁴⁴ʂɤu⁵³pa²¹kɤ²¹zɤ̃¹³tɕia²¹tɕi²¹zi²¹ʂɤ̃⁴⁴pɔu⁴⁴le²¹ɻ²¹xa²¹。							xɤu⁴⁴
冷，	兀	个	人 用	手 把	各 人 家	的 衣	裳 抱 来 一下。	后

冷，那个人用手把自己的衣裳抱来一下。后

t'ɤu³²lyŋ¹³tʂɤ³²zɤ̌²¹t'ɤu⁴⁴liɔ²¹。				zɤ̌²¹t'ɤu⁴⁴ts'oŋ¹³yɤ̌²⁴xɤu⁴⁴miæ̃³²zitʂ'ʮ²¹le⁴⁴，					pa²¹
头	轮	着	日 头 了。	日	头	从 云 后 面	一	出 来，	把

头轮着太阳了。太阳从云后面一出来，把

kuã¹³tɕ'yæ̃¹³pu⁴⁴tʂɔu⁴⁴tʂɤ²¹ʋe⁵³kɤ³²zɤŋ¹³ti³²ʐ̃³³ʂɤŋ²¹ʂɤ̃⁴⁴,							ʋe⁵³kɤ²¹zɤ̌¹³zɤ²¹tʂɤ⁴⁴		
光	全	普	照	着	兀 个 人	的 嗯身 上，	兀 个 人	热	着

光全部照着那个人的（嗯）身上，那个人热得

ʂɤu⁴⁴pu²¹tʂ'ʮ⁵³liɛ²¹,	tɕiɤu⁴⁴pa²¹i²¹ʂɤ̃¹³t'uɤ²¹liɔu⁵³。	t'e⁴⁴iɤ̃²¹ʋɤŋ⁴⁴fɤŋ²¹tʂɤ⁴⁴ʃɤ¹³:		
受 不 住 了，	就 把 衣 裳 脱 了。	太 阳 问 风 着 说：		

受不了了，就把衣裳脱了。太阳问风着说：

"k'æ̃⁴⁴tʂ'uɤ²¹liɛ²¹mɤ²¹?	tʂ'ɤŋ²⁴ʂɻ²⁴xɤ¹³tɕi²¹tɕiɔu⁴⁴tɕ'iɤu⁴⁴sɻ³²ʂɻ⁴⁴tɕiɛ⁴⁴zɤ̃³²tsuɪ⁴⁴iɤu⁵³			
"看 着 了 么?	诚 实 和 低 调 就 是 世 界 上 最 有			

"看见了吗？诚实和低调就是世界上最有

li²¹liɤ̃⁴⁴tɕ'toŋ²¹ɕiə⁴³。"
力 量 的 东 西。"

力量的东西。"

12. 武威话

ʐʅ⁴⁴tʻəu⁵³iɛ²¹xuə²²fə̃ŋ²²
日 头 爷 和 风

və³⁵	yŋ⁵³	liɑ̃ŋ³⁵	tʂəu⁵³	xuɑ³¹	ʂuə²²	kə²²	ʐʅ⁴⁴tʻəu⁵³iɛ²¹xuə²²fə̃ŋ²²ti³¹	ku⁴⁴sʅ³¹。	iəu³⁵i⁵³tsʻʅ²¹
我	用	凉 州	话	说	个	日 头 爷 和 风 的	故事。	有 一 次

我用凉州话说个太阳和风的故事。有一次 ‖日头爷：太阳。

ʐʅ⁴⁴tʻəu²¹iɛ²¹	liɑ̃ŋ³⁵	fə̃ŋ³⁵	tsɛ³¹	i³¹	tɕʻi²¹,	i³⁵tɑ⁵³li²¹	ɕyɑ̃ŋ²²tʂə⁴⁴ɕyɑ̃ŋ²²tʂə⁴⁴。	tɕiəu³¹kɑ̃ŋ⁴⁴
日 头 爷	连	风	在	一	搭=里	喧 着 喧 着。	就 干

太阳和风在一起，一起呢说着说着。就争 ‖喧着喧着：说着说着

tɕiɑ̃ŋ²¹kʻɛ²²li²¹。	niəu³⁵	ʂuə³¹	niəu³⁵tɑ³¹,	kə³¹	ʂuə³¹	kə³¹tʂʻɑ̃ŋ³⁵。	ʂuei⁴⁴	tu²¹ʂuə³¹,
将 开 了。	牛	说	牛 大，	角	说	角 长。	谁	都 说，

吵开了。牛说牛大，角说角长。谁都说， ‖干将：争吵。

ʂuə³¹ti³¹	kə⁵³	tɕiɑ²¹	vɛ²²ti⁴⁴	xə̃²¹。	fə̃ŋ³⁵ʂuə³¹:	"və²²ti⁴⁴pə̃ŋ⁵³sʅ²¹tɑ⁴⁴tʂə²¹li²¹, kuɑ⁴⁴
说 得	各	家	威 得	很。	风 说：	"我 的 本 事 大 着 哩， 刮

说得自己厉害得很。风说："我的本事大着呢，刮

tɕʻi²²lɛ³⁵nə̃ŋ³⁵pu²²ʂu³¹tsʻuei⁴⁴tɔ²¹,	fei²²sɑ⁴⁴tsəu⁵³ʂʅ²¹,	tʻiɑ̃ŋ⁴⁴xuə̃ŋ⁵³ti⁴⁴ɑ̃ŋ²¹。	ʐʅ⁴⁴
起 来 能 把 树 吹 倒，	飞 沙 走 石，	天 昏 地 暗。	日

起来能把树吹倒，飞沙走石，天昏地暗。太

tʻəu⁵³iɛ²¹ʂuə³¹:	"pu²²ni⁵³nɑ⁴⁴kə³¹pu²²suɑ̃ŋ⁵³kə²¹sa⁴⁴,	və⁴⁴pi²²ni⁵³li³⁵xɛ⁵³tʂə²¹li²¹,
头 爷 说：	"把 你 那 个 不 算 个 啥，	我 比 你 厉 害 着 哩，

阳说："把你那个不算什么，我比你厉害着呢，

li³⁵xɛ⁵³ti²¹tuə²¹li²¹。	pu²²ɕi⁵³və⁴⁴liɑ̃ŋ²²ni³⁵pi⁴⁴i²¹xa²¹。"	kʻɑ̃ŋ²¹tɕʻiɑ̃ŋ³⁵miɑ̃ŋ⁵³i²¹kə²¹
厉 害 得 多 哩。	不 信 我 连 你 比 一 下。"	看 前 面 一 个

厉害得多呢。不信我和你比一下。"看前面一个

tʂʻuɑ̃ŋ³⁵tʂu⁵³iɔ²¹tsʅ²¹ti²¹ʐə̃ŋ⁵³,	ʂuei⁵³nə̃ŋ³⁵pɑ²²tʻɑ⁴⁴ti²¹tʂu⁵³iɔ²¹tsʅ²¹tʻuə⁴⁴li²¹,	tɕiəu⁵³
穿 主 袄 子 的 人，	谁 能 把 他 的 主 袄 子 脱 了，	就

穿棉衣的人，谁能把他的棉衣脱了，就 ‖主袄子：棉衣。

suɑ̃ŋ²¹ʂuei³⁵iəu²²pə̃ŋ⁵³sʅ²¹。"	fə̃ŋ³⁵ʂuə³¹:	"ɕi̇ŋ³⁵li²¹,	və³⁵ɕiɑ̃ŋ⁴⁴lɛ⁵³!"	ti⁴⁴ʂɑ̃ŋ²¹
算 谁 有 本 事。"	风 说：	"行 哩，	我 先 来!"	地 上

就算谁有本事。"风说，"行呢，我先来!"地上

tɕiəu³¹kuɑ⁴⁴tɕʻi²¹li²¹lɔ⁵³mɔ³⁵xuɑ̃ŋ³⁵fə̃ŋ²¹, fə̃ŋ⁴⁴yɛ²²kuɑ⁴⁴yɛ²²tɑ⁵³, tʂʻuɑ̃ŋ⁴⁴tʂu⁴⁴iɔ²¹
就 刮 起 了 老 毛 黄 风， 风 越 刮 越 大， 穿 主 袄
就刮起了狂风，风越刮越大，穿棉衣
tsʐ²¹ti²¹zʐ̃ŋ⁵³yɛ⁵³lɛ³⁵yɛ⁵³lə̃ŋ²¹, tʂu⁴⁴iɔ²¹tsʐ²¹tɕiəu⁵³yɛ³¹kuə²²yɛ⁵³tɕiŋ⁵³liɔ²¹。luə̃ŋ³⁵tɔ⁵³
子 的 人 越 来 越 冷， 主 袄 子 就 越 裹 越 紧 了。 轮 到
的人越来越冷，棉袄子就越裹越紧了。轮到 ‖老毛黄风：狂风。
zʐ⁴⁴tʻəu⁵³iɛ²¹liɔ²¹。zʐ⁴⁴tʻəu⁵³iɛ²¹suə⁵³："ni⁴⁴kʻɑ̃ŋ⁵³i²¹xa²¹və⁵³ti²¹pə̃ŋ⁵³sʐ²¹。" zʐ⁴⁴
日 头 爷 了。 日 头 爷 说： "你 看 一 下 我 的 本 事。" 日
太阳了。太阳说："你看一下我的本事。" 太
tʻəu⁵³iɛ²¹tɑ²²yŋ³⁵li⁴⁴tʻəu²¹tʂʻu⁴⁴lɛ²¹liɔ²¹, tsʐ³⁵tsʐ²¹ti²¹tsɔ⁴⁴tʂə²¹nɛ²¹kə²¹tʂʻuɑ̃ŋ⁴⁴tʂu⁴⁴
头 爷 打 云 里 头 出 来 了， 直 直 地 照 着 那 个 穿 主
阳从云里头出来了，直直地照在那个穿棉 ‖打：从。
iɔ²¹tsʐ²¹ti²¹zʐ̃ŋ⁵³, sɛ⁴⁴liɔ²¹i⁵³xu²¹tsʐ²¹, sɛ⁴⁴ti²¹tʂʻuɑ̃ŋ⁴⁴tʂu⁴⁴iɔ²¹tsʐ²¹ti²¹zʐ̃ŋ⁵³mɑ̃ŋ⁵³
袄 子 的 人， 晒 了 一 会 子， 晒 得 穿 主 袄 子 的 人 满
衣的人，晒了一会子，晒的穿棉衣的人满
tʻəu³⁵tɑ²²xɑ̃ŋ⁵³, i²²ɕia⁵³tsʐ²¹pɑ²²tʂu⁴⁴iɔ²¹tsʐ²¹tʻuə⁴⁴tiɔ²¹liɔ²¹。zʐ⁴⁴tʻəu⁵³iɛ²¹tuei⁵³fə̃ŋ⁴⁴
头 大 汗， 一 下 子 把 主 袄 子 脱 掉 了。 日 头 爷 对 风
头大汗，一下子把棉衣脱掉了。太阳对风
tɕiəu⁵³suə³¹："tsʻəu⁴⁴tʂə²¹liɔ²¹mei⁴⁴iəu²¹？sʐ²²ni⁴⁴ɕiŋ³⁵xɑ̃ŋ⁵³sʐ²¹və⁴⁴ɕiŋ³⁵？"
就 说： "瞅 着 了 没 有？ 是 你 行 还 是 我 行？"
就说："瞅着了没有？是你行还是我行？"

13. 民勤话

$$f\gamma\eta^{44}l\epsilon i^{44}z\careful\l^{42}t\text{'}\gamma u^{21}$$
风　连　日　头

iɣu⁴⁴zi²²t'iɪ⁴⁴, fɤŋ⁴⁴lɛi⁴⁴zʅ⁴²tʻɤu²¹tɕiaŋ⁴⁴tɕiaŋ²¹ʂuei⁵³tsuei²²vɛi⁴⁴. fɤŋ⁴⁴ʂuə⁴²:
有　一天，　风　连　日　头　讲　讲　谁　最　威。　风　说：
有一天，风和太阳讲讲谁最厉害。风说：
"kɤŋ⁴⁴tiŋ⁴²sʅ⁴²uə²²lə⁴⁴. uə⁴⁴zi²²tsʻuei⁴⁴tɕʻi²²lɛi²¹, ʂu⁴²ia²²pa²¹tɕiɤu⁴⁴sɤ²²lə⁴⁴, laŋ⁴²
"肯　定　是　我　了。我　一　吹　起　来，树　桠　巴　就　折　了，浪
"肯定是我了。我一吹起来，树枝就折了，浪 ‖ 树桠巴：树枝。
nŋ²²tɕiɤu⁴⁴tʻuei⁴⁴tao⁴⁴xuə⁵³i²²saŋ²²lə²¹." zʅ⁴²tʻɤu²¹ʂuə⁴²: "tsɿ²²kɯ²²iɤu⁴⁴saŋ⁴²nŋ²¹,
呢　就　推　到　河沿　上　了。"日　头　说："这　个　有　啥　哩，
呢就推到河岸上了。"太阳说："这个有什么，
uə⁴⁴pi²²nŋ⁴⁴ŋ⁴²xɛi²²ti²²tuə⁴⁴." tʻa⁴⁴mɤŋ⁴⁴xɛi⁵³miɪ²²tsɤŋ⁴⁴tʂʻu⁴⁴kɯ⁴⁴miŋ⁵³tʻaŋ²²lɛi²¹,
我　比　你　厉　害　得　多。"他　们　还　没　争　出　个　名　堂　哩，
我比你厉害得多。"他们还没争出个名堂哩，
lu⁴²ʂaŋ²¹kʻɛi⁴²tʂuə²²lə²²zi⁴²kɯ²¹tʂʻuɛi⁴⁴tʂu⁴⁴iao²²tsʅ²¹ti²²zʅɤŋ⁵³. zʅ⁴²tʻɤu²¹ʂuə⁴²:
路　上　看　着　了　一个　穿　主　袄　子　的　人。日　头　说：
路上看着了一个穿棉衣的人。太阳说：
"uə²²mɤŋ⁴⁴niaŋ²²kɯ⁴⁴sʅ⁴²taŋ²²zi²²xa²¹, ʂuei⁵³ləŋ⁵³tɕiao⁴²lɛi²²kɯ⁴⁴zʅɤŋ⁵³pa²²tʂu⁴⁴
"我　们　两　个　试　当　一　下，谁　能　叫　那　个　人　把　主
"我们两个比试一下，谁能叫那个人把棉 ‖ 试当：比试。
iao²²tsʅ²²tʻuə⁴²tiao²¹, ʂuei⁵³tɕiɤu²²tsuei⁵³vɛi⁴⁴." fɤŋ⁴⁴ʂuə⁴², ɕiŋ²²nŋ⁴⁴, pi⁵³ɕiɪ⁴⁴
袄　子　脱　掉，谁　就　最　威。"　风　说，行　哩，彼　先
衣脱掉，谁就最厉害。"风说，行呢，他先
lɛi⁵³. pi⁵³zi²²saŋ⁴²lɛi²¹tɕiɤu⁴²kua⁴²kʻɛi²¹lao⁴⁴fɤŋ⁴⁴lə²¹, kʻɯ⁴⁴sʅ⁴⁴mu²²yŋ⁴². tʂʻuɛi⁴⁴
来。彼　一　上　来　就　刮　开　老　风　了，可　是　没　用。穿
来。他一上来就刮开狂风了，可是没用。穿 ‖ 彼：他。
tʂu⁴⁴iao²²tsʅ²¹ti²²zʅɤŋ⁵³tɕyɛ⁴²tɤ⁴⁴lɤŋ²²ti⁴⁴xɤŋ²¹, tɕiɤu²²yŋ⁴²niaŋ²²kɯ⁴⁴ʂɤu⁴⁴pa²²tʂu⁴⁴
主　袄　子　的　人　觉　得　冷　得　很，就　用　两　个　手　把　主
棉衣的人觉得冷得很，就用两个手把棉

iao²²tsʅ²¹kuə²²t əi²¹tɕiŋ²²tɕiŋ⁴⁴t ə²¹。tɕiɛ⁴²xa²²lɛi²²nyŋ²²t ɑo⁴⁴zʅ⁴²tʻɤu²²lə²¹。zʅ⁴²tʻɤu²¹
袄　子　裹　得　紧　紧　的。接　下　来　轮　到　日　头　了。日　头
衣裹得紧紧的。接下来轮到太阳了。太阳
tsʻoŋ⁵³yŋ²²ɳ⁴⁴tsuɛi⁴⁴tʂʻu²²lɛi²¹，pa⁴⁴kuaŋ⁴⁴tʂɑo⁴²t ə²²tʂʻuɛi⁴⁴tʂu⁴⁴iao²²tsʅ²²ti²¹zʅɤŋ²²
从　云　里　钻　出　来，把　光　　照　的　穿　主　袄　子　的　人
从云里钻出来，把光照在穿棉衣的人
ti⁴⁴ʂɤŋ⁴⁴ʂaŋ²¹，tʂʻuɛi⁴⁴tʂu⁴⁴iao²²tsʅ²²ti²¹zʅɤŋ⁵³ɕiao⁴²lə²¹，pa⁴⁴tʂu⁴⁴iao²²tsʅ²¹tʻuə⁴²
的　身　上，　穿　主　袄　子　的　人　笑　了，把　主　袄　子　脱
的身上，穿棉衣的人笑了，把棉衣脱
tiao²¹，sɛi⁴²kʻɛi²²tʻɛi⁴²iaŋ²²lə²¹。zʅ⁴²tʻɤu²¹ʂuə⁴²："kʻɛi⁴²tʂuə²²lə⁴⁴pa²¹，ɕiŋ⁴⁴xao⁴⁴，
掉，　晒　开　太　阳　了。日　头　说："看　着　了　吧，　心　好，
掉，开始晒太阳了。太阳说："看见了吧，心好，‖晒开：开始晒。
pu²²tsʻu⁴⁴iɛ⁴⁴，tsʻɛi⁵³sʅ²²tsʅ⁴²kɯ²¹ʂʅ⁴²ʂaŋ²¹tsuɛi⁵³xao²²ti⁴⁴toŋ⁴⁴ɕi²¹。"
不　粗　野，才　是　这　个　世　上　　最　　好　的　东　西。"
不粗野，才是这个世上最好的东西。"

14. 古浪话

$z\underset{\sim}{\textrm{ı}}ə^{22}t'ou^{13}liɛ^{21}fɔ̃ŋ^{13}p'ɤ^{35}p'ɤ^{42}$
日　头　连　风　婆　婆

ku¹³lɑo⁵³xua³¹z̩ɿə²²t'ou¹³liɛ²¹fɔ̃ŋ¹³p'ɤ³⁵p'ɤ⁴²ti³¹ku⁴⁴s̩ɿə³¹
古　浪　话　日　头　连　风　婆　婆　的　故　事
古浪话太阳和风婆婆的故事　‖ 风婆婆：风。

nɛ²²xu²²tṣɿə⁴⁴, z̩ɿə²²t'ou¹³liɛ²¹fɔ̃ŋ⁴⁴p'ɤ⁴³p'ɤ³¹liɑo²²kɤ⁴⁴tsɛ²²lu²¹ṣɑo²²pɔ̃ŋ³¹tṣuə⁴⁴
那　会　子，日　头　连　风　婆　婆　两　个　在　路　上　碰　着
那会儿，太阳和风婆婆两个在路上碰见

liɔ²¹。liɑo²²kɤ⁴⁴tɕiou²¹tsɛ²²z̩ɿə³¹ta⁴⁴li²¹ɕyɛ⁴⁴k'ɛ⁴⁴xuɑo²²ɤɤ²⁴liɔ²¹, t'a¹³mɔ̃ŋ⁴²mɤ³¹
了。两　个　就　在　一　搭ˉ里　喧　开　谎　儿　了，他　们　嘛
了。两个就在一起开始说话了，他们嘛

tṣɿə²¹kɤ³¹ɕyɛ⁴⁴tṣɤ⁴²ɕyɛ⁴⁴kɤ³¹liɑo²²kɤ⁴⁴tɕiou³¹ɕyɛ⁴⁴ti²⁴ṣuei⁵³ti³¹pɔ̃ŋ²²s̩ɿə⁴²ta³¹
这　个　喧　着　喧　着　两　个　就　喧　到　谁　的　本　事　大
这个说着说着两个就说到谁的本事大

ṣɑo³¹liɔ³¹。fɔ̃ŋ⁴⁴p'ɤ³⁵p'ɤ³¹ṣuə³¹："uə¹³ti⁴⁴pɔ̃ŋ²²s̩ɿə⁴²mɤ²¹p̩ɿə²²ni²²ti⁴⁴ta³¹, ta³¹ti³¹
上　了。风　婆　婆　说："我　的　本　事　嘛　比　你　的　大，大　得
上了。风婆婆说："我的本事嘛比你的大，大得

xɔ̃ŋ⁵⁵, kua³¹tɕ'ɿə²²lɛ³¹s̩ɿə³¹xuɔ̃ŋ²⁴t'iɛ⁴⁴xɤ²⁴ti⁴², ṣɔ̃ŋ²¹mɤ²¹iə⁴⁴k'æ̃³¹pu³¹tɕiɛ⁵³, fei⁴⁴
很，刮　起　来　是　昏　天　黑　地，什　么　也　看　不　见，飞
很，刮起来是昏天黑地，什么也看不见，飞

ṣa⁴⁴tsou²¹s̩ɿə⁵³, nɔ̃ŋ³⁵pɤ⁴²tṣɿə²¹kɤ²¹ṣu²²ṣɑo¹³ti⁴⁴ṣu³¹tṣɿə¹³tṣɿə⁴⁴kua¹³tuæ̃³¹, xæ³⁵
沙　走　石，能　把　这　个　树　上　的　树　枝　子　刮　断，还
沙走石，能把这个树上的树枝子刮断，还

nɔ̃ŋ⁵⁵pɤ²¹xɤ³¹li²¹ti²¹ṣuei⁴⁴tṣ'uei⁴⁴tsɔ⁴⁴xɤ¹³iɛ²¹ṣɑo¹³tɕ'i³¹。"ɔ̃⁷³z̩ɿə²²t'ou²⁴ṣuə³¹:
能　把　河　里　的　水　吹　到　河　沿　上　去。"嗯　日　头　说：
能把河里的水吹到河岸上去。"嗯太阳说：

"pɤ³¹ni²²ti⁴⁴na³¹kɤ³¹pu⁴⁴suæ⁴²kɤ¹³ṣɔ̃ŋ²¹mɤ²¹pɔ̃ŋ²¹s̩ɿə⁴², uə¹³p̩ɿə⁴²ni²¹, uə¹³ti⁴²,
"把　你　的　那　个　不　算　个　什　么　本　事，我　比　你，我　的，
"把你的那个不算个什么本事，我比你，我的，

uə¹³p¹ə⁴²ni²¹fa¹³ma²¹ti³¹tuə⁴⁴." zɿə²²t'ou²⁴tɕiou³³liɛ³³fɤ̃ŋ¹³p'ɤ³⁵p'ɤ³¹tʂɤ̃ŋ⁴⁴tʂuə⁴⁴	
我 比 你 砝 码 得 多。" 日 头 就 连 风 婆 婆 争 着	
我比你厉害得多。"太阳就和风婆婆争着	
ti³¹nɛ³⁵xu³¹tsɿ²¹, tʂ'ou²²tʂuo⁴⁴li²¹zɿə³¹kɤ²²yɛ¹³tʂ'u⁴⁴lu²²ʂao³¹tʂ'uæ⁴⁴p'¹ə⁵³ɔ²¹ti³¹	
的 那 会 子, 瞅 着 了 一 个 远 处 路 上 穿 皮 袄 的	
的那会儿,看见了一个远处路上穿皮袄的	
zɤ̃ŋ⁵³, zɿə²²t'ou²⁴tɕiou³¹iou²²li²⁴²tiɛ²¹tiɛ⁴⁴tsɿə²¹. t'a¹³tɕiou⁴⁴ɕiɔ³¹tʂɤ¹³tuei³¹fɤ̃ŋ²⁴	
人, 日 头 就 有 了 点 点 子。 他 就 笑 着 对 风	
人,太阳就有了方法子。他就笑着对风 ‖点点子：方法。	
p'ɤ³⁵p'ɤ³¹ʂuə³¹: "uə¹³mə̃ŋ⁵³liao²²kɤ⁴²ʂʅ²¹xuə³³zɿə³¹ɕia²¹, k'æ²²ʂuei⁵³nɤ̃ŋ⁵³pɤ⁴⁴	
婆 婆 说: "我 们 两 个 试 活 一 下, 看 谁 能 把	
婆婆说："我们两个比试一下,看谁能把	
nɛ²²kɤ²¹zɤ̃ŋ⁵³ʂə̃ŋ⁴⁴ʂao⁴⁴ti³¹p'¹ə⁴⁴ɔ³¹t'uə³¹ɕia¹³lɛ⁵³, tɕiou¹³suæ³¹ʂuei⁵³ti³¹pə̃ŋ³¹ʂʅə⁴²	
那 个 人 身 上 的 皮 袄 脱 下 来, 就 算 谁 的 本 事	
那个人身上的皮袄脱下来,就算谁的本事	
ta³¹, ni⁴⁴k'æ³¹ɕiŋ⁵³pu²¹?" fɤ̃ŋ²⁴p'ɤ³⁵p'ɤ³¹, fɤ̃ŋ²⁴p'ɤ³⁵p'ɤ³¹ɕiao²²li⁴⁴zɿə³¹ɕia¹³	
大, 你 看 行 不?" 风 婆 婆, 风 婆 婆 想 了 一 下	
大,你看行吧?"风婆婆,风婆婆想了一下	
ʂuə³¹: "ɕiŋ³⁵li²¹", xæ⁴²ʂuə³¹: "uə³⁵ɕiɛ⁵⁵lɛ⁵³!" zɿə²²t'ou²⁴ʂuə³¹: "na²²ni⁴⁴tɕiou³¹	
说: "行 哩", 还 说: "我 先 来!" 日 头 说: "那 你 就	
说："行呢",还说："我先来!"太阳说："那你就	
ɕiɛ⁴⁴lɛ⁴⁴." fɤ̃ŋ²⁴p'ɤ³⁵p'ɤ³¹zɿə²²ʂao¹³lɛ⁵³, tɕiou³³tʂua²²ʂʅə⁴⁴ti³¹kua²²k'ɤ⁴⁴li⁴². ə̃ŋ²¹,	
先 来。" 风 婆 婆 一 上 来, 就 扎 实 地 刮 开 了。 嗯,	
先来。"风婆婆一上来,就扎实地开始刮了。嗯,	
pɤ²⁴lu³¹ʂao²²ti¹³na²¹kɤ²¹zɤ̃ŋ⁵³kua²¹ti²¹lə̃ŋ²²ti⁴²ta²⁴tʂæ³¹li²¹, tʂɿə²²kɤ²¹, p'¹ə⁵³ɔ³¹	
把 路 上 的 那 个 人 刮 得 冷 得 打 颤 了, 这 个, 皮 袄	
把路上的那个人刮得冷得打颤了,这个,皮袄	
mɤ³³tʂɿə²²kɤ²¹yə²²kua²⁴yə²²tɕiŋ⁴⁴, zɿə³¹tiɛ⁴⁴yɤ²¹pa²¹p'¹ə⁵³ɔ³¹t'uə³¹ɕia¹³lɛ⁴⁴ti²¹zɿə²²	
么 这 个 越 裹 越 紧, 一 点 儿 把 皮 袄 脱 下 来 的 意	
嘛这个越裹越紧,一点儿把皮袄脱下来的意	
sɿə²¹tuə⁴⁴mɤ²², tsuei³⁵xou⁴⁴, xuæ⁵³ʂʅə⁴²pa²¹p'¹ə⁵³ɔ³¹mɤ⁴⁴t'uə³¹ɕia¹³lɛ⁵³. zɿə³¹	
思 都 没, 最 后, 还 是 把 皮 袄 没 脱 下 来。 一	
思都没有,最后,还是把皮袄没脱下来。一	

xuei⁴⁴ɣʁ⁴²iou⁴⁴tɔ³¹ẓʅə⁴²tʻou²¹liɔ¹³,					ẓʅə²²tʻou²⁴ʂuə³¹:	"ni⁴²kʻæ³¹ẓʅə³¹ɕia³¹uə¹³ti⁴²				
会	儿	又	到	日	头	了,	日	头	说:"你看一	下 我 的
会儿又到太阳了,太阳说:"你看一下我的										
pə̃ŋ³¹ʂʅə⁴²ta¹³ma²¹ɕiɔ⁴⁴.			na²⁴tɕiou³¹tsʻuə̃ŋ⁵³yŋ³⁵tʻɛ³¹,				yŋ³⁵tsʻɛ³¹xou²¹tʻou²¹tsuæ⁴⁴			
本	事	大	吗	小。"	那	就	从	云台,	云 彩 后	头 钻
本事大吗小。"那就从云台,云彩后头钻										
tʂʻu³¹,	tsuæ⁴⁴tʂʻu³¹lɛ⁴⁴liɔ³¹.		tʂʅə⁵³tʂʅə⁵³ti³¹tʂɔ²²tʂʁ¹³nɛ³¹kʁ²¹tʂʻuæ⁴⁴pʻʅə⁵³ɔ³¹ti³¹ẓə̃ŋ⁵³,							
出,	钻	出	来 了。	直	直 地 照 着 那 个 穿 皮 袄 的 人,					
出,钻出来了。直直地照着那个穿皮袄的人,										
tʂua²²ʂʅə⁵³ti³¹ʂɛ²¹kʻɛ¹³liɔ³¹,			ʂɛ²¹tiʻtsʻuæ⁴⁴pʻʅə⁵³ɔ³¹ti³¹			nɛ²² kʁ²²ẓə̃ŋ⁵³ʂə̃ŋ⁴⁴ʂɑo⁴²ẓʁ³¹				
扎	实	地晒 开	了,	晒 得 穿	皮 袄 的 那 个 人 身			上 热		
扎实地开始晒了,晒得穿皮袄的那个人身上热										
ti⁴⁴ʂou³¹pu³¹liɔ¹³liɔ³¹,			xæ⁴⁴ẓʅə⁴²xa³¹tʻɑo²²ti⁴²mʁ⁴⁴tʂʅə⁴²liɔ²¹,				tɕiou³¹kæ⁴²tɕiŋ⁴⁴pʁ²¹			
得	受	不 了 了,	汗 一		下 淌 得	没 治	了,	就	赶 紧 把	
得受不了了,汗一下淌得没办法了,就赶紧把										
pʻʅ⁵³ɔ²¹tʻuə³¹xa³¹lɛ⁴⁴liɔ²¹,			tʂæ²²piɛ²⁴ʂɛ³¹liæ²²liæ⁴⁴tɕʻy³¹liɔ²¹,				ẓʅə²²tʻou²⁴tɕiou¹³tuei³¹			
皮	袄	脱 下 来 了,	准 备 晒		暖 暖 去 了,	日		头 就 对		
皮袄脱下来了,准备晒太阳去了,太阳就对										
fə̃ŋ²⁴pʻʁ³⁵pʻʁ³¹ʂuə³¹:			"tʂʻou²²tʂuə⁴⁴liɔ²¹mei²²iou²¹?				kʻæ³¹ʂuei³⁵ti³¹pə̃ŋ²²ʂʅə⁴²ta²¹?"			
风	婆	婆说:"	瞅	着 了	没	有?	看 谁	的 本 事 大?"		
风婆婆说:"看见了没有?看谁的本事大?"										

15. 永昌话

fɔ̃ŋ⁴⁴xʁuə⁴²zɿ⁵³tʻɤu²¹
风　和　日　头

tɕiɔ̃ŋ¹³tʻiɛ⁴², uə⁵⁵kɤ⁵⁵ni⁵³mɔ̃ŋ²¹ɕyɛ⁵⁵kɤ⁴²fɔ̃ŋ⁴⁴xʁuə⁴²zɿ⁵³tʻɤu²¹ti²¹xʁuã̃ŋ⁴⁴ɣɯ⁴²。 今　天，　我 给 你 们　喧　个 风　和　日 头　的　谎　儿。 今天，我给你们说个风和太阳的故事。　‖ 谎儿：故事。
ixɤu⁴⁴zi⁵³tʻiɛ²¹,　fɔ̃ŋ⁴⁴xʁuə⁴²zɿ⁵³tʻɤu²¹tʂɔ̃ŋ⁴⁴tʂuə⁴²ʂuə²¹uə⁵⁵mɔ̃ŋ⁵⁵ʂuei³⁵tsuei⁴²vɛ²¹。 有 一 天,　风　和　日 头 争　着　说 我 们 谁　最　威。 有一天，风和太阳争着说我们谁最厉害。
fɔ̃ŋ¹³ʂuə²¹: "uə³⁵tsuei⁴²vɛ²¹,　uə³⁵nɔ̃ŋ⁴⁴pa²¹tʂʻɔ̃ŋ⁵³tʻu²¹kua⁴²tɕʻi²¹,　nɔ̃ŋ¹³pa²¹ʂu⁵³ 风　说: "我　最　威,　我 能 把 尘　土　刮 起,　能 把 树 风说: "我最厉害,我能把尘土刮起,能把树
tʂɿ²¹kua⁴²ʂɤ¹³,　nɔ̃ŋ¹³pa²¹lã̃ŋ⁵³ta¹³tɕʻi²¹。"　zɿ⁵³tʻɤu²¹ʂuə²¹: "tʂɤ¹³suɛ⁵³kɤ²¹ʂa⁵³niɛ²¹, 枝　刮 折,　能　把 浪 打 起。" 日 头　说: "这　算 个 啥 呢, 枝刮折,能把浪打起。"太阳说: "这算个什么呢,
uə³⁵pi⁴²ni⁴²vɛ⁵⁵tuə²²liɔo²¹。" tɕixɤu⁴⁴tsɛ²²tʂɤ⁵³kɤ²¹ʂɿ⁵³xɤu²¹,　lɛ¹³liɔo²¹zi⁵³kɤ²¹tʂʻɯɛ⁵⁵ 我 比 你 威　多　了。"　就 在 这 个 时 候,　来 了 一 个 穿 我比你厉害多了。"就在这个时候,来了一个穿
tʂuə⁵³miɛ³⁵tʂu⁴²iɔo²¹ti²¹lɔo⁵³xʁɛ²¹,　zɿ⁵³tʻɤu²¹ʂuə²¹: "uə⁵⁵mɔ̃ŋ⁵⁵ʂɿ⁵³ʂɿ²¹ʂuei⁵³ 着　棉　主 袄 的 老 汉,　日　头 说: "我　们　试 试 谁 着棉袄的老人,太阳说: "我们试试谁　‖老汉: 年纪大的男人。
nɔ̃ŋ¹³pa⁴²na⁵³kɤ²¹lɔo⁵³xʁɛ²¹ti²¹tʂu⁴²iɔo¹³tʻuə⁴⁴tiɔo²¹,　ʂuei⁵³nɔ̃ŋ¹³tʻuə⁵³tiɔo²¹ʂuei⁵³ 能 把 那 个 老 汉 的 主 袄 脱 掉,　谁 能　脱　掉 谁 能把那个老人的棉袄脱掉,谁能脱掉谁
tɕixɤu²¹tsuei⁴²vɛ¹³。" fɔ̃ŋ¹³ʂuə²¹: "ɕiɔ̃ŋ⁵⁵, na¹³tɕixɤu⁴⁴uə⁵³mɔ̃ŋ¹³pi⁴²pa²¹!" fɔ̃ŋ⁵⁵ʂuə⁵⁵ 就　最　威。" 风　说: "行,　那 就 我 们 比 吧!" 风 说 就最厉害。" 风说: "行,那就我们比吧!" 风说
tʂuə²¹tɕixɤu⁴²kua⁵³tɕʻi⁴¹lɛ¹³liɔo²¹, na⁵³kɤ²¹lɔo⁵³xʁɛ²¹kɛ¹³tɕyɛ⁴²tɔo²¹lɔ̃ŋ⁵³tɤ²¹xʁɔ̃ŋ²¹, 着 就 刮 起 来 了, 那 个 老 汉 感 觉 到 冷 得 很, 着就刮起来了,那个老人感觉到冷得很,

tɕiɤu¹³pa²¹tʂu⁴²iɔo¹³yɛ¹³tɕi⁵³luə⁵³tɕiə̃ŋ²¹。					zʅ⁵³tʻɤu²¹ʂuə²¹："			ni⁵⁵na⁵⁵kua⁴²tɕʻi²¹lɛ²¹		
就	把	主	袄	越 系 了 紧。	日	头	说："你	那	刮	起 来

就把棉袄越系越紧。日头说："你那刮起来

iɤu⁴⁴ʂa¹³ỹn⁴²niɛ²¹?		tʻuə⁵³pu²¹tiɔo⁴²ti²¹。"			tʂɤ⁵³ʂʅ⁴⁴xʀɤu²¹,	zʅ⁵³tʻɤu²¹tʂʻu⁵³lɛ²¹liɔo²¹,			
有	啥 用 呢？	脱	不	掉	的。"	这 时 候,	日	头	出 来 了,

有啥用呢？脱不掉的。"这时候,太阳出来了,

ʂɛ⁵³ti²¹ʐɤ¹³xʀu⁵³xʀu²¹ti²¹,	pa¹³lɔo⁵³xʀɜ²²ʂɛ⁵³ti²¹mɛ⁵³tʻɤu¹³ta¹³xʀɜ⁴⁴,					lɔo⁵³xʀɛ⁴⁴
晒 得 热 乎 乎 的,	把	老	汉	晒 得 满 头 大 汗,		老 汉

晒得热乎乎的,把老人晒得满头大汗,老人

pa²¹tʂu⁴²iɔo²¹tɕiɤu³¹tʻuə⁵³tiɔo²¹liɔo²¹。					zʅ⁵³tʻɤu²¹tuei⁵³fə̃ŋ¹³ʂuə²¹："			kʻɛ⁵³tɕiɛ¹³liɔo²¹	
把	主	袄	就	脱 掉 了。	日	头	对 风	说:"	看 见 了

把棉袄就脱掉了。太阳对风说："看见了

pa²¹,	uə³⁵mə̃ŋ⁵⁵	kɤ⁵³iɤu⁴⁴kɤ⁵³ti²¹pə̃ŋ⁵³ʂʅ²¹,			li³⁵liɔo⁴²ʂuei⁵³liɛ¹³pu⁴²ɕiə̃ŋ²¹,			uə²²mə̃ŋ⁴⁴	
吧,	我 们	各 有 各 的 本 事,			离 了	谁	也 不 行,	我 们	

吧我们各有各的本事,离了谁也不行,我们

tsɛ⁵⁵piɛ¹³tʂə̃ŋ¹³liɔo²¹。"
再 别 争 了"。

别再争了。"

16. 张掖话

$$f\gamma\eta^{44}x\partial^{53}z\gamma^{31}t\gamma u^{21}$$
风　和　日　头

i\gamma u^{53}zi^{22}t'ian^{44}, f\gamma\eta^{44}x\partial^{53}z\gamma^{31}t\gamma u^{21}z\mathrm{a}\eta^{54}z\mathrm{a}\eta^{44}k'\mathrm{a}\eta^{22}fei^{53}tsuei^{22}v\epsilon^{44}\text{。} f\gamma\eta^{44}f\partial^{31}:
有　一　年，　 风 和 日 头 嚷 嚷 看 谁 最 威。 风 说：
有一年，风和太阳吵着看谁最厉害。风说：
"k'\gamma\eta^{22}tin^{55}\textrm{ʂ}\gamma^{22}v\epsilon^{44}tsuei^{31}li^{31}x\epsilon^{21}\text{。} u\partial^{53}zi^{22}k'uei^{44}f\gamma\eta^{44}, \textrm{ʂ}u^{22}t\textrm{ʂ}\gamma^{44}t\textrm{ɕ}i\gamma u^{24}tuan^{31}tio^{22}
"肯　定　是 我　最 厉　害。 我 一 吹 风， 树 枝 就 断 掉
"肯定是我最厉害。我一吹风，树枝就断掉
lio^{21}, x\partial^{55}li^{22}ti^{21}fei^{53}t\textrm{ɕ}i\gamma u^{31}t\textrm{ɕ}'i^{22}li\partial^{44}p\partial^{44}lan^{44}lio^{44}\text{。}" z\gamma^{31}t'\gamma u^{21}f\partial^{31}: "t\textrm{ʂ}\gamma^{22}i\gamma u^{53}\textrm{ʂ}a^{31}
了，　河 里 的 水　就 　起 了 波 浪 了。" 日 头 说："这 有 啥
了，河里的水就起了波浪了。"太阳说："这有啥
lio^{22}pu^{53}t\textrm{ɕ}'i^{22}ti^{44}, u\partial^{22}pi^{53}ni^{53}v\epsilon^{44}ti^{44}tu\partial^{44}\text{。}" t'a^{44}m\gamma\eta^{44}x\tilde{a}^{53}ts\epsilon^{22}ni\gamma u^{53}f\partial^{31}ni\gamma u^{53}
了 不 起 的， 我 比 你 威 得 多。" 他 们 还 在 牛 说 牛
了不起的，我比你厉害得多。"他们还在牛说牛
ta^{31}, k\partial^{24}f\partial^{24}k\partial^{22}t\textrm{ʂ}'an^{55}ti^{21}\textrm{ʂ}\gamma^{55}x\gamma u^{21}, l\epsilon^{35}lio\mathrm{ɔ}^{21}zi^{31}k\partial^{21}k'uan^{44}kfu^{22}\mathrm{ɔ}^{22}ts\gamma^{44}ti^{44}z\gamma\eta^{53}\text{。}
大，　各 说 各 长　 的 时 候，　来 了 一 个　穿　主 袄 子 的 人。
大，各说各长的时候，来了一个穿棉衣的人。
z\gamma^{31}t'\gamma u^{21}f\partial^{31}: "u\partial^{22}m\gamma\eta^{44}lian^{22}k\partial^{44}\textrm{ʂ}\gamma^{31}tan^{21}zi^{22}xa^{44}, fei^{53}n\gamma\eta^{53}t\textrm{ɕ}io^{24}na^{31}k\partial^{21}
日　头　说："我 们　　两 个 试 当 一 下，　谁 能 叫 那 个
太阳说："我们两个尝试一下，谁能叫那个
k'uan^{44}kfu^{22}i\mathrm{ɔ}^{22}ts\gamma^{44}ti^{44}t'u\partial^{31}tio^{21}, fei^{53}t\textrm{ɕ}i\gamma u^{24}tsuei^{22}v\epsilon^{44}\text{。}" f\gamma\eta^{44}f\partial^{31}: "\textrm{ɕ}in^{55}li\partial^{21},
穿　 主 袄 子 的 脱 掉， 谁 就 最 威。" 风 说："行 哩，
穿棉衣的脱掉，谁就最厉害。"风说："行呢，
u\partial^{53}\textrm{ɕ}ian^{44}\textrm{ʂ}\gamma^{31}tan^{21}\text{。}" t'a^{44}zi^{24}\textrm{ʂ}an^{31}l\epsilon^{21}, t\textrm{ɕ}i\gamma u^{22}\textrm{ʂ}\gamma^{53}t\textrm{ɕ}in^{31}kua^{31}k'\epsilon^{21}f\gamma\eta^{44}lio^{44}, k'\partial^{53}
我　先　试　当。" 他 一　上　来，　就　使 劲 刮 开 风 了， 可
我先试试。"他一上来，就使劲地开始刮风了，可
t\textrm{ɕ}i\gamma u^{31}\textrm{ʂ}\gamma^{21}pu^{22}tin^{53}y\eta^{31}\text{。} k'uan^{44}kfu^{22}\mathrm{ɔ}^{22}ts\gamma^{44}ti^{44}z\gamma\eta^{53}ts\gamma^{22}t\textrm{ɕ}y\partial^{53}t\partial^{21}l\gamma\eta^{22}ti^{44}x\gamma\eta^{53},
就　是 不　顶 用。 穿　 主 袄 子 的 人 只 觉 得 冷 得 很，
就是不顶用。穿棉衣的人只觉得冷得很，

tɕiɤu²⁴yŋ³¹liaŋ²²kə⁴⁴ʂɤu⁵³pa²²kfu²²iɔ²²tsʅ⁴⁴kfə²²ti⁴⁴tɕiŋ⁵³tɕiŋ²²ti⁴⁴。tɕiə³¹xa²²lɛ²¹lyŋ⁵⁵
就　用　两　个　手　把　主　袄　子　裹　得　紧　紧　的。接　下　来　轮
就用两个手把棉衣裹得紧紧的。接下来轮
tɔ²¹zʅ³¹tʻɤu²²liɔ²¹。zʅ³¹tʻɤu²¹tsʻuŋ⁵³yŋ⁵⁵li²¹tsʻuaŋ⁴⁴kfʻu⁴⁴lɛ⁴⁴，pa²²naŋ²²iaŋ⁴⁴iaŋ⁴⁴
到　日　头　了。日　头　从　云　里　钻　出　来，把　暖　洋　洋
到太阳了。太阳从云里钻出来，把暖洋洋
ti⁴⁴tʻɛ³¹iaŋ²¹tʂɔ³¹tə²¹kʻuaŋ⁴⁴kfu²²ɔ²²tsʅ⁴⁴ti⁴⁴zʅɤŋ⁵³ʂɤŋ⁴⁴xaŋ⁴⁴。na³¹kə²¹zʅɤŋ⁵³ɕi³¹
的　太　阳　照　的　穿　主　袄　子　的　人　身　上。那　个　人　笑
的太阳照在穿棉衣的人身上。那个人笑
kʻɛ²²liɔ²¹，kə²²zʅɤŋ⁵³pa²²kfu²²ɔ²²tsʅ⁴⁴tʻuə³¹tiɔ²²liɔ²¹，ʂɛ³¹kʻɛ²¹tʻɛ³¹iaŋ²²liɔ²¹。zʅ³¹
开　了，各　人　把　主　袄　子　脱　掉　了，晒　开　太　阳　了。日
开了，自己把主袄子脱掉了，开始晒太阳了。太
tʻɤu²¹fə³¹："kʻaŋ³¹tɕiaŋ²²liə²²pa²¹？ɕiŋ⁴⁴xɔ⁴⁴iɤu⁵³li⁵³mɔ³¹，tsʻɛ⁵³ʂʅ²¹tʂə³¹kə²¹ʂʅ³¹
头　说："看　见　了　吧？心　好　有　礼　貌，才　是　这　个　世
阳说："看见了吧？心好有礼貌，才是这个世
xaŋ²¹tsuei²²iɤu⁵³yŋ³¹ti²²tuŋ⁴⁴ɕi⁴⁴。"
上　最　有　用　的　东　西。"
上最有用的东西。"

17. 山丹话

fəŋ³⁴xə⁵³ẓʅ⁴¹t'əu²¹
风　和　日　头

tɕiŋ³⁴t'iẽ⁴⁴uə²²kɤ⁴⁴ta⁴²tɕia²¹tɕiã²²kə⁴⁴ku⁵⁵ʂʅ²¹, ku⁵⁵ʂʅ²¹tɕiəu²⁴tɕiɑo⁴¹ "fəŋ³⁴xə⁵³ẓʅ⁴¹
今　天　我 给　大 家　讲 个　故　事,　故 事　就　叫　"风　和 日

今天我给大家讲个故事，故事就叫"风和太

t'əu²¹"。 iəu⁵³ẓi⁴²t'iẽ³⁴, fəŋ³⁴xə⁵³ẓʅ⁴²'əu²¹ẓã³⁴ẓã⁴⁴fei⁵³tsuei⁴²vɛɛ³⁴。 fəŋ³⁴fə⁴¹:
头"。 有 一 天,　风 和 日 头 嚷 嚷 谁 最 威。 风 说:

阳"。有一天，风和太阳吵着谁最厉害。风说:

"kɛɛ⁵³tɕiəu⁴²ʂʅ²¹uə⁵³lə⁴⁴, uə⁵³tʂ'uei³⁴tɕ'i⁴⁴lɛɛ⁴⁴, nəŋ⁵³pa²²ʂu⁴²ia³⁴tʂ'a⁴⁴tʂ'uei³⁴ʂə⁵³,
"该　就　是 我 了,　我 吹　起 来,　能 把 树 丫 杈 吹 折,

"该就是我了，我吹起来，能把树枝子吹折,

nəŋ⁵³pa²²fei⁵³tʂ'uei³⁴tɑo⁴⁴ɛɛ⁵⁵ʂã²¹。" ẓʅ⁴²t'əu²¹fə⁴¹: "tʂə⁴²a⁴⁴pu²²tsa⁵³ti²¹kə⁴⁴。 uə²²
能 把 水 吹 到 岸 上。" 日 头 说: "这 也 不 怎 的 个。 我

能把水吹到岸上。"太阳说:"这也不怎么样。我

pi⁴⁴ni⁵³vɛɛ³⁴tuə³⁴lə⁴⁴。" t'a³⁴məŋ⁴⁴xuɛɛ⁵⁵tsɛɛ²¹luɛɛ⁴²ẓã³⁴ẓã⁴⁴ti⁴⁴ʂʅ⁵⁵xəu²²a²¹, k'ɛɛ⁴²
比 你 威 多 了。" 他 们 还 在 乱 嚷 嚷 的 时 候 啊, 看

比你厉害多了。"他们还在乱嚷嚷的时候啊，看

tʂuə²²lə²¹ẓi⁴²kə²¹tʂ'uɛɛ³⁴tʂu²²iɑo²²tsʅ⁴⁴ti⁴⁴ẓəŋ⁵³。 ẓʅ⁴²t'əu²¹fə⁴¹: "uə²²məŋ⁴⁴liã²²kə⁴⁴
着 了 一 个 穿 主 袄 子 的 人。 日 头 说:"我 们 两 个

着了一个穿棉衣的人。太阳说:"我们两个

ʂʅ⁴²tã²¹ẓi⁴²xa²¹, fei⁵³nəŋ⁵³tɕiɑo²⁴na⁴²kə²¹ẓəŋ⁵³pa²¹tʂu²²iɑo²²tsʅ⁴⁴t'uə⁴²lə²¹, fei⁵³
试 当 一 下, 谁 能 叫 那 个 人 把 主 袄 子 脱 了, 谁

比试一下，谁能让那个人把棉衣脱了，谁

tɕiəu²⁴tsuei⁴²vɛɛ³⁴。" fəŋ³⁴fə²²ɕiŋ⁵³。 na⁵³ɕiẽ⁴⁴ʂʅ⁴²tã²¹。 na⁵³ẓi²⁴ʂã⁴²lɛɛ²¹tɕiəu²²ʂʅ⁵³
就　最 威。" 风 说 行, 那 先 试 当。 那 一 上 来 就 使

就最厉害。"风说行，那先比试。那一上来就使

tɕiŋ⁴²ti²¹tʂ'uei³⁴a⁴⁴, tɛɛ⁴²ʂa²⁴yŋ⁴²iə⁵³pu⁴²tiŋ²¹a⁴⁴。 tʂ'uɛɛ⁵³tʂu²²iɑo²²tsʅ⁴⁴ti⁴⁴ẓəŋ⁵³
劲 的 吹 啊, 但 啥 用 也 不 顶 啊。 穿 主 袄 子 的 人

劲地吹啊，但什么用也不顶啊。穿棉衣的人

tɕyə⁴²tə²¹ləŋ²²ti⁴⁴xəŋ²²a⁴⁴, tɕiəu²⁴yŋ⁴²liã²²kə⁴⁴ʂəu⁵³sʅ⁵³sʅ²²ti⁴⁴ləu²²tsu⁴⁴tsʅ⁴²tɕi²²ti²²
觉 得 冷 得 很 啊， 就 用 两 个 手 死 死 地 搂 住 自 己 的
觉得冷得很啊，就用两个手死死地搂住自己的

tʂu²²iɑo²²tsʅ⁴⁴。 tɕiə⁴²xa²²lɛe²¹tɕiəu²²lyŋ⁵⁵tɑo²¹zʅ⁴²t'əu²¹la²¹。 zʅ⁴²t'əu²¹tsʻuŋ⁵³yŋ⁵⁵
主 袄 子。 接 下 来 就 轮 到 日 头 了。 日 头 从 云
棉衣。接下来就轮到太阳了。太阳从云

li²¹tsuɛe³⁴tʂʻu⁴⁴lɛe⁴⁴, pa²²nɛe²²xuə⁴⁴miŋ⁵³liã⁴²ti²¹tsʅ⁴²kə²¹zʅ⁴²kuã²¹ʂɛe⁴²tɑo²¹tsʻuɛe³⁴
里 钻 出 来， 把 暖 和 明 亮 的 这 个 日 光 晒 到 穿
里钻出来，把暖和明亮的这个日光晒到穿

tʂu²²iɑo²²tsʅ⁴⁴ti⁴⁴zəŋ⁵³ʂəŋ³⁴sã⁴⁴。 tʂʻuɛ³⁴tʂu²²iɑo²²tsʅ⁴⁴ti⁴⁴zəŋ⁵³ɕiɑo⁴²kɤ²²lə²²xa²¹,
主 袄 子 的 人 身 上。 穿 主 袄 子 的 人 笑 给 了 下，
棉衣的人身上。穿棉衣的人笑了一下，

kə²²zəŋ⁵³pa²²tʂu²²iɑo²²tsʅ⁴⁴tʻuə⁴²tiɑo²²la²¹。 kʻɛe³⁴sʅ⁴⁴ʂɛe²⁴tʻɛ⁴²iã²²la²¹。 zʅ⁴²tʻəu²¹
各 人 把 主 袄 子 脱 掉 了。 开 始 晒 太 阳 了。 日 头
自己把棉衣脱掉了。开始晒太阳了。太阳

fə⁴¹:"kʻɛe⁴²tʂuə²²lə²²pa²¹? xɑo⁵³ɕiŋ³⁴, vəŋ³⁴zəu⁵³, tsʻɛe⁵⁵sʅ²¹tsʅ⁴²kə²¹sʅ⁴²tɕiẽ²²sã²¹
说："看 着 了 吧？ 好 心， 温 柔， 才 是 这 个 世 界 上
说："看见了吧？好心温柔，才是这个世界上

tsuei⁴²xɑo²²ti⁴⁴tuŋ⁵⁵ɕi²¹。"
最 好 的 东 西。"
最好的东西。"

18. 平凉话

fəŋ⁵³xuo²⁴z̞ɤ⁵³t'ɤu²¹iɛ²⁴
风　和　日　头　爷

tɕiaŋ⁵³i³¹kɤ⁴⁴ku⁵³s̩⁴⁴: fəŋ⁵³xuo²⁴z̞ɤ⁵³t'ɤu²¹iɛ²⁴liaŋ⁴⁴kɤ²¹pi⁵³sɛ⁴⁴k'æ⁴⁴seɪ²⁴ti²¹pəŋ⁴⁴
讲　一个　故事：　风　和　日　头　爷　两个　比赛　看　谁　的　本
讲一个故事：风和太阳两个比赛看谁的本
s̩²¹tɑ⁴⁴。iɤu⁵³i²⁴t'iæ³¹, fəŋ⁵³xuo²⁴z̞ɤ⁵³t'ɤu²¹iɛ²⁴liaŋ⁴⁴kɤ²¹ɕiæ²⁴lə³¹mɔ³¹s̩⁴⁴, ʂuo⁵³
事　大。有　一　天，　风　和　日　头　爷　两个　闲了　没事，　说
事大。有一天，风和太阳两个闲了没事，说
tʂɤ²¹: "ɛ⁴⁴, tsɑ²⁴liaŋ⁵³kɤ⁴⁴pi⁵³sɛ⁴⁴ɲ̟i³¹, k'æ⁴⁴seɪ³¹ti³¹pəŋ⁴⁴s̩²¹tɑ⁴⁴。" fəŋ⁵³ʂuo³¹
着：　"哎，咱　两个　比赛　呢，　看　谁　的　本事　大。"　风　说
着："哎，咱两个比赛呢，看谁的本事大。"风说
tʂɤ²¹: "nɛ⁵³nəŋ²⁴tʂ'əŋ²⁴, ɲ̟i⁵³k'æ⁴⁴, uo⁵³pɑ³¹tʂɛ²⁴kɤ⁴⁴ʂu⁴⁴nəŋ²⁴tʂ'ueɪ⁵³ti³¹liæ²⁴kəŋ³¹
着：　"那　能　成，　你　看，我　把　这个　树　能　吹　得　连　根
着："那能成，你看，我把这个树能吹得连根
pɑ²⁴tɕ'i⁵³, ɲ̟i⁵³iɤu⁵³sɑ²⁴pəŋ⁵³s̩²¹ɲ̟i³¹？" z̞ɤ⁵³t'ɤu²¹iɛ⁴⁴ʂuo⁴⁴: "ɛ:²⁴, ɲ̟i⁵³nəŋ²⁴pɑ²⁴
拔　起，你　有　啥　本事　呢？" 日　头　爷　说：　"哎，你　能　拔
拔起，你有啥本事呢？" 太阳说："哎，你能拔
tɕ'i⁵³læ²¹pu³¹suæ²⁴, uo⁵³pɑ³¹t'ɑ⁵³nəŋ²⁴sæ⁴⁴s̩³¹, tsɑ²⁴məŋ⁴⁴k'æ⁴⁴seɪ²⁴ti³¹pəŋ⁴⁴s̩²¹
起　来　不　算，我　把　它　能　晒　死，咱　们　看　谁　的　本　事
起来不算，我把它能晒死，咱们看谁的本事
tɑ²⁴。" ɛ:²⁴, fəŋ⁵³xæ²⁴pu²⁴fu³¹tɕ'i⁵³。 fəŋ⁴⁴ʂuo⁴⁴tʂɤ²¹: "tueɪ⁴⁴, ɲ̟i⁴⁴k'æ⁴⁴tʂɛ⁴⁴kɤ²¹lɔ⁴⁴
大。"　哎，风　还　不　服　气。风　说　着："对，　你　看　这　个　涝
大。"哎，风还不服气。风说着："对，你看这个池
pɑ²¹ti³¹ʂueɪ⁵³, uo³¹nəŋ²⁴pɑ³¹t'ɑ³¹tʂ'ueɪ⁵³ti³¹tɕ'i⁵³p'o³¹laŋ⁴⁴ɲ̟i³¹, ɲ̟i⁵³nəŋ²⁴tʂ'əŋ²⁴
坝　的　水，　我　能　把　它　吹　得　起　波　浪　呢，你　能　成
塘的水，我能把它吹得起波浪呢，你可以　‖ 涝坝：池塘。
mɑ⁴⁴？" z̞ɤ⁵³t'ɤu²¹iɛ⁴⁴ʂuo³¹: "ɛ:⁴⁴, pɑ³¹nɛ⁵³iɤu³¹sɑ⁴⁴ɲ̟i³¹sɑ³¹, uo⁵³pɑ³¹t'ɑ³¹nəŋ²⁴
吗？" 日　头　爷　说：　"哎，把　那　有　啥　呢　哟，我　把　它　能
吗？" 太阳说："哎，把那有什么呢，我把它能

sæ⁴⁴kæ̃³¹, xæ̃²⁴nəŋ²⁴tɕʻi⁵³pʻo³¹lɑŋ⁴⁴n̩i³¹。" fəŋ⁵³xæ̃²⁴tɕʻi⁴⁴ti³¹mɔ³¹sŋ²⁴liɑ²¹, fəŋ³¹
晒　干，　还　能　起　波　浪　呢。"　风　还　气　得　没　事　了，　风
晒干，还能起波浪呢。"风还气得没事了，风

tɕixu⁴⁴tsŋ⁴⁴tʂu²¹nɛ⁴⁴kɤ²¹tsʻɔ⁵³tsʻɔ²¹tsŋ²¹ʂuo⁵³： "n̩i⁴⁴kʻæ̃³¹, uo⁵³nəŋ²⁴pɑ³¹tʻɑ⁴⁴tsʻɔ⁵³
就　指　着　那　个　草　草　子　说："你　看，　我　能　把　它　草
就指着那个小草说："你看，我能把它

tsʻɔ²¹tsŋ²¹tʂʻuei⁵³ti³¹tiæ̃⁵³tʻɤu²⁴xɑ³¹iɔ⁵³tiɕiɑŋ⁴⁴uo³¹tɕixu²⁴ʐɔ²⁴n̩i²¹, n̩i⁵³ixu²¹tʂɤ³¹
草　子　吹　得　点　头　哈　腰　的　向　我　求　饶　呢，　你　有　这
小草吹得点头哈腰的向我求饶呢，你有这

kɤ⁴⁴pəŋ⁴⁴sŋ²¹mɑ²¹？" ʐɤ⁵³tʻɤu²¹iɛ²⁴ʂuo³¹： "ɛ:²⁴, xæ̃³¹kei⁴⁴n̩i⁴⁴tiæ̃⁵³tʻɤu²⁴xɑ³¹iɔ⁵³
个　本　事　吗？"　日　头　爷　说："哎，　还　给　你　点　头　哈　腰
这个本事吗？" 太阳说："哎，还给你点头哈腰

n̩i³¹, uo⁵³i³¹xɑ²¹pɑ⁵³tʻɑ⁴⁴tɕixu⁴⁴sæ⁴⁴n̩i⁴⁴liɑ²¹, kʻæ̃⁴⁴sei²⁴ti³¹pəŋ⁴⁴sŋ²¹tɑ²⁴。" ɛ²⁴iɑ²¹,
呢，　我　一　下　把　它　就　晒　蔫　了，　看　谁　的　本　事　大。"　哎　呀，
呢，我一下把它就晒蔫了，看谁的本事大。" 哎呀，

liɑŋ⁴⁴kɤ²¹tɕixu²⁴tsəŋ²⁴tʂŋ³¹ti³¹, faŋ⁴⁴pu²¹xɑ⁴⁴liɔ³¹mə²¹, mɔ³¹ixu⁵³kɤ²¹tɕiɛ³¹kuo⁵³
两　个　就　争　执　的，　放　不　下　了　么，　没　有　个　结　果
两个就争执的，放不下了，没有个结果

mə²¹。tʂɤ⁵³sŋ²⁴xɤu²¹kaŋ²⁴kuo⁴⁴læi³¹kɤ⁴⁴ʐəŋ²⁴, tʂʻuæ̃⁵³liɔ³¹kɤ⁴⁴miæ̃³¹nɔ⁴⁴tsŋ²¹,
嘛。　这　时　候　刚　过　来　一　个　人，　穿　了　个　棉　袄　子，
嘛。这时候刚过来一个人，穿了个棉袄子，

tʂɤ⁵³fəŋ³¹tɕixu²¹xuo²⁴ʐɤ⁵³tʻɤu²¹iɛ²⁴liaŋ³¹kɤ²¹tɑ³¹tu⁵³n̩i³¹, ʂuo³¹tʂɤ⁴⁴tsa²⁴məŋ²¹liaŋ⁴⁴
这　风　就　和　日　头　爷　两　个　打　赌　呢，　说　着　咱　们　两
这风就和太阳两个打赌呢，说着咱们两

kɤ²¹sei²⁴ixu³¹pæ⁴⁴fɑ⁵³pɑ³¹tʻɑ⁴⁴ti³¹miæ̃³¹nɔ⁴⁴tsŋ²¹nəŋ²⁴tʻuo³¹tiɔ²¹。fəŋ⁵³ʂuo³¹： "uo⁵³
个　谁　有　办　法　把　他　的　棉　袄　子　能　脱　掉。　风　说："我
个，谁有办法把他的棉袄子能脱掉。风说："我

sŋ⁴⁴i³¹xɑ²¹, kʻæ̃⁴⁴uo³¹nəŋ²⁴pɑ²⁴tʻɑ⁴⁴ti³¹miæ̃³¹nɔ⁴⁴tsŋ²¹tʂʻuei⁵³ti²¹tʻuo⁵³iɔ²¹mɑ²¹？
试　一　下，　看　我　能　把　他　的　棉　袄　子　吹　得　脱　了　吗？"
试一下，看我能把他的棉袄子吹得脱了吗？"

fəŋ³¹tɕixu⁴⁴i³¹xɑ²⁴xu²⁴xu⁵³ti²¹ləŋ⁵³suŋ²⁴ti⁴⁴tʂʻuei⁵³。tʂʻuei⁵³liɔ²¹i³¹xuei²⁴xuər⁵³tsa³¹
风　就　一　下　呼　呼　地　冷　怂　地　吹。　吹　了　一　会　会　儿　才
风就一下呼呼地猛烈地吹。吹一会会儿才

| tɕiæ⁴⁴tʂɤ⁴⁴kɤ²¹ ʐəŋ²⁴ləŋ⁵³ti³¹mɔ⁵³sʅ²¹liɑ²¹, pɑ³¹miæ̃³¹nɔ⁴⁴tsʅ²¹i³¹xɑ²⁴tsʅ²¹iɔ³¹ȵi³¹kuo⁴⁴ |
| 见 这 个 人 冷 得 没 事 了, 把 棉 袄子 一下子 腰里 裹 |
| 见这个人冷得没事了,把棉袄子一下子腰里裹 |
| ti³¹tɕiŋ⁵³tɕiŋ²¹ər²⁴ti⁴⁴, iɔ⁵³tsʅ²¹kɤu⁴⁴xɑ⁴⁴。ɛ²⁴, pu³¹ɕiŋ²⁴mo³¹, ʐɤ⁵³t'ɤu²¹iɛ⁴⁴tʂɤ⁵³ |
| 得 紧 紧 儿 的, 腰子 佝 下。哎, 不 行 么, 日 头 爷 这 |
| 得紧紧的,弯下腰。哎,不行么,太阳这 ‖腰子佝子:弯下腰。 |
| sʅ²⁴xɤu²¹kɔ³¹ɕiŋ²¹liɑ³¹, ʂuo⁴⁴:"ɛ⁴⁴, ȵik'æ⁴ȵi⁵³ti³¹sɑ⁴⁴pəŋ⁵³sʅ²¹, ȵi⁵³yɛ²⁴tʂ'ueɪ³¹ |
| 时 候 高 兴 了, 说 :"哎, 你 看 你 的 啥 本 事, 你 越 吹 |
| 时候高兴了,说:"哎,你看你那什么本事,你越吹 |
| ʐəŋ⁴⁴tɕiɑ²⁴tʂ'uæ⁵³ti³¹yɛ³¹tɕiŋ⁴⁴liɔ³¹, ȵi⁵³k'æ⁴⁴uo⁵³ti³¹。"ʐɤ⁵³t'ɤu²¹iɛ²⁴i³¹xɑ²¹tɕiɤu⁴⁴ |
| 人 家 穿 得 越 紧 了, 你 看 我 的。"日 头 爷 一 下 就 |
| 人家穿得越紧了,你看我的。"太阳一下就 |
| ləŋ⁵³suŋ²⁴ti²¹sæ⁴⁴mə²¹。sæ²⁴sæ⁴⁴sæ³¹, sæ⁴⁴liɔ³¹i³¹xueɪ⁴⁴xuər²¹tsʅ²¹, pɑ³¹tʂɤ³¹kɤ²¹ |
| 冷 怂 地 晒 么。晒 晒 晒, 晒 了一 会 会儿 子, 把 这 个 |
| 猛烈地晒呢。晒晒晒,晒了一会会儿,把这个 |
| ʐəŋ²⁴ʐɤ⁵³ti³¹tʂɔ⁵³pu²¹tʂ'u⁴⁴liɑ³¹, sæ³¹tʂ'ueɪ²⁴liɑŋ⁴⁴pɑŋ³¹tsʅ²¹tɕiɤu²⁴pɑ²¹miæ̃³¹nɔ⁴⁴ |
| 人 热 得 招 不 住 了, 三 锤 两 棒子 就 把 棉 袄 |
| 人热得招不住了,三两下子就把棉袄 ‖三锤两棒子:三两下。 |
| tsʅ²¹tɕiɤu⁴⁴keɪ⁴⁴t'uo³¹liɑ³¹, xæ³¹xuŋ²⁴ʂəŋ³¹mɔ⁴⁴xæ⁴⁴ȵi³¹。tʂɤ⁵³sʅ²¹xɤu⁴⁴, t'æ²⁴iɑŋ⁵³ |
| 子 就 给 脱 了, 还 浑 身 冒 汗 呢。这 时 候, 太 阳 |
| 子就给脱了,还浑身冒汗呢。这时候,太阳 |
| ʂuo³¹tʂɤ²¹:"ȵi³¹k'æ⁴²⁴ȵi⁵³ti³¹pəŋ⁴⁴sʅ²¹tɑ⁴⁴mɑ²¹uo³¹ti³¹pəŋ⁴⁴sʅ²¹tɑ²⁴?" ɛ:⁴⁴, fəŋ³¹i³¹ |
| 说 着 :"你 看 你 的 本 事 大 吗 我 的 本 事 大?"哎,风 一 |
| 说着:"你看你的本事大吗我的本事大?"哎,风一 |
| k'æ⁴⁴ʂuo³¹tʂɤ²¹:"xæ²⁴sʅ²¹ȵi⁴⁴lɔ⁵³ʐəŋ²¹tɕiɑ⁴⁴pəŋ⁴⁴sʅ²¹pi³¹ŋɤ⁵³tɕ'iɑŋ²⁴。" |
| 看 说 着 :"还 是 你 老 人 家 本 事 比 我 强。" |
| 看说着:"还是你老人家本事比我强。" |

19. 泾川话

$$fəŋ^{55}xɤ^{35}t'ai^{51}iaŋ^{21}$$
风 和 太 阳

tɕin⁵⁵t'iɛn⁵⁵, uo³⁵kei²¹ta⁵¹tɕia⁵⁵tɕiaŋ²¹i⁵⁵kɤ²¹fəŋ⁵⁵xɤ³⁵t'ai⁵¹iaŋ²²tə²¹ku⁵¹ʂʅ²¹。iəu²¹
今 天， 我 给 大 家 讲 一 个 风 和 太 阳 的 故 事。 有
今天，我给大家讲一个风和太阳的故事。有
i⁵⁵t'iɛn⁵⁵, fəŋ⁵⁵xɤ³⁵t'ai⁵¹iaŋ³⁵, tsai⁵¹i⁵¹tɕ'i²¹tsəŋ⁵⁵lun⁵¹lə²¹tɕ'i²¹lai³⁵, k'an⁵⁵suei³⁵kəŋ⁵¹
一 天， 风 和 太 阳， 在 一 起 争 论 了 起 来， 看 谁 更
一天，风和太阳，在一起争论了起来，看谁更
tɕiaŋ³⁵ta⁵¹。fəŋ⁵⁵suo⁵⁵: "ɕiɛn²¹ər³⁵i⁵¹tɕiɛn⁵¹ʂʅ⁵¹uo²¹la⁴⁴。taŋ⁵⁵uo²¹kua⁵⁵tɕ'i²¹lai³⁵
强 大。 风 说: "显 而 易 见 是 我 啦。 当 我 刮 起 来
强大。风说:"显而易见是我了。当我刮起来
tə²¹ʂʅ³⁵xəu⁴², xuei⁵¹pa²¹su⁵¹ʂʅ⁵¹tsɤ³⁵tuan⁵¹, xuei⁵¹pa²¹pɤ⁵⁵t'ɔ⁵⁵t'uei⁵⁵tɔ⁵⁵an⁵¹
的 时 候， 会 把 树 枝 折 断， 会 把 波 涛 推 到 岸
的时候，会把树枝折断，会把波涛推到岸
saŋ⁵¹。" t'ai⁵¹iaŋ³⁵suo⁵⁵: "tsɤ⁵¹mei³⁵ʂʅ²¹mə⁵⁵la²¹。uo²¹pi³⁵ni²¹tɕ'iaŋ³⁵tə⁴²tuo⁵⁵。"
上。" 太 阳 说: "这 没 什 么 啦。 我 比 你 强 得 多。"
上。"太阳说:"这没什么了。我比你强得多。"
tsəŋ⁵¹tsai⁵¹t'a⁵⁵mən⁵⁵tsəŋ⁵⁵lun⁵¹pu⁵¹ɕiəu⁵⁵tə²¹ʂʅ³⁵xəu²¹, t'a⁵⁵mən⁵⁵k'an⁵¹tɕiɛn⁵¹lə²¹
正 在 他 们 争 论 不 休 的 时 候， 他 们 看 见 了
正在他们争论不休的时候，他们看见了
i³⁵kɤ⁵¹ts'uan⁵⁵tʂɔ³⁵xəu⁵¹xəu⁵¹miɛn³⁵i⁵⁵tə²¹ʐən³⁵。t'ai⁵¹iaŋ³⁵suo⁵⁵: "uo²¹mən⁴⁴liaŋ²¹
一 个 穿 着 厚 厚 棉 衣 的 人。 太 阳 说: "我 们 两
一个穿着厚厚棉衣的人。太阳说:"我们两
kɤ⁵¹lai³⁵ts'aŋ³⁵ʂʅ⁵¹i³⁵ɕia⁵¹, k'an⁴¹suei³⁵nəŋ³⁵pa²¹na⁵¹kɤ²¹ʐən³⁵tə²¹miɛn³⁵i⁵⁵t'uo⁵⁵
个 来 尝 试 一 下， 看 谁 能 把 那 个 人 的 棉 衣 脱
个来尝试一下，看谁能把那个人的棉衣脱
tio⁵¹, suei³⁵ts'əŋ³⁵kuŋ³⁵lə²¹, suei³⁵tɕiəu⁵¹ʂʅ⁵¹tɕiɛ⁵¹ʂaŋ⁵¹tsuei⁵¹tɕ'iaŋ³⁵tʂuaŋ⁵¹tə²¹
掉， 谁 成 功 了， 谁 就 是 世 界 上 最 强 壮 的
掉，谁成功了，谁就是世界上最强壮的

zˌən³⁵。" fəŋ⁵⁵tʻuŋ³⁵i⁵¹la²¹, tʻa⁵⁵ṣuo⁵⁵tʻa⁵⁵ɕiɛn⁵⁵lai³⁵。 tʻa⁵⁵i³⁵saŋ⁵¹lai³⁵tɕiəu⁵¹məŋ²¹
人。"　风　　同　意　啦，他　说　他　先　　来。他　一　上　　来　就　　猛
人。"风同意了，他说他先来。他一上来就猛

liɛ⁵¹tə²¹kua⁵⁵fəŋ⁵⁵, tan⁵¹tsɤ⁴¹mei³⁵iəu²¹yŋ⁵¹。 tsʻuan⁵⁵miɛn³⁵i⁵⁵tə²¹zˌən³⁵tɕyɛ²²tɤ⁴⁴
烈　地　刮　　风，　但　这　没　有　　用。　穿　　棉　衣　的　人　　觉　　得
烈地刮风，但这没有用。穿棉衣的人觉得

xəŋ³⁵ləŋ²¹³, tɕiəu⁵¹yŋ⁵¹suaŋ⁵⁵səu²¹tɕin³⁵tɕin²¹tə⁴⁴pɔ⁵¹tsu²¹tsɿ⁵¹tɕi²²tə²¹miɛn³⁵i⁵⁵。
很　　冷，　就　　用　　双　　手　　紧　　紧　地　抱　住　自　己　的　棉　衣。
很冷，就用双手紧紧地抱住自己的棉衣。

zˌan³⁵xəu⁵¹lun³⁵tɔ⁴²tʻai⁵¹iaŋ²²lə²¹。 tʻai⁵¹iaŋ²¹tsʻuŋ³⁵yn³⁵xəu⁵¹ləu⁵¹lə²¹tsʻu⁵⁵lai³⁵, pa²¹
然　　后　　轮　到　　太　阳　　了。　太　阳　　从　　云　　后　露　　了　出　　来，把
然后轮到太阳了。太阳从云后露了出来，把

vən⁵⁵nuan²¹miŋ³⁵liaŋ⁵¹tə²¹iaŋ³⁵kuaŋ⁵⁵sa²¹ɕiaŋ⁵¹tsʻuan⁵⁵miɛn³⁵i⁵⁵tə²¹zˌən³⁵。 tsʻuan⁵⁵
温　　暖　　明　　亮　　的　阳　　光　　洒　　向　　穿　　　棉　衣　的　人。　穿
温暖明亮的阳光洒向穿棉衣的人。穿

miɛn³⁵i⁵⁵tə²¹zˌən³⁵vei⁵⁵ɕiɔ⁵¹tɕʻi²¹lai³⁵, pa²¹miɛn³⁵i⁵⁵tʻuo⁵⁵la²¹, ɕiaŋ³⁵səu⁵¹tʂɤ⁵¹vən⁵⁵
棉　　衣　的　人　微　笑　　起　来，把　棉　　衣　脱　了，享　　受　着　温
棉衣的人微笑起来，把棉衣脱了，享受着温

nuan²¹xɤ³⁵iaŋ³⁵kuaŋ⁵⁵。 tʻai⁵¹iaŋ³⁵suo⁵⁵tɔ⁵¹: "kʻan⁵¹tɕiɛn²²lə²²pa²¹, san⁵¹i⁵¹xɤ³⁵
暖　　和　阳　　光。　太　阳　　说　　道：　"看　见　　了　吧，　善　意　和
暖和阳光。太阳说道："看见了吧，善意和

iəu⁵⁵ia²¹tsʻai³⁵sɿ⁵¹tɕʻyɤŋ³⁵ʂɿ⁵¹tɕiɛ⁵¹saŋ²¹tsuei⁵¹iəu²¹li⁵¹tə²¹tuŋ⁵⁵ɕi²¹。"
优　雅　才　是　全　　世　界　上　　最　　有　力　的　东　　西。"
优雅才是全世界上最有力的东西。"

20. 灵台话

fəŋ³¹kəŋ³¹ɐr⁵³t'ou²¹
风 跟 日 头

i²⁴tsʻiæ³¹, fəŋ³¹kəŋ³¹ɐr⁵³t'ou²¹pʻəŋ⁴⁴tsʻɛ⁴⁴i³¹ta²⁴ɐr³¹, ʂɤ³¹: "tɕʻia²⁴pi⁵³i³¹ɕia²¹, ʂuei²⁴
一天， 风 跟日头 碰 在一搭ⁿ儿， 说： "咱 比一下， 谁
一天，风跟太阳碰在一起了，说："咱比一下，谁 ‖一搭ⁿ儿：一起。
uɛ³¹?" fəŋ²⁴ʂɤ³¹: "taŋ³¹ʐæ²⁴sɿ⁴⁴ŋuo⁵³! tsɿ³¹iɔ⁴⁴ŋuo⁵³tʃʻu⁵³tɕʻi²¹i²⁴tʃʻuei³¹, ʃu²⁴tsɿ³¹
威？" 风 说： "当 然是 我！ 只要 我 出去一吹， 树 枝
说："当然是我！只要我出去一吹，树枝 ‖威：厉害。
xuei⁴⁴tʂɤ⁵³tuæ⁴⁴, faŋ³¹ʂaŋ⁴⁴ti²¹ua³¹pʻiæ⁵³xuei⁴⁴tiɔ⁴⁴xa²¹lɛ²¹!" ɐr³¹tʻou²¹pfu³¹fu³¹
会 折 断， 房 上 的 瓦 片 会 掉 下 来！" 日 头 不 服
会折断，房上的瓦片会掉下来！"太阳不服
tɕʻi⁵³, ʂɤ³¹: "n̩.i⁵³pɔ²ɤ³¹i⁵³lən²⁴, tɕʻia²⁴lia²¹pi⁵³i³¹xa²¹!" təŋ⁴⁴xɔ⁵³tʂɤ⁵³sɿ²⁴lɛ²⁴
气， 说："你 嫑 说你 能， 咱俩 比 一下！" 正 好 这时来
气，说："你嫑说你能，咱俩比一下！" 正好这时来
liɛ²¹kɤ²¹tʃʻuæ³¹miæ²⁴nɔ⁴⁴ti²¹ʐən²⁴。fəŋ³¹tsʻiou⁴⁴sɿ⁴⁴tɕiəŋ⁴⁴tiˊtʃʻuei³¹ia²¹tʃʻuei³¹ia²¹!
了 个 穿 棉 袄 的 人。 风 就 使 劲 地吹 呀 吹 呀！
了个穿棉袄的人。风就使劲地吹呀吹呀！
tʻa⁵³yɤ²⁴tʃʻuei³¹tʃʻuæ³¹miæ²⁴nɔ⁴⁴ti²¹ʐən²⁴pa³¹miæ²⁴nɔ⁵³pɔ⁴⁴ti²¹yɛ³¹tɕiəŋ⁵³。ɐr³¹tʻou²¹
它 越 吹 穿 棉 袄 的 人 把 棉 袄 抱得越 紧。 日头
它越吹穿棉袄的人把棉袄抱得越紧。太阳
ʂɤ³¹: "luəŋ²⁴tɔ⁴⁴ŋuo⁴⁴liɔ²¹!" ɐr³¹tʻou²¹tʃʻu⁵³lɛ²¹liɔ²¹, tʻa⁵³i³¹tʂɔ⁴⁴, tʃʻuæ³¹miæ²⁴nɔ⁴⁴
说： "轮 到 我 了！" 日 头 出 来 了， 它 一照， 穿 棉 袄
说："轮到我了！"太阳出来了，它一照，穿棉袄
ti²¹ʐən²⁴tsiou⁴⁴siɔ²⁴liɔ²¹! kuo²⁴liɛ²¹i³¹xuei⁴⁴ər²¹, tʃʻuæ³¹miæ²⁴nɔ⁴⁴ti²¹ʐən²⁴tsiou⁴⁴
的 人 就 笑 了！ 过了一会儿， 穿 棉袄的 人 就
的人就笑了！过了一会儿，穿棉袄的人就
pa²¹miæ²⁴ŋɔ⁴⁴tʻuo³¹liɛ²¹! ɐr³¹tʻou²¹ʂɤ³¹: "xɛ²⁴sɿ²¹ŋuo⁵³uɛ⁵³pa²¹!"
把 棉 袄 脱 了！ 日 头 说： "还 是 我 威 吧！"
把棉袄脱了！太阳说："还是我厉害吧！"

21. 酒泉话

fɤŋ⁴⁴xɤ²⁴tʻɛ³¹iɑŋ²²
风　和　太　阳

tɕiŋ⁴⁴tiɛn⁴⁴uə²²kɤ⁴⁴ta³¹tɕia²¹tɕiɑŋ⁵³ʐi³¹kɤ²¹fɤŋ⁴⁴xɤ²⁴tʻɛ³¹iɑŋ²²te²¹ku⁵³sʅ³¹。
今　天　我　给　大　家　讲　一　个　风　和　太　阳　的　故　事。
今天我给大家讲一个风和太阳的故事。
iɤu⁵³ʐi²²tʻiɛn⁴⁴，fɤŋ⁴⁴niɛn⁵³tʻɛ³¹iɑŋ²¹ʂuə²²ʂuei⁵³tsuei²⁴ŋ³¹xɛ²¹。fɤŋ⁴⁴ʂuə³¹："miŋ⁵³
有　一　天，　风　连　太　阳　说　谁　最　厉　害。　风　说："明
有一天，风和太阳说谁最厉害。风说："明
pɛ²²te⁴⁴sʅ⁴⁴vɤ⁵³，vɤ⁵³ʐi²²tṣuei⁴⁴tɕʻi⁴⁴lɛ⁴⁴，tɕiɤu²²lɤŋ⁵³pa⁴⁴ʂu³¹kua²⁴tuan²¹⁴，tɕiɤu²²
摆　的　是　我，　我　一　吹　起　来，　就　能　把　树　刮　断，　就
摆的是我，我一吹起来，就能把树刮断，就
lɤŋ⁵³pa⁴⁴lɑŋ³¹tʻuei⁴⁴tɔo⁴⁴an³¹ʂɑŋ²⁴。"tʻɛ²²iɑŋ⁴⁴ʂuə³¹："tʂʅ²²ɤ⁴⁴suan²²kɤ⁴⁴sa²¹⁴，uə⁵³
能　把　浪　推　到　岸　上。" 太　阳　说："这　个　算　个　啥，　我
能把浪推到岸上。"太阳说："这个算什么，我
pʅ⁵³nʅ⁵³nʅ³¹xɛ²¹tuə⁴⁴la⁴⁴。"niɑŋ²²kɤ⁵⁵tʂɤŋ²²sɤŋ⁴⁴te⁴⁴nʅ⁴⁴，tɕiɤu²⁴kʻan²²tɕiɛn⁴⁴ʐi³¹
比　你　厉　害　多　了。"两　个　正　争　的　呢，　就　看　见　一
比你厉害多了。"两个正争的呢，就看见一
kɤ²¹tṣʻuan⁴⁴tʂɤ⁴⁴xɤu²²ʐi⁴⁴fu⁴⁴te⁴⁴ʐɤŋ⁵³lɛ²⁴la²¹。tʻɛ²²iɑŋ⁴⁴ʂuə³¹："uə²²mɤŋ⁴⁴niɑŋ²²
个　穿　着　厚　衣　服　的　人　来　了。　太　阳　说："我　们　两
个穿着厚衣服的人来了。太阳说："我们两
kɤ⁴⁴tɕiɤu⁴⁴sʅ³¹ʐi²²xa²⁴，ʂuei⁵³nɤŋ⁵³pa²²nei⁴⁴kɤ⁴⁴ʐɤŋ⁵³te²¹ʐi⁴⁴fu⁴⁴tʻuə²¹xa²¹lɛ²⁴，
个　就　试　一　下，　谁　能　把　那　个　人　的　衣　服　脱　下　来，
个就试一下，谁能把那个人的衣服脱下来，
ʂuei⁵³tɕiɤu²⁴tsuei⁵³nʅ³¹xɛ²¹。"fɤŋ⁴⁴tɕiɤu²²ta⁴⁴iŋ⁴⁴la⁴⁴，tʻa⁴⁴ɕiɛn⁴⁴lɛ⁵³。nia⁵³ʐi²⁴ʂɑŋ²²
谁　就　最　厉　害。"风　就　答　应　了，　他　先　来。　那　一　上
谁就最厉害。"风就答应了，他先来。那一上
lɛ⁵³tɕiɤu³¹xɤŋ⁵³xɤŋ²²te⁴⁴kua²¹kʻɛ⁴⁴fɤŋ⁴⁴la⁴⁴，tan²⁴sʅ³¹mu²²iɤu⁵³yŋ³¹。tʂʻuan⁴⁴xɤu²²
来　就　狠　狠　地　刮　开　风　了，　但　是　没　有　用。　穿　厚
来就狠狠地刮开风了，但是没有用。穿厚

ʑi⁴⁴fu⁴⁴te⁴⁴z̠ɣŋ⁵³tɕyɛ³¹tɣ²¹lɤŋ²²te⁴⁴xɤŋ⁵³, fan²²ɤ⁴⁴yŋ²²ʂɤu⁵³pa²²ʑi⁴⁴fu⁴⁴tʂʻɤ²²te⁴⁴
衣服的人觉得冷得很,反而用手把衣服扯得

tɕiŋ⁵³tɕiŋ⁴⁴ti²². tɕiɛ³¹xa²²lɛ²⁴tɔo²⁴tʻɛ³¹iɑŋ²¹la²⁴. tʻɛ³¹iɑŋ²¹tsʻoŋ⁵³yŋ⁵³ŋ²¹tsuan⁴⁴tʂʻu⁴⁴
紧紧的。接下来到太阳了。太阳从云里钻出

lɛ⁴⁴ pa²²kuaŋ⁴⁴tʂɔo³¹tɔo²¹tʂʻuan⁴⁴xɤu²²ʑi⁴⁴fu⁴⁴te⁴⁴z̠ɣŋ⁵³te²¹ʂɣŋ⁴⁴ʂaŋ⁴⁴. tʂʻuan⁴⁴
来把光照到穿厚衣服的人的身上,穿

xɤu²²ʑi⁴⁴fu⁴⁴te⁴⁴z̠ɣŋ⁵³z̠ɤ²²te⁴⁴pu²²ɕiŋ⁵⁵la²¹, tɕiɤu²²pa⁴⁴ʑi⁴⁴ʂaŋ⁴⁴tʻuə³¹tiɔo²²la²¹,
厚衣服的人热得不行了,就把衣裳脱掉了,

sɛ²²kʻɛ⁴⁴tʻɛ³¹iɑŋ²²la²¹. tʻɛ³¹iɑŋ²⁴ʂuə²¹³: "kʻan³¹tɕiɛn⁴⁴lɛ²²pa²¹. xɔo⁵³ɕiŋ⁴⁴iɤu⁵³ŋ²²
开始晒太阳了。太阳说:"看见了吧。好心有理

ɕiŋ⁵³, tsʻɛ⁵³sɿ⁴⁴tsɿ³¹kɤ²¹ʂɿ³¹tɕiɛ²²ʂaŋ²¹tsuei³¹vɛ⁴⁴te²¹toŋ⁴⁴ɕi²²."
性,才是这个世界上最厉害的东西。"

22. 敦煌话

tʻɛ⁴⁴ioŋ⁴⁴xə²¹ɥɕiə⁴³tʻɤŋ²¹³
太 阳 和 风

iɤu⁵³yu²²tʻiɛ²¹, tʻɛ⁴⁴ioŋ⁴⁴xə²¹fəŋ²¹³lioŋ⁵³kə⁴⁴zəŋ²¹³tsəŋ²¹³ʐɿ⁵³ʂə²²liɜ⁴⁴xɛ⁵³. fəŋ²¹³
有 一 天， 太 阳 和 风 两 个 人 争 议 谁 厉 害。 风
有一天，太阳和风两个人争议谁厉害。风

ʂuə²¹: "ŋə⁵³li⁴²xɤ²¹, ŋə⁵³tə⁴⁴kua²²tɕʻɿ⁵³lɛ²¹nɤ̃⁴⁴ʂɿ²²xəu⁵³, pa²¹³na⁴⁴ʂu⁴⁴ʂoŋ⁴⁴tə²¹
说：" 我 厉 害， 我 的 刮 起 来 的 时 候， 把 那 树 上 的
说："我厉害，我在刮起来的时候，把那树上的

ʂu⁴⁴tʂɿ²¹³tu⁴⁴kua⁴⁴tuan²¹³nə²¹³, ʂuei⁵³liʂɿ⁵³tʻɤu²¹³tə²¹pə²¹³loŋ⁴⁴tu⁴⁴nəŋ²¹³kua⁴⁴tɔo²¹³
树 枝 都 刮 断 呢， 水 里 头 的 波 浪 都 能 刮 到
树枝都刮断了，水里面的波浪都能刮

ŋan⁴⁴ʂoŋ⁵³lɛ²¹. " tʻɛ⁴⁴ioŋ⁵³ʂuə²¹³: "tʂəu⁴⁴iɤu⁵³sa²¹lioɕi⁴²puʻ²¹tɕʻɿ⁵³tə⁴⁴nə⁴⁴. ŋə⁵³
岸 上 来。" 太 阳 说: " 这 有 啥 了 不 起 的 呢。 我
到岸上来。"太阳说："这有啥了不起的呢。我

pɿ²¹³nɿ⁵³li⁵³xɛ⁵³tuə²¹la²¹³. " tʻa²²məŋ²²lioŋ⁵³kə⁴⁴tsɛ⁴⁴tsəŋ²²luəŋ²¹³pu²¹ɕia⁵³tə⁴⁴
比 你 厉 害 多 了。" 他 们 两 个 正 在 争 论 不 下 的
比你厉害多了。"他们两个正在争论不下的

ʂɿ²¹xəu²¹³, lu⁴⁴ʂoŋ⁴⁴lɛ⁴²ʐɿ²¹kə²¹³tʂʻuan²¹³vɤ⁴⁴tʻɔo⁴⁴tə⁴²zəŋ²¹. tʻɛ⁴⁴ioŋ⁴⁴tɕiɤu⁴⁴
时 候， 路 上 来 了 一 个 穿 外 套 的 人。 太 阳 就
时候，路上来了一个穿外套的人。太阳就

tʂʻu²¹³tʂu⁵³ʐɿ⁴⁴ʂuə²¹³: "tsa²²məŋ⁴⁴lioŋ⁵³kə²¹³ʂɿ⁴⁴ʐɿ⁴⁴xa²¹³ʂə⁴⁴nəŋ⁴⁴pa⁴²tʂɿ²²kə²¹³
出 主 意 说:" 咱 们 两 个 试 一 下 谁 能 把 这 个
出主意说："咱们两个试一下谁能把这个

zəŋ²¹³ʂəŋ²²ʂoŋ⁴⁴tə⁴⁴vɤ⁴⁴tʻɔo⁴⁴tʻuə⁴²xa⁴⁴lɛ²¹³, ʂei²²tɕiɤu⁵³li⁴⁴xɛ⁴⁴. " fəŋ²¹³tɕiɤu⁴⁴
人 身 上 的 外 套 脱 下 来， 谁 就 厉 害。" 风 就
人身上的外套脱下来，谁就厉害。"风就

ʂuə²¹³ɕin²¹³nə⁵³, fəŋ²²ʂuə²¹³: "ŋə⁵³ɕiɛ⁴²lɛ²¹. " zɿ⁵³ʂɿ²¹³fəŋ²²tɕiɤu⁴⁴məŋ⁵³li²²tʂɿ²¹
说 行 呢， 风 说:" 我 先 来。" 于 是 风 就 猛 烈 地
说行呢，风说："我先来。"于是风就猛烈地

kua²²tɕʻɿ⁵³lɛ²¹³, tan⁴⁴ʂɿ⁴⁴na⁴⁴yə²¹kua⁴⁴tə²²ta²¹³, tʂʻuan²²vɛ⁴⁴tʻɔ⁴⁴tə⁴²ʐəŋ²¹³tɕyə²¹³	
刮 起 来, 但 是 那 越 刮 得 大, 穿 外 套 的 人 觉	
刮起来,但是风越刮得大,穿外套的人觉	
tə⁴⁴ʂəŋ²¹³ʂɔŋ⁴⁴yə²¹ləŋ⁵³, fan⁵³ər²¹³pa²²vɛ⁴⁴tʻɔ⁵³tɕiŋ⁵³tɕiŋ⁵³tə⁴²kuo⁵³tsɛ⁴⁴ʂəŋ²¹³	
得 身 上 越 冷, 反 而 把 外 套 紧 紧 地 裹 在 身	
得身上越冷,反而把外套紧紧地裹在身	
ʂɔŋ⁴⁴la³³. tʻa⁴⁴tʂʻɔŋ²²ʂɿ⁴⁴lɔɔ⁴²xə²¹tɕiɣu⁵³, tʂʻuan⁴²vɛ⁴⁴tʻɔ⁴⁴tə⁴²ʐəŋ²¹³tu²¹³mɔɔ²¹	
上 了。 他 尝 试 了 很 久, 穿 外 套 的 人 都 没	
上了。他尝试了很久,穿外套的人都没	
iɣu⁴²tʻuə²¹³ɕia⁴⁴lɛ²¹³. ʐan²¹³xəu⁵³, tʻɛ⁴⁴iɔŋ²¹³tɕiəu⁴²ʂuə²¹³, "ɕiɛ⁴⁴tsɛ⁴⁴kɛ²¹³ŋə⁵³la⁴²。"	
有 脱 下 来。 然 后, 太 阳 就 说, "现 在 该 我 啦。"	
有脱下来。然后,太阳就说,"现在该我啦。"	
ʐan²¹³xəu⁵³, tʻɛ⁴⁴iɔŋ²¹³tɕiəu⁴²tsʻɔŋ³⁵yŋ²¹³liɿ⁵³tʻɣu²¹³man⁴⁴man⁴⁴tə⁴²lu⁴⁴tʂʻu⁴²lɛ²¹,	
然 后, 太 阳 就 从 云 里 头 慢 慢 地露 出 来,	
然后,太阳从云里头慢慢地露出来,	
pa²²vəŋ²¹³nua⁵³tə⁴²iɔŋ³⁵kuɔŋ⁴²tʂɔɔ⁴⁴ɕiɔŋ⁵³ʂə⁴²kə⁴⁴ʐəŋ²¹. tʂə⁴⁴kə⁴⁴ʐəŋ²¹³kan⁵³	
把 温 暖 的 阳 光 照 向 这 个 人。 这 个 人 感	
把温暖的阳光照向这个人。这个人感	
tɕyə²¹tɔɔ²¹³ʂəŋ⁴⁴ʂɔŋ⁴⁴nuan⁴⁴xuŋ²¹xuŋ²¹tə²¹, man⁴⁴man⁴⁴tə⁵³tʻa²¹tɕiɣu⁴⁴pa²²vɛ²¹³	
觉 到 身 上 暖 烘 烘 的, 慢 慢 地 他 就 把 外	
觉到身上暖烘烘的,慢慢地他就把外	
tʻɔ⁴⁴tʻuə²²tiɔɔ²¹³, tsɛ⁴⁴tʻɛ⁴⁴iɔŋ⁵³ɕia⁴⁴ɕiɔŋ⁵³ʂəu²¹³tʂə⁴⁴miŋ²²liɔŋ⁴⁴vəŋ⁴²nuan⁵³tə²¹	
套 脱 掉, 在 太 阳 下 享 受 着 明 亮 温 暖 的	
套脱掉,在太阳下享受着明亮温暖的	
iɔŋ²¹³kuɔŋ²¹³. tʻɛ⁴⁴iɔŋ²¹³ʂuə²¹³: "kʻan⁴⁴tɕiɛ²¹lə²²pa²¹³, xɛ²¹ʂɿ⁴⁴ŋə⁴⁴liə²¹³xɛ²¹³pa²¹³。"	
阳 光。 太 阳 说:" 看 见 了 吧, 还 是 我 厉 害 吧。"	
阳光。太阳说:"看见了吧,还是我厉害吧。"

23. 庆阳话

fəŋ³¹xɤ²⁴nuæ̃⁵³xuo⁴⁴iɛ²⁴
风 和 暖 和 爷

iʊ³¹i³¹t'iæ̃⁵³, fəŋ³¹xɤ²⁴nuæ̃⁵³xɤ²⁴iɛ²⁴tsʊ⁵³tɔ³¹liɔ³¹i³¹tɕ'i⁵³. fəŋ⁵³ʂuo³¹: "ŋɤ³¹tsəŋ⁵³。" 有 一 天， 风 和 暖 和 爷 走 到 了 一 起。 风 说： "我 争。" 有一天，风和太阳走到了一起。风说："我厉害。"‖暖和爷：太阳。
nuæ̃⁵³xuo⁴⁴iɛ²⁴ʂuo³¹: "uo³¹tsəŋ⁵³。" fəŋ⁵³ʂuo³¹: "n̠i³¹nəŋ²⁴pa³¹ʃu⁵³liæ̃²¹kəŋ⁵³pa²⁴ 暖 和 爷 说： "我 争。" 风 说： "你 能 把 树 连 根 拔 太阳说："我厉害。"风说："你能把树连根拔
tɕ'i³¹lɛ²⁴mɑ²¹? n̠i⁵⁵nəŋ²⁴pa³¹fæ̃²⁴ʂɑ̃ŋ⁵⁵ti³¹ua⁵³tɕ'yæ²⁴tɕiɛ⁵³liɔ³¹ma?" nuæ̃⁵³xuo⁴⁴ 起 来 吗？ 你 能 把 房 上 的 瓦 全 揭 了 吗？" 暖 和 起来吗？你能把房上的瓦全揭了吗？"太
iɛ²⁴ʂuo³¹: "ŋɔ³¹pu³¹ɕiŋ²⁴。" nuæ̃⁵³xuo⁴⁴iɛ²⁴ʂuo³¹: "n̠i³¹nəŋ²⁴pa³¹ʐəŋ²⁴ti³¹tsɤ²¹kɤ⁵⁵ 爷 说： "我 不 行。" 暖 和 爷 说： "你 能 把 人 的 这 个 阳说："我不行。"太阳说："你能把人的这个
miæ̃²¹ɔ⁵³tʊ²¹kei⁴⁴t'uo⁵³liɔ³¹ma²¹?" fəŋ⁵³ʂuo²⁴: "tsa⁵³məŋ³¹liaŋ³¹kɤ⁵⁵sɿ⁵⁵i³¹xa²¹, 棉 袄 都 给 脱 了 吗？" 风 说： "咱 们 两 个 试 一 下， 棉袄都给脱了吗？"风说："咱们两个试一下，
fəŋ³¹tɕiʊ²¹fa³¹uei⁵³lia²¹, tɕiɛ³¹kuo³¹sɿ²¹fəŋ⁵³tʂ'uei⁵³ti³¹yɛ³¹ta⁵⁵, tʂʅ³¹kɤ⁵⁵ʐəŋ²⁴sɿ⁵⁵ 风 就 发 威 了， 结 果 是 风 吹 得 越 大， 这 个 人 是 风就发威了，结果是风吹得越大，这个人是
liaŋ⁵³kɤ²¹ʂʊ³¹pɔ²⁴tə³¹, pɔ²⁴tə³¹tʂʅ²¹kɤ⁵⁵miæ̃³¹ɔ²⁴pɔ²⁴tə³¹yɛ³¹tɕiŋ⁵³, miæ̃³¹ɔ²⁴tɕiʊ⁵⁵ 两 个 手 抱 得， 抱 得 这 个 棉 袄 抱 得 越 紧， 棉 袄 就 两手抱得，抱得这个棉袄抱得越紧，棉袄就
sɿ²¹t'uo⁵³pu³¹xa⁵⁵lɛ²¹, fəŋ⁵³mɔ³¹iʊ²¹tʂʅ³¹lia²¹. nuæ̃⁵⁵xɤ⁵⁵iɛ²⁴ʂuo³¹: "k'æ⁵⁵ŋɤ⁵⁵ti³¹ 是 脱 不 下 来， 风 没 有 治 了。 暖 和 爷 说： "看 我 的 是脱不下来，风没有办法了。太阳说："看我的
pa²¹". t'a³¹tsʰuŋ²⁴yŋ⁵⁵liʊ⁵⁵tʂ'u³¹liɔ³¹liæ⁵³, kəŋ²⁴i³¹xur⁵³, tʂɤ³¹kɤ⁵⁵, tʂɤ³¹kɤ⁵⁵ 吧"。 它 从 云 里 露 出 了 脸， 刚 一 会 儿， 这 个， 这 个 吧"。它从云里露出了脸，刚一会儿，这个，这个

z̩əŋ²⁴tɕiʊ⁵⁵ʂəŋ⁵³kʻɛ⁵⁵liɔ³¹ʂʊ⁵³,				z̩ɤ⁵³ti³¹tɕiʊ⁵⁵pa²⁴tʂɤ⁵⁵kɤ⁵⁵miæ̃³¹ɔ²⁴ti³¹tʂɤ²¹kɤ⁵⁵ȵiʊ²⁴							
人	就	伸	开	了	手,	热 得 就 把	这	个	棉 袄 的	这 个	纽
人就伸开了手，热得就把这个棉袄的纽扣											
tsɿ²¹tɕiʊ³¹kɛ⁵⁵kʻɛ³¹li³¹,			tɕiʊ²¹tʻuo⁵³lia²¹.		tʂɤ²¹kɤ⁵⁵nuæ̃⁵³xuo⁴⁴iɛ²⁴ʂuo³¹: "ȵi⁵³nəŋ²⁴						
子	就	解	开	了,	就 脱 了。	这 个 暖 和 爷 说:				"你	能
子就解开了，就脱了。这个太阳说："你能											
ɕiŋ²⁴ma²¹?		ȵi³¹nəŋ²⁴,		xæ̃²⁴sɿ⁵⁵ŋɤ³¹nəŋ²⁴?		ȵi⁵⁵tsəŋ⁵³,	xæ̃²⁴sɿ²¹ŋɔ³¹tsəŋ⁵³?			ŋɔ³¹	
行	吗?	你	能,	还 是	我 能?	你 争,	还 是	我	争?	我	
行吗？你能，还是我能？你厉害，还是我厉害？我											
tsəŋ⁵⁵pa²¹。"		fəŋ⁵³pu²²ȵiæ̃⁵⁵tʂʻuæ̃²¹lia²¹,				tɕiʊ⁵⁵tʂɤ²¹ma²¹。					
争	吧。"	风 不	言	喘	了,	就 这 么。					
厉害吧。"风不说话了，就这么。 ‖言喘：说话。											

24. 环县话

fəŋ⁴¹xuo²¹t'ɛ⁵⁵iaŋ⁴¹
风　和　太　阳

i³¹t'iæ⁴¹, fəŋ⁴¹xuo²¹t'ɛ⁵⁵iaŋ⁴¹ẓaŋ⁵⁵ti²¹ʂuo⁴¹k'æ⁵⁵ʂuei²⁴tsuei⁵⁵li⁵⁵xɛ²¹, fəŋ³¹ʂuo⁴¹: 一　天，　风　和　太　阳　　嚷　地　说　看　谁　最　厉害，　风　说： 一天，风和太阳嚷着说看谁最厉害，风说：
"taŋ³¹ẓæ²⁴sɿ²¹ŋuo⁵⁵li⁵⁵xɛ²¹,　ŋuo⁴¹k'əŋ⁵⁵tiŋ⁵⁵pi⁴¹ɲi⁵⁵tsəŋ³¹,　ŋuo⁴¹i³¹tæ⁵⁵tʂ'uei³¹ "当　　然是　我　厉害，　我　肯　定比你　争，　我　一旦　吹 "当然是我厉害，我肯定比你争，我一旦吹
tɕ'iɛ⁴¹lɛ²¹, xuei²⁴pa²¹ʂʅ⁵⁵liæ³¹kəŋ⁴¹pa²⁴tio⁵⁵, xuei⁵⁵pa³¹laŋ²⁴tʂ'uei⁴¹to⁵⁵sæ⁴¹tʂ'ʅ²¹ 起　来，会　把 树　连　根　拔掉，　会　把　浪　推　到 三　尺 起来，会把树连根拔掉，会把浪推到三尺
ko²¹。" t'a³¹ʂuo³¹: "tʂɤ⁵⁵suæ⁵⁵sa⁵⁵ni²¹,　ŋuo⁴¹pi⁵⁵ɲi⁵⁵xæ⁵⁵tsəŋ⁴¹。" tʂəŋ⁵⁵tsɛ⁵⁵t'a⁵⁵ 高。"　他　说：　"这　算　啥　呢，　我　比　你　还　争。" 正　在 他 高。"他说："这算啥，我比你还厉害。"正在他
məŋ²¹liaŋ⁵⁵kɤ²¹ẓaŋ⁵⁵ti²¹pu⁴¹k'ɤ⁴¹k'ɛ⁵¹tɕio⁴¹ti²¹sɿ⁵⁵xɤu⁴¹, lu⁵⁵ʂaŋ²¹kuo⁵⁵lɛ²¹i³¹kɤ²¹ 们　两　个 嚷　地 不 可 开 交 的 时　候，　路 上 过 来 一 个 们两个嚷地不可开交的时候，路上过来一个
tʂ'uæ³¹miæ²⁴⁵⁵ʅ²¹ẓən²¹。 t'ɛ⁵⁵iaŋ⁴¹ʂuo⁴¹: "ŋuo⁵⁵ m̩²¹liaŋ⁵⁵kɤ²¹sɿ⁵⁵k'æ⁵⁵ʂuei²⁴nəŋ²⁴ 穿　棉　袄 的 人。　太　阳　说：　"我　们　两　个 试 看 谁　能 穿棉袄的人。太阳说："我们两个试看谁能
pa³¹tʂei⁵⁵kɤ²¹miæ³¹⁵⁵t'uo⁵⁵tio⁵⁵, ʂuei²⁴tsɤu⁵⁵tsuei⁵⁵li⁵⁵xɛ²¹。" fəŋ³¹t'uŋ²⁴i⁵⁵liɛ²¹, 把　这　个 棉　袄 脱　掉，　谁　就　最　厉害。" 风　同　意　了， 把这个棉袄脱掉，谁就最厉害。"风同意了，
"ŋuo⁵⁵ɕiæ⁴¹lɛ²¹。" t'a³¹i⁵⁵ʂaŋ⁵⁵tɕ'i²¹tsɤu⁵⁵məŋ⁵⁵liɛ⁵⁵ti²¹tʂ'uei⁴¹, fəŋ⁴¹tʂ'uei⁴¹ti²¹yɤ³¹ "我　先　来。"　他 一 上　去　就　猛　烈 地 吹，　风 吹　得 越 "我先来。"他一上去就猛烈地吹，风吹得越
ta⁵⁵, tʂ'uæ³¹miæ²⁴o⁵⁵ti²¹ẓəŋ²⁴kuo⁵⁵ti²¹yɤ³¹tɕiŋ⁴¹。 ẓæ³¹xɤu⁵⁵, t'ɛ⁵⁵iaŋ⁴¹k'ɛ³¹sɿ⁴¹pa³¹ 大，　穿　棉　袄 的 人　裹　得 越　紧。　然　后，　太　阳　开　始 把 大，穿棉袄的人裹得越紧。然后，太阳开始把

ta⁴¹uəŋ³¹nuæ̃⁵⁵ti²¹nuæ̃⁵⁵nuæ̃²¹tʂɔ⁵⁵tsɛ⁵⁵tʂʻuæ̃³¹miæ̃³¹ɔ⁵⁵ti²¹ʐəŋ²⁴ʂəŋ⁴¹ʂɑŋ²¹，yɤ³¹tʂɔ⁵⁵
他 温暖 的 暖 暖 照 的 穿 棉 袄 的 人 身 上， 越 照
他温暖的太阳照在穿棉袄的人身上，越照
tʂei⁵⁵kɤ²¹ʐəŋ²⁴yɤ²⁴ʐɤ⁴¹，ʐæ̃²⁴xɤu⁵⁵，ʐɤ⁴¹ti²¹pu³¹ɕiŋ²⁴tɕiɤu⁵⁵tʻuo³¹tiɔ⁵⁵liɛ²¹miæ̃³¹ɔ⁴¹。
这 个 人 越 热， 然 后， 热 得 不 行 就 脱 掉 了 棉 袄。
这个人越热，然后，热得不行就脱掉了棉袄。
tsuei⁵⁵xɤu⁵⁵，tʻɛ⁵⁵iɑŋ²¹ʂuo⁴¹："kʻæ̃⁵⁵tɕiæ̃⁵⁵liɛ²¹mə²¹？xɛ³¹sʅ⁵⁵ŋuo⁴¹li⁵⁵xɛ²¹，ŋuo⁴¹
最 后， 太 阳 说："看 见 了 么？ 还 是 我 厉 害， 我
最后，太阳说："看见了没？还是我厉害，我
pa²¹tʻa⁴¹ti²¹nɔ⁵⁵nɔ²¹tʻuo⁴¹tiɔ⁵⁵liɛ²¹。"
把 他 的 袄 袄 脱 掉 了。"
把他的棉袄脱掉了。"

25. 正宁话

pei²⁴fəŋ²¹xuo²⁴ər⁵³tʻou²¹
北 风 和 日 头

tɕiaŋ⁵³i³¹kɤ⁴⁴ku⁴⁴sʅ³¹。pei²⁴fəŋ²¹xuo²⁴ər⁵³tʻou²¹ʨi²¹ku⁴⁴sʅ³¹。i²⁴ʨʻiæ²¹，pei²⁴fəŋ²¹
讲 一 个 故 事 儿。 北 风 和 日 头 的 故 事 儿。 一 天， 北 风
讲一个故事儿。北风和太阳的故事儿。一天，北风
xuo²⁴ər⁵³tʻou²¹xæ²⁴ʨi³¹m ɔ³¹sʅ⁴⁴，liaŋ⁴⁴kɤ²¹tʻiou⁴⁴tʃʻuei³¹ɳiou²⁴。pei²⁴fəŋ²¹ʃuo³¹：
和 日 头 闲 得 没 事， 两 个 就 吹 牛。 北 风 说：
和太阳闲得没事，两个就吹牛。北风说：
"ŋɤ⁵³nəŋ²⁴pa²⁴tʂɤ³¹ʨʻi⁴⁴ʨi²¹y²⁴mi⁵³nəŋ²⁴tʃʻuei³¹tɔ⁵³，ʂən⁴⁴tsʅ²¹nəŋ²⁴pʻa²⁴ʃu⁴⁴kən³¹，
"我 能 把 这 地 的 玉 米 能 吹 倒， 甚 至 能 拔 树 根，
"我能把这地的玉米能吹倒，甚至能拔树根，
ɳi⁵³nəŋ²⁴ɕiŋ²⁴ma²¹？" ər⁵³tʻou²¹ʃuo³¹: "ŋɤ⁵³nəŋ²⁴pa³¹tʻa⁵³sE⁴⁴ɳy⁴⁴，sE²⁴sʅ²¹，pi⁴⁴
你 能 行 吗？" 日 头 说： "我 能 把 它 晒 蔫， 晒 死， 比
你能行吗？"太阳说："我能把它晒蔫，晒死，比
ɳi⁵³lei²⁴xE²¹pa²¹。" pei²⁴fəŋ²¹pu³¹fu²⁴tɕʻi³¹ʃuo²⁴： "ŋuo⁵³nəŋ²⁴pa³¹tʂɤ⁵³ʃuei⁵³tʂʅ²⁴lei⁵³
你 厉 害 吧。" 北 风 不 服 气 说： "我 能 把 这 水 池 里
你厉害吧。"北风不服气说："我能把这水池里
ʨi²¹ʃuei⁵³，tʃʻuei⁵³ʨi³¹tɕʻi³¹pʻo³¹laŋ⁴⁴iou⁵³tuo²⁴kɔ³¹，ɳi⁵³nəŋ²⁴ɕiŋ²⁴ma²¹？" ər⁵³tʻou²¹
的 水， 吹 得 起 波 浪 有 多 高， 你 能 行 吗？" 日 头
的水，吹得起波浪有多高，你能行吗？"太阳
ʃuo³¹： "ŋuo⁵³nəŋ²⁴pa³¹ʃuei⁵³tʂʅ²⁴lei⁵³ʨi²¹ʃuei⁵³sE⁴⁴kæ³¹，sE²⁴ʨi²¹ʃuei⁵³tʂʅ²⁴ʨi⁵³lei⁵³
说： "我 能 把 水 池 里 的 水 晒 干， 晒 得 水 池 底 裂
说："我能把水池里的水晒干，晒得水池底裂
xa²¹kæ³¹xou⁴⁴tsʅ³¹，kʻæ⁴⁴suei²⁴lei²⁴xE²¹？" pei²⁴fəŋ²¹ʃuo³¹： "ŋɔ³¹xæ²¹sʅ²¹pu³¹fu³¹
下 干 口 子， 看 谁 厉 害？" 北 风 说： "我 还 是 不 服
开干口子，看谁厉害？"北风说："我还是不服
tɕʻi²¹，tsʻa²⁴liaŋ³¹kɤ²¹tɕin³¹ʨʻiæ²¹lE²⁴i³¹tʂʻaŋ³¹pi³¹sE⁴⁴，kʻæ⁴⁴sei²⁴ʨi²¹pən⁴⁴sʅ²¹tsuei⁴⁴
气， 咱 俩 个 今 天 来 一 场 比 赛， 看 谁 的 本 事 最
气，咱俩今天来一场比赛，看谁的本事最

ta⁴⁴?" tʂəŋ⁴⁴fa³¹tsʻou²⁴pu³¹tʂɿ³¹yŋ²⁴sɤ⁴⁴faŋ³¹fa²¹lE²⁴pi⁵³, tʻu⁴⁴zæ̃²¹tɕʻiæ̃²⁴miæ̃³¹lE²⁴
大？"正 发 愁 不 知 用 什 方 法 来 比， 突 然 前 面 来
大？"正发愁不知用什方法来比，突然前面来

lə³¹i³¹kɤ⁴⁴ʐən²⁴, tʃʻuæ̃³¹sɤ²¹i³¹kɤ⁴⁴miæ̃²²nɔ⁵³. pei²⁴fəŋ²¹ʃuo³¹: "tsʻa²⁴tɕinr³¹kʻæ̃⁴⁴
了 一 个 人， 穿 着 一 个 棉 袄。 北 风 说："咱 今 儿 看
了一个人，穿着一件棉袄。北风说："咱今儿看

sei²⁴pa³¹tʂɤ⁴⁴kɤ²¹ʐən²⁴ti²¹miæ̃²²nɔ⁵³tʻuo²¹ɕia²⁴lE²¹, ɕyæ̃⁴⁴sei²⁴ti²¹pən³¹sɿ⁴⁴ta⁴⁴,
谁 把 这 个 人 的 棉 袄 脱 下 来， 算 谁 的 本 事 大，
谁把这个人的棉袄脱下来，算谁的本事大，

ɕyæ̃⁴⁴sei²⁴iŋ²⁴." ər⁵³tʻou²¹ʃuo³¹: "iɛ³¹ɕiŋ²⁴." pei²⁴fəŋ²¹tɕiou⁴⁴yŋ²⁴liɔ²¹xən³¹ta⁴⁴
算 谁 赢。" 日 头 说："也 行。" 北 风 就 用 了 很 大
算谁赢。"太阳说："也行。"北风就用了很大

ti²¹tɕinr³¹tʃʻuei³¹, ləŋ⁵³suŋ²⁴ti²¹tʃʻuei³¹, tʃʻuei³¹ti²¹na⁴⁴kɤ²¹ʐən²⁴tʻE²⁴piɛ²⁴ləŋ⁵³, pa³¹
的 劲 儿 吹， 冷 怂 地 吹， 吹 得 那 个 人 特 别 冷， 把
的劲儿吹，猛烈地吹，吹得那个人特别冷，把

miæ̃²²nɔ⁵³yo²⁴tʃʻuæ̃³¹yo³¹tɕin⁵³, yo²⁴pɔ³¹yo³¹tɕin⁵³. ər⁵³tʻou²¹ʃuo³¹: "kʻæ̃⁴⁴ŋuo⁵³
棉 袄 越 穿 越 紧， 越 包 越 紧。 日 头 说："看 我
棉袄越穿越紧，越包越紧。太阳说："看我

ti²¹." tɕiou⁴⁴ləŋ⁵³suŋ²⁴ti²¹sE⁴⁴, i³¹tʂɿ²⁴pa²⁴na⁵³kɤ²¹ʐən²⁴sE⁴⁴ti²¹tʻou³¹ʂaŋ⁵³mɔ⁴⁴
的。" 就 冷 怂 地 晒，一 直 把 那 个 人 晒 得 头 上 冒
的。"就猛烈地晒，一直把那个人晒得头上冒

xæ̃⁴⁴, miæ̃²²nɔ⁵³iɛ²¹tʃʻuʻæ̃³¹pu³¹tʃu⁴⁴liɔ²¹, tʻiou⁴⁴tʻuo³¹xa⁴⁴lE²¹liɔ²¹. ər⁵³tʻou⁴⁴ʃuo³¹:
汗， 棉 袄 也 穿 不 住 了， 就 脱 下 来 了。 日 头 说：
汗，棉袄也穿不住了，就脱下来了。太阳说：

"tɕinr²⁴tsʻa²⁴lia²¹sei²⁴tsaŋ³¹, sei²⁴lei²⁴xE²¹?" pei²⁴fəŋ²⁴tʂɤ⁵³i³¹xa²¹fu³¹tɕʻi⁴⁴liɔ²¹,
"今 儿 咱 俩 谁 争， 谁 厉 害？" 北 风 这 一 下 服 气 了，
"今儿咱俩谁争，谁厉害？" 北风这一下服气了，

ʃuo³¹: "ər⁵³tʻou²¹ta⁴⁴kɤ⁴⁴, ȵi³¹lei⁴⁴xE²¹, ȵi³¹iŋ²⁴liɔ²¹, ŋɤ⁵³ʃu³¹liɔ²¹."
说："日 头 大 哥， 你 厉 害， 你 赢 了， 我 输 了。"
说："太阳大哥，你厉害，你赢了，我输了。"

26. 镇原话

t'ɛ⁴⁴iaŋ²¹xɤ²⁴fəŋ⁵³
太 阳 和 风

| iəu³¹sɿ²²t'iæ̃³¹, t'ɛ⁴⁴iaŋ²¹xɤ²⁴fəŋ⁵³i³¹kɤ²¹pa²⁴i³¹kɤ²¹p'əŋ⁵³ts'uo²⁴liɛ³¹, ɕiæ̃²⁴tsɤ²¹ |
| 有 一 天， 太 阳 和 风 一 个 把 一 个 碰 着 了， 闲 着 |
| 有一天，太阳和风一个把一个碰见了，闲着 |
| mɔ²²sɿ⁴⁴kæ̃³¹。tʂɛ³¹kɤ³³fəŋ⁵³ts'əu²¹t'iɔ⁵³təu³¹t'ɛ⁴⁴iaŋ²¹siɛ⁴⁴sɿ²¹: "ȵi⁴⁴ts'ɿ⁵³ʐəŋ⁴⁴ |
| 没 事 干。 这 个 风 就 挑 逗 太 阳 说 是： "你 自 认 |
| 没事干。这个风就挑逗太阳说是："你自认 |
| uei²⁴ȵi⁴⁴pu³¹tei²¹liɔ⁵³, ts'ɔ²⁴məŋ²¹lia²⁴pi⁵³i²¹xa²¹k'æ̃⁵³sei²⁴lei⁴⁴xɤ⁵³。" t'ɛ⁴⁴iaŋ²¹ |
| 为 你 不 得 了， 曹⁼们 俩 比 一 下 看 谁 厉 害。" 太 阳 |
| 为你不得了，我们俩比一下看谁厉害。"太阳 |
| pu²²siɛ⁵³i³¹ku²⁴t'i²¹siɛ⁵³: "vɤ⁵³sei²⁴xɛ⁴⁴p'a⁴⁴sei²⁴, ts'ɔ²⁴pi⁵³ts'əu²⁴pi⁵³ma²¹, siɛ³¹ |
| 不 屑 一 顾 地 说： "兀 谁 害 怕 谁， 曹⁼比 就 比 嘛， 说 |
| 不屑一顾地说："那谁害怕谁，我们比就我们比嘛，说 |
| pi⁵³sa⁴⁴ȵi²¹?" liaŋ⁵³kɤ²¹tʂ'ɔ²⁴ts'iæ̃²⁴tsəu⁵³tsɤ²¹tsəu⁵³tsɤ²¹, taŋ²⁴tʂuo²⁴i³¹kuo²¹ |
| 比 啥 呢？" 两 个 朝 前 走 着 走 着， 挡 着 一 个 |
| 比什么呢？"两个朝前走着走着，挡着一个 |
| ta⁴⁴sɿ⁴⁴, fəŋ⁵³sɿ²¹k'æ̃⁴⁴tʂɛ⁴⁴kɤ²¹sɿ⁴⁴ȵi²¹siɛ²⁴: "ȵi³¹k'æ̃⁴⁴tʂɛ⁴⁴kɤ²¹sɿ⁴⁴ta⁴⁴ma²¹?" |
| 大 树， 风 是 看 这 个 树 呢 说： "你 看 这 个 树 大 吗？" |
| 大树，风是看这个树呢说："你看这个树大吗？" |
| t'ɛ⁴⁴iaŋ²¹siɛ⁴⁴: "ta⁴⁴ma²¹, vɤ⁴⁴uo³¹sɛ⁴⁴ti²¹tʂaŋ⁵³ta⁴⁴ti³¹, uo³¹taŋ³¹ʐæ̃²⁴tsɿ³¹ |
| 太 阳 说： "大 嘛， 兀我 晒 得 长 大 的， 我 当 然 知 |
| 太阳说："大嘛，那我晒着长大的，我当然知 |
| tɔ²¹sɿ⁴⁴iəu³¹tuor⁵³ta⁴⁴ma²¹。" fəŋ⁵³i²⁴k'æ̃³¹: "uo³¹pa²⁴tʂɛ⁴⁴kɤ²¹sɿ⁴⁴uo³¹nəŋ²⁴ts'ei⁵³ |
| 道 树 有 多 儿 大 嘛。" 风 一 看： "我 把 这 个 树 我 能 吹 |
| 道树有多大嘛。"风一看："我把这个树我能吹 |
| ti²¹ts'ei⁵³siɛ²⁴, xæ̃²⁴nəŋ²⁴ts'ei²⁴p'iæ̃⁵³。" siɛ⁴⁴: "ȵi⁴⁴sɿ⁴⁴i³¹xa²⁴tsɿ²¹。" tʂɛ³¹fəŋ⁵³ |
| 得 吹 斜， 还 能 吹 偏。" 说： "你 试 一 下 子。" 这 风 |
| 得吹斜，还能吹偏。"说："你试一下子。"这风 |

mə²¹tsʻəu³¹siæ̃⁵³mæ̃³¹mæ̃r⁴⁴tsʻei⁵³a²¹tsʻei³¹, tsʻei³¹tʂʁ²¹sʅ⁴⁴ʂɑŋ²¹sɔ⁵³sɔr³¹kʻɛ⁵³sʅ²⁴
嘛 就 先 慢 慢儿 吹 啊 吹, 吹 着 树 上 梢 梢儿 开 始
么就先慢慢儿吹了吹,吹着树上梢梢儿开始
uæ̃⁵³lia²¹。 zæ̃³¹xəu²⁴sʅ⁴⁴ʂəŋ²¹kʻɛ⁵³sʅ²⁴pʻiæ̃⁵³, mæ̃⁴⁴mæ̃⁴⁴mæ̃⁴⁴mæ̃r⁴⁴。 tʻɛ⁴⁴iɑŋ²¹
弯 了。 然 后 树 身 开 始 偏, 慢 慢 慢 慢儿。 太 阳
弯了。然后树身开始偏,慢慢慢慢儿。太阳
siɛ²⁴:"a²¹tʂɛ⁴⁴n̩i³¹fəŋ⁵³kuo⁴⁴zæ̃²⁴li⁴⁴xɛ²¹tɛ³¹ɕi²¹。""tʂɛ⁴⁴xæ̃²⁴pu³¹suæ̃⁴⁴sa²¹, uo³¹
说:"啊这你风 果 然厉害的是。""这 还 不 算 啥, 我
说:"啊这你风果然厉害的。""这还不算什么,我
n̩i³¹tʂɛ⁴⁴kʻæ̃²⁴, uo³¹pa³¹tʂɛ³¹kɤ²²sʅ⁴⁴mə²¹, uo³¹nəŋ²⁴pʻa²⁴tɕʻi⁵³lɛ²⁴n̩i²¹。" tʻɛ⁴⁴iɑŋ²¹
你 再 看, 我 把 这 个 树 嘛, 我 能 拔 起 来 呢。" 太 阳
你再看,我把这个树么,我能拔起来呢。"太阳
siɛ⁴⁴:"iəu⁴⁴tʂɛ³¹mə²¹lei⁴⁴xɛ⁴⁴ma²¹? vɛ⁵⁴sʅ⁴⁴kəŋ⁵³iɔ²⁴tʂɑŋ⁴⁴tuor⁵³ta²⁴, tuor⁵³ʂəŋ⁵³
说: "有 这 么 厉害 吗? 兀 树 根 要 长 多 儿 大, 多 儿 深
说:"有这么厉害吗?那树根要长多么大,多么深
n̩i²¹。"fəŋ⁵³tsʻəu³¹sʅ²⁴tɕiŋr⁴⁴, i³¹tʂəŋ²¹tʂəŋr⁴⁴, pa²⁴tʂɛ⁴⁴kɤ²¹sʅ⁴⁴tsʻəu²¹pʻa²⁴tɕʻi⁵³lɛ²⁴
呢?" 风 就 使 劲儿, 一 阵 阵儿, 把 这 个 树 就 拔 起 来
呢?"风就使劲儿,一阵阵儿,把这个树拔起来
lə³¹。tʻɛ⁴⁴iɑŋ²¹siɛ²⁴:"ia⁴⁴, tsɛ⁴⁴n̩i⁴⁴lei⁵⁴xɛ²¹mə²¹。" tʻɛ⁴⁴iɑŋ²¹siɛ²⁴:"ɛ⁴⁴, pu³¹
了。 太 阳 说: "呀, 再 你 厉 害 么。" 太 阳 说: "哎, 不
了。太阳说:"呀,那你厉害嘛。"太阳说:"哎,不
ɕiŋ²⁴a²¹, tsʻɔ²²tsɛ²⁴xuæ̃⁴⁴kɤ²¹, tsɛ²⁴tsɛ³¹xuæ̃⁴⁴kɤ²¹tuŋ⁵³si²¹sʅ⁴⁴i²¹xa²¹。" siɛ⁵³:
行 啊, 曹=再 换   个, 再 再   换 个 东 西 试 一 下。" 说:
行啊,我们再换个,再换个东西试一下。" 说:
"nəŋ²⁴ɕiŋ²⁴, tʂɛ⁴⁴kɤ²¹sʅ⁴⁴tʻɛ⁴⁴ta⁴⁴。" tʻɛ⁴⁴iɑŋ²¹siɛ⁴⁴:"n̩i⁴⁴pa²⁴tʂɛ⁴⁴kɤ²¹suei⁴⁴tsʻɔ⁵³
"能   行, 这 个 树 太 大。" 太 阳 说: "你 把 这 个 碎 草
"能行,这个树太大。" 太阳说:"你把这个小草
nəŋ²⁴pʻa²⁴tɕʻi⁵³lɛ²⁴ma²¹?" fəŋ⁵³siɛ²⁴:"ɛ⁴⁴, ta⁴⁴sʅ⁴⁴təu⁴⁴nəŋ²⁴pʻa²⁴tɕʻi⁵³, uo³¹
能 拔 起 来 吗?" 风 说:"哎, 大 树 都 能 拔 起, 我
能拔起来吗?"风说:"哎,大树都能拔起,我

pa²⁴i⁵³kɤ²¹suei⁴⁴tsʻɔ⁵³pʻa²⁴pu²¹tɕʻi⁵³a²¹." lu⁴⁴piæ̃⁵³ma²¹tsʻəu²⁴iəu⁴⁴kɤ²¹suei⁴⁴tsʻɔ⁵³,
把 一 个 碎 草 拔 不 起 啊。"路 边 嘛 就 有 个 碎 草,
把一个小草拔不起啊。"路边呢就有个小草, ‖ 碎草：小草。

tsɤ⁴⁴kɤ²¹fəŋ⁵³tsʻəu²¹sʅ⁴⁴tɕiŋ²¹tsʻei⁵³, tsʻei⁵³tsɤ²¹tsʻei⁵³tsɤ²¹, pa³¹tsʻɔ⁴⁴tsʻei⁵³tɔ⁵³lə²¹,
这 个 风 就 使 劲 吹, 吹 着 吹 着, 把 草 吹 倒 了,
这个风就使劲吹,吹着吹着,把草吹倒了,

pʻa²⁴pu²¹tɕʻi⁵³lɛ²⁴. tʻɛ⁴⁴iaŋ²¹siɛ⁵³："ȵi⁴⁴pu³¹ɕiŋ²⁴pa²¹, uo³¹kei³¹ȵi⁴⁴kʻæ⁴⁴i³¹xa²¹
拔 不 起 来。 太 阳 说："你 不 行 吧, 我 给 你 看 一 下
拔不起来。太阳说："你不行吧,我给你看一下

uo³¹tsɛ⁴⁴kɤ²¹pəŋ⁴⁴sʅ²¹a²¹." tʻɛ⁴⁴iaŋ²¹tsʻəu²⁴, fəŋ⁵³tsæ⁴⁴tsɤ²¹kʻæ⁴⁴, tʻɛ⁴⁴iaŋ²¹pa²⁴
我 这 个 本 事 啊。" 太 阳 就, 风 站 着 看, 太 阳 把
我这个本事啊。"太阳就,风站着看,太阳把

tsɛ⁴⁴kɤ²¹fəŋ⁵³mə²¹, suei⁴⁴tsʻɔ⁵³tsʻɔ³¹, sɛ²⁴tsɤ²¹sɛ⁴⁴sɛ⁴⁴sɛ⁴⁴, sɛ⁴⁴i³¹tsəŋ⁴⁴tsəŋ²¹siɛ²¹,
这 个 风 嘛, 碎 草 草, 晒 着 晒 晒 晒, 晒 一 阵 阵 些,
这个风么,小草草,晒着晒晒晒,晒一阵阵儿,

suei³¹tsʻɔ⁵³sɛ⁴⁴sʅ³¹lia²¹. fəŋ⁵³siɛ⁵³："ɛ²⁴, tsɛ⁵³xæ⁴⁴tsəŋ⁵³ti²¹, ȵi⁴⁴xæ²⁴pi²⁴uo³¹lei⁴⁴
碎 草 晒 死 了。 风 说："哎, 这 还 真 的, 你 还 比 我 厉
小草晒死了。风说："哎,这还真的,你还比我厉

xa²¹ma²¹?" tsʻɔ³¹tsʻiæ²⁴iəu³¹tsəu⁵³, tsəu⁵³li³¹tsɛ⁴⁴mə²¹ta²⁴tsʻəu²⁴i²⁴lɔ²⁴pa²¹sei⁵³,
害 吗?" 朝 前 又 走, 走 了 这 么 的 就 一 涝 坝 水,
害嘛?"朝前又走,走了这么的就一池塘水,

fəŋ⁵³siɛ⁴⁴："ȵi³¹kʻæ⁴⁴ȵi³¹pa³¹tsɛ⁴⁴sei⁵³iəu³¹fa⁵³tsʅ²¹ma²¹?" tsɛ²⁴liaŋ⁵³kɤ²¹kuo³¹
风 说："你 看 你 把 这 水 有 法 子 吗?" 再 两 个 各
风说："你看你把这水有法子吗?"再两个各

ɕiæ⁵³pəŋ⁵³sʅ²¹, fəŋ⁵³pa³¹tsɛ⁴⁴sei⁵³mə²¹tsʻəu⁴⁴tsʻei⁵³lɔ³¹, tsʻei³¹tsɤ²⁴lɔ⁴⁴pa²¹tsɛ⁴⁴
显 本 事, 风 把 这 水 嘛 就 吹 了, 吹 着 涝 坝 这
显本事,风把这水嘛就吹着,吹得池塘这

sei³¹mə²¹tsʻəu²⁴kʻɛ³¹sʅ²¹iəu⁴⁴lə³¹pʻo³¹laŋ⁴⁴a²¹. i²²pʻo⁵³i²²pʻo⁵³i²⁴pʻo⁵³ti²¹tɕʻi⁵³lə²¹,
水 嘛 就 开 始 有 了 波 浪 啊。 一 波 一 波 一 波 地 起 来,
水开始有了波浪了。一波一波一波地起来,

第二章　长篇语料

zٍæ̃²⁴xəu⁴⁴iəu²¹mæ̃⁴⁴mæ̃⁴⁴mæ̃⁴⁴tʂɛ⁴⁴mɔ²¹iɛ²⁴lɛ²⁴n̩i²¹. tæ̃⁴⁴sɿ²¹, tʂɛ⁴⁴kɤ²¹sei⁵³pu³¹
然　后　又　慢　慢　慢　着　没　沿　了　呢。但　是，这　个　水　不
然后又慢慢慢着没边了呢。但是，这个水不

ʂɔ⁵³. xəu⁴⁴lɛ²⁴t'ɛ⁴⁴iaŋ²¹siɛ⁵³: "tʂɛ⁴⁴pu³¹suæ̃⁴⁴sa⁴⁴, uo³¹kei²⁴n̩i³¹sɿ⁵³ji³¹xa²¹, n̩i³¹
少。后　来　太　阳　说： "这　不　算　啥，我　给　你　试　一　下， 你
少。后来太阳说："这不算什么，我给你试一下，你

k'æ̃⁴⁴a²¹. uo³¹pa²⁴tʂɛ⁵³ji³¹tʂʅ²⁴sei⁵³nəŋ²⁴sɛ⁴⁴kæ̃⁵³." fəŋ⁵³siɛ³¹: "uo³¹təu²⁴mɔ²⁴
看　啊。我　把　这　一　池　水　能　晒　干。"　风　说： "我　都　没
看。我把这一池水能晒干。"风说："我都没

iəu³¹tsʰei²⁴kæ̃³¹, n̩i³¹nəŋ²⁴sɛ⁴⁴kæ̃³¹a²¹？" t'ɛ⁴⁴iaŋ²¹tsʰəu⁴⁴tɕia³¹tɕiŋ⁵³sɛ³¹, sɿ⁵³
有　吹　干，你　能　晒　干　啊？" 太　阳　就　加　紧　晒，使
有吹干，你能晒干啊？"太阳就抓紧晒，使

tɕiŋr²⁴, pu³¹ta⁴⁴i²⁴tʂəŋ⁴⁴tʂəŋ⁴⁴ɕi²¹, i³¹lɔ⁴⁴pa²¹sei⁵³kæ̃⁵³la²¹. fəŋ⁵³i²¹k'æ̃⁴⁴siɛ³¹:
劲儿，不　大　一　阵　阵　子，一　涝　坝　水　干　了。风　一　看　说：
劲儿，不大一会儿，一池塘水干了。风一看说：

"ɛ⁴⁴ia²⁴, tʂɛ⁴⁴xæ̃²⁴tʂəŋ⁵³ti²¹pu³¹tei⁵³liɔ³¹." xəu⁴⁴lɛ²¹ma²¹, tʂɛ⁴⁴kɤ²¹fəŋ⁵³tsʰəu⁴⁴
"哎　呀，这　还　真　的　不　得　了。"　后　来　嘛，这　个　风　就
"哎呀，这还真的不得了。"后来嘛，这个风就

siɛ²⁴iəu⁴⁴tiæ̃²¹pu³¹fu²⁴tɕʰi⁴⁴. tɕiɛ³¹kuo⁴⁴lu⁴⁴ʂaŋ²¹kuo³¹lɛ²¹i³¹kɤ²¹tsəu⁴⁴lu⁴⁴ti³¹zٍəŋ²⁴,
说　有　点　不　服　气。 结　果　路　上　过　来　一　个　走　路　的　人，
说有点不服气。结果路上过来一个走路的人，

tsʰæ̃⁵³tʂɤ²¹kɤ²¹miæ̃²⁴nɔ⁵³nɔ²¹, fəŋ⁵³i³¹siaŋ⁴⁴, uo⁵³pa³¹tʂɛ⁴⁴kɤ²¹ta²⁴sɿ⁴⁴uo⁵³təu²⁴
穿　着　个　棉　袄　袄，风　一　想，我　把　这　个　大　树　我　都
穿着个棉袄袄，风一想，我把这个大树我都

nəŋ²⁴tsʰei⁵³ti²¹pʰa²⁴tɕʰi⁵³lɛ²⁴, uo⁵³pa³¹tʂɛ⁴⁴tʂʅ²⁴sɿ²¹lei³¹ti³¹sei⁵³uo³¹təu²⁴nəŋ²⁴tsʰei⁵³
能　吹　得　拔　起　来，我　把　这　池　子　里　的　水　我　都　能　吹
能吹得拔起来，我把这池子里的水我都能吹

ti²¹tɕʰi⁴⁴lɛ²¹pʰo⁵³laŋ⁴⁴, uo⁵³pa³¹zٍəŋ²⁴tʂɛ⁵³liaŋ³¹kɤ²¹nɔ⁵³nɔ²¹n̩iəu⁵³tsɿ³¹uo³¹pa³¹ta⁴⁴
得　起　了　波　浪，我　把　人　这　两　个　袄　袄　纽　子　我　把　它
得起了波浪，我把人这两个棉衣纽子我把它

tsʻei⁵³pu²¹tʻuæ̃⁴⁴，		uo³¹pa³¹tʂɛ⁴⁴n̠ʲiɔ⁵³n̠ʲiɔ⁵³tsʻei³¹tʻuæ̃⁵³，				nɔ⁵³nɔ²¹tsʻəu²⁴tʻuo⁵³la³¹。				
吹	不 断，	我	把	这	纽 纽	吹	断，	袄 袄	就	脱 了。
吹不断，我把这纽扣吹断，棉衣就脱了。										
tsə³¹xuo³¹tʻɛ⁴⁴iaŋ²¹siɛ⁴⁴："ɛ⁴⁴， tsʻɔ²⁴liaŋ⁴⁴ta⁵³i²¹xa⁴⁴tu⁵³， tʂɛ⁵³i²¹xa⁴⁴tsʅ²¹， tsuei⁴⁴										
这	会	太 阳	说：	"哎，	曹〓 两	打 一 下	赌，	这 一 下 子，		最
这会太阳说："哎我们俩打一下赌，这一下子，最										
xəu⁴⁴tu⁵³i²¹xa²⁴tsʅ²¹， sei²⁴iɔ²⁴pa³¹tʂɛ⁴⁴kɤ²¹nɔ⁴⁴nɔ²¹tʻuo³¹xa⁴⁴lɛ²¹， suæ̃³¹sei²⁴iŋ²⁴。"										
后	赌 一 下 子，	谁 要	把	这 个	袄 袄	脱 下 来，		算	谁 赢。"	
后赌一下子，谁要把这个袄袄脱下来，算谁赢。"										
fəŋ⁵³mə²¹tsʻəu³¹sʅ²¹tɕiŋr⁴⁴tsʻei⁵³， yɛ²⁴tsʻei⁵³yɛ²⁴tuŋ⁴⁴a²¹， tʂɛ⁴⁴kɤ⁴⁴z̠əŋ²⁴ma²¹， pa²⁴										
风	嘛	就	使 劲儿 吹，		越 吹	越 冻 啊，	这 个	人	嘛，	把
风么就使劲儿吹，越吹越冻啊，这个人么，把										
nɔ⁵³nɔ²¹tsʻəu²¹sʅ⁴⁴siæ̃⁵³ma²¹pa²⁴nɔ⁵³nɔ²¹n̠ʲiəu⁵³tsʅ²¹kʻəu²⁴tʂɔ²¹。 ɕiæ̃⁴⁴tsɛ⁴⁴yŋ⁴⁴tɛ⁴⁴										
袄 袄	就	事 先	嘛 把	袄 袄	纽 子	扣	着。	现 在	用	带
袄袄就事先没把袄袄纽子扣着。现在用带										
tsʅ²¹pa³¹tʂɛ⁴⁴nɔ⁴⁴nɔ²¹ta²⁴iɔ⁵³ɕi⁴⁴tsʻʅ²¹， pa³¹tɕiŋ⁵³xa²⁴pa³¹z̠əŋ²⁴tuŋ⁴⁴ti²¹。 yɛ²⁴tsʻei⁵³										
子	把	这	袄 袄	打 腰 系 住，		把 紧	还 把	人	冻 的。	越 吹
子把这个棉袄从腰系住，抓紧还把人冻的。越吹										
tʂɛ⁴⁴kɤ²¹z̠əŋ²⁴i⁵³saŋ²¹yɛ²⁴tsʻæ̃⁵³yɛ⁵³tɕiŋ⁵³mə²¹， fəŋ⁵³tsʻəu²¹siɛ⁴⁴tsʻɛ³¹pʻa²⁴， tʻɛ⁴⁴iaŋ²¹										
这 个 人 衣 裳			越 穿 越 紧		嘛，	风 就	说 吹 罢，			太 阳
这个人衣裳越穿越紧么，风就吹罢，太阳										
siɛ⁴⁴："n̠ʲi³¹tʻiŋ²⁴lia³¹。 n̠ʲi³¹tsʻei⁵³pu²¹ɕi³¹， n̠ʲi³¹kʻæ̃⁴⁴n̠ʲi³¹yɛ²⁴tsʻei⁵³tʂɛ⁴⁴kɤ²¹z̠əŋ²⁴										
说：	"你	停 了。	你	吹 不 的，	你 看 你 越 吹 这 个 人					
说："你停了。你别吹了，你看你越吹这个人										
tuŋ⁴⁴ti²¹yɛ²⁴tsʻæ̃⁵³yɛ³¹tɕiŋ⁵³lia²¹。" tʂɛ³¹kɤ²¹fəŋ⁵³tsʻəu²⁴iəu⁴⁴tiær²⁴pu³¹fu²⁴tɕʻi⁴⁴，										
冻 得 越 穿			越 紧 了。"	这 个	风 就	有	点儿 不	服	气，	
冻得越穿越紧了。"这个风有点儿不服气，										
xæ⁴⁴iəu⁵³mɔ²⁴fa⁵³tsʅ²¹。 tʻɛ⁴⁴iaŋ²¹siɛ⁴⁴："uo³¹kei²⁴n̠ʲi³¹kʻæ̃⁵³， uo⁴⁴pa⁴⁴tʂɛ⁴⁴kɤ²¹										
还	有	没 法 子。		太 阳 说：		"我 给 你 看，		我	把	这 个
还有没法子。太阳说："我给你看，我把这个										

nɔ⁴⁴nɔ²¹tʰuo³¹xa⁴⁴lɛ²¹。" fəŋ⁵³tsʅ²¹tsəŋ³¹mə²¹siaŋ⁵³pu²¹tɕʰi⁵³lɛ²¹, tʰɛ⁴⁴iaŋ²¹yŋ²⁴
袄 袄 脱 下 来。" 风 就 怎 么 想 不 起 来， 太 阳 用
棉衣脱下来。"风就怎么想不起来，太阳用

sa⁴⁴faŋ⁵³tsʅ²¹pa³¹tʂɛ⁴⁴kɣ²¹nɔ⁵³nɔ²¹tʰuo³¹xa³¹lɛ²⁴。tɕiɛ³¹kuo²¹tʂɛ⁴⁴kɣ²¹ʐəŋ²⁴mə²¹,
啥 方 子 把 这 个 袄 袄 脱 下 来。 结 果 这 个 人 嘛，
什么方法把这个棉衣脱下来。结果这个人么，‖方子：办法。

fəŋ⁵³tʰiŋ²⁴la²¹, tʂʅ³¹kuo²¹ʐəŋ²⁴mə²¹tsʰəu⁴⁴tuŋ⁴⁴ti²¹tsiəu⁴⁴tʂɣ²¹iɑŋ³¹miæ⁴⁴uo⁵³uo²¹
风 停 啦， 这 个 人 嘛 就 冻 得 就 着 阳 面 窝 窝
风停啦，这个人么就冻得就在阳面地里 ‖阳面窝窝：阳坡地。

sɛ⁴⁴tʂɣ²¹ɲi²¹。tʰɛ³¹iaŋ¹³tsʰəu³¹sʅ³¹tɕiŋr⁴⁴sɛ⁴⁴, pu³¹ta⁴⁴i³¹tʂəŋ⁴⁴tʂəŋ²¹tʂɛ⁵³kɣ²²ʐəŋ²⁴
晒 着 呢。 太 阳 就 使 劲 儿 晒， 不 大 一 阵 阵 这 个 人
晒着呢。太阳就使劲儿晒，不大一会儿这个人

ʂəu⁵³suŋ²⁴kʰɛ⁵³la²¹, iɔ⁵³tsʅ²¹a²¹pu³¹pɔ⁴⁴lia²¹。ɛ²⁴, tʂɛ⁵³xæ³¹tʰiæ̃³¹yɛ⁵³lɛ⁴⁴yɛ⁵³luæ̃⁴⁴
手 松 开 了， 腰 子 也 不 抱 了。哎， 这 还 天 越 来 越 暖
手松开了，棉衣啊不抱了。哎，这还天越来越暖

xuo²¹, i³¹tʂəŋ²⁴tʂəŋ²¹xæ²⁴sɛ⁴⁴ti²¹tsʅ²⁴pu²¹tsʰʅ⁴⁴lə²¹, pa²⁴nɔ⁵³nɔ²¹tʰuo⁵³lə²¹ɕi⁴⁴, a²⁴,
和， 一 阵 阵 还 晒 得 着 不 住 了， 把 袄 袄 脱 了 去，哎，
和，一会儿晒着受不了了，把棉衣脱了去，哎，

tʂɛ⁵³pa³¹ʐəŋ²⁴ʐɣ⁵³sʅ³¹lə²¹。tʂʅ³¹kɣ²⁴sɛ⁴⁴ti²¹xuŋ²⁴ʂəŋ⁵³ti²¹vɛ⁴⁴xæ̃⁴⁴。xəu⁴⁴lɛ²⁴tʂʅ³¹
这 把 人 热 死 了。 这 个 晒 得 浑 身 的 兀 汗。 后 来 这
这把人热死了。这个晒得浑身是那汗。后来这

kɣ⁴⁴fəŋ⁵³xuo²⁴tʰɛ⁴⁴iaŋ²¹liaŋ³¹kɣ⁴⁴tsæ²⁴tʂɣ²¹yæ̃⁵³tsʰʅ²¹siɛ²⁴:"sei²⁴iŋ²⁴la³¹?" fəŋ⁵³
个 风 和 太 阳 两 个 站 着 远 处 说："谁 赢 了？" 风
个风和太阳两个站着远处说："谁赢了？"风

i²⁴siaŋ⁵³siɛ³¹:"ɔ⁴⁴, tʂɛ⁵³xæ³¹sʅ⁴⁴pu³¹ɕiŋ²⁴, xæ̃³¹luŋ⁴⁴pu³¹kuo⁴⁴ɲi³¹。" vɛ⁵³lɛ²¹
一 想 说："哦， 这 还 是 不 行， 还 弄 不 过 你。" 兀 那
一想说："哦，这还是不行，还弄不过你。"那

tsʰəu²⁴tsʰɔ²²piːlə³¹tɕi⁴⁴kɣ²¹lɛ²⁴xuei³¹, piː⁵³lə²¹tɕi⁴⁴kɣ²¹xuei²⁴xuo²⁴, fəŋ⁵³tsʰəu³¹tsʅ²¹
就 曹ː 比 了 几 个 来 回， 比 了 几 个 回 合， 风 就 只
就我们比了几个来回，比了几个回合，风就只

nəŋ²⁴sɛ⁴⁴ti²¹tʻɛ⁴⁴iaŋ²¹siɛ⁵³:"uo⁵³tsəu²⁴kæ³¹pɛ²⁴ɕia⁴⁴fəŋ²¹, xæ³¹sʅ²⁴tʻɛ⁴⁴iaŋ³¹lei⁴⁴
能　晒　的　太　阳　说："我　就　甘　拜　下　风，　还　是　太　阳　厉
能对太阳说："那我甘拜下风，还是太阳厉

xɛ²¹。" xəu⁴⁴lɛ²¹mə²¹tʻɛ⁴⁴iaŋ²¹xæ²⁴siɛ⁵³lə²¹i³¹kɤ²¹xəŋ³¹sʅ²⁴fəŋ⁵³səŋ³¹tɕʻi⁴⁴ti³¹xua⁴⁴,
害。"　后　来　嘛　太　阳　还　说　了　一　个　很　使　风　生　气　的　话，
害。"后来嘛太阳还说了一个特别使风生气的话，

siɛ⁵³:"n̩i³¹taŋ⁴⁴n̩i³¹tʂɛ⁴⁴kɤ³¹fəŋ⁵³mə²¹, tsa³¹læ⁴⁴ti³¹lɛ³¹? pu³¹sʅ²⁴tʻɛ⁴⁴iaŋ²¹sɛ⁴⁴,
说："你　当　你　这　个　风　嘛，　咋　来　的　了？不　是　太　阳　晒，
说："你当你这个风么，怎么来的呢？不是太阳晒，

tsʻəu³¹mɔ²⁴iəu⁴⁴fəŋ⁵³。" fəŋ⁵³mə²¹siɛ³¹:"vei⁴⁴sa⁴⁴?" siɛ³¹:"tʂəŋ⁴⁴iŋ²⁴uei²⁴uo³¹
就　没　有　风。"　风　嘛　说："为　啥？" 说："正　因　为　我
就没有风。"风么说："为啥？"说："正因为我

sɛ⁴⁴tʂɤ²¹n̩i²¹, tʂɛ³¹tʻi⁴⁴miæ⁴⁴tʂɛ³¹tɕʻi⁵³liəu²⁴mə²¹, n̩i³¹kʻæ⁴⁴tʂɛ⁴⁴tʻi⁵³n̩i²¹ʂəu⁴⁴ʐei⁵³
晒　着　呢，　这　地　面　这　气　流　嘛，　你　看　这　地　里　受　热
晒着呢，这地面的这气流么，你看这地里受热

tsʻəu³¹ʂaŋ⁴⁴tɕʻi³¹lə³¹, tiŋ⁵³n̩i³¹ləŋ⁵³vɛ³¹tsɔ²⁴xa⁴⁴lɛ²¹lia²¹, tʂɛ⁴⁴kɤ²¹fəŋ⁵³tsʻəu³¹sʅ²¹
就　上　去　了，　顶　里　冷　兀　就　下　来　了，　这　个　风　就　是
就上去了，顶里冷它就下来了，这个风就是

iŋ³¹uei²⁴uo³¹ti³¹sɛ⁴⁴tsʻɛ²⁴lɛ²⁴ti²¹fəŋ⁵³。" xəu³¹lɛ²⁴fəŋ⁵³tsʻəu⁴⁴kæ²¹pɛ²⁴tʻɛ⁴⁴iaŋ²¹,
因　为　我　的　晒　才　来　的　风。"　后　来　风　就　甘　拜　太　阳，
因为我的晒才来的风。"后来风就甘拜太阳，

kæ³¹pɛ²⁴ɕia⁴⁴fəŋ³¹。 əŋ⁴⁴, ʐəŋ³¹vei²⁴tʻa⁴⁴xæ⁴⁴sʅ³¹pu³¹ʐʅ²⁴tʻɛ⁴⁴iaŋ²¹ti²¹nəŋ²⁴liaŋ²¹
甘　拜　下　风。　嗯，　认　为　它　还　是　不　如　太　阳　的　能　量
甘拜下风。嗯，认为它还是不如太阳的能量

kəŋ³¹ta³¹。 luæ⁴⁴tɕiaŋ⁵³lei²¹, ku³¹sʅ⁴⁴tɕiaŋ⁵³uæ²⁴lia²¹。
更　大。　乱　讲　哩，　故　事　讲　完　了。
更大。乱讲呢，故事讲完了。

27. 定西话

fɤŋ¹³xɤ³²iã²⁴p'ɤ²¹
风　和　阳婆

tɕin²¹kɤ⁴⁴,	ŋɤ⁵¹kɪ⁴⁴ts'ɔo¹³ʃɥ¹³	zi²¹kɤ⁴⁴fɤŋ¹³	xɤ²¹iã¹³	p'ɤ²¹ti²¹	ku⁵³tɕin²¹.	iu⁵³zi⁴⁴tsʅ²¹,
今	个,	我 给 曹= 说	一个 风 和	阳婆 的	古 今.	有一遭,
今个，我给我们说一个风和太阳的故事。有一次，

fɤŋ²⁴xɤ²¹iã¹³p'ɤ²¹tsɤŋ¹³ʃɥ¹³tsuɿ⁵⁵çyɤ̃¹³.	fɤŋ¹³ʃɥ²¹:	"min³²xuã⁵⁵xuã⁴³ti⁴³tɕiu⁴⁴
风 和 阳婆 争 谁 最 凶.	风 说:	"明 晃 晃 的 就
风和太阳争谁最凶。风说："明晃晃地就

sʅ⁴⁴ŋɤ⁵¹!	ŋɤ⁵³tʃ'ɥ³²ku¹³xa¹³,	tɕiu⁴⁴pa³²vu⁴⁴ʃɥ⁴⁴tsʅ³²tsʅ¹³tʃ'ɥ²¹ʂɤ²¹lɔ⁴²,	pa²¹ʃɥ⁵³
是 我!	我 吹 过 下,	就 把 兀 树枝 枝 吹 折 了,	把 水
是我！我吹一下，就把那树枝儿吹断了，把水

tɤu¹³tʃ'ɥ²¹ti²¹ŋæ⁴⁴piæ̃²¹ʂã²¹."	iã¹³p'ɤ²¹ʃɥ²¹:	"n̩i⁵³lɤŋ²¹xa⁴⁴kɤ²¹sɤ⁵¹?	ŋɤ⁵³pi⁴⁴n̩i⁵³
都 吹 地 岸 边 上."	阳婆 说:	"你 能 下 个 啥?	我 比 你
给吹到岸边上。"太阳说："你厉害什么？我比你

xæ²⁴çyŋ²¹."	vu⁴⁴liã⁴³kɤ³²tsɤŋ⁴⁴t'ɛ²¹kã⁴⁴ti³²sʅ¹³tʂ'ɤ̃²¹,	tɕiæ⁴⁴liɔ³²zi²¹kɤ⁴⁴tʃ'ɥæ²¹kuɤ⁵³
还 凶."	兀 两 个 正 抬 杠 的 时辰,	见 了 一个 穿 裹
还凶。"那两人正吵架的时候，见了一个穿

t'uɤ²¹tsʅ²¹ti²¹ʐɤŋ²¹.	iã²⁴p'ɤ³²ʃɥ²¹:	"ts'ɔo¹³liã⁴³kɤ⁴³sʅ⁴⁴xuɤ³²zi²¹xa¹³,	pa²¹vu⁴⁴
肚 子 的 人.	阳婆 说:	"曹= 两 个 试 活 一 下,	把 兀
棉衣的人。太阳说："我们两个试一下，把那

ʐɤŋ³²ti³²kuɤ⁵³t'uɤ³²tsʅ³²t'uɤ²¹xa¹³,	ʃɥ²⁴lɤŋ²⁴tʂ'ɤ̃¹³,	ʃɥ²¹tɕiu⁴⁴çyɤ̃¹³."	fɤŋ¹³ʃɥ³²
人 的 裹 肚 子 脱 下,	谁 能 成,	谁 就 凶."	风 说
人的棉衣脱下，谁可以，谁就厉害。"　风说　‖能成：可以。

lɤŋ²⁴tʂ'ɤ̃¹³,	ʂã⁴⁴lɛ¹³mɤŋ⁵³liã²¹tsʅ⁴⁴tʃ'ɥ²¹k'ɛ²¹lɔ⁴⁴.	k'ɤ⁵³sʅ⁴⁴pɛ²⁴mɤ²¹tsʅə⁴⁴³.	tʃ'ɥæ²¹
能 成,	上来 猛 量 子 吹 开 了.	可是 白 没 治.	穿
可以，上来猛烈地开始吹了。可是白白没办法。穿　‖猛量子：猛烈地。

kuɤ⁵³t'uɤ³²tsʅ³²ti³²ʐɤ̃²¹kɤ²¹tsɤ̃¹³lɤŋ⁵³tɯ²¹xɤ̃⁵¹,	pa²¹kuɤ⁵³t'uɤ³²tsʅ²¹yɤ²¹kuɤ⁵³zyɤ²¹
裹 肚 子 的 人 觉着 冷 得 很,	把 裹 肚 子 越 裹 越
棉衣的人觉着非常冷，把棉衣越裹越

tɕin⁵¹。	xɤu⁴⁴lE⁴³lyŋ²¹tɔ⁴⁴iã²⁴pʻɤ²¹lɔ²¹，	iã²⁴pʻɤ³²tɕiã²⁴tsʻuŋ³²ʐyŋ¹³tsʻE³²li³²lu⁴⁴tʂɤ³²
紧。	后 来 轮 到 阳 婆 了，	阳 婆 刚 从 云 彩 里 露 着
紧。后来轮到太阳了，太阳刚从云彩里露着		

tʂʻʯ²¹lE¹³，	ʐɔ⁴⁴tʂɤ³²vu⁴⁴kɤ³²tʂʻʯæ²¹kuɤ⁵³tʻuɤ³²tsɿ²¹ti²¹ʐɤŋ¹³ʂɤŋ²¹ʂã¹³。	luæ⁵³luæ²⁴kɤ³²
出 来，	照着 兀个 穿 裹 肚子的 人 身 上。	暖 暖 个
出来，照在那个穿棉衣的人身上。暖暖		

tʻiə²¹，	vu⁴⁴ʐɤŋ³²kɔo²¹ɕin⁴⁴ti³²xɤ̃⁵¹，	kæ²¹tsʻuɪ⁴⁴pa²¹kuɤ⁵³tʻuɤ²¹ʐɿ²¹tʻuɤ²¹xa²¹lɔ⁴⁴，
的，	兀人 高 兴 得 很，	干 脆 把 裹 肚子 脱 下 了，
的，那人很高兴，干脆把棉衣脱下来，		

sE⁴⁴kʻE³²iã¹³pʻɤ²¹lɔ²¹，	ʃʯ⁵³tʻæ³²ti³²xɤŋ⁵¹。	iã²⁴pʻɤ³²kuɤ⁴⁴fɤŋ¹³ʃʯɤ²¹："kʻæ⁴⁴tʂɤ²¹lɔ⁴⁴
晒 开阳 婆 了，	舒 坦 得 很。	阳 婆 给 风 说："看 着 了
开始晒太阳了，舒服得很。太阳给风说："看见了		

sa²¹，	ɕin²¹tʂʻã¹³xɔ⁵³，	xæ²⁴vɤŋ²⁴miẽ¹³，	vu⁴⁴tsʻE²¹sɿ⁴⁴sɿ⁴⁴ʂã³²tsuɪ⁴⁴tsæ⁵³tɕin²¹ti²¹。"
哨，	心 肠 好，	还 文 明，	兀 才 是 世 上 最 攒 劲 的。"
吧，心肠好，还文明，那才是世上最厉害的。"			

28. 通渭话

fɔ̃¹³læ̃³²ʐə²¹tʻʊə¹³
风 连 日 头

tɕĩ¹³kə³², kə⁵³ku³²tsʻɔ¹³ʃɿə¹³kə³²fɔ̃¹³læ̃³²ʐə²¹tʻʊ²¹tə⁴⁴ku⁵³tɕieɁ²¹。iʊ⁵³zi⁴⁴tʻiæ̃³², ə²¹
今 个， 我 给 曹⁼ 说 个 风 连 日 头 的 古 今。 有 一 天， 呃
今天，我给我们说个风和太阳的故事。有一天，呃

fɔ̃¹³læ̃³²ʐə²¹tʻʊ¹³tsɔ̃²¹a²¹sɿ¹³tsue⁴⁴tsæ⁵³tɕieɁ⁴⁴。 fɔ̃¹³ʃɿə²¹："mə²¹ma¹³ta³¹, tɕʻiʊ⁴⁴sɿ³²
风 连 日 头 争 阿 谁 最 攒 劲。 风 说： "没 麻⁼ 达⁼， 就 是
风和太阳争哪个最厉害。风说,"没问题,就是 ‖阿谁:哪个;麻=达=:麻烦。

kə⁵³。 ə³³zi²¹kua⁵⁵tɕʻi⁵⁵fɔ̃²¹leɁ¹³, uə⁴⁴kə⁵³paɁ²¹ʃɿ⁴⁴tsʻa⁵³tsʻaɁ²¹tʃʻɿə²¹ʂə²¹lʊ⁴⁴mə³²xa²¹, paɁ³³
我。 呃 一 刮 起 风 来， 兀 我 把 树 杈 杈 吹 折 了 没 哈， 把
我。呃一刮起风来，那我把树杈儿吹折了没，把

ʃɿe⁵³lɔ̃¹³ku³²tsʻɔ¹³tʃʻɿ²¹tə⁴⁴xə¹³iæ̃²¹ʂɑ̃⁴⁴。" ʐə²¹tʻʊ¹³ʃɿə²¹："tʂə⁴⁵lɔ̃³²xa⁴⁴ke³²sə⁵³
水 能 给 曹⁼ 吹 到 河 沿 上。" 日 头 说： "这 能 下 个 啥
水能给我们吹到河岸上。"太阳说："这厉害了个什么？

sæ²¹？ kə⁵³piɁ²¹n̩i¹³tsæ⁵³tɕʻi²¹ti³²təɁ¹³。" tɑ̃²¹tʻɔ¹³liɑ̃²¹kə⁴⁴tɕʻiɑ̃⁴⁵tə³²sɿ²¹xʊə³³, kʻæ⁴⁴tʂʻə³²
唠？ 我 比 你 攒 劲 得 多。" 当 他 两 个 犟 的 时 候， 看 着
我比你厉害得多。"当他两个犟的时候，看见 ‖啥唠：什么。

lʊ²¹zi²¹kə⁴⁴tʃʻɿæ̃²¹xa²¹kə⁴⁴læ̃⁴⁴kuə⁵³tʻuə²¹tʻʊ⁴⁴zɔ̃²¹kuə⁴⁴le³²la²¹。ʐə²¹tʻʊ¹³ʃɿə²¹:
了 一 个 穿 下 个 烂 裹 肚 的 人 过 来 了。 日 头 说：
了一个穿着件烂棉衣的人过来了。太阳说：

"tsʻɔ¹³liɑ̃²¹ke³²sɿ¹³zi³²xa²¹, a²¹sɿ¹³ma³²uə⁴⁴zʅɔ̃³²tʊ³²kuə⁵³tʻuə¹³lɔ̃¹³tʻuə²¹xa¹³, a²¹
"曹⁼ 两 个 试 一 下， 阿 谁 把 兀 人 的 裹 肚 能 脱 下， 阿
"我们两个试一下，谁把那人的棉衣能脱下，哪

sɿ¹³tɕʻiʊ⁴⁴tsæ⁵³tɕieɁ⁴⁴。" fɔ̃¹³ʃɿə²¹："mə²¹ma¹³ta³¹, uə¹³iɛ²¹。" fɔ̃¹³zi²¹leæ¹³tɕʻiʊ⁴⁴
谁 就 攒 劲。" 风 说： "没 麻⁼ 达⁼，窝⁼ 叶⁼。" 风 一 来 就
个就厉害。"风说："没问题，没问题。"风一来 窝⁼叶⁼：没问题。

me⁵³me¹³kə³²kua³²tɕʻi⁵³lʊ²¹lɔ̃⁵³fɔ̃¹³, tɕʻiʊ⁴⁴sɿ¹³²məɁ²¹tʂʅɔ̃³³。 uə³³tʃʻɿæ̃³²kuə⁵³tʻuə²¹
美 美 个 刮 起 了 冷 风， 就 是 没 治。 兀 穿 裹 肚
美美地刮起了冷风，就是没办法。那穿棉衣

tʊ⁴⁴z̩ɔ̃³²tũ⁴⁴ti³²xɔ̃⁵³， xæ̃⁵³liaˈ¹³ʂʊ⁵³pa²¹kə²¹tɕia¹³tʊ⁴⁴kuə⁵³tʻuə¹³kuə⁵³ti²¹tɕĩ⁵³tɕĩ¹³
的　人　冻　得　很，　撼⁼俩手　把　各　家　的　裹　肚　裹　得　紧紧
的人冻得很，拿两手把自己的棉衣裹得紧紧　‖撼：拿。

kə³².　tsæ̃⁵³tɔ⁴⁴z̩ə²¹tʻʊ²¹la⁴⁴. z̩ə²¹tʻʊ¹³tsʻũ¹³ỹ¹³xə⁵³tʻʊ³²mæ̃⁴⁴mæ̃⁴⁴kə³²tʂʻʮ²¹le²¹la³³.
个。　再　到　日　头　了。 日　头　从　云　后　头　慢　慢　个　出　来　啦。
的。轮到太阳了。太阳从云后头慢慢地出来了。

ma²¹tʂʻʮæ̃²¹kuə⁵³tʻuə²¹tʊ⁴⁴ə⁴⁴z̩ɔ̃³²z̩ə³²lĩ¹³kæ̃³²la²¹， uə⁴⁴z̩ɔ̃²¹zi²¹xa⁴⁴pa²¹kuə⁵³tʻuə¹³
把　穿　裹　肚　的　兀　人　热　零⁼干⁼ 了， 兀　人　一　下　把　裹　肚
把穿棉衣的那人热得很，那人一下把棉衣　‖零⁼干⁼：相当于程度副词"很"。

tʻuə²¹la²¹,　z̩ə¹³tʂʅ¹³pe²¹pu²¹tʂʻʮ⁴⁴la³²,　tɕʻiʊ⁴⁴tɔ⁴⁴li²¹liã¹³xə³²tʻʊ²¹liã²¹tʂʅ⁴⁴tɕʻi³²la²¹.
脱　了，　热　着　背　不　住　了，　就　到　立　凉　后　头　凉　着　去　了。
脱了，热着受不了了，就到荫凉后头凉着去了。　‖立凉：荫凉。

z̩ə²¹tʻʊ²¹z̩ʅ⁴⁴tʂʅ²¹ʃʮə¹³: "tʂɔ⁴⁴tʂʻə³²lʊ³²mə³², xuə²¹ʂæ̃⁴⁴ɕiɛ³², iɛ²¹tsʅ¹³xʊ²¹ma¹³,
日　头　儿　问　着　说："照　着　了　没，　和　善　些，　野⁼子　休　麻⁼,
太阳儿问着说："看见了没，和善些，心别狠，　‖野⁼子休麻⁼：别心狠。

ma³²uə⁴⁴z̩ɔ̃³²xʊ⁴⁴pi²¹tʂʻə¹³,　tʂʊ⁴⁴tsʻe²¹sʅ¹⁴⁴ʂɑ̃³²tsue⁴⁴tsæ̃⁵³tɕi⁴⁴tʊ³²z̩ɔ̃³²."
把　兀　人　休　逼　着，　这　才　是　世　上　最　攒　劲　的　人。"
把那人别逼着，这才是世上最厉害的人。"

29. 陇西话

$$fəŋ^{42}læ̃^{13}z̩ʁ^{42}t'ʁu^{22}z̩^{44}$$
风　连　日　头　儿

loŋ⁵⁵ɕi²¹kʻoŋ⁵⁵tʂʻã²¹fã⁴²iæ²¹ku⁴⁴sɿ⁴⁴：fəŋ⁴²læ̃¹³z̩ʁ⁴²tʻʁu²²z̩⁴⁴tʁu⁴²ku⁵⁵tɕin²¹。
陇　西　巩　　昌　方　言　故　事：　风　连　日　头　儿　的　古　今。
陇西巩昌方言故事：风和太阳的故事。

kʁ⁵³ku⁴⁴ta⁴⁴tɕia²¹tɕi⁵⁵i²¹ke⁴²fəŋ⁴²læ̃¹³z̩ʁ⁴²tʻʁu²²z̩⁴⁴tʁu⁴²ku⁵⁵tɕin²¹。zi⁴⁴z̩ə¹³，fəŋ⁴²
我　给　大　家　讲　一　个　风　连　日　头　儿　的　古　今。　一　日，　风
我给大家讲一个风和太阳儿的故事。一日，风

læ̃¹³z̩ʁ⁴²tʻʁu²²z̩⁴⁴tsəŋ³³tʂʻʁ³³ɕuɪ⁵³tsuɪ⁵³tɛ⁵³。fəŋ³³ʂuʁ³²："vu⁴⁴tsæ⁵⁵tɕʻin⁴²tɕʻin²⁴
连　日　头　儿　争　着　说　谁　最　歹。　风　说："兀　咱　清　　清
和太阳儿争着说谁最厉害。风说："那咱清清

tsʻu²¹tʂʻu⁵³tɕʻiʁu⁴⁴sɿ⁴²kʁ⁵⁵mʁ²¹！kʁ⁵⁵zi⁴⁴tsʻuɪ⁴²kʻɛ²²sɿə⁴⁴，tɕʻiʁu⁴⁴ma⁴²ʂu⁴⁴ku⁵⁵tsɿ²¹
楚　楚　就　是　我　么！我　一　吹　开　是，　就　把　树　骨　子
楚楚就是我嘛！我一开始呗，就把树枝子

tsʁ⁵⁵tuæ̃⁴⁴la²¹，pa⁴²vu⁴⁴ke⁴²ʂuɪ⁵⁵tɕʻiʁu⁴⁴tʻuɪ⁴²tʂʁ¹³xʁ¹³iæ²²sã⁴⁴la⁴²。z̩⁴²tʻʁu²²z̩⁴⁴
折　断　啦，把　兀　个　水　就　　推　着　河　沿　上　啦。"日　头　儿
折断了，把那个水就推到河岸上了。"太阳

ʂuʁ⁴²："tʂɿ⁴⁴iʁu⁵⁵so⁴⁴liɛ²？kʁ⁵⁵pi²¹li⁵³kʻəŋ⁵⁵tin⁴⁴tɛ⁵⁵ti²¹tuʁ²¹。"tsʻo²⁴liã³³ke²¹tsəŋ⁴²
说："这　有　啥　呢？我　比　你　肯　定　歹　得　多。"曹⁼　俩　个　争
说："这有啥呢？我比你肯定厉害得多。"我们俩个争

pu²²xa⁴⁴ke⁴²kɔo²²ti²²tʊ²²sɿ²¹xʁu⁴³，kʻæ²²tʂʻʁ⁴⁴lɔo⁴³zi²¹ke²¹tʂʻuæ̃⁴²xa¹³ke²¹xʁu⁴⁴xʁu⁴⁴
不　下　个　高　低　的　时　候，　看　着　了　一　个　穿　下　个　厚　厚
不下个高低的时候，看着了一个穿着个厚厚

kʁ²¹ti²¹zi⁴²ʂã²²tʊ⁴⁴z̩¹³。z̩ʁ⁴²tʻʁu¹³ʂuʁ⁴²："tsʻo²⁴liã⁵³kʁ³²ʂuɪ²⁴ləŋ²⁴ma⁵³vu⁴⁴ke⁴²
个　的　衣　裳　的　人。　日　头　说："曹⁼　俩　个　谁　能　把　兀　个
着的衣裳的人。太阳说："我们俩个谁能把那个

z̩ən²²tʊ⁴⁴xʁu⁴⁴i⁴²sã¹³ku⁴⁴tʻuʁ⁴²xa¹³，ʂuɪ²²tɕʻiʁu⁴⁴zin²²la⁴³，ʂuɪ²²tɕʻiʁu⁴⁴sɿ⁴³tsuɪ⁴⁴tɛ⁵⁵
人　的　厚　衣　裳　给　脱　下，　谁　就　赢　啦，　谁　就　是　最　歹
人的厚衣裳给脱下，谁就赢了，谁就是最厉害

ta²¹。"fəŋ³³ʂuʁ³³，"tʂʻəŋ²²liɛ⁴³，tʻa²¹ɕiæ⁴²lɛ¹³。"fəŋ³³zi⁵⁵sã⁴⁴lɛ⁴⁴tɕʻiʁu⁴⁴məŋ⁵⁵məŋ¹³
的。"风　说，"成　哩，　他　先　来。"风　一　上　来　就　　猛　猛
的。"风说，"可以呢，他先来。"风一上来就猛猛

kɤ⁴²kua⁵⁵kuɤ⁴⁴lɔo⁴²ʑi⁴⁴fəŋ²¹。 tʂʻuæ⁴²xɤu⁴⁴ʑi⁴²ʂã²²tʊ⁴⁴vu⁴⁴ke⁴²ʐɝ¹³kɤ⁴²sɿ¹³ləŋ⁵⁵te²¹
个 刮 过 了 一 风。 穿 厚 衣 裳 的 兀 个 人 觉 是 冷 得
地刮过了风。穿厚衣裳的那个人觉得冷得
xɝ⁵³, yɤ⁴²lɛ¹³yɤ²¹lɝ⁵³, tʻa⁴²tɕʻiɤu⁴⁴ma²¹vɛ⁴⁴tʻɤu⁴⁴tʊ⁴²ʑi⁴²ʂã¹³ku⁴⁴yɤ⁴²pɔo⁴⁴yɤ²¹tɕiẽ⁵³。
很， 越 来 越 冷， 他 就 把 外 头 的 衣 裳 给 越 抱 越 紧。
很，越来越冷，他就把外面的衣裳给越抱越紧。
fəŋ⁴²tsuɿ⁴⁴xɤu⁴⁴ma⁵³vu⁴⁴ke⁴²ʐəŋ¹³ti⁴⁴ʑi⁴²ʂã¹³mɤ⁴⁴tʻuɤ⁴²xa¹³。 tʂɿ⁴⁴məŋ⁴⁴sɿ⁴³tɕʻiɤu⁴⁴
风 最 后 把 兀 个 人 的 衣 裳 没 脱 下。 这 么 是 就
风最后把那个人的衣裳没脱下。这么就
luŋ²²tɕo⁴⁴zɤ⁴²tʻɤu²⁴lɔo⁴²。 ʐɤ⁴²tʻɤu²²ʐɿ⁴⁴mæ⁴⁴mæ⁴⁴kɤ⁴²ti²¹tsʻɛ⁴⁴vəŋ¹³tsʻɤ⁴²xɤu⁴⁴
轮 到 日 头 了。 日 头 儿 慢 慢 个 地 在 云 彩 后
轮到太阳了。太阳儿慢慢儿地在云彩后
tʻɤu⁴²tʂʻu⁴²lɛ²²la⁴³, tʻa³³ma³³vu⁴⁴luæ⁵⁵luæ¹³kɤ⁴²tʊ²¹kuã⁴²ɕiæ⁴⁴ku⁴⁴tʂɔo⁴⁴tʂɤ⁴⁴vu⁴⁴
头 出 来 了， 他 把 兀 暖 暖 个 的 光 线 给 照 着 兀
头出来了，他把那暖暖儿的光线给照在那
ke⁴²ʐəŋ²²tʊ⁴⁴ʂəŋ⁴²ʂã²²la⁴³。 tʂʻuæ⁴²lɛ²²xɤu⁴⁴xɤu⁴⁴kɤ²¹ʑi⁴²ʂã²²tʊ⁴⁴ke⁴²ʐɝ¹³kɤ⁴²
个 人 的 身 上 啦。 穿 来 厚 厚 个 衣 裳 的 兀 个 人 觉
个人的身上了。穿着厚厚的衣裳的那个人觉
sɿ²²tɕʻiɤu⁴⁴yɤ⁴²lɛ¹³yɤ²¹luæ⁵⁵xuɤ²¹, tʂɿ⁴⁴məŋ⁴⁴tɕʻiɤu⁴⁴ma⁴²ʑi⁴²ʂã¹³kɛ⁵⁵kʻɛ²¹la²¹, mæ⁴⁴
是 就 越 来 越 暖 和， 这 么 就 把 衣 裳 解 开 啦， 慢
的就越来越暖和，这样就把衣裳解开了，慢
mæ⁴⁴kɤ²¹ti²¹tʻuɤ⁴²xa²²la⁴³, tʻa⁴²xæ¹³kɔo⁴²ɕin⁴⁴ti⁴²ɕiɔo⁴⁴kʻɛ⁴⁴la²¹。 tʻa⁴²tɕiɤu⁴⁴tʂɤ⁴⁴
慢 个 地 脱 下 啦， 他 还 高 兴 地 笑 开 啦。 他 蹲 着
慢儿地脱下了，他还高兴地开始笑了。他蹲在 ‖蹲着：蹲着。
ʑiã¹³pʻɤ⁴²pæ⁴⁴ke⁴²ɕɛ⁴⁴tʻɛ⁴⁴iã²¹tɕʻi²¹la²¹。 ʐɤ⁴²tʻɤu²²ʐɿ⁴⁴vəŋ⁴⁴tʂɤ⁴²ʂuɤ⁴²:"li⁵⁵ʐɔo⁴⁴
阳 婆 半 个 晒 太 阳 去 啦。 日 头 儿 问 着 说:"你 照
太阳旁边晒太阳去了。太阳儿问着说:"你看 ‖半个：旁边。
tʂʻɤ⁴⁴lɔo⁴³va³²? tsɿ⁴²ioi⁴⁴ʐɝ¹³tʂʻuɤ⁴²ɕin²²sæ⁴⁴ʂʅ⁴³, xɤu⁴²xɛ⁴⁴ʐɝ¹³, tʂɿ⁴⁴tsʻɛ²²sɿ⁴⁴ʂʅ⁴⁴
着 了 哇？ 只 要 人 多 行 善 事， 休 害 人， 这 才 是 世
见了吗？只要人多行善事，别害人，这才是世
ʂã⁴²tsuɿ⁴⁴tɛ⁵⁵tʊ²¹。"
上 最 歹 的。"
上最厉害的。"

30. 临洮话

fɤŋ¹³xo¹³tʻɛ⁴⁴iã²¹
风 和 太 阳

tɕĩ¹³ʐʅ²¹mo²¹sʅ⁴⁴,	ŋo⁵³ke⁵³ni⁵³mɝ̃²¹ʂo¹³zi²¹ke⁴⁴fɤŋ¹³xo¹³tʻɛ⁴⁴iã²¹te²¹ku⁵³sʅ³³². iʊ⁵³
今日 没 事,	我 给 你们 说 一 个 风 和 太 阳 的 故事。 有

今日没事,我给你们说一个风和太阳的故事。有

zi⁴⁴tʻiæ²¹, fɤŋ¹³xo¹³tʻɛ⁴⁴iã²¹tsẽ¹³lyõ⁴⁴³tʻa²¹mɤŋ¹³ʂue²²tsue⁴⁴tɕʻiã¹³tʂuã⁴⁴iʊ⁵³liə¹³。
一 天, 风 和 太 阳 争 论 它 们 谁 最 强 壮 有 力。

一天,风和太阳争论它们谁最强壮有力。

fɤŋ¹³xẽ⁵³tsʅ⁴⁴ɕĩ⁴⁴ti²¹ʂo¹³: "ŋo⁵³ti²¹li⁴⁴xɛ²¹ni⁵³tsue⁴⁴liã⁴⁴ tɕʻĩ²¹liɔ²¹。 ŋo⁵³yõ⁴⁴li¹³zi⁴⁴
风 很 自 信 地 说:" 我 的 厉 害 你 最 亮 清 了。 我 用 力 一

风很自信地说:"我的厉害你最清楚了。我用力一

tsʻue¹³, ta⁴⁴ʂu⁴⁴tɕiʊ⁴⁴xue⁴⁴liæ¹³kẽ²¹pʻa¹³tɕʻiə⁵³, xe¹³ʂue⁵³tɕiʊ⁴⁴xue⁴⁴pʻo²¹tʻɔ²¹çyõ¹³
吹, 大 树 就 会 连 根 拔 起, 河 水 就 会 波 涛 汹

吹,大树就会连根拔起,河水就会波涛汹

zyõ⁵³。" tʻɛ⁴⁴iã²¹tʻĩ²¹xʊɐ⁴⁴, tsʅ²¹sʅ²¹tæ̃⁴⁴ti²¹ʂo²¹liɔ¹³zi²¹tɕyə³³, "tʂe⁴⁴iʊ⁵³ko²¹ʂa⁵³
涌。" 太 阳 听 后, 只 是 淡 淡 地 说 了 一 句, "这 有 个 啥

涌。"太阳听后,只是淡淡地说了一句,"这有什么

niə¹³。" tʂe⁵³sʅ²¹xʊɐ⁴⁴, tʂɛ⁴⁴xɔ⁵³ziʊ⁵³zi²¹kə⁴⁴tsʻuæ̃²¹tɛ⁴⁴tʂẽ¹³tɕʻiə²¹, pĩ⁴⁴tsʻuæ̃²¹tʂo¹³
呢。" 这 时 候, 正 好 有 一 个 穿 戴 整 齐, 并 穿 着

呢。"这时候,正好有一个穿戴整齐,并穿着

fɤŋ²⁴zi²¹ti²¹ʐẽ¹³tsʊ⁵³liʊ⁴⁴kuo⁴⁴lɛ¹³。 tʻɛ⁴⁴iã²¹tɕiʊ⁴⁴tʻiɔ⁵³tʂæ⁴⁴ɕĩ⁴⁴ti²¹tue⁴⁴fɤŋ¹³ʂo²¹,
风 衣 的 人 走 了 过 来。 太 阳 就 挑 战 性 地 对 风 说,

风衣的人走了过来。太阳就挑战性地对风说,

"ni⁵³tsʻue¹³ni⁵³ti²¹fɤŋ²⁴li²¹ta⁴⁴, v̍⁴⁴ke³²zẽ²¹ti⁴⁴fɤŋ²⁴zi²¹ni⁵³nẽ¹³tsʻue²¹tiɔ⁴⁴ma²¹?
"你 吹 你 的 风 力 大, 兀 个 人 的 风 衣 你 能 吹 掉 吗?

"你吹你的风力大,那个人的风衣你能吹掉吗?

ŋo⁵³sue²¹zæ̃¹³mo²¹ziʊ⁵³ni⁵³na⁵³fɤŋ²⁴li²¹, fæ⁵³ər⁴²nẽ²⁴tʻo²¹tiɔ⁵³tʻa²⁴ʂẽ²¹ʂã⁴⁴ti²¹fɤŋ²⁴
我 虽 然 没 有 你 那 风 力, 反 而 能 脱 掉 他 身 上 的 风

我虽然没有你那风力,反而能脱掉他身上的风

zi²¹。" tɕiɔ²¹ŋ⁴⁴ti²¹fɤŋ¹³a²¹ɕiæ¹³kua²¹ɕi¹³tɕʻi⁵³lɛ¹³。tæ⁴⁴v⁵³ke²¹ʑẽ¹³mã¹³yõ⁴⁴ʑi¹¹tʻɛ⁴⁴³
衣。" 骄 傲 的 风 啊 先 刮 了 起 来。但 兀 个 人 忙 用 衣 带
衣。"骄傲的风先刮了起来。但那个人忙用衣带

tɕĩ⁴⁴tɕĩ⁵³ti²¹lɛ²¹tʂu⁴⁴iɔ¹³ʂẽ¹³, pe⁴⁴fɤŋ²¹væ⁵³ʂẽ¹³tɔ⁵³kʻɛ²¹liɔ¹³fɤŋ²¹tʻʊr¹³。tẽ⁵³fɤŋ²¹ko⁴⁴
紧 紧 地 勒 住 腰 身, 背 风 弯 身 躲 开 了 风 头 儿。等 风 过
紧紧地勒住腰身,背风弯身躲开了风头儿。等风过

xʊ⁵⁵, na⁵³ʑẽ²¹ti⁴⁴fɤŋ²⁴ʑiə²¹ʑi²⁴ʑ̩æ²¹xɔ²¹xɔr⁵³ti²¹tʂʻuæ²²tʂe⁴⁴ʂẽ²¹ʂã⁴⁴ni²¹。tʂe⁴⁴ʂʅ²¹
后, 那 人 的 风 衣 依 然 好 好 儿 地 穿 着 身 上 呢。这 时
后,那人的风衣依然好好儿地穿在身上呢。这时

xʊə⁴⁴³, tʻɛ⁴⁴iã²¹pa²¹ʑɛ²⁴lie²¹tiː²¹iã²⁴kuã²¹sa⁵³ɕiã⁴⁴ta⁴⁴ti⁴⁴, tʂɔ⁴⁴ʂɛ⁴⁴tɔ⁴⁴ʑẽ²¹mɤŋ⁴⁴ti²¹
候, 太 阳 把 热 烈 的 阳 光 洒 向 大 地, 照 射 到 人 们 的
候,太阳把热烈的阳光洒向大地,照射到人们的

ʂẽ²¹ʂã⁴⁴。v⁴⁴ke²¹tʂʻuæ²¹fɤŋ²⁴ʑi²¹ti²¹ʑəә¹³kæ⁵³tɔ⁴⁴iʊ⁵³ɕie²¹ʑɛ¹³, xæ⁴⁴ie⁵³liʊ²¹ɕia⁴⁴lɛ²¹
身 上。兀 个 穿 风 衣 的 人 感 到 有 些 热, 汗 也 流 下 来
身上。那个穿风衣的人感到有些热,汗也流下来

liɔ³³², sue²²xʊ⁴⁴tɕiʊ⁴⁴pa²¹fɤŋ²⁴ʑi²¹tʻo²¹ɕia⁵³lɛ¹³, ʂue¹³ta⁵³ʂue¹³ta⁵³fɤŋ²⁴tʂʻue²¹tsɛ⁴⁴
了, 随 后 就 把 风 衣 脱 下 来, 摔 打 摔 打 风 吹 在
了,随后就把风衣脱下来,摔打摔打风吹在

ʂã⁴⁴miæ²¹ti²¹na⁵³ɕie²¹xue²¹tʂʻẽə¹³², tɕie²²tʂɔə⁴⁴³, ɕiɔ⁴⁴tʂɔ²¹kæ⁵³ɕie⁴⁴tʻɛ⁴⁴iã²¹ti²¹
上 面 的 那 些 灰 尘, 接 着, 笑 着 感 谢 太 阳 的
上面的那些灰尘,接着,笑着感谢太阳的

kuæ²²tʂɔ⁴⁴。tʻɛ⁴⁴iã²¹pʻĩ¹³tɕi⁴⁴ti²¹ʂo¹³:"ni³³kʻæ⁴⁴tɔ⁴⁴liɔ²¹ma²¹? væ⁴⁴vo²¹ʑẽ¹¹lue⁴⁴
关 照。太 阳 平 静 地 说:"你 看 到 了 吗? 万 物 人 类
关照。太阳平静地说:"你看到了吗?万物人类

xo²⁴mu²¹ɕiã³³tʂʻuə³³, tsʻe³³nẽ³³tsʻæ⁵³sẽ²¹tɕiã²²ta⁴⁴ti²¹tʂɤŋ⁴⁴nẽ¹¹liã⁴⁴。"
和 睦 相 处, 才 能 产 生 强 大 的 正 能 量。"
和睦相处,才能产生强大的正能量。"

31. 漳县话

fʏ̃⁵³læ̃²⁴ʒʏ⁴²tʻʏu²⁴
风 连 日 头

tsiʏ̃²²ʒʏ²¹kʏ⁴², kʏ⁵³kuo⁴⁴n̩iʏu²⁴ʃuo²²zi²¹kE²¹fʏ̃⁵³læ̃²⁴ʒʏ⁴²tʻʏu²⁴ti⁴⁴ku⁴⁴tsiʏ̃²¹。iʏu⁵³	
今 儿 个, 我 和 你 说 一 个 风 连 日 头 的 古 今。 有	
今儿个,我和你们说一个风和太阳的故事。有	
υ²⁴i²⁴tɕʻiæ̃²¹, fʏ̃⁵³læ̃²⁴ʒʏ⁴²tʻʏu²⁴ɑ²¹tsʏ̃⁴²tʃʏ²⁴ɑ²¹ɑ⁴²kʏ²⁴tsuei²⁴iʏu⁴⁴pʏ̃⁴²ʃʅ²¹。fʏ̃⁴⁴ʃuə⁴²	
兀 一 天, 风 连 日 头 啊 争 着 啊 阿 个 最 有 本 事。 风 说	
那一天,风和太阳争着哪个最有本事。风说	
ɑ²¹:"mʏ²⁴ʃuo²¹ti²⁴, tsuei²⁴iʏu⁴⁴pʏ̃⁵³ʃʅ²¹ti²¹ɑ⁴²mʏ̃²¹xɑ⁴²tsʻiʏu²²ʃʅ²¹kʏ⁵³lɔo²¹, kʏ⁵³	
啊:"没 说 的, 最 有 本 事 的 阿 么 下 就 是 我 了, 我	
说:"没说的,最有本事的肯定了就是我了,我 ‖阿么下:那么。	
tʃʏ²¹fʏ̃²¹zi²¹kuɑ⁴², ʃu²⁴ku⁴²tsʅ²¹zi⁴²kuɑ²¹tsiʏu²⁴tʻuæ̃²⁴lɔo²¹, xE²¹xuE²⁴pɑ³³pʻʏ⁵³læ̃²⁴	
这 风 一 刮, 树 骨 子 一 刮 就 断 了, 还 会 把 波 浪	
这风一刮,树枝子一刮就断了,还会把波浪	
zi⁴²kuɑ²⁴tʻʏu²¹tuE⁴²tɔo²⁴kæ̃²⁴ʃã²¹tɕʻy²¹。""tʃʏ²⁴iɔo³³ʃuʏ²⁴liE²¹, fæ̃⁵³tʃʏ̃²⁴ɑ²¹, kʏ⁴⁴pi⁴²	
一 挂 都 推 到 岸 上 去。" "这 有 啥 呢, 反 正 啊, 我 比	
一起都推到岸上去。""这有什么呢,反正啊,我比 ‖一挂:一起。	
n̩i²¹lʏ²⁴ti²¹tʏ²²。" ʒʏ⁴²tʻʏu²⁴ɑ²¹zi²¹tiæ̃⁴⁴tʏu²¹pu⁴²fu²⁴tsʻi⁴⁴, liã²⁴kiE⁴²ɑ²¹, tsʏ̃⁴²lE²⁴	
你 能 得 多。" 日 头 啊 一 点 都 不 服 气, 两 个 啊, 争 来	
你能得多。"太阳啊一点都不服气,两个呀,争来	
tsʏ̃⁴²tɕʻy²⁴, tsʏ̃²²ti²¹mʏ⁴²ɕiɑ²⁴tʃã²¹ti²¹ʃʅ²¹xʏu⁴⁴, tʻʏu²⁴kã²⁴tʃʏ⁴⁴liɔo²¹zi²²kE²¹uE²⁴	
争 去, 争 得 没 下 场 的 时 候, 他 看 着 了 一 个 外	
争去,争得没结果的时候,他看见了一个外	
miæ̃³⁵tʻɔo²⁴xɑ²¹zi⁴²tɕʻiæ̃²⁴xʏu²⁴zi⁴²fu²²ti²¹ʒʏ̃²¹。tE²⁴iã²⁴ʃuʏ⁵³ɑ²¹, "tsʻɔo²⁴liã⁴²kʏ²¹	
面 套 下 一 件 厚 衣 服 的 人。太 阳 说 啊: "曹₌ 两 个	
面套下一件厚衣服的人。太阳说啊:"我们两个	
ʃʅ²⁴tʃʏ²¹tʃɔo²⁴, kæ̃⁴²ɑ⁴²ʃuE²⁴, ɑ⁴²ʃʅ²⁴lʏ̃²⁴tʻuo⁵³u²⁴ʒʏ̃²¹tiE²¹uE⁴⁴tʻɔo⁴⁴, uo⁴⁴ɑ⁴²ʃʅ²⁴	
试 着 照, 看 阿 谁, 阿 谁 能 脱 兀 人 的 外 套, 兀 阿 谁	
试着看,看哪个,哪个能脱那人的外套,那哪个	

lʏ̃²⁴tʻuo⁵³xɑ²⁴, uo²⁴ɑ⁴²ʃʅ²⁴, ɑ²¹tsiɤu⁴⁴ʃʅ²¹tsuE²⁴iɤu⁴⁴pʏ̃⁴²ʃʅ²¹ti²¹ʒʏ̃²⁴。" fʏ̃⁴⁴iʏ̃²⁴tʃʅ²¹
能　脱　下,　兀　阿谁,　阿　就　是　　最　有　本　事　的　人。"　风　应　承
能脱下,那哪个,哪个就是最有本事的人。"风答应　‖应承:答应。

xɑ²¹lɔo²¹, u³⁵fʏ̃²¹zi⁴²ʃɑ̃²⁴lE²⁴, mE⁵³mE²²ti²¹kuɑ⁵³lɔo²¹kɤ²¹, kuɑ⁵³lɔo²²tɕiɑ²¹,
下　了,　兀　风　一　上　来,　美　美　地　刮　了　个,　刮　了　会,
下了,那风一上来,美美地刮了会儿,刮了会儿,

kuɑ⁵³tɔo²¹u²⁴kɤ²¹ʒʏ̃²⁴lʏ̃⁵³ti²¹tʃʅ⁵³pu²¹tʃʻʅ²⁴。xɤu²⁴tʻɤu²¹ʃɑ²⁴, lʏ̃⁵³ti²¹lian²⁴ȵiɑ²⁴
刮　得　兀　个　人　冷　得　支　不　住。　后　头　啥,　冷　得　连　牙
刮得那个人站不住。后头呢,冷得连牙

tsʻɔo²¹ku²¹tɤu²¹tɑ⁵³kʻE²¹tɕiɑ²⁴lɔo²¹, mɤ²¹tiæ̃⁵³tiəɹ²¹pæ̃²⁴fɑ²¹, tʃʅ²¹xɔo⁵³tʃʻuɑ⁵³tʃʻʅ²¹
槽　骨　都　打　开　架　了,　　没　点　点儿　办　法,　只　好　抓　　住
槽骨都开始打架了,没一点办法,只好抓住　‖打开架:开始打架了。

uE²⁴tʻɤu²¹ti²¹zi⁴²tsiʏ̃²¹, yE⁵³kuo⁴⁴yE²¹tsiʏ̃⁵³, fʏ̃⁵⁵tɕʻiE²²kuɑ⁵³mɤ²⁴kuɑ⁵³, iE²¹mɤ²⁴
外　头　的　衣　襟,　越　裹　越　紧,　风　且　刮　没　刮,　也　没
外面的衣襟,越裹越紧,风且刮没刮,也没

tʻuo²²zi²⁴xɑ⁴²xɑ⁴⁴u²⁴ʒʏ̃²⁴tɤ⁴⁴uE²⁴zi²¹. tsɑ⁴²lyʏ̃²¹tɔo⁴⁴ʒʏ̃⁵³tʻɤu²⁴tʻuo²²lɑ²¹, u³⁵ʒɤ⁵³
脱　一　下　下兀　人　的　外衣。　嗒　轮　到　日　头　脱　啦,　兀　日
脱下那人的外衣。现在轮到太阳脱了,那太　　嗒:发语词。

tʻɤu²⁴tsʻuʏ̃²⁴yʏ̃²⁴tsʻE⁴²li²¹tʻɤu²⁴pɑ³³tɤ²²lɔo²¹tʻæ̃²⁴tʃʻʅ²⁴lE²⁴, yʏ̃³⁵tʻɑ²²tɤ²⁴u²⁴iɤu⁴⁴luæ̃⁴²
头　从　云　彩　里　头　把　多　脑　探　出　来,　用　他　那兀　又　暖
阳从云彩里头把脑袋探出来,用他那又暖　‖多脑:脑袋。

iɤu⁴⁴liɑ̃⁴⁴ti²¹ʒʏ̃⁵³tʻɤu²⁴ɑ⁴², pɑ³³u²⁴kɤ²¹ʒʏ̃²⁴ti²¹xuʏ̃²¹ʃɑ̃²⁴xɑ⁴⁴, tʃɔo²⁴li²¹liɑ̃²⁴liɑ̃²¹
又　亮　的　日　头　啊,　把　兀　个　人　的　浑　身　上　下,　照　得　亮亮
又亮的阳光,把那个人的浑身上下,照得亮亮

kɤ²¹, tʃɔo²⁴ti²¹u²⁴kɤ²¹ʒʏ̃²⁴tʻuʏ̃⁴⁴iE²¹pu²¹tʻuʏ̃⁴⁴lɔo²¹, ȵiæ̃⁵³ʃɑ̃⁴⁴xæ̃²⁴uɑ⁴⁴uɑ²¹kɤ²¹
个,　照　得　兀　个　人　动　也　不　动　了,　脸　上　还　哇　哇　个
的,照得那个人动也不动了,脸上还哇哇地

siɔo²⁴kʻE²¹, tʻɑ³³tɕiE⁵³ʏ̃²⁴tʃʻɤ²⁴ʃE²⁴tʻE²⁴iɑ̃²¹tʃʏ̃⁵³kɤ²⁴tE²¹tɕiʏ̃²¹ti²¹xʏ̃⁵³, ʃE²⁴lE²⁴ʃE²⁴
笑　开,　他　觉　着　这　晒　太　阳　真　个　带　劲　得　很,　晒　着　晒
笑了,他觉着这晒太阳真的舒服得很,晒着晒

lE²¹ti⁴⁴, u³⁵ʒʏ̃²⁴tɕiE⁵³ʃʅ²⁴ʒʏ̃²¹tʃʻʅ²¹ti⁴²pu²¹tʃʻʅ²⁴, kæ̃⁵³tsʻuE²⁴tɕiɤu²⁴pɑ²¹uE⁴⁴tʻɔo²⁴
着　地,　兀　人　觉　着　热　着　支　不　住,　干　脆　就　把　外　套
着地,那人觉着热得受不了,干脆把外套

kuo²⁴tʻuo⁵³xɑ²¹lɔo⁴⁴。tʻE²⁴iɑ̃²¹uɤ³⁵fɤ²¹："kʻæ³⁵tsʻiɤ²¹tʃʻu̜²⁴lɤ²¹mɤ⁴⁴？siɤ⁵³ʃu̜³⁵xɔo⁵³,
给 脱 下 了。太 阳 问 风："看 清 楚 了 吗？ 心 术 儿 好,
给脱下了。太阳问风："看清楚了吗？心术儿好,
liæ³⁵ʒɤ²⁴tɕiE⁵³tʃʻu̜³⁵ʃʅ²⁴ɑ²¹，iɤ⁴⁴uɤ²⁴miɤ²⁴iɤ²⁴kʻE⁴²tɕʻi²⁴， u³⁵tsʻE²⁴suæ⁴⁴ʃʅ²¹tɕʻiæ²¹ti²⁴
连 人 接 触 时 啊，又 文 明 又 客 气，兀 才 算 是 天 地
和人接触时，又文明又客气，那才算是天地
xɑ²¹tsuE²⁴iɤu⁴⁴pɤ̃⁵³ʃʅ²¹, tsuE²⁴tE⁴²ti²²ʒɤ²¹。"
下 最 有 本 事， 最 歹 的 人。"
下最有本事，最厉害的人。"

32. 陇南话

fə̃⁵³xuə¹³ziaŋ²¹pʻuə⁵⁵
风 和 阳 婆

tɕiə̃⁵³tʻiæ̃²¹ŋ⁵⁵kei²¹ta²⁴tɕia²¹tɕiaŋ⁵⁵zi²¹kə⁵⁵fə̃⁵³xuə¹³ziaŋ²¹pʻuə¹³tə²¹sʅ²⁴。ziɤu⁵⁵zi²⁴
今 天 我 给 大 家 讲 一 个 风 和 阳 婆 的 事。有 一
今天我给大家讲一个风和太阳的事。有一
tʻiæ̃²¹, fə̃⁵³xuə¹³ziaŋ²¹pʻuə⁵⁵tsə̃⁵³ti²¹tsuei²⁴tʂʻʅ²¹tɕiə̃²⁴。fə̃⁵³ʃuə²¹：" taŋ⁵⁵zæ̃¹³ŋə⁵⁵
天， 风 和 阳 婆 争 得 最 吃 劲。 风 说："当 然 我
天，风和太阳争得最厉害。风说："当然我 ‖ 吃劲：厉害。
tsuei²⁴tʂʻʅ²¹tɕiə̃²⁴, ŋ⁵⁵xuei²⁴pa²¹ʃu²⁴tsʅ²¹zi²¹kʻɤu⁵⁵tʃʻuei⁵³ʂə²⁴, xuei²⁴pa²¹laŋ²⁴xua²¹
最 吃 劲， 我 会 把 树 枝 一 口 吹 折， 会 把 浪 花
最厉害，我会把树枝一口吹折，会把浪花
tsʅ²¹tʃʻuei⁵³tɔu²⁴xuə²¹tə²¹vei⁵³miæ̃²¹。" ziaŋ²¹pʻuə⁵⁵ʃuə²¹：" pa²¹tʂə⁵⁵suæ̃²⁴ʂa¹³, ŋ⁵⁵
子 吹 到 河 的 外 面。" 阳 婆 说：" 把 这 算 啥， 我
子吹到河的外面。"太阳说："把这算什么，我
pi⁵⁵ni⁵⁵tʂʻʅ²¹tɕiə̃²⁴ti²¹tuə²¹。" tʂə²⁴taŋ²¹tʻa³¹mə̃²¹tsə̃⁵³ti²¹pu²¹kʻə⁵⁵kʻei⁵³tɕiɔu²¹tə²¹sʅ²¹
比 你 吃 劲 得 多。" 正 当 他 们 争 得 不 可 开 交 的 时
比你厉害得多。"正当他们争得不可开交的时
xɤu⁵⁵, liaŋ⁵³kə²¹zə̃²¹kʻæ̃²⁴tʂuə²¹lɔu²¹zi²¹kə²⁴tʃʻuæ̃⁵³tʂə²¹tʃʻu⁵⁵ziɔu²¹tsʅ²¹tə²¹zə̃¹³
候， 两 个 人 看 着 了 一 个 穿 着 主 袄 子 的 人。
候，两个人看见了一个穿着棉衣的人。
ziaŋ²¹pʻuə⁵⁵ʃuə²¹：" ŋ⁵³mə̃²¹liaŋ³⁵kə²¹tɤu⁵³lei²¹tʻuə²¹ɕia⁵⁵la⁵³kə²¹tʃʻuæ̃⁵³tʂə²¹tʃʻu⁵⁵
阳 婆 说：" 我 们 两 个 都 来 脱 下 那 个 穿 着 主
太阳说："我们两个都来脱下那个穿着棉
ziɔu²¹tsʅ²¹tə²¹zə̃²¹tə²¹zi⁵³fu²¹, ʃuei¹³lə̃⁵³tʻuə²¹ɕia²⁴lei²¹, ʃuei¹³tɕiɤu²⁴tsuei²⁴tʂʻʅ²¹
袄 子 的 人 的 衣 服， 谁 能 脱 下 来， 谁 就 最 吃
衣的人的衣服，谁能脱下来，谁就最厉
tɕiə̃²⁴。" fə̃³¹ʃuə²¹：" la⁵⁵tʂʻə̃¹³, ŋ⁵⁵ɕiæ̃⁵³lei¹³。" tʻa²¹zi²¹ʂaŋ⁵⁵lei²¹tɕiɤu²⁴tsæ̃⁵⁵tʂə²¹
劲。" 风 说："那 成， 我 先 来。" 他 一 上 来 就 攒 着
害。"风说："能行，我先来。"他一上来就攒着

tsa²¹lɛi⁵⁵tə²¹tɕiɤ̃⁵⁵,			sɿ⁵³tɕiɤ̃²⁴ti²¹tʃʰuei¹³fɤ̃²¹。			tʃʰuæ̃⁵³tʂʅ²¹tʃʅ⁵⁵ʑiɔu²¹tsɿ²¹tə²¹la⁵³kə²¹				
砸	奶	的	劲,	使劲	地	吹	风。	穿 着 主 祆	子 的	那个
吃奶的劲,使劲地吹风。穿着棉衣的那个										

ʐɤ̃¹³sɿ²⁴tʂə²⁴xɤ̃⁵⁵lɤ̃²¹,			tɕiɤu²⁴zyɤ̃²⁴ʃuaŋ²¹ʂɤu⁵⁵sɿ⁵⁵sɿ⁵⁵tə²¹pɔu⁵⁵tʂə²¹tsɿ²⁴tɕi²¹tə²¹tʃʅ⁵⁵							
人	试	着	很冷,	就用	双	手	死 死 地	抱 着	自 己 的	主
人试着很冷,就用双手死死地抱着自己的										

ʑiɔu²¹tsɿ²¹。			taŋ³¹ʐæ̃¹³,	ŋei⁵³ʂaŋ²¹ʑiaŋ²¹pʰuə⁵⁵lɔu²¹。			ʑiaŋ²¹pʰuə⁵⁵tsʰoŋ¹³zyɤ̃²¹tə²¹			
祆	子。	当	然,	挨 上	阳	婆	了。	阳 婆	从 云	的
棉衣。当然,轮到太阳了。太阳从云的 ‖挨上;轮到。										

xɤu²⁴miæ̃²¹tsuæ̃⁵³tʃʅ²¹lei¹³,			tʰa⁵⁵pa²¹vɤ̃²¹luæ̃⁵⁵xə²¹ʑiaŋ²¹pʰuə⁵⁵tɕʰyæ̃²¹kei⁵⁵kei²¹lɔu²¹							
后	面	钻	出来,	他把	温	暖	和 阳	婆 全	给	了
后面钻出来,他把温暖和阳光全给了										

la³¹kə²¹tʃʰuæ̃²¹tʃʅ⁵⁵ʑiɔu²¹tsɿ²¹tə²¹ʐɤ̃¹³。				tʃʰuæ̃²¹tʃʅ⁵⁵ʑiɔu²¹tsɿ²¹tə²¹ʐɤ̃²¹ɕiɔu²⁴lɔu²¹,						
那个	穿	主	祆 子	的人。	穿	主	祆 子	的 人	笑	了,
那个穿棉衣的人。穿棉衣的人笑了,										

tɕiɤu²⁴pa²¹ȵiɤu⁵⁵tsɿ⁵⁵kei⁵⁵kʰɛi²¹,				tɕiɤu²⁴pa²¹tʃʅ⁵⁵ʑiɔu²¹tsɿ²¹tʰuə³¹ɕia²¹lɛi²¹lɔu³¹。						
就	把	纽子	解 开,	就	把	主	祆子	脱 下	来	了。
就把纽子解开,就把棉衣脱下来了。										

ʑiaŋ²¹pʰuə⁵⁵vɤ̃²⁴:"ȵi⁵⁵kʰæ̃²⁴tɔu²⁴liɔu²⁴ma²¹?					iɔu²⁴pa²¹ʑi⁵³ʂaŋ²¹tʰuə³¹ɕia⁵⁵lɛi¹³,					iɔu²⁴
阳	婆	问:	"你	看到	了	吗?	要 把 衣	裳 脱	下 来,	要
太阳问:"你看到了吗?要把衣裳脱下来,要										

xɔu⁵⁵xɔu⁵⁵tə²¹tuei²⁴tɛi²⁴tʰa²¹,				kei²⁴tʰa⁵⁵vɤ̃²¹luæ̃⁵⁵,			tʂə⁵⁵sɿ²⁴tɕʰiɤ̃²¹tɕiɤu²¹xɔu⁵⁵pæ̃²⁴。"			
好	好	地	对 待	他,	给	他温	暖,	这 事	情就	好 办。"
好好地对待他,给他温暖,这事情就好办。"										

33. 文县话

$$f\tilde{ɔ}^{31}læ̃^{13}iɛ^{42}t'ɤu^{13}$$
风　连　热　头

tɕiɔ̃⁴⁴t'iæ²¹ŋɤ⁵⁵yɔ̃⁴²vɔ̃²¹ɕiæ²⁴xua⁴²kei³⁵n̩i²¹mɔ̃⁵⁵tɕiũ⁵⁵zi³¹k'uɛ²⁴tʂei⁴⁴kɤ⁴⁴fɔ̃³¹læ̃¹³iɛ⁴²
今　天　我用　文　县　话　给你们　讲　一　个　这　个　风 连 热
今天我用文县话给你们讲一个这个风和太
t'ɤu¹³tɤ²¹ku²⁴sɿ²¹。iɤu³⁵zi³¹t'iæ³¹ɤ²¹, fɔ̃³¹læ̃¹³iɛ⁴²t'ɤu¹³liũ⁴⁴k'uɛ⁴⁴tʂɔ̃³¹, ɕyɤ³¹
头　　的 故 事。 有 一　天　了， 风　连 热 头　两 个　争， 说
阳的故事。有一天呢，风和太阳两个争，说
t'a³¹mɔ̃²¹liũ³³kɤ⁵⁵suei¹³n̩i²⁴xɛ²⁴。ɛ²²ia⁴², fɔ̃³¹ɕyɤ³¹:"ŋɤ⁵⁵li²⁴xɛ²¹, ŋɤ⁵⁵k'ə³³zi²¹
他　们　两　个 谁　厉 害。哎呀， 风 说："我 厉害， 我 可 以
他们两个谁厉害。哎呀，风说："我厉害，我可以
pa²¹n̩i⁴²tʃuei³¹tɕ'i⁴²lɛ²¹, k'ɤ³³zi³¹pa²²ʃy²⁴kei²²n̩ɿ⁵⁵tʃuei²²t'uæ²⁴, pa²²ʃy²⁴kɔ̃³¹kei³⁵
把 你　吹　 起 来， 可 以 把 树 给 你 吹　 断， 把 树 根 给
把你吹起来，可以把树给你吹断，把树根给
n̩ɿ⁵⁵p'a¹³tʃ'y³¹lɛ¹³, pa³³xuɤ¹³læ⁴²kei⁵⁵n̩ɿ⁵⁵tʃuei³¹tʂɔ²⁴ʂã²⁴miæ̃⁴⁴tə⁴⁴tsʻɔ⁵³p'ɤ²¹p'ɤ²¹
你 拔 出 来，　把 河 岸 给 你 吹　 到 上 面 的 草 坡 坡
你拔出来，把河岸给你吹到上面的草坡坡
tsɿ⁴⁴sã²⁴tɕ'i²¹。ɛ²²ia²¹, iɛ⁴²t'ɤu¹³ɕyɤ³¹:"tsɤ²⁴mɤ²¹sa¹³, ʂuə²¹ŋɤ⁵⁵xæ̃¹³p̩ɿ⁵⁵n̩i²¹li²⁴
子 上 去。" 哎呀， 日 头　说："这 没 啥， 说 我 还 比 你 厉
子上去。"（哎呀），日头说："这没什么，说我还比你厉
xɛ²¹ti²¹tuə³¹。" tʂɔ̃²⁴tã³¹t'a³¹mɔ̃²¹liũ⁵⁵k'ɤ²¹zɔ̃¹³tsɛ⁴⁴tsʻɔ⁵⁵ti²¹sɿ¹³xɤu⁴², lɔ²⁴ti²¹sɿ¹³
害 得 多。"　正　当 他 们　两 个 人 在 吵 的 时 候， 闹 的 时
害得多。"正当他们两个人在吵的时候，闹的时
xɤu⁴⁴liɛ²¹, uə²⁴ta³³tsɿ¹³lɛ¹³lɔɔ⁴⁴zi³¹k'uɛ³¹lɔɔ⁵⁵xæ̃²¹, tʃuæ̃³¹ti²¹zi¹³k'uɛ⁴²pɔɔ³⁵pɔɔ²²
候　咧， 兀 搭ᵌ子 来 了　一 个　老 汉， 穿 的 一 个　袍 袍
候呢，那儿来了一个老人，穿的一个袍袍　‖ 兀搭ᵌ子：那儿。
tsɿ²¹, tsʻoŋ¹³uə²¹p'ɤ²¹p'ɤ²¹tsɤu⁵³kuə⁴⁴lɛ³³la²¹。t'a³¹mɔ̃²¹liũ⁵⁵kɤ²¹tɕiɤu⁴⁴zi³¹
子， 从 兀 坡 的 坡 的 走　过 来 啦。他 们 两 个 就　一
子，从那坡上走过来了。他们两个就一

t'ɤu¹³liɛ²¹, fɔ̃³¹ɕyɤ³¹sʅ²¹, ŋuə³³liɑ̃³³k'uɛ³³pʅ³⁵zi³¹xa²¹ɔo⁴⁴, k'æ̃²¹k'æ̃²⁴u²⁴liɑ̃³³kɤ⁴⁴
头 咧, 风 说 是, 我 两 个 比一下 哦, 看 看 我 两 个
头咧。风说是，我两个比一下哦，看看我们两个

suei¹³ɭ⁴⁴xɛ²¹。iɛ²¹t'ɤu¹³ia⁴⁴t'oŋ²¹zi²⁴lɔo²¹, fɔ̃³¹ia³³t'oŋ²¹zi²⁴lɔo³¹。iɛ³¹t'ɤu¹³ʂuə³¹:
谁 厉害。日 头 也 同 意 了, 风 也 同 意 了。日 头 说:
谁厉害。太阳也同意了，风也同意了。太阳说:

"fɔ̃³¹, la⁵⁵tɕiɤu⁴⁴n̩i³⁵ɕiæ̃³¹lɛ²¹pa²¹。" fɔ̃³¹ia²¹zi¹³xuer²¹tɕiɤu²⁴ʂuə³¹, "xɔo⁵⁵, ŋɤ⁵⁵
"风, 那 就 你 先 来 吧。" 风 呀 一 会儿 就 说, "好, 我
"风，那就你先来吧。" 风一会儿就说:"好，我

ɕiæ̃³¹lɛ¹³, ŋɤ⁵⁵tɕiɤu²¹k'ɛ²²sʅ⁵⁵la²¹。" fɔ̃³¹tɕiɤu²⁴tʃ'uei³¹ia²¹, hu⁴⁴hu⁴⁴t'i²¹tʃ'uei³¹ia²¹,
先 来, 我 就 开 始 啦。" 风 就 吹 呀, 呼 呼 地 吹 呀,
先来，我就开始啦。" 风就吹呀，呼呼地吹呀，

p'ɔ̃³³p'ɔ̃³³ti²¹tʃ'uei³¹tʃ'uei³¹tɕiɤu²⁴tʃ'uei³¹。a²²ia³¹, tʃ'uei³¹ti²¹uə¹³zɔ̃⁴⁴, tʃ'uæ̃²¹
扑 扑 地 吹 吹 吹 就 吹。啊 呀, 吹 得 兀 人, 穿
扑扑地吹吹吹就吹。啊呀，吹的那人，穿

pɔo⁴⁴pɔo²¹tsʅ²¹tɤ²¹zɔ̃²¹tɕiɤu²⁴pa³⁵zi³¹fu²¹kei⁵⁴tʃ'uei³¹tɕ'i⁵⁵lɛ²¹lɔo²¹, lɔo⁵⁵miæ̃²¹ŋo⁴⁴
袍 袍 子 人 的 就 把衣服 给 吹 起 来 了, 老 棉 袄
袍袍子的人就把衣服给吹起来了，老棉袄

miæ̃¹³xua³¹iɛ⁴²kei³¹tʃ'uei³¹tɕ'i³⁵lɛ¹³la²¹, a²²ia³¹tʃ'uei³¹ti²¹tsɤ⁴⁴kɤ⁴⁴lɔo⁵⁵xæ̃²¹tɕiɤu²⁴
棉 花 也 给 吹 起 来 啦, 啊 呀 吹 地 这 个 老 汉 就
棉花也给吹起来啦，啊呀吹地这个老人就

toŋ²⁴ti²¹ɔo²¹, ei³¹, kɔo³⁵sʅ²¹pu¹³ɕiɔ̃¹³liɔo⁴⁴toŋ⁴⁴ti²¹toŋ⁴⁴ti²¹, t'a³¹tɕiɤu²⁴liɑ̃⁵³kɤ²¹
冻 得 哦, 诶, 可 是 不 行 了冻 的 冻 的, 他 就 两 个
冷得啊，诶，可是不行了冷的冷的，他就两个

sɤu⁵⁵tɕiɤu⁵⁵pɔo²⁴tʃ'ɿ⁴²pa²¹zi³¹ʂɑ̃²¹, zi³¹ʂɑ̃²¹pɔo²⁴tʃ'ɿ⁴², pɔo²⁴tʃ'ɿ²⁴tɕiɤu²⁴tɕyæ̃⁵³
手 就 抱 住 把 衣 裳, 衣 裳 抱 住, 抱 住 就 蜷
手就抱住把衣裳，衣裳抱住，抱住就蜷

tsɔ̃³¹zi³¹t'uə²¹tei¹³lɤ²¹, tʃ'uei³¹ti²¹k'ɤ³⁵sʅ²¹pu¹³ɕiɔ̃¹³lɤ⁴⁴, t'a⁴⁴tɕiɤu⁴⁴toŋ³¹xa²¹lɔo⁴⁴,
成 一 坨 的 了, 吹 得 可 是 不 行 了, 他 就 蹲 下 了,
成一团了，吹得可是不行了，他就蹲下了,

toŋ³¹xa²¹ʂuə⁴⁴sʅ²¹li²¹: "ei³¹, ŋɤ⁵⁵sʅ¹³tsɛ⁴⁴ʂɤu⁴²pu¹³liɔ²¹lɔɔ²¹, ei¹¹, tʂɤ⁴⁴tʃʰuei³¹
蹲 下 说 是 哩:"诶, 我 实 在 受 不 了 了, 诶, 这 吹
蹲下说是哩:"诶,我实在是受不了了,诶,这吹

pu²¹tiɛ⁴⁴tʃʰuei³¹pu²¹tiɛ⁴⁴, tsɛ⁴⁴mə¹³tsʅ¹¹la²¹."ɛ²²ia³¹, tʂɤ⁴⁴sʅ²¹pu²¹tʃʰuei³¹la²¹。iɛ³¹tʰɤu¹³
不 得 吹 不 得, 再 没 治 了。" 哎 呀, 这 时 不 吹 了。 热 头
不得吹不得,再没办法了。"哎呀,这时不吹了。太阳

çyɤ³¹: "tɤ²¹ŋuə⁵⁵liã²¹kʰæ⁴²suei¹³lʅ⁴⁴xɛ²¹ia²¹, n̩i⁵³kʰæ²⁴kʰæ²¹?" iɛ³¹tʰɤu¹³çyɤ³¹:
说: "得 我 俩 看 谁 厉 害 呀, 你 看 看?" 日 头 说:
说:"得我俩看谁厉害呀,你看看?"太阳说:

"ŋɤ⁵⁵lɛ¹³pa²¹." zi²¹xuer⁴⁴iɛ³¹tʰɤu¹³tʃʰoŋ¹³tʂɤ⁴⁴kɤ²¹tʰiæ³¹sã²⁴, tʃʰoŋ¹³uə⁴⁴xei³¹yɔ̃¹³
"我 来 吧。" 一 会 儿 热 头 从 这 个 天 上, 从 兀 黑 云
"我来吧。"一会儿太阳从这个天上,从那黑云

tã³¹tʃʰoŋ³¹tsuæ³¹tʃʰʅ¹³lɛ¹³, zi³¹xa²⁴tsʅ⁴², mæ²⁴mæ⁴⁴, mæ²⁴mæ⁴⁴sɛ⁴⁴, yɤ³¹sɛ²⁴yɤ³¹
当 中 钻 出 来, 一 下 子, 慢 慢, 慢 慢 晒, 越 晒 越
当中钻出来,一下子,慢慢,慢慢晒,越晒越

ŋɤ³¹, yɤ³¹sɛ²⁴yɤ³¹ŋɤ³¹。sɛ²⁴ti⁴⁴tʂɤ⁴²kɤ²¹lɔɔ⁵³xæ²¹tɕiɤu³³ɛ⁴⁴ia²¹, n̩iæ̃⁵³tɤu²¹tʰoŋ³¹
恶, 越 晒 越 恶。晒 得 这 个 老 汉 就 哎 呀, 脸 都 通
恶,越晒越恶。晒得这个老人就哎呀,脸都通

xoŋ²¹tɛ²⁴, n̩iæ̃⁵³zi³¹xa²¹tsʅ⁵⁵tɤu²⁴sɛ²⁴xei³¹lɔɔ²¹, liɤu⁴²lɔɔ¹³zi¹³ʂɔ̃³¹tɤ²¹xæ²⁴, sɛ²⁴
红 的, 脸 一 下 子 都 晒 黑 了, 流 了 一 身 的 汗, 晒
红的,脸一下子都晒黑了,流了一身的汗,晒

ti⁴⁴tʰa⁴⁴tɕiɤu⁴⁴mə⁴²fa³¹, mə⁴²pæ̃²⁴fa³¹la²¹。mə²¹pæ̃²⁴fa³¹tʰa⁴⁴tɕiɤu⁴⁴pa³¹tʰa³¹tʂɤ⁴⁴kɤ⁴⁴
得 他 就 没 法, 没 办 法 啦。 没 办 法 他 就 把 他 这 个
得他就没法,没办法啦。没办法他就把他这个

zi³¹sã²⁴tʰuə³¹lɔɔ²¹, a³³ia²¹, tʰuə³¹tɤ²⁴kɤ⁴²tɕĩ³¹kɤ²²liã²⁴tɛ⁴²。ɛ⁴⁴ia²¹, tʂɤ⁴⁴xa²¹
衣 裳 脱 了, 哎 呀, 脱 了 个 精 个 亮 的。 哎 呀, 这 下
衣裳脱了,哎呀,脱了个精光的。哎呀,这下

çyɤ³¹sʅ²⁴lʅ⁴⁴sʅ⁴²: "ɛ²²ia⁴², tʂɤ⁴⁴sʅ¹³xɤu⁴⁴n̩i⁵³kʰɤ⁴²tʃʰuei³¹tiɛ³⁵fɔ̃³¹tuə²⁴xɔɔ³³lia²¹."
说 是 哩 是:"哎 呀, 这 时 候 你 可 吹 点 风 多 好 咧。"
说是哩是:"哎呀,这时候你可吹点风多好咧。"

tʂei⁴⁴sʅ¹³xɤu⁴⁴, tʰa⁴⁴mɔ̃²¹liã⁵⁵kɤ²⁴tɕiɤu⁴⁴, fɔ̃³¹ʂuə³¹: "sʅ²¹lʅ²¹, xei⁴², ŋɤ⁵⁵pu²¹kei⁵³
这 时 候, 他 们 俩 个 就, 风 说: "是 哩, 嘿, 我 不 给
这时候,他们俩个就,风说:"是哩,嘿,我不给
ȵi²¹tʃʰuei³¹, ȵi⁵³kʰæ⁴⁴xa²¹tʂɤ⁴⁴pa²¹ȵi²¹sɛ²⁴ti²¹tɕiɤu²⁴xɔo⁵³, pa²²ȵi³³tsɛ²¹sɛ²⁴, pa³⁵
你 吹, 你 看 下 这 把 你 晒 得 就 好, 把 你 再 晒, 把
你吹,你看下这把你晒的就好,把你再晒,把
ȵi⁴⁴tɤu⁴⁴sɛ²⁴sʅ⁵³lɔo²¹tsʰɛ¹³xɔo⁵³。" "ɛ²²ia⁴², tʂɤ⁴⁴kɤ²¹sɛ²⁴tʂɤ⁴⁴tʂɤ⁴⁴sɛ²⁴pu²⁴ti²¹, sɛ²⁴
你 都 晒 死 了 才 好。" "哎 呀, 这 个 晒 这 这 晒 不 得, 晒
你都晒死了才好。"哎呀,这个晒这这晒不得,晒
pu²⁴ti³¹lɔo²¹, sɛ²⁴pu²⁴ti²¹tɕiɤu²⁴pɔo²¹sɛ²⁴lɔo⁴²。" ɛ⁴⁴ia²², tʂei⁴⁴kɤ³³ku²⁴sʅ²¹ŋɤ²¹
不 得 了, 晒 不 得 就 嫑 晒 了。" 哎 呀, 这 个 故 事 我
不得了,晒不得就嫑晒了。"哎呀,这个故事我
tʰiɔ̃³¹lɤ²¹ʑi³¹xɤu⁴⁴liɛ³³, ŋɤ³¹, fei³¹tʂã¹³li⁴⁴kɔo³¹ɕiɔ̃⁴⁴, ɛ³¹, iɛ³¹ti²¹sʅ¹³xɤu⁴⁴ɕy²¹iɔo⁴⁴
听 了 以 后 咧, 额, 非 常 地 高 兴, 啊, 热 的 时 候 需 要
听完以后呢,额,非常地高兴,啊,热的时候需要
tʃʰuei³¹tiæ²¹fɔ̃³¹, toŋ²⁴ti⁴⁴sʅ¹³xɤu⁴⁴ɕy³¹iɔo⁴⁴sɛ²⁴tiæ²¹tʰɛ²⁴iã²¹, tʂɤ⁴⁴kʰæ²⁴sʅ³¹fɔ̃³¹læ̃¹³
吹 点 风, 冻 的 时 候 需 要 晒 点 太 阳, 这 看 是 风 连
吹点风,冷的时候需要晒点太阳,这看来风和
iɛ³¹tʰɤu¹³xæ²¹tɤu³¹tʃoŋ²¹iɔo²¹, a³¹, sɔo⁴⁴sɔo⁵⁵lɤ²¹suei¹³tɤu⁴⁴pu¹³ɕiɔ̃¹³。 tʂɤ⁴⁴kɤ²¹
日 头 还 都 重 要, 啊, 少 少 了 谁 都 不 行。 这 个
太阳都很重要,啊,少了谁都不可以。这个
vɔ̃²¹ɕiæ²⁴, tɕiɤu²⁴vɔ̃²¹ɕiæ²⁴xua³¹tʂɤ⁴⁴mɤ²¹iã²¹tɕiã⁵⁵kʰuɛ²¹tʂɤ⁴⁴ku²⁴sʅ²¹, zã²²ta²²tɕia⁴⁴
文 县, 就 文 县 话 这 么 样 讲 个 这 故 事, 让 大 家
文县,用文县话这样讲这个故事,让大家
tʰiɔ̃³¹ʑi³¹tʰiɔ̃²¹a²¹。 ɕyɤ³¹lʅ²¹pu¹³tuei⁴⁴lʅ²¹luə³³lɔo²¹sʅ²¹tsʅ⁵⁵tʰɔo⁴⁴。
听 一 听 啊。 说 哩 不 对 哩 雒 老 师 指 导。
听一听啊。说的不对的雒老师指导。

34. 宕昌话

iã²⁴pʻər²¹lɛ⁴²fəŋ⁴⁴
阳 婆 儿 连 风

ku⁵³sʅ²¹xɤu⁴⁴li²¹iɤu⁵³zʅ¹³tʻiæ³³, fəŋ⁵⁵lɛ⁵³iã³⁵pʻər²¹pʻəŋ⁴⁴tʂuə²⁴lao⁴⁴, liã⁵³kɤ²¹xæ³⁵
古 时 候 里 有 一 天， 风 连 阳 婆 儿 碰 着 了， 两 个 寒
古时候的有一天，风和太阳碰见了，两个寒
ɕyæ⁴²lao²¹zʅ³³tʂəŋ⁴⁴tsʅ²¹, tɕiɤu⁴⁴ʂuə²²tao⁴⁴ʂuei³⁵ti⁴⁴pəŋ⁵³sʅ²¹ta⁴⁴ti²¹xua⁴⁴tɕʻʅ¹³,
喧 了 一 阵 子， 就 说 到 谁 的 本 事 大 的 话 题，
喧了一阵子，就说到谁的本事大的话题，
fəŋ²²ʂuə²¹: "ŋɤ⁵³ti²¹pəŋ⁵³sʅ²¹ta⁴⁴, kua⁴⁴tɕʻʅ⁴²fəŋ⁴⁴lɛ⁴⁴, xuŋ³⁵tɕʻiæ²¹xei²¹ti⁴⁴, fei³⁵
风 说： "我 的 本 事 大， 刮 起 风 来， 昏 天 黑 地， 飞
风说："我的本事大，刮起风来，昏天黑地，飞
sa²¹tʂɤu⁵³ʂʅ¹³, ləŋ³⁵pa²¹tɕʻʅ⁴²zʅ²¹kʻuə⁵³ta²⁴ʂu⁴⁴, xuɛ¹³ləŋ²⁴pa²¹xɤ¹³lʅ⁴⁴ti²¹ʂuei⁵³
沙 走 石， 能 拔 起 一 棵 大 树， 还 能 把 河 里 的 水
沙走石，能拔起一棵大树，还能把河里的水
tʂʻuei²²ʂã⁴⁴ŋæ⁴⁴。 iã¹³pʻuə⁴²ʂuə⁴⁴: "nʅ⁵³ti²¹la⁵³kɤ²¹xuæ²¹suæ⁴²sa⁴⁴pəŋ⁵³sʅ²¹, ŋɤ⁵³
吹 上 岸。" 阳 婆 说： "你 的 那 个 还 算 啥 本 事， 我
吹上岸。"太阳说："你的那个还算什么本事，我
pʅ⁴²nʅ⁵³ti²¹pəŋ⁵³sʅ²¹ta⁴⁴ti²¹xəŋ⁵³。" iã³³pʻər²¹lɛ²¹fəŋ⁴²tsəŋ⁴⁴ti⁵³tɕʻʅ²⁴liɛ⁴²tɕʻʅ⁴²lɛ¹³, tə⁵⁵
比 你 的 本 事 大 得 很。" 阳 婆 儿 连 风 争 得 激 烈 起 来， 这
比你的本事大得很。"太阳和风争得激烈起来，这
xuər²¹, zʅ²¹kɤ⁴⁴tsʻuŋ²¹yæ⁴²lu⁵³tʂɤu⁵³lɛ¹³tʂʻuæ⁴²pʻʅ¹³ŋao⁵³ti²¹ʐəŋ¹³。iã²⁴pʻər²¹tɕʅ⁴⁴
会 儿， 一 个 从 远 路 走 来 穿 皮 袄 的 人。 阳 婆 儿 计
会儿，一个从远路走来穿皮袄的人。太阳儿计
ʂã²¹ɕiŋ⁴⁴lɛ²⁴, ma⁵³ʂã²¹tɕiɤu⁴⁴iɤu⁵³lao⁴⁴ɕiã⁵³fa³³, tʂuæ⁴⁴kuə⁴⁴niæ⁵³tuei²⁴fəŋ⁴⁴ʂuə²¹。
上 心 来， 马 上 就 有 了 想 法， 转 过 脸 对 风 说：
上心来，马上就有了想法，转过脸对风说：
"ŋɤ²¹liã⁵³sʅ⁴⁴xuə²¹zʅ²¹ɕia⁴⁴, kʻæ⁴⁴ʂuei¹³ləŋ⁵³ʐã⁴²lakɤ⁴⁴zəŋ¹³tʻuə²¹ɕia⁴²ʂəŋ⁴⁴ʂã⁴²
"我 俩 试 活 一 下， 看 谁 能 让 那 个 人 脱 下 身 上
"我俩比试一下，看谁能让那个人脱下身上

tṣ'uæ⁴⁴ti⁴⁴p'i¹³ŋao⁵³, ʂuei²¹ti⁴⁴pəŋ⁵³sʅ²¹tɕiɤu⁴⁴ta⁴⁴, nʅ⁵³k'æ²¹ləŋ²⁴tṣ'əŋ²⁴ma⁴⁴?"
穿　的　皮袄，　谁的　本事　就　大，你　看　能　成　吗？"
穿的皮袄，谁的本事就大，你看可以吗？"

fəŋ⁴²pu²¹lɛ⁴⁴fæ²¹ti⁴⁴ʂuə²¹: "ləŋ²⁴tṣ'əŋ²⁴, xuæ²¹sʅ⁴²ɤ⁵³ɕiæ²¹lɛ¹³。" iã²⁴p'ər²¹tɕiɤu²¹
风　不　耐　烦　地　说："能　成，　还　是　我　先　来。" 阳　婆儿　就
风不耐烦地说："可以，还是我先来。"太阳儿就

tɕiæ⁵³t'ɤu¹³ta²¹iŋ⁴⁴lao⁴²。fəŋ⁴²t'ɛ²²tɕ'ʅ⁴⁴t'ɤu¹³, ku³³tɕ'ʅ⁵³lao²¹ta²⁴tsuei⁵³, xu⁵³ti²¹
点　头答　应　了。 风抬　起头， 鼓　起了大　嘴， 呼　的
点头答应了。风抬起头，鼓起了大嘴，呼的

zʅ²¹ɕia⁴⁴, k'uã¹³fəŋ²¹tṣ'uei⁴⁴k'ɛ⁴⁴lao²¹, pa²¹lu⁴⁴ʂã²¹tsɤu⁵³ti²¹la⁵³kɤ⁴⁴zəŋ¹³tṣ'uei⁴²ti²¹
一　下，　狂　风　吹　开　了，　把　路上　走　的那　个　人　吹　得
一下，狂风开始吹了，把路上走的那个人吹得

ta⁵³tɕ'ʅ⁴²tṣæ⁴⁴lɛ²¹, a¹³ia⁵³, tɕiɤu⁴⁴tṣ'u²²lao²¹sʅ⁴⁴, tɕiŋ¹³kɤr⁴²tṣɤ⁴⁴suŋ¹³fəŋ⁴⁴k'ɤ⁵³
打　起　颤来，啊呀，　就　出　了事，　今个儿这　怂　风可
打起颤来，啊呀，就出了事，今天这怂风可

tʂəŋ⁴²lʅ²⁴xɛ²¹ia²¹, ʂuə⁴⁴tṣuə²¹ʂuə⁴⁴tṣuə²¹ʂuã²¹ʂɤu⁴⁴pa²¹p'ʅ¹³ŋao²¹yə²¹iæ⁴²yə²¹tɕiŋ⁵³,
真　厉　害呀， 说　着说　着双　手把　皮　袄越掩越紧，
真厉害呀，说着说着双手把皮袄越掩越紧，

zʅ³³tiæ⁴²ər²¹mɤ²¹iɤu⁴²t'uə⁴²ɕia⁴²p'ʅ¹³ŋao²¹ti²¹zʅ⁴⁴sʅ²¹, fəŋ³³sʅ⁵³tɕiŋ⁴⁴lao²¹tṣao²¹ʂu⁴⁴,
一　点儿没有脱　下皮　袄　的意思，风　使　尽　了招　数，
一点儿没有脱下皮袄的意思，风使尽了招数，

tṣuŋ²¹tɕiɤu⁵³xæ⁴²sʅ²¹mɤ²¹t'uə⁴²ɕia⁴⁴p'ʅ¹³ŋao²¹lɛ¹³, fəŋ³³k'u²¹sã⁴⁴tṣuə²¹niæ⁵³tuei⁴²
终　究　还　是　没脱　下　皮　袄　来，风　哭丧　着　脸对
终究还是没脱下皮袄来，风哭丧着脸对

iã³⁵p'ər²¹ʂuə⁴⁴: "xæ²¹sʅ⁴⁴nʅ⁵³kuei²⁴suŋ⁴⁴tsʅ⁴⁴ɕiæ⁵³ləŋ¹³pa⁴⁴。" iã³⁵p'ər²¹lɛ²¹tɕiŋ⁴⁴
阳　婆儿　说："还是　你　龟　孙　子　显　能吧。" 阳　婆儿　来　劲
太阳儿说："还是你龟孙子显摆吧。"太阳儿来劲

lao⁴⁴, tuə⁴⁴tuə⁴²tɕyə⁴⁴ʂəŋ⁴⁴ʂəŋ⁴⁴t'ɤu²⁴, pa²¹la⁵³kɤ⁴⁴yæ²¹niæ⁵³ts'uŋ¹³yn²⁴tuæ⁴²lʅ²¹
了，跺　跺　脚　伸　伸　头，　把那　个　圆　脸　从　云　端里
了，跺跺脚伸伸头，把那个圆脸从云端里

lu⁴⁴tṣ'u²¹lɛ²⁴, nʅ⁵³tɕiɤu⁴⁴k'æ⁴⁴ɤ⁴⁴ti²¹ləŋ²¹lɛ⁴⁴pa²¹。pɛ³³pɛ³³ʂəŋ⁴⁴sã⁴⁴ti²¹pei¹³yn²⁴,
露　出　来，　你　就　看我　的　能　耐吧。　摆　摆　身　上　的白云，
露出来，你就看我的能耐吧。摆摆身上的白云，

sæ̃⁴⁴k'ɛ²¹lɛ¹³tɕiɣu³⁴pu²¹tɕiæ⁴⁴lao²¹,	ɕiæ̃⁴⁴tʂ'u²¹lao²¹tɕ'iŋ³⁵k'uŋ²¹væ̃⁴⁴lʅ⁵³, iã³⁵p'ər²¹
散 开 来 就 不 见 了，	显 出 了 晴 空 万 里， 阳 婆 儿
散开了就不见了，显出了晴空万里，太阳儿	
kao⁴⁴kao⁴⁴tɕʅ²¹ɕyæ³¹tsɛ⁴⁴tɑ²⁴k'uŋ²¹,	tɕiã²¹t'a²¹ti²¹væ̃⁴⁴lv⁵³kuã²⁴xuei²¹, tʂʅ²¹ʂə⁵³
高 高 地 悬 在 当 空， 将 它 的 万 缕 光 辉， 直 射
高高地悬在当空，将它的万缕光辉，直射	
tʂ'uæ̃²¹p'ʅ²⁴ao²¹ti²¹ʐəŋ¹³, pu¹³zʅ¹³xuɐ⁴², sɛ⁴⁴ti²¹tʂ'uæ̃²¹p'ʅ²⁴ao²¹ti²¹ʐəŋ¹³ʂəŋ⁴⁴ʂã⁴⁴
穿 皮 袄 的 人， 不 一 会 儿， 晒 得 穿 皮 袄 的 人 身 上
穿皮袄的人，不一会儿，晒得穿皮袄的人身上	
ʐə̩⁴⁴ti²¹xæ⁴⁴zʅ²¹xa⁴⁴tsʅ²¹t'ã⁴²ɕia⁴⁴lɛ¹³, iã¹³p'ər²¹k'æ⁴⁴tsɛ⁴⁴niæ⁵³ʂã⁴⁴ɕʅ²¹tsɛ⁴⁴ɕiŋ³³
热 得 汗 一 下 子 淌 下 来， 阳 婆 儿 看 在 脸 上 喜 在 心
热得汗一下子流下来，太阳儿看在脸上喜在心	
ʂã⁴⁴, ʐã⁴⁴ŋɣ⁵³tsɛ⁴⁴kei⁴⁴nʅ⁴²tʂɣ⁵³kɣ²¹tʂ'uæ̃²¹p'ʅ¹³ŋao⁵³ti²¹ʐəŋ²⁴ʐə̩⁴⁴ʐə̩⁴⁴ʂəŋ⁴⁴, fu⁴²
上， 让 我 再 给 你 这 个 穿 皮 袄 的 人 热 热 身， 俯
上，让我再给你这个穿皮袄的人热热身，俯	
tʂuə²¹uã⁵³ɕia⁴⁴tɕiã⁴⁴lao²¹tɕiã⁴⁴kuŋ⁵³yæ̃¹³ti²¹xuə⁵³tɕ'iɣu²⁴, tʏu⁴⁴tʏu⁴²tɕiŋ⁴⁴ʂəŋ⁴⁴,
着 往 下 降 了 降 滚 圆 的 火 球， 抖 抖 精 神，
着往下降了降滚圆的火球，抖抖精神，	
kəŋ⁴⁴tɕiŋ⁴⁴lao²¹zʅ¹³ɕia⁴⁴, tʂɣ⁴²xa⁴⁴tsʅ²¹, tʂ'uæ̃²¹p'ʅ¹³ŋao⁴²ti²¹, k'ɣ⁵³ʂʏu⁴⁴pu²⁴liao⁵³
更 近 了 一 下， 这 下 子， 穿 皮 袄 的， 可 受 不 了
更近了一下，这下子，穿皮袄的，可受不了	
lao²¹, tɕiɣu⁴²kæ⁴¹tɕiŋ⁵³t'uə²¹ɕia⁴⁴lao²¹p'ʅ³⁵ao²¹, ʂəŋ⁴⁴ʂã⁴⁴tɕiɣu⁴⁴ɕiã²¹tʂəŋ²¹luŋ⁵³lʅ²¹
了， 就 赶 紧 脱 下 了 皮 袄， 身 上 就 像 蒸 笼 里
了，就赶紧脱下了皮袄，身上就像蒸笼里	
ti²¹mæ²¹t'ʏu⁴⁴mao⁴⁴tʂ'u²¹lao²¹ʐə²¹tɕ'ʅ⁴⁴, iã³⁵pər²¹ao⁴⁴mæ⁴⁴tɕʅ²¹tuei⁴⁴fəŋ⁴⁴ta⁴⁴tɕiao⁴⁴:
的 馒 头 冒 出 了 热 气， 阳 婆 儿 傲 慢 地 对 风 大 叫：
的馒头冒出了热气，太阳儿傲慢地对风大叫：	
"ka¹³ɕyn⁴⁴tɕʅ⁴⁴, k'æ⁴⁴tʂuə²⁴lao⁴⁴mʏ¹³iɣu⁴⁴, lao⁵³ɕyn²¹ti²¹pəŋ⁵³sʅ²¹pʅ⁴⁴tɕ'ʅ⁵³nʅ⁵³lɛ²¹
"尕 兄 弟， 看 着 了 没 有， 老 兄 的 本 事 比 起 你 来
"小兄弟，看着了没有，老兄的本事比起你要	
ta⁴⁴ma²¹。"	
大 嘛。"	
大嘛。"	

35. 康县话

$$fɤŋ^{53}liæ^{21}z̩ɤ^{53}tʻɤu^{13}$$
风　连　热　头

tɕiŋ⁵³kuɤr¹³ŋuɤ⁵⁵i²¹tA²¹tɕiA⁵³fɤ²¹kɤ²⁴fɤŋ⁵³liæ²¹z̩ɤ⁵³tʻɤu²¹tɤ²¹ku²⁴tɕiŋ²¹。iɤu⁵⁵
今　个　儿　我　给　大　家　说　一　个　风　连　热　头　的　古　今。　有
今个儿我给大家说一个风和太阳的故事。有
i²¹tsʻiæ⁵³,　fɤŋ⁵³liæ²¹z̩ɤ⁵³tʻɤu²¹tsɤŋ²¹tṣʻɔo⁵⁵sei¹³tsu²⁴tsæ⁵⁵tɕiŋ²⁴。fɤŋ⁵³fɤ²¹:"tã⁵³
一　天，　风　连　热　头　争　吵　谁　最　攒　劲。　风　说："当
一天，风和太阳争吵谁最厉害。风说："当
z̩æ²¹ʂ̩²¹ŋuɤ⁵⁵lɔ²¹,　ŋuɤ⁵⁵i²¹tæ⁵⁵pfʻuɪ⁵³tɕʻi²¹lE²¹,　lɤŋ¹³pA²¹fu²⁴ku⁵⁵tṣ̩²¹pfʻuɪ²¹tuæ²⁴。
然　是　我　了，　我　一　旦　吹　起　来，　能　把　树　股　子　吹　　断。
然是我了，我一旦吹起来，能把树枝子吹断。
lɤŋ¹³pA²¹fɪ⁵⁵lũ²⁴tṣʻuɪ⁵³tɔo²¹xuɤ¹³iær¹³ʂɤ̃²¹。" z̩ɤ⁵³tʻɤu²¹fɤ⁵³:"tṣɤ²⁴suæ²⁴ʂA¹³。ŋuɤ⁵⁵
能　把　水　浪　吹　到　河　沿　儿　上。"　热　头　说："这　算　啥。　我
能把水浪吹到河沿儿上。"太阳说："这算什么。我
pi²¹n̩i⁵³tsæ⁵⁵tɕiŋ²⁴tɪ⁵⁵tuɤ⁵³。" tã⁵⁵tʻA²¹mɤŋ²¹liã⁵⁵kɤ²⁴tṣʻɔo⁵⁵tɤ²¹ɕiE⁵⁵pu²¹xA²⁴tɤ⁵⁵ʂ̩²¹
比　你　攒　劲　得　多。"　当　他　们　俩　个　吵　得　歇　不　下　的　时
比你厉害得多。"当他们俩个吵得歇不下的时
xɤu⁵⁵,　z̩ɔo²⁴tṣɔo⁵³lɔ²¹i²¹kɤ²⁴pfʻuæ⁵³tṣɤ²¹miæ²¹ŋɔo⁵⁵tE²¹z̩ɤŋ²¹。z̩ɤ⁵³tʻɤu²¹fɤ⁵³:
候，　照　着　了　一　个　穿　着　棉　袄　的　人。　热　头　说：
候，看见了一个穿着棉袄的人。太阳说：
"ŋuɤ⁵⁵mɤŋ⁵⁵liã⁵³kʻE²¹ʂ̩²⁴tṣɤ⁵³siæ⁵⁵sei²¹siæ⁵³suɪ²¹siæ⁵³tʻuɤ⁵³ɕiA²¹lA²¹kɤ⁵³z̩ɤŋ²¹
"我　们　俩　开　始　试　着　先　谁　先　谁　先　脱　下　那　个　人
"我们俩开始试着先谁先谁先脱下那个人
tɤ²¹miæ²¹ŋɔo⁵⁵,　sei²¹ʂɤŋ²⁴li²¹lA²¹,　sei²¹tsiɤu²⁴tsuɪ²¹tsæ⁵⁵tɕiŋ²¹。" fɤŋ⁵³tʻuŋ²¹i²⁴lɔo⁵³,
的　棉　袄，　谁　胜　利　了，　谁　就　最　攒　劲。"　风　同　意　了，
的棉袄，谁胜利了，谁就最厉害。"风同意了，
fɤŋ⁵³fɤ⁵³tʻA²¹siæ⁵³lE³¹。y²⁴ʂ̩²¹,　fɤŋ⁵³ʂ̩⁵⁵tɕiŋ²⁴pfʻuɪ⁵³kɤ²¹pu¹³tsʻiŋ²¹, tæ²⁴mɤ²¹iɤu⁵⁵
风　说　他　先　来。　于　是，　风　使　劲　吹　个　不　停，　但　没　有
风说他先来。于是，风使劲吹个不停，但没有

yŋ²⁴。tʂʻuæ̃⁵⁵miæ̃²¹ŋɔo⁵⁵tɛ²¹lA²⁴kɤ²¹ʐɤŋ²¹tʂʅ²¹tɕyɛ⁵⁵tʅ²¹lɤŋ⁵⁵。yŋ²⁴liɑ̃³⁵tʂʅ²¹kuɤ⁵³
用。 穿 棉 袄 的那 个 人 只 觉 得 冷。用 两 只 胳
用。穿棉袄的那个人只觉得冷。用两只胳
pei²¹pɔo²⁴pfu²⁴kuɤ²⁴ər²¹tɤ²¹miæ̃²¹ŋɔo⁵⁵,fɤŋ⁵³mɤ²¹iɤu⁵⁵tʻuɤ²¹ɕiA²⁴lɛ⁵³。ʐæ²¹xɤu²⁴,
臂 抱 住 个 儿 的 棉 袄, 风 没 有 脱 下 来。然 后,
臂抱住自己的棉袄,风没有脱下来。然后,
kɛ⁵³tɔo²⁴ʐɤ⁵³tʻɤu²¹lɔ²¹。ʐɤ⁵³tʻɤu²¹tsʻuŋ¹³yŋ²¹tsʻɛ⁵⁵li²¹mɔo²⁴tʂʻu⁵³lɛ²¹lɔ²¹。pA²¹ʐɤ⁵³
该 到 热 头 了。热 头 从 云 彩 里 冒 出 来 了。把 热
轮到太阳了。太阳从云彩里冒出来了。把热
xuŋ⁵⁵xuŋ⁵⁵tɛ²¹kuɑ̃⁵³siæ̃²⁴tʂɔo²⁴ɕiɑ̃²⁴lA²⁴tʂʻuæ̃⁵³miæ̃²¹ŋɔo⁵⁵tɤ⁵⁵ʐɤŋ²¹。lA²⁴kuɤ⁵⁵ʐɤŋ¹³
烘 烘 的 光 线 照 向那 穿 棉 袄 的 人。那 个 人
烘烘的光线照向那穿棉袄的人。那个人
tɕyɛ⁵³tɛ²¹xɤŋ⁵⁵ʐɤ⁵³,tsiɤu²⁴pA²¹miæ̃²¹ŋɔo⁵⁵tʻuɤ⁵³lɔ²¹,ʂɛ²⁴tɕʻi⁵⁵lɔ²¹iɑ̃²¹pʻuɤ⁵⁵lɛ⁵³lɔ²¹。
觉 得 很 热, 就 把 棉 袄 脱 了, 晒 起 了 阳 婆 来 了。
觉得很热,就把棉袄脱了,晒起了太阳来了。
ʐɤ⁵³tʻɤu²¹vɤŋ²⁴tʂɔo²¹fɤ²¹:"ʐɔo²⁴tʂɔ⁵³lɤ²¹mɤ²¹?kʻuæ²¹xɤu²⁴,ʂæ²⁴liɑ̃²¹tsʻɛ²¹ʂʅ²¹ʂʅ²¹
热 头 问 着 说:"照 着 了 吗? 宽 厚、 善 良 才 是 世
太阳问着说:"看见了吗?宽厚、善良才是世
tɕiɛ²¹ʂɑ̃⁵³tsuɿ²⁴iɤu⁵⁵li²¹liɑ̃²¹tɛ⁵³。"
界 上 最 有 力 量 的。"
界上最有力量的。"

36．西和话

fɤŋ²¹læ̃²⁴z̩ɤ²¹tʻɤu⁴⁴
风　连　热　头

tɕiɛ²⁴kuɤ²¹, ŋuɤ⁵¹kei⁴⁴ɲi²¹sʅ²¹ɕyə²¹i²¹kɤ⁵⁵fɤŋ²¹læ̃²⁴z̩ɤ²¹tʻɤu⁵⁵tɤ²¹ku⁵¹tɕiŋ²¹。iɤu⁵³
今　个，　我　给　你　子　说　一　个　风　连　热　头　　的　古　今。　有
今儿，我给你们说一个和太阳的故事。有

i²¹tʻiæ²¹, fɤŋ²¹læ̃²⁴z̩ɤ²¹tʻɤu⁴⁴A²¹tsɤŋ²¹tɕiŋ⁵⁵tʂao²¹kʻæ̃⁵⁵sei²¹lɤŋ²⁴。fɤŋ²¹ɕyə²¹: "mɤ²⁴
一　天，　风　连　热　头　啊　争　竞　着　看　谁　能。　风　说："没
一天，风和太阳啊争论着看谁厉害。风说："没　‖争竞：争论。

ɕyə²¹tE²⁴sʅ⁵⁵ŋuɤ⁵¹tsæ²¹tɕiŋ⁵⁵。ŋuɤ⁵¹i²¹kuA⁵¹tɕʻi⁵¹lɛ²⁴, nɤŋ²⁴pA²¹ʃʮ⁵⁵ku⁵¹kur³⁵uɤ²⁴
说　的　是　我　攒劲。　我　一　刮　起　来，　能　把　树　骨　骨儿　捼
说的啊是我厉害。我一刮起来，能把树枝折　‖树骨骨儿：树枝。

ʂɤ³⁵。lɤŋ²⁴pA²¹xuɤ²⁴ʃɥei⁵¹ɕiæ²¹tao⁵⁵ŋæ̃⁵⁵ʂã²¹。" z̩ɤ²¹tʻɤu⁵⁵ɕyə²¹: "ɲi⁵⁵tɤ²¹tsei⁵¹
折。　能　把　河　水　掀　到　岸　上。"　热　头　说："你　的　这
断。能把河水掀到岸上。"太阳说："你的这　‖捼折：折断。

iɤu⁵⁵kɤ²¹sA⁵⁵liɛ²¹, ŋuɤ⁵¹pi²¹ɲi⁵¹xæ²⁴li⁵⁵xɛ²¹。" tʂɤŋ⁵⁵tsʻɛ⁵⁵A²¹tɕiA⁵⁵tsɤŋ²¹pu⁵⁵xA⁵⁵
有　个　啥　哩，　我　比　你　还　厉害。"　正　在　他　家　争　不　下
有什么呢，我比你还厉害。"正在他们争不下　‖他家：他们。

kɛ²¹kao²⁴ti²¹tɤ²¹sʅ²¹xɤu²¹, i²¹mɤŋ⁵¹sʅ²¹xA²¹z̩ao⁵⁵tʻuɤ²¹i²¹kɛ⁴⁴tʃʻɥæ²¹tA²⁴i²¹tE²¹
个　高　低　的　时　候，　一　猛　子　下　照　着　一　个　穿　大衣　的
个胜负的时候，一下子看见一个穿大衣的

z̩ɤŋ²¹。z̩ɤ²¹tʻɤu⁴⁴ɕyə²¹: "ŋuɤ⁵⁵liã²¹kɛ²¹sʅ²¹i²¹xA²¹, kʻæ̃²⁴sei²⁴ɕiæ²⁴tʻuɤ²¹xA⁵⁵uɛ⁵¹
人。　热　头　说：　"我　俩　个　试　一　下，　看　谁　先　脱　下　兀
人。太阳说："我们两个试一下，看谁先脱下那

kɛ²¹z̩ɤŋ²⁴tɤ²¹tA³⁵i²¹, sei²⁴ɕiæ²¹tʻuɤ²¹xA⁵⁵sei²¹ɕiɤu⁵⁵tsæ²¹tɕiŋ⁵⁵。" fɤŋ²¹ɕyə²¹: "lɤŋ²⁴
个　人　的　大衣，　谁　先　脱　下　谁　就　攒　劲。"　风　说：　"能
个人的大衣，谁先脱下谁就厉害。"风说："可

tʂɤŋ²⁴。" fɤŋ²⁴ɕiæ²¹lɛ²⁴, tʻA²¹i²¹ʂ⁵⁵lɛ²¹tɕiɤu⁵⁵tʃʻu²¹tɕiŋ⁵⁵tʻi²¹kuA⁵¹。tʃʻɥæ²¹tA²⁴i²¹
成。"　风　先　来，　他　一　上　来　就　出　劲　地　刮。穿　大衣
以。"风先来，他一上来就使劲地刮。穿大衣

tɛ²¹uei⁵⁵kɛ²¹ʐɤŋ²⁴A²¹lɤŋ⁵¹ti²¹tA⁵¹tʂæ̃⁵⁵liɛ²¹，kæ̃⁵¹tɕiŋ⁵¹liã⁵¹ʂɤu⁵¹pao⁵⁵tʂʅ⁵⁵tA²⁴i²¹，
的 兀 个 人 啊 冷 得 打 颤 了， 赶 紧 两 手 抱 住 大 衣，
的那个人（啊）冷得打颤了，赶紧两手抱住大衣，

yə²¹paᴏ⁵⁵yə²¹tɕiŋ⁵¹。fɤŋ²⁴mɤ²¹tʂʅ⁵⁵lao²¹。tsei⁵¹sʅ²¹xɤu⁴⁴¹tɕiɤu⁵⁵kɛ²¹ʐɤ²¹tʻɤu⁴⁴
越 抱 越 紧。 风 没 治 了。 这 时 候 就 该 热 头
越抱越紧。风没办法。这时候就轮到太阳

lao²¹。ʐɤ²¹tʻɤu⁴⁴tʂʻyŋ²⁴yŋ²⁴xɤu⁵⁵tʻɤu²¹tʂʻyæ̃²⁴tʂʻʅ²¹lɛ²⁴，tsɤŋ⁵⁵tsao⁵⁵sã²¹uɛ⁵⁵kɛ²¹
了。 热 头 从 云 后 头 钻 出 来， 正 照 上 兀 个
了。太阳从云后头钻出来，正照上那个

tʂʻyæ̃²¹tA²⁴i²¹tɤ²¹ʐɤŋ²¹，yə²¹sɛ²⁴yə²⁴ʐɤ²¹，uɛ⁵⁵kɛ²¹ʐɤŋ²⁴A²¹ʐɤ²¹tʂao⁵⁵tʂao⁵⁵pu²⁴tʂʅ⁵⁵
穿 大 衣 的 人， 越 晒 越 热， 兀 个 人 啊 热 着 招 不
穿大衣的人，越晒越热，那个人啊热着撑不住

lao²¹。kæ̃⁵¹tɕiŋ⁵¹pA²¹tA²⁴i²¹tʻuɤ²¹lao²⁴，kæ̃²¹tʂʻyei⁵⁵sɛ⁵⁵ʐɤ²¹tʻɤu²⁴kʻɛ²¹lao²¹。ʐɤ²¹
了。 赶 紧 把 大 衣 脱 了， 干 脆 晒 热 头 开 了。 热
了。赶紧把大衣脱了，干脆开始晒太阳了。太

tʻɤu⁴⁴tuei⁵⁵fɤŋ²¹ɕyə²¹："tʂʅ²¹tʻao²⁴lɤ²¹A²¹mɤ²¹？ȵi⁵³tuei⁵⁵tʻA²¹tʂʻuɛ²⁴i²¹kɤ⁵⁵xao⁵¹
头 对 风 说："知 道 了 啊 么？ 你 对 他 揣 一 个 好
阳对风说："知道了没？你对他揣一个好

ɕiŋ²¹，tʻA²¹tɕiɤu⁵⁵tʻiŋ²¹ȵi⁵³tɤ²¹xuA⁵⁵。tsei⁵¹tsæ̃²¹sʅ²¹sʅ⁵⁵sã²¹tʂʻyei⁵⁵lɤŋ²⁴ɕiŋ³⁵tɤ²¹。"
心， 他 就 听 你 的 话。 这 才 是 世 上 最 能 行 的。"
心，他就听你的话。这才是世上最厉害的。"

37. 临夏市话

fəŋ¹³xɤ²¹ẓə̩²¹tʻɤu⁴²
风 和 日 头

iɤu⁴⁴zi⁴⁴tʻiɛ̃²¹, fəŋ⁴⁴kəŋ⁴⁴ər²¹tʻɤu⁴²tʂəŋ¹³tɕiaŋ⁵³suei¹³tsuei⁴⁴liɛ⁴⁴xɛ⁴². fəŋ⁴²ɕyɛ̃¹³iɔ²⁴
有 一 天， 风 跟 日 头 争 讲 谁 最 厉 害。 风 炫 耀
有一天，风和太阳争论谁最厉害。风炫耀
ti²¹ʂuə: "miŋ¹³ɕiɛ̃⁴⁴tɕiɤu⁴⁴ʂʅ²¹ŋə⁴⁴liə⁴². ŋə⁴⁴kuɑ¹³tɕʻi⁴²fəŋ¹³lɛ¹³, xuei⁵³pɑ²¹ʂu⁴⁴tʂʅ²¹
地 说：" 明 显 就 是 我 了。 我 刮 起 风 来， 会 把 树 枝
地说："明显就是我了。我刮起风来，会把树枝
tʂə²¹tuã⁵³, nəŋ¹³pɑ⁴⁴xɛ⁴⁴suei²¹pʻə²¹laŋ⁵³tʻuei¹³tɔ⁴²ŋã⁴⁴ʂaŋ⁴²." ẓə̩²¹tʻɤu⁴²ʂuə: "tʂə⁵³
折 断， 能 把 海 水 波 浪 推 到 岸 上。" 日 头 说： " 这
折断，能把海水波浪推到岸上。"太阳说："这
suã⁵³pu⁴⁴liɔ²¹ʂʅ²¹mə⁴², ŋə⁴²pi⁴⁴ni⁴²liɛ⁴⁴xɛ⁴²." tʂəŋ⁴⁴tsɛ⁴²tʂəŋ¹³tɕiaŋ⁵³ti²¹ʂʅ²¹xɤu⁴⁴,
算 不 了 什 么， 我 比 你 厉 害。" 正 在 争 讲 的 时 候，
算不了什么，我比你厉害。"正在争论的时候，
tɕiɛ¹³məŋ⁴²kã⁴⁴tɕiɛ̃⁴²liɔ²¹vu⁴⁴kə⁴²tʂʻuã¹³tsuə⁴²xɤu⁵³ɤɛ⁴⁴tʻɔ⁴²ti²¹ẓəŋ¹³. ẓə̩²¹tʻɤu⁴²ʂuə:
傢= 们 看 见 了 兀 个 穿 着 厚 外 套 的 人。 日 头 说：
他们看见了那个穿着厚外套的人。太阳说：‖傢=们：他们。
"ŋə⁴⁴məŋ²¹liaŋ⁴⁴nəŋ¹³tʻuə²¹ɕiɑ⁴²vu⁴⁴kə⁴²ẓəŋ¹³ti²¹vɤ⁴⁴tʻɔ²¹, suei¹³tɕiɤu⁵³tsuei⁴⁴li⁴⁴
"我 们 俩 能 脱 下 兀 个 人 的 外 套， 谁 就 最 厉
"我们俩能脱下那个人的外套，谁就最厉
xɛ⁴²." fəŋ⁴⁴tʻuəŋ²¹zi⁵³liɔ²¹, tɕiɛ¹³ɕiɛ̃⁴⁴lɛ²⁴. tɕiɛ¹³zi¹³ʂaŋ⁴²lɛ²⁴tɕiɤu⁵³məŋ⁴²liɛ⁴⁴ti²¹
害。" 风 同 意 了， 傢= 先 来。 傢= 一 上 来 就 猛 烈 地
害。"风同意了，他先来。他一上来就猛烈地 ‖ 傢=：他。
kuɑ¹³fəŋ²⁴, tã¹³tʂə⁵³pu²¹tɕʻi⁴²tsuə⁴⁴yəŋ²¹. tʂʻuã¹³vɤ⁴⁴tʻɔ⁴²ti²¹ẓəŋ¹³tɕyɛ¹³tɛ⁴²ləŋ⁴²,
刮 风， 但 这 不 起 作 用。 穿 外 套 的 人 觉 得 冷，
刮风，但这不起作用。穿外套的人觉得冷，
tɕiɤu⁵³ʂuaŋ⁴⁴ʂu²¹tɕi⁴²tɕi⁴⁴pɔ⁵³tʂuə²¹kə¹³tɕiɑ⁴²ti²¹vɤ⁴⁴tʻɔ⁴². ẓã²¹xɤu⁵³lyəŋ¹³tɔ⁴⁴
就 双 手 紧 紧 抱 着 各 家 的 外 套。 然 后 轮 到
就用双手紧紧抱着自己的外套。然后轮到

| ẓə²¹tʻɤu⁴²liɔ²¹。ẓə²¹tʻɤu⁴²tʂʻuəŋ¹³yəŋ¹³xɤu⁵³lu⁴⁴liɔ⁴²tʂʻu⁴⁴lɛ²⁴。pɑ¹³luã⁴⁴xuə²⁴ti²¹iɑŋ¹³ |
| 日 头 了。日 头 从 云 后 露 了 出 来。把 暖 和 的 阳 |
| 太阳了。太阳从云后露了出来。把暖和的阳 |
| kuɑŋ⁴²sɑ⁴²ɕiɑŋ⁴⁴tʂʻuã¹³vɛ⁴⁴tʻɔ⁴²ti²¹ẓəŋ¹³, tʂʻuã¹³vɛ⁴⁴tʻɔ⁴²ti²¹ẓəŋ¹³ɕiɔ⁵³tɕʻi⁴²lɛ²⁴。pɑ¹³ |
| 光 洒 向 穿 外 套 的 人, 穿 外 套 的 人 笑 起 来。把 |
| 光洒向穿外套的人,穿外套的人笑起来。把 |
| vɛ⁴⁴tʻɔ⁴²tʻuə¹³liɔ⁴², ɕiɑŋ⁴⁴ʂɤu⁴²luã⁴⁴xuə²⁴ti²¹iɑŋ¹³kuɑŋ⁴²。"kã⁴⁴tɕiẽ⁴²liɔ¹³pɑ²¹？" |
| 外 套 脱 了,享 受 暖 和 的 阳 光。"看 见 了 吧？" |
| 外套脱了,享受着暖和的阳光。"看见了吧？" |
| ẓə²¹tʻɤu⁴²vəŋ⁵³："ʂã⁴⁴zi²¹xuə¹³iɤu²¹iɑ⁵³tsʻɛ¹³ʂʅ²¹tɕʻɛ¹³ʂʅ⁴⁴tɕiɛ⁴²tsuei⁴⁴iɤu²¹li⁴⁴liɑŋ⁴² |
| 日 头 问："善 意 和 优 雅 才 是 全 世 界 最 有 力 量 |
| 太阳问："善意和优雅才是全世界最有力量 |
| ti²¹tuəŋ²¹ɕi⁴²。" |
| 的 东 西。" |
| 的东西。" |

38. 临夏县话

fəŋ¹³kəŋ¹³ʐə²¹t'ɤu⁵²
风　跟　日　头

zi²¹t'iɛ̃⁵², fəŋ¹³kəŋ¹³ʐə²¹t'ɤu⁵²tʂɿ²¹lyəŋ⁵²ɑ¹³zi²¹kə⁵²tɛ⁵⁵ɕiɛ⁵²。fəŋ¹³fə¹³："kəŋ⁵⁵
一　天，风　跟　日　头　争　论　阿一个　歹　些。风　说："肯
一天，风和太阳争论哪一个厉害些。风说："肯

tiŋ²¹ʂɿ⁵³ŋə⁵⁵liɔ⁵²。ŋə⁵⁵kuɑ¹³tɕ'i⁵⁵lɛ²⁴, xuei⁵³pɑ¹³fu⁵⁵ʂɿ²⁴kuɑ¹³ʂə¹³, xuei⁵³pɑ¹³xə¹³
定　是我了。我　刮　起来，会　把树枝刮　折，会　把　河
定是我了。我刮起来，会把树枝刮折，会把河

li²¹ti²¹pə⁵⁵lɑŋ⁵²kuɑ¹³tɔ⁵³ŋã⁵⁵ʂɑŋ²¹。""tʂə⁵³mə¹³ʂɿ²¹mɑ⁵²,"ʐə²¹t'ɤu⁵²fə¹³："ŋə⁵⁵pi⁵⁵
里的波　浪　刮　到　岸　上。" "这　没　什么,"　日　头　说："我　比
里的波浪刮到岸上。""这没什么,"太阳说："我比

ni⁵⁵tɛ⁵⁵ti²¹tuə¹³。" tʂəŋ⁵⁵tsɛ²¹t'ɑ⁵⁵məŋ⁵²tʂəŋ²¹lyəŋ⁵²pu²¹xa⁵³ti²¹ʂɿ²¹xɤu⁵², t'ɑ⁵⁵məŋ⁵²
你　歹　得　多。"　正　在　他　们　争　论　不　下的时　候，他　们
你厉害得多。"正在他们争论不下的时候，他们

kã⁵⁵tɕiɛ̃⁵²tɕ'iɛ̃¹³t'ɤu⁵²kuə²¹lɛ¹³liɔ²¹zi²¹kə⁵²tʂ'uã¹³tʂuə²¹vɛ⁵⁵zi²¹ti²¹ʐəŋ¹³。ʐə²¹t'ɤu⁵²
看　见　前　头　过来　了一个　　穿　着　外　衣的人。日　头
看见前面过来了一个穿着外衣的人。太阳

fə¹³："ŋə⁵⁵məŋ⁵²tu¹³lɛ¹³ʂɿ⁵⁵suə²¹t'uə¹³xɑ⁵²tʂə²¹kə⁵²ʐəŋ¹³ti²¹vɛ⁵⁵t'ɔ⁵², ɑ¹³zi²¹kə⁵²
说："我　们　都来试　着　脱　下　这　个　人　的外　套，阿一个
说："我们都来试着脱下这个人的外套，哪一个

nəŋ¹³t'uə¹³xɑ⁵², tɕiɤu⁵⁵suã⁵²ɑ¹³zi²¹kə⁵²tsuei⁵⁵tɛ⁵²。" fəŋ¹³t'uəŋ¹³zi²¹liɔ⁵², fə¹³:
能　脱　下，就　算阿一个　最　歹。"风　同　意了，说：
能脱下，就算哪一个最厉害。"风同意了，说：‖阿一个：哪一个。

t'ɑ⁵⁵ɕiɛ²¹lɛ²⁴。fəŋ¹³zi²¹ʂɑŋ²¹lɛ²⁴tɕiɤu⁵³xəŋ¹³xəŋ²¹ti²¹kuɑ¹³, tã⁵³mə⁵⁵iɤu²¹yəŋ⁵³,
他　先来。风　一　上　来　就　狠　狠　地　刮，但　没　有　用，
他先来。风一上来就狠狠地刮，但没有用，

tʂ'uã¹³ʐɛ⁵⁵t'ɔ⁵²ti²¹ʐəŋ¹³tɕyɛ¹³tɛ²¹ləŋ⁵³, tɕiɤu⁵³yəŋ⁵³liɑŋ⁵⁵kə²¹ʂɤu⁵⁵tɕiŋ⁵⁵pɔ⁵²tʂuə²¹
穿　外　套的人　觉　得　冷，就　用　两　个　手　紧　抱着
穿外套的人觉得冷，就用两个手紧抱着

tsʅ⁵⁵tsʅ²¹ti²¹vɛ⁵⁵tʻɔ⁵²pu²¹faŋ⁵³,	tʻuə¹³pu²¹xɑ²¹lɛ¹³。	tɕiɛ¹³tʂuə⁵²lyəŋ¹³tɔ⁵³ʐ̩ə²¹tʻɤu⁵²
自 己 的 外 套 不 放，	脱 不 下 来。	接 着 轮 到 日 头

自己的外套不放，脱不下来。接着轮到太阳

liɔ⁵², ʐ̩ə²¹tʻɤu⁵²tsʻuəŋ¹³yəŋ¹³tsʻɛ⁵²xɤu⁵⁵miẽ²¹lu⁵⁵liɔ²¹tʂʻu²¹lɛ¹³, pɑ¹³luã¹³xuə⁵²ti²¹
了， 日 头 从 云 彩 后 面 露 了 出 来， 把 暖 和 的

了，太阳从云彩后面露了出来，把暖和的

iaŋ¹³kuaŋ⁵²tʂɔ⁵⁵tsɛ⁵²tʂʻuã¹³vɛ⁵⁵tʻɔ⁵²ti²¹ʐ̩əŋ¹³ʂəŋ²¹ʂaŋ⁵²。	tʂʻuã¹³vɛ⁵⁵tʻɔ⁵²ti²¹ʐ̩əŋ¹³ɕi⁵²
阳 光 照 在 穿 外 套 的 人 身 上。	穿 外 套 的 人 喜

阳光照在穿外套的人身上。穿外套的人喜

xuã²⁴ti²¹ɕi⁵⁵liɔ²¹tɕʻi²¹lɛ⁵²,	kuə⁵⁵liɔ²¹zi²¹xuei⁵²,	tsʅ⁵⁵tsʅ²¹tʻuə²¹ɕiɑ⁵²liɔ²¹vɛ⁵⁵zi²¹,
欢 地 笑 了 起 来，	过 了 一 会，	自 己 脱 下 了 外 衣，

欢地笑了起来，过了一会，自己脱下了外衣，

ɕiaŋ⁵⁵ʂɤu⁵²tʂuə²¹luã⁵⁵xuã²⁴ti²¹iaŋ¹³kuaŋ⁵²。	"kã⁵⁵tɕiẽ⁵²liɔ⁵²pɑ²¹？"	ʐ̩ə²¹tʻɤu⁵²ʂuə¹³:
享 受 着 暖 和 的 阳 光。	"看 见 了 吧？"	日 头 说：

享受着暖和的阳光。"看见了吧？"太阳说：

"ʂã⁵⁵zi⁵²xuə¹³iɤu¹³iɑ⁵²tsʻɛ¹³ʅ⁵³iaŋ¹³tɕiẽ⁵²ʅ⁵³ʂaŋ²¹tsuei⁵³iɤu⁵⁵li⁵⁵tɕʻi⁵²ti²¹tuəŋ¹³ɕi⁵²。"
"善 意 和 优 雅 才 是 阳 间 世 上 最 有 力 气 的 东 西。"

"善意和优雅才是阳间世上最有力气的东西。"

39. 合作话

fɤŋ⁵⁵lian¹³ʐɤ⁵⁵tʻɤɯ⁵²
风　连　日　头

iɤɯ¹³ʑi⁵²tʻian⁵⁵,	fɤŋ⁵⁵lian¹³ʐɤ⁵⁵tʻɤɯ⁵²pʻian⁵⁵tʂɤ⁵⁵ʂuei¹³ti⁵²pən⁵²ʂʅ⁵⁵ta⁵². fɤŋ⁵⁵kei⁵²
有 一 天,	风 连 日 头 谝 着 谁 的 本 事 大。 风 给
有一天,风和太阳说着谁的本事大。风给　‖谝：聊天。

ʐɤ¹³tʻɤɯ⁵²ʂuə¹³: "kɤŋ⁵²tin⁵⁵ŋɤ⁵²ti²¹, ŋɤ⁵²kua¹³kɛi⁵⁵lioo⁵², ʂu⁵²tʂʅ¹³tsʅ⁵⁵tɤɯ⁵²nɤŋ¹³
日 头 说: "肯 定 我 的, 我 刮 开 了, 树 枝 子 都 能
太阳说:"肯定我厉害,我开始刮了,树枝子都能

tʂʻuei¹³tuan⁵², ʂuei⁵²tɤɯ⁵⁵nɤŋ¹³kua¹³tɔo⁵²²xɤ¹³ian⁵²ʂaŋ⁵⁵。" ʐɤ¹³tʻɤɯ⁵²kei¹³fɤŋ⁵⁵
吹 断, 水 都 能 刮 到 河 沿 上。" 日 头 给 风
吹断,水都能刮到河岸上。"太阳给风

ʂuə¹³: "tʂɤ⁵⁵suan⁵²kɤ⁵⁵ʂa¹³tuŋ⁵⁵ɕi⁵⁵! ŋɤ⁵²pi¹³ni⁵⁵fa⁵⁵maⁱ³tɤ⁵²tuə¹³。" tʻa⁵⁵mən⁵⁵
说: "这 算 个 啥 东 西! 我 比 你 砝 码 得 多。" 他 们
说:"这算个什么!我比你厉害得多。"他们

tʂɤŋ⁵²pʻian¹³tʂɤ⁵⁵, kʻan⁵⁵tɕian⁵²lɤ⁵⁵ʑi¹³kɤ⁵²tʂʻuan⁵⁵xɤɯ⁵²ʑi¹³ʂaŋ⁵⁵tɤ⁵⁵ʐɤŋ¹³。ʐɤ¹³
正 谝 着, 看 见 了 一 个 穿 厚 衣 裳 的 人。 日
正说着,看见了一个穿厚衣裳的人。太

tʻɤɯ⁵²ʂuə¹³: "ŋɤ⁵²mən⁵⁵liaŋ¹³kɤ⁵²ʂʅ⁵²ʑi¹³xa⁵², kʻan⁵²ʂuei¹³nɤŋ¹³pa⁵⁵ɔo⁵²kɤ⁵⁵ʐɤŋ¹³
头 说: "我 们 俩 个 试 一 下, 看 谁 能 把 兀 个 人
阳说:"我们俩个试一下,看谁能把那个人

tɤ⁵⁵ʑi¹³ʂaŋ⁵²ɕian⁵⁵tʻuə⁵⁵tioi⁰⁵², tɕiɤɯ⁵²suan⁵²ʂuei¹³ti⁵⁵pən⁵²ʂʅ⁵⁵ta⁵²。" fɤŋ⁵⁵ʂuə¹³,
的 衣 裳 先 脱 掉, 就 算 谁 的 本 事 大。" 风 说,
的衣裳先脱掉,就算谁的本事大。"风说,

ɔo⁴⁴tʂʻɤŋ¹³nɤ⁵⁵。tʻa⁵⁵ɕian⁵²lɛi¹³. tʻa⁵⁵ʑi¹³ʂaŋ⁵²lɛi⁵²tɕiɤɯ⁵⁵lɤŋ⁵²suŋ¹³tɤ⁵⁵kua¹³kʻɛi⁵⁵
兀 成 呢。他 先 来。他 一 上 来 就 冷 怂 地 刮 开
那行呢。他先来。他一上来就猛烈地开始刮

lɤ⁵⁵。ɔo⁵²kɤ⁵⁵ʐɤŋ¹³tɕiɤɯ⁵²pa⁵²ʑi¹³ʂaŋ⁵⁵lian⁵²maŋ¹³kuə¹³tʂu⁵², ye¹³kuə⁵²ye¹³tɕin⁵²。
了。 兀 个 人 就 把 衣 裳 连 忙 裹 住, 越 裹 越 紧。
了。那个人就把衣裳连忙裹住,越裹越紧。

xa⁵²lɛi¹³tɕiɣɯ⁵⁵luŋ¹³tɔo⁵²z̩ɣ¹³t'ɣɯ⁵²lɣ⁵⁵。z̩ɣ¹³t'ɣɯ⁵²tʂ'u⁵⁵lɛi¹³zi¹³tʂɣɯ⁵²，ɣɯ⁵²kɣ⁵⁵
下 来 就 轮 到 日 头 了。日 头 出 来 一 照， 兀 个
下来就轮到太阳了。太阳出来一照，那个
zən¹³lian⁵⁵maŋ¹³tɕiɣɯ⁵⁵pa⁵²zi¹³³ʂɑŋ⁵⁵t'uə¹³tiɔo⁵²lɣ⁵⁵， tɕiɣɯ⁵⁵ʂɛi⁵²kɛi⁵⁵z̩ɣ¹³t'ɣɯ⁵²
人 连 忙 就 把 衣 裳 脱 掉 了， 就 晒 开 日 头
人连忙就把衣裳脱掉了，就开始晒太阳
lɣ⁵²。z̩ɣ¹³t'ɣɯ⁵²tɕiɣɯ⁵⁵vuen⁵²fɣŋ⁵⁵："k'an¹³tɕian⁵²lɣ⁵⁵ma⁵²？ ʂuei¹³tɣ⁵²pən¹³ʂʅ⁵⁵
了。日 头 就 问 风："看 见 了 吗？ 谁 的 本 事
了。太阳就问风："看见了吗？看谁的本事
ta⁵²。ʂan⁵²zi⁵²xɣ¹³iɣɯ¹³ia⁵³ts'ɛi¹³ʂʅ⁵²tɕ'yan¹³ʂʅ⁵²tɕiɛ⁵²tsuei⁵²iɣɯ¹³li⁵⁵liɑŋ⁵²tɣ²¹
大。 善 意 和 优 雅 才 是 全 世 界 最 有 力 量 的
大。善意和优雅才是全世界最有力量的
tuŋ⁵⁵ɕi³³。"
东 西。"
东西。"

40. 舟曲话

$$\text{ər}^{55}\text{t'ɤu}^{21}\text{liæ}^{31}\text{fɤŋ}^{55}$$
日 头 连 风

tɕiŋ⁵⁵t'iæ⁴²ŋuə²⁴kei²¹ta²¹tɕia⁵³tɕiũ⁵⁵ʐʅ⁴²kɤ⁵⁵ər⁵⁵t'ɤu²¹liæ³¹fɤŋ⁵⁵tsʅ²¹ku⁴⁴sʅ³¹。iɤu⁵⁵
今　天　我　给　大　家　讲　一　个　日　头　连　风　的　故　事。　有
今天我给大家讲一个太阳和风的故事。有

ʐʅ⁴²t'iæ²¹ər⁵⁵t'ɤu³¹xuə³¹fɤŋ⁵³liã⁵⁵kuə⁴⁴，tʂei²⁴kuə⁴²t'ɔo⁵⁵lyŋ⁴⁴ʐʅ⁴²tɕiæ²⁴sʅ⁴⁴tsʼiŋ³¹。
一　天　日　头　和　风　两　个，　这　个　讨　论　一　件　事　情。
一天太阳和风两个，这个讨论一件事情。

fɤŋ⁵³ʃɥə⁵³："ŋuə²⁴tsʅ⁴²pɤŋ⁵⁵sʅ⁴²pʅ²⁴nzʅ⁵⁵ta²⁴。" ər⁵⁵t'ɤu³¹ʃɥə⁵³："ŋuə⁵⁵tsʅ⁴²pɤŋ⁵⁵
风　说："我　的　本　事　比　你　大。"　日　头　说："我　的　本
风说："我的本事比你大。"日头说："我的本

sʅ⁴²pʅ³⁵nzʅ⁵⁵ta⁴²。" liã³⁵kuə⁴²ʃɥə³⁵lɛ⁵³ʃɥə²¹tʃʼɥ²⁴pu³¹fɤŋ²¹ʂã²⁴ɕia²⁴，tsiɤu⁵⁵tsɛ⁴⁴tʂei²⁴
事　比　你　大。"　两　个　说　来　说　去　不　分　上　下，　就　在　这
事比你大。"两个说来说去不分上下，就在这

kə²¹sʅ⁵³xɤu²¹，t'a⁵⁵mɤŋ³¹liã⁵⁵kə⁵⁵k'æ²⁴tɕiæ⁴⁴yæ⁵⁵tʃʼɥ⁵³iɤu³⁵ʐɥ⁵⁵kə²¹lɔo⁵⁵zʅɤ⁵³，
个　时　候，　他　们　俩　个　看　见　远　处　有　一　个　老　人，
个时候，他们俩个看见远处有一个老人，

tʃʼɥæ⁵⁵tʃʼɥə²¹xɤu³⁵xɤu²¹tʅ²²ɲiər⁵³，tɕiɛ²²kuə⁵⁵t'a⁵⁵mɤŋ³¹liã⁵⁵k'ɛ⁴²tsiɤu⁴²tsɛ²⁴tʂei³⁵
穿　着　厚　厚　的　袄　儿，　结　果　他　们　俩　个　就　在　这
穿着厚厚的棉衣儿，结果他们俩个就在这

iã⁵⁵tsʅ²¹tsʼiŋ³¹k'uã²⁴tsʅ²¹ɕia²⁴，t'a⁵⁵mɤŋ³¹liã⁵⁵kə⁴⁴tsiɤu⁵⁵siã³⁵tʃʼɥ⁵³ʐɥ²²kə⁵⁵pæ²¹fa⁵³。
样　的　情　况　之　下，　他　们　俩　个　就　想　出　一　个　办　法。
样的情况之下，他们两个就想出一个办法。

ʃɥə⁵³sʅ²¹ʃɥei³³pa²²yæ⁴⁴tʃʼɥ⁵⁵tʃʼɥæ⁵⁵xɤu²⁴ɲiər⁵³tsʅ²¹zʅɤ³¹pa³³ʐɥ⁵⁵fu²¹t'uə⁵⁵ɕia²¹lɛ³¹，
说　是　谁　把　远　处　穿　厚　袄　儿　的　人　把　衣　服　脱　下　来，
说是谁把远处穿厚棉衣儿的人把衣服脱下，

pa²²tʂei²⁴kə⁴⁴ɲiər⁵³，tsʼuɤŋ²²ʂɤŋ⁵⁵ʂã³³t'uə⁵³ɕia²¹lɛ⁴²，ʃɥei⁵⁵tsʅ²¹pɤŋ⁵⁵sʅ²¹tsiɤu⁵⁵ta⁵⁵，
把　这　个　袄　儿，　从　身　上　脱　下　来，　谁　的　本　事　就　大，
把这个棉衣儿，从身上脱下来，谁的本事就大，

ʃʮə⁴²xɔo²⁴lɔo²¹ʐʮ³¹xʮəu²⁴, fɤŋ²⁴yŋ²⁴tʃʰʮ³¹liɔ⁴²xuɤŋ²⁴ʂɤŋ⁵⁵tsʅ²¹tʃfei³³kiɛ⁴⁴pæ²¹fa⁵³。
说 好 了 以 后， 风 用 尽 了 浑 身 的 这 个 办 法。

说好了以后，风用尽了浑身的这个办法。

tʂʰɔo²⁴lɔo⁵⁵zɤŋ³¹tʃʰʮei⁵³tʃʰʮ³⁵, lɔo⁵³zɤŋ⁵³ʐʮ²⁴sʅ²⁴kæ̃⁵⁵tɕyə⁴²tɔo⁴⁴fei⁵⁵tsʰɑ̃²¹fa³³lɤŋ⁵³,
朝 老 人 吹 去， 老 人 一 时 感 觉 到 非 常 发 冷，

朝老人吹去，老人一时感觉到非常发冷，

tɕin⁵⁵tɕin²¹tsʅ⁵⁵kuə⁵⁵tɕin³³kər⁵³tɕia⁴²tsʅ²¹ɲiər⁵³, tɕiɛ²¹kuə⁵³tʰɛ²²iɑ̃⁵³kʰæ²⁴tɔo⁴⁴ʐʮ⁴²
紧 紧 地 裹 紧 个 儿 家 的 袄 儿， 结 果 太 阳 看 到 以

紧紧地裹紧的自己的棉衣儿，结果太阳看到以

xəu²⁴, pa²²ɲiər⁴²ʐʮɑ̃²⁴fɤŋ⁵³mei²¹iəu⁵⁵tʰuə⁵³ɕia⁴²lɛ³¹. tʰa⁵⁵tsiəu⁵⁵kiɛ⁴²fɤŋ⁵³ʃʮə⁵³:
后， 把 袄 儿 让 风 没 有 脱 下 来。 他 就 给 风 说：

后，把棉衣儿让风没有脱下来。他就给风说：

"ɕiæ²⁴tsɛ⁵⁵tsiəu²⁴kʰæ²¹³ŋuə⁵⁵tsʅ²¹pɤŋ⁵⁵sʅ⁴²pa²¹." tʰa⁵⁵yŋ²⁴vɤŋ²¹luæ⁵⁵tsʅ²¹tʂei²⁴kə²¹
"现 在 就 看 我 的 本 事 吧。" 他 用 温 暖 的 这 个

"现在就看我的本事吧。"他用温暖的这个

ər⁵⁵tʰəu³¹tʂɔo²¹tʂei²⁴lɔo⁵⁵zɤŋ⁵³, tʂei²¹kiɛ²⁴lɔo⁵⁵zɤŋ³¹, tʂei²¹kiɛ²⁴kæ̃⁵⁵tɕyə²²tɔo³³
日 头 照 着 老 人， 这 个 老 人， 这 个 感 觉 到

阳光照着老人，这个老人，这个感觉到

xuɤŋ²⁴ʂɤŋ⁵³ʃʮ⁵³fu⁴²liɔo. mæ²⁴mæ⁴²tsʅ²¹tsuei⁵⁵xəu⁵⁵xuɤŋ²⁴ʂɤŋ⁵³fa³³zei⁵³, tʰuə³³
浑 身 舒 服 了。 慢 慢 的 最 后 浑 身 发 热， 脱

浑身舒服了。慢慢的最后浑身发热，脱

tiɔo²¹liɔo²⁴tʰa⁵⁵tsʅ²¹tɕi²⁴tsʅ²¹, tsiəu³³sʅ²¹vɤ²⁴miær⁵⁵tʃʰʮæ⁵⁵tsʅ²¹ɲiər⁵³, tɕiɛ²²kuə²⁴
掉 了 他 自 己 的， 就 是 外 面 儿 穿 的 袄 儿， 结 果

掉了他自己的，就是外面穿的棉衣儿，结果

liɑ̃⁵⁵kə⁴²tʂei²⁴iɑ̃⁵³ʐʮ²⁴lɛ⁴²tsʅ²¹xua²⁴, tsuei⁵³xəu²⁴ər⁵⁵tʰəu²⁴tsiəu⁵⁵kiɛ²¹fɤŋ⁵³ʃʮə⁵⁵
两 个 这 样 一 来 的 话， 最 后 日 头 就 给 风 说

两个这样一来的话，最后太阳就给风说

liɔo²¹: "ŋuə⁵³ʐʮɑ̃³⁵tʂei²¹kɛ³⁵ʐʮ²⁴pa³³vei²¹siæ̃²⁴tsʅ⁴⁴ɲiər⁵³tʰuə⁵³ɕia²¹lɛ⁵⁵liɔo²¹, nʐʅ⁵³
了： "我 让 这 个 人 把 外 前 的 袄 儿 脱 下 来 了， 你

了："我让这个人把外前的棉衣儿脱下来了，你

ŋuə⁵⁵iɛ²¹kʰæ²⁵⁵tɕiæ̃²¹liɔo⁴², nʐʅ³³fɤŋ⁵³kua²⁴tsʅ⁴²yɛ⁵³ta²⁴, tʂei²⁴kɛ⁵⁵ʐʮɤŋ²¹pa³³vɤ³⁵
我 也 看 见 了， 你 风 刮 得 越 大， 这 个 人 把 外

我也看见了，你风刮得越大，这个人把外

t'ɔo⁴⁴pa³³vɛ⁴⁴miæ̃r²⁴tsʅ²¹n̠iər⁵³la⁴⁴tsʅ⁴²yɛ²¹tɕiŋ⁵³。mei³⁵iɤu⁵⁵t'uə⁵³ɕia⁴²lɛ³¹,tʂei²⁴
套　把　外　面儿　的　袄儿　拉　得　越　紧。　没　有　脱　下　来，　这
套把外面的棉衣儿拉得越紧。没有脱下来，这
tsiɤu⁵⁵ʃɥə⁵⁵miŋ²⁴ŋuə⁵⁵pʅ⁵⁵nzʅ⁵⁵tsʅ⁴²pɤŋ⁵³sʅ²¹ta⁴²。"
就　说　明　我　比　你　的　本　事　大。"
就说明我比你的本事大。"

41. 临潭话

fɤn⁴⁴xɤ²⁴zɿɤ⁴⁴tʻɤu⁴⁴
风 和 日 头

ɤu²⁴zi²¹tʻiæ⁴⁴,	fɤn⁴⁴xɤ²⁴zɿɤ⁴⁴tʻɤu⁴⁴piæ̃⁵³tʂɤ⁵³tʻa⁴⁴mɤn⁴⁴ṣuei²⁴ti⁵³pɤn⁵³ʂɿ²¹ta⁴⁴。
兀 一 天,	风 和 日 头 谄 着 他 们 谁 的 本 事 大。

那一天，风和太阳说着他们谁的本事大。

fɤn⁴⁴kei²⁴zɿɤ⁴⁴tʻɤu⁵³ṣuɤ²⁴:	"kʻɤn²¹tin⁴⁴ŋɤ⁵³tɤ⁴⁴fa²⁴ma⁴⁴,	ŋɤ⁵³kua²⁴kʻɛi⁴⁴fɤn⁴⁴lɔ⁵³,
风 给 日 头 说:	"肯 定 我 的 砝 码,	我 刮 开 风 了,

风给太阳说："肯定我的厉害，我开始刮风了，

liæ²⁴ṣu⁴⁴iɛ⁴⁴tsɿ⁴⁴tɤu²⁴nɤn²⁴tʂʻuei²⁴tuæ⁵³,	suei⁵³tɤu²⁴nɤn²⁴kua⁵³tɔ⁴⁴xɤ²⁴iæ²⁴ṣã⁵³。"
连 树 叶 子 都 能 吹 断,	水 都 能 刮 到 河 沿 上。"

连树叶子都能吹断，水都能刮到河岸上。"

zɿɤ⁴⁴tʻɤu⁵³kei¹³fɤn⁴⁴ṣuɤ²⁴:	"na⁴⁴suæ̃¹³ṣa⁴⁴pɤn⁵³ʂɿ⁴⁴ni³¹!	ŋɤ⁴⁴kæ̃²⁴ni⁵³fa²⁴ma⁴⁴
日 头 给 风 说:	"那 算 啥 本 事 呢!	我 赶 你 砝 码

太阳给风说："那算啥本事呢！我比你厉害

xɛi¹³ta¹⁴⁴。"	tʻa⁴⁴mɤn⁴⁴tʂɤn¹³pʻiæ̃⁵³tʂɤ⁵³,	liɔ⁴⁴tʂɤ⁴⁴zi³¹kɤ⁴⁴tʂʻuæ⁴⁴xɤu⁴⁴zi⁴⁴ṣã⁴⁴ti²¹
还 大。"	他 们 正 谄 着,	瞭 着 一 个 穿 厚 衣 裳 的

还大。"他们正说着，看见一个穿厚衣裳的 ‖瞭着：看见。

zɿɤn²⁴。	zɿɤ²⁴tʻɤu⁵³ṣuɤ³¹:	"ŋɤ⁴⁴mɤn²⁴liã⁵³kɤ⁴⁴ʂɿ⁵³zi⁴⁴kua³¹,	kʻæ̃⁴⁴ṣuei²⁴nɤn²⁴tɕiɔ⁴⁴
人。	日 头 说:	"我 们 两 个 试 一 挂,	看 谁 能 教

人。太阳说："我们两个儿试一下，看谁能让

ɔ²⁴kɤ⁴⁴zɿɤn²⁴pa⁵³zi²⁴ṣã⁴⁴tʻu⁴⁴tiɔ³¹。	ṣuei²⁴ɕiæ⁴⁴tɕiɔ⁴⁴tʻuɤ⁴⁴tiɔ³¹,	ṣuei²⁴tɕiɤu⁴⁴ʂɿ³¹
兀 个 人 把 衣 裳 脱 掉。	谁 先 叫 脱 掉,	谁 就 是

那个人把衣裳脱掉。谁先叫脱掉，谁就是

pɤn⁵³ʂɿ³¹ta⁴⁴。"	fɤn²⁴ṣuɤ³¹,	ɔ²⁴tɕʻɤn³¹ni⁴⁴。	tʻa⁴⁴ɕiæ²⁴lɛi¹³。	tʻa⁴⁴zi²²ṣã⁵³lɛi¹³tɕiɤu²¹
本 事 大。"	风 说,	兀 成 呢。	他 先 来。	他 一 上 来 就

本事大。"风说，可以呢。他先来。他一上来就

lɤn⁵³suŋ²⁴suŋ²⁴ti⁴⁴kua⁵³fɤn²⁴lɔ³¹。	ɔ²⁴kɤ⁵³zɿɤn²⁴ʂɤu⁵³tɕiɤu⁴⁴pa²⁴zi⁴⁴ṣã⁴⁴liæ²⁴mã²⁴
冷 怂 怂 地 刮 风 了。	兀 个 人 手 就 把 衣 裳 连 忙

猛烈地刮风了。那个人手就把衣裳连忙

kuɤ⁵³tʂu⁴⁴,	yɛ²⁴kuɤ⁵³yɛ²⁴tɕin⁵³。	xa⁴⁴lɛi¹³tɕiɤu³¹lɤn²¹tɔ⁴⁴ẓɤ⁴⁴tʻɤu⁴⁴lɔ³¹。						ẓɤ⁴⁴tʻɤu¹³	
裹	住，	越	裹	越	紧。	下来 就 轮 到 日头 了。		日	头
裹住，越裹越紧。下来就轮到太阳了。太阳									
tʂʻu⁴⁴lɛi²¹ẓi³¹tʂɔ⁴⁴,	ɔ⁴⁴kɤ²¹ẓɤn¹³liæ̃¹³mã²¹pa⁴⁴ẓi⁴⁴ʂã⁴⁴tʻuɤ⁴⁴tiɔ⁴⁴lɔ³¹ʂuɤxuɤ¹³tʂuɤ³¹								
出	来	一	照，	兀 个	人 连 忙 把 衣裳 脱掉 了 舒活				着
出来一照，那个人连忙把衣裳脱掉了舒服着									
ni³¹,	tɕiɤu²¹sɛi⁴⁴ẓɤ⁴⁴ɤuər¹³kɛi⁴⁴lɔ⁵²。				ẓɤ⁴⁴tʻɤu³¹tɕiɤu⁴⁴vɤnɤ⁴²fɤn⁴⁴："liɔ¹³tʂuɤ²⁴lɔ⁴²					
呢，	就	晒	日头儿	开 了。	日头 就 问 风："瞭 着 了				
呢，就开始晒太阳了。太阳就问风："看见了									
ma⁴⁴？	suei⁴⁴ti³¹pɤn⁴²sɹ³¹ta⁴⁴。	ʂã⁴⁴ẓiɤxɤ¹³iɤu¹³ia³¹tsʻɛi¹³sɹ⁵³tɕʻuæ⁴⁴sɹ³¹tɕiɛ³¹tsuei⁴⁴							
吗？	谁 的 本事 大。	善意 和 优 雅 才 是 全 世 界 最							
吗？谁的本事大。善意和优雅才是全世界最									
iɤu³¹li⁴⁴liã⁴²ti³¹tuŋ⁴⁴ɕi³¹。"									
有 力 量 的 东 西。"									
有力量的东西。"									

后 记

　　甘肃方言调查项目从 2013 年启动，到 2019 年年底完成书稿撰写，前后共七年时间。七年里所有的假期，团队在中国社会科学院研究员李蓝老师的带领下，或在西北师范大学培训调查软件的操作方法，或集体进行国际音标的听写培训，或在靖远县进行所有调查材料的音标转写工作，或在兰州大学进行初审、二审的审稿工作……从听音记音、国际音标转写到书稿撰写，大家齐心协力、通力合作。

　　书稿付梓在即，我们特别感谢李蓝。李蓝是我国著名的方言学学者。他的研究领域广泛，在汉语方言、汉语音韵、语言历史层次分析及国际音标等学科领域均有重要论述发表。

　　2013 年，中国社科院语言研究所方言研究室提出了"中国重点方言区域示范性调查研究"项目。李蓝先生慧眼识材，将北方方言区域调查地区选择在了甘肃省，并要求甘肃方言调查使用 1500 个单字音（个别地方使用 3500 个单字音），304 个两字组连读词语，430 个常用词语，118 个语法例句，一篇长篇语料"风和太阳"。这些调查材料全部集成在李老师自己设计的方言调查软件中。也就是说，甘肃方言调查，从记音、录音、音标转写、语图生成、调查数据的统计分析，全部在电脑软件里完成。这套科学的研究方法，为"甘肃方言研究丛书"的系列研究打下了扎实基础。

　　在方言调查软件的具体操作过程中，李老师手把手教大家怎样安装调查软件，如何筛选发音合作人，亲自带领大家一起记音、转写材料。书稿从酝酿构思、谋篇布局、完成初稿，都给予精心指导。书稿完成后，李老师一丝不苟，进行了初审、二审、三审，并提出了许多修改意见，还帮助修订了包括例句、音标、排版等方面的疏漏之处。感谢李蓝先生对甘肃方言研究做出的贡献以及对我们科研方法的指导。

　　感谢西北师范大学雒鹏和西安外国语大学朱富林，在我们书稿的写作中提出的许多宝贵意见和无私的帮助。

　　感谢我的博士生的鼎力相助和辛勤工作。雷雨、宋珊、刘星，我们从 2013 年暑假就开始了甘肃方言的调查工作，我们除调查了兰州市榆中县的

后　记

方言外，一起去甘南藏族自治州的七县一市，调查了甘南藏族自治州的合作市、临潭县、卓尼县、夏河县、玛曲县、碌曲县、迭部县（舟曲县是朱富林博士调查的）七个方言点的汉语方言；深入东乡县的唐汪乡、河滩镇、东塬乡、关卜乡，四个乡镇调查了当地的汉语方言……无论严寒酷暑，大家吃住在一起，同心协力，其乐融融。刚开始调查，由于发音合作人选择不当、对调查软件的不熟练以及电脑故障等各种因素，一个方言点反反复复、颠来倒去，一而再，再而三地返工，大家也是孜孜不倦，乐此不疲；博士生李小洁不厌其烦地做了许多资料的整理和排版工作。感谢他们为本书付出的辛勤劳动。如果没有良师的指导，没有诸位学生的帮助，也就没有此著作的顺利完成。再次向他们表示深深的谢意！

由于个人学识疏浅，能力所限，本书中难免有遗漏、讹误之处，敬请广大读者批评指正。

敏春芳
2019 年 10 月